스페인의 역사

역사도서관 026

스페인의 역사

8세기부터 17세기까지의 신앙의 왕국들

브라이언 캐틀러스 지음 | 김원중 옮김

도서출판 길

지은이 **브라이언 캐틀러스**(Brian Catlos)는 1966년에 태어나 캐나다 토론토 대학에서 중세 연구로 박사 학위를 받았다. 현재 콜로라도 볼더 대학의 종교학 교수로 있으며, 캘리포니아 산타크루스 대학의 인문학 연구원으로도 있다. 그의 주요 연구 분야는 중세 유럽과 이슬람 세계에서의 무슬림-기독교도-유대인의 관계와 민족-종교적 정체성 문제, 그리고 전(前) 근대 지중해 역사이다. 그는 다양한 학술지의 이사이자 지중해 연구라는 신흥 분야에서 국제적 · 학제적 협력을 위한 중요한 포럼인 지중해 세미나를 공동 지휘하고 있기도 하다.
전 세계 10개 국어로 번역된 그의 주요 저서로는 『승자와 패자: 카탈루냐와 아라곤의 기독교도와 무슬림 1050~1300』(*The Victors and the Vanquished: Christians and Muslims of Catalonia and Aragon, 1050~1300*, 2004), 『중세 라틴 기독교 세계의 무슬림, 1050년부터 1615년경까지』(*Muslims of Medieval Latin Christendom, 1050~ca. 1615*, 2014), 『불경한 왕들과 성스럽지 않은 전사들』(*Infidel Kings and Unholy Warriors: Power Faith and Violence in the Age of Crusade and Jihad*, 2014)을 비롯해 공저로 『중앙의 바다: 지중해 세계 650~1650』(*The Sea in the Middle: The Mediterranean World, 650~1650*, 2022) 등이 있다. 캐나다 정부로부터 학문적인 성취를 인정받아 금메달(Canada's Gold Medal for Academic Achievement)을 수상한 바 있으며, 다른 여러 대학과 국가로부터도 펠로우십 대우와 상을 받았다. 열렬한 독립 여행자이기도 한 그는 스페인, 영국, 네덜란드, 에콰도르, 미국, 캐나다, 시리아 및 이스라엘에서 연구하고 공부했으며, 미주와 유럽, 북아프리카, 중동 및 아시아를 광범위하게 여행하기도 했다.

옮긴이 **김원중**(金源中)은 1958년 광주(光州)에서 태어나 동국대 사학과를 졸업하고, 서울대 대학원에서 석사 학위를, 스페인 마드리드 콤플루텐세 대학에서 근대 초 스페인 정치사 연구로 박사 학위를 받았다. 주요 논문으로 「16세기 스페인 제국의 재정 그리고 절대왕정의 성격」, 「근대 초 스페인 제국의 흥기와 몰락」, 「근대 초 스페인 종교재판소와 유대인 문제」, 「16세기 카스티야 코르테스와 마드리드」, 「망각협정과 스페인의 과거청산」, 「역사기억법과 스페인의 과거청산 노력에 관하여」 등이 있으며, 주요 저서로는 『유럽 바로 알기』(공저, 한국방송통신대학교출판문화원, 2006), 『대항해 시대의 마지막 승자는 누구인가』(민음인, 2010), 『스페인 문화 순례』(공저, 서울대학교출판문화원, 2013), 『서양사 강좌』(공저, 아카넷, 2016), 『디코딩 아메리카』(공저, 지식의날개, 2018) 등이 있다. 역서로는 『거울에 비친 유럽』(조셉 폰타나, 새물결, 1999), 『스페인 제국사 1469~1716』(존 H. 엘리엇, 까치, 2000), 『스페인사』(레이몬드 카, 까치, 2006), 『스페인 내전』(안토비 비버, 교양인, 2009), 『코르테스의 멕시코제국 정복기』(전2권, 에르난 코르테스, 나남출판, 2009), 『과거사 청산과 역사교육』(엘리자베스 콜, 동북아역사재단, 2010), 『라틴아메리카의 역사』(벤자민 킨 외, 전2권, 그린비, 2017), 『대서양의 두 제국』(존 H. 엘리엇, 그린비, 2017) 등이 있다. 현재 서울대와 서울과학기술대 강사로 있다.

역사도서관 026

스페인의 역사

8세기부터 17세기까지의 신앙의 왕국들

2022년 7월 5일 제1판 제1쇄 인쇄
2022년 7월 15일 제1판 제1쇄 발행

지은이 | 브라이언 캐틀러스
옮긴이 | 김원중
펴낸이 | 박우정

기획 | 이승우
편집 | 이남숙
전산 | 한향림

펴낸곳 | 도서출판 길
주소 | 06032 서울 강남구 도산대로 25길 16 우리빌딩 201호
전화 | 02) 595-3153 팩스 | 02) 595-3165
등록 | 1997년 6월 17일 제113호

ISBN 978-89-6445-259-2 93920

피터 블라디미르 캐틀러스(Peter Vladimir Catlos, 1923~2013)와
진트라 리아 캐틀러스 니 리핀스(Dzintra Lia Catlos née Liepinš, 1928~2004)에게
이 책을 바칩니다.

In seed time learn,

in harvest teach,

in winter enjoy.

—William Blake

인명, 지명, 날짜(dates)에 대하여

이 책에서 독자들은 기이하고 생소한 이름을 많이 접하게 될 것이다. 아랍어(혹은 히브리어) 이름은 여러 요소들(elements)로 이루어져 있는데, (성이 아닌) 이름(first name)과 부친의 이름에서 유래한 여러 개의 이름들(patronymics, 예를 들어 아랍어로 '아무개의 아들'을 의미하는 '이븐'(ibn)이나 '아무개의 딸'을 의미하는 '빈트'(bint)도 여기에 포함된다), 직책, 존칭, 출신지나 거주지, 직업, 혈족(clan), 부족(tribe), 혹은 공적(功績)과 관련된 요소들도 이름에 포함된다. 각 개인은 이 가운데 어떤 특정의 요소들로 불리게 된다. 예를 들어 칼리프 압드 알 라흐만 3세(Abd al-Rahman III)의 완전한 이름은 압드 알 라흐만 이븐 무함마드 이븐 압드 알라 알 나시르 리 딘 알라(Abd al-Rahman ibn Muhammad ibn Abd Allah al-Nasir Li-Din Allah)인데, 대개는 '압드 알 라흐만'이나 '알 나시르'라고 불린다(그러나 '압드'나 '라흐만'으로 불리지는 않는다). '3세'라는 칭호는 근대 시대에 와서 덧붙여진 것이며, 당시 지배자들의 호칭에는 대부분 숫자를 붙이지 않았다.

조상 이름에서 유래한 이름은 성(姓)의 역할을 한다고 할 수 있는데, 특히 그것이 그 가문에서 가장 유명한 사람이거나 가문을 세운 사람의 이름인 경우에 그러했다. 예를 들어 알리 이븐 아흐마드 이븐 사이드 이븐 하즘('Ali ibn Ahmad ibn Sa'id ibn Hazm)은 대개 '이븐 하즘'(Ibn Hazm)이라고 불렸다. 그가 속한 대가족은 '바누 하즘'•으로 불리곤 했다.

라틴 기독교도들의 이름도 혼란스럽기는 마찬가지인데, 그 이유 가운데 하나는 특정 시기에 특정 이름이 너무 인기가 많았기 때문이다. 예를 들어 알폰소, 페드로, 산초 같은 이름은 너무 많아 노련한 중세 학자들조차도 헷갈리는 경우가 적지 않다. 이에 대해 나는 그로 인한 어려움을 덜기 위해 대개 각자의 출신 지역 혹은 신분을 알려 주는 부분을 주로 사용했다. 예를 들어 카스티야 왕국이나 레온 왕국 출신은 '알폰소'(Alfonso)로, 포르투갈 출신은 '아폰수'(Afonso)로, 카탈루냐 출신은 '알폰스'(Alfons)로 표기했다. 아리스타 가문의 이름은 바스크어로 표기했고, 관례에 따라 카스티야의 팜플로나와 나바라의 지배자 신분으로서의 그들의 승계자들에 대해서는 카스티야식 이름을 사용했다. 여기에서 교황 이름과 영어로 표준화된 이름을 갖고 있는 사람, 그리고 소수의 중요하지 않은 인물들의 이름은 예외로 했다. 그래서 이 책에서 훌리안 백작, 샤를마뉴, 교황 인노켄티우스 3세, 토마스 아퀴나스, 그리고 황제 카를 5세와 같은 이름을 발견하게 될 것이다.

무수한 개인과 집단들, 그리고 비(非)영어 용어를 추적하기 위해 책 말미에 주요 왕조, 혈통, 인종 집단, 그리고 다른 외국어 어휘들을 열거한 용어해설(glossary)과 함께 우마이야 왕조 칼리프들의 가계도와 나스르 왕조 술탄들의 가계도를 수록해 놓았다.

단순화된 형태의 아랍어 음역(transliteration)이 사용되었다. 특수 문자는 피했고 하즈마(hazma)와 아인('ayn)은 모두 작은따옴표로 표시했다. 접미사 -*un* 혹은 -*in*은 대개 복수형이고, 접미사 -*i*를 쓰면 명사를

• 하즘의 아들들, 후손들 혹은 혈족을 의미한다. 이 책에서는 '바누'를 '가문'이라고 번역했다.

형용사로 바꿀 수 있다(예를 들어 시아파 신앙이라고 쓸 때는 'Shi'a faith'이지만, 시아파의 이맘이라고 쓸 때는 'Shi'i imam'으로 쓴다).

지명과 관련해 내가 택한 일반적 원칙은 오늘날의 주민들이 사용하는 명칭을 사용하는 것이다. 그래서 코르도바, 사라고사는 'Saragossa'가 아닌 'Zaragoza', 예이다는 'Lérida'가 아닌 'Lleida'를 사용했다. 여기에서 영어로 표준화된 몇몇 지명은 예외로 했는데, 세비야는 'Sevilla'가 아니라 'Seville'로(그러나 옮긴이는 오늘날 스페인식 명칭인 '세비야'가 널리 사용되고 있음을 고려해 세비야로 번역했다), 페즈는 'Fas'가 아니라 'Fez'로, 메카는 'Makka'가 아니라 'Mecca'로 등등이 그것이다. 알 안달루스 내의 아랍 지명은 그것이 텍스트에서 처음에 나올 때 괄호 안에 아랍명을 표기해 놓았다.

텍스트에 나오는 모든 연도와 일시(日時)는 1582년 율리우스력을 대체한 기독교 그레고리우스력을 수정한 서력 기원력('Common Era')으로(즉 BCE/CE 시스템) 표시했다. 그것은 1월 1일에 시작되고 365.25일로 이루어진 태양력을 기본으로 하고 있으며, 예수 탄생의 해라고 생각했던 때를 시작년으로 하고 있다(오늘날에는 예수 탄생의 해를 보통 BCE 4년으로 보고 있다). 서고트족의 월력(月曆)에서는 로마의 히스파니아 지배가 시작된 BCE 38년부터 시작된다. '스페인 달력'(Spanish era)이라고 알려져 있던 이 월력은 12세기부터 14세기 사이에 서서히 사라지고 율리우스력이 그것을 대신했는데, 이 율리우스력은 그리스도의 시기(AD, 즉 'Anno Domini'[우리 주님의 해])를 원년으로 계산하는 것이다. 초창기 카탈루냐에서는 가끔 로마 황제들의 인딕션(indiction), 즉 치세를 기준으로 하는 옛 로마식 계산법이 사용되기도 했다. 율리우스 체제를 사용해 새해가 가끔 예수의 수태(受胎)일이라고 생각했던 3월 25일에 시작되는 것으로 계산되기도 했으나, 결국 다시 1월 1일을 기준으로 하는 월력으로 돌아왔다.

히즈리(hijri), 즉 이슬람력 'AH'는 열두 달로 된 한 해를 갖고 있는데, 이 월력은 무함마드의 메디나로의 성천(hijra)이 있었던, 그리고 무슬림 움마(umma)가 처음으로 생겨난 해로 간주되는 622년 7월 16일부터 계산된다. 이 히즈리의 해(year)는 태양력보다 더 짧기 때문에 그 둘은 정확히 일치하지 않는다. 그러므로 결정적이고 단일한 연도가 제시되지 않으면 히즈리로 계산되는 해는 대개 서력기원의 두 해에 걸쳐 있는 것으로 표시된다. 예를 들어 720AH는 1320/21CE이다. 과거 기독교도들의 땅에 사는 무슬림들은 빈번하게 기독교도들의 월력을 사용했는데, 기독교도들의 월력이 계절과 일관되게 일치했기 때문에(특히 농업과 관련된 맥락에서) 그러했다.

서문

이슬람 스페인(Islamic Spain)[•]의 역사는 '문명 간 충돌'의 최전선, 비유럽인의 유럽 영토 침입, '레콩키스타'(Reconquista)의 무대, 십자군·성전·종교적 관용, 즉 콘비벤시아(convivencia, 공존)의 땅 등 여러 방식으로 불려왔다. 전형적인 서술은 이슬람의 군 지휘관 타리크 이븐 지야드(Tariq ibn Ziyad)가 711년 기독교 스페인[••]의 해안에 상륙해 서고트족 지배자들을 극적으로 패퇴시킨 것으로부터 시작되었다는 것이나. 아랍에서 온 우마이야 왕조의 지배 아래에서 알 안달루스(al-Andalus, 이슬람 지배 아래의 스페인)는 꽃을 활짝 피웠으며, 이 시기에 무슬림과 기독교도, 그리고 유대인들은 이 알 안달루스에서 조화롭게 살면서 이곳을 국제적인 아랍-이슬람 사회로 만들었고 '세계의 보석' 코르도바를 학자들과 과학자들의 집결지이자 계몽의 국제적 모델로 만들었다는 것이다. 서기 1000년이 지나고 난 직후 우마이야 제국은 붕괴되고, 알 안달루스는 스페인을 '재정복'하려는 십자군적 열정에 불타는 기독교도들과 기독교

• 스페인 영토 가운데 이슬람의 지배 아래 들어간 영토.
•• 스페인 영토 가운데 기독교의 지배를 받았던 영토.

도·유대교도들을 박해하는 청교도적인 베르베르인들이 이곳을 서로 차지하기 위해 싸우는 치열한 싸움의 장(場)이 되었다. 이 싸움에서 기독교도들이 승리하면서 무슬림들은 스페인 내 이슬람의 마지막 거점인 그라나다 왕국에 갇히게 되었으며, 이 마지막 거점은 1492년까지 유지된다. 이해에 '가톨릭 공동왕' 페르난도 2세와 이사벨은 그라나다를 정복했고, 패배한 무슬림 왕 보압딜은 추방되었으며, 이로써 알 안달루스의 역사가 끝나고 무관용과 억압의 시기로 돌입하게 되었다.

이 역사들 대부분이 공유하고 있는 것은 이 역사의 중심에 종교가 자리하고 있었다는 것, 즉 무슬림과 기독교 국가들이 각자의 종교적 정체성과 종교 이데올로기에 의해 정의되는 싸움에 참여하고 있었다는 생각이다. 기독교, 유대교, 이슬람교는 이 극적인 역사의 주인공들이었으며, 세 종교는 수세기 동안 필사적으로 싸웠다는 것이다. 그리고 이 역사들은 기독교도들과 유대교도들은 '유럽인'이고, 무슬림들은 밖에서 들어온 '무어인들'(Moors)이라고 소개하면서 그들이 상징하는 문명의 차이를 강조했다. 이것은 노스탤지어와 도덕화를 환기하는 관점이며, 그것이 가진 멜로드라마적인 과도한 단순화 때문에 호소력을 가졌다.

그러나 역사로서 이 설명은 심각한 한계가 있다. 첫째, 이슬람 스페인의 기원은 711년도 아니고 무함마드가 메카에서 탈출한 622년도 아닌, 즉 고대 말기 지중해의 스러져 가는 제국들과 침입해 오는 '야만인들'의 더 넓은 세계에서 찾아야만 할 것이다. 이 시기는 기독교와 유대교, 그리고 이슬람교(이들은 각기 다양하게 분열되어 있었다)가 점진적인 자기정의(self-definition) 과정을 시작하고 있었고, 거기서 그것들은 복잡하게 뒤엉켜 있었다. 이슬람 지배 아래의 스페인의 종말 또한 보압딜이 알함브라궁의 열쇠를 페르난도 2세와 이사벨에게 넘겨준 1492년 1월 1일로 못 박을 수 없다. 그 후로도 수만 명의 무슬림이 차별과 강제 개종의 압박에 시달리면서도 스페인에 머물러 있다가 1614년에 가서야 완전히 추방되었다. 무슬림들에게 알 안달루스 정복은 의도적인 세계 지배 혹은 성전의 일부가 아니었다. 그 원인은 복잡하고 즉흥적이었으며 이데올로기에 의해 추동되기도 했지만, 그에 못지않게 우연한 기회에 의해 추진되기도 했다. 마찬가지로 레콩키스타와 십자군 이념도 처음부터 생겨난 것이 아니었으며, 기독교 세력의 이해에 부합할 때 간헐적으로 들먹여졌을 뿐이다. 711년부터 1492년까지의 기간이 끊임없는 종교적 분쟁의 시기만은 아니었다. 이베리아반도의 무슬림들과 기독교도들은 전쟁보다는 평화롭게 지낸 기간이 더 많았으며, 서로 상대편과 싸우는 것 못지않게 자기들끼리 싸우면서 시간을 보냈다. 기독교 지배자들은 보통 자신들이 정복한 영토에서 무슬림들을 추방하지 않고 어떻게든 그곳에 머물러 살게 하려고 애를 썼고, 무슬림들도 대부분 이교도(기독교도) 왕의 백성으로 조상 대대로 살아온 그 땅에서 살고 싶어 했다.

무어인(Moors)에 대하여: 무어인이라는 용어는 아랍인들이 알 마그립(al-Maghrib, '서쪽'을 의미)이라고 불렀던 지역에 대한 옛 로마식 이름인 마우리타니아(Mauritania) 주민들을 칭하는 용어이며, 오늘날의 모로코와 알제리 대부분이 여기에 해당된다. 초창기 라틴 연대기 작가들은 이 지역 주민들을 마우리(Mauri)라고 불렀고, 스페인 방언에서는 '모로'(moro)라고 불렸다. '모로'는 이후에 결국 카스티야 스페인어에서 그냥 '무슬림'을 의미하는 용어가 되었다. 그런데 영어에서는 이 단어가 엘리자베스 시기에 생겨난 '검은 무어인'(검은 피부의 아프리카인 무법자)이라는 인종주의적 함의를 지니게 되었다. 중세 스페인 무슬림들을 칭하는 용어로 '무어인' 혹은 '무어적인'이라는 용어를 사용할 때 따르는 문제는 그 용어들이 인종적으로 이베리아반도 원주민이 아닌 사람, 즉 외국인을 의미한다는 것이다. 그런데 사실 이베리아반도에 들어온 외국인 무슬림들은 매우 소수에 불과하다. 알 안달루스는 (다른 종교를 갖고 있다가) 개종을 통해 이슬람화한 땅이었으며, 그중 압도적 다수는 이베리아반도에서 태어난 원주민 후손들이었다. 그들은 스페인의 기독교도들과 마찬가지로 외국인이 아니었으며, 그들 못지않은 유럽인이었다.

물론, '스페인'이라는 말 자체를 중세 시대에 적용하면 부적절한 용어가 된다. 오늘날의 스페인이라는 나라와 스페인 문화는 중세적인 현상이 아니라 근대적 현상이었다. 스페인 민족 문화(national culture)라는 말이 연상케 하는 통일성이 오늘날에도 실체가 없는 것일진대, 하물며 중세 시대에는 그것이 아예 존재하지도 않았다. 이 시기 기독교도들이 지배하던 국가들을 언급할 때는 '스페인들'(Españas, Spains)이라고 칭하는 것이 더 낫다. 이 책에서 사용하는 '스페인'이라는 용어는 단순히 이베리아반도를 가리킨다. 서고트인들과 그 이전 로마인들은 이 영토를 히스파니아(Hispania)라고 불렀고, 아랍인들은 그 땅을 알 안달루스라고 불렀다. 알 안달루스라는 말은 아마도 서고트어 란다흘라우츠(landahlauts, 상속받은 영지)라는 말의 변형인 것으로 보인다. 다른 말로 말해 '무어인들의 스페인'—이 말은 앵글로-아메리카인들의 시대착오적 창작물이다—이라는 말의 사용은 알 안달루스와 이베리아반도에서 존재한 이슬람의 역사에 대해 인종주의적이고 낭만주의적이며 오리엔탈리즘적인, 그리고 부정확한 견해를 만들어내고 있으며, 이 시기 유럽 역사에 대한 오해를 키워왔다. '유럽'이라는 개념 역시 골치 아프기는 마찬가지로 역시 근대에 생겨난 개념이다. 무슬림들이 자신들의 더 넓은 영역을 다르 알 이슬람(dar al-Islam, 이슬람 영역)이라고 정의했듯이, 유럽의 기독교도들은 자신들이 '유럽'이 아니라 '기독교 세계'(Christendom)에서 살고 있다고 생각했다. 그들은 자신들을 유럽인이라고 생각하지 않았다.

편향적인 신화와 추측으로부터 사실을 분리해 내는 것은 매우 중요하다. 왜냐하면 이슬람 스페인은 지중해 세계, 유럽, 이슬람, 그리고 서구 역사에서 매우 중요한 요소였을 뿐만 아니라 지금도 매우 중요하기 때문이다. 지금도 다수의 정치가들과 공적 인사들, 그리고 상당수 학자들조차도 서구 역사를 근본적으로 양립할 수 없는 두 문명, 즉 기독교 문명(최근에는 유대·기독교 문명)과 이슬람 문명 간 갈등의 역사로 간주하고 있는데, 이 견해는 단순명료함과 자기승인적(self-validating) 성격 때문에 엄청난 호소력을 발휘하고 있다. 또한 이것을 많은 전문가와 선전가가 공격과 억압을 정당화하는 도구로 빈번하게 사용하고 있다. 또 어떤 사람들에게는 알 안달루스가 관용이 부족한 현대인들이 본받아야 할 이상적인 근대 이전 계몽의 비전을 제시하는 것으로 받아들여지고 있기도 한데, 이 역시 환상일 뿐이다. 스페인 자체 내에서는 우익 정치가들이 여전히 레콩키스타의 에토스에 의존하고 있는데, 그것은 이베리아반도 내 다른 지역들에 대한 카스티야의 지배를 정당화하는 강력한 민족 신화이며, 심지어 관광청에서는 '세 종교의 땅' 혹은 '기독교, 이슬람교, 유대교가 조화를 이룬 땅'으로서의 스페인이라는 긍정적이기만 한 비전을 선전하기까지 한다.

이 역사에서 우리가 이슬람 스페인(Islamic Spain)을 '이슬람 스페인'이라고 일컫고 있는 분명한 사실로부터 시작해 종교적 정체성의 중요성을 강조하는 데는 그만한 이유가 있다. 우선 여러 가지 점에서 종교적 정체성은 대개의 사람들이 스스로를 인식하는 가장 중요한 방식이었다. 종교는 그들이 어떤 법적 시스템의 지배를 받게 되는가, (이론적으로) 누구와 결혼을 하고 누구와 성관계를 맺을 수 있는가, 어떤 직업을 가질 수 있고 어떤 사회적 · 경제적 지위를 가질 수 있는가, 어떤 세금을 납부해야 하며 어떤 옷을 입을 수 있는가, 어떤 음식을 먹을 수 있는가 등을 비롯해 일상에서 마주하는 모든 종류의 세부 사항을 규정해 왔다. 정복에 대한 초창기 라틴 쪽 혹은 아랍 쪽 설명부터 시작해 '무슬림 살해자 산티아고'(Santiago Matamoros) 전설의 출현, 레콩키스타, 엘 시드의 전설, 그리고 여러 무슬림 지배자들이 '지하드(성전)'에 호소한 것에 이르기까지 기독교 쪽이나 이슬람 쪽 모두에서 이 시기 역사를 종교적인 싸움의 역사로 제시할 수 있는 역사적 근거는 많다. 이베리아반도에서 벌어진 많은 전쟁이 교황청에 의해 십자군으로 축성되었으며, 또 이곳은 이교도들과의 싸움에 헌신하기 위해 예닐곱 개나 되는 종교 기사단이 생겨난 곳이기도 했다. 일반 무슬림들은 전선 지역에 산재해 있는 요새-수도원에 머물면서 무자히둔(mujahidun) — 단수형은 무자히드(mujahid), 지하드를 실행하는 자들 또는 성전 수행자들 — 으로 봉사할 수 있었고, 기독교 스페인에서는 무슬림에 대한 공격이 너무나 일상적이어서 역사가들은 기독교 스페인을 '전쟁을 위해 조직된 사회'라고 규정하기까지 했다.

그렇지만 인간은 너무나 복잡해 그들을 종교적 이데올로기의 살아 있는 캐리커처로 규정해 버릴 수는 없다. 종교적 정체성은 사람들이 세상에서 자신들의 위치를 규정하는 여러 방식 가운데 하나일 뿐이다. 사람들은 자신들을 인종 집단의 구성원, 왕국의 백성, 도시와 마을의 주민, 직장과 단체의 일원, 지식 추구자, 소비자와 고객, 남자와 여자, 그리고 누군가의 애인과 친구로 보기도 한다. 그리고 이런 (종교와 무관한) 연계의 유대는 사람들이 같은 종교라는 이유 때문에 공유하는 친밀감을 서로 연결해 주기도 하고 그것을 극복하게 해주기도 한다. 더욱이 외형적으로 종교에 의해 분열된 사회에서 개인적이든 정치적이든 혹은 경제적이든 어떤 사람의 라이벌 혹은 경쟁자가 같은 종교 공동체의 일원인 경우도 많았으며, 반대로 그 사람의 자연스런 동맹자가 각각 다른 종교 집단의 구성원인 경우도 많았다. 갈등은 서로 다른 종교 공동체들 사이에서보다 같은 종교 공동체 안에서 더 자주 나타났다. 그러므로 이 역사는 종교와 인종을 가로지르는 유대의 에피소드, 왕이든 소시민이든 서로 다른 종교들 간에 맺어진 동맹과 우의의 에피소드, 그리고 서로 종교가 다른 시인, 음악인, 예술가, 학자, 과학자, 신학자 간의 협력의 에피소드로 가득 찬 역사였다.

그러나 이런 종교를 가로지르는 관계가 역사서술에 반영되는 경우는 많지 않다. 그런 점에서 문제점 가운데 하나는 우리가 갖고 있는 사료의 성격이다. 우리가 이용할 수 있는 대부분의 사료는 지배자와 관료, 그리고 종교인들처럼 부유하고 특권을 향유하는 남성들에 의해 만들어진 것들이고, 그들은 무엇보다도 종교적 정체성이 사회의 기반이라는 생각에 사로잡혀 있는 사람들이었으며, 역사를 참된 종교(즉 자신들의 종교)를 따르는 사람들과 그렇지 않은 사람들 간의 도덕적 투쟁으로 묘사하는 데 정치적·개인적 이해관계를 가진 사람들이었다. 공적으로 지배자들의 권위는 그 자신들을 신의 질서의 합법적 구현자로 제시할 수 있는가와 그렇지 않은가에 달려 있었기에, 그들은 자신들의 의제를 종교적인 언어로 표현하는 경향이 있었다. 사람들이 보통 세상의 일들을 신의 의

지로 설명했던 그 시대에 역사적 사건들 또한 종교적인 용어로, 즉 신의 보상 혹은 징벌로 설명되는 경우가 많았다.

또한 역사가들이 참고자료로 이용해 왔고 지금까지 남아 있는 증거의 대부분을 이루고 있는 연대기와 역사서들은 거기에 기술된 사건들이 일어나고 나서도 여러 해가 지나고, 가끔은 수세기가 지나고 나서 쓰이거나 편찬된 것이었다. 그것은 후대의 판단에 의해 그것을 작성한 사람의 편견, 이상, 의제, 기억, 바람, 그리고 신념에 의해 왜곡된 것이었다. 더욱이 역사는 교육이나 오락을 위해 쓰인 것이 아니라 자기네 선조들의 기억을 미화하고 자신들이 구상하는 정책의 역사적 선례를 만들어냄으로써 지배자와 가족 혹은 개인의 주장을 뒷받침할 목적을 가지고 쓰인 정치적 문건이었다. 중세 문필가들은 현재를 정당화하기 위해 과거를 기술했기 때문에 의식적으로든 무의식적으로든 과장과 왜곡, 그리고 조작을 일삼았다.

그렇다면 역사가들은 이 사료들에 포함된 편견과 오류를 추려내고, 선언문, 신화, 전설, 사실 왜곡, 모순, 그리고 기록의 일부를 이루고 있는 교묘하게 날조된 역사적 허구의 이면에 숨어 있는 참모습을 발견하기 위해 노력을 아끼지 않아야 한다. 역사가는 유죄 여부를 평가하거나, 비난이나 칭찬 혹은 훈계를 하지 말아야 하는데, 그것은 역사가의 목표가 오로지 이해하는 것이기 때문이다. 그러므로 어떤 책도 이슬람 스페인에 대해 '확정적이고', '진실되고', 혹은 '진짜의' 역사를 주장할 수 없다. 과거를 설명하는 요인은 너무나 많고, 과거를 감추는 불확실성도 너무나 많다. 오늘날 우리 역사가들이 좀 더 계몽되고 자기비판적인 자세를 갖고 있다고는 하지만, 편견과 선입견의 측면에서 중세 시대 선배들에 비해 그다지 나을 것이 없다. 인정하든 그렇지 않든 우리가 우리 자신들의 이상을 반영하고 강화하는 역사 혹은 고객이라고 생각하는 사람들의 입맛에 맞는 역사를 쓰려는 경향이 있다는 것은 의심의 여지가 없다.

이 책과 관련해 보자면, 이 책은 두 가지 점에서 이슬람 스페인에 대한 '새로운 역사'라고 할 수 있다. 첫째, 알 안달루스의 흥망성쇠에 대한 낡은 스토리 라인을 따르기보다는 처음부터 다시 시작해 새로운 내러티브를 구축하려고 했으며, 출판 환경이 허용하는 범위 안에서 역사의 형성 과정에서 자주 드러나지는 않지만 결정적인 중요성을 갖고 있었던 여성, 노예, 배교자, 그리고 관리들의 이야기를 살피려고 했다. 둘째, 근년에, 특히 스페인과 북아프리카, 유럽 출신 학자들에 의해 수행된 엄청난 분량의 연구성과들에 토대를 두고 이 책을 썼다. 최근 수년 동안 알 안달루스에 대한 우리의 이해는 텍스트와 고고학, 그리고 예술사에 대한 새로운 연구성과들에 의해 많이 바뀌었다. 그러나 그중 많은 것이 영어권 독자들에게는 아직 미치지 못하고 있다.

그리고 마지막으로 신앙의 문제가 있다. 중세 스페인들(Spains)의 무슬림 국가들과 기독교도 국가들은 모두 의식적으로 자신들의 종교적 지향에 의해 정의되어 왔고, 각각의 주민들에게 종교 공동체는 사회적 정체성이 구축되는 대들보 같은 것이었다. 그러나 그것이 유일한 대들보는 아니었다. 그리고 이 역사의 상당 부분에서 대부분의 지배자들 — 그리고 대부분의 신민들 — 은 빈번하게 자신들의 종교적 이데올로기의 명령을 거부하는 방식으로 행동했다. 그렇다면 그들은 어느 정도나 신앙에 충실했는가? 물론 그 대답은 그들도 우리들과 마찬가지로 완벽하게 신앙에 충실하거나 이상적이지는 않았다는 것이다. 그들은 불완전성 때문에 고민하고 자기모순에 괴로워하는 사람들이었으며, 잔인무도하기도 했지만 관용을 베풀기도 했고, 이기적이기도 했지만 희생할 줄도 알았으며, 자기합리화도 자주 하는 사람들이었다. 궁극적으로 그들은 그들의 몸뚱아리, 야심, 허영심, 그리고 탐욕의 포로들이었다. 한마디로 말해 그들은 우리들과 비슷했으며, 바로 그 사실이 이 역사를 오늘날에도 읽을 만한 가치가 있게 한다.

■ 차례

제3부
대성공, 929~1030

제4부
혼란기, 1030~1220

제5부
로망스, 1220~1482

제6부
샤드(Shards), 1482~1614

일러두기

* •, ••, •••는 옮긴이 주이고, 1, 2, 3 등은 원주이다.

서막, 이슬람의 시작과 고대의 종말

이슬람은 7세기 초에 아라비아반도, 즉 유목민 양치기들과 오아시스 주민들이 거주하는 주변부적이고 척박한 사막 지역에서 발원했다. 그러나 아랍인들은 로마와 페르시아의 고대 세계에서 오랫동안 살아왔던 사람들이다. 상인과 양치기들은 로마·비잔티움 제국과 페르시아 제국의 안과 변경 지역에 위치한 시리아와 메소포타미아에 거주하면서 수세기 동안 주로 북쪽 지역을 떠돌아다녔다. 그들은 다른 주변부 '야만족들'과 마찬가지로 두 대제국의 부와 문화에 끌려 제국 안을 기웃거렸으며, 때로는 전사로 혹은 상인으로 가치를 인정받기도 했다. 두 제국은 서로 전쟁을 하면서 아랍인들을 대리인으로 활용했고, 베두인 유목민들은 근동 지역에서 수세기 동안 가축을 몰고 돌아다녔다.

아랍인들의 전통적 종교는 우상 숭배와 애니미즘이 결합된 것이었다. 그런데 제국 세계와의 접촉을 통해 기독교와 유대교가 아라비아반도로 유입되었다. 이웃국가인 악숨(Axum, Aksum, 지금의 에티오피아 일부)에는 이미 4세기 때부터 기독교가 들어와 있었고, 힘야르(Himyar, 예멘)의 아랍인 왕들은 400년대에 유대교로 개종한 상태였다. 아라비아반도의 몇몇 부족도 기독교도 혹은 유대교도를 자처했다. 이 같은 환경에서 토

프랑크 왕국

북대서양

툴루즈

팜플로나

셉티마니아

서고트

바르셀로나

로마

콘스탄티노

히스파니아

톨레도

비잔티움 제국

튀니스

카디스

세우타

카이로완

지 중 해

베르베르

알 마그립

이프리키야

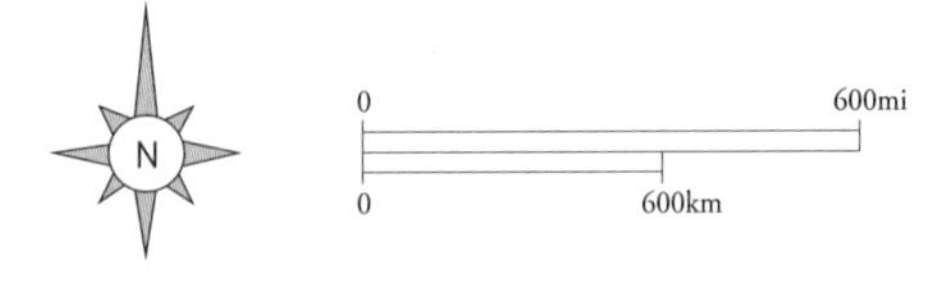

지중해 세계
(600~700년)
흑해
카스피해
호라산
시리아
페르시아
다마스쿠스
크테시폰
렉산드리아
예루살렘
집트
우마이야 왕조
푸스타트
(카이로)
아랍
페르시아만
메디나
아라비아
홍해
메카
아라비아해
힘야르
악숨

착적이고 일신론적인 전통이 발전하기 시작했으며, 그것은 600년대 초기 이슬람의 탄생으로 절정에 이르렀는데, 그것은 메카 출신의 상인 무함마드 이븐 압드 알라 이븐 압드 알 무탈리브 이븐 하심(Muhammad ibn Abd Allah ibn Abd al-Muttalib ibn Hashim, 이하 '무함마드'로 약칭)이라는 인물이 신으로부터 받은 계시의 산물이었다. 히즈라(hijra), 즉 622년 6월 무함마드가 도시(메카) 지배자들의 박해를 피해 메카를 떠나 야트리브(Yathrib, 메디나라고도 불렸다)로 이주해 간 사건은 이슬람 역사의 시작으로 간주된다. 629년 그는 다시 메카로 돌아와 성소(聖所)인 카바(Ka'aba)에 모셔진 우상들을 일소하고 메카의 대표적인 부족인(자기 자신의 부족이기도 했다) 쿠라이시족(the Quraysh)을 개종시켰다.

무함마드는 자기 자신을 새로운 종교의 창시자가 아니라 아담에서 시작하여 아브라함을 거쳐 예수로 이어지는, 즉 유일하고 진정한 신을 섬기는 예언자들의 계보의 마지막 인물로 생각했다. 이것은 부분적으로 이슬람이 처음부터 자매 종교들(유대교와 기독교)과 갖고 있는 모호한 관계를 말해 준다. 기독교도들과 유대인들은 무함마드를 예언자로 인정하지 않았고, 그 사실은 (무슬림들의) 좌절을 불러일으켰다. 그럼에도 무슬림들은 기독교와 유대교를 유일신, 즉 아브라함의 하느님 — 그 신을 야훼(Yahweh), 키리오스(Kyrios), 데우스(Deus)라고 부르든 알라(Alla)라고 부르던 간에 — 에 대한 잘못 해석한 것이기는 하지만 합법적인 해석으로 간주했다. 무슬림의 지배 아래에서 이들 비무슬림* 공동체들은 그들이 무슬림의 우월한 권위를 인정한다는 조건 아래 딤미**로서 재산상의 안전을 보장받고 자신들의 법과 종교를 유지하면서 살 수 있었다.

종교적 측면에서 이슬람은 불필요한 의식이 제거된 순수한 유일신교로 돌아가기를, 즉 『꾸란』(*Quran*)을 통해 무함마드에게 아랍어로 계시된

* 기독교와 유대교.
** dhimmis: '딤마'(dhimma), 즉 '보호 계약'을 맺고 무슬림들의 지배를 받으며 살아가는 비무슬림.

신의 의지를 반영하는 정의롭고 평화로운 사회를 만들기를 열망했다. 이슬람의 지도 원리는 개인의 의지를 신에게 복종케 하는 것이었고, 이것이 '이슬람'의 의미이기도 했다. 이슬람은 계서(階序)도, 사제도, 수도승도 없는 종교를 추구했으며, 움마(umma), 즉 신자 공동체 구성원 모두가 각각 자신의 구원에 대해 책임을 지는 종교를 지향했다. 이 원리의 단순성은 다음과 같은 '샤하다'(shahada), 즉 간결한 신앙 선언 속에 요약되어 있다. "(진정한) 신(God) 외에 다른 신(god)은 없다. 무함마드는 진정한 신의 사자이다." 이런 정의로운 세상을 만들기 위해 이슬람은 안정된 공동체 창출에 필요한 규제에 관심을 집중했다. 이것은 형식적 정부가 없었고, 보복의 문화가 무질서와 무정부 상태를 만들어내고 있던 당시 사회에서 매우 중요했다. 동시에 이슬람은 개인적 도덕을, 그리고 사후 세계의 보상과 징벌을 강조했다. 아랍인들은 동시대 지중해 세계에 살고 있던 유대인과 기독교도들과 마찬가지로 천년왕국적 열망에 사로잡혀 있었다. 그 지역에는 세상 종말이 머지않았고 종말 이후 새로운 정의의 시대가 도래할 것이라는 확신이 퍼져 있었으며, 초창기 무슬림들의 연이은 군사적 성공은 이 확신을 거듭 확인해 주는 것처럼 보였다.

또한 이슬람은 하나의 민족 운동으로 발전하기도 했다. 이슬람의 주장이 보편적 성격을 갖고 있었음에도 불구하고 아랍어는 신에 의해 선택된 언어로 간주되었으며, 아랍인들은 스스로를 '선택된 민족'으로 생각하는 경향이 있었다. 그들의 민간 신앙과 전승, 풍습은 이슬람교의 초창기, 즉 형성기 이슬람에 강한 영향을 끼쳤다. 거기다 베두인족의 전사(戰士) 문화는 이슬람이 아라비아반도를 벗어나 신속하게 주변 영토를 지배할 수 있게 해주었다. 그런데 아랍인은 하나로 통일된 민족이 아니었다. 유목민 특유의 개인주의와 독립성은 수준 높은 미덕으로 여겨졌다. 새로운 무슬림 사회는 이전의 계급과 혈족(clan), 부족을 없애려고 했다. 그러나 아랍 사회를, 심지어 예언자 자신의 가문까지도 특징짓고 있었던 파벌주의가 종교적 언어로 표출되었다.

그러므로 이슬람은 통합을 위한 틀이면서 동시에 분열과 갈등의 플랫

폼이기도 했다. 박해받는 신앙으로 은밀하게 발전한 기독교와 달리 이슬람은 처음부터 사회적·정치적 운동이었으며, 이 점이 이 종교의 내적 발전과 다른 종교들과의 관계를 결정했다. 선(善)을 행하려는 분투(지하드)는 자기 자신과 더 넓은 세계 모두를 개선하는 것으로 표현될 수 있었다. 전사의 미덕은 도덕적 미덕이 되었으며, 자기정당화적 역동성(self-justifying dynamic)에서 전쟁은 세상 사람들에게 신의 지배 아래 살 수 있는 기회의 제공을 의미했다. 그리고 그것은 아랍 혈족들을 강하게 만들고 그들을 새로운 세속적 엘리트로 자리매김하기도 하는 정복을 부추겼다.

만약 무함마드가 실제보다 한 세기 전이나 후에 살았다면 이슬람은 그렇게 크게 발전하지 못했거나 아예 발전하지 못했을지도 모른다. 7세기 초는 지중해와 근동 세계의 역사에서 하나의 분수령이었다. 서로마 제국은 내부적으로는 분열과 갈등으로 해체되고, 외부적으로는 야만인들의 공격에 시달린 끝에 붕괴된 지 오래였다. 동로마 제국에서는 백성들에게 종교적·정치적 통일을 강요하려고 한 황제들의 시도가 백성들 가운데 다수의 반감을 사고 있었다. 페르시아에서는 제국의 통일성이 종교적·계급적 갈등으로 무너지고, 그것은 중앙 정부에 대한 지방 지배자들의 저항으로 더욱 악화되었다.

아라비아반도 자체도 위기에 처해 있었다. 전통적인 애니미즘적·이교적 종교에 대한 민중의 만족감은 약화되었으며, 반도 내륙의 부족들 가운데 일부는 기독교 혹은 유대교로 개종하고 있었다. 그러므로 무함마드 — '아브라함의 신'의 마지막 예언자 — 의 메시지는 잠재적인 매력을 갖고 있었으며, 그들에게 낯설지 않았다. 사회적 정의에 대한 이슬람의 강조는 다가올 심판의 날에 대한 강조가 그랬던 것처럼 경청할 준비가 되어 있는 청중을 발견할 수 있었다. 결정적으로 오아시스의 지배자들과 유목민 부족 전사들은 이슬람이 자신들에게 권력과 부를 가져다줄 수 있으리라는 것을 알게 되자 새 신앙의 열렬한 지지자가 되었다. 그러므로 비잔티움 제국과 페르시아 제국이 가장 허약해져 있던 바로 그때 아랍인들은 힘을 얻어가고 있었다. 요컨대, 아랍인들이 정주를 하고 두 제국을 위해 싸웠던 수세기 동안 아랍인들이 로마 제국의 근동 지역과 사산조 페르시아 제국 전체를 신속하게 정복할 수 있는 환경이 조성되어 가고 있었던 것이다. 그러나 실제 정복은 632년 무함마드가 죽고 난 이후에 일어나게 된다.

예언자의 죽음은 위기를 촉발했는데, 그것은 후에 나타날 갈등, 그중에서도 메카를 지배하고 있으면서 계속해서 권력을 장악하고 싶어 했던 쿠라이시족 내의 대표적인 혈족들과 메디나에 자리 잡고 있으면서 알리 이븐 아비 탈리브('Ali ibn Abi Talib)를 무함마드의 후계자로 밀고 있었던 무함마드의 초창기 지지자들 간에 나타날 갈등을 예견케 하는 것이었다. 알리는 최초의 개종자이면서 예언자의 측근이자 무함마드의 조카였으며, 무함마드의 딸 파티마의 남편이기도 했다. 그러나 알리는 아직 젊고 지지 기반이 약했다. 그래서 메카의 엘리트 집단은 칼리프(caliph, 아랍어로 '계승자'를 의미하는 칼리파에서 유래)의 지배 아래에서 공동체의 리더십을 수립하려 했으며, 그 칼리프를 자신들 가운데서 선출했다. 알리는 이에 대해 저항하지 않았으며, 보편적으로 인정된(혹은 '올바르게 인도된') 처음 세 명의 칼리프 — 아부 바크르(Abu Bakr), 우마르 이븐 알 카타브('Umar ibn al-Khattab), 우스만 이븐 아판('Uthman ibn 'Affan) — 는 모두 쿠라이시족 핵심 멤버들이고 무함미드의 측근들이자 예언자와 함께한 도반들이었다. 이 지배자들의 리더십 아래 이슬람의 지배 영역은 시리아와 팔레스타인, 이집트, 동부 이프리키야(지금의 '리비아'), 그리고 페르시아 제국 대부분과 아나톨리아와 코카서스 지역 일부 등으로 급속히 확대되었다. 이 시기에 이슬람법이 제 모습을 갖추기 시작했으며, 『꾸란』이 표준화되었다. 카디(qadi)라는 이슬람 행정관직도 이때 생겨났으며, 히즈리(hizri)라는 이슬람 달력도 이때부터 사용되었다.

우스만이 656년 암살되었을 때 메카에 있던 알리의 지지자들이 재빨리 알리를 칼리프로 선언했는데, 이에 대해 우마이야 가문은 그들을 암살 공모자들이라고 비난하면서 알리의 칼리프 선출은 무효라고 주장했다. 우마이야 혈족의 원로이자 시리아의 지배자였던 무아위야(Mu' awiya)는 (알리 지지자들의 결정에) 따르기를 거부했고 이에 알리의 지지자들은 이라크를 장악했다. 이로써 두 가문 간에, 즉 무아위야를 지지하는 우마이야 가문과 그 동조자들이 한편이 되고, 알리를 정당한 칼리프이자 이맘(imam, '기도를 인도하는 자')으로 선언한 알리와 그 추종자들이 다른 한편이 되어 전쟁을 하는 분위기가 만들어졌다. 그렇게 해서 이슬람 역사에서 첫 번째 피트나(fitna, '갈등' 혹은 '내전')가 시작되었다. 협상을 통한 해결을 시도해 봤지만 실패로 돌아갔고, 양측 군대는 657년 7월 26일 북부 시리아 시핀(Siffin)이라는 곳에서 충돌했다. 피비린내 나고 승패가 분명하지 않은 싸움이 있고 나서 무아위야는 시간을 벌고 상대편 진영을 분열시키기 위한 전략의 일환으로 타협을 제안했다. 그 작전은 먹혀들어 알리의 군대 일부가 어떤 칼리프의 정당성도 부인하고 자신들은 『꾸란』의 말씀 말고는 어떤 권위나 인간적 중재도 인정하지 않겠다고 주장하면서 전장에서 물러나 버렸다. 이제 알리는 이들 카와리즈파•와도 싸워야 했으며, 그 카와리즈파 가운데 한 사람이 661년 알리를 암살하게 된다. 무아위야와 우마이야 가문을 상대로 하는 싸움을 주도한 사람은 알리와 파티마 사이에서 태어난 두 아들 하산(Hasan)과 후사인(Husayn)이었다. 그런데 하산은 지배자 자리에서 스스로 물러났고, 후사인은 680년 이라크 카르발라(Karbala)에서 우마이야의 군대에 패했다. 거기서 그와 그의 군대는 집단 학살되고 참수되었으며, 불명예스럽게도 그들의 시신은 썩도록 방치되었다. 후사인의 지지자들은 후사인을 진정한 이맘으로 인정했고, 그의 순교는 수니파(Sunni, '전통주의자') 이슬람과는 다른 시아파(Shiah) 이슬람의 발전에서 결정적인 사건이 되었다. 후사인의 죽음으로 우마이야 가문이 승리를 거두었지만 오래가지는 못했다.

우마이야 왕조는 그들의 새 수도 다마스쿠스에서 확대되어 가는 다르 알-이슬람(이슬람의 영역)에 대해 지배권을 행사하기는 했지만, 많은 무

• Kharijites: '분열주의자들'로 경전을 곧이곧대로 해석하는 『꾸란』 근본주의자들의 한 분파이며, 칼리프 제도 자체를 부정했다.

슬림들이 그들의 지배를 반기지는 않았다. 무아위야는 아랍의 관습에 역행하고 칼리프 위(位)를 세습적 국왕직과 비슷한 것으로 바꾸려 한다는 이유로 비난을 받았는데, 실제로 우마이야 왕조는 아랍의 부족과 비잔티움 왕조 간의 복합체 같은 모습으로 750년까지 유지되었다. 그들은 '현실적인 전사'(down-to-earth warriors)와 '대중의 편'(men of the people)을 자처하는 경향이 있었으며, 기술적으로는 최고의 종교적 권위를 유지하겠다고 주장하기는 했지만 신앙 문제에 지나치게 집착하지는 않았다. 그들의 지배가 반드시 아버지로부터 아들로 이어지지는 않았지만, 그 지배권이 선택 가능한 부족 구성원의 범위를 벗어나지는 않았다. 그들의 가문은 시리아에 강한 뿌리를 두고 있었으며, 로마-비잔티움 문화에 깊은 친밀감을 갖고 있었다. 페르시아 제국이 패배하고 난 이후에 그들의 목표인 세계 정복을 이루기까지는 이제 기독교 도시 콘스탄티노플만 남아 있는 것처럼 보였다. 그러나 권력을 가족 구성원들과 그 지지자들에게 국한하고, 시리아를 그 중심으로 만들려고 한 그들의 결정은 옛 페르시아 제국에서 살고 있는 무슬림들과 아라비아의 종교적 엘리트들의 반감을 악화시켰다.

우마이야 왕조의 지배 아래에서 영토 팽창이 급속도로 진행되었다. 이 기간 동안 비잔티움의 영토인 아나톨리아에 대한 공격이 잦았으며, 성공하지는 못했지만 콘스탄티노플에 대한 대규모 공격도 674~678년과 717~718년, 두 차례 있었다. 600년대 말 비잔티움과 다마스쿠스는 불안한 데탕트(긴장 완화) 시기로 접어들어 간헐적인 조약 체결과 조공 제공이 포함된 타협이 있었는가 하면, 전쟁이 발발하기도 했다. 초창기 무슬림들이 북아프리카를 정복할 의도를 갖고 아라비아반도를 나선 것은 아니었으며, 스페인과 유럽을 정복할 의도는 더더욱 갖고 있지 않았다. 이슬람의 역사적 전승에 따르면, 이집트—이곳은 비잔티움 제국에서도 가장 인구도 많고 부유한 지역이었다—정복은 640년대에 아므르 이븐 알 아스('Amr ibn al-'As)에 의해 자연스럽게 시작되었는데, 당시 그의 병력은 4,000명에 불과했다. 아므르는 이 전투를 그 지역의 혼란에 힘입어 무력과 강제(force and coercion)를 통해 수행했다. 병력 규모는 작았으나 결사적으로 저항하는 비잔티움의 수비대를 격파하는 과정에서 때로는 어려움도 있었지만, 많은 비잔티움 도시는 아므르의 군대가 가까이 다가오면 겁을 집어먹고 항복했다.

이집트의 정복은 아랍인들이 서쪽으로 좀 더 이동할 수 있는 기회를 제공해 주었고, 또한 그렇게 해야만 하는 의무를 안겨 주기도 했다. 무아위야와 그의 초기 계승자들은 자신들이 비잔티움과 존재론적 싸움을 벌이고 있다고 생각했고, 콘스탄티노플을 정복해야 한다는 결의를 다지고 있었다. 그들은 북아프리카가 더 큰 전쟁의 중요한 무대라고 생각했다. 그들의 이 같은 야심은 7세기 말 비잔티움령 아프리카가 게르만족 일파인 반달족으로부터 회복된 지 얼마 안 되고 베르베르인들의 공격으로 큰 혼란에 빠져 있었다는 사실로부터 도움을 받았다. (북아프리카의) 로마화한 시민들 가운데 다수는 비잔티움의 지배에 반감을 갖고 있었는데, 거기에다 비잔티움 진영은 심각한 내분에 빠져 있었다. 한때 절망 상태에 빠진 황제 헤라클리우스(Heraclius)는 교황 마르티누스 1세(Martinus I)가 아랍인들과 결탁했다면서 그를 포박하기도 했다. 640년대에는 그레고리우스라는 한 귀족 출신 지방 관리가 스스로 황제를 자처하며 자신에게 동정적인 베르베르인들과 비잔티움 파당들을 끌어들여 반란을 일으켰으나, 647년 남부 튀니지에서 무슬림 군대에 의해 타도되기도 했다. 주로 도시화된 해안 지역 주변부에서 활동했던 베르베르인들 또한 분열되어 있었다. 그중에는 아랍인들에게 재빨리 넘어와 무슬림 군대가 절실히 필요로 했던 인력을 더해 준 사람들이 있었는가 하면 맹렬하게 저항하는 사람들도 있었는데, 그중 하나가 유대인 출신으로 생각되는 베르베르인 '여왕' 카히나(Kahina, '여자 마법사') 휘하의 사람들이었다. 그들은 702년까지 버티다 굴복했다.

이 지역(북아프리카)에 대한 아랍인들의 정복은 약 60년이라는 긴 세월이 소요되었는데, 그것은 지역민들의 저항 때문이기도 했지만 이제 막 태어난 칼리프 체제에서 발생한 내분 때문이기도 했다. 640년대의 아랍인들의 침공(이때 그들은 트리폴리를 점령했다)이 있은 후에 665년 또 한차례의 공격이 실시되었다. 아랍인들은 우크바 이븐 나피('Uqba ibn Nafi, 예언자의 도반 가운데 한 사람)의 지휘 아래 튀니지로 쳐들어가 장차 계속될 전쟁의 전초기지 역할을 하게 될 요새 도시인 카이로완(Kairouan)을 건설했으며, 이 도시는 얼마 가지 않아 이프리키야(Ifriqiya, '아프리카')라는 새 속주(province)의 수도가 되었다. 698년 아랍인들은 카르타고 항을 점령하고 파괴해 비잔티움인들의 해안 교두보를 빼앗았으며, 곧이어 이웃한 내륙 쪽에 튀니스 시를 건설했다. 한편, 아랍인들은 베르베르인 우호세력과 무슬림 개종자들의 협력 아래 알제리 북부 지역과 모로코를 휩쓴 다음, 대서양 쪽에 위치한 탕헤르(Tangier)에 도달했다. 지중해 해안 쪽에 위치한 셉템(Septem, 세우타, 아랍어로는 사브타)이라는 요새 도시는 북아프리카에 있는 비잔티움 제국의 최후의 전진기지였다. 그러나 비잔티움 제국 해군의 위협은 여전히 남아 있었고, 그것은 무슬림들로 하여금 708년 발레아레스제도(Balearic Islands)를 공격하게 만들었다(그러나 이 공격은 실패로 돌아갔다). 이 해상 공격은 당시 무슬림들이 그런 공격을 할 만한 유능한 선원과 선박을 갖고 있지 않았음을 고려할 때, 비잔티움 포로들과 개종자들 그리고 협력자들의 도움을 받고 있었음이 분명하다.

북아프리카 정복이 단속적(斷續的)인 형태로 진행되었던 점은 여러 가지 차질을 가져다주기도 했지만, 몇 가지 이점을 동반하기도 했다. 예를 들어 이미 완료된 정복이 공고해질 수 있는, 그리고 현지 주민들이 무슬림의 지배에 익숙해지고 아랍의 군대와 행정 속에 서서히 통합되어 갈 수 있는 시간을 벌어주었다. 그 지역의 분열된 기독교 사회는 도심이 파괴되고 비잔티움 세계와의 교통이 차단됨으로써 급속하게 약화되고 몰락의 길을 걸었다. 비잔티움 제국의 지배 아래에서 법적으로 심한 탄압의 대상이 되었던 유대인들은 이제 무슬림들의 딤미로 합법적 지위를 부여받게 됨으로써 안도의 한숨을 쉬게 되었던 것으로 보인다.

베르베르인들의 상황은 좀 더 복잡했다. 그들은 아랍인들과 마찬가지로 하나로 통합된 '민족'이 아니라 대규모의 민족언어학적 집단들—여기에는 산하자족(Sanhaja)과 자나타족(Zanata)이 있었다 — 이었으며, 독립적인 목표를 추구하고 통일되어 있지 않은 여러 부족과 혈족들로 이루어져 있었다. 아랍인들은 이교도 베르베르인들과 싸워 승리함으로써 그들을 아랍-이슬람의 종교적 · 친족적 틀 안에 끌어들였으며, 아랍인 지배자들은 포로가 된 베르베르인 여성들을 아내나 첩으로 삼았다. 기독교 혹은 유대교를 믿던 부족들 가운데 일부 혹은 대부분이 자발적으로 이슬람으로 개종한 것으로 보인다. 이슬람은 아라비아 베두인족에게 그랬던 것처럼 베르베르인들에게도 정치적 야심을 만족시키기 위한 종교적 정당성을 제공해 주고 부족원들의 군사적 에너지를 도덕적으로 고양된 형태로 배출할 수 있게 해주었다. 종교적 열정이나 이데올로기는 정복을 뒷받침하는 동력이 아니었다. 정복은 하나의 정치적 팽창 과정이었고, 그것은 로마인이나 그들의 여러 야만인 적들이 참여한 전쟁과 전혀 다르지 않았다.

700년대 초 시리아의 아랍인이자 칼리프 알 왈리드(al-Walid)의 신임을 받고 있었던 무사 이븐 누사이르(Musa ibn Nusayr)가 이프리키야 속주의 총독에 임명되었다. 그는 대부분 베르베르인 개종자들로 이루어진 군대를 거느리고 서쪽으로 쳐들어가 모로코의 대부분을 복속시켰다. 그러고 나서 자신은 카이로완으로 철수하고 서쪽(모로코)에는 원주민 출신 자유인 타리크 이븐 지야드(Tariq ibn Ziyad)를 군사 책임자로 임명했다. 타리크는 자신의 무슬림 군대가 위치한 세우타(Ceuta)에서 날씨가 좋으면 서고트족이 지배하는 히스파니아의 산꼭대기들을 아스라이 바라볼 수 있었다. 폭이 15킬로미터밖에 되지 않는 지브롤터해협은 그리스 지리학자들에 의해 '헤라클레스의 기둥'(Pillars of Hercules)이라고 불린 곳인데, 이 해협은 아프리카와 유럽을 갈라놓고 있었다. 그것은 번영하고 비옥한 과거 비잔티움 제국의 히스파니아 속주 — 당시에는 서고트 귀족들과 로마 라틴 교회 주교들이 지배하는, 통합은 되어 있었지만 통일은 되어 있지 않은 — 로 갈 수 있는 자연적이고 잘 닦인 통로를 제공해 주었다.

제1부

정복,
700~820

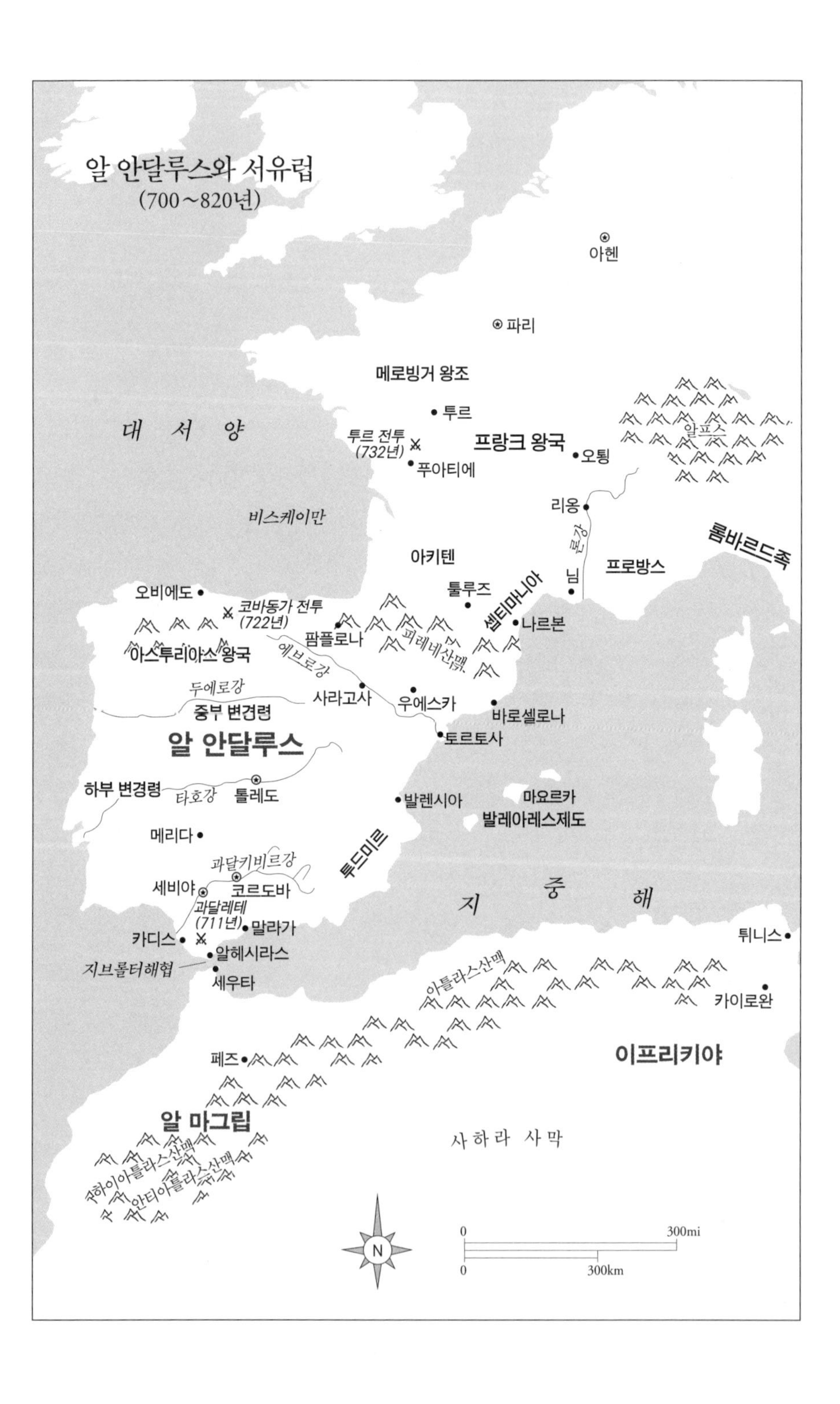

알 안달루스와 서유럽
(700~820년)
아헨
파리
메로빙거 왕조
투르
대 서 양
투르 전투
(732년)
프랑크 왕국
오툉
푸아티에
알프스
리옹
비스케이만
론강
롬바르드족
아키텐
프로방스
님
오비에도
툴루즈
셉티마니아
코바동가 전투
(722년)
나르본
팜플로나
피레네산맥
아스투리아스 왕국
에브로강
두에로강
사라고사
우에스카
바로셀로나
중부 변경령
토르토사
알 안달루스
하부 변경령
톨레도
타호강
발렌시아
마요르카
발레아레스제도
메리다
투드미르
과달키비르강
세비야
코르도바
지 중 해
과달레테
(711년)
말라가
튀니스
카디스
알헤시라스
지브롤터해협
세우타
아틀라스산맥
카이로완
페즈
이프리키야
알 마그립
사 하 라 사 막
하이아틀라스산맥
안티아틀라스산맥
N
0
300mi
0
300km

제1장

개막

1898년 6월 8일, 암만의 동쪽 황량한 사막에서 학자이자 모험가인 체코인 알로이스 무실(Alois Musil)은 740년대에 건설되었으나 오랫동안 잊혀 있던 우마이야 왕조 칼리프들의 사냥터이자 별궁인 쿠사이르 암라(Qusayr 'Amra)를 발견했다. 그 안에는 심하게 훼손되기는 했지만 눈부시게 아름다운 비잔티움 양식의 프레스코화가 있었는데, 거기에는 벌거벗은 채 열정적으로 춤을 추는 무희들과 악기를 연주하며 돌아다니는 동물들, 별자리가 그려진 지도, 어좌에 앉아 있는 군주에게 신서(臣誓)를 하고 있는 여섯 명의 왕 — 세계의 위대한 왕들 — 이 그려져 있었다. 여섯 명의 왕의 그림에서 그리스어와 아랍어의 두 가지 언어로 된 설명글에는 첫 세 명의 왕이 페르시아의 샤 쿠스라우(Khosrau), 비잔티움의 황제(Caesar), 그리고 에티오피아의 '네구스'(Negus)라고 쓰여 있다. 나머지 세 명의 왕에 대해서는 한 사람의 이름만 남아 있는데, 그리스어로는 로도리크(Rodorik)로, 아랍어로는 루데리크(Ludheriq)로 되어 있다. 이 인물은 히스파니아의 마지막 서고트족 왕이었으며, 그는 711년 전투에서 타리크 이븐 지야드의 군대에 의해 죽임을 당했으나 한 세대 후 이 궁전에서 (그림으로) 부활해 이슬람 칼리프의 영광을 입증하고 있었던 것이다.

이슬람의 스페인 정복이 있고 나서 30년이 채 지나지 않아 로드리고(루데리크)의 몰락은 이미 아랍인들의 상상에서 하나의 신화가 되어 있었다. 알 안달루스는 무슬림 군대가 도달한 서쪽 끝에 있는 땅이었고, 아랍인들의 상상에서는 멀고도 먼 이국적인 땅이자 비옥하고 부(富)가 넘쳐나는 땅이었으며, 로마 제국의 멸망에서 또 하나의 단계였다. 거만한 왕 로드리고는 경멸의 대상이 되기도 하고 존중의 대상이 되기도 한 전설적인 인물이었다. 정복에 관한 여러 이야기에서 그는 대개 거만한 인물로 묘사되었는데, 그와 그의 백성의 몰락은 오만과 욕정, 그리고 서고트족의 지배를 가능케 한 마술적 힘에 대한 무모한 도전의 결과물이었다.

무슬림들의 서고트 스페인 정복 — 그 정복된 땅을 아랍인들은 알 안달루스(al-Andalus)라고 부르게 된다 — 은 711년 4월 무사 이븐 누사이르의 부하 장군인 타리크 이븐 지야드가 병력을 끌어모은 다음 세우타와 스페인 남부 해안 지역을 갈라놓고 있는 해협을 건너 장차 자신의 이름을 갖게 될 바위산 — 지브롤터(Gibraltar)를 의미하며, '타리크의 산'을 의미하는 '자발 타리크'(Jabal Tariq)에서 유래했다 — 에 도착하는 것으로 시작되었다. 그러나 이때 그가 완전히 미지의 땅으로 들어간 것은 아니었다. 그는 그 전해 이미 원정군을 파견해 이베리아반도 남단에 대한 정찰적 성격의 습격을 감행한 적이 있었다. 수천 명의 경기병과 보병으로 구성된 것으로 보이는 타리크의 군대는 가족들과 함께 해협을 건넌 다음, 북쪽 베티스강 주변에 위치한 도시들을 향해 진군해 갔다. 아랍인들은 이 베티스강을 알 와딜 카비르(al-Wadi 'l-Kabir) — '위대한 강'을 의미하며, 스페인어로는 '과달키비르'(Guadalquivir)이다 — 라고 부르게 된다. 내륙 모처에서 그들은 로드리고의 군대와 맞닥뜨렸는데, 그 군대는 로드리고의 가족들과 그에게 충성하는 신하들로 구성되어 있었다. 양측은 와디 라쿠(Wadi Lakku) — 후에 스페인어로 '과달레테'(Guadalete)로 불리게 된다 — 라는 곳에서 충돌했는데, 아마도 지금의 카디스(Cádiz, Qadis) 바로 동쪽 지점이었던 것으로 보인다. 여기에서 서고트 왕국의 운명은 단 하루 만에 결정되고 말았다. 로드리고의 군대는 궤멸되었고 왕 자신을 포함해 엄청난 수의 병사가 전사했다. 정복을 뜻하는 아랍어는 파트(fath) — '파타'(fat-hah)로 발음한다 — 인데, 그 단어는 '개방됨'을 의미하기도 한다. 이 한번의 전투에서 서고트 군대가 패배함으로써 히스파니아 전체가 말 그대로 타리크에게 개방되었다.

이 소식이 이프리키야의 총독 무사 이븐 누사이르의 귀에 들어가자 그는 증원군을 파견하기로 결심하고, 이듬해 그 자신이 직접 두 아들 압드 알 아지즈('Abd al-'Aziz)와 압드 알라('Abd Allah)와 함께 이베리아반도로 건너왔다. 그 후 서고트 왕국의 정복은 시리아와 이집트를 정복할 때와 비슷한 양상으로 진행되었다. 방어 능력을 상실한 히스파니아 원주민들은 눈앞에서 벌어지는 상황을 속수무책으로 바라보는 것 말고는 달리 할 수 있는 것이 없었고 이렇다 할 저항도 하지 못했다. 무슬림들에게 주어진 과제는 가능한 한 신속하게 움직여 방어자들(서고트인들)의 혼란 상태를 이용하는 것, 그리고 신속한 정복의 진행과 이미 정복한 영토를 지배할 수 있는 능력 간에 균형을 맞추는 것이었다. 714년경이면 무사(무사 이븐 누사이르)와 그의 아들들은 스페인 중부 고원 지역 대부분의 도시들을 정복한 다음 북부 지방을 공격하는 중이었으며, 716년경이면 피레네산맥 남사면에 위치한 도시들의 정복에 나서고 있었다.

무슬림 군대는 카디스와 로마를 연결하는 옛 로마 포장도로인 비아 도미티아(Via Domitia)를 따라 진격했는데, 717년 (피레네)산맥을 넘어 서고트 셉티마니아(Septimania) — '일곱 도시의 땅', 베지에(Béziers), 엘느(Elne), 아그드(Agde), 나르본(Narbonne), 로데브(Lodève), 마귈론(Maguelonne), 그리고 님(Nîmes)을 의미한다 — 로 쳐들어갔다. 이때 바로 서쪽에 위치한 또 다른 야만인 제후령이었던 아키텐 공령(북쪽 메로빙거 왕조 프랑크 왕국의 속령 가운데 하나)의 조직적인 저항에 부딪혔다. 이에 아랍 군대는 제후령의 지배자 외도 공(Eudes)과 충돌을 피하기 위해 북쪽으로 기수를 돌려 718년 프로방스와의 경계선인 론강에 도착했다.

당시에 큰 강은 대성당과 수도원 주위에 들어선 여러 주요 도시를 거쳐 북쪽으로 진격할 수 있는 일종의 고속도로였다. 무슬림 침입자들은 강을 거슬러 올라가면서 리옹을 공격해 일시적으로 점령했는가 하면, 그보다 훨씬 북쪽에 위치한 부르군트의 오툉을 점령하기도 했다. 후에 그들은 나르본(Narbonne, Arbuna)으로 철수했는데, 이 나르본은 견고한 성벽을 갖추고 있었고 바다에 접근할 수 있었으며, 자신들에게 병참적 지원을 제공해 줄 유대인 상인들의 도움을 받을 수도 있었기 때문에 지역 수도로 선택되었다.

셉티마니아의 혼란한 상황은 무슬림들에게 큰 도움이 되었다. 잔존해 있던 서고트 지배 엘리트들은 프랑크족의 지배를 두려워했기 때문에 무슬림 침입자들은 그들을 상대로 지역 공동체들의 항복을 협상할 수 있었다. 그러나 무슬림 군대는 정복 지역이 확대될수록 그 두터움이 약해져 갔다. 그들의 군대가 지역 징집병으로 보완되기는 했지만, 베르베르인들의 대부분이 히스파니아에 정주해 있었기 때문에 더 이상 그들의 도움을 받을 수 없었다. 그럼에도 그들은 서쪽 외도 공의 수도 툴루즈를 공격했으나, 그곳에서 721년 그의 군대에 참패를 당했다.

한편, 이 사건들을 주의 깊게 바라보고 있는 사람이 있었으니, 메로빙거 왕실의 궁재(宮宰)이면서 프랑크 왕국의 실세였던 샤를 마르텔(Charles Martel)이 바로 그였다. 732년 알 안달루스의 총독 압드 알 라흐만 알 가피키('Abd al-Rahman al-Ghafiqi)가 대군을 동원해 외도를 공격해 온 사건이 샤를에게는 행운의 여신이 그에게 보내는 미소였으니, 그것은 알 가피키가 피레네산맥을 넘어와 보르도를 공격하자 외도 공이 북쪽으로 도망쳐 샤를 자신의 품에 뛰어들었기 때문이다. 알 가피키는 북쪽으로 320킬로미터 정도 떨어져 있었던, 메로빙거 왕조 영토 깊숙한 곳에 위치한 부유한 투르의 성 마르탱 수도원을 약탈하기 위해 북진을 계속했으나 그것은 파국으로 끝이 났다. 이제 외도의 도움을 받게 된 샤를은 무슬림들의 목표 지점으로부터 남쪽으로 약 80킬로미터 떨어진 지점(푸아티에 바로 북쪽)에서 알 가피키의 군대와 대치하게 되었다. 너무 길게 늘어져 있었고 너무 많은 짐을 갖고 있었으면서도 지나치게 자신감에 차 있었던 무슬림 군대는 샤를의 꼬임에 넘어가 전투를 하게 되었지만 프랑크 왕국의 대승으로 끝났으며, 여기에서 알 가피키 자신을 포함해 수많은 무슬림이 전사했다. 이 승리에 대한 찬사는 대단해서 후에 '망치'(the Hammer)라는 별명을 갖게 된 샤를은 735년 프랑크 왕국의 국왕대행(king-regent)으로 즉위하게 된다. 그 후 수십 년 동안 샤를과 그의 계승자들은 서서히 아키텐 전체의 지배권을 장악하고 무슬림들을 셉티마니아에서 쫓아냈다. 그 후 푸아티에(혹은 투르) 전투의 승리는 유럽 역사가들에 의해 과장되어 프랑스 국가 신화의 기반이 되었으며, 샤를은 이슬람의 공격으로부터 기독교 유럽을 구해 낸 구세주로 추앙받았다. 그러나 투르에 대한 (무슬림들의) 공격은 문명 간 충돌도, 정복 전쟁도 아니었으며, 단지 하나의 침입이었을 뿐이다. 무슬림들은 그때의 패배에도 불구하고 메로빙거 프랑크 왕국의 세력 증대에 반대하는 기독교 동맹세력들의 도움을 받아 736년까지 프랑스 남부 지역에서 계속 세력을 유지할 수 있었다.

무슬림들이 셉티마니아로부터 서서히 구축되고 있었을 때도 알 안달루스에 대한 무슬림의 지배는 강화되었다. 그들이 안 안달루스에 정착해 살기 위해 이곳에 왔다는 점은 분명했다. 무사와 타리크, 그리고 그들의 군대 — 그 군대에는 아랍인과 베르베르인, 그리고 비잔티움-로마의 북아프리카인이 포함되어 있었다 — 에 알 안달루스는 피레네산맥 이북의 춥고 축축한 땅과는 달리 먼 곳도 낯선 곳도 아니었다. 그 땅은 오래전부터 지중해와 로마 세계의 주요 부분을 이루었으며, 지브롤터해협은 태곳적부터 북쪽(이베리아) 해안과 남쪽(아프리카) 해안을 잇는 자연적인 다리가 되어오고 있었다. 알 안달루스의 지형은 북대서양 해안을 따라 펼쳐져 있는, 그리고 비도 많이 오고 대부분 산지로 이루어진 띠 모양의 땅을 제외하면 마그립, 이프리키야, 이집트, 그리고 시리아의 그것과 매우 비슷했다. 즉 메마른 평원으로 이루어져 있되 드문드문 관목이 우거진 산들이 펼쳐져 있고, 잘 제어되기만 한다면 메마르기는 하지만 비옥한 토양을 깨워 풍요로운 초록의 경작지로 만들 수 있는 강을 끼고 있었다. 그러므로 이곳에 들어온 많은 사람에게 이 지역의 땅은 익숙하고 목가적인 땅, 일종의 파라다이스로 생각되었다. 그리고 그런 알 안달루스의 이미지가 아랍-이슬람인들의 상상 속에 신속하게 자리 잡았다.

그러나 무슬림의 (알 안달루스) 침입은 '유럽'을 정복하려는 칼리프 측의 거대한 전술의 일환으로 진행된 것이 아니었다. 당시 유럽은 가난하고 후진적인 벽지에 불과했으며, 아랍-이슬람인들의 상상 속에 전혀 들어 있지 않았다. 비잔티움을 포위하려는 생각을 약간은 갖고 있었을지 모르지만 그것이 칼리프의 전술에 영향을 끼친 것 같지는 않다. 이 시기 지배자들은 자신의 권위를 바탕으로 복잡하고 장기적인 전쟁을 수행할 만한 위치에 있지 않았으며, 칼리프들도 예외는 아니었다. 더욱이 아랍-이슬람 중심 지역의 모든 사람이 스페인에서의 모험을 환영하지도 않았다. 예를 들어 칼리프 우마르 2세(Umar II, 재위 717~720)는 무슬림들이 서쪽 끝 춥고 멀리 떨어진 땅에 너무 고립되어 적의 공격에 취약한 상태가 되지 않을까 염려해 알 안달루스로부터의 전면 철수를 주장하기도 했다.

그런데 여러 가지 요인이 합쳐져 아랍인들과 베르베르인들로 하여금 해협을 건너 스페인으로 들어가게 만들었으니, 그중 하나는 분명 종교였다. 종교는 침입자들에게 일관성과 굳은 결의를, 그리고 스스로 보다 높은 차원의 도덕적 대의에 동참하고 있다는 느낌을 갖게 만들었다. 만약 그들이 전투 중에 죽는다면 적어도 그들은 순교자가 될 수 있었다. 그래서 비록 그것이 분명하고 일관된 것은 아니었지만 알 안달루스와 셉티마니아에 침입한 자들(무슬림들)과 기독교도들 모두 자신들이 종교적인 전쟁에 참여하고 있다는 생각을 갖고 있었다. 이런 생각은 특히 기독교 성직자들 사이에서 강했던 것으로 보이는데, 그들은 이 정복을 신의 의지의 표현으로 ─ 즉 신이 자신들에게 내리는 매질로 ─ 보았으며, 『구약성서』에 나오는 이스라엘이 당하는 시련의 언어를 빌려 자신들의 패배를 설명했다. 많은 사제와 주교, 그리고 수도승이 무슬림의 공격을 피해 교회의 보물과 성유물들을 가지고 히스파니아에서 빠져나와 안전한 야만인(게르만) 왕국들로 향했다. 그 도망을 선도한 사람들 가운데 한 명이 톨레도의 대주교 신데레드(Sindered)였는데, 그는 721년 자신의 양떼를 적진에 버려둔 채 로마로 갔다.

그러나 종교는 (무슬림들의) 그 같은 영웅적인 노력을 가능케 하기에 충분한 동기가 아니었으며, 해협을 건넌 사람들 모두가 특별히 신심이 깊은 사람들도 아니었다. 가장 중요한 동기는 의심의 여지없이 부(富)에 대한 열망이었다. 방어가 허술한 라틴 기독교 세계의 교회와 수도원들은 금과 은, 그리고 각종 보석으로 장식한 성구(聖具)를 갖고 있었고, 그것들은 그리 어렵지 않게 탈취할 수 있었다. 그 외에도 그들은 농작물과 가축을 약탈할 수 있었으며, 주민들을 납치해 노예로 만들 수도 있었다. 노예는 가치 있는 자산이었고, 외국인 여성 노예는 특히 수요가 많았다. 요컨대, 침입자 가운데 다수, 특히 아랍인 엘리트들은 명예와 부, 그리고 새로 정복한 땅의 영주가 될 수 있는 기회를 추구했으며, 이 야심은 다르 알 이슬람의 확장이라는 도덕적 의무와도 잘 들어맞았다.

다른 한편으로 정복에 필요한 인력의 대부분을 제공한 베르베르인 전사들은 이베리아반도의 비옥한 평야를 식민화하려는 의도를 갖고 가족과 함께 해협을 건넜다. 그러나 일단 알 안달루스에 도착하면 그들 역시 풍요롭고 손쉽게 획득할 수 있는 부의 매력에 빠져 서고트 왕국의 붕괴가 남긴 공백 안으로 빨려들어 갔다. 이처럼 정복이 자주 종교적인 사업으로 간주되고 있기는 하지만 그 과정은 그보다 훨씬 더 복잡했다. 실제로 아랍 연대기 작가들은 이 사건들의 원인이 보다 인간적인 요인들, 즉 욕정과 자만심, 탐욕 등에 있는 것으로 생각하는 경향이 있었고, 기독교 역사가들도 만약 로드리고가 서고트 귀족들 사이에서 갖고 있었던 많은 적들은 차치하고라도 타리크와 무사를 도왔던 다수의 비무슬림들이 없었더라면 정복은 불가능했을 것이라고 인정했다.

무슬림들의 알 안달루스 정복을 도왔던 비무슬림들 가운데 첫 번째 인물이 전설적인 훌리안 백작(Count Julian)이다. 훌리안—아랍어로는 율리안(Yulyan)—은 후대 역사서에서 셉템(Septem), 즉 북아프리카에서 온 타리크의 군대에 대한 저항의 마지막 보루였던 '녹색의 섬'—알 자지라 알 카드라(al-Jazira al-Khadra'), 오늘날의 알헤시라스(Algeciras)이거나 아니면 카디스(Cádiz)였던 것으로 보인다—의 영주로 기록되어 있다. 그는 보통 비잔티움의 지배자로서 타리크가 이베리아반도에 침입했을 때 그에게 선박과 정보를 제공했다고 알려져 있다. 무슬림의 북아프리카 정복에 직면해 그처럼 (본국으로부터) 멀리 외따로 떨어져 있던 비잔티움의 전진기지가 무슬림과 운명을 같이하기로 결정한 것은 충분히 이해할 수 있는 일이다. 그러나 중세 초기 역사가들은 사태를 오페라적인 방식으로 보는 경향이 있어 훌리안이 왜 무슬림들에게 협력하게 되었는지를 설명하고 로드리고를 멸망할 수밖에 없었던 인물로 제시하기 위해 그럴듯하게 이야기를 만들어냈다. 그렇게 해서 플로린다(Florinda) 전설이 생겨났다.

이 전설에 따르면, 로드리고는 훌리안 백작에게 그의 딸을 서고트 왕국의 수도 톨레도에 보내 왕궁에서 교육받게 하라고 권했다. 이것은 그 딸을 왕궁에서 요조숙녀로 자라게 하고, 로드리고는 훌리안의 충성을 보장할 인질을 확보할 수 있었다는 점에서 합리적인 요구라 할 수 있었다. 그런데 로드리고는 이 매력적인 아가씨—그녀는 후에 플로린다 혹은 라 카바(La Cava, '꺾인 여자')라는 이름으로 불렸다—에게 반하여 욕정에 사로잡히게 되었고, 결국 그녀를 겁탈하게 되었다. 이 소문은 곧 세우타에 퍼졌고, 훌리안은 딸의 명예를 회복하기 위해 복수를 하겠다고 맹세했다. 그런 그에게 타리크 이븐 지야드의 도착은 신의 선물 같은 것이었으며, 정복은 훌리안의 매우 개인적인 복수의 도구가 되었다는 것이다.

그러나 이 이야기의 이면에는 어떤 사실(facts)이 자리하고 있는가? 훌리안은 비잔티움의 관리 혹은 베르베르인 기독교도로 기술되어 왔다. 그러나 이 점에서 사료는 지극히 불확실하다. 그가 서고트 귀족으로 카디스 혹은 세우타의 영주였을 가능성도 있는데, 만약 그렇다면 그 직책이 그에게 이베리아반도와 무슬림 지배 아래의 북아프리카를 잇는 연결고리를 유지하는 데 관심을 갖게 했을지 모른다. 이미 710년에 훌리안이 타리크에게 선박을 빌려주어 서고트 왕국의 방어 능력을 시험해 보았다는 이야기도 있다. 그리고 이듬해 훌리안은 결심을 완전히 굳혀 타리크에게 자신의 함대뿐만 아니라 정보와 병참적인 지원도 제공했으며, 그 역할을 712년 무사 이븐 누사이르가 도착한 이후에도 계속 유지했다는 것이다. 그렇다면 그것은 (서고트 왕에 대한) 과감하고 치밀한 배신이었다. 훌리안은 그 후로 새 지배자들 밑에서 출세를 거듭했으며, 정복이 끝나고 나서는 코르도바에 정착했다. 그의 아들들은 이슬람으로 개종했고, 그의 후손들은 무슬림 치하 알 안달루스 궁정에서 높은 지위와 권위를 향유했다.

플로린다 전설은 후에 만들어진 것이 거의 확실하지만 훌리안과 그의 추종자들, 그리고 그와 비슷한 사람들이 없었다면 알 안달루스의 정복은 아마도 불가능했을 것이다. 시리아의 아랍인들은 해군의 전통을 갖고 있지 않았다. 그들은 해상 모험에서, 그리고 전투 중에는 정보 획득과 길 안내의 측면에서 피정복민들의 협력에 의존했다. 근동 지역에서와 마찬가지로 여기서도 아랍인들의 성공은 무슬림들 자신들의 일관된 목적만큼이나 그들이 지배하려고 한 사람들 사이에 나타난 불화의 덕을 보았다. 실제로 기독교도들 간에, 그리고 서고트 왕국 내부의 분열과 관련해 로드리고라는 인물을 중심으로 하는 또 하나의 전설 속에서 더 많은 힌트가 발견되는데, 이 전설은 문이 잠긴 방과 오래된 저주를 포함하고 있다.

이 전설에 의하면, 로드리고는 710년 왕위에 오를 때 혈통은 고귀하지만 잔인하다는 평판을 가진 젊은이로 위대한 왕 친다스빈트(Chindasuinth)의 손자였다. 그의 즉위는 서고트 왕국의 수도 톨레도에서 거행되었고 거기서 그는 톨레도 대주교, 즉 히스파니아 교회의 수장에 의해 도유(塗油)되었다. 그러나 그의 호언장담에도 불구하고 그의 즉위는 불길한 징후로 암운이 드리워졌는데, 대관식 도중에 로드리고가 왕관과 홀을 땅바닥에 떨어뜨린 것이다. 이것은 톨레도 대주교가 그의 이마에 발라준 성유(聖油)도 그를 구해 내지 못할 불길한 징후였다.

가톨릭교회가 서고트 왕들에게 항상 자신이 가진 마술적 보호를 제공해 왔던 것은 아니다. 서고트인들은 오랫동안 기독교도이기는 했지만 아리우스파 기독교도들이었다. 이 교파는 성자 예수가 성부(聖父)보다 열등하다고 주장했는데, 이 신학적 입장은 325년 니케아 공의회에서 제국 교회에 의해 이단으로 선언되었다. 그 이후로 아리우스의 추종자들은 자신들의 신앙을 게르만족 야만인들에게 전파했으며, 서고트족 같은 일부 게르만족은 자신들의 적, 즉 로마 황제의 종교적 권위에 복속되지 않아도 되는 이 기독교(즉 아리우스파 기독교)를 받아들일 준비가 되어 있었다. 아랍인들과 마찬가지로 서고트인들도 반(半)유목민 전사 집단이었으며, 그들은 자신들의 왕에 대해서는 그들을 전쟁 지도자 가운데 한 명, 즉 필요할 때 선출해 일시적으로 권력을 부여하는 사람 정도로 간주했다. 400년대 초에 서고트족이 히스파니아에 정착하게 되었을 때 아리우스파 서고트족은 로마화한 기독교 백성들을 고유한 언어와 법, 그리고 종교를 고수하는 별개의 집단으로 간주하고 지배했다. 그러나 동쪽 아랍 세계의 무슬림들과 마찬가지로 그들도 교회를 무시할 수는 없었는데, 왜냐하면 그 교회가 로마 민간 정부의 붕괴로 말미암아 사법 행정과 세금 징수를 위한 중요한 제도적 틀을 대신 제공해 주고 있었기 때문이다. 그래서 아리우스파 서고트족과 가톨릭 성직자들은 불안한 균형을 유지하면서, 즉 적대적이지만 서로를 필요로 하는 관계 속에서 살았다.

500년대 말이면 교회와 왕정이 서로를 필요로 한다는 것이 분명해졌다. 대표적인 귀족 가문들 간의 끊임없는 불화는 왕국을 자주 내전 상태로 몰아넣었고, 서고트 귀족들은 잔존해 있던 원주민 가톨릭 엘리트 집단과 서서히 뒤섞이고 있었다. 만약 서고트 지배자들이 기독교(가톨릭)를 수용한다면, 교회는 그들에게 모종의 신성한 성격을 제공하고 왕국 안정화에 매진함으로써 얼마간의 안정을 가져다줄 수 있었다. 그래서 왕위계승 전쟁 가운데 하나를 겪은 후에 레카레도(Recaredo, 재위 586~601)라는 왕자가 왕위에 올랐고, 그는 587년 가톨릭으로 개종을 택했다. 그리고 그의 아리우스파 신민들 역시 당시 관행대로 왕의 명에 따라 가톨릭으로 개종해야만 했다. 그렇지만 서고트 상층 계급의 파벌주의는 너무나 뿌리가 깊어서 사라지지 않았다.

672년 친다스빈트의 오랜 치세가 끝나고 고관과 주교들에 의해 왐바(Wamba)라는 인물이 새 왕으로 선출되었다. 그는 즉위하자마자 셉티마니아에서 일어난 반란과 북쪽 바스크인들의 공격에 직면하게 되었다. 680년 그의 죽음은 일련의 왕위 쟁탈전을 촉발했고, 그것은 인기 없는 왕 에히카(Egica)가 선출제로 운영해 온 그때까지의 관행을 깨고 자신의 친자 위티자(Wittiza)를 후계자로 임명하는 결과를 낳았다. 그러나 위티자의 치세는 10년에 불과했으며, 710년에 그가 죽자 여러 경쟁자가 왕위를 차지하기 위해 달려들었다. 훌리안 백작도 그 가운데 한 명이었던 것으로 보인다. 이 시점에 한 무리의 서고트 귀족들이 대담하고 자신만만한 젊은 전사 로드리고를 왕으로 선택했으며, 그들과 로드리고는 저항하는 자들을 무력으로 진압했다. 무사 이븐 누사이르의 군대가 아프리카 쪽 대서양 해안에 도착한 것이 바로 이 무렵이었다.

왕위에 오른 로드리고는 경쟁자의 저항만이 아니라 북쪽 바스크인들의 재개된 공격에도 대처해야 했는데, 711년 타리크의 군대가 이베리아반도에 상륙할 당시 그는 그 바스크에서 벌어진 전투에 참전하고 있었다. 로드리고의 군대는 무슬림의 침입에 대처하기 위해 최대한 서둘러 남쪽으로 내려와야 했기 때문에 현장에 도착했을 때 병사들은 완전히 지쳐 있었고, 거기다 그 군대에는 은밀하게 다른 왕위 후보자들을 지지하는 불충한 자들도 적잖이 포함되어 있었다. 그에 반해 타리크의 군대는 힘이 넘치고 동기부여가 잘 되어 있었다. 무엇보다도 그들은 훌리안과 그 부하들의 도움뿐만 아니라 위티자 집안의 도움까지 받고 있었던 것으로 보이는데, 위티자 집안사람 중 일부는 전투가 시작되면 로드리고의 진영에서 이탈해 타리크의 군대에 합류하기로 되어 있었던 것으로 보인다. 전설은 전투의 자세한 사항에 대해서는 언급하지 않고 있다. 그러나 로드리고의 군대가 궤멸당하고 국왕 자신도 거기에서 전사했음이 분명하다. 그것이 옳든 그르든 간에, 히스피니아 붕괴의 책임은 온전히 그(로드리고)의 몫이었다. 연대기 작가들은 어떻게든 왕국의 붕괴를 가져온 갈등을 상징적으로 묘사하려 했으며, 그래서 작가들은 그것을 설명하기 위해 전설을 만들어냈던 것이다.

스페인과 관련된 신화적인 영웅들 가운데 하나가 반신반인(半神半人)의 인물 헤라클레스인데, 그가 신들로부터 부여받은 일곱 개의 과업(Seven Labors) 가운데 하나가 스페인 남서쪽 끝에 살고 있던 머리 셋의 거인 게리온(Geryon)의 소들을 훔치는 것이었다. 지브롤터해협을 에워싸고 있는 두 개의 큰 산과 '알려진 세상'의 끝으로 생각되었던 이곳이 '헤라클레스의 기둥'이라고 불리게 된 것은 바로 그의 시기, 여기에 기인한 것이었다. 전설에 따르면, 헤라클레스는 스페인의 첫 번째 왕이었고 톨레도 시를 건설했으며, 거기다 자신의 보물들을 보관하기 위해 탑을 하나 세우고, 그 탑 대문에 자물쇠를 채우고, (문을 여는 자는 불행을 당할 것이라는) 저주를 통해 그것을 지키려고 했다. 그 후로 스물네 명의 지배자가 각각 헤라클레스의 바람을 존중해 문에 자물쇠 하나씩을 더 걸었다. 그런데 거만하고 성질 급한 로드리고가 자물쇠를 모조리 부수고 탑 안으로 들어갔다. 그는 그 안에서 보물 대신 몇 개의 조각(혹은 그림)을 발견했는데, 거기에는 기이한 터번을 쓴 기사 그림과 함께 탑의 문을 열면 이 (터번을 쓴) 침입자들이 스페인에 쳐들어올 것이라는 경고문이 쓰여 있었다. 타리크와 무사의 알 안달루스 침입은 그렇게 해서 운명지어 있었다는 것이다.

오만과 야심 때문에 어려움에 처하게 된 사람이 서고트족의 로드리고만은 아니었다. 알 안달루스의 정복자 무사의 운명도 그가 쫓아낸 왕(로드리고)보다 별로 나을 것이 없었다. 무사 이븐 누사이르가 높은 지위를 누릴 수 있었던 것은 그가 한 마울라(mawla), 즉 노예였다가 해방된 피호인(client)의 아들이었고 우마이야 왕조와 연계를 갖고 있었으며, 698년경 칼리프 압드 알 아지즈에 의해 이프리키야 총독으로 임명된 이력 덕분이었다. 705년 칼리프가 죽고 그의 아들 알 왈리드가 계승했을 때도 무사는 계속해서 새 군주의 총애를 잃지 않았다. 북아프리카 서부 지역의 정복을 지휘하고 베르베르인들을 이슬람의 지배 아래 복속시킨 것도 바로 그였다. 그 베르베르인 가운데 한 사람이 타리크였는데, 그는 원래 전쟁포로였으나 무사가 그를 석방하고 자신의 부관으로 임명했던 것이다. 그리고 타리크는 711년 자신의 주도로 베르베르인으로 구성된 군대를 이끌고 서고트 왕국으로 쳐들어갔던 것이다.

전통적인 아랍 사회는 부족(tribe)과 혈족(clan), 가족, 그리고 후견제(clientage)의 여러 관계에 기반을 두고 있었으며, 거기서는 더 유력한 자가 덜 유력한 자를 보호(후견)해 주고 대신에 그로부터 충성을 약속받는다. 600년대 말 아랍인의 대팽창의 시기에 왈라(wala, '후견제')는 모험 사업의 성공에 결정적인 역할을 했다. 개종자들 — 대개는 이교도 전쟁포로이거나 비무슬림 아랍인이었다 — 은 자신들을 포로로 잡은 사람의 가문 네트워크에 편입되었다. 그들은 이름을 아랍-이슬람식으로 바꾸고 후견인(patron)의 족보에 오르기도 했다. 만약 그들이 집안 노예로 경력을 시작했다면, 대개는 주인의 신뢰를 획득한 다음에 (노예 신분에서) 해방되고, 그러고 나서도 옛 주인의 가족을 위해 계속 봉사했다. 그렇다고 그들이 반드시 옛 주인에게 예속된 존재는 아니었다. 무사와 타리크의 복잡한 관계가 보여 주듯이, 피호인(보호 혹은 후견을 받는 사람)은 자신들의 어젠다를 추구할 모든 준비가 되어 있었으며, 후견인은 야심만만한 피호인들을 계속 감시하지 않으면 안 되었다. 그런 식으로 왈라의 관행은 새로운 민족들을 아랍인 지배 아래의 무슬림 사회로 편입하는 유력한 메커니즘을 제공했다. 무사에게 타리크 같은 인물은 그(타리크)가 새로운 베르베르인 징집병 군대(그들 중 대부분은 아마도 개종하고 나서도 이슬람 종교에 대해서 거의 몰랐고, 아랍어를 말할 줄도 몰랐을 것이다)와 그를 이어주는 중재자가 되어주었기 때문에 특히 가치가 있었다.

타리크의 성공은 눈이 부실 정도였다. 로드리고의 군대를 격파하고 나서 그의 군대는 반도 남쪽 일대로 퍼져나갔고 그 자신은 왕국의 수도 톨레도에 무혈입성했는데, 톨레도는 그 후로 아랍식 명칭인 툴라이툴라(Tulaytula)로 불리게 될 터였다. 한편, 무사는 자신의 부하(타리크)가 허락도 없이 적진으로 진격하고, 자기보다 더 큰 명예와 더 많은 전리품을 차지하는 것을 좌시할 수가 없었다. 그래서 그는 신임하는 병사들로 구성된 군대를 소집해 712년 두 아들(압드 알 아지즈와 압드 알라)과 함께 이베리아반도 내 상황을 직접 통제하기 위해 해협을 건넜다. 타리크의 연이은 성공에 놀란 무사는 그를 지휘관직에서 쫓아내고 자신이 정복을 마무리했다. 이로써 불과 4년 만에 이베리아반도 거의 전역이 불완전하기는 했지만 무슬림의 지배 아래 들어가게 되었다. 정복은 무사와 그의 아들들, 그리고 그들의 추종자들을 부자로 만들어주었다. 총독(무사)이 714년 아들인 압드 알 아지즈를 알 안달루스 내 권한 대행으로 남기고 카이로완으로 돌아가게 되었을 때, 그는 엄청난 수의 노예들을 소유하고 엄청난 양의 보물을 쌓아놓고 있었다. 이렇게 히스파니아의 부는 바리바리 포장되어 이프리키야로 건너갔다. 그리고 전설에 따르면 이때부터 문제가 시작되었다.

무사는 칼리프 알 왈리드에게 신서(臣誓)를 바치고, 획득한 전리품과 포로들을 그에게 보여 주고, 또 전리품 가운데 칼리프의 몫으로 되어 있는 5분의 1을 전달하기 위해 서둘러 이프리키야로부터 다마스쿠스로 달려갔다. 이때 그는 알 안달루스에서 말썽의 소지를 없애기 위해 타리크도 동행케 했다. 그러나 무사가 다마스쿠스에 도착한 직후 알 왈리드는 죽었고 그의 동생 술라이만(Sulayman, 675~717)이 그 뒤를 잇고 있었는데, 그는 이프리키야의 총독(무사)에게 강한 불신감이 있었다. 술라이만은 무사가 전리품 가운데 일부를 빼돌렸다고 생각했고 무사의 경쟁자들은 그 의심을 증언해 주었으며, 그(무사)에게 굴욕을 당한 부하 장군 타리크 역시 그 주장을 거들었다. 타리크의 증언은 알 안달루스에서 획득한 전리품 가운데 가장 귀중한 물건인 고대 시대 솔로몬의 탁자에 관한 것이었다.

전설에 따르면, 타리크가 톨레도에 도착해 대성당 안에 들어갔을 때 그는 거기서 금과 보석으로 장식된 큰 탁자를 발견했고, 그것은 다름 아닌 성서에 나오는 왕이자 예언자인 솔로몬의 유물이었다는 것이다. 이 이야기의 가장 정교한 판본에 의하면, 타리크는 이 탁자를 발견하고 그것을 무사에게 넘기기 전에 남몰래 탁자 다리 가운데 하나를 잘 어울리지 않는 가짜와 바꿔치기했다. 그런데 무사는 이 보물을 자신이 직접 발견한 것처럼 말하면서 술라이만에게 전달했고, 이에 술라이만은 그에게 왜 다리 하나가 다른 다리들과 다르냐고 물었다. 물론 무사는 이에 대해 제대로 설명하지 못했다. 이때 타리크가 나타나 원래의 다리를 술라이만에게 보여 주면서 무사가 정복의 공을 가로챈 거짓말쟁이라고 비난했다. 그로 인해 무사는 재산을 몰수당하고 왕궁에서 쫓겨났다는 것이다. 전설은 타리크에 대해 더 이상의 정보를 제공하지 않고 있다. 몇몇 역사가는 이 이야기가 어느 정도 진실을 담고 있으며, 그 탁자도 실제로 (예루살렘의) 솔로몬의 성전에서 나온 유물이고 70년 로마의 예루살렘 약탈과 410년 서고트족의 로마 약탈을 거치면서 톨레도로 오게 된 것이라고 주장했다. 그러나 이것은 후에 만들어진 이야기일 뿐이며, 무슬림 정복과 관련된 갈등과 불확실성을 설명하기 위해 만들어진 우화임이 분명하다.

정복은 정복한 사람들과 정복당한 사람들 둘 모두의 우려를 낳았다. 아무리 정복자들이 신앙에 의해 하나로 결합되어 있었다 하더라도 타리크는 베르베르인이고 무사는 아랍인이었으며, 두 사람은 이슬람이 지향하는 평등주의와는 상충하는 사회적·문화적 분열을 체현하고 있었다. 아랍인들은 높은 권위를, 베르베르인들은 수적 우위를 차지하고 있었다. 또 전설은 무사가 타리크에 대해서든 혹은 칼리프가 무사에 대해서든 멀리 떨어져 있는 아랫사람들을 통제하는 것이 얼마나 어려운지를 보여준다. 또 그것은 이슬람 세계를 그렇게 멀리 떨어진 이교도의 땅에 확장하는 것이 얼마나 위험한지를 말해 주고 있기도 하다. 술라이만은 무사를 의심의 눈초리로 바라볼 만한 이유를 충분히 갖고 있었다. 서쪽에서 그가 거둔 큰 성공은 더 큰 야심을 갖고 있을지 모른다는 의심으로 이어졌다. 무사가 다마스쿠스로 귀환했을 당시, 서쪽 이슬람 영토에 대한 그의 지배는 칼리프(술라이만)의 심기를 심히 건드리고 있었던 것으로 보인다. 그는 정복의 공을 타리크로부터 빼앗아 자기 것으로 만들었을 뿐만 아니라 자신의 세 아들을 높은 자리에 앉혀 놓고 있었다. 즉 압드 알라는 이프리키야에, 압드 알 말리크는 마그립에, 그리고 압드 알 아지즈는 알 안달루스에 각각 총독으로 임명해 두고 있었다. 그는 분명 하나의 왕조를 건설하고 있었던 것이다.

제2장

파라다이스에서의 고충

초창기 무슬림들은 세계를 '다르 알 이슬람'(dar al-Islam)인 '이슬람의 영역'과 '다르 알 하르브'(dar al-harb), 즉 '전쟁의 영역'(이 전쟁의 영역에서 무슬림들은 신의 평화를 실현하기 위해 싸워야 한다고 생각했다)으로 양분하고 있었다. 다르 알 하르브는 그곳 주민들이 이슬람의 지배를 받아들이고 딤미(dhimmis)가 되지 않으면 그들을 포로로 만들고 그 재산을 몰수할 수 있는 지역이기도 했다. (반면에 만약 딤미가 되겠다고 하면 그들의 인신과 재산은 보호되어야 했다.) 무슬림들은 휘하 전사들의 노고에 보답하고 이슬람 공동체의 통치 자금을 확보하기 위해 정복한 지역의 재산을 철저히 탈취하려는 강한 열망을 갖고 있었다. 그러나 그들의 수가 제한되어 있었고 무력으로 질서를 강요하는 데 따르는 어려움을 고려해 원주민들과의 합의에 의한 항복을 얻어내는 데도 큰 관심이 있었다. 무슬림들은 이슬람 세계의 다른 지역에서와 마찬가지로 알 안달루스에서도 새 영토를 지배하기 위해 피정복민들의 협력에 의존했다. 그들은 각 지역의 법을 이해하고 있으면서 새 지배자가 된 아랍-이슬람 엘리트 집단을 위해 그 땅의 통치를 도와줄 수 있는 중개자와 세금 징수인, 행정관

등을 필요로 했다. 그리고 그 이전의 서고트족과 마찬가지로 정복자들은 질서 유지를 위해 교회와 성직자들도 필요했다.

700년대 초만 해도 이슬람은 이제 막 공식적인 종교 교리를 만들어가는 단계에 있었으며, 무슬림들이 자신들을 얼마나 독립된 종교의 구성원으로 생각했는지 혹은 얼마나 기독교도 혹은 유대교도들을 포함하는 광범한 '신자 공동체'의 일원으로 생각했는지에 대해서는 논란이 있다. 하지만 종교와는 별개로 침입자들이 자신들을 별도의 권리를 가진 계급에 속한다고 생각한 것, 그리고 딤미들은 예속된 지위와 관계가 있는 지즈야(jizya, '인두세') 등의 세금을 내야 한다고 생각한 것은 분명하다. 알 안달루스에서 주조된 초창기 동전에는 아마도 이 차이를 알리기 위해 샤하다(shahada, 이슬람의 사도신경 혹은 신앙 고백으로 "알라 외에는 신이 없다. 무함마드는 알라의 사도이다"를 말한다)의 글귀가 라틴어로 새겨졌다. 716년에는 라틴어와 아랍어 두 언어로 글귀가 새겨진 동전이 주조되었으며, 720년에는 아랍어로만 쓰인 동전이 만들어졌다.

정복 당시 기독교도들의 태도는 그보다 더 모호해 보이며, 무슬림들의 종교적 정체성을 문제 삼은 것은 후대의 사료들일 뿐이다. 당대 라틴 세계의 연대기 작가들은 무슬림들을 예를 들어 '사라센'이라든지 아니면 '이교도'로 지칭하지 않고 '이스마엘의 자손들' 혹은 '하가렌의 자손들'이라고 부르는 경향이 있었다. 그들은 아랍인과 베르베르인을 구분했고 침입자들을 어떤 종교 공동체의 구성원들로보다는 어떤 '민족들'로 소개했으며, 무슬림 공동체 내의 갈등에 대해서도 잘 알고 있었다. 정복에 대한 살아 있는 기억 안에서 라틴어로 쓰인 『754년의 연대기』에서 아랍의 군 지휘관들은 기독교 지배자들과 마찬가지로 도덕적으로 중립적인 용어로 기술되고 있다. 그들의 행동이 정당하면 칭찬을 하고 그렇지 않으면 비난을 하고 있다. 거의 당대에 쓰인 『741년의 연대기』는 심지어 무함마드를 존경의 태도를 담아 언급하고 있기도 하다. 처음부터 종교적 구분선은 불분명했지만 침입자들이 원주민 엘리트들과 통합되면서는 더욱더 그렇게 되었다. 훌리안 백작과 위티자의 추종자들이 타리크와 협력한 것은 단지 한 예에 불과하다. 무사의 아들 압드 알 아지즈의 짧은 경력은 더 많은 예들을 제공한다.

압드 알 아지즈는 침략의 두 번째 물결에서 부친과 동행해 (이베리아 반도의) 지중해 해안에 상륙했고 계속 북쪽으로 이동했다. 그는 무르시아 시 북쪽에 있는 테오디미르(Theodimir, 아랍어로는 '투드미르')가 지배하는 땅에 입성해 그를 상대로 평화 조약을 맺었는데, 그 내용은 압드 알 아지즈가 지역 주민들의 인신과 재산을 건드리지 않고 교회를 공격하지 않으며, 지역 주민들의 종교 생활에 개입하지 않겠다고 약속하는 대신에 테오디미르는 그에게 충성을 맹세하고 과하지 않은 정도의 현금이나 현물로 조공을 바친다는 것이었다. 의미심장하게도 그 합의는 지역 지배자로서의 테오디미르의 지위에 거의 영향을 미치지 않았다. 그는 이제 무슬림 주군의 권위를 인정해야 하기는 했지만 계속해서 권력을 유지할 수 있었다. 이 조약은 침입자와 원주민 양쪽 모두의 엘리트 집단 가운데 다수가 무슬림의 점령에 대해 취하고 있던 실용적인 접근을 말해 주는데, 그것은 지역 귀족이나 주교들이든, 지역 시민 집단이든 간에 반도 전역에서 일반적으로 나타난 양상이었다.

서고트 왕국의 수도이자 스페인 교회의 중심이기도 했던 톨레도에서 압드 알 아지즈가 취한 정책도 같은 기조를 유지하기는 했으나, 그의 부친(무사)의 정책과는 대조가 되었다. 무사는 톨레도에 도착해 잠재적인 저항세력을 확실하게 근절하려 생각했으며, 그래서 잔존한 귀족들을 한자리에 집결시킨 다음 한꺼번에 처형한 것으로 알려져 있다. 이어서 그는 세비야(아랍어로는 이시빌리아)를 새 수도로 정하고 톨레도가 갖고 있던 영향력을 약화시켰다. 그에 반해 압드 알 아지즈는 톨레도에서 유화적인 접근법을 택해 관례에 따라 쫓겨난 왕 로드리고의 아내 에길론(Egilón, 개종하고 나서는 '움 아심'으로 개명했다)을 아내로 거두어들임으로써 자신의 새 지위를 정당화하려고 했다. 그러나 이 조치가 (이베리아반도) 원주민 귀족들에게는 화해의 메시지를 전해 주었겠지만 아랍의 군사 엘리트에게는 놀라움을 금치 못하게 했다. 일설에 의하면, 압드 알 아지즈가 아내 에길론의 부추김을 받아 스스로 왕을 자처하기도 하고 사적인 공간에서는 왕의 옷을 입고 돌아다녔다는 이야기도 있다. 심지어 그가 비밀리에 이미 기독교로 개종을 했다는 소문도 돌았고, 만약 정말 그랬다면 그는 배교자로 사형을 당할 수 있는 중죄를 저지른 것이었다. 이런 어수선한 분위기에서 아랍인 장군들은 이슬람 회당(과거에 그곳은 교회였다)에서 기도를 드리고 있던 그를 습격해 살해하고 그 시신을 다마스쿠스의 칼리프에게 보냈다. 이 쿠데타에 가담한 사람들 중에는 머지않아 이프리키야와 알 안달루스 모두를 지배하게 되는 알 피흐리(al-Fihri) 혈족도 포함되어 있었다.

각 지역의 유력 가문들과의 혼인은 권력 네트워크를 수립하는 중요한 전술이었고, 그것은 알 안달루스에 계속 머물 생각을 갖고 있던 무슬림 유력자들 사이에 널리 퍼져 있었다. 결혼은 정치적 도구였으며, 무슬림 남자는 네 명까지 아내를 두는 것이 허용되었다는 사실은 그들에게 결혼을 통한 친족 관계에 기반을 둔 다중적 네트워크를 동시에 구축할 수 있게 해주었다. 더욱이 '성서의 사람들'• 출신 여성은 꼭 이슬람으로 개종하지 않아도 되었다는 점은 그녀들이 무슬림과의 결혼을 자신들의 확대된 가문들의 눈으로 볼 때 얼마간 용인할 수 있게 만들어주었다. 그러나 (무슬림과 서고트인들의) 결혼은 정복한 자들과 정복당한 자들 간의 교류의 한 형태였을 뿐이다. 침입자들은 서고트족 유력 인사들의 친족들, 그리고 후에는 후손들(이들 중 대부분은 이슬람으로 개종한다) 중에서 자발적인 동맹세력을 발견할 수 있었다. 또 무슬림 엘리트 구성원들은 동료 무슬림들의 반대를 무릅쓰고라도 지역의 기독교 유지들과 동맹 관계를 맺을 준비가 되어 있었다. 예를 들어 총독 압드 알 라흐만 알 가피키가 731년 아키텐에 대한 궁극적으로 운명적인 것이 될 공격에 착수하게 되는데, 그것은 우스만('Uthman)이라는 이름의 한 베르베르인 장군이 아

• 유대교도, 기독교도, 무슬림들을 가리키는 말.

키텐의 외도 공의 지지를 등에 업고(우스만은 외도 공의 딸과 결혼할 계획이었다) 피레네산맥에 반(半)독립적인 제후국을 건설하려 했기 때문에 벌어진 일이었다. 현실 정치는 종교적 정체성보다 우선했으며, 정치적 갈등은 서로 다른 종교를 가진 집단들 간에도 나타났지만 그에 못지않게 무슬림과 무슬림 사이, 기독교도와 기독교도 사이에도 자주 나타났다.

720년대쯤이면 기독교의 히스파니아는 거의 사라지고 이슬람의 알 안달루스가 그것을 대신하고 있었다. 그러나 무슬림의 정복이 이곳 기독교 사회의 종식을 의미하지는 않았다. 그보다는 무슬림, 기독교도, 유대인을 포함하면서 아랍인, 베르베르인, 그리고 서고트족과 로마화한 원주민 후손들까지 포함하는 장기적인 정치적·사회적·문화적 창조 과정의 시작이라 할 수 있었다. 그 이후 수십 년 동안 알 안달루스에서뿐만 아니라 북아프리카 전역에서, 그리고 칼리프국 자체의 핵심 지역에서도 저항과 반란이 빈번하게 발생했다. 그러나 가능할 것 같지 않고 예상할 수도 없었던 여러 가지 일이 일어나기는 했지만 무슬림 스페인은 코르도바에 자리 잡은 우마이야 왕조의 지배 아래 안정을 되찾게 되었다.

750년경이면 무사의 아들들은 이미 몰락한 상태였으며, 알 피흐리 가문—우크바 이븐 나피(Uqba ibn Nafi)의 자손들—이 서쪽 이슬람 영토를 시험적으로 지배하고 있었다. 압드 알 라흐만 알 피흐리, 즉 이븐 하비브(Ibn Habib)는 카이로완에서 다스렸고, 알 안달루스에서는 그의 삼촌 유수프(Yusuf)가 분열된 이베리아반도를 지배하기 위해 분전하고 있었다. 750년에 명목상 그들의 주군이었던 다마스쿠스의 우마이야 왕조가 (혁명으로) 타도되고, 이슬람 세계의 중심이 압바스 왕조라는 새 칼리프 가문의 등장과 함께 페르시아로 옮아갔다. 혁명세력은 자신들이 타도한 가문 사람들에게 관용을 베풀지 않았다. 전투 중에 죽임을 당하지 않은 사람들은 사면을 구실 삼아 살해당하거나 시리아로 도망치는 과정에서 피살되었다. 잠정적으로 후계자가 될 만한 사람 중에 유일하게 살아남은 사람이 어린 왕자 압드 알 라흐만 이븐 무아위야('Abd al-Rahman ibn Mu'awiya)였는데, 당시 그는 10대의 소년이었다. 압드 알 라흐만의 부친 무아위야는 그의 아버지 칼리프 히샴(743년 사망)에 의해 계승자로 임명되었으나 737년 젊은 나이로 죽었고, 그 후 (압드 알 라흐만의) 삼촌들이 각각 짧은 기간 동안 칼리프 자리를 차지한 바 있었다.

압드 알 라흐만은 반란 현장에서 가까스로 도망쳐 나와(그는 추적자들을 따돌리기 위해 유프라테스강을 헤엄쳐 건너기도 했다) 자기에게 충성하는 가문 사람들과 피호인, 그리고 충복들과 함께 은밀하게 이집트를 통과해 이프리키야의 이븐 하비브의 궁에 도착했다. 그러나 이븐 하비브는 이 젊은 왕자를 환영할 마음이 없었는데, 이유는 압드 알 라흐만이 도망자 신분인 데다가 알 피흐리 가문의 지배권을 위협할 수도 있었기 때문이다. 그래서 이 젊은 왕자는 그보다 더 서쪽에 있는 나프자 베르베르인들(Nafza Berbers) — 이들은 왕자의 모친인 라(Rah)가 속한 부족이었으며, 라는 나프자 베르베르인들이 시리아에 있는 왕자의 아버지에게 선물로 보낸 포로였다 — 에게서 피난처를 구했다. 계속해서 압드 알 라흐만이 신임하던 해방 노예 출신의 바드르(Badr)가 스페인에 정착해 살고 있는 나프자 가문 사람들과 계약을 맺고 우마이야 왕조 사람들 그리고 왕자의 피호인들과 함께 압드 알 라흐만의 이베리아반도로의 이동을 준비했다. 이 소식이 알 안달루스의 늙은 지배자 유수프 알 피흐리에게 들어갔고, 그는 이 문제에 대해 자신의 책사인 아랍인 군 지휘관 알 수마일 이븐 하팀 알 킬라비(al-Sumayl ibn Hatim al-Kilabi)에게 조언을 구했다. 그런데 알 수마일이 유수프 알 피흐리를 지지했던 것은 총독(유수프 알 피흐리)을 쉽게 조종할 수 있다고 생각했기 때문이었으므로, 새로운 우마이야 왕조의 상위 주군(압드 알 라흐만)이 그곳에 오는 것을 그가 환영할 이유가 없었다. 그래서 그는 유수프에게 주의를 촉구하면서 심드렁하게 다음과 같이 말했다. "압드 알 라흐만은 만약 그 가운데 한 사람이 여기에 와서 오줌을 싸면 우리 모두 그 오줌물에 빠져 죽을 수도 있는 가문 사람입니다."[1] 이 말은 결국 하나의 예언이 되었다. 그렇지만 압드 알 라흐만은 자신의 적들, 즉 압바스 왕조의 감시망에서 도망쳐 알 안달루스의 지배자로 자리 잡을 수 있는 적절한 기회가 찾아오기를 기다리면서 마그립에서 여러 해 동안 기다려야만 했다.

로마 지배 아래 히스파니아는 제국의 가장 부유하고 생산적인 지역이자 분주한 도시 문화를 가진, 고도로 로마화가 진행된 지역이었다. 대단히 발달한 도로와 교량, 항구 네트워크를 갖추고 있었으며 농업과 광물자원을 기반으로 경제가 발전한 지역이었다. 스페인이 로마의 네트워크에 완전히 편입되어 있었음은 이곳에서 300년대에 초창기 기독교가 번성한 사실에서, 그리고 당시 스페인 교회와 지식 문화에서 나타난 활기에서도 엿볼 수 있다. 당시 기독교가 농촌까지 얼마나 침투해 들어갔는지 쉽게 판단할 수는 없지만 '시골 사람들' 가운데 다수는 자신들에게 다가오는 기독교적 의식에 영향을 받으면서도 동시에 조상 대대로 내려오는 이교적 전통을 계속 고수했을 것으로 보인다.

400년대 초 로마 제국의 붕괴는 히스파니아 지역에서도 엄청난 변화를 초래했다. 쇠퇴의 사이클이 급속히 진행되었다. 상업은 중단되고 하부 구조는 퇴락했으며, 경제는 화폐 경제에서 현물 경제로, 교역은 자급자족 체제로 바뀌었다. 일반 평민들은 농촌으로 도피하고 시간이 지날수록 부유한 지주들에게 자유를 상실해 갔다. 인구가 줄어 텅 비게 된 로마 도시들에서는 목욕탕, 광장, 사원이 해체되고 거기서 나온 석재들이 다른 용도로 재활용되었다. 항구들은 토사가 쌓여 이용할 수 없게 되고 수도교에는 더 이상 물이 흐르지 않게 되었다. 교량은 파괴되고 도로는 훼손되었다. 광산들은 방기되고 제조업은 침체했다. 여행은 불확실하고 위험해졌으며, 세속의 고급문화는 거의 사라졌다. 라틴 지중해 세계 전역에서 로마의 빌라들은 누추하고 원시적인 가옥들과 재점령된 로마 이전

1 Muḥammad Ibn-al-Qutiya, *Tarikh iftitah*, p. 47. 영미인들은 David James, *Early Islamic Spain*, p. 69 참조.

언덕의 요새들로 둘러싸인 '사유화된' 요새로 바뀌었다. 오늘날 역사가들은 '암흑 시대'라는 용어를 사용하지 않으려고 하며 그것이 옳기는 하지만, 그럼에도 서고트 시대 말기 스페인에서는 의심의 여지없이 빛보다는 어둠이 더 지배적이었다.

교회와 고위 성직자들은 약간이나마 이전의 속주들을 하나로 묶어주는 접착제가 되어주었다. 그러나 과거의 세속 엘리트들 가운데 일부도 버티면서 살아남았다. 가장 부유한 원로원 가문들이 소유한 대규모 농촌 영지들은 전사 집단을 부양하고 야만인 침입자들을 저지하는 데 필요한 재원을 제공해 주었다. 그리고 서고트족이 가톨릭으로 개종하면서 두 엘리트 집단이 하나로 융합되었다. 600년대 초가 되면 이베리아반도의 백성들은 (유대인을 제외하고는) 하나의 '고트 왕국 백성'이 된 것으로 여겨졌다. 적어도 톨레도, 사라고사, 타라고나, 바르셀로나, 세비야 같은 대도시들에서는 교회와 왕정 덕분에 도시적 삶이 어느 정도 회복되었다고 할 수 있으나, 농촌에서는 지역 영주들이 권력을 공고히 하면서 서고트 시배를 특징짓고 있던 정치적 불안에 한몫하고 있었다.

서고트족의 개종으로 심대한 영향을 받은 한 집단이 있었으니 유대인이 그들이었다. 고대 이래 로마 세계 전역에는 유대인 공동체가 여러 곳에 산재해 있었다. 히스파니아에서 가장 큰 유대인 집단 거주 구역이 있었던 곳은 메리다(Merida)였다. 톨레도와 타라고나에도 상당히 큰 유대인 공동체가 있었다. 586년 레카레도의 (가톨릭으로의) 개종은 유대인들의 지위를 떨어뜨릴 기회를 엿보고 있던 성직자들에게 힘을 실어주었는데, 그들은 유대인들이 예수의 십자가 처형에 관여했다는 이유로 그들에 대해 악감정을 갖고 있었으며, 또한 유대인들은 대체로 기독교 세계에서 적과 내통하는 반역자, 혹은 선량한 신자들을 오염시킬 수 있는 존재로 간주되기도 했다. 유대인들을 탄압하는 여러 법이 공표되었고, 그중 몇몇은 강제 개종 혹은 대규모 노예화를 요구하기까지 했다. 그러나 얼마나 많은 유대인이 서고트 영토 안에 살고 있었는지, 혹은 이런 법들이 실제로 실행에 옮겨졌는지는 그다지 알려져 있지 않다.

사료에 따르면, 이슬람의 정복이 있기 전 수십 년 동안 북아프리카에서 유대인들의 반란이 일어났고, 그 반란이 히스파니아의 유대인 공동체들과 연계되어 있었다. 역사가들은 유대인 상인들이 무슬림 군대를 유럽(이베리아반도)으로 수송해 간 선박을 제공했다는 것을 사실로 믿었고, 후에 무슬림 연대기 작가들은 유대인이 이슬람인들의 (이베리아반도) 정복에 협력하고, 정복된 서고트 도시 내 수비대에서 자원병으로 복무했다고 믿었다. 그런데 이 설명이 대단히 흥미롭기는 하지만 — 그리고 그 설명은 최근까지 많은 역사가들에 의해 곧이곧대로 받아들여졌다 — 그 사료는 그 일이 일어나고 2세기가 지나고 나서, 그러니까 무슬림-유대인 간 통합이 심화되고 나서 쓰여진 것이었으며, 하나의 비유(trope)에 다름 아니었던 것으로 보인다. 다시 말해 이 설명은 무슬림 작가들과 유대인 작가들 모두가 그들 나름의 이유 때문에 매력적이라고 생각하고, 자신들의 역사적 내러티브에 포함시킨 문학적 형식(literary formula)에 불과한 것처럼 보인다는 것이다. 히스파니아의 유대인들이 (무슬림들의 이베리아반도) 정복을 반겼을지는 모른다. 그러나 그랬다고 해도 그 과정에서 그들이 어떤 역할을 했는지, 그리고 그 수가 얼마나 되었는지는 알지 못한다.

우리는 침입자(무슬림)와 정주자의 수가 얼마나 되었는지도 확신할 수 없다. 침입군의 핵심은 이슬람 초기 인물들과 연계가 있어 막강한 권위를 누렸던 소수의 아랍인들이었으며, 더불어 그들의 피호인, 새 개종자, 노예, 그리고 시리아와 이라크에서 온 부족원들도 포함되어 있었다. 이 집단들은 모두 더 큰 몫의 부와 권력을 요구했다. 그들은 서고트족 귀족들을 쫓아내고 권력의 중심에 들어왔다. 이들 초기 아랍인 정착자들, 즉 발라디윤(baladiyyun) — '땅의'(of the land)를 의미하는 발라디(baladi)에서 유래한 말로, 초창기 알 안달루스에 정착한 아랍인들을 말한다. 발라디윤은 복수형이다 — 은 새로 영주가 되어 반도 전역에 정착했으며, 수단과 방법을 가리지 않고 권위와 권력을 고수하고 확대하려고 했다. 부족 구성원들은 세력 유지와 자기 보호를 위해 하나로 결집하려는 경향이 있었고, 반도 전역에 산재된 영토를 할당받았다(그들은 특히 남쪽 영토를 선호했다).

확대된 가족, 즉 혈족은 가장 중요한 정치 단위였다. 아랍 사회는 두 개의 큰 아랍 부족(tribal collectives)에 의해 지배되었는데, 남쪽의 야마니족(Yamanis)과 북쪽의 카이시족(Qaysis)이 그것이었다. 각 가문(family)에서 최고 권위는 최고 원로 가운데 한 사람에게 있었다. 권력과 직책은 아버지에서 아들로 전해지는 것이 아니라 대개는 아버지의 형제들, 그러니까 삼촌 쪽으로 전해졌다. 유목민들이 대개 그렇듯이, 어떤 한 인물의 영향력은 그가 가진 땅보다는 그가 지배하는 아랫사람들과 가축 규모에 의해 결정되었다. 여성들은 부족 재산의 일부로, 그리고 보호의 대상으로 여겨졌다. 그러므로 이상적인 것은 부족의 남자가 사촌 여성과 결혼하는 것이었고, 신부 가족이 신랑에게 지참금을 지불하는 것이 아니라 신랑이 가치 있는 재산을 가져오는 대가로 신부집에 신부값을 지불하는 것이 관례였다.

그러나 무슬림 군대의 다수는 아마지인(Amazigh, 보통 베르베르인이라고 불린 인종-언어 집단의 원래의 이름), 즉 베르베르인으로 이루어져 있었으며, 그들은 비슷한 사회 구조를 갖고 있었다. 그러나 베르베르인들을 하나의 단일 민족이라고 생각해서는 안 된다. '베르베르인'이란 말은 원래 '야만인들'을 의미했고 고대 그리스인들은 이 말을 북아프리카 원주민들을 무시하는 말로 사용했으며, 그것이 후에 아랍인들에 의해 수용되었다. 베르베르인은 여러 민족으로 구성되어 있었고, 서로 다른 언어와 전통을 가진 일종의 부족들의 결사체 같은 것이었다. 또한 그 부족들은 각각 여러 혈족으로 나뉘어 있었다. 모든 이슬람 침입자들이 이슬람 공동체(umma)의 일원으로 하나로 통합되어 있는 것처럼 보이지만 아랍인들은 베르베르인들에 대해 엄청난 인종적 편견을 갖고 있었으며, 그들의 문화적·종교적 편견은 협력과 공동의 목적 못지않게 경쟁과 갈등의 소지를 안고 있었다.

그러므로 압드 알 라흐만은 하나로 통합된 상태로 알 안달루스에 도착한 것이 아니었다. 아랍인과 베르베르인 간에, 혹은 두 집단 각각에도 깊은 분열이 존재했으며, 잔존한 서고트 귀족들 또한 여전히 음모와 노골적인 저항의 원천이 되었다. 서고트인들의 반란 능력이 크지 않았던 것은 사실이지만 그렇더라도 정복자들의 처지가 불안하기는 마찬가지였다. 무사 이븐 누사이르가 비타협적으로 톨레도에 입성했다가 후에 알 안달루스의 수도를 처음에는 세비야에, 후에는 코르도바로 옮긴 것도 잠정적으로 불온한 (서고트) 엘리트들의 영향력을 제거하려는 노력의 산물이었다. 원주민들의 저항은 반도 북동부 지역과 북쪽의 고립되고 험준한 산악지대에서 가장 완강했다. 기독교 저항세력 가운데 가장 유명한 인물이 펠라기우스(Pelagius) — 스페인어로는 펠라요(Pelayo) — 인데, 정복자들에 대한 그의 성공적 저항은 후에 '레콩키스타', 즉 재정복 운동 신화의 씨앗이 된다.

펠라기우스가 원래 그 지역 출신의 유력자였는지 아니면 남쪽에서 피난 온 사람이었는지는 분명치 않다. 그는 원래 (테오디미르와 마찬가지로) 무슬림 정복자들에게 조공을 바치는 피호인 신분이었으나, 후에 그 정복자들이 그다지 두려운 존재가 아니라는 것을 알고는 그것을 거부하게 되었다. 이에 내해 그를 응징하기 위해 (무슬림) 원정대가 조직되었는데, 그 부대는 소수의 이슬람 병력과 원주민 협력자들로 구성되어 있었다. 그런데 이 싸움에서 펠라기우스의 군대는 코바동가(Covadonga)라는 아스투리아스의 한 외딴 계곡에서 무슬림 군대를 패퇴시켰고, 그 후로 그는 누구의 지배도 받지 않는 독립적인 작은 제후국의 지배자가 되었다. 이 제후국이 씨앗이 되어 9세기 말이면 아스투리아스(Asturias) 왕국으로 발전하게 된다.

수세기 이후 수도승-연대기 작가들은 아스투리아스의 왕들과 (이슬람의) 침입 이전 서고트 왕국을 연관짓기 위해 코바동가에서 벌어진 소접전의 의미를 과장해서 펠라기우스의 소규모 기독교 병력이 "거의 18만 7,000명에 이르는 이교도 군대"를 쳐부순 영웅적인 전투로, 즉 성모마리아의 기적적인 개입에 의해 가능하게 된 이슬람에 대한 기독교의 획기적인 승리로 묘사했다.[2] 그러나 사실 코바동가 전투는 전혀 그 정도의 의미를 갖고 있지 않았다. 그리고 설사 그것이 711년 이후의 레콩키스타와 관련해 어떤 의미를 가진 것이었다고 하더라도, 그것은 얼마 가지 않아 서고트적 질서가 파괴되고 새로운 현상(現狀)이 자리 잡으면서 사라져버렸을 것이다. 100년 이후 이 이야기가 처음으로 언급될 무렵 발라이(Balay, '펠라기우스'의 아랍식 이름)는 무슬림들이 귀찮아서 제거할 생각도 하지 않은 한 가난한 무법자로 소개되었다. 그는 아랍 지배 초창기에 지역 유지들이 아랍인들의 지배에 대해 보여 준 여러 저항 행위 가운데 하나에서 적진을 돌파하는 데 성공한 여러 산사람 가운데 대표적인 한 예로 간주될 수 있을 것이다.

이슬람의 지배 아래 기독교도들이 일으킨 반란은 실패하기도 하고 성공하기도 했다. 메리다와 세비야의 반란은 진압되었다. 그러나 또 하나의 멀리 떨어진 산간 도시 팜플로나—아랍어로는 반플루나(Banpluna)—는 한때 무슬림들의 지배에서 벗어나는 데 성공했으나 778년 프랑크족에게 다시 정복당했다. 그보다 7년 후에 지로나(Girona)—아랍어로는 자룬다(Jarunda)—주민들은 무슬림 지배자를 쫓아내고 대신 프랑크인들을 맞아들였다. 사실 피레네산맥 인근에서는 무슬림들이 오랫동안 아주 작은 영토만을 지배했을 뿐이다. 그들은 그처럼 통제하기도 어렵고 얻을 것도 별로 없고 그렇다고 위협적이지도 않은 그 지역을 점령할 능력도, 생각도 없었다.

사실 우마이야 칼리프 체제에 진짜로 위협적이었던 것은 촌스러운 서고트족이 아니라 동료 무슬림들이었다. (무슬림들 간의) 긴장은 처음부터 나타났으며, 타리크, 베르베르인, 무사, 아랍인 간의 갈등은 더 큰 갈등의 시작일 뿐이었다. 주요 갈등원은 토지와 전리품에 대한 지배권이었다.

2 Kenneth Baxter Wolf, *Conquerors and Chroniclers*, p. 166.

특히 정복자들 가운데 다수를 차지했음에도 불구하고, 전리품 가운데 작은 몫만 할당받고 신분적으로도 아랍인들보다 열등한 존재로 여겨진 베르베르인들의 불만이 갈등의 주원인이었다. 그 이전 반세기 동안 베르베르인의 대규모 개종이 있었으며, 그중 다수가 평등주의를 천명하는 이슬람 움마의 약속이 지켜지지 않은 것을 보고 적잖이 실망하고 있었음은 의심의 여지가 없다. 그러나 갈등은 아랍인들 사이에도 있었다. 아랍인 정주자 중 다수를 차지하고 있었던 야마니족은 카이시족 지배자의 권력 남용에 분노를 금치 못했다. 그 분노는 특히 북아프리카에서 강하게 표출되었는데, 왜냐하면 이곳에서는 아랍인들이 베르베르인들이 개종하고 난 후에도 그들을 이교도라고 협박하고 무거운 세금을 거두고, 그들의 여자들을 빼앗아 노예로 삼곤 했기 때문이다. 그래서 740년경이면 북아프리카에서의 긴장은 노골적인 반란으로 폭발하게 된다.

반란에 대한 이데올로기적 정당화는 카와리즈파의 한 분파인 '이바디 이슬람'('Ibadi Islam)이 제공했는데, 이 이바디즘은 『꾸란』 외에는 어떤 권위도 인정하지 않는 분파로 이라크 남부에서 시작되었으나 다르 알 이슬람 전역에서 불만을 품은 사람들 가운데 많은 추종자를 발견하고 있었다. 베르베르인 혈족들은 700년대 초 이슬람 선교사들이 카이로완에 도착하고 난 후로 이 교의를 열렬히 받아들였고, 740년에는 반란을 일으켜 아랍인 지배자를 쫓아내고 이프리키야를 탈취하기도 했다. 마그립과 알 안달루스에서도 반란이 일어났는데, 이 지역들은 그 이전 20년 동안 베르베르인들과 발라디윤(초창기에 알 안달루스에 정착한 아랍인들)들이 시리아인 관리들의 탄압에 시달려 왔기 때문에 폭발 일보 직전에 있던 곳이었다. 740년 한때 발라디윤에 우호적인 압드 알 말리크 이븐 카탄 알 피흐리('Abd al-Malik ibn Qatan al-Fihri)라는 지배자가 좀 더 유화적인 정책을 폈으나, 그때쯤이면 이미 불만이 걷잡을 수 없을 지경에 달해 있었다. 그리하여 북아프리카에서뿐만이 아니라 베르베르인들이 가장 밀집해 살고 있었던 이베리아반도 남쪽과 북쪽 전역에서 반란이 들불처럼 일어났다.

이프리키야의 반란에 대해 칼리프는 신속하게 대응해 741년 유능한 장군인 쿨툼 이븐 이야드(Kulthum ibn 'Iyad)가 이끄는 믿을 만한 시리아 군대를 파견했다. 그러나 이 군대는 페즈(Fez) 근처에서 무엇보다도 쿨툼의 조카 발즈 이븐 비시르 이야드(Balj ibn Bishr 'Iyad)의 거만한 행동 때문에 전멸에 가까운 패배를 당했다. 발즈는 이 전투에서 가까스로 살아남아 수천 명의 패잔병과 함께 적대적인 베르베르인들에 쫓겨 서쪽 세우타로 도망쳤다. 세우타에서 적군에 의해 공성(攻城)을 당하게 된 그는 알 안달루스에서 반란을 진압하느라 정신이 없었던 압드 알 말리크 이븐 카탄 알 피흐리에게 도움을 청했고, 이에 이븐 카탄은 마지못해 발즈를 구해 주기로 했다. 다만 발즈가 후에 자신의 시리아인 병력을 이용해 알 안달루스의 반란을 진압하는 데 도움을 주고, 이것이 끝나면 북아프리카로 돌아가겠다고 약속을 하면 병력을 보내 도와주겠다고 했다. 이에 대해 발즈는 다시 알 안달루스 원정이 끝나고 나서 이븐 카탄이 그와 그의 군대를 아랍인의 지배 아래 있어 안전하게 머물 수 있는 이프리키야 지역으로 보내 주겠다는 약속을 받고 그에 동의했다. 그러나 후에 발즈의 군대가 알 안달루스에서 많은 희생을 치르고 반란을 진압하고 나자 이븐 카탄은 약속을 어기고 그들(발즈의 군대)을 적대적인 베르베르인들이 있어 사지나 다름없던 세우타로 보내려고 했다.

이렇게 해서 알 안달루스에서 오도가도 못하게 되고, 또 한편으로 알 안달루스의 부에 매력을 느끼기도 한 발즈와 시리아인들은 결국 그곳에 눌러앉아 자신들이 그 땅을 차지해 버릴 생각을 하게 되었다. 이어진 전쟁에서 이븐 카탄은 발즈의 포로가 되어 741년 코르도바 모스크 옆 광장에서 십자가형을 당했다. 발즈의 쿠데타는 그에게 지역 지배자(governor)로서의 권력을 가져다주었으나, 그 역시 이듬해 발라디 군대와의 전투 중에 전사하고 말았다. 그들 자신들이 이질적인 부족이자 친족 네트워크로 구성되어 있었던 발즈의 준드들(jund, 아랍어로 '군대'를 의미한다. 특히 초기 칼리프 시대 혹은 그 이후에 나타난 혈족을 기반으로 하는 아랍의 군대를 말한다. 복수형은 'jundis')은 한 세대 전에 (알 안달루스에) 정착한 아랍인들에게 아무런 동질감도 느끼고 있지 않았기 때문에 이 두 집단은 언제든 싸울 준비가 되어 있었다. 이 시점이면 많은 베르베르인 부족들이 시리아인들에게 등을 돌리고 발라디윤 편에 합류해 있었다. 3년 후 이 두 집단은 당시 무슬림들을 대신해 알 안달루스 내 기독교 공동체의 지배자로 활약하고 있던 (위티자의 아들) 아르다바스트(Ardabast)의 주선으로 타협에 이르게 되었는데, 그 내용은 문젯거리를 사전에 차단하는 의미로 발즈의 병사들을 반도 전역으로, 수도에서 멀리 떨어진 지역으로 분산한다는 것, 그리고 필요시 그들을 소집해 복무하게 할 수 있다는 단서를 달고 급료를 지불한다는 것이었다. 그러나 이런 조치에도 불구하고 얼마 가지 않아 알 안달루스는 내전의 구렁텅이에 더욱 깊숙이 빠지게 된다.

역사가들은 이것을 야마니족과 카이시족 간의 '부족' 전쟁으로 기술해 왔다. 그러나 이때쯤이면 부족적 정체성은 거의 실체가 없는 것이 되어 있었고, 아랍인과 베르베르인 부족들은 자신들의 특정한 네트워크를 기반으로 동맹을 맺고 있었으며, 그 동맹이 반드시 더 큰 부족적 충성과 일치하지는 않았다. 많은 점에서 750년경 알 안달루스는 더 큰 무슬림 세계의 소우주라 할 만했다. 이슬람 종교와 아랍 문화가 공통의 정체성의 틀을 제공해 주기는 했으나, 다르 알 이슬람은 인종적·가족적·이데올로기적 분열에 의해 파편화되어 있었다. 그리고 지역적 차이는 강력한 원심력을 만들어냈으며, 그 힘은 너무나 강력해 칼리프도 그것을 억제할 수 없었다.

그 후 10여 년에 걸쳐 이슬람 스페인과 전체 다르 알 이슬람은 큰 변화를 경험하는데, 그것은 751년 우마이야 가문의 젊은 왕자 압드 알 라흐만 이븐 무아위야가 도망자 신분으로 카이로완으로 오게 되는 일련의 사건과 직접적인 관계가 있다.

제3장

쿠라이시의 매

660년대 알리에 대해 승리하고 나서 우마이야 왕조의 칼리프 체제는 스스로를 로마 혹은 페르시아를 모델로 하면서 특권적 엘리트 집단(여기서는 아랍인 무슬림들)에 의해 이끌어지고, 한 가문에 의해 권력이 독점되는 하나로 통합된 왕정으로 바꾸었다(혹은 바꾸려고 노력했다). 그 엘리트 집단은 정치적·경제적 특권을 향유하면서 다른 신민들을 지배했다. 이 제국의 중심은 시리아-팔레스타인이었고 아랍인 전체가 높은 권위를 누리기는 했지만, 그중에서도 특히 우마이야 왕조와 가까운 시리아인 혈족들이 우위를 차지했다.

이슬람의 첫 몇 세기 동안에는 기독교와 마찬가지로 엄청난 창조성과 혁신, 그리고 다양성이 나타났는데, 그것은 여러 상이한 집단이 자신들의 기대와 염려, 그리고 문화적 기여를 새 종교의 거대하지만 아직 조직화되지 않은 프로젝트에 제공해 주었기 때문에 가능했다. 그런데 8세기가 지나는 동안 경제적 힘과 종교적 혁신, 그리고 인구에서 진짜 중심이라고 할 만한 지역들이 과거 페르시아 제국의 중심 지역에서 나타났으니, 이라크 남부와 이란, 그리고 후에 호라산(Khurasan, 방대하고 인구도 많은 북동부 이란 지역으로 중앙아시아로 가는 길목에 있다) 등이 그런 곳이었다. 이때 나타난 발전의 결정적 요소는 지역 주민들의 개종이었다. 이슬람은 전보다 아랍적 성격이 약화되어 있었고, 아랍적 특권 개념은 재정적으로든(아랍 인종들을 위한 구호 시스템인 디완을 통해) 사회적 · 경제적으로든 간에 이슬람의 보편적 메시지와는 어울리지 않는 것으로 여겨지게 되었다. 그리고 그것은 자신의 정당한 몫을 받지 못한 비-아랍인 무슬림들을 화나게 하는 것이었다.

무함마드의 메시지에서 필수적인 부분을 차지하는 개인적 책임 요소를 중시하는 대다수의 경건한 무슬림들은 모든 권위주의 체제를 불편하게 생각했고, 또한 어떤 사람들은 기독교와 조로아스터교의 영향을 받은, 그리고 수니파 '울라마'(ulama, '이슬람 학자들', 단수형은 'alim)의 율법주의와 상충하는 비전을 강조하는 해석에 매력을 느꼈다. 동시에 칼리프는 종교적인 인물이어야 하며, 이슬람은 명백하게 종속적인 비무슬림 공동체보다 상위에 위치하는 평등주의적 이슬람 움마를 특징으로 하는 체계적인 신학과 법률을 발전시켜야 한다는 기대가 점점 높아지고 있었다. 그런 한편으로 상호 적대적인 아랍 혈족들 간에 끊임없는 권력다툼이 벌어졌으며, 심지어 우마이야 왕조 내의 혈족 간에도 갈등이 나타났다. 이 모든 것은 우마이야 왕조의 통제 범위를 벗어나는 갈등을 만들어냈고, 결국 그것은 750년 보편적 반란으로 분출해 칼리프 체제를 붕괴시키게 된다.

우마이야 왕조가 동로마 제국(비잔티움 제국)을 완전히 정복하지 못한 것도 이데올로기적 · 정치적으로 문젯거리였다. 717~718년 콘스탄티노플에 대한 마지막 공성 시도는 참담한 실패로 끝났다. 그로 인해 칼리프는 일시적으로 동로마 제국에 조공을 바치는 신세가 되었는데, 그것은 비잔티움 제국의 군사적 부활을 말해 주는 것이었을 뿐만 아니라 우마이야 왕조의 '명백한 운명'의 개념에 회의를 불러일으키는 것이기도 했다. 8세기가 지나면서 우마이야 왕조를 특징짓게 된 음모와 변덕에서 볼 수 있듯이, 왕조 자체가 점점 불안해졌다. 740년대에는 스스로 칼리프를 자처하는 사람이 무려 여섯 명이나 되었다.

740년대에 카와리즈파와 시아파도 반란을 일으켰다. 그중 후자는 알리의 전통을 따르는 사람들로, 칼리프는 이맘으로 봉사해야 하며, 예언자(무함마드)의 가문 사람 중에서 칼리프가 선출되어야 한다고 주장했다. 아부 무슬림(Abu Muslim)이라는 노예 출신의 한 유력자가 호라산에서 불만을 품은 분파들을 끌어모아 747년 반란을 일으켰고, 그는 우마이야 왕조를 타도할 생각을 갖고 있었던 압바스(al-'Abbas) 혈족과 의기투합했다. 예언자의 삼촌이었던 압바스 이븐 알 무탈리브('Abbas ibn al-Muttalib)의 후손이었던 압바스 혈족은 자기들이 우마이야 왕조보다 무함마드에 더 가까운 친족이라고 주장했고, 그래서 가문을 강조하는 시아파에 호소력을 가졌다. 반란이 힘을 얻어가자 부족의 지도자였던 압드 알라 이븐 무함마드 알 사파('Abd Allah ibn Muhammad al-Saffah)가 749년 다마스쿠스의 우마이야 왕조에 도전해 칼리프 자리를 차지했다.

새 압바스 왕조가 자리 잡게 되기까지는 폭력적인 갈등으로 얼룩진 10년 이상의 세월이 지나고 나서였다. 첫 번째 갈등은 750년 1월 메소포타미아 북부의 자브(Zab)강 상류 지역에서 벌어진 전투에서 우마이야 군대가 패배한 것이었으며, 그 후에는 지배 가문과 그들의 가장 중요한 피호인들이 쫓겨다니다가 궤멸한 사건도 있었다. 그중에서도 가장 유명한 사건은 우마이야 혈족 내 대귀족 여든 명이 학살되고 그들의 시신이 말 그대로 개들의 먹이가 된 것이었다. 칼리프 마르완 2세(Marwan II)는 이집트까지 도망쳤으나 결국 붙잡혀 살해되었다. 그리고 얼마 가지 않아 시아파 집단은 자신들이 압바스 가문에 의해 이용당했다는 것을 깨닫고 새 체제에 저항을 시작했으나 곧 진압되었다. 754년 알 사파에 이어 그의 동생 아부 자파르 압드 알라(Abu Jafar 'Abd Allah)가 칼리프로 즉위했는데, 그는 알 만수르 빌라(al-Mansur bi-'Llha)라는 이름으로 지배하면서 압바스 칼리프 체제의 토대를 구축하게 된다. 이 알 만수르는 칼리프국의 새 수도를 바그다드(Baghdad)로 옮기고 9~10세기 '이슬람 황금 시대'의 토대를 닦았다. 혁명 이후 시아주의(Shi'ism)는 탄압을 받았지만 시아파 사람들 중 다수, 특히 페르시아인 개종자들은 칼리프 체제의 권력 구조에 편입되었다.

한편, 젊은 압드 알 라흐만 이븐 무아위야가 카이로완에 도착했을 때 그의 입지는 결코 견고하지 않았다. 그는 도망자 신분이었으며, 그의 혈족은 대부분 적들에 의해 살해당하고 동맹세력으로부터 버림받은 상태였다. 이 젊은 도망자는 알 안달루스와 이프리키야의 무질서 덕분에 살아남을 수 있었다. 일단 모친의 부족이었던 모로코의 나프자 베르베르인들에게 가서 이프리키야의 지배자 이븐 하비브(Ibn Habib)의 힘이 미치지 못하는 곳에 있게 되자, 그는 아직 우마이야 왕조에 호감이 있었던 알 안달루스 내 다수 시리아인 준드들에게 접근을 시도했다. 후대 역사들은 압드 알 라흐만의 알 안달루스 상륙을 우마이야 왕조 부활의 명백한 운명으로 설명했고, 근대의 역사가들도 불가능해 보였던 그의 도피 생활과 재집권이라는 낭만적인 설명에서 벗어나지 못하고 있다. 그러나 실제로 당시 압드 알 라흐만의 머릿속을 채우고 있었던 것은 오직 살아남아야 한다는 생각뿐이었을 것이다. 그에 대한 나프자 베르베르인의 동정심이 점차 사라지면서 알 안달루스는 그가 기댈 수 있는 유일한 곳이 되었고, 거기다가 그는 이 알 안달루스의 혼란상을 잘 알고 있었다. 이곳에는 유수프 알 피흐리(Yusuf al-Fihri)와 알 수마일(al-Sumayl) 간의 갈등과 여러 아랍 부족 간의 분쟁, 그리고 베르베르인들의 불만이 팽배해 있었으며, 설상가상으로 6년에 걸친 흉년과 광범한 기근까지 겹쳐 혼란이 극대화되고 있었다.

그는 754년 자신의 해방 노예 바드르에게 해협을 건너가 시리아인들 가운데 우마이야 가문의 피호인들과 발라디들(발라디윤)을 찾아가게 했는데, 바드르는 이베리아반도 남단에서 상당한 지지세력을 발견할 수 있었다. 이에 755년 압드 알 라흐만 자신이 소수의 지지자들을 거느리고 알 안달루스에 상륙했다. 그에게 호의적인 사람들이 그에게 은신처를 제공하고 그와 다른 카이시족 준드들, 특히 알 수마일과의 만남을 주선해 주었다. 그러나 알 수마일과 그의 카이시족 군대는 유수프 알 피흐리에게 접근하면서 압드 알 라흐만에게 적대적인 태도를 보였고, 이에 압드 알 라흐만은 베르베르인들과 야마니족 아랍인들에게 도움을 청했다. 양측은 드디어 756년 5월 14일 코르도바 외곽에서 맞붙게 되었다. 그날은 금요일 공동기도의 날이었으며, 압드 알 라흐만은 이 싸움에서 승리한 다음 코르도바의 모스크에서 알 안달루스의 아미르(amir, '군주' 혹은 '군지휘관')가 되었다(압드 알 라흐만 1세). 그 후 백성들 사이에서 그는 알 다킬(al-Dakhil, '밖에서 들어온 자')이라는 이름으로 불리게 된다.

사실 알 안달루스는 40년 전 무사 이븐 누사이르 때부터 칼리프의 지배로부터 독립해 있었다. 그런데 이 무렵이면 칼리프가 다마스쿠스보다 더 동쪽에 위치한 바그다드로 이전한 상태였으며, 그로 인해 서쪽에 대한 그의 영향력은 더 감소해 있었다. 그러나 압드 알 라흐만의 가문이 대단하기는 했지만, 사실 그는 알 안달루스를 지배하려고 달려든 여러 인물 가운데 가장 최근에 나타난 유력자에 불과했을 뿐이다. 그가 주장한 '아미르'라는 직책도 그에게 모종의 신학적 정당성을 부여하기는 했지만, 사실 수도(首都) 외의 다른 지역에서는 그의 권위가 전적으로 여러 지역 무슬림 지배자와 공동체에 대해 얼마나 그들이 자신을 지배자로 인정하고 자신에게 권력을 넘겨주지 않으면 안 되도록 그들을 설득이나 위협, 혹은 강제할 수 있느냐에 달려 있었다.

그는 이 일을 감당할 수 있을 만큼 충분한 능력의 소유자임을 보여 주었다. 압드 알 라흐만은 천부적인 정치적 재능의 소유자였으며, 이는 그의 행운과 장수(長壽)와 함께 그의 지배권을 공고하게 해주었다. 그는 겉으로 드러나는 조심성과 융통성, 그리고 경쟁 부족들끼리 서로 싸우게 하는 천부적 능력을 갖고 있었고, (젊은 시절 그가 겪어야 했던 험난한 경험을 고려할 때 당연하게 생각되는 것으로서) 동맹세력이나 피호인들에 대해서든 아니면 자기 가문 사람들에 대해서든 어떤 저항이나 도전도 신속하고 무자비하게 대처할 준비가 되어 있었다.

승리를 거두고 나서 곧바로 압드 알 라흐만은 알 수마일과 유수프 알 피흐리를 용서했다. 그러나 759년 유수프가 메리다로 도망쳐 그곳에서 군대를 일으키자 군대를 동원해 그를 격파하고 톨레도에서 그를 포로로 잡았다. 그 후 알 수마일도 체포되었고 얼마 가지 않아 죽었다. 톨레도를 기반으로 하고 있던 알 피흐리 가문은 베르베르인들의 강한 지지를 등에 업고 완강하게 저항했으며, 그 때문에 압드 알 라흐만이 그들을 제압하는 데는 무려 26년이라는 세월이 걸렸다. 그동안 (중동) 우마이야 가문의 생존자들이 (아프리카의) 이슬람 세계를 거쳐 알 안달루스로 건너와 새 군주(압드 알 라흐만)에게 힘을 보태주었다. 압드 알 라흐만은 그들에게 관대한 수입과 높은 자리를 내주었으며, 이 조치는 그의 정치적 기반을 강화해 주기도 했지만 다른 한편으로는 지금까지 그를 지지해 왔던 사람들 중 다수가 그로부터 멀어지게 했다.

이 불만세력 가운데 일부는 압바스 왕조 사람들과 동맹을 맺고 배교자 체제•를 붕괴시키고 싶어 하는 압바스 왕조 사람들과 뜻을 함께했다. 이 동맹은 바그다드의 칼리프 알 만수르가 알 야수비(al Yahsubi, 오늘날의 남부 포르투갈에 세력 기반을 둔 준드의 리더)를 알 안달루스 총독으로 임명하는 방식으로 이루어졌다. 이 작전은 성공 일보 직전까지 갔다. 압드 알 라흐만은 군대를 소집해 반란이 일어난 장소까지 가야 했다. 적보다 수적으로 열세인 데다가 자신의 캠프가 적들에게 포위된 상태로 적의 영토에서 싸워야 했던 아미르는 자신이 신임하는 우마이야 충성파 병사들에게 빼어든 칼을 다시 칼집에 넣을 수 없도록 칼집을 불태우라고 명령하고 적진을 향해 돌진했다. 결국 이 전투에서 승리한 아미르(압드 알 라흐만)는 방부 처리한 알 야수비의 머리를 카이로완의 칼리프에게 보냈다. 그러고 나서 5년 후에는 베르베르인들의 반란이 알 안달루스 중부 언덕에서 타올랐고, 이 반란을 진압하는 데는 거의 10년의 세월이 소요되었다. 압드 알 라흐만은 세비야에서 두 차례나 일어난 심각한 반란에

• renegade regime: 압드 알 라흐만의 체제.

도 대처해야 했는데, 이곳에서는 알 야수비의 부족원들이 이끄는 배교자 준드들이 766년과 770년대 초에 독립 에미르국을 수립하려고 시도했다. 그러나 이 두 차례의 반란은 시범적인 폭력을 동반하면서 잔인하게 진압되었다.

역사가들이 이런 반란들에 어떤 이데올로기적 혹은 인종적 의미를 부여하든 간에, 그 바탕에 깔려 있었던 것은 지역 권력을 차지하려는 것이었다. 반도 정복이 조직적으로 진행되지 못했기 때문에 아랍인 혈족들과 베르베르인 혈족들은 자치권을 고수할 수 있었고, 현지 지역민들과의 협력 혹은 혼인을 통해 자신들이 지배하는 지역민들 속에 깊이 뿌리를 내릴 수 있었다. 그리하여 당연한 수순으로 지역민들과 지역 점령자들은 함께 힘을 모아 중앙집권적 지배에 저항했다. 톨레도나 사라고사처럼 큰 도시들과 코르도바의 직접적 지배 밖에 있었던 두에로강과 에브로강 북쪽의 다른 도시들도 중앙 정부에 대항해 끊임없이 반란을 일으켰다. 아울러 셉티마니아, 피레네산맥, 칸타브리아, 갈리시아 같은 권력 중심부에서 멀리 떨어져 있는 지역들에 대해서는 압드 알 라흐만의 손길이 거의 미치지 못했다.

사라고사의 지역 지배자들의 경우, 중앙 정부에 대한 저항 의지가 워낙 강했기 때문에 그들은 주저 없이 이웃 기독교도들에게서도 동맹세력을 구했다. 그리고 잘 알려져 있듯이, 그들은 777년에 프랑크 왕국의 왕 샤를 대제(샤를마뉴)에게 사절을 보내 이베리아반도에 쳐들어와 달라고 요청했고, 이에 대해 샤를 대제는 실제로 응해 이듬해 반도를 침략해 왔다. 같은 해 압드 알 라흐만의 군대는 지역적 저항의 또 다른 중심이었던 발렌시아 시 ―아랍어로는 발란시야(Balansiya) ―를 초토화했다. 이런 내부 문제 해결에 필요한 재원을 마련하기 위해 아미르는 759년 북서쪽 아스투리아스의 왕 프루엘라(Fruela)와 조약을 체결했다. 압드 알 라흐만은 아마도 자신의 지배 영토 내에서 기독교 사회의 조직을 흔들고, 더불어 잠재적 저항세력을 약화시키기 위해 교회를 파괴하고 성유물을 훼손한 것으로 기록되어 있다. 다른 한편으로 그는 무슬림 출신 지역 지휘관들을 배제하고 대신 자신이 직접 선발한 충성파(대개는 우마이야 왕조 사람들이거나 그들의 피호인들이었다)로 그들을 대체하기 시작했다. 준드 지도자들은 그 이전의 서고트 귀족들과 마찬가지로 본질적으로 독립적이었고 단지 아미르를 지지해야 하는 임무만 띠고 있었다. 그래서 압드 알 라흐만은 초창기 지지자들을 멀리하고, 그들의 불만을 사는 것을 감수하고서라도 자기가 신임하는 부하들을 권력의 자리에 앉히려고 했다.

압드 알 라흐만은 이 모든 도전을 이겨내고 살아남았으며, 그 과정에서 그 후 수세기 동안 스페인에서 통일된 이슬람의 지배를 가능케 할 토대를 구축했다. 만약 이러한 토대가 없었다면 알 안달루스는 아마도 해체되고 말았을 것이다. 그가 압바스 왕조 적들의 수중에서 빠져나와 살아남은 것도 그렇지만 이 역시 대단한 위업이라고 할 수 있었다. 심지어 압드 알 라흐만과 신랄한 편지를 주고받기도 하고 우마이야 왕조를 경멸했던 압바스 왕조의 칼리프 알 만수르도 압드 알 라흐만의 기지와 재주는 인정하지 않을 수 없었다. 알 만수르는 그(압드 알 라흐만)가 (압바스 왕조의) 혁명에서 도망쳐 나온 것을 상기하면서 그의 능력을 인정하는 의미로 그에게 '사크르 알 쿠라이시'(Sacr al-Quraysh), 즉 '쿠라이시의 매'라는 별명을 붙여주었다. "그는 그 자신의 명민함으로 창끝과 칼날로부터 도망쳐 사막을 건너고 바다를 건너 어느 해안가에 도착했다. 그는 도시를 재건하고 군대를 부활시켰으며, 자신의 능력과 결의를 통해 왕국을 재건했다." 그리고 압드 알 라흐만은 자기 자신을 포함해 라시둔(Rashidun)의 시대• 이후, 그 어떤 칼리프도 하지 못한 그 일을 "혼자서, 오로지 자신의 지성을 통해, 자신의 결의 말고는 어떠한 도움도 없이" 해냈다고 알 만수르는 썼다.[3] 아마도 놀랍지 않게 이것은 압드 알 라흐만 자신에 대한 평가에도 반영된 것으로 보이는데, 그는 자신이 쓴 많은 시 가운데 하나에서 다음과 같이 쓰고 있다.

• 무함마드 사후 첫 네 명의 수니파 칼리프가 다스린 30년(632~661)의 치세.

3 David James, *A History of Early al-Andalus*, p. 111.

어느 누구도 나를 비난할 수 없고 어느 누구도 불평할 수도 없다. '(반도에) 들어온 자'(One Who Came)의 성공은 오로지 내 덕분이다. 이것을 가능케 한 것은 나의 행운, 결심, 날카로운 칼날, 나의 창, 그리고 나의 운명이었다.[4]

압드 알 라흐만 이븐 무아위야, 즉 '쿠라이시의 매'는 26년을 다스리고 나서 788년 쉰아홉 살의 나이에 차후 수세대 동안 유지될 아랍-시리아식 왕정의 토대를 구축하고 코르도바에서 눈을 감았다. 그는 분명 대단한 의지력을 소유한 당당한 인물이었으며, 뛰어난 연설가이자 탁월한 시인이었다. 키가 크고 마른 체형에 잘생긴 그는 머리를 길게 늘어뜨려 양 갈래로 따서 양쪽 관자놀이로 흘러내리게 했는데, 이 헤어스타일은 알렉산드로스 대왕, 즉 둘 카르나인(Dhu'l-Qarnayn, '두 개의 뿔을 가진 사람')을 연상케 했다. 한쪽 눈의 시력을 잃은 그는 항상 흰 옷을 입고 무슬림을 상징하는 터번을 착용했는데, 이것은 그의 신앙심과 포퓰리즘을 보여 주는 것이었다. 그리고 그것은 그의 과시적 자비와 신앙 행위에 의해 더욱 강조되었다. 무엇보다도 중요한 사실은 그가 오래 살았다는 것인데, 그의 장수는 자신의 왕국을 공고히 하고 계승을 준비할 수 있는 시간을 벌어주었다.

압드 알 라흐만이 이루지 못한 한 가지가 있었으니, '칼리프' 자리를 차지하는 것이었다. 그가 만약 이때 칼리프가 되려고 했다면, 그것은 대부분의 사람들이 '한 명의 칼리프'라는 이상을 믿고 있었고 압바스 왕조를 합법적 왕조로 받아들이고 있었던 당시 이슬람 세계에서 너무 거만하고 도발적인 행동으로 여겨졌을 것이다. 게다가 압드 알 라흐만은 그렇게 할 필요가 없었는데, 왜냐하면 바그다드는 멀리 떨어져 있었고 서쪽에서는 바그다드 칼리프가 아무런 힘도 없었기 때문이다. 마그립은 사

---

4 Mahmud Sobh, "'Abd al-Raḥmān I", p. 45.

실상 (칼리프의 입장에서 볼 때) 상실된 땅이었고, 당시 그곳은 조직화되지 않은 여러 원주민 부족에 기반을 둔 왕국들이 지배하고 있었다. 그리고 그 원주민 부족들은 무슬림이기는 했지만 압바스 왕조를 인정하지 않는 사람들이었다. 이프리키야에서는 아글라브 가문(Banu Aghlab)이라는 아랍인 지배자 가문이 사실상 하나의 독립 왕국을 수립하고 있었다.

압드 알 라흐만이 죽을 무렵 셉티마니아는 거의 상실하고 있었지만, 그의 코르도바 에미르국은 전부는 아니지만 이베리아반도 대부분에 대한 지배권을 장악하고 있었다. 북쪽 피레네산맥과 칸타브리아산맥은 아랍인들의 지배에서 벗어나 그 지역 유력자들과 독립적인 아스투리아스 왕국의 지배 아래 있었다. 알 안달루스 인구의 압도적 다수는 여전히 기독교도들이었고 유대인 소수 집단이 있었던 것은 분명하지만 역사가들이 볼 때 큰 존재감은 없었다. 아랍인 정주자들은 반도 남쪽에 가장 밀집해 있었으며, 반도 전역의 큰 도시들에도 그들의 공동체가 있었다. 아랍인의 지배에 환멸을 느낀 베르베르인 가운데 일부가 740년대 반란 이후 알 안달루스를 떠난 것은 사실이지만, 상당수 베르베르인들이 톨레도 근처와 북동쪽 해안 지역(샤르크 알 안달루스, '동쪽'), 그리고 중부와 남부 고원지대에 살고 있었다.

압드 알 라흐만의 치세는 공고화의 시기였다. 그의 통치 목표는 다르 알 이슬람(이슬람 세계)을 확장한다거나 '이교도'에 맞서 성전을 수행하려는 추상적인 충동이 아니라 조공을 받아내기 위해 움직이는 전사들의 임시적 사회로부터 하나의 응집력 있는 왕국을 만들어내는 것이었다. 그의 치세 이전에는 정복자들이 무언가 새로운 것을 만들어내려는 시도가 거의 없었고 — 심지어 모스크를 세우려는 시도도 없었다 — 사법 기구나 세금 관련 기구를 만들어내려고도 하지 않았다. 세금은 일관된 계획 없이 지역적으로, 대개는 기독교도 원주민 관리들의 감독 아래 징수되고 유지되었다. 아랍인과 베르베르인, 그리고 원주민들도 중앙집권적 권위에 대한 인식이 거의 없었다. 그런데 아미르와 그의 후계자들은 군대를 개편하고, 관료제를 구축하고, 하부 구조를 재건하고, 모스크를 건축하고, 무슬림 사법부를 설립함으로써 행정을 이슬람화하는 작업에 착수했다. 이 모든 일에는 돈이 필요했고, 그것은 재정 개혁을 불가피하게 만들었다. 이슬람의 세금(Islamic taxes)은 무슬림들에 의해 지불되어야 하고, 비무슬림의 세금(non-Muslim taxes)은 아미르의 관리들에 의해 징수되어야 했으며, 이 세금들은 가능한 한 에미르국 중앙 금고에 들어가도록 했다. 발라디들(알 안달루스의 초창기 아랍인 정주자들)의 대규모 영지는 분할되었고, 잔존한 원주민 기독교도 엘리트들의 영토들은 협정에도 불구하고 잠식되어 충성스러운 군 지휘관들과 우마이야 혈족 구성원들에게 분배되었다. 당연히 그 같은 변화는 저항을 불러일으켰으며, 이 저항은 압드 알 라흐만의 치세 내내 계속되었다.

아미르의 주요 관심사 가운데 하나는 자신의 세력 거점인 코르도바를 왕국의 수도로 만드는 것이었다. 이전 로마 때부터 존재했던 도시 코르두바(Corduba)에 우마이야 왕조의 친족과 피호인들, 그리고 다른 엘리트 구성원과 그 가족들이 도착하고 거기다가 건축가, 기술자, 수공업자, 상인들이 그들에게 봉사하기 위해 찾아오면서 아랍-이슬람 도시 쿠르투바(Qurtuba)로 바뀌었다. 이곳의 상업이 발전하면서 수크(suq), 즉 거대한 중앙 시장이 생겨나고 그 시장 자체가 성장 동력이 되었다. 옛 성벽의 외곽 지역이 새로 급속히 성장했으며, 성벽 안에서는 과거 로마 시대 격자 모양의 거리들이 좁고 꼬불꼬불한 복잡한 골목길들로 바뀌었다. 서고트 시대 때 요새 도시였던 이곳이 압드 알 라흐만에 의해 새 왕의 지위에 걸맞은 성(castle)으로 바뀌었다. 그러나 그가 선호한 주거지는 도시 안이 아니라 밖이었다. 그는 코르도바 시에서 북서쪽으로 11킬로미터 떨어진 곳, 즉 시에라모레나산맥의 작은 언덕들이 넓은 평야로부터 솟아오른 곳에 알 안달루스의 첫 번째 정원 겸 궁전(garden-palace)을 세웠다. 시리아 북쪽의 유프라테스강 언덕에 자리 잡고 있던 어릴 적 고향 루사파(Rusafa)의 이름을 딴 이 정원 겸 궁전은 멀리서 가져온 이국적 식물들로 가득찬 정원들로 둘러싸인 대단히 아름다운 빌라였다. 이 정원의 빛나는 보석은 자신의 누이 가운데 한 명이 시리아에서 보내준 씨를 심어 키운 석류나무였다. 압드 알 라흐만은 정원에 외롭게 서 있는 야자나무 한 그루를 발견하고는 즉석에서 마지막 단락을 다음과 같이 마무리한 단가(短歌)를 지었다.

> 너는 낯선 땅에서 자라고 있구나.
> 고향으로부터 멀리 떨어져 살고 있는 우리처럼
> 비구름이 비로 내려 외롭게 서 있는 너를 흠뻑 적셔주기를.[5]

그러나 아미르가 수도에서 착수한 가장 중요한 프로젝트는 대모스크•를 건립하는 것이었다. 이 건물은 종교적·법적 행정의 중심이자, 군주와 무슬림 주민들이 모여 금요 기도를 올리는 장소가 될 터였다. 전승에 의하면, 대모스크를 건축하기 전에는 무슬림들이 기독교 주민들과 비잔티움인들의 성 빈센트 바실리카를 공유해 왔는데, 784년 압드 알 라흐만이 거금을 주고 그 건물을 매입한 후 허물고 그 자리에 거대한 모스크를 건축했다고 한다. 그런데 이 이야기는 다마스쿠스의 우마이야 모스크 건축에 관한 전설과 너무나 흡사하다. 어쨌든 787년경이면 새 모스크가 완공되었고 그 건물은 키블라(qibla)를, 즉 기도 방향(원칙적으로 메카가 있는 쪽)을 향하고 있었다. 그것은 메디나에 있는 예언자의 집에 건축된 모스크를 모델 삼아 지어졌고 아랍 고향 땅과 알 안달루스를 잇는 상상의 다리가 되었으며, 은연중에 왕조의 합법성을 강화해 주었다.

이 신전은 대략 가로 45미터, 세로 73미터의 단일 공간으로 이루어져 있었으며, 토착적 양식과 동부 지중해 양식, 아랍-이슬람적 양식이 놀라울 정도로 훌륭하게 융합된 형태로 장식되어 있었다. 널찍한 기도실

---

5 Janina M. Safran, *The Second Umayyad Caliphate*, p. 177.

• congregational mosque: 한 지역의 가장 중요한 모스크이며, 가톨릭교회로 치면 대성당쯤에 해당한다.

은 대열을 이루며 서 있는 기둥들에 의해 열한 개의 통로로 분할되어 있었으며, 기둥 윗부분은 로마의 오푸스 믹스툼(opus mixtum, '벽돌과 석재') 건축 기술을 연상케 하는, 흰색과 붉은색 줄이 교차해 들어간 이중의 아치가 올려져 있었다. 110개의 미스매치된 돌기둥, 그리고 그 위에 앉혀진 정교한 대리석 주두들은 스폴리아(spolia), 즉 반도 전역의 파괴된 로마 신전들의 것들을 재활용한 것이었다. 서고트인들로부터 차용한 요소들도 있었는데, 특히 출입구와 창문들을 이루고 있는 원형에 가까운 말발굽 모양의 아치가 대표적이다. 로마 시대 태양 상징물의 변형인 이 아치는 서고트 교회들의 공통된 특징이었으며, 후에 서쪽 이슬람 세계 건축의 전형적인 요소가 된다. 이 모스크의 가장 충격적인 특징 가운데 하나—기둥과 기둥을 이어주는 이중 아치—는 아마도 세고비아의 수도교 같은, 당시까지 보전되어 오고 있던 로마 시대 수도교에서 영감을 얻은 것으로 보인다. 모스크 내부는 종려나무 숲을 연상케 하는데, 이는 아랍의 사막적 기원을 떠올리며 압드 알 라흐만이 그렇게도 그리워했던 북부 시리아의 루사파궁에 심어진 정원수들을 연상시킨다. 오늘날에도 대모스크 내부의 절묘한 기하학, 빛과 그림자의 미묘한 상호 작용은 관람자의 시선을 위로 향하게 하며, 사람들이 기둥들의 숲을 거닐면서 질서정연한 우주의 아름다움과 디자인을 느끼게 한다. 또한 대모스크는 어떤 종류의 퇴폐적인 사치, 과시 혹은 형상에도 호소하지 않으면서도 말로 표현할 수 없는, 인간의 이해를 초월하는 고상한 존재 혹은 진리를 넌지시 말해 주고 있다.

아직 기독교도들이 압도적 다수로 남아 있고 그들이 알 안달루스에서 중요한 엘리트층을 구성하고 있던 이 시기에, 이슬람의 고유성과 우월성을 보여 주는 것은 정복자들의 신앙심을 강화하고 그들의 높은 지위를 재확인하는 중요한 수단이었을 것이다. 그러나 대모스크의 디자인은 우마이야 왕조의 전통적인 아랍적 기풍을 반영하는 것이기도 했다. 메인 홀은 무슬림들이 함께 올리는 기도를 위한 열린 공간으로, 똑같은 디자인과 소박한 장식을 특징으로 하고 있었다. 그리고 그것은 신자들 간에

대모스크 내부의 기도실.
코르도바, Timor Espallargas, 2004(Creative Commons).

는 계서가 없다는 것, 아미르는 움마의 한 구성원에 불과하다는, 즉 기도할 때나 전쟁 시에도 여러 동등자 가운데 첫째일 뿐이며, 인민의 한 사람일 뿐이라는 개념을 강화해 주었다. 요컨대, 그것은 종교적이면서 동시에 정치적인 기념물이었으며, 코르도바가 새로운 다마스쿠스임을 상징하는 것이었다.

초창기 모스크의 한 특징으로서 모스크 건물에 인접해 널찍하고 벽으로 둘러싸인 파티오(patio, '안뜰')가 있었다. 이 공간은 신자가 많을 때에는 그들을 수용하는 공간으로 사용되기도 하고, 기도실로 들어가기 전에 거쳐야 하는 몸을 씻는 의식을 위한 장소이기도 했다. 또한 그것은 밀집되어 답답하게 살아가는 이슬람 사회에서 얼마 되지 않은 개방된 공적 공간이기도 했으며, 사회화와 심신 이완을 위한 아담한 도시 공원이기도 했다. 도시 시장과 더불어 가족 구성원 이외의 사람들을 만나고 어떤 선언이나 맹세 같은 공적 행위를 수행하는 장소이기도 했던 파티오는 그런 점에서 로마의 포룸이나 그리스의 아고라와 비슷한 장소였다고 할 수 있다. 또한 파티오는 에미르국의 중앙 법정 역할을 하기도 했는데, 카디(qadi)라고 하는 종교적 성격의 판관이 형사와 민사를 막론하고 무슬림들 간의 논쟁거리를 경청하는 곳이, 기도실로 들어가는 문 옆에 위치한 바로 이곳이었다.

이 기능은 압드 알 라흐만의 국가 건설의 또 하나의 중요한 측면과 관련되었다. 압드 알 라흐만은 우마이야 왕조를 불경하고 퇴폐적이라며 몰아붙이던 압바스 왕조의 선전과 사분오열된 자신의 무슬림 백성들을 단합시킬 기구 설치의 필요성을 고려해 '울라마'(ulama), 즉 북아프리카와 알 안달루스의 경건한 지식인들, 특히 그중에서도 푸카하(fuqaha, 단수는 faqih), 즉 이슬람법에 정통한 전문가들의 호의를 얻어내고 싶어 했다. 『꾸란』과 하디스(hadith, 예언자의 말씀)로부터 세상의 법을 끌어내는 것이 이슬람의 시작 때부터 경건한 무슬림들의 주요 관심사 가운데 하나였다. 체계적인 이슬람법의 토대를 놓은 첫 번째 인물은 메디나의 말리크 이븐 아나스(Malik ibn Anas, 711~795)였다. 그가 창시한 말리키 법학파는 결국 마그립과 알 안달루스 모두를 지배하게 되는데, 알 안달루스에서는 압드 알 라흐만을 계승한 히샴 1세(Hisham I)가 그를 적극적으로 지지했다. 보수적인 성격을 가진 것으로 알려진 말리키 법학파는 '혁신', 즉 예언자의 독창적이고 완벽한 이슬람을 왜곡하는 것을 단호하게 거부하는 것을 특징으로 했다. 압드 알 라흐만은 푸카하를 지원하고 그들을 법관으로 임명함으로써 자신의 왕조적 프로젝트에 대한 그들의 지지를 확보했다. 그들은 왕국을 하나로 묶어주는 종교적 끈이 되었으며, 아미르와 백성들 간의 다리가 되어주었다. 이슬람 세계의 다른 부분들에서와 마찬가지로 그들은 여론을 형성할 수 있었고, 지배자들이 이슬람 정신 안에서 합당하게 행동하고 있는지 그렇지 않는지를 판단하고 선언할 수 있었기 때문에 정치적으로 유력한 존재가 되었다.

군주 자신에게 중요했고, 따라서 그의 왕조적 프로젝트에도 중요했던 것이 그가 자신의 대리인 혹은 대표로 신임했던 사람들이다. 그중에서도 그의 가족, 특히 그의 아들들인 술라이만, 히샴, 압드 알라, 우마이야

(Umayya), 알 문디르(al-Mundhir), 그리고 마슬라마(Maslama)가 가장 중요했는데, 그들은 주요 도시의 지배자 혹은 군 지휘관으로 임명되었다. 그다음으로 마울라들(mawlas, 부족 구성원들과 피호인들)이 있었는데 그들 중 다수는 수세대 동안 그의 가문과 우호 관계를 맺고 있었으며, 그 가운데 몇몇은 에미르국 안에 자신들의 작은 관료 파벌을 만들어놓고 있었다. 그중에는 노예 출신도 있었고(군주의 죽마고우였던 바드르는 과거 비잔티움 출신의 노예였다), 베르베르인과 원주민 개종자, 아랍인도 포함되어 있었다. 이들 '가족들'(families)은 이 특권 네트워크에 정착하고 난 뒤, 그 후 수세기 동안 문화적·정치적 환경을 지배했고 시인, 학자, 정부 관리, 그리고 종교인들을 배출했다. 그리고 압드 알 라흐만은 당대 다른 지배자들과 마찬가지로 가계 노예들(household slaves)에게 크게 의존했는데, 그들은 하인, 지배인, 관리, 군 지휘관으로 봉사했다. 실제로 압드 알 라흐만은 적대적인 세력의 폭력적 저항에 직면하고 나서, 그리고 세비야에서 아랍인들이 주도한 반란에 대한 대응 차원에서 준드들로부터 독립된 군대를 소집했는데, 그것은 완전히 자신의 노예들, 즉 충성심을 절대적으로 확신할 수 있는 사람들만으로 구성된 국왕 호위대였다.

제4장

새로운 에미르국

이슬람법에 반영된 수많은 아랍 전통 가운데 하나는 상속에 관한 것이었다. 이에 따르면, 아들은 각각 부모의 재산 가운데 동일한 몫을 상속받을 수 있었고, 딸은 아들 몫의 반을 받을 수 있었다. 또한 한 가문의 지배권의 상속과 관련해서는 그 가장의 형제 혹은 아들 가운데 연장자 중에서 정하되, 그 가장이 가장 적절하다고 생각하고 가족 구성원들과 피호인들 가운데 다수가 인정하는 사람에게 돌아가는 경향이 있었다. 그러므로 상속으로 이어지는 칼리프 위(位)라는 개념은 아랍적 전통에 반하는 하나의 혁신이었다. 무슬림 귀족들은 일부다처제와 첩을 제한 없이 둘 수 있는 관행 때문에 여러 명의 잠재적 왕위 계승자를 생산할 수 있었다. 따라서 기독교 세계에서는 지배자가 죽었을 때 통치할 수 있을 만큼 나이가 찬 아들을 두지 못함으로써 자주 발생했던 정치적 위기가 이슬람 세계에서는 거의 나타나지 않았다.

그러나 그로 인해 불가피하게 다수의 잠재적 계승자가 권좌에서 밀려날 수밖에 없었으므로 엘리트 집단 내의 파당들이 계승에서 밀려난 가족 구성원 가운데 한 명을 부추겨 반란을 일으킬 위험은 상존했다. 최선의 상황은 지배자가 죽기 전에 한 명의 계승자를 미리 선정해 계승 시점까지 그에게 힘이 되어 줄 후견의 유대(bonds of clientage)를 공고히 할 시간을 갖게 하는 것이었다. 그러고 나서 새 지배자는 직위를 물려받은 다음에 왕국의 가장 유력한 집단들에 소개되고 그 유력 집단들이 그 지배자를 공식 석상에서 지배자로 선언하면서 바이아(bay'a)라고 알려진 환호와 동의 절차를 통해 그에게 충성을 맹세하는 것이었다.

우마이야 왕조 알 안달루스의 경우에 압드 알 라흐만은 차남 히샴을 특히 총애했다. 히샴은 경건하고 진중하고 유능한 인물이라는 평판에 힘입어 788년에 칼리프에 즉위(히샴 1세)했으니, 당시 그의 나이 서른 살이었다. 그는 이미 상당한 통치 경험이 있었으며, 종교 엘리트들의 지지를 받고 있었다. 그러나 즉위하자마자 그는 자신의 형 술라이만의 도전을 받았다. 술라이만은 당시 톨레도를 지배하고 있었으며, 또 다른 형제 압드 알라를 자기 편으로 만들어놓고 있었다. 술라이만은 충성스런 시리아 군대를 거느린 노련한 전사였으나, 히샴에게 톨레도를 빼앗기고 주도권을 되찾는 데도 실패했다. 결국 반란을 일으킨 두 형제(술라이만과 압드 알라)는 상당한 거금을 받기로 하고 항구적으로 마그립으로 망명을 떠나는 데 동의해야 했다. 그러나 히샴에게 닥친 도전은 이것만이 아니었다. 사라고사와 그 북쪽 지역도 반란에 휩싸였는데, 그것은 788~789년 그곳의 지배자 알 후사인 이븐 야흐야(al-Husayn ibn Yahya)가 독립을 선언했고, 2년 후 그가 진압되자 이번에는 다시 베르베르인 출신의 한 전사가 그 도시를 장악했기 때문이다. 이 경우 두 명의 원주민 유력자가 우마이야 왕조를 돕기 위해 나섰는데, 무사 이븐 포르툰 이븐 카시(Musa ibn Fortun ibn Qasi, '포르투나스의 아들, 카시우스의 아들')와 암루스('Amrus, 암브로스) 이븐 유수프(ibn Yusuf, 그는 지역 무왈라드 가문 출신이었다)였다. 이것은 그동안 무슬림 스페인 엘리트 집단에 큰 변화가 있었음을 말해주는데, 과거 아랍 출신 가문들이 권력을 상실하고 대신에 어떻게든 버티면서 이슬람으로 개종하는 중이었던 서고트족과 히스파노 로마계 가문이 그들을 대체해 가고 있었음을 보여 주고 있기 때문이다.

이런 사건들이 있기는 했지만 히샴의 치세는 비교적 안정된 시기였으며, 그 안정은 그에게 알 안달루스 내에서는 위상을 강화하고 북쪽 이웃들에 대해서는 에미르국의 힘을 과시할 기회를 제공했다. 국내 정책과 관련해 히샴은 부친의 과업을 이어받아 코르도바의 모스크를 완공하고, 그 이전 수세기 동안 부분적으로 파괴되어 방치되고 있던 로마 다리의 수리를 포함해 도시 개선에도 힘썼다. 그는 통치의 과정에서 우마이야 왕조의 피호인들의 도움을 많이 받았고, 에미르국의 권력 구조에서 당시 형성 중에 있던 말리키파 울라마(Maliki school of 'ulama')를 견고하게 지켜주었다. 그 대가로 그들은 그에게 감사 표시를 했으니, 예를 들어 말리크 이븐 아나스는 히샴을 경건과 정의의 표본으로 칭송했다.

히샴이 이교도 왕국들에 대해 공격적인 쪽으로 태도를 전환한 것도 찬사를 받았다. 그 이전 수십 년 동안 기독교 국가들은 에미르국의 취약성을 이용해 허약한 무슬림 지역 지배자들을 쫓아내고 그들이 다스리던 영토를 점령했다. 아스투리아스에서는 펠라기우스(펠라요)의 사위가 739년 국왕 알폰소 1세로 즉위했는데, 그는 먼저 기독교 이웃들을 제압한 다음 두에로강 북쪽 영토로 침입해 들어왔다. 북쪽 프랑크족도 피레네산맥 인근의 불만 집단 혹은 반란을 일으킨 무슬림 지배자들의 동맹자격으로 자주 쳐들어오고 있었다. 이에 대해 히샴의 장군들은 직극적으로 대응했고, 그중에는 793년 나르본과 카르카손에 대한 극적인 공격도 포함되어 있었다. 그것은 그의 군대와 백성들의 요구를 만족시키고, 코르도바의 대모스크 공사에 필요한 자금 마련에 도움이 될 정도로 많은 포로들과 넉넉한 전리품을 안겨 주었다. 이 같은 전투의 이면에서 작동했던 것은 종교적 의무보다는 전리품에 대한 기대였으며, 우마이야 왕조와 프랑크족이 서로의 영토를 야금야금 먹어 들어가기는 했지만 그들은 점차 외교적으로 문제를 해결하려는 태도를 갖게 되었다. 이런 우마이야-프랑크적 해법의 결과물 가운데 하나가 히샴의 아들 알 하캄(al-Hakam)이었다. 그는 아미르가 주크루프(Zukhruf, '황금 장식')라는 이름의 프랑크족 귀족 출신의 아내에게서 얻은 아들이었으며, 그녀는 압드 알 라흐만이 프랑크 왕 샤를마뉴와 평화 조약을 체결했을 때 샤를마뉴가 그에게 보내준 선물이었다.

히샴은 796년 권좌에 앉고 8년이 채 되지 않아 세상을 떠났다. 그러나 그는 원만한 승계를 위한 초석을 닦아두고 있었다. 그는 장남 압드 알 말리크를 구금하고 나서 당시 스물여섯 살의 아들 알 하캄을 후계자로 임명했다(알 하캄 1세). 알 하캄은 부친과는 대조적으로 이슬람 이전 시대 아랍의 충동적이고 거친 이상을 대변하는 인물이었다. 그는 놀라울 정도로 육체적인 인물로서 큰 키와 짙은 피부색에 날씬한 몸매의 소유자로 직접 군대를 이끌고 전투에 참여하는 것을 좋아했다. 그는 포도주 폭음을 즐기고 여러 명의 여자를 거느렸으며, 시인 혹은 연설가로서의 재능을 보여 주기도 하고 학문과 고급문화를 증진하기도 했다. 주도면밀하고 교활했던 그는 폭력적 분노를 표출해 신민들을 위협하곤 했으며, 계산적으로 행동하고 왕국을 강하게 만들려는 결심이 강해 그것을 추진하는 과정에서 주저함이 없었다. 그러나 이러한 성향이 그가 종교 엘리트들과 원만한 관계를 유지하는 네는 도움이 되지 못했는데, 엘리트들은 그보다는 그의 부친의 경건한 금욕주의를 더 좋아했다.

알 하캄의 첫 번째 시험은 그의 두 삼촌 술라이만과 압드 알라가 망명지에서 돌아와 정권 찬탈을 시도했을 때 찾아왔다. 그중 술라이만은 알 하캄 쪽 군대와 4년 동안 전투를 했으나, 결국 교전 중에 체포되어 아미르에게 넘겨져 처형되었다. 그의 수급(首級)은 창에 찔린 채 코르도바 거리를 배회하는 수모를 당하기는 했지만 후에 왕가 무덤(부친 압드 알 라흐만 1세 옆)에 묻혔는데, 그것은 그가 반역을 저지르기는 했지만 그럼에도 우마이야 왕조의 사람이었기 때문이다. 그의 동생 압드 알라의 사정은 그보다 좀 더 나았다. 그는 발렌시아와 사라고사에서 지지세력을 규합하려는 시도가 실패하자, 아들들과 함께 아헨에 있는 샤를마뉴의 궁정을 방문해 동맹을 제안했다. 그러나 이 시도는 성공하지 못했다. 하지만 그는 후에 조카와 화해했고, 조카는 그에게 풍족한 연금과 함께 발렌시아와 알 안달루스 동쪽 해안 지역에 대한 지배권을 주었다. 단 그가 자신의 지배 영역에서 벗어나지 않는다는 조건을 달고 나서였다. 알 하캄은 이 가족 간 화해를 공고히 하는 의미로 자신의 두 누이를 삼촌의 아들들에게 시집보냈는데, 그것은 아랍 사회에서 전통적으로 가족 간의 분열을 봉합하는 방식이었다. 그 두 아들 가운데 한 명인 우바이드 알라(Ubayd Allah)는 후에 알 하캄의 충성스런 장군이 되었다.

한편, 지방에서의 상황은 좀 더 심각했다. 796년 외부에서 들어온 사람들에 대해 친밀감 없이 이슬람으로 개종한 현지인들이었던 톨레도 주민들은 늘 불만에 차 있었으며, 자기네 도시의 몰락에 대해 분통해 하고 있었다. 결국 그들은 거만한 이슬람 지배자 발룰 이븐 마르주크(Bahlul ibn Marzuk)를 쫓아냈다. 이슬람으로 개종한 바스크인의 후손이었던 이븐 마르주크는 사라고사와 알 안달루스 북쪽 경계 지역으로 가서 독립을 선언하고, 그곳에서 우마이야 왕조의 충신이며 아랍인 집안인 살라마 가문(Banu Salama)과 원주민 집안인 카시 가문(Banu Qasi)을 상대로 전쟁을 했다. 알 하캄은 자신의 형제들과의 문제로 바쁜 와중에 충성스런 무왈라드(muwallad, 기독교에서 이슬람으로 개종한 자 혹은 그들의 후손. 복수형은 '무왈라둔') 암루스 이븐 유수프에게 도움을 청했다. 이에 암루스는 신속하고 결정적인 군사 작전을 통해 질서를 회복했으며, 다른 한편으로 그 지역 요새들을 강화해 미래의 일에도 대비했다. 알 하캄은 톨레도 주민들과의 문제를 최종적으로 해결하기 위해 다시 한 번 암루스에게 도움을 요청했다. 연대기 작가들에 의하면, 아미르는 여기에서 전례 없는 방식으로 자신의 치밀하고 잔인한 성정을 증명해 보였다.

일설에 따르면, 암루스는 797년 톨레도에 도착해 지역 유지들을 소집해 놓고 자신은 지역 원주민 중 한 사람으로서 그들(지역 유지들)과 마찬가지로 아미르를 경멸한다고 말함으로써 그들의 신뢰를 얻은 다음에 알 하캄의 열네 살배기 세자 압드 알 라흐만('Abd al-Rahman)의 도시 방문을 기념하는 연회를 열겠다고 선언했다. 예정대로 왕자가 도착하고 연회가 열렸으며, 지역 유지들은 지배자의 궁전 밖에 모였다. 그들에게는 몇 명씩 작은 무리를 이루어 따로따로 궁전 안으로 들어오라는 지시가 사전에 내려졌는데, 함정이었다. 각각의 무리가 궁전으로 들어오는 대로 좁은 통로로 안내되었고, 그 통로를 통과하자마자 그들은 차례차례 어린 세자가 지켜보는 앞에서 암살자들에게 살해당했다. 그리고 그들의 시신은 아무런 의식이나 절차 없이 해자 속으로 던져졌다. 전해지는 이야기에 의하면, 그곳에서는 악사들이 음악을 연주하고 있었기 때문에 피살자들의 비명 소리가 음악 소리에 묻혀 들리지 않았다고 하며, 그렇게 해서 700명가량의 지역 유지들이 영문도 모른 채 죽임을 당했다는 것이다. 이 '해자의 날'의 이야기는 후에 만들어진 허구임에 분명하지만(연회와 살해는 흔히 등장하는 수사적 표현이다), 그것은 아미르가 지역 유지들을 겁박해 침묵하게 만들려고 한 결의를 보여 준다. 톨레도의 상황이 안정되고 나서 806년 암루스는 다시 카시 가문 사람들이 인접한 팜플로나와 알라바, 그리고 세르다냐의 소(小)기독교 영주들과 동맹을 맺고 반란을 일으킨 상부 변경령(Upper March)으로 파견되었다.

그리나 불만은 수도에서 가까운 곳에서도 들끓고 있었다. 그것은 아미르의 중앙집권 정책에 대해 시민 대중이 갖고 있던 보편적 불만의 한 징후였다. 800년 코르도바에서 살고 있던 일군의 고관과 법률가들이 은밀하게 알 하캄의 사촌 무함마드 이븐 카심(Muhammad ibn Qasim)에게 접근해 아미르가 되어달라고 제안했다. 그러나 무함마드는 알 하캄을 배신할 생각이 없었기 때문에 오히려 이 음모를 아미르에게 알렸다. 그로 인해 음모자들 중 일흔두 명(그중 상당수는 지체가 높았다)이 체포되어 처형되었고, 과달키비르 강변을 따라 늘어선 그들을 매달고 있는 십자가들은 반역을 꿈꾸는 자들에게 말 없는 경고가 되었다. 알 하캄은 자비를 허용하지 않았다. 이때 체포된 울라마 중에는 야흐야 이븐 무다르(Yahya ibn Mudar)라는 사람이 포함되어 있었는데, 그는 말리크 이븐 아나스 밑에서 법을 공부한 적이 있는 명망 있는 인물이었다.

이런 보복적인 행동은 결코 대중을 안정시키지 못했다. 알 하캄은 쿠데타 재발을 염려해 도시 내 요새를 강화하고, 히샴의 치세 때부터 감옥에 갇혀 있던 두 삼촌 마슬라마와 우마이야를 처형했다. 또한 그는 프랑크인으로 구성된 군대를 만들어 자신의 개인 호위대로 이용했는데, 여기에는 793년 나르본 공격 때 체포된 포로들과 북쪽 기독교도 용병들도 포함되어 있었다. 아랍어를 할 줄 몰라 알 후르스(al-Hurs, '침묵하는 자들')라 불렸던 이 외국인 기독교도들은 알 하캄에게 절대적으로 충성했기 때문에 무슬림 대중에게는 증오의 대상이 되었다.

이것은 아미르가 자신의 통치에서 무왈라드인가 기독교도인가에 상관없이 원주민 유력자들을 중용하는 일반적인 전술의 한 예였다. 그가 가장 신임한 관리 가운데 한 명인 라비 이븐 테오돌포(Rabi' ibn Teodolfo)는 아미르의 기독교도 신민들의 '백작', 왕실 근위대 대장, 용병 부대 사령관을 역임한 서고트족 출신 기독교도였다. 그는 자신만의 대저택과 관리 집단을 허락받아 기독교 인민들을 지배하는 아미르의 그림자가 되었다. 그 후 그의 영향력은 점점 커졌으며, 이 딤미가 과시하는 허세는 울라마 집단의 심기를 상하게 만들었다. 그의 임무가 확대되어 수도에 거주하는 무슬림들까지 그의 책임에 포함되자 그는 대중의 불만의 표적이 되었고, 특히 세금 문제와 관련해 미움을 샀다. 아미르는 자신의 군사 자금을 조달하기 위해 새로운 세금을 도입했는데, 그것은 비-이슬람적 정책이라는 비난을 받았다. 『꾸란』에 의하면 무슬림은 오식 두 가지 세금, 즉 수입에 부과되는 우쉬르(ushr, '10분의 1세')와 의무적인 사다카(sadaqa, '구호세')만 부담하는 것으로 되어 있었다. 이슬람 성직자들은 특히 아미르가 수익을 만들어내기 위해 포도주 판매를 비롯해 여러 가지 공적인 악덕을 방치했기 때문에 더 불만을 갖게 되었다. 그 후 수년 동안 알 하캄이 지방에서 일어난 반란을 진압하기 위해 자주 수도를 비워야 했고, 그때마다 수도를 거만하기 짝이 없는 대리인과 점점 더 미움의 대상이 되고 있었던 왕실 근위대에 맡겼기 때문에 코르도바는 무슬림들의 불만으로 들끓게 되었다.

한계점은 818년 봄, 한 시민이 한 왕실 근위대 대원에게 살해되고 이에 시민들이 항의했지만 아미르가 나몰라라 했을 뿐만 아니라 오히려 폭력적으로 대응하자 분노한 시민들이 들고일어났을 때 찾아왔다. 반란의 진원지는 샤쿤다(Shaqunda) — 라틴어 세쿤다(Secunda)에서 유래한다 — 라고 알려진 코르도바의 로마 다리 건너편, 그러니까 과달키비르강 남쪽 인근 지역이었다. 이곳은 개종한 지 얼마 안 되는 사람들이 살고 있었으며, 노동자와 수공업자들의 밀집 거주지였기 때문에 종교적 소요가 일어나기에 적합한 곳이었다. 한 지도적인 파키('이슬람법 전문가')의 격려를 등에 업고 총파업이 일어났다. 결국 시민들은 무기를 들고 로마 다리를 건너 도시로 쳐들어갔다. 재난은 알 하캄의 사촌 우바이드 알라 이븐 압드 알라('Ubayd Allah ibn 'Abd Allah)의 기민한 행동 덕분에 역전될 수 있었는데, 그는 한 무리의 병사들을 이끌고 도시 옆문으로 빠져나와 반란자들을 뒤에서 기습했다. 알 하캄은 교외 지역을 초토화하고 그곳을 밀밭으로 만들 것이라고 약속하면서 이 샤쿤다 지역을 그의 군대에게 넘겨주어 마음껏 약탈하게 했다. 약탈과 학살은 사흘 동안이나 계속되었다. 집들이 약탈당하고 여자들은 포로로 잡혀 노예가 되었으며, 소년들은 잡혀가 거세를 당했다. 나흘째 되던 날, 아미르는 파괴 행위를 중단하고 자신의 판결을 발표했다. 그 내용은 300명의 유력 시민들을 공개적으로 십자가에 못 박아 죽이는 형벌에 처하고, 샤쿤다 지역 나머지 주민 전체 — 기독교도들과 유대인, 그리고 수천 명의 무슬림 — 는 나흘 안에 알 안달루스를 떠나라는 것이었다. 그중 일부는 페즈로 갔는데, 그곳의 지배자 이드리스 2세(Idris II)는 그들을 환영해 주었다. 그리고 또 다른 일부는 이집트까지 갔고, 또 다른 무리는 비잔티움의 크레타를 정복하고 그곳에 독립 에미르령을 세웠다.

알 하캄의 나머지 치세는 전보다는 평화로웠다. 그는 울라마와 일반 대중의 좀 더 좋은 평판을 회복하려고 노력했다. 그는 주도면밀하게 반란에 연루되었던 지도적인 파키들에게 사면령을 내리고, 그들과의 화해의 제스처로서 세자 압드 알 라흐만으로 하여금 자기의 기독교도 친구 라비 이븐 테오돌포 — 그는 반란 진압에서 주도적인 역할을 수행했다 — 를 재판에 회부해 처형하게 했다. 아미르가 병에 걸리자 그의 아들은 부유하고 증오의 대상이 되고 있던 한 정신(廷臣)을 처형하고, 종교 엘리트들과 새로운 협력의 시대를 열 기회를 갖게 되었다. 그리고 알 하캄이 죽기 며칠 전, 그는 한때 유력했던 한 기독교 귀족을 대중의 환호 속에 많은 사람들이 지켜보는 가운데 십자가형으로 처형했다. 코르도바의 유명 시인 이븐 알 샤미르(Ibn al-Shamir)는 "자기네 민족들을 부유하고 유력하게 함으로써 신을 분노하게 했던 한 이교도"의 처형을 시(詩)로서 축하했다. 그는 "사람들을 기쁨으로 충만하게 만든" 이 죽음을 찬미했으며, 새 아미르를 관대하고 위대하며 신에게 충성스런 사람이라고 칭찬했다.[6] 그것은 결코 과장이 아니었다. 압드 알 라흐만 2세가 알 안달루스 지배자로 즉위한 사건은 이슬람 스페인 역사에서 새 시대의 개막을 의미하는 것이었다.

압드 알 라흐만 2세가 물려받은 에미르국은 약 60년 전 그의 증조할아버지가 건설한 에미르국과 많이 달랐다. 알 안달루스는 그동안 우마이야 왕조 지배자들의 정책과 그곳의 사회와 문화에 깊숙이 침투하여 작동하고 있던 미묘하지만 강력한 힘에 힘입어 많이 바뀌어 있었다. 알 안달루스는 더 이상 지역적 성격의 권력을 공유하는 잡다한 세력의 집합체가 아니라 조직적인 왕국의 면모를 갖추고 있었다. 영토의 대부분은 쿠라들(kuras) — 주(州, provinces) — 로 나뉘어 있었으며, 그 쿠라들 대부분에는 그 중심에 대부분의 아랍인들이 모여 사는 도시가 있었다. 각 쿠라는 아미르가 임명하는 왈리(wali, '지방관')가 다스렸으며, 왈리들은 그 직위를 상속할 수는 없었지만 대개 상당한 독립성을 누리고 있었다. 각 쿠라의 군사 지휘권은 카이드(qa'id)라는 행정관이 갖고 있었다. 바다호스/메리다, 톨레도, 사라고사, 그리고 우에스카(와시카, Washqa)에 토대를 두고 있었던 여러 국경 지역 — '변경령들'(Marches), 즉 투구르(thugur, 단수는 타그르) — 은 반(半)독립 지역이었다. 변경령에서는 군사적 권위와 민사

---

6 Ángel Custodio López y López, "El conde de los Cristianos", p. 181.

적 권위가 뒤섞여 있었고 지역의 군인 가문들이 동맹을 맺고 지배권을 장악하고 있었으며, 아미르들은 지역 지배자들이 자신에게 충성을 바치는 한 그런 상태를 인정하는 편이었다.

코르도바는 이제 분명히 수도였다. 아미르가 거처하는 곳이었으며 행정의 중심지였다. 사법은 군주가 임명하는 카디 알하마(qadi alhama'a, '수석 판관')의 책임 아래 있었다. 세금의 상당 부분은 현금으로 징수되었으며, 경제는 화폐를 주조할 수 있는 귀금속의 양이 많아지고(그중 일부는 교회로부터 빼앗은 것이었다) 코르도바 외에 세비야, 사라고사, 톨레도, 발렌시아 같은 지방 수도들에서 나타나고 있던 수공업과 상업 시장 덕분에 활기를 띠기 시작했다. 이 시기의 알 안달루스에서 출현한 지역 화폐는 과세 기반이 확대되고 행정이 이슬람화하고 있었음을 말해 준다. 최초의 세 아미르는 금뿐만 아니라 은으로도 화폐를 주조했으며, 심지어 동화(銅貨)인 풀루스(fulus, 'pennies'로 단수는 'fals'. 구리로 만든 가치가 낮은 주화)도 유통되었다. 이 같은 통화의 상대적 풍요와 다양함은 알 안달루스를 라틴 유럽에서는 로마 제국 붕괴 이후 거의 처음으로 화폐에 의해 굴러가는 상업화된 경제로 나아가게 만들었다.

아미르들이 지역 반란을 방지하기 위한 노력의 일환으로 부족들의 힘을 상쇄하기 위해 용병과 노예, 전쟁포로들 중에서 병력을 충원하고 또 다른 집단들을 육성하면서 아랍인 군사 귀족들은 점차 권력에서 소외되었다. 그러나 비록 시리아인 엘리트들이 쇠퇴일로에 있기는 했지만, 정복자들이 원주민 여성과 결혼하고 지역 가문들을 자신의 가계와 문화에 끌어들임으로써 아랍 문화는 오히려 더 견고하게 뿌리를 내렸다. 그러나 이 무왈라드 가문들이 이슬람으로 개종하고, 아랍어를 배우고, 아랍-이슬람 문화를 받아들이기는 했지만, 그렇다고 그들이 반드시 지역적 연계를 상실한 것은 아니었다. 프런티어의 소귀족 가문들은 에미르국 바깥에 살고 있던, 예전에 같은 종교를 가졌던 사람들과 혼인도 하고 공동의 목적을 위해 동맹을 체결하기도 하면서 유대를 계속 유지하는 경우도 많았다. 스스로 아랍인을 자처하는 사람들 사이에서 부족적 혹은 종족적 정체성은 정치적 행동을 위한 틀보다는 사회적 권위의 표식이 되었다.

개종을 택하지 않은 기독교도들의 상황도 유동적이었다. 정복 이후 북쪽으로 도망치지 않고 남아 있던 주교들 가운데 일부는 새 (무슬림) 지배자 밑에서 일자리를 발견해 그들의 지역 대리인이 되었다. 즉 아민스(amins, '신임하는 대리인')로서 독립적으로, 혹은 옛 귀족들로부터 끌어들인 쿠미스(qumis, '백작')들과 함께 기독교도들을 관리하는 일이나 세금 징수의 일을 맡아보았다. 그러나 800년경이면 주교들이 이슬람의 행정에서 거의 사라졌는데, 그것은 도시 거주자들이 대부분 이슬람으로 개종하면서 그들의 양떼들이 사라지고 그로 인해 영향력도 사라졌기 때문이다. 기독교도 토지 귀족들의 상황도 비슷했다. 예를 들어 위티자의 아들이자 첫 번째 쿠미스였던 아르다바스트는 처음에는 상당한 규모의 보유지를 계속 유지했으나, 압드 알 라흐만 1세가 그 영지를 몰수해 우마이야 왕조 피호인들에게 나눠준 후로는 보잘것없는 신세로 전락했다.

800년경 알 안달루스의 도시 생활은 통치권이 미치는 지역들을 중심으로 되살아나기 시작했다. 그러나 그 도시들은 너무나 많이 변해 그 이전에 살던 주민들은 그곳이 전에 자기들이 살던 그 도시라는 것을 알아보지 못했을지 모를 정도였다. 남아 있던 로마 시대의 건물들은 철거되었고, 전에 직선으로 뻗은 격자형 거리들과 개방된 모습의 공적 공간들은 아랍-이슬람 양식 건물들로 바뀌었다. 혈족 구성원들은 한곳에 함께 모여 살았고, 그 구역은 동쪽 이슬람 세계의 전형적인 모습인 자족적이고 칩거적이며 집안 내부를 감추는 듯한, 창문 없는 골목들이 빽빽이 들어선 지역으로 발전했다. 수레가 교통수단으로 이용되지 않아(노새와 낙타 위주의 교통에서 수레는 별로 쓸모가 없었다) 거리들이 널찍하고 반듯해야 할 필요가 없게 되었다. 대신에 그 거리들은 대다수 이베리아반도의 지역에서 매우 일반적인 계절적 급류성 호우가 만들어낸 언덕 주위를 휘감아 도는 도시의 자연적·물리적 지형을 반영해 만들어지는 경향이 있었다. 새로 이슬람으로 개종한 시골 사람들이 도시로 유입되면서 그들을 수용하기 위한 교외 지역이 생겨났으며, 그들은 새로 활성화된 후원 경제(economy of patronage)가 만들어낸 상업 활동에 종사했다.

(이슬람으로의) 개종이 적극적으로 장려되지 않았음에도 불구하고, 800년대 2/4분기쯤이면 사람들의 개종이 크게 진척되고 있었다. 최초의 개종자 중에는 개종을 통해 재산과 지위를 지킬 수 있었던 상류층과 서고트 스페인에서 상당수를 차지했던 노예들이 있었다. 무슬림이 아닌 사람이 무슬림 노예를 거느릴 수는 없었기 때문에 개종은 노예들이 노예 신분에서 벗어나는 한 방법으로 여겨지기도 했다. 그러나 노예들의 갑작스럽고 대규모적인 개종은 일어나지 않았다. 개종을 위해서는 무슬림 후견인(patron)이 필요했고, 가난한 자유인이 되기보다 부유한 무슬림의 노예로 남아 있는 것이 더 좋을 수도 있었다. 서고트 스페인에서는 지역 교회를 토지 귀족들이 지배하고 있었는데, 그들은 휘하의 사람들을 위해 교회를 짓고 그 교회를 관리할 성직자를 임명했다. 그런데 그들이 일단 이슬람으로 개종하게 되면 가톨릭 성직자를 발견하는 것은 더 어려워졌을 것이고, 교회와 작은 성당들은 방치되거나 버려졌을 것이다. 농촌 기독교가 표류 상태로 접어들면서 많은 농민은 영주들의 격려가 있든 없든 이슬람으로 가는 길을 발견하게 되었을 것이다.

교외와 소도시로 이주한 사람들은 거기에서 활기찬 이슬람 문화를 발견했다. 무슬림이 지배하는 이 세계에서의 개종은 개종자들에게 법적으로 완전한 권리와 더 큰 권위를 누릴 수 있으리라는 기대(적어도 비무슬림들에 비하면)를, 그리고 직업을 갖게 되고 후원을 받게 될 기회를 가져다주었다. 이슬람은 비록 아직 발전 과정 중에 있기는 했지만 그것이 갖고 있는 평등주의적인 약속, 다 같이 하는 기도나 단식 같은 함께 참여하는 의식, 그리고 새롭고 활기찬 종교로서의 성격(이슬람은 사후 세계에서뿐만 아니라 현실 세계에서도 더 나은 삶을 약속했다) 때문에 매력적인 것으로 보였을 수도 있다. 잔존해 있던 부유한 기독교 가문들이 건립하고 무슬림 종교 당국과 개종한 사람들의 감시로부터 멀리 떨어져 있었던 농촌의 사립 수도원들은 조직적인 기독교의 몰락에서 보기 드문 예외였다.

농촌에서는 이제 몇몇 지역에서 농민과 노예들이 무슬림의 소유로 넘어간 로마식의 대규모 영지에서 계속 일을 했다. 오두막에 거주하는 자유농들이 작은 땅뙈기를 일구며 살아가는 지역에서는 별다른 변화가 없었을 것이지만, 베르베르인들이 정주한 지역에서는 극적인 변화가 나타났다. 알 안달루스에 정착한 베르베르인들은 얼마 가지 않아 자신들의 언어를 잃게 되었지만 수세대 동안 자신들의 사회 조직 습관은 유지했던 것으로 보인다. 그들은 전통적이고 평등주의적인 정주지와 농업상의 합의(agricultural arrangements)를 만들어냈고, 훗날 나타나게 될 엄청난 농업 생산의 증가에 도움이 될 관개 시스템과 토지 분배의 관행을 북아프리카로부터 들여왔다.

이슬람 자체가 좀 더 복잡해지고 조직화되면서 알 안달루스 전역에서 이슬람 의식(Islamic consciousness)이 점점 성장해 갔다. 압바스 왕조가 지배하는 동쪽 이슬람 세계에서는 새로운 법 해석학파들이 생겨나고 경전 연구가 활발해졌으며, 하디스에 대한 비판적 분석이 정제되어 갔다. 표준적인 이슬람 관행에 대한 의식이 나타났고 그것은 망명객이나 순례자, 그리고 여행하는 학자들을 통해 서쪽 끝(알 안달루스)으로 흘러들어 갔다. 알 안달루스에서는 기독교도들과 신전을 같이 쓰는 것이 부적절하게 여겨짐에 따라 더 많은 모스크가 지어졌다. 무슬림들만의 공동묘지도 생겨났다. 지역 차원의 순례지도 생겨났는데, 예를 들어 코르도바에는 우스만 이븐 아판이 암살당했을 때 소지했던 것으로 알려진 『꾸란』 한 권이 대모스크에서 최고의 위치에 모셔져 있었고, 사라고사에는 두 명의 타비운(Tabi'un, 예언자 무함마드의 도반 가운데 중요한 인물들)의 무덤이 있어 순례자들을 끌어들였다. 기독교도들과 이교도들에 의해 오랫동안 숭배 대상이 되었던 시골 성소들도 대중의 새 신앙(이슬람) 안으로 들어왔다. 반도 전역의 보통 사람들 가운데 특별히 경건한 신자라면 하루에 다섯 번씩, 그보다 덜 경건한 신자라도 금요일 정오에 한 번은 대서양에서부터 인더스강에 이르기까지 수많은 신자들과 함께 (일정한 시간에) 길을 가다 멈춰 서서 가볍게 몸을 씻은 다음에 정해진 공동의 몸짓과 함께 키블라(메카가 있는 쪽)를 향해 기도를 올렸다. 이슬람법과 아랍적 관습은 사회적 관계나 젠더 관계, 집안 경영, 공적 행동, 옷 입는 매너, 순결과 예절에 대한 개념, 그리고 식단과 오락의 선택을 만들어내기 시작했다. 외따로 떨어진 작은 촌락에서는 그렇지 않았지만 행정과 일상 대화의 언어로서 서고트 시대의 오염된 구어체인 라틴어 대신에 아랍어를 사용하는 경우가 많아졌다. 그리고 수십 년 전 아랍인들의 점령이 스쳐 지나가는 재앙이기를 바랐던 기독교도들은 비유적으로뿐만 아니라 실제로도 '말이 없는 사람들'이 되어갔다.

요컨대, 822년 압드 알 라흐만 2세가 즉위할 당시 이슬람 지배 아래의 스페인은 완전히 이슬람화된 사회가 되었으며, 여러 가지 도전에 직면하게는 되지만 그럼에도 번영을 위한 기반은 잘 닦여 있었다. 왕조는 외견상 안정되어 있었고 지리적 고립은 적으로부터 안전하게 지켜주었으며, 경제가 발전함에 따라 인구도 꾸준히 증가해 서고트 시대에 300만~400만 명 정도였던 인구가 800년경이면 700만 명을 넘게 되었다. 그러니 성공은 도전을 가져오기 마련이었으니, 그 도전은 외부로부터도 왔고, 알 안달루스 정계에 새로 출현한 파당들로부터도 왔다. 그다음 세기 동안에 이슬람 지배 아래의 알 안달루스는 세계무대에 발을 내딛게 되고, 변두리 에미르국에서 국제적 강국으로 발전하게 된다. 그러나 이 모든 것을 통해 볼 때, 재난은 가끔 정상적인 경로에서 바로 한걸음 떨어진 곳에 숨어 있었던 것처럼 보인다.

제2부

변화,
820~929

우마이야 에미르국과 서구
(820~929년)
아헨
대 서 양
서프랑크
(카롤링거)
상부 부르고뉴
알프스
비스케이만
산티아고 데
콤포스텔라
하부 부르고뉴
론강
프로방스
롬바르드족
아 코루냐
히혼
오비에도
론세스바예스 전투
(778년)
팜플로나 왕국
툴루즈
님
아리에스
프락시네툼
마르세유
나르본
아스투리아스 왕국
팜플로나
피레네산맥
이리아 플라비아
레온
라 리오하
상부 변경령
아스토르가
브라가
사모라
시망카스
투델라
우에스카
지로나
스페인 변경령
사라고사
바로셀로나
오포르토
두에로강
중부 변경령
에브로강
토르토사
우마이야 에미르국
코임브라
톨레도
마요르카
하부 변경령
타호강
발렌시아
발레아레스제도
메리다
리스본
베하
과달키비르강
세비야
코르도바
지 중 해
보바스트로
말라가
카디스
알헤시라스
튀니스
지브롤터해협
세우타
아틀라스산맥
나쿠르 왕국
카이로완
아글라브
페즈
루스타미드
이프리키야
이드리스
알 마그립
사하라 사막
하이아틀라스산맥
안티아틀라스산맥
시질마사
N
0
300mi
0
300km

제5장

경계선상의 에미르국

피레네산맥 서쪽의 높은 고개에서 브르타뉴 백작이자 황제 샤를마뉴가 신임하는 용장 롤랑(Roland)이 무슬림들을 상대로 치열한 전투를 벌이고 있었다. 그는 음흉한 이교도 사라센들에 의해 포위되어 있었고, 거짓 동맹자인 무슬림 왕 마르실(Marsile)과 반역자 기사 가넬롱(Ganelon)에게 배신당한 상태였다. 주변에 배치되어 있던 (프랑크) 제국 군내의 후진이 속절없이 쓰러져 가자, 그는 자신의 마지막 순간이 다가왔음을 알아챘다. 다른 대안이 없기도 했고 기독교 신앙을 위해 기꺼이 죽겠다는 일념으로, 그는 가지고 있던 뿔피리 올리팡(Olifant)을 꺼내 사력을 다해 힘껏 불었다. 그것은 샤를마뉴의 본진이 그 소리를 듣고 이 이교도들에게 복수를 해달라는 의미였다. 뿔피리를 얼마나 세게 불었던지 그는 관자놀이가 터져 그 자리에서 죽었다. "그의 뇌가 …… 귀를 통해 튀어나올 정도였다."[7] 중세 무훈시(武勳詩) 가운데 가장 유명하고 후에 프랑스의 국가적 서사시가 될 「롤랑의 노래」 이야기는 그렇게 시작된다. 여기에

7 Stanzas 156~76, in Gerard Joseph Brault, *The Song of Roland*, pp. 129~47.

언급되고 있는 영웅의 죽음은 중세 말에 만들어진 판타지임이 분명하다. 그러나 이 이야기는 복잡하기도 하고 이데올로기와 실용주의 모두에 의해 작동되었던, 유럽 기독교 세계와 이슬람의 알 안달루스 간의 갈등을 말해 준다.

피레네산맥 너머의 유럽인들이 이슬람에 대해 갖고 있던 인식은 대개 「롤랑의 노래」 같은 중세 기사도적 무훈시를 통해 만들어졌다. 「롤랑의 노래」의 줄거리는 778년 샤를마뉴가 알 안달루스를 정복하기 위해 벌인 원정에 관한 것이며, 그 원정은 사라고사의 왕 마르실의 제안으로 성사되었다. 그것은 알 안달루스를 가톨릭으로 개종시키고 황제에게 복속시키려는 목적으로 수행된 것이었다. 그러나 「롤랑의 노래」는 사건이 일어나고 3세기가 지난 후에 십자군 운동이 절정으로 치닫고 프랑크 왕국의 기사들이 스페인의 무슬림과 싸우면서 자신들의 성공을 모색하는 과정에서 쓰여진 것이다. 사실 778년이면 샤를마뉴는 아직 황제도 아니었고 그의 군사 원정은 스페인보다는 유럽 북동쪽의 이교도 색슨족과 이탈리아의 기독교도 롬바르드족에 초점이 맞춰져 있었다. 그에게 (당시 빈번한 반란에 시달리고 있었던) 알 안달루스는 단지 또 하나의 기회였을 뿐이다. 이때 샤를마뉴의 군대는 셉티마니아를 평정한 다음에 785년 피레네산맥을 넘어 지역민들의 지지를 등에 업고 바르셀로나 북쪽에 위치한 지로나를 점령했고, 그럼으로써 장차 스페인 변경령으로, 그리고 나중에는 카탈루냐로 일려지게 된 변경 지역을 확보하게 되었다.

샤를마뉴가 이곳에 온 이유는 바르셀로나(Barcelona) — 아랍어로는 바르샬루나(Barshaluna) — 와 사라고사의 지배자들 — 그들은 야심만만한 아랍인이었고, 엄밀히 말해 도망자 신분이었던 우마이야 왕조 군주에게 복종할 생각이 없었다 — 이 북쪽 끝 삭소니아 변경 지역에 머물고 있던 그(샤를마뉴)에게 사절을 보내 압드 알 라흐만 1세에 대항해 싸우려고 하는 자신들을 지지해 달라고 요청해 왔기 때문이었다. 그들(바르셀로나와 사라고사의 지배자)은 자신들 바로 곁에 있는 무슬림 군주를 섬기기보다는 멀리 떨어져 있는 프랑크족 왕에게 충성하는 것이 더 낫다고 생각했던 것이다. 이런 생각은 이 지역에 대한 샤를마뉴의 계획과 잘 들어 맞았는데, 샤를마뉴는 프랑크 왕국 남쪽 변경 지역의 안전을 확보하고 자주 반란을 일으키는 가스콩들(Gascons)—바스크족(Basques) 혹은 바쉬쿠니쉬(Bashkunish)—을 확실히 복속시켜야겠다고 생각했다. 바스크족의 저항의 중심은 피레네산맥 서쪽에 위치한 난공불락의 성채를 가진 요새 도시 팜플로나였다. 샤를마뉴와 그의 군대는 7세기 전 로마 황제 아우구스투스에 의해 건설된 대도시 사라고사(아랍의 지리학자들은 이 도시가 성서에 나오는 솔로몬에 의해 건설되었다고 주장했다)에 도착했다. 사라고사는 견고하고 번쩍이는 로마 시대 성벽으로 둘러싸여 있었고 넓고 비옥한 평원의 한 중심에 위치해 있었으며, 광대하고 평온한 에브로 강변으로부터 펼쳐지고 메마르고 적녹색을 띤 절벽들—10세기 알 안달루스의 한 지리학자의 말에 따르면, "농촌의 광대한 에메랄드 초록으로 둘러싸인 흰색 얼룩"—에 의해 에워싸여 있었다.[8]

그러나 샤를마뉴에게는 황당하게도 사라고사의 지배자 후사인 이븐 야흐야가 성문을 걸어 잠그고 열어주지 않았는데, 그것은 그가 프랑크 왕(샤를마뉴)이 최근에 수행한 정복을 지켜보고 나서 생각을 바꾸었기 때문이었다. 샤를마뉴가 사라고사를 무력으로 탈취하기란 불가능했기 때문에, 그는 이곳을 포기하고 군대를 이끌고 북서쪽 팜플로나로 향했다. 팜플로나 주민들은 즉각 그에게 복속하고 기꺼이 그에게 신하가 되겠다는 신서(臣誓)를 했다. 그런데 샤를마뉴는 팜플로나의 주요 가문들—그들은 반세기 전에 무슬림의 지배를 벗어던진 기독교도들이었다—이 이웃 무왈라드 부족들과 수세대 동안 통혼하면서 가까운 사이가 되어 있었던 사실을 모르고 있었다. 자부심 강한 왕(샤를마뉴)이 지배의 표시로 팜플로나 시의 정문을 허물고 그곳을 떠났을 때, (샤를마뉴의 군대를 패퇴시키는 데 필요한) 함정은 이미 준비되어 있었다.

아키텐으로 돌아오는 길에 샤를마뉴와 그의 군대는 론세스바예스 고

8 Seco de Lucena and Aḥmad ibn ʿAlī Qalqashandī, "Un tradado árabe", p. 117.

갯길을 넘어야 했는데, 숲이 대단히 우거져 있어 그의 군대는 길게 늘어진 행렬을 이루어 통과해야 했다. 그런데 이곳에 팜플로나의 병력과 그들의 무슬림 친척들이 숨어 그들을 기다리고 있었다. 프랑크 군대 본진이 그곳을 먼저 통과하고, 왕의 수화물 행렬과 그에 이어 후위(전설에 따르면 그 후위는 영웅적인 인물 롤랑이 지휘하고 있었다)까지 이 좁은 골짜기 안으로 들어서자 잠복해 있던 병사들이 갑자기 튀어나와 당황해 어쩔 줄 모르는 프랑크 병사들에게 엄청난 양의 돌과 화살을 퍼부었다. 용감한 프랑크족 기병대도 이 좁은 길에서는 효과적인 반격을 할 수가 없었다. 마침내 매복해 있던 자들이 달려들어 공황 상태에 빠진 적들을 닥치는 대로 학살하고 왕의 귀중품과 장비들을 탈취했다. 이 사건은 후에 반(反)무슬림 전설의 모습을 갖게 되지만 당시 사람들은 아마도 이 참사의 책임이 누구에게 있는지 분명히 알고 있었을 것이다. 샤를마뉴의 전기작가인 아인하르트(Einhard)의 말에 따르면, 미래의 황제(샤를마뉴)가 "바스크의 배신이라는 쓴맛을 본" 것이 이곳 론세스바예스에서였다.[9]

그런데 론세스바예스의 참사는 프랑크 제국과 알 안달루스 간에 더 큰 전쟁으로 이어지기보다는 서로 외교 사절을 교환하는 계기가 되었고, 후에 쓰여진 사료는 두 왕가가 혼인 동맹을 체결했다고 주장하고 있기도 하다. 샤를마뉴는 비록 기독교도 왕이고 교회의 수호자를 자처했지만, 그럼에도 무슬림 지배자들을 대할 때 기독교 지배자들과 차별을 두지 않았다. 그 결과 (이념이나 종교가 아니라) 실용주의와 (그때그때의) 상황이 우마이야 왕조와 샤를마뉴의 카롤링거 왕조 간의 관계를 결정했다.

지중해 연안과 그 주변 영토의 지배자들은 멀리 떨어져 있기는 했지만 서로에 대해 잘 알고 있었다. 외교관들이 자기네 주군의 힘의 상징으로 이국적인 선물을 들고 서로의 지역을 정기적으로 오고갔고, 조약을 체결하고 귀중한 정보를 갖고 돌아왔다. 압바스 왕조의 칼리프 하룬 알 라시드(Harun al-Rashid)가 801년 샤를마뉴에게 보낸 선물 중에는 "코끼

9 Thomas F. X. Noble, *Charlemagne and Louis the Pious*, p. 30.

리 한 마리, 복숭아, 나드(향초), 여러 종류의 연고, 향신료, 향수, 몇 가지 약품", 그리고 그 외에도 기계식 시계가 포함되어 있었다. 아글라브 왕조 아프리카(Aghlabid Africa)에서 온 대사들은 "북아프리카산(産) 사자와 누미디아의 곰, 스페인의 붉은 염료, 티레의 보라색 염료"—이것들은 황제에게 어울리는 선물이었다—를 갖고 돌아왔다.[10] 801년경이면 샤를마뉴는 그 전해 크리스마스에 교황 레오 3세에 의해 '로마의 황제'로 대관되었기 때문에 스스로 황제를 자처했다. 이 황제 자리를 그는 비잔티움 제국을 격파하고 프랑크족이 지배하는 새로운 로마 제국을 건설하겠다는 더 큰 프로그램의 일환으로 생각했기 때문에 비잔티움 제국의 적인 압바스 왕조 칼리프를 자연스런 동맹으로 생각했다. 이프리키야의 압바스 아글라브 왕조 동맹세력('Abbasids' Aghlabid allies)도 우마이야 왕조의 알 안달루스 세력을 약화시키는 일에 있어 샤를마뉴와 이해관계를 같이하고 있었다.

그러므로 프랑크족과 우마이야 왕조 알 안달루스 간의 평화는 서로가 서로의 약점을 이용하는 '뜨거운 평화'였다. 예를 들어 801년 샤를마뉴의 아들 루이 경건왕(Louis the Pious)은 단기간의 공성 끝에 무슬림 바르셀로나를 점령했다. 이어서 프랑크인들은 이베리아반도 남쪽 깊숙이까지 공격해 일시적이기는 했지만 타라고나(Tarragona, 타라쿠나)를 점령하기도 했고, 지중해 쪽 주요 항구 가운데 하나인 토르토사(Tortosa, 투르투샤)를 여러 차례 공격하기도 했다. 이에 대해 아미르들도 같은 방식으로 대응했는데, 그들은 820년대 카탈루냐에서 일어난 반(反)카롤링거 반란을 지원하고 840년에는 나르본을 공격했으며, 856년에는 바르셀로나를 잠깐 동안 회복하고 지로나를 공격하기도 했다. 824년에는 역사가 다시 한 번 되풀이되었는데, 이해에 팜플로나를 정복한 프랑크 군대가 다시 한 번 론세스바예스 고갯길에서 그 지역 바스크 전사들과 그들의 친척인 카시 가문에 의해 매복 공격을 받은 것이었다. 이 전투들 가운데 어

10 Thomas F. X. Noble, *Charlemagne and Louis the Pious*, pp. 98~99.

느 것도 결정적이지는 않았으며, 바르셀로나 바로 남쪽 지점부터 피레네 산맥 자락 서쪽으로 이어지는 선을 따라 안정된 프런티어가 형성되었다. 무슬림들은 평야지대와 저지대를 지배했고, 지역 기독교도 유력자들은 멀리 떨어진 높은 산지 계곡을 지배했다. 상황은 교착 상태였다.

그러나 샤를마뉴의 원정은 알 안달루스에 상당한 영향을 끼쳤으니, 그것은 우마이야 왕조가 사라고사와 에브로강 계곡(이 지역은 서고트 시대 때도 남쪽 중심부 지역에 의해 효과적으로 지배되지 않았다)에서 직면하고 있던 문제를 더욱 악화시켰기 때문이다. 이 지역은 상부 변경령(Thaghr al-'Ala) 혹은 '가장 먼 변경령'(Thaghr al-'Aqsa)이라는 이름으로 알려져 있던 프런티어 지역이었으며, 톨레도를 중심으로 하는 중부 변경령(Thaghr al-Awsat)과 메리다를 중심으로 하는 하부 변경령(Thaghr al-Adna)과 함께 800년대에 설치된 세 변경령 가운데 하나였다. 팜플로나의 경우에 이 도시에 대한 응징 차원의 원정이 간헐적으로 시도되기도 했지만, 너무나 멀리 떨어져 있어 코르도바에 의해 지배되기는 어려웠다. 이 도시는 이따금씩 코르도바에 조공을 바치기도 하고 사라고사와 강한 유대 관계를 유지하기는 했지만, 자신의 안전을 도모할 목적으로 생겨난 지 얼마 되지 않은 아스투리아스 기독교 왕국에 복속을 서약하고 있기도 했다. 제1대 '팜플로나의 왕'인 에네코 아리스타(Eneko Arista) — 에네코는 스페인어로는 이니고(Iñigo), 아리스타는 아랍어로는 야나쿠 이븐 와니쿠(Yannaqu ibn Wanniku) — 는 아들 가르세아(Garcea, García)를 코르도바에 인질로 보내야 했으며, 가르세아의 딸 오네카(Oneka, Íñiga)는 800년대 말에 우마이야 왕조의 아미르인 압드 알라와 혼인을 하게 된다.

한편, 사라고사에서는 알 후사인 이븐 야흐야의 거듭된 반란이 아랍 지배의 종식을 앞당기고 무왈라드인 카시 가문의 흥기를 위한 기반을 닦았다. 스페인-로마적 기원을 가진 이 혈족 — 이 혈족의 수장 카시우스(Cassius)에서 '카시'(Qasi) 혹은 '바누 카시'(Banu Qasi)라는 말이 유래했다 — 은 정복 당시 이슬람으로 개종해 있었고, 에브로강 계곡과 피레네산맥의 무슬림 혹은 기독교 부족들과의 통혼을 통해 세력을 키우고 있었다. 839년 카시우스의 증손자 무사 이븐 무사(Musa ibn Musa)가 삼촌 에네코 아리스타의 지원 아래 사라고사에 기반을 둔 독립 왕국 수립에 착수했다. 이에 대해 아미르 압드 알 라흐만 2세는 무사를 잃고 싶지 않았기 때문에 강제와 타협 두 가지 방식 모두를 이용해 그를 누르려고 했으며, 팜플로나에 대해 일련의 공격을 개시하면서 그것을 그는 지하드로 규정했다. 이 규정은 무사로 하여금 이 공격에 참여하지 않으면 안 되게 만들었고, 그래서 자신의 동맹세력인 에네코를 공격하도록 만들었다.

852년 압드 알 라흐만 2세와 에네코 아리스타 두 사람이 다 죽자, 무사는 자신의 에너지를 팜플로나에 있는 옛 동맹자들을 공격하는 쪽으로 돌려 프랑크 왕국과 동맹을 맺은 카탈루냐 영주들과 아스투리아스의 기독교도들을 공격했다. 무사는 이제 '스페인의 세 번째 왕'을 자처했다. 그러나 새 아미르 무함마드 1세는 남쪽에서 일어난 반란들에 정신이 팔려 있었기 때문에 무사가 명목상으로라도 코르도바의 권위를 인정하면 북쪽에서 설쳐대는 것을 인정하는 것 말고는 다른 방법이 없었다. 그 대신에 아미르는 856년 바르셀로나에 대한 공격을 포함해 전쟁에서 무사가 거둔 공 가운데 일부를 가로챌 수 있었다. 무사는 862년에 세상을 떠났다. 그러나 10년 후에 그 혈족—이제는 그를 기리는 의미로 바누 무사(Banu Musa)로 알려져 있었다—은 네 명의 아들인 루브(Lubb, Lope), 포르툰(Fortun), 무타리프(Mutarrif), 이스마일(Isma'il)이 지배하고 있었는데, 다시 한 번 상부 변경령을 장악했다. 이에 무함마드 1세는 이 가문에 대한 공격에 나서고 경쟁 가문들을 양성했는데, 그중에는 무왈라드인 암루스 가문(Banu 'Amrus)과 아랍인 투집 가문(Banu Tujib)이 포함되어 있었다. 그러나 카시 가문을 그 지역에서 쫓아내기에는 역부족이었다. 사라고사의 튼튼한 성벽은 그 도시를 거의 난공불락으로 만들었고, 상부 변경령에는 투델라(Tudela, Tutila)와 우에스카(Huesca)를 비롯해 견고한 성과 요새 도시들이 산재해 있었다. 그것들은 아미르들의 공격을 어렵지 않게 격퇴할 수 있었다.

그러나 궁극적으로 시간은 우마이야 왕조 편이었다. 880년대에 무사의 여러 아들과 그들의 자손들은 골육상쟁을 벌였으며, 우마이야 왕조는 교묘하게 지원을 제공하거나 거부함으로써 그 내분을 지속시켜 그들이 계속 싸우도록 부추겼다. 한편, 카시 가문은 상황에 따라 우마이야 왕조에 대해 신서를 유지하기도 하고 거부하기도 했다. 이 화해와 배신의 순환은 무사의 손자 무함마드 이븐 루브(Muhammad ibn Lubb)와 그의 아들 루브 이븐 무함마드(Lubb ibn Muhammad)에 의해 세기 말까지 이어졌다. 루브 이븐 무함마드는 증조부 무사 이븐 무사와 마찬가지로 공격적 군사 행동으로 맞서기도 하고, 지역 무슬림이나 기독교도들과의 군사 동맹을 포함하는 강력한 외교 전술을 펼치기도 했다. 그러나 907년 루브 이븐 무함마드가 팜플로나 외곽에서 벌어진 전투에서 전사한 이후, 카시 가문의 세력은 급속히 약해졌다. 카시 가문의 지도자들은 도망자 신분이 되어 기독교도의 땅으로 갔고, 거기서 기독교로 개종해 지역 귀족 집단 안에 흡수되기도 했다. 아니면 탄원자의 신분으로 코르도바에 숨어 들어가 결국 우마이야 왕조에 봉사하기도 했다. 루브의 아들이자 카시 가문의 마지막 인물인 무함마드는 929년 친척 파야르스의 라몬 백작(Count Ramon of Pallars)에게 배신당한 다음 처형되었다. 이 929년은 기세당당한 우마이야 왕조의 아미르 압드 알 라흐만 3세가 '이슬람의 칼리프'라는 칭호를 자처한 바로 그해였다.

그러나 아미르들은 반항적인 지방 지배자들과 프랑크 왕국 군대 말고도 싸워야 할 상대가 많았는데, 재난은 가장 예기치 않은 형태로 찾아왔다. 예를 들어 9세기까지 알 안달루스 제2의 도시였던 세비야는 150년 넘게 평화를 누려오고 있었다. 이 도시에서 145킬로미터 정도 떨어져 있었던 코르도바의 아미르들은 770년대에 반란을 일으킨 야마니족 아랍인들을 진압한 바 있었다. 압드 알 라흐만 2세는 이제 막 세비야의 기념비적인 모스크를 완공한 상태였다. 비옥한 농업지대의 중심에 자리 잡고 있던 세비야는 번영일로를 걷고 있었다. 이 도시에는 올리브, 무화과,

가축, 곡물이 풍부하게 생산되는 주변 지역의 주민들이 내다 팔 수 있는 큰 시장이 있었고, '위대한 강' 과달키비르 덕분에 동쪽으로는 왕이 머무는 수도와, 서쪽으로는 대서양과 연결되었다. 그런데 이 도시의 이 같이 유리한 위치가 몰락의 원인이 되기도 했는데, 844년 10월 용머리를 갖춘 54척의 장선(longboat)이 강을 타고 올라와 풀이 무성한 세비야 강가에 상륙했다. 이 배들에서 거한에 수염이 무성한 수백 명의 노스맨(Norsemen, 노르만족)이 뛰어내려 변변한 성벽도 갖추지 못하고 있던 이 도시로 달려 들어가 닥치는 대로 도끼를 휘두르자 주민들은 공포에 질려 사방으로 도망쳤다. 바이킹들이 알 안달루스에 도착한 것이었다.

노르만족 침입자들은 세비야를 약탈하고 전리품과 포로들을 끌어모은 다음에 노를 저어 미로 같은 과달키비르강 하구의 델타 습지로 들어가 그곳에 전진기지를 설치했다. 그러고 나서 얼마 후 증원 병력이 도착했고, 그들은 세비야로 다시 돌아가 일주일 동안 약탈했다. 그동안 압드 알 라흐만 2세는 남쪽의 지방 지배자들에게 간절한 도움의 손길을 요청하고 침입자들을 격퇴하기 위해 병력을 소집했다. 이 바이킹들의 도착이 완전히 예기치 못한 것은 아니었는데, 왜냐하면 이미 몇 달 전에 일군의 바이킹 장선들이 북쪽 비스케이만에 나타나 그곳을 정찰하고 다니다 히혼(Gijón)과 아 코루냐(A Coruña)에서 아스투리아스 왕국의 라미로 1세(Ramiro I)에게 격퇴된 적이 있었기 때문이다. 그들은 무슬림 지배 아래의 리스본(al-Ushbuna)에서는 운이 좋아 13일 동안이나 마음대로 약탈할 수가 있었다. 거기서 그들은 카디스로, 그리고 다시 내륙 쪽으로 들어가 거의 아무런 저항도 받지 않고 약탈을 저지를 수 있었다. 세비야는 불에 탔다. 세비야 수비대는 요새 안에 틀어박혀 나오려 하지 않았으며, 시민들은 아미르가 군대를 소집하는 동안 근처 카르모나(Carmona, Qarmuna)에 대피해 있어야 했다.

변덕스런 프런티어 영주들의 중요성이 분명해진 것은 바로 그때였다. 군대를 데리고 온 사람들 중에 다름 아닌 카시 가문의 무사 이븐 무사가 있었다. 바이킹의 침입은 아미르와 반항적인 프런티어 영주 간의 화해에 기여했다. 무사는 공식적으로 성실하게 피호인으로서의 자신의 지위를 분명히 인정했고, 그럼으로써 아미르로부터 상부 변경령 영주의 지위를 인정받았다. 다른 한편으로 압드 알 라흐만 2세는 주군으로서의 자신의 역할을 굳건히 했고, 카시 가문의 군사적 힘을 통제할 수 있게 되었다. 그리하여 844년 11월 11일 바이킹들은 우마이야 기병의 기습 공격을 받고 격퇴되었는데, 그들의 배들은 '그리스인들의 불'(Greek Fire, 배에 탑재한 화염방사기로부터 발사되는 네이팜 같은 물질을 포함하고 있었다)의 공격을 받았다. 바이킹들은 이 공격으로 큰 손실을 입었고, 압드 알 라흐만이 전장에서 그들의 동료들이 보는 앞에서 포로들을 학살하자 공황 상태에 빠져 도망치기에 바빴다. 그 후 바이킹들은 남부 해안 지역 혹은 아마도 북아프리카 해안에서 몇 차례 실속 없는 침입을 시도한 다음 북쪽으로 돌아갔다. 아미르에게 세비야에서의 전투는 승리였으며, 그는 마그립에까지 사절을 보내 이 승리를 선전했다.

바이킹들은 14년쯤 후에 다시 돌아왔다. 그러나 이번에는 에미르국이 내비를 잘 하고 있었다. 858년 포르투갈 해변에서 한 무슬림 함대가 그들을 저지하고 나섰고, 바이킹들은 아미르 무함마드 1세가 자신들에 대적하기 위해 군대를 소집하고 있다는 것을 알게 되면서 과달키비르강 계곡을 약탈하려 한 계획을 포기해야 했다. 항상 이동하는 성향이 있었던 그들은 갑자기 경로를 바꾸어 지브롤터해협을 통과해 (이베리아반도) 동쪽에 위치한 알헤시라스를 공격해 그곳의 모스크(알 안달루스에 세운 최초의 모스크)를 불태웠으며, 그곳의 항구를 자신들의 기지로 만들었다. 거기서 그들은 마그립으로 건너가 나쿠르(Nakur)라는 한 무슬림 독립 왕국의 수도 근처에 상륙한 다음, 수도를 약탈하고 왕실 여성들을 비롯해 다수를 포로로 잡아갔다. 이 무렵 우마이야 왕조의 함대는 바이킹들의 공격에 대비해 소집해 있었고, 이에 바이킹들은 다시 동쪽을 향해 안달루시아 해안 지역을 따라 올라가며 약탈을 자행했다. 바이킹들은 북쪽으로 올라가 프랑크 왕국의 셉티마니아를 공격하고, 결국에는 론강 입구의 고립된 늪지인 카르마그(Carmague) 델타에 정착해 겨울을 났다.

다른 곳들과 마찬가지로 지중해에서도 바이킹의 성공은 대개 기습 공격의 성공 여부에 달려 있었는데, 알 안달루스 해안처럼 오랫동안 바다로부터 오는 심각한 위협에 직면해 본 적이 없는 경우에는 특히 그러했다. 바이킹들이 약탈과 더불어 무역도 병행했고, 아니면 적어도 휴대성이 떨어지는 전리품이나 중요한 포로들처럼 지역 차원에서 가치 있는 상품을 현금이나 보석류 혹은 필요한 물건과 바꾸려고 했다는 데에는 의심의 여지가 없다. 바이킹들이 붙잡은 포로들은 다음 목적지로 안내할 안내자 역할을 하지 않으면 안 되었을 것이다. 바이킹들은 영국이나 프랑크 왕국 땅에서 약탈을 경험하고 난 후에 얼마간 라틴어를 말할 줄 알게 되었거나, 아니면 포로로 잡아 놓은 성직자들을 데리고 다니면서 통역으로 써먹었을 것이다. 사료에 따르면, 실제로 우마이야 왕조 사람들이 포로가 된 나쿠르라는 왕족 여성의 몸값을 치르고 데리고 온 것으로 되어 있는데, 그 과정에서 틀림없이 모종의 협상이 있었을 것이다. 무슬림 연대기 작가들에게는 노스맨들이 이름 없는 야만인, 즉 마주들(Majus, 무슬림들은 바이킹들을 그렇게 불렀다)에 불과했겠지만 노스맨들의 전승(傳承)은 자기네 지도자들이 전설적인 라그나르 로스브로크(Ragnar Lothbrok)라는 인물의 두 아들인 비외른 이론시데스(Björn Ironsides)와 하스테인(Hastein)이라고 말하고 있다.

859년 겨울이 끝나자 노스맨들은 다시 알 안달루스로 돌아와 발레아레스제도를 공격하고, 거기서 무함마드 1세의 함대와 싸워야 했다. 바이킹들은 더 이상의 손실을 감수할 수 없었기 때문에 고국으로 돌아갈 결심을 굳혔는데, 여기서 특유의 천재성을 발휘해 바다가 아니라 내륙으로 들어가는 방법으로 추적자들을 따돌릴 생각을 했다. 강폭이 넓은 데다 흐름이 부드러운 에브로강은 바이킹의 장선들에 적합한 수로를 갖추고 있었다. 바이킹들은 강 입구에 위치한 토르토사로 가서 노를 저어 강을 거슬러 올라가기 시작했고, 바람에 의지하는 우마이야 함대를 따돌릴 수 있었다. 그들은 플릭스(Flix) 근처 급류에서 잠깐 어려움을 겪은 것을 제외하면 큰 어려움 없이 사라고사의 로마 다리 근처 카시 가문의 땅을 지나갈 수 있었으며, 계속 거슬러 올라가 바스크인들의 영토까지 갔다. 거기서부터는 육로를 택해 전리품과 포로들을 데리고 계속 진군해 팜플로나에 도착했다. 그들은 그곳에서 팜플로나의 왕 가르세아(에네코 아리스타의 아들)를 포로로 잡고 그를 인질 삼아 거액의 몸값을 받아냈다. 마침내 바이킹들은 비스케이만에 이르렀고, 이곳에서 다시 전선들을 만들어 포로와 전리품을 싣고 고향으로 돌아갈 수 있었다. 이 모든 일이 일어나는 데 딱 1년 정도 걸렸을 뿐이었다.

결국 이슬람 스페인에 대한 바이킹의 침략은 무슬림과 기독교 연대기 작가들의 상상력을 자극하기는 했지만 지속적인 접촉으로 이어지지는 않았고, 따라서 지속적인 결과도 만들어내지 못했다. 첫 번째 공격에서 붙잡힌 (바이킹) 포로들 가운데 일부가 처형에서 면제된 뒤 세비야 인근에 정착해 치즈 만드는 기술자가 되었다는 전승이 있지만, 그것은 아랍 연대기의 오독(誤讀)에 불과한 것으로 보인다. 또 다른 자료는 알 하캄의 총애를 받은 시인 가운데 한 명인 야흐야 이븐 알 하캄 알 가잘(Yahya ibn al-Hakam al Ghazal)을 우두머리로 하는 외교 사절이 노스맨들에게 파견되어 모종의 미션을 수행했다고는 하지만, 이 역시 전설일 뿐이다. 알 안달루스에서는 바이킹들이 압바스 왕조 치하의 아시아에서 그랬던 것처럼 교역을 지속적으로 수행하지 못했다. 그들이 알 안달루스인들에게 제공할 수 있었던 것은 노예뿐이었는데, 알 안달루스에서는 노예에 대한 수요가 크기는 했지만 이미 충분히 공급되고 있었다. 즉 북쪽 기독교도들의 땅에 대한 공격으로부터 얻어지는 포로들 혹은 동유럽에서 붙잡혀 프랑크족이나 유대인 상인들에 의해 수입되는 이교도들이 그들이었다.

노예들이 알 안달루스에 유입되는 것을 제외하면 8세기 전반에 있었던 것과 같은 대륙 간 무역은 크게 약화된 상태였다. 알 안달루스는 이제 비교적 가난하고 고립된 지역으로 남아 있었고, 알 안달루스의 부와 영광의 시대는 이미 한 세기 전의 일이었다. 그렇지만 소수 무슬림과 기독교 상인들이 노예와 여러 가지 상품을 가지고 에미르국(알 안달루스)

과 이웃 국가들 사이를 오갔음은 물론이다. 원거리 무역은 알 라흐다니야(al-Rahdaniyya) 혹은 라다나이트(Radhanites)라는 이름의 수수께끼 같은 유대인 상인들이 주도했는데, 그들의 교역 범위는 지중해 전역과 근동, 북유럽과 동유럽, 그리고 심지어 중국과 인도 등 극동 지역까지 확대되었다. 10세기 페르시아 여행가이자 지리학자인 이븐 쿠라다드비(Ibn Khurradadhbih)는 "그들(유대인들)은 프랑스와 질리키야(Jilliqiyya, 즉 '북서쪽')로부터 예쁘게 생긴 소년 소녀들과 슬라브족 노예들을 데리고 온다"라고 말함으로써 알 안달루스에 대한 그들의 중요성을 시사한 바 있다.[11]

844년 바이킹의 공격은 알 안달루스가 바다로부터 오는 침입에 얼마나 취약했는지를 보여 주었고, 이에 아미르는 즉각 전선 건조를 명령했다. 해안 방어도 강화되었으며, 알 안달루스의 민간 방어망이 해안과 육지 국경 모두를 따라 서 있는 망루 형태로 발전한 것이 바로 이 시기였다. 경비병들은 불이나 연기 같은 시각적 신호를 통해 필요한 정보를 신속하게 멀리 떨어진 곳까지 릴레이 방식으로 전했으며, 이를 통해 적의 동태를 신속하게 인지하고 대비할 수 있었다.

그 같은 대비가 바이킹의 두 번째 공격을 격퇴하는 데 결정적으로 중요했는데, 이 두 번째 공격은 폭력적이기는 했지만 큰 피해를 가져다주지는 않았다. 그렇지만 이 노스맨들이 우마이야 왕조가 맞닥뜨려야 했던 유일한 해상으로부터의 위협은 아니었다. 이프리키야에서는 아글라브 왕조의 지배자들이 아랍인 신민들의 반란에 직면해야 했는데, 이에 아미르 지야다트 알라(Ziyadat Allah)는 그들(반란자들)의 군사적 에너지를 다른 데로 돌리기 위해 824년 지하드의 깃발을 내걸고 비잔티움의 지배를 받고 있던 시칠리아에 대한 해상 침입을 개시했다. 그들의 군대는 시칠리아가 완전히 정복되기도 전에 북쪽 이탈리아 본토로 향해 847년 로마

11 Charles Verlinden, "Les Radaniya", p. 110.

를 약탈하고 타란토(Taranto)를 점령했으며, 바리(Bari)에 에미르령을 수립하고 이탈리아 해안선을 오르내리며 항구 도시들을 약탈했다. 9세기 중엽에는 무슬림들이 기독교도 지방 영주들에 의해 용병으로 징집되었다. 870년에는 몰타(Malta)가 정복되었다. 이런 공격들이 알 안달루스를 직접적으로 위협하지는 않았지만 그럼에도 아글라브 왕조는 우마이야 왕조의 적이었으며, 우마이야 왕조는 그들에게 해상 지배권을 넘겨줄 마음이 전혀 없었다.

우마이야 왕조의 함대는 외교 정책의 한 수단으로서 그 규모가 두 배로 증가했고, 그것은 마그립과의 보다 긴밀한 접촉을 가능케 했다. 압드 알 라흐만 2세는 마그립에서 크기는 작지만 점점 더 중요해지고 있던 제후령들의 보호자 겸 중재자가 되기 위해 노력했다. 그 제후령들 중에는 나쿠르와 페즈(이드리스 가문에 의해 지배되고 있었다), 알제리 중부의 루스타미드 왕국, 그리고 미드라르 가문(Banu Midrar)이 지배하던 시질마사 왕국(Sijilmassa) 등이 포함되었으며, 이들은 하나의 연합체를 구성하고 있었다. 이 불안정한 소국들(인구의 대부분은 베르베르인이었고, 베르베르인, 아랍인, 페르시아인 가문의 지배를 받고 있었다)은 카와리즈주의(Kharijism) 혹은 이바디즘('Ibadism) 같은 좀 더 급진적이고 비주류적인 이슬람 교리에 경도되었다. 따라서 압바스 왕조나 그들의 아글라브 왕조 피호인들에 대해서는 적대적이었다.

시질마사 왕국은 그중에서도 중요했다. 아틀라스산맥의 동쪽 사면과 사하라사막 서쪽 변두리에 자리 잡고 있던 이 왕국은 남쪽 사헬(Sahel)로, 그리고 거대한 사막 남쪽의 변경 초원지대 쪽으로 이어지는 대상로의 북쪽 종착역으로 자리를 잡아가고 있었다. 그 너머에는 금, 상아, 노예, 그리고 이국적 산물이 풍부한 니제르와 가나가 자리 잡고 있었다. 원래 바이킹의 공격에 대응하기 위해 압드 알 라흐만 2세가 설립한 함대는 후에 알 안달루스와 마그립의 운명을 — 정치적 · 종교적 · 상업적, 그리고 인구적으로 — 다시 한 번 결합해 줄 수단이 되었다. 이 새로운 관계는 10세기에 우마이야 왕조의 알 안달루스를 강대국으로 만들어주기도 하지만, 한 세기도 지나지 않아 그것을 붕괴시키는 씨앗이 되기도 한다.

에미르국(알 안달루스)의 해상 강국으로의 변화는 에미르국이 마요르카(Mallorca, Mayurqa)와 메노르카(Menorca, Minurqa)를 지배할 수 있게 해주기도 했는데, 이 두 섬은 에미르국을 이프리키야와 이탈리아, 그리고 프로방스와 상업적·군사적으로 연결해 줄 수 있는 전술적으로 매우 중요한 지점에 위치해 있었다. 9세기 말까지도 이 섬들은 간헐적으로만 코르도바에 의해 지배되었는데, 인구의 압도적 다수는 기독교도들이었고 이슬람인은 소수에 불과했다. 이 섬들을 효과적으로 지배하기 위한 노력이 체계적으로 시작된 것은 압드 알 라흐만을 계승한 무함마드 1세 치세에 이르러서였다. 그리고 그 과정은 50년 후 무함마드 1세의 아들 압드 알라('Abd Allah) 치세 때 끝나게 되는데, 그는 사략선 업자인 잇삼 알 카울라니('Issam al-Khawlani)에게 함대를 끌고 가 마요르카를 공격하게 했다. 이에 대해 마요르카 원주민들은 강하게 저항했지만 8년 후에 알 카울라니에 의해 제압되었다. 알 카울라니는 아미르와 그의 새 백성들 모두에 의해 그 지역 지배자로 인정받아 조직적인 이슬람화 정책을 실시하는 동시에 모스크, 목욕탕, 상인들을 위한 여관, 그리고 다른 시설물을 세우는 등 인프라 구축에 심혈을 기울였다. 그리하여 마요르카는 무슬림들이 프랑크 왕국의 영토, 특히 생트로페(Saint Tropez)를 침입할 때 군대의 출발지가 되었으며, 887년에는 프락시네툼(Fraxinetum, 프레쥐스, 혹은 라 가르드 프레네)에 항구적인 기지를 설치하는 것으로 이어졌다.

이미 840년대부터 알 안달루스의 선박들은 셉티마니아와 프로방스의 항구들(아를, 마르세유, 그리고 론강 계곡의 도시들이 포함되어 있었다)을 괴롭히고 있었다. 그러나 이 공격의 성격은 지금도 논란거리가 되고 있다. 그것이 해적질이었는가, 아니면 서부 지중해를 장악하기 위해 우마이야 왕조가 마음먹고 벌인 계획적인 정책의 일부였는가? 종교적인 동기를 가지고 있었는가, 아니면 노스맨들의 그것처럼 단순히 기회주의적인 약탈 행위였는가? 사실 이 알 안달루스인들의 공격은 이 모든 요소를 다 가지고 있었을 것이다. 우마이야 국가(state)는 여러 가지 노력에도 불구하고 중앙집권적이고 조직화된 군대를 가지지 못했고, 권력은 여전히 지역의 실력자들에게 있었다. 그들은 자신들의 (셉티마니아와 프로방스 항구들에 대한) 공격에서 에미르국의 인가와 이슬람이 제공하는 도덕적 정당성을 누리기는 했지만, 사실 이 공격들은 프랑크 프로방스 지역이 취약했기 때문에 자연스럽게 나타난 반응이었다. 이 취약성은 프락시네툼에 있는 한 고립 영토의 성공에서 분명히 볼 수 있는데, 이곳은 거의 난공불락의 요새로서 주변 프로방스 소도시들에 대해 공납을 수취할 정도로 강해졌고 900년대에는 프랑크 왕국 깊숙이까지 쳐들어가기 위한 전초기지로도 이용되었다. 그중에 가장 극적인 사건은 954년에 있었던 유명한 스위스 장크트갈렌 수도원의 약탈일 것이다.

노스맨에 대해 좀 더 말하자면, 그들은 알 안달루스에 다시 돌아오기는 하지만 그것은 10세기 후반에 가서였다. 즉 966년과 971년 리스본 남쪽 대서양 해안 지역을 침입했으나, 두 번 모두 칼리프 함대에 의해 격퇴되었다. 이 무렵이면 바이킹의 시대는 종말로 치닫고 있었다. 한 세기가 지나지 않아 노스맨들의 이교적인 종교는 기독교에 밀려 쇠락하고 그 조상들의 반유목적 생활 방식은 포기될 터였다. 바이킹들은 순화되어 갔다. 그들 가운데 일부는 비잔티움 제국의 콘스탄티노플에서 제국의 바랑고인(Varangian, 그리스인들이 바이킹을 부르는 말) 부대에서 복무했고, 913년 프랑크 왕들에게 굴복해 노르만디 공작으로 임명된 (노스맨의) 족장 롤로(Rollo)의 진영에 합류한 인물도 있었다. 후자의 경우에 노스맨들(이제는 노르만족이라 불렸고, 아랍인들에게는 알 아르드마니윤으로 알려져 있었다)은 그 후로도 계속해서 이슬람 치하 지중해와 알 안달루스의 변화에서 중요한 역할을 수행하게 되는데, 즉 그리스도교 군주들이 무슬림 영토를 정복하는 과정(그 정복은 '스페인의 재정복'이라는 오해를 불러일으킬 수 있는 이름으로 알려지게 된다)에서 두각을 나타낼 것이었다.

제6장

알 안달루스의 발명

알 하캄 1세가 26년간 격동의 치세를 마치고 눈을 감을 무렵, 그에게는 적어도 스물한 명의 아들과 열여섯 명의 딸이 있었다. 그는 계승을 주장할 수 있는 자식들이 넘쳐나는 상황에서 여러 명의 자식을 유력한 집안 자제들과 결혼시켜 우마이야 왕조의 친척과 피호인 네트워크를 강화할 수 있었다. 그가 결국 자신의 후계자로 인정한 아들—어렸을 때 '해자의 날'의 학살을 직접 목격한 바로 그 아들이었다—은 매우 현명한 선택으로 판명되었다. 그가 압드 알 라흐만 2세인데, 822년 권좌에 오르게 되었을 때 그의 나이는 서른 살이었고 이미 자신의 세력과 입지를 구축하고 있었다. 전쟁 경험도 풍부하고 부왕의 비타협적 통치술을 현장에서 목격하기도 했으며, 우마이야 왕조의 권력 구조를 뒷받침하고 있었던(혹은 거기에 집요하게 도전하고 있었던) 복잡한 정치를 노련하게 다룰 줄 아는 인물이었다. 또 후대의 설명을 신뢰할 수 있다면 그는 건장한 육체에, 큰 키와 독수리 같은 코에 파란색 눈동자를 갖고 있었다. 또한 그는 사람들에게 좀 더 강한 인상을 주기 위해 그렇지 않아도 꿰뚫어보는 듯한 눈을 콜(kohl, '눈가에 바르는 검은 가루')로 선을 그어 더 날카롭게 보이게 했으며, 예언자(무함마드)를 모방해 무성한 수염을 붉은색과 검은색 헤나로 염색을 하고 있었다.

그는 자신이 30년 동안 통치하기도 했고, 또 그 자리를 아들 무함마드 1세에게 넘겨 852년부터 886년까지 34년 동안 알 안달루스를 지배하게 하는 초석을 닦기도 했다. 그런 장기간의 지배는 끊임없이 반란이 일어나고 있던 시기에 얼마간의 지속성을 제공해 주었기 때문에 대단히 중요한 요소였다. 또한 이 시기는 활발한 개종과 압드 알 라흐만이 알 안달루스를 압바스 칼리프국의 멀리 떨어진 거울로 만들기 위해 기울인 노력과 에미르국을 문화적·경제적 발전소로 만들려고 한 그의 결의에 힘입어 이슬람 스페인에서 진정으로 이슬람화가 진행된 시기였다.

부왕 알 하캄이 모종의 위협에 정면으로 맞서는 경향이 있었던 데 반해, 압드 알 라흐만 2세는 종교 엘리트들을 자신에게 유리하게 이용하고 반항적인 종속자들(subordinates)을 타협을 통해 동맹으로 만들 줄 알았다. 그래서 그는 807년 코르도바에서 일어난 반란을 뒤에서 사주한 베르베르인 출신의 말리키 파키(Maliki *faqih*) 야흐야 이븐 야흐야 알 라이티(Yahya ibn Yahya al-Layti)를 처벌하지 않고 자기 측근 겸 종교 문제 조언자로 삼았다. 이 같은 접근 방법을 상부 변경령의 카시 가문을 비롯한 불온한 지역 지배자들에 대해서도 사용했다. 그리고 그가 우마이야 왕조의 주요 피호인 중에서 지배자를 임명했던 톨레도의 경우에 그 지배자를 자주 바꿈으로써 그들이 그곳에 근거지를 마련하지 못하게 했다. 서쪽 베하(Beja, Baja)에서도 반란을 일으킨 지역 지배자를 진압하기 위해 친히 군대를 이끌고 그곳으로 갔으나, 반란자들이 평화를 청해 오자 충성 서약을 받고 그들을 용서하고 자치권을 부여했다. 그리고 경쟁하는 아랍 부족들이 서로 차지하기 위해 싸웠던 투드미르(Tudmir, 무르시아 북쪽 테오디미르)에서 압드 알 라흐만은 그 지역을 재편하고 새 수도 무르시아(Murcia, Mursiya)를 건설했으며, 그 지배권을 충성스런 가족 구성원에게 넘김으로써 그들의 계획을 수포로 돌아가게 했다. 그러나 그가 항상 관용을 베풀기만 한 것은 아니었다. 820년대에 발레아레스제도 주민들이 반란을 일으켰을 때는 진압군에게 그곳을 약탈하게 하고, 약탈물의 5분의 1은 지배자로서의 자신의 몫으로 챙기기도 했다.

압드 알 라흐만 2세는 압바스 칼리프국의 모델을 차용해 행정을 개편했다. 그는 '말이 없는 자들'—외국인 출신 왕실 근위대—을 기병대 상비군으로 바꾸고, 상당수의 거세된 노예들을 매입해 왕궁과 지방 행정부에 투입함으로써 자신의 가계(household)를 확대했다. 이 환관들—대부분은 사칼리바(Saqaliba)들, 즉 슬라브족 이교도 출신이었다—은 가족도 없었으며, 아미르와 그의 궁전 외에는 충성을 바칠 사람도 공동체도 갖지 않았다. 이들 중에서 가장 두드러진 자들은 왕실 내 고위직에까지 올라갔다.

그는 아랍인과 원주민, 베르베르인이 포함된 일단의 마왈리(mawali, 유력한 후견인의 피호인 혹은 종속인) 가문을 양성하기도 했는데, 그들 중 누구도 지나치게 유력해지는 것은 허용하지 않고 그들의 운명이 항상 우마이야 왕조와 연계되도록 주의를 기울였다. 전에는 대체로 형식적인 직책이었던 하집(hajib), 즉 왕실 집사 같은 공직에는 이제 구체적인 권력이 주어졌다. 또 압바스 왕조를 모방해 재정, 내무, 국방, 경제를 포함하는 부서들이 포함된 통치 조직을 만들었으며, 각 부서의 수장으로 와지르(wazir, '장관')를 임명하고 소관 업무에 대해 정기적으로 아미르에게 보고하게 했다. 공문서 보관소(chancery)의 설치와 훈련받은 쿠탑(kuttab, '서기', 단수형은 '카팁')의 임명으로 제대로 된 기록 보관이 가능해졌으며, 아미르는 에미르국의 일상을 수월하게 통제할 수 있게 되었다. 또한 그는 의사소통을 쉽게 하고 정보가 신속하게 수도에 전달될 수 있도록 우편제도를 신설하기도 했다.

압드 알 라흐만 2세는 종교 엘리트들의 권력이 증대되는 것을 저지하는 대신에 말리키 법률가들을 고위 관리로 임명해 그들을 공직에 끌어들임으로써 통제하려 했다. 사람들이 아미르를 더 큰 세속적 질서의 기반으로 생각했다면 일상적 삶의 안내자 역할은 '울라마'의 몫이라고 생각했다. 어떤 지배자가 정당한 지배자인지 그렇지 않은지를 결정하는 것이 이 울라마의 합의였기 때문에 이 종교학자들의 힘은 막강했으며, 특히 일반 대중에게 그랬다. 그와 대조적으로 아미르는 술탄(sultan), 즉 행정적·정치적 권위를 대변했다. 그는 전쟁을 선포하고 관리를 임명하고 왕국을 이끌어 나갔다. 그러나 극히 예외적인 경우를 제외하고는 입법을 하지는 않았다. 아미르의 자연스런 지지자들이 카사(khassa), 즉 귀족들이었는데, 그들은 마왈리 가문과 옛 아랍인, 그리고 무왈라드(기독교에서 이슬람으로 개종한 사람) 지배층으로 구성된 느슨하고 개방된 상류층이었다. 그들은 또한 문화적·지적으로 엘리트였으며, 무역이나 전쟁으로 출세한 기업가나 모험가들이었다. 또한 여기에는 기독교와 유대교 공동체의 지도자들도 포함되어 있었는데, 그들은 점차 아랍 문화와 아랍적 사회 관행, 그리고 모습을 갖추어가고 있던 우마이야 국가와 일체감을 갖게 된 소수 엘리트들이었다.

울라마를 권력 구조 안으로 끌어들임으로써 갖는 이점은 또 있었다. 학자 공동체 내에서의 권위가 지식에 기반을 두고 있었기 때문에 출생이 권력을 보장하는 것이 아니라 비천한 노예나 개종자라 하더라도 유명하고 영향력 있는 인사가 될 수 있는 실력 위주의 사회가 만들어지는 것이 그것이었다. 그리고 거기에는 기독교 사회에서와 같은 성직자와 속인 대중 간에 공식적인 구분이 없었다. 종교학자가 무역업자, 지주, 상인이 될 수 있었고, 두 가지를 겸할 수도 있었다. 실제로 많은 종교학자가 증가일로에 있던 도시민 출신이었고, 장인 혹은 상인을 겸하고 있었다. 그러므로 전에는 우마이야 왕조에 의해 지배되던 조공 시스템이 이제 도시 대중이 에미르국 운영에서 발언권과 지분을 갖는 시스템으로 발전하기 시작했다.

알 안달루스가 문화적으로 점점 아랍화되어 가고 인구와 종교 면에서 좀 더 이슬람화되어 가면서 아미르는 자신의 권위를 강화하기 위해 알 안달루스적 정체성을 고취했다. 그래서 압드 알 라흐만 2세는 수도 코르도바의 기념비적인 요소에, 특히 대모스크에 투자를 계속했다. 대모스크에 새 미나렛을 세웠고 기도실의 넓이도 두 배로 늘어났다. 이 무렵 코르도바 인구는 7만 5,000명 정도였는데, 이는 압드 알 라흐만 1세 때에 비해 세 배 정도 늘어난 것이었다. 또한 이 압드 알 라흐만 2세 치세에 세비야와 사라고사 등 다른 도시들에도 대모스크들이 신축되었는데, 그것은 전에 비해 훨씬 커진 무슬림 공동체와 모스크들이 수행하는 정치적 역할을 반영하는 것이었다. 그리고 그 모스크들은 이슬람의 권위뿐만 아니라 그것을 건축하는 데 돈을 댄 아미르와 지역 지배자들의 권위를 높여주었다.

9세기 전반이면 상업 활동이 중요한 역할을 수행하기 시작하여 에미르국과 그 신민들을 부유하게 만들어주었다. 은(銀)의 공급이 충분치는 않았지만 압드 알 라흐만 2세는 일정한 무게와 순도를 지닌 은화 디르함(dirham)을 다량으로 주조했고 그보다 낮은 가치를 가진 풀루스도 이때 주조되었다. 그리하여 이 당시에 화폐가 널리 사용되고 그 가치가 인정되었다. 무함마드 1세는 이 건전한 통화 정책을 계속 유지하려고 했는데, 후에 심각한 은 부족에 직면하게 된다. 이에 대해 그는 인플레이션과 신용 위기를 유발할 수 있는 통화가치를 낮추라는 주장에 굴복하는 대신, 전과 동일한 순도의 주화를 덜 발행하는 방법을 택했다. 무엇보다도 중요했던 것은 마그립에 대한 압드 알 라흐만 2세의 정치적 개입이 후에 알 안달루스가 북서 아프리카에 대해 지배권을 행사하게 되는 기반이 되며, 그것이 다시 사하라사막 횡단 황금 루트에 직접 접근할 수 있게 해주었다는 사실이다. 한편, 몇 가지 공산품, 특히 남부 알 안달루스에서 생산되는 비단과 코르도바의 가죽 제품은 이탈리아와 프랑크 왕국 북쪽으로 수출되었으며, 그 대신 노예 — 대개는 어린 소녀들과 환관들 — 와 그 외 사치품, 특히 모피 등이 알 안달루스로 수입되었다. 이 시기에 면화와 대마, 그리고 (염료용) 사프론이 처음으로 알 안달루스에 유입되어 성장일로의 직물업 발전을 촉진했다.

당시 떠오르던 알 안달루스의 화폐 경제는 프랑크 유럽과 기독교 이베리아의 현물 경제와 좋은 대조를 이루었다. 프랑크 왕국의 유럽과 기독교 이베리아에서는 농민의 예속이 지배적이었고 사회적 이동성은 낮았으며, 도시 문화와 하부 구조, 혹은 통화는 거의 존재하지 않았다. 기독교도 지배자들은 식량 잉여의 직접적 소비를 통해 수입을 수취했고, 그것은 그들로 하여금 식솔들을 거느리고 자신의 영지를 계속 떠돌아다니게 만들었다. 이처럼 주유적인 라이프 스타일은 쉽게 이전할 수 있는 부를 축적하지 못하게 하고 세속적 제도와 관료제의 발전을 방해했다. 이에 반해 알 안달루스에서는 도시 대중의 경제적·정치적 중요성이 커지면서 옛 농촌 귀족의 중요성이 감소해 갔다. 이런 현상은 세기가 지나면서 더 분명해졌고 그것은 800년대 말 무왈라드 엘리트 집단의 반란을 촉발하는 데 한몫하게 되며, 그 반란은 에미르국을 붕괴 직전까지 몰고 가게 된다.

압드 알 라흐만 2세가 알 안달루스의 모델로 생각했던 '압바스 왕조의 동쪽' 상황은 어떠했을까? 800년경 바그다드는 하룬 알 라시드 치하에서 『천일야화』(*Alf laylah wa laylah*)와 『선원 신드바드』(*as-Sindibādu al-Baḥriyy*)가 만들어진 이슬람 '황금 시대'를 구가하고 있었다. 이제 막 세계무대에 등장하고 있던 바그다드는 이슬람 세계 내에서 공식적 우위와 권위를 확실하게 유지하고 있었다. 이슬람은 압바스 영토에서 종교적·법적 문화로서 통합되어 가고 있었을 뿐만 아니라 칼리프국은 제국에 필요한 제도적 틀을 만들어가고 있었다. 한편, 페르시아, 비잔티움, 시리아, 헤브라이, 그리고 남아시아 세계의 영향을 강하게 받고 있던 아랍-이슬람 문화는 철학과 신학은 물론이고 과학과 예술의 거의 모든 분야에서 고도의 세련됨과 쇄신에 이르고 있었다. 동쪽에서의 이런 발전을 압드 알 라흐만 2세는 열심히 따라가려고 했고, 따라서 알 안달루스의 '동방화'는 불가피했다.

이슬람 세계에서 나타난 이 같은 세계시민적(cosmopolitan) 전환의 핵심은 상류층이 권위의 척도로 세련됨 — 일반적으로 '아답'(adab)이라고 부른다—을 강조한 것에서 전형적으로 나타났다. 여기에서 언어—재치 있는 대화를 하고 복잡한 운문을 (가능하다면 임기응변으로) 지을 수 있는 능력—는 매우 중요했으며, 옷을 잘 입을 줄 알고 예의바르게 행동하는 것, 직접 그것을 실행은 못하더라도 음악과 노래, 그리고 과학, 예술, 철학을 제대로 감상하고 평가할 줄 아는 것 또한 중요했다. 이 시기에 비잔티움의 지중해와 근동에서 발전한 '지혜의 경제'를 현대인들이 정확히 이해하기는 쉽지 않다. 책은 보물 상자 같은 것이고 지식은 금 같은 것이었다. 책은 고유한 가치를 지니고 있을 뿐만 아니라 다른 사람의 호의와 지위를 살 수도 있으며, 부와 교환되는 현금 역할을 하기도 했다. 사람들은 그것이 제공하는 현실적 이익 때문만이 아니라 하나의 장식품으로, 혹은 지위와 권력의 상징으로 책을 소유하고 싶어 했다. 그리고 귀족 남성들이 갖추어야 할 덕목으로 지식과 위트는 필수였다. 여기에 더해 카사 구성원은 보다 전통적인 아랍 남성의 기질을 보여 주어야 했으니 용감한 전사, 끈질기게 사냥감을 쫓는 사냥꾼, 숙련된 승마자, 지칠 줄 모르는 사랑꾼, 아무리 마셔도 취하지 않는 술꾼의 모습이 그것이었다. 이외에도 자부심이 강해야(그러나 천박하지는 말아야) 했고 (신앙 등의 문제에서) 집착적이어야 했으며(그러나 누군가를 시기해서는 안 되었다), 분노와 용서에 신속해야 하고, 낯선 사람들에게 친절하고, 친구들과의 신의를 지키고, 과도함에 관대해야 했다. 당시 생겨나고 있던 아랍-이슬람의 남성적 이상은 흥분 상태의 기사도 같았으며, 압드 알 라흐만 2세의 성공의 열쇠는 그가 이 새로운 특징을 두루 갖추고 있었다는 데에 있었다.

그 씨를 뿌린 사람이 아미르의 부친이었다. 알 하캄은 시(詩)에 지대한 관심이 있었으며, 고급문화에 높은 식견을 갖추고 있었다. 그는 시인과 점성가들을 아낌없이 후원하는 것으로 유명했으며, 학식 높은 정신 집단을 구성해 아들들을 가르치게 했다. 이 정신들의 영향을 받아 압드 알 라흐만 2세는 아답의 모델이 되었다. 그는 궁정 지식인들에게 아낌없이 선물과 현금을 나누어주고 지식인들을 가까이했으며, 세계시민적인 동방

두 마리의 사자와 있는 사냥꾼.
1004~05년 파라즈 공방에서 히샴 2세를 위해 만든 상아 궤에서 출토되었다.
Museo de Navarra/Comunidad Foral de Navarra.

이슬람 세계에서 나타나고 있던 권위 개념을 전형적으로 보여 주는 인간상을 만들어냈다.

그는 자신을 이상적인 왕의 모델로 만들었으니, 즉 용감하고 불굴의 의지를 가진 사자 같은 사람이었지만 자신과 비슷한 기질을 가진 사람에게는 설사 그가 한때 적이었다고 하더라도 관대하고 너그러웠다. 그의 충동적인 분노도 그렇고, 관대한 제스처도 그렇고, 언제 그가 그런 행동을 보일지 예상할 수가 없었기 때문에 그의 종자들과 하인들, 그리고 탄원자들은 항상 긴장의 끈을 늦출 수 없었다. 그는 책상에 앉아 전투를 지휘하는 장군이 아니라 말을 타고 직접 선봉에 서서 전투를 이끄는 사람이면서도 무모하지도 성급하지도 않았으며, 남자로서 운명의 갑옷을 입고 있을 때 가장 자신감이 넘치는 사람이었다. 학식과 신앙을 겸비하고 있던 그는 『꾸란』을 거의 외우다시피 했으며, 시를 쓰고 점성술에도 일가견이 있었다. 그의 정력과 성적 능력은 수십 명에 이르는 후궁들, 그리고 부인과 후궁들에게서 태어난 수십 명의 자녀들이 입증해 주었다. 처녀가 아닌 것이 큰 오점은 아니었지만, 그럼에도 아미르는 처녀가 아닌 여성과는 잠자리를 같이 하지 않는다는 것을 원칙으로 삼았다. 그의 여자가 된 사람은 오직 그만의 여자가 되었다.

그는 동쪽 세계에서 관행이 되었던 티라즈(tiraz), 즉 왕립 견직물 공장을 알 안달루스에도 세웠다. 그것은 총신들과 외국 고관들에게 보낼 선물과 자신의 궁전을 꾸밀 장식품을 생산하는 왕권의 상징이 되었다. 마지막으로 만약 그의 위엄에 관해 어떤 의심이 있었다면 그 의심은 그의 궁전에서의 삶에 의해 불식될 것이었는데, 그것은 항상 치밀하게 계획된 공적인 볼거리로 이루어진 행사의 연속이었다.

그가 가장 중히 여긴 자산과 가치 있게 생각한 장식품 중에는 항상 그의 옆을 지키는 조언자, 보좌관, 아첨꾼, 지지자, 그리고 친구들로 이루어진 측근들이 있었다. 그중에서도 가장 중요한 인물이 아불 파트 나스르(Abu 'l-Fath Nasr)였다. 나스르는 카르모나 출신으로 이슬람으로 개종했으나 818년 코르도바 반란에 가담했다가 포로가 된 한 기독교도의 아들이었다. 반란이 진압되고 나서 격노한 알 하캄은 (이 반란을 주도한) 교외 주민들과 그들을 지지한 귀족들에게 보복을 단행했는데, 그들의 아들들을 붙잡아 거세하고(나스르도 그렇게 해서 거세되었다) — 이슬람은 신체 절단을 금했음에도 불구하고 그는 그렇게 했다 — 그들을 궁전에서 일하게 만들었다.

알 하캄의 궁전에서 살게 된 수많은 젊은이 가운데 한 명이었던 나스르는 차츰 두각을 나타내 젊은 압드 알 라흐만 2세의 심복이 되었으며, 알 하캄(알 하캄 2세)이 즉위하자 그 역시 중요한 인물이 되었다. 바이킹의 첫 번째 침입 때, 나스르는 에미르의 군대를 지휘해 승리로 이끎으로써 명예로운 아불 파트(Abu 'l-Fath, 정복의 아버지)라는 이름을 갖게 되었다. 압드 알 라흐만의 신임 속에 지위가 더 높아진 그는 수도 외곽 과달키비르강 언덕에 대저택을 소유할 정도로 큰 부를 쌓았다. 또한 그는 광범한 정치적 기반을 쌓기 위해 평민과 귀족들의 환심을 사려 했으며, 유력한 파키(이슬람법 전문가)였던 야흐야 이븐 야흐야의 환심을 사려고 노력했다. 군주의 후궁들의 신임을 받는 환관이었던 나스르는 왕궁 안에 동맹세력을 만들고 교양 있는 측근들을 거느리게 되었다.

그와 가깝게 지냈던 (군주의) 아내들과 후궁들은 궁에서 중요한 역할을 수행했다. 그녀들은 군주의 수많은 자식 가운데 자신이 낳은 자식의 이익을 열렬히 옹호하는 부유하고 야심만만한 여자들이었다. 만약 자신이 낳은 아들이 왕으로 즉위하면 그 여성은 움 왈라드(umm walad), 즉 왕의 모친이 될 수 있었다. 하지만 왕위를 계승하지 못한 아들은 군주가 된 이복형제의 손에 죽임을 당하거나 투옥될 가능성이 높았다. 이 여자들은 또 아미르에게 막대한 영향을 끼칠 수 있었는데, 아미르가 성적(性的) 혹은 감성적으로 집착하게 된 여성에게 막대한 재물을 선물함으로써(그리고 그 여성은 그 선물을 거듭해 퇴짜 놓고 더 많은 재물을 사랑의 표시로 요구하는 것이 보통이었다) 재정관들을 절망에 빠뜨리는 경우도 많았다. 왕의 아내들과 후궁들은 이 부(富)로 영지를 마련하고 대저택을 짓고, 모스크를 건립하고, 자신들의 정치적 네트워크를 구축하기도 했다.

840년대 말 압드 알 라흐만이 심각한 병에 걸려 공직에서 거의 물러나게 되자 드디어 나스르의 시대가 온 것처럼 보였다. 섭정에 임명된 나스르는 아미르가 신임하는 관리들을 내쫓고 (압드 알 라흐만이) 총애하는 아내 타룹(Tarub)과 음모를 꾸미기 시작했는데, 그것은 아미르에 의해 후계자로 선택된 무함마드 대신에 그녀(타룹)의 아들 압드 알라를 후계자로 세우는 것이었다. 그러나 압드 알 라흐만이 쉽게 죽지 않고 회복의 기미까지 보이자 초조해진 나스르는 그를 죽이기로 결심했다. 그는 왕의 주치의인 알 하라니(al-Harrani)를 회유해 독약을 만들게 한 다음, 그것을 약인 것처럼 해서 주군에게 주려고 했다. 그런데 다행히도 다른 아내

파즈르(Fajr)가 약에 대해 배운 사람이었고 알 하라니의 친구이기도 했다. 결국 알 하라니는 그녀에게 이 음모에 대해 고백을 했고, 그녀는 그 사실을 압드 알 라흐만에게 알렸다. 나스르가 압드 알 라흐만에게 그의 아침 '약'을 대령하자 그는 배가 아픈 척하면서 나스르에게 그 약을 마시라고 명령했다. 선택의 여지가 없었던 나스르는 그 약을 단숨에 들이켜지 않으면 안 되었다. 약을 마시고 나서 그는 알 하라니에게 달려가 해독제를 구해 마시려고 했으나, 그에게 가기도 전에 고통을 호소하며 쓰러져 죽었다.

압드 알 라흐만의 다른 심복들은 이 죽음에 안도감을 표했으며, 이를 축하하는 내용의 시들을 짓기도 했다. 야심만만한 나스르는 청교도적인 야흐야 이븐 야흐야와 마찬가지로 압드 알 라흐만의 측근 가운데 일종의 미운 오리새끼 같은 존재였다. 세속적인 성향을 가진 인물이었던 아미르는 자신의 측근으로 늠름하고 재치 있는 귀족들, 박식하고 세련된 사람들, 음주와 싸움에 능하고 시를 지을 줄도 알고 점성술에도 관심이 있는 인물들을 원했다. 실제로 시와 점성술은 일부 이슬람 사제들의 심기를 심히 불편하게 할 정도로 궁정에 널리 퍼져 있었다. 별에 대한 연구는 그것이 한 해의 종교 행사일을 결정하는 것과 관련되었기 때문에 이슬람에 매우 중요했다. 그러나 대다수의 알림들(alim, 'ulama'는 복수형)은 헬레니즘적이고 페르시아적인 점성술을 못마땅하게 생각했다. 점성술은 모종의 전조를 읽고 미래에 일어날 사건에 대한 정보를 확보하는 데 이용되었는데, 알림들은 그런 행위가 신의 권능을 훼손하는 것이라고 생각했다.

이븐 알 샤미르(Ibn al-Shamir)는 당대의 전형적인 인물이었다. 알 하캄 1세 때 그 밑에서 일하기도 했고, 압드 알 라흐만 2세와는 젊었을 때부터 알고 지낸 사이였다. 이 귀족 출신 점성술사는 젊은 시절 알 안달루스를 떠나 동쪽 아시아에 여행을 한 적이 있었으며, 이미 별점을 통해 왕자(압드 알 라흐만 2세)가 왕위에 오를 것이라고 예언한 적도 있었다. 수년 후 코르도바로 귀국했을 당시 그는 이라크에서 유행하고 있던 경향,

즉 건강한 음주 습관과 시를 쓸 수 있는 능력, 그리고 최신의 점성술을 습득하고 있었다. 아미르의 궁전에서 그를 알현한 이후 두 사람은 항상 붙어다닐 정도로 친한 친구가 되었다.

우리는 당대 남자들의 고급문화를 839~840년 압드 알 라흐만과 이븐 알 샤미르가 기독교도들과 전쟁을 하기 위해 북쪽으로 떠났을 때 경험한 한 에피소드에서 볼 수 있다. 어느 날 아침, 두 사람이 아직 전선에 도착하기 전에 아미르 — 당시 그는 타룹에게 완전히 빠져 있었다 — 는 알 샤미르에게 시 형태로 간밤에 타룹을 상대로 몽정을 했노라고 고백했다. 이에 대해 이븐 알 샤미르는 다음과 같이 응답했다.

> 어둑어둑한 밤이야말로 그 여인이 당신을 반갑게 맞이하는 곳이지요.
> 어둠 속에서 다가오는 그 여인을 반기세요.[12]

이 답시는 압드 알 라흐만을 너무나 흥분시킨 나머지, 그는 충동에 못 이겨 전쟁도 포기하고(전쟁 지휘는 아들 알 하캄에게 맡기고) 타룹을 품에 안기 위해 곧장 코르도바로 달려갔다. 9세기 알 안달루스의 엘리트 남성들의 문화는 일종의 '깡패' 문화였다. 즉 보석, 남자 형제들, 그리고 호전적이고 거친 친구들을 중요하게 생각하면서 날카롭고 자유로운 익살과 과시적 소비를 자랑하는, 남성 호르몬에 의해 추동되고 포도주로 흥분하는 그런 문화였다.

이븐 알 샤미르는 군주와의 위험한 친교를 즐겼다. 그는 친교와 신뢰의 폭을 계속 더 넓혀 나갔으며, 대화에서도 보기에 따라서는 무례해 보일 정도로 주저함이 없었다. 이런 행동거지는 그의 불가사의한 점성술 능력과 함께 그에게 막대한 부와 높은 직책을 가져다주었다. 그러나 그런 행동이 한 번은 군주의 분노를 사 감옥에 갇히기도 했는데, 이때 이븐 알 샤미르는 얼마간 감옥 생활을 하다가 영리하고 세심하게 배려하는

12 David James, *Early Islam Spain*, p. 100. 자유롭게 각색을 가했다.

시 한 편을 아미르에게 써보냄으로써 다시 풀려날 수 있었다.

이븐 알 샤미르처럼 많은 귀족들이 자신의 의지로 모종의 목적을 갖고 동쪽(아시아)에 가기도 했지만, 압드 알 라흐만 2세의 명을 받아 지식과 서적의 형태로 비잔티움과 압바스 아시아의 문화를 수입하기 위해 동쪽으로 간 귀족도 있었다. 과학, 의학, 천문학, 종교, 아랍어 문법, 역사, 문학, 시를 포함해 많은 서적이 동쪽에서 알 안달루스로 유입되었으며, 그런가 하면 동쪽으로 파견된 사람들 자신들이 압바스 문화에 심취하기도 했다. 그렇게 동방 문화에 매료된 문화 엘리트들 가운데 가장 유명한 인물은 의심의 여지없이 베르베르인 출신의 우마이야 왕조 정신(廷臣)인 압바스 이븐 알 피르나스('Abbas ibn al-Firnas)였다. 압바스는 바그다드와 이집트를 여행하고 나서 여러 가지 새로운 기술을 갖고 돌아왔다. 시인, 음악가, 철학자, 점성술사이자 백마술(白魔術)에 능한 것으로 유명했던 그는 취미로 연금술을 실험하고 크리스털 렌즈를 깎는 기술을 알 안달루스에 도입했다. 또 그는 대형 시계를 만들고 프톨레마이오스적 우주의 기계적 모형을 제작하기도 했다. 그러나 그는 자신이 고안한 새 날개 모양의 장치를 이용해 공중을 날아보려고 한 것으로 가장 유명하다. 그는 자신이 제작한 이 발명품을 시험하기 위해 칼리프 궁전 지붕에서 밑으로 뛰어내리다가 죽을 뻔하기도 했다. 그의 이 기계 장치는 꼬리를 갖고 있지 않았기에 잠깐 동안의 와일 코요테•의 성공을 맛보고 나서는 곧바로 추락해 거의 죽음 일보 직전까지 갔다.

여성들도 상당수가 동쪽 아시아 세계에 다녀왔으며, 그중에는 노예들이 특히 많았다. 압드 알 라흐만이 포로로 획득하고 후에는 결혼까지 한 바스크 귀족 출신의 여성 칼람(Qalam)은 아라비아의 메디나로 가서 음악과 노래를 배우고 아답을 습득했다. 최고로 가치 있는 노예 소녀들은 단순히 섹스 상대에 그치는 것이 아니라 재치와 교양을 겸비한 세련된 동반자이기도 했기에 그들을 아시아에 보내 교육을 받게 하는 것은 하

• Wile E. Coyote: 애니메이션 영화에 나오는 만화 캐릭터.

나의 투자이기도 했다.

압드 알 라흐만의 관대한 후원이 널리 알려지자 동쪽의 아시아인들이 알 안달루스로 건너오기 시작했는데, 그것은 부분적으로는 정치적 혼란 때문에 바그다드가 예술가, 음악가, 지식인들에게 위험은 더 커지고 수익은 줄어든 상황 변화의 산물이기도 했다. 그렇게 해서 알 안달루스에 들어온 사람 중에 의사이자 참회하는 국왕 시해 미수자이기도 했던 알 하라니가 있는데, 그는 '근대적인' 이슬람 의학을 코르도바에 도입한 최초의 인물이었다. 그렇지만 그중에서 가장 유명한 인물은 '흑조'(Blackbird)라고 알려진 수수께끼 같은 인물이었는데, 그는 거의 혼자서 알 안달루스 문화를 바꿔놓았다.

아불 하산 알리 이븐 나피(Abu 'L-Hasan 'Ali ibn Nafi), 즉 지리압(Ziryab, '흑조')은 압바스 왕조 칼리프 하룬 알 라시드의 궁에서 우드('ud, '기타'의 조상격인 악기)를 연주하는 숙련된 음악인이었다. 그의 출생에 대해서는 알려진 것이 거의 없으나, 피부색이 검었다는 언급이 많은 것으로 보아 사하라 이남 아프리카 출신이었던 것으로 생각된다. 전해지는 이야기에 의하면, 그의 연주는 너무나 뛰어나 그의 스승이면서 칼리프 궁의 수석 음악가이기도 했던 유명한 이샤크 알 마우실리(Ishaq al-Mawsili)가 질투심에 사로잡혀 그를 죽이려고 음모를 꾸몄고, '흑조'는 위험을 피해 바그다드에서 도망쳤다. 그러나 그보다는 그냥 800년대 초에 칼리프국이 내전 상태에 빠지자 이를 피해 바그다드에서 빠져나온 것으로 보인다. 어쨌든 지리압은 서쪽으로 향해 먼저 아글라브 왕조의 지배 아래 있던 카이로완의 궁으로 갔다. 그러나 거기서도 음모에 연루되어 위험에 처하자 코르도바로 향하게 되었는데, 822년 알 하캄이 휘하에 있던 유대인 음악가 아불 나스르 알 만수르(Abu 'l-Nasr al-Mansur)를 통해 보낸 초대를 받아 코르도바에 도착한 것으로 알려져 있다.

알 하캄은 그가 도착하기 직전에 죽었지만 지리압은 자신의 음악적 재능과 시, 과학, 그리고 역사에 대한 해박한 지식 덕분에 궁에서 한자리를 차지할 수 있었다. 그래서 그는 압드 알 라흐만 2세의 핵심 측근이 되었으며, 압드 알 라흐만은 그에게 멋진 집과 후한 연금을 하사했다. 잘생긴 용모와 매력, 그리고 위트는 그에게 아미르의 측근 가운데 안정적인 한 자리를 보장해 주었다. 음악인으로서 그는 뛰어난 연주와 노래 솜씨로, 그리고 악기들을 기술적으로 개선함으로써 궁정인들을 감탄하게 만들었다. 그는 알 안달루스에 완전히 새로운 노래와 음악 체계를 도입했는데, 그리스와 페르시아, 그리고 남아시아 전통에서 영감을 얻은 최신의 바그다드 스타일을 도입한 것이 바로 그것이었다. 이 새 스타일은 그가 자신의 아들들과 함께 코르도바에 세운 음악 아카데미를 통해 알 안달루스와 서쪽 이슬람 세계 전역으로 확산되었다.

그러나 지리압의 영향이 음악에만 국한되지는 않았다. 그는 의상과 머리 모양, 그리고 매너에서도 이슬람-페르시아 스타일을 알 안달루스에 유행시켰다. 또한 그는 아스파라거스를 비롯한 여러 가지 원예 작물과 여러 종류의 따뜻하고 차가운 수프와 스튜 등 알 안달루스에는 알려져 있지 않은 음식을 도입하고 육류, 콩 등과 고수잎과 씨, 타마린드, 그리고 사프란 같은 허브와 향신료를 결합함으로써 알 안달루스의 식단에 혁명적인 변화를 가져다주었다. 그 당시에 음식은 단순히 식탁의 문제만이 아니라 체액 조절과 육체적·심리적 건강 유지, 그리고 그리스-이슬람 의학 이론에 따른 질병 치료에 매우 중요한 요소로 간주되었다. 또한 금과 은으로 만든 접시가 도자기 접시로 대체된 것도 지리압 덕분이었다고 하고, 테이블보(대개는 짐승 가죽으로 만들어진) 사용이 유행한 것도 그와 관련이 있다고 알려져 있다. 그리고 그는 오늘날 스페인 요리의 표준이 된 꿀로 재우고 너트를 채워 넣은 디저트를 알 안달루스에 소개한 인물로도 알려져 있다. 그가 동쪽에서 가지고 온 것으로 알려져 있는, 수프로 시작해 너트로 끝나는 일련의 정해진 코스로 이루어지는 식사 매너는 이후에 전 유럽으로 확산되었다.

상류층 사람들은 그가 도착하기 전에 서고트 시대까지 거슬러 올라가는 여러 가지 오래된 의상과 헤어스타일을 고수해 왔는데, 지리압은 그것을 바꿔놓았다. 이제 사람들(남녀 불문하고)은 머리카락을 머리 가운데로 나누고 관자놀이 쪽으로 늘어뜨리는 과거의 스타일 대신에 지리압을 모방해 앞머리와 뒷머리를 정돈하여 길게 뒤로 넘기는 스타일을 선호했다(이 스타일은 원래 압바스 궁정에서 봉사하는 노예들의 헤어스타일이었다고 알려져 있다). 또한 그는 철 따라 옷을 바꿔 입는 개념을 처음 도입하기도 했다. 유행을 좇는 사람들은 하지 이후로는 흰색 옷을, 가을에는 색깔 있는 옷을 입었으며, 기온 변화에 쉽게 적응할 수 있는 층이 진 옷을 즐겨 입게 되었다.

의상 자체도 전보다 훨씬 공을 들인 것이 유행했다. 더 밝고 색깔도 다양해지고, 체형에 맞게 재단되고, 비단과 양모를 섞어 짠 하이브리드 옷감이라든지 금속제 실(특히 금과 은)을 이용해 무늬를 새겨넣은 고급 실크 브로케이드 옷감이 유행했다. 부자들은 지리압이 동방에서 가져온 땀 억제제 — 리타르지리오(litargirio)라고 하는데, 땀과 냄새를 억제하고 옷의 얼룩을 방지하는 효과가 있는 납이 들어간 약품 — 를 이용해 값비싼 옷들을 관리했다. 지리압의 이 같은 혁신은 신속하게 알 안달루스의 도시 문화로 확산되었고, 하층민에게까지 퍼졌다. 그리고 그 일을 그의 자식들이 이어받았기 때문에 음악, 스타일, 미학을 위해 그가 코르도바에 세운 아카데미는 수세대 동안 존속했다. 이 모든 것이 쉽게 믿을 수 없을 정도로 엄청난 것으로 생각될 수도 있다. 그러나 지리압이 한 것은 단지 그 이전 반세기 동안 압바스 왕조에서 완성된 고급문화와 패션을 알 안달루스에 도입한 것이었을 뿐이다.

연대기 작가들이 압드 알 라흐만의 치세를 (그들의 말로) '허니문 시기'로 간주한 것은 결코 놀랍지 않았다.[13] 그렇기는 하지만 그런 중대한 변화는 알 안달루스가 매우 지방적이었기 때문에 가능했다. 지리압은 할 일이 많았다. 9세기 나머지 기간뿐만 아니라 10세기 들어서도 동쪽 이슬

13 Joaquín Vallvé Bermejo, "Abd ar-Rahmān II", p. 109.

압바스 왕조의 노예 소녀인 키얀.
860년경 이라크의 사마라 칼리프 궁인
자우사크 알 카키니 프레스코화에서 출토되었다.
로베르 들로르(Robert Delord).

람 세계의 주민들은 여전히 알 안달루스 사람들을 교양 없고 무지한 시골뜨기, 혹은 투박한 흉내쟁이 정도로 간주했다. 이것은 당시 스페인에서 만들어진 독창적인 서적에도 반영되었는데, 그 책들은 확고하게 동쪽에 초점을 두고 있었다. 예를 들어 유명한 말리키 법학자이자 야흐야 이븐 야흐야의 경쟁자이기도 했던 압드 알 말리크 이븐 하비브('Abd al-Malik ibn Habib)가 세계사 책을 썼는데, 거기에는 그가 동쪽에서 수집한 온갖 종류의 신화와 전설의 소재들, 즉 요정, 정령, 마법 이야기들이 그

대로 실려 있었다. 10세기로의 전환기에 우마이야 왕조의 궁정 시인이었던 이븐 압드 라비(Ibn 'Abd Rabbih)는 25권짜리 방대한 아답 백과사전을 편찬했는데, 거기에는 알 안달루스가 거의 언급되어 있지 않으며 저자 자신의 평범한 시 몇 편을 제외하고는 알 안달루스에서 생산된 책에 대해서는 전혀 언급이 없다. 그리고 그것이 압바스 궁정에 소개되자 완전히 조롱거리가 되었다.

코르도바에서도 모든 사람이 새로 싹트기 시작한 세속적인 코스모폴리타니즘과 그것이 부추기는 퇴폐적 관능을 선호한 것은 아니었다. 보수적인 이맘들(그중에서도 유력 인사 야흐야 이븐 야흐야는 대표적이었다)은 지적 청교도주의에 경도되어 있었다. 그들에게는 오로지 『꾸란』의 글귀와 법만이 연구할 만한 가치가 있었으며, 그 외의 것들은 모르는 것이 더 나았다. 야흐야도 동쪽에 가기는 했다. 그러나 그는 아답을 배우기 위해 바그다드에 간 것이 아니라 종교에 대해 배우기 위해 메디나로 갔다. 그 역시 편애(predilection)로 유명하기는 했으니, 그 편애의 대상은 별이 아니라 신이었다. 그리고 그가 오랜 경력 기간 동안 수많은 제자를 배출했고, 또한 그가 관리 임명권을 장악하고 있었기 때문에 그의 보수적이고 금욕적이며 반(反)세속적인 이슬람이 알 안달루스에서 튼튼하게 뿌리내릴 수 있었다. 그리고 그는 바그다드의 과학 지식에 대해서뿐만 아니라 거기서 배양되던 위험한 종교적 이데올로기에 대해서도 회의적이었다. 알 안달루스에서 생겨난 최초의 심각한 잔다카(zandaqa, '이단')가 적발된 사건의 이면에는 그가 있었다. 야흐야의 가르침은 점증하는 새 무슬림 대중, 즉 카사들의 부와 사치에 접근할 수 없었던 보통 사람들(그중 다수는 자신들의 세속적 권위와 지위가 즉각적으로 개선될 수 있을 것으로 믿고 이슬람으로 개종한 사람들이었다)의 호응을 얻었다. 이들은 자신들의 지위가 개선되지 않자 초조해하고 실망을 금치 못했으며, 그로 인한 불만은 840년대에 기독교 공동체의 보수주의자들이 불안스럽게 다가오는 이슬람의 승리(triumph of Islam)로 본 것에 대항해 극적인 태도를 취했을 때 극적으로 터져나오게 된다.

제7장

성인과 죄인

페르펙투스(Perfectus)라는 한 기독교 성직자가 분주한 코르도바 시장에서 지나가는 몇몇 행인을 상대로 자신의 신앙의 성격에 관해 분명 선의를 가진 논쟁을 시작한 것은 850년 3월, 여느 때와 다르지 않은 어느 날 오후였다. 그것은 다른 주요 도시들에서도 가끔 벌어지곤 하던 논쟁이었다. 그런데 페르펙투스는 기독교도라는 자신의 열악한 지위를 의식해 무슬림 상대자들에게 신앙에 관해 자신이 무슨 말을 하더라도 제지하거나 화를 내지 않겠다고 약속해 달라고 부탁했다. 그들은 이 말에 동의했고, 그래서 그는 분명한 어조의 아랍어로 많은 무슬림을 당황케 하고 혼란스럽게 하는 무함마드의 삶에서 일어난 에피소드를 언급하면서 왜 자신이 예수를 진정한 예언자로 생각하는지 설명했다. 그의 이런 도발적인 주장에 분노한 대화 상대들은 다음 날 그와 다시 마주치자 그를 이슬람 모독죄로 당국에 고발했다. 그때는 시기적으로 라마단의 달이었기 때문에(그 때문에 고발자들의 신경이 더 날카로워져 있던 것으로 보인다) 페르펙투스는 감옥에 갇힌 채 재판을 기다리게 되었다. 그의 불운은 당시 병중이던 압드 알 라흐만 2세를 대신해 환관 나스르가 다스리고 있었기 때문에 더 악화되었다. 기독교도에서 이슬람으로 개종한 사람이었고 가장 좋게 보아주어도 잔인한 기회주의자라고밖에는 말할 수 없었던 나스르는 강경파 울라마의 환심을 사고 보통 사람들의 미움의 대상이 되고 싶지 않았기 때문에 페르펙투스에게 관용을 베풀 생각이 조금도 없었다. 그래서 페르펙투스는 몇 주 동안 무죄를 주장했지만 소용이 없자 자신의 운명을 받아들이기로 하고 신앙을 위해 순교하기로 결심했다. 그리고 이 결심은 나스르가 성스러운 달 마지막 날을 기념해 이 불운한 성직자를 참수하면서 현실화되었다.

그 후 1년 정도 평온한 시기가 이어졌다. 그러고 나서 갑자기 이삭(Isaac)이라는 이름의 한 기독교도(그는 여러 해 동안 에미르국에서 관리로 일하다가 은퇴해 수도승이 되었다)가 왕궁 앞에 나타나 이슬람 관리들이 보는 앞에서 반복적으로 예언자 무함마드를 모독하는 말을 퍼부었다. 크게 당황한 압드 알 라흐만 2세와 한때 이삭의 친구이기도 했던 그의 신하들은 한동안 그의 처벌을 피할 방법을 모색했다. 그가 술에 취한 것이 아닐까? 그가 미친 것은 아닐까? 그를 이슬람으로 개종시켜 처벌을 피하게 해야 할까? 그러나 이삭은 이 모든 배려와 권고를 거부하고 이슬람에 대한 비난을 계속했고 결국 그들은 어쩔 수 없이 이슬람법에 따라 그에게 사형 선고를 내리지 않으면 안 되었다. 참수된 그의 시신은 로마 다리 끝에 걸린 채 사람들에게 전시된 다음 소각되었고 타고 난 재는 강물에 뿌려졌다. 그러고 나서 서른여섯 시간이 채 지나지 않아 일곱 명의 기독교도(그중에는 병사 한 명이 포함되어 있었다)가 다시 나서서 공개적으로 이슬람을 모독함으로써 자발적으로 죽음의 길을 걸었다. 그 후로 6년 동안 코르도바에서만 스물여덟 명의 기독교도가 같은 죄목으로 처형당했고 그 외에도 열세 명이 배교죄로, 즉 법적으로는 무슬림이면서 기독교도의 삶을 살았다는 죄로 처형되었다.

이것은 어떤 즉흥적인 종교적 히스테리의 유행이 아니었다. 순교자들 대부분은 심각하게 자신들의 운명을 고민했으며, 자신들의 죽음에 대해 필요한 영적이고 개인적인 준비를 했다. 그들의 신성모독 행위는 지배자와 대중 모두로부터 가장 격렬한 반응을 불러일으키기 위해 의도적으로 많은 사람이 보는 앞에서 아랍어로 행해졌다. 체포되고 나서 그들은 감옥 생활을 견뎌내고, 관용을 거부하고 당당하게 처형장으로 걸어 나갔다. 전통적으로 역사가들은 이 운동을 기독교도들 혹은 '스페인 사람들의' 저항 혹은 광신으로, 아니면 무슬림들의 불관용 혹은 핍박으로 묘사해 왔다. 그런데 이 '코르도바의 자발적 순교자들'에 관한 이야기에는 앞에서 말한 그런 모든 요소가 포함되어 있다고 말할 수도 있지만, 다른 한편으로 그것은 알 안달루스의 변화해 간 이슬람과 기독교 사회 간에 나타난 긴장 혹은 그 사회들 안에 내재하는 긴장을 반영하는 것이기도 했다.

당시 알 안달루스의 기독교는 한때 그것을 지탱하던 귀족들에게 버림을 받고 교리를 가르쳐줄 성직자들이 부족한 상태여서 위기에 처해 있었다. 기독교도들이 이슬람으로 개종함에 따라 교회의 수입, 그리고 아미르의 궁정에서의 교회의 영향력은 줄어들었고, 기독교 성직은 매력을 잃어가고 있었다. 알 안달루스 내에서 공식적으로 스페인 교회의 수석 대주교구 지위를 갖고 있던 톨레도 주교구는 당시 우마이야 왕조 세력의 중심에 있었던 그보다 하위 주교구인 코르도바에 밀려 소외되고 있었다. 비록 아미르가 주교들을 임명하고는 있었지만 무슬림들은 기독교 정통 교리를 강요하는 데 관심이 없었기 때문에 이단적 신앙이나 이교적 요소가 기독교 안으로 침투하고 있었다. 반도 내부의 교회와 외부의 기독교 세계 간의 연계는 약화되었고, 아스투리아스의 기독교 성직자들은 알 안달루스의 동료들을 변절자라며 비난했다. 주교들 자신들은 시간이 갈수록 무슬림 당국과의 협력을 통해 자기네 양떼들(그리고 그들의 재산)을 지키려고 하는 사람들과 수단과 방법을 가리지 않고 이교도들에게 저항하는 것이 기독교도의 의무라고 생각하는 사람들로 분열되었다.

기독교도들에 대한 무슬림들의 압박 또한 점점 증가하고 있었으며, 일반 도시 대중 가운데 상당수의 (이슬람으로의) 개종도 시작되고 있었다.

840년경이면 아마도 기독교도의 3분의 1가량이 이미 개종한 상태였으며, 코르도바를 비롯한 대도시에서는 분명 그 비율이 더 높았을 것이다. 새로 개종한 이 무슬림들은 개종자 특유의 열정과 당시 서쪽 이슬람 세계를 휩쓸던 계시 신앙(종말론)에 의해 고무되어 자신들의 신앙이 이승과 저승에서 가져다줄 보상에 대해 높은 기대감을 갖고 있었다. 그러나 개종자 수가 많아질수록 상대적으로 그에 따른 이익은 줄어들었으니, 그것은 정복자들의 클럽이 더 이상 배타적인 소수 집단이 아니었기 때문이었다.

그렇기는 하지만 개종이 즉각적인 권위를 가져다주지는 않더라도 이슬람은 개종자들에게 도덕적·법적, 그리고 사회 경제적으로 기독교도 이웃들보다 우월하다고 여겨져야 한다는 생각을 주입했다. 새로 개종한 사람들 사이에서 확산된 포퓰리스트적 불만은 우마이야 왕조 엘리트 집단의 방탕한 라이프스타일과 '구(舊)무슬림' 가정들이 누리는 경제적·사회적 특권에 의해 더 악화되었는데, 이 불만이 지배층에게 표출될 수는 없었기에 대개는 기독교도들이 희생양이 되었다. 822년 라비 이븐 테오돌포의 처형을 대중이 반긴 일이라든지, 그러고 나서 28년 후 페르펙투스가 쓰라린 배신을 당한 것도 그런 연유에서 비롯되었다.

더욱이 이 시기는 동쪽(아시아) 무슬림 법학자들이 딤미의 행동에 대해 보다 엄격한 규정을 만들고 있을 때였다. 이것은 '우마르 협약'(이 협약은 637년에 제2대 칼리프가 예루살렘 기독교도들과 맺은 항복 협약으로 알려져 있다)에 기인한 혁신으로 알려져 있지만 그것은 사실과 다르다. 타종과 종교 행렬, 그리고 교회 건축을 포함하는 기독교 신앙의 공적인 준행은 축소되어야 했다. 다른 종교를 가진 사람들과의 사회적 접촉은 자제해야 했고, 비무슬림들이 입을 수 있는 옷, 휴대할 수 있는 무기, 그리고 탈 수 있는 동물에 대한 제한은 그들에게 굴욕감을 안겨 주고 그들의 열등한 지위를 분명히 하려는 목적이 있었다.

역설적으로 완고한 기독교도들과 지나치게 열정적인 무슬림들 모두에게 놀랍게도 알 안달루스 내 세 종교 간의 구분선은 점점 무뎌가고 있었다. '로망스어'(점차 근대 스페인어로 발전해 가고 있었던 라틴어 방언)는 농촌 하층민들 사이에서, 그리고 아랍어는 신앙과 무관하게 중산층 사람들 사이에서 널리 사용되었다. 800년대 말이면 아랍어가 기독교도들 사이에서 너무 일상적으로 사용되었기 때문에 기독교 성직자들은 종교 서적을 (아랍어로) 번역하지 않으면 안 되었다. 관리로 일하고 싶은 기독교도들(여기에는 성직자들도 포함되었다)은 아랍어를 구사할 줄 알아야 했을 뿐만 아니라 자유자재로 쓸 줄도 알아야 했다. 고급 아랍어를 배울 수 있는 최선의 방법은 『꾸란』을 읽는 것이었는데, 그것은 그들이 (무슬림들의) 호의를 얻고, 나아가 무슬림으로 개종하는 길을 열어주기도 했다. 더욱이 정복 후에 아랍인과 베르베르인 엘리트들이 (이베리아반도) 원주민의 스타일과 관습을 채용하기도 했지만, 반면에 알 하캄과 압드 알 라흐만 2세 치하에서 진행된 알 안달루스의 동방화의 영향으로 기독교도 원주민들도 아랍-이슬람인들의 복장과 습관, 그리고 사회적 관습을 널리 받아들이고 있었다.

이 문화 변용은 대단히 철저해 알 안달루스의 기독교도들이 11세기에 북부 스페인에 도착하기 시작했을 때, 그들은 모사랍(Mozarabs) — 아랍어로는 '알 무스타랍'(al-must'arab)으로 '아랍화된 사람들'이다 — 이라고 불리곤 했다. 전승과 문화의 혼융이 알 안달루스 사회와 종교적 삶에 널리 퍼져 나갔고, 기독교도들과 무슬림들('울라마' 구성원을 포함해)은 가뭄 때 코르도바에서 열리는 기우제나 이드 알 피트르('Id al-Fitr, 라마단의 끝을 알리는 행사), 크리스마스, 부활절, 혹은 성 요한의 날(하지)에 거행되는 공적인 행사에 함께 참석했다. 이처럼 종교적 색채를 띤 사회적 친화를 두 사회 모두의 종교 엘리트들은 놀란 눈으로 바라볼 수밖에 없었으며, 그것이 신이 내려준 사회질서를 어지럽히고 배교로 이어지지는 않을까 염려했다. 예를 들어 1100년대 초에 법학자 알 투르투시(al-Turtushi)는 무슬림 아이들이 사순절에 기독교도들이 구운 과자를 먹으면서 즐거워하는 것을 보고 불평을 토로했다. 그 과자에는 기독교도들의 요리에 많이 사용되는(하지만 무슬림들에게는 금기시되어 있는) 만테카, 즉 돼지비계가 들어가 있었던 것이다.

친화의 충격이 가장 심각한 문제를 만들어낸 곳은 가족이었으니, 이곳에서는 이(異)종교 간 혼인 혹은 (가족 구성원 중 일부의) 개종이 기독교와 이슬람 간의 모호한 경계를 집안에까지 들여놓았다. 교회는 839년 코르도바 공의회를 통해 이종교 간 혼인을 금했으며, 이슬람법 아래에서는 오직 무슬림 남성만이 기독교 여성과 자유롭게 혼인할 수 있었다. 그렇지만 그런 법령이 엄격하게 준수되지는 않았다. 무슬림 남자와 사는 기독교도 아내가 꼭 개종을 해야 되는 것은 아니었다. 그러나 그 가정에서 태어난 아이들은 모두 무슬림으로 간주되었다. 이 같은 상황은 골치 아픈 문제를 만들어냈는데, 왜냐하면 아이의 양육이 대부분 여성의 몫이었기 때문에 그런 가정의 자녀들이 아이였을 때는 모친의 영향으로 기독교적 신앙과 관행에 깊이 물들어 있다가 어른이 되면 그것을 부정해야 하는 상황에 빠지는 경우가 많았기 때문이었다. 이 문제로 대단히 골치 아파 하는 사람들이 있었다. 코르도바에서 배교 혐의로 처형된 사람들 가운데 다섯 명이 이종교 간의 혼인으로 태어난 이싱들이었고, 두 명은 불법적으로 기독교도 남편의 신앙(기독교)으로 개종한 무슬림 여성의 딸들이었다. 이들 모두는 이슬람으로 돌아와 용서받을 수 있는 기회가 주어졌지만 모두 다 거절하고 죽음의 길을 택했다. 이 문제로 인한 사회적 긴장이 매우 심했기 때문에 가족 구성원 간에 분열이 생기는가 하면, 친족들이 진짜로 화가 나서든 아니면 친족 구성원의 배교 혐의가 자신들의 명예를 훼손하고 다른 가족 구성원들이 죄를 뒤집어쓰게 되지 않을까 염려하는 마음에서든 간에, 서로를 고발하는 경우도 드물지 않았다.

코르도바에서 처형된 마지막 기독교도 가운데 에울로기우스(Eulogius)라는 사제가 있었는데, 그는 노골적인 순교 지지자로서 불가사의한 인물인 협력자 파울 알바르(Paul Alvar)와 함께 순교 운동을 주도했다. 이 두 사람은 어려서부터 친구였고 스페라인데오(Speraindeo, '신 안에서 희망을'이라는 뜻)라는 한 지역 사제의 제자이기도 했는데, 이 스페라인데오는 한평생을 이단과 이슬람과의 싸움에 바친 인물이었다. 두 사람은 유서 깊은 기독교 귀족 집안 출신이었다. (에울로기우스 자신의 형제들을 포함해) 기독교도 귀족 가운데 다수는 무슬림 정부 관직에서 일하기를 희망했는데, 에울로기우스와 그의 친구는 그것을 반역 행위로 간주했다. 경건한 기독교도 저항자들은 이슬람의 영향에 맞서기 위해 우마이야 왕조 정부에 봉직하지 말 것을 주장하고, 성직자의 규율을 엄격하게 지키고, 동쪽(아랍) 스타일을 멀리하고, 라틴어(그들은 라틴어를 기독교 문화와 기독교 종교의 핵심 요소라고 생각했다)의 쇠퇴를 막기 위해 노력했다. 또 그들은 농촌에다 (이슬람에 대항한) 정신적·정치적 저항의 구심점이 될 사설 수도원을 건립하기도 했는데, 예를 들어 수도(코르도바) 외곽에 위치한 타바노스(Tabanos) 수도원—이 수도원에서 이삭은 신의 부르심을 받았다—은 여러 순교자에게 은신처를 제공하고 그들에게 신앙 행위의 일환으로든, 기독교도들에게 영감을 불러일으킬 행동의 일환으로든 자신의 목숨까지도 바칠 수 있는 호전적인 기독교를 가르쳤다.

기독교는 순교자를 존경하는 오랜 전통을 가지고 있었고, 알바르와 에울로기우스는 자신들의 행동이 신자들을 고무해 그들 스스로 이슬람 지배의 족쇄를 벗어던져 버리기를 기대했다. 그러나 에울로기우스의 이 같은 수구적인 태도는 동료 기독교 엘리트 중에서든 아니면 우마이야 왕조의 지배 아래에서 대체로 만족하면서 살고 있었던 대중 사이에서든 간에, 많은 지지자를 충분히 만들어내지 못했다. 그들에게 순교자들은 자신들의 공동체를 (무슬림 정부에) 불충하게 보이게 만들고, (무슬림 정부로 하여금) 보복하게 만들 위험을 만들어내는 말썽꾼 정도로 여겼다. 그러나 압드 알 라흐만 2세는 신중하게 반응했고, 기독교 공동체 전체를 징벌하거나 이 순교 운동을 널리 선전하는 함정에 빠지는 것을 경계했다. 먼저 그는 852년 기독교 공의회를 소집했는데, 그 공의회는 어떤 사람이 자신의 죽음을 촉발하는 것은 중죄에 해당하는 자살과 다름없다고 규정했다. 그 후 에울로기우스를 포함해 수구적인 성직자들은 체포되어 예방적 차원의 구금 상태에 놓이게 되었다. 마지막으로 처형된 순교자들의 유해는 그 유해가 존경의 대상이 되는 것을 막기 위해 버려졌다. 857년 에울로기우스 자신이 참수형을 당했는데, 그것은 극적이고 저항적인 그리고 공개적인 신성모독 행위 때문이 아니었다. 그는 옥에 갇혀 있다가 석방되었는데, 레오크리티아(Leocritia)라는 여성을 숨겨주었다는 이유로 다시 체포되었다. 그런데 이 여성은 신념상으로는 기독교도였지만 정복자들의 법에 의해 무슬림으로 간주된 불행한 상황의 피해자였으며, 자신의 신념을 배반하기보다는 기꺼이 순교의 길로 들어선 사람이었다.

순교 운동은 기독교도 대중의 반란을 촉발하지 못한 채 실패로 끝났으며, 점차 알 안달루스와 북쪽 기독교 지역 모두에서 잊혀 갔다. 무슬림 측 사료들은 이 운동을 기록하지도 않았으며, 이에 대해 유일하게 남아 있는 기록은 결코 객관적이라고 할 수 없는 에울로기우스와 알바르가 쓴 저술들이다. 결국 에울로기우스의 유해는 그의 책들, 그리고 알바르의 책들과 함께 알 안달루스를 방문한 두 명의 프랑크인 수도승에 의해 발견되었는데, 이들은 초기 기독교 순교자들의 유해를 찾아 프랑크 왕국으로 가져가기 위해 알 안달루스에 온 사람들이었다. 그러나 에울로기우스의 유해는 프랑크 왕국으로 가지 않고 833년 알폰소 3세를 대신해 평화 조약을 체결하기 위해 코르도바를 방문한 톨레도 출신의 사제 둘시디우스(Dulcidius)에 의해 아스투리아스 왕국의 수도 오비에도로 옮아갔다. 이 기독교도들의 저항 이념은 아스투리아스 왕국 왕들의 정치적 의제와 맞아떨어졌고, 그래서 에울로기우스와 그 운동의 주창자들은 이곳에서 성인으로 존경을 받았다. 그러나 이 시기 알 안달루스에서 진정으로 (이슬람에 대항한) 기독교도들의 투쟁을 대변한 사람은 알바르와 에울로기우스라기보다는 자신의 신념을 위해 목숨을 내던진 레오크리티아, 그리고 무슬림 체제와의 협력 때문에 가슴이 찢어질 정도로 괴로워했던 유력하고 성공적인 관리인 이삭 같은 사람들이었다. 어쨌든 자발적인 순교 운동은 알 안달루스 내 기독교도들의 상황을 바꾼 원인이었다기보다는 하나의 징후였으며, 그것은 압드 알 라흐만의 아들이며 후계자인 아미르 무함마드 1세 치세 동안 굳어지게 될 새로운 모사랍 사회와 문화의 출현을 보여 주는 징후이기도 하다.

순교자들의 에피소드는 그렇지 않았더라면 빛나는 것이 되었을 압드 알 라흐만 2세 치세의 불길한 종결이었다. 아미르가 오랫동안 병석에 누워 있는 동안(그 병환 때문에 그는 치세 마지막 3년간을 신하들을 만날 수 없었다) 궁정 환관들이 주도하는 여러 파당은 마흔 명이 넘는 왕의 아들 가운데 자신들이 지지하는 왕자를 아미르에 앉히기 위해 음모를 꾸몄다. 여기에서 압드 알 라흐만 2세가 총애한 무함마드 1세가 집권에 성공했고, 그는 신속하게 여러 음모를 잠재웠다. 그렇기는 하지만 한 연대기 작가에 따르면, 압드 알 라흐만의 죽음은 한동안 비밀에 부쳐졌고 무함마드의 지지자들은 무함마드에게 자신들의 행동이 함정이 아니라는 것을 확신하게 만든 다음, 다른 왕자들이 행동을 취하기 전에 권력을 장악하기 위해 왕자를 여자로 변장하여 은밀하게 왕궁으로 데려왔다고 한다.

무함마드 1세 치하에서 기독교도와 무슬림의 관계는 다시 안정을 찾았다. 보다 완고한 기독교도 저항자들은 국외로 빠져나갔으며, 알 안달루스에 남은 기독교도 엘리트들은 대체로 새로운 (이슬람) 문화를 수용하는 자족적 성향의 온건파였다. 그들의 자식들은 아랍어와 아답을 배웠으며, 할례나 사촌 간 결혼 같은 아랍-이슬람적 관습을 받아들였다. 이 같은 우마이야 국가로의 문화적 통합은 862년 코르도바 공의회에서 노골화되었다. 이 공의회는 무함마드 1세가 소집한 것으로, 종교 모임보다는 정치 행사의 성격을 띠고 있었다. 이 공의회를 주재한 사람은 아미르의 세금 징수인으로 활약한 말라가(Málaga, Malaqa)의 주교 오스테게시스(Hostegesis)와 백작(qumis) 세르반두스(Servandus)였으며, 여기에는 유대인과 무슬림 고위 관리들도 참석했다. 순교자들에게 동정적이었으며 대중에게 존경을 받았던 수도원장 삼손(Samson)은 이단 혐의로 고발되자 처벌을 피하기 위해 코르도바에서 도망쳐 나와 수도원에 은거했으며, 거기에서 마지막 저항의 잔물결 속에서 『불경한 사람들에 반대하고 기독교를 옹호하며』(*The Defense Against the Perfidious Ones*)라는 글을 발표해 논란거리를 제공했다. 그 책에서 그는 오스테게시스를 신앙심 없는 용병이자 무함마드 정부의 꼭두각시라면서 세르반두스와 그 일당을 천박하고 성적으로 변태적인 졸부라며 비난을 퍼부었다.

그러나 체제 협력자들은 그들 나름의 도전에 직면하게 되었고, 그 도전은 그들이 이슬람으로 개종하고 나서도 끝나지 않았다. 그 도전 중에는 기존 무슬림 엘리트들의 반발도 포함되어 있었는데, 그들은 이 새 신입자들이 자신들의 권력 독점을 위협한다고 생각했다. 쿠미스 이븐 안툰얀(Qumis ibn Antunyan)과 아미르 이븐 압드 알라('Amir ibn 'Abd Allah)의 이력은 이 점에서 시사하는 바가 크다. 쿠미스는 고등 교육을 받은 기독교도로서 라틴어와 아랍어에 능숙해 압드 알 라흐만 2세의 서기이자 번역가, 그리고 조언자로 활동했다. 실제로 아미르를 설득해 기독교도들의 순교 운동에 맞서 그들의 공동체에 보복하는 대신에 주교들로 하여금 그들을 단죄하게 만든 사람도 바로 이 쿠미스였다. 무함마드 1세가 즉위하고 난 직후, 그는 수석 서기로 승진할 예정이었다. 그러나 아미르가 기독교도를 그런 고위직에 임명하는 데 동의할 수 없다는 이야기를 듣게 되었다. 그런 낌새를 간파한 쿠미스는 이슬람으로 개종했으나 얼마 가지 않아 자신의 동료 무슬림 궁정인들의 탄압에 직면하게 되었는데, 그 동료 궁정인들이 거듭해 그를 은밀하게 기독교를 신봉하는 사이비 개종자라며 고발한 것이었다. 그들은 그를 직책에서 쫓아내는 것도 모자라 재산도 몰수해 그 재산이 자식들에게 상속되지 못하게 하라며 아미르를 압박했다.

아미르 이븐 압드 알라도 비록 이슬람으로 개종하지는 않았지만 비슷한 경험을 해야 했다. 그는 (알 안달루스) 원주민 출신이었고, 그 사실 하나만으로도 아랍 귀족들이 그에 반대해 들고일어나게 하기에 충분했다. 이슬람과 법에 대해 해박한 지식을 갖고 있었고, 흠잡을 데 없는 도덕적 청렴함과 견고한 보수주의로 유명했던 아미르는 무함마드에 의해 코르도바의 수석 행정관(chief magistrate)에 임명되었다. 이 사실 하나만도 아랍인 유력 엘리트들에게는 모욕이었고, 그들은 자신들이 이 건방진 원주민에 의해 재판을 받아야 하는 처지가 된 데에 노골적으로 불만을 표했다. 그런데 이 아미르는 영향력 있는 정신이면서 장군이었던 하심 이븐 압드 알 아지즈(Hashim ibn 'Abd al-Aziz)를 고발하는 치명적인 실수를 저질렀다. 압드 알 아지즈는 이븐 안툰얀에 반대해 들고일어난 여러 사람들 가운데 한 사람이었는데, 지금은 아미르의 타도가 자신의 소명이라는 생각까지 하게 되었으며, 동료 아랍인들을 자극해 무함마드가 어쩔 수 없이 그를 파면할 때까지 아미르를 거부하도록 자극했다. 무함마드 1세의 측근으로 출세한 하심 자신은 능력에 비해 과도한 권리를 가진 부패하고 이기적인 아랍인 엘리트의 전형이라 할 만한 사람이었다. 그는 정력적인 군 지휘관이었지만 굴곡진 인생을 살았는데, 876년에는 알폰소 3세에 의해 포로가 되어 2년 동안 옥살이를 하다 풀려나기도 했다. 아미르가 하심의 몸값을 마련하기 위해 남쪽 농촌 지역 사람들에게 징수한 무거운 세금이 우마르 이븐 합순('Umar Ibn Hafsun)의 반란을 촉발하는 데 일조했다는 이야기가 있으며, 그 반란은 800년대 에미르국을 거의 붕괴시킬 뻔하기도 했다.

이 시기 무슬림과 유대인 간의 관계는 반대로 별 문제가 없었던 것으로 여겨지기는 하지만 이 문제에 대해 우리가 가진 정보는 매우 적다. 아이러니하게도 이 시기 알 안달루스에서 가장 유명했던 유대교도는 유서 깊은 프랑크족 기독교 집안 출신인 보도(Bodo)라는 인물이었는데, 그는 루이 경건왕의 궁정에서 사제로 복무하다가 838년 유대교로 개종했다. 당시 배교(背敎)는 중죄로 간주되었는데, 그는 어찌된 일인지 알 수 없으나 자신의 개종 사실을 비밀에 부치고 있다가 후에 공개적으로 유대교도로 살 수 있는 이슬람 세계로 이주하기로 결심하게 되었다. 그 결심을 실행에 옮기기 위해 그는 일단의 프랑크족 기독교 신자들을 모아 로마로 순례 여행을 하는 것처럼 하다가 그들을 데리고 알 안달루스로 향했다. 알 안달루스에서 그는 동행자들을 노예로 팔아 그 돈을 밑천 삼아 무슬림 사라고사에서 새 이름과 새 신앙으로 새 삶을 시작했다. 이곳에서 그는 자신의 옛 신앙(기독교) 교리에 반대하는 논쟁가로, 그리고 유대교 옹호자로 얼마간의 명성을 얻었다. 840년경 그는 장차 순교 운동에 관한 연대기를 쓰게 되는 파울 알바르와 편지를 주고받았는데, 그 편지들은 처음에는 호의적으로 시작되다가 얼마 가지 않아 메시아의 정체성, 모세 율법의 타당성, 기독교 교리의 역설 등에 관해 논쟁하게 되면서 신랄한 상호 비방과 욕설로 이어지곤 했다. 보도의 배교는 프랑크 왕국 궁정에 큰 충격을 주었고, 엘레아자르(Eleazar, '보도')가 압드 알 라흐만 2세를 상대로 로비를 해서 알 안달루스의 기독교도들을 강제로 개종시키려 한다는 소문이 코르도바에 거주하는 기독교도들이 847년에 보낸 편지를 통해 (프랑크) 황제에게 도달했다. 이 주장이 사실인 것 같지는 않지만, 이 같은 상황은 순교 운동이 분출하기 직전의 알 안달루스 내 기독교 거주 지역에서 나타나고 있던 절망감과 히스테리를 반영하고 있다.

그러나 보도와 알바르는 각각 그들의 공동체에서 극단적 소수파를 대변하고 있었을 뿐이며, 어쨌든 무슬림 당국은 두 신민 종교 공동체(기독교와 유대교) 대표들 간에 벌어지고 있던 충돌에 별 관심을 두지 않았다. 그러나 알바르와 엘레아자르는 단지 기독교도와 유대인의 자격을 두고 논쟁을 벌인 것이 아니라 알 안달루스에서 무슬림 아랍인들에 의해 정복된 경쟁 인종 집단인 서고트족과 프랑크족의 자격을 두고 논쟁을 벌였던 것이다. 정체성은 본질상 단순히 종교적인 것만은 아니었으며, 인종 공동체(고트족, 프랑크족, 아랍인, 슬라브족, 무왈라드, 베르베르인), 부족 간 제휴, 후원 네트워크, 사회 계층 역시 정체성 형성에서 중요한 역할을 수행했다.

어쨌든 각 종교 집단은 이데올로기적으로 분열되어 있었다. 기독교도들은 이단과 체제협력자들로, 유대교도는 랍비 집단과 카라이트파(『탈무드』와 랍비의 가르침을 부인하는 유대교 내 한 집단)로, 무슬림은 합리주의를 지향하는 무타질리즘(Mu'tazilism)을 포함하는 일단의 이단적 경향의 집단과 비의적 시아주의(Shi'sm)로 갈려 있었다. 분열은 '보수적인' 말리키 '울라마' 내에도 존재했다. 막강한 권력을 가진 베르베르인 파키('이슬람법 전문가') 야흐야 이븐 야흐야(이슬람법에 대한 그의 지식은 비교 불가라고 할 정도였다)는 경쟁자인 압드 알 말리크 이븐 하비브(그는 천년왕국 이념에 사로잡힌 포퓰리스트 지도자로서 세상의 종말이 곧 닥칠 것이라고 주장했다)와 부딪혔다. 아미르들은 그들 나름대로 인종적·종교적 분열이 통제될 수 있을 것으로 생각했으며, 압드 알 라흐만 2세와 무함마드 1세 같은 지배자들은 이이제이(以夷制夷) 전술을 통해 여러 파당을 노련하게 통제하기도 했다. 그러나 아미르들은 그보다 더 시급한 문제에 직면해 있었으니, 밖에서 찾아온 바이킹 혹은 북쪽의 기독교도뿐만 아니라 9세기 중반 알 안달루스 전역에서 발생한 심각한 반란들이 바로 그것이었다.

결국 무함마드 1세의 치세를 특징지은 것은 순교자들의 에피소드가 아니라 무슬림들의 반란이었다. 톨레도에서는 무왈라드(기독교에서 이슬람으로 개종한 사람들) 가문들(그들 중 일부는 서고트 엘리트의 후손들이었다)이 코르도바의 우월한 지위와 우마이야 왕조의 지배, 그리고 특권적이고 아랍인임을 내세우는 그 지지자들에 대해 분개했고, 결국 그들은 852년 들고일어나 지역 지배자들을 내쫓고 남쪽 영토에 대한 공격을 시작했다. 그들의 반란에 대해 역시 차별을 받고 있던 지역의 베르베르인들과 인근 이웃 지역의 다른 무왈라드 가문들이 동조했다(그중에서도 상부 변경령의 카시 가문이 가장 중요했는데, 그들은 동맹 자격으로 무왈라드 가문들에 합류했다). 또한 그들(톨레도의 무왈라드 가문들)은 북쪽 기독교도 영토인 아스투리아스와 동맹을 체결하기도 했는데, 아스투리아스의 왕 오르도뇨 1세(Ordoño I)는 우마이야 왕조의 약점을 이용하기 위해 호시탐탐 노리고 있다가 에미르국을 공격하기 위해 남쪽으로 군대를 파견했다.

그렇지만 이 반란들을 이슬람의 지배에 대한 '스페인 사람들' 혹은 '기독교도들'의 대응으로 간주하거나, 혹은 그들의 동맹을 민족 문화적 유대에 기반을 둔 지속 가능한 연합이나 제휴로 간주해서는 안 될 것이다. 그것들은 그때그때의 정치 상황에 기반한 기회주의적인 연합이었을 뿐이고 이 혈족들과 파당들, 그리고 왕국들 간의 충성심은 그 정치가 어떻게 변하느냐에 따라 합쳐지기도 하고 흩어지기도 했다. 몇몇 역사가의 주장처럼 톨레도의 반도(叛徒)들이 스페인의 원-민족주의자들(protonationalists)인 것은 결코 아니었으며, 그들은 단지 종교적으로는 이슬람적이고 문화적으로는 아랍적인 알 안달루스를 수립하려는 열의로 충만한 사람들이었을 뿐이다. 그들은 그 알 안달루스에서 토착 무슬림으로서의 그들의 기여와 역할을 인정 혹은 평가받고, 또한 정당한 자신들의 몫이라고 생각하고 있었던 권력과 권위를 부여받고 싶어 했던 것이다.

이에 대해 무함마드 1세는 자신의 충실한 마왈리 가문들의 네트워크를 이용하거나, 아니면 톨레도 반란을 지지한 베르베르인들과 적대 관계에 있는 다른 베르베르인 부족들 중에서 새로운 피호인들을 만드는 것 말고는 다른 뾰족한 방법이 없었다. 이 경쟁 부족들 가운데 정복 당시 알 안달루스에 들어온 자나타족 베르베르인들의 딜눈 가문(Banu Dhi 'l-Nun)이 있었다. 이 가문은 우마이야 왕조의 도움으로 그 지역에서 상당한 지위에 올랐으나 그들의 충성심은 그리 믿을 만하지 않았고, 그들 역시 기회가 생기면 반란을 일으키곤 했다. 11세기에 딜눈 가문이 톨레도 자체를 장악하고 독립적인 왕국을 선언하기도 했다. 그러는 동안 톨레도 시는 간헐적으로, 그리고 느슨하게 아미르의 통제 아래 있었는데, 당시 아미르들은 이베리아반도 전역에서 분출하는 반란을 진압하느라 정신이 없었다.

하부 변경령, 즉 코르도바 북서쪽 영토로 고대 로마 도시 메리다(Mérida) — 로마 시대에는 에메리타 아우구스타(Emerita Augusta), 아랍어로는 마리다(Marida) — 를 수도로 한 영토의 상황도 그에 못지않게 불안했다. 800년대에 메리다는 도무지 가만 있지를 못하는 베르베르인들과 무왈라드 혈족들이 불안하게 뒤섞여 있었고, 상호 파괴적인 그들의 끊임없는 싸움은 그 지역을 대혼란에 빠뜨려놓았다. 거기다가 기독교도들까지 더해졌는데, 그들은 828년 프랑크 왕국의 황제 루이 경건왕에게 도움을 청함으로써 우마이야 왕조에 대한 불충을 만방에 알리기도 했다.

868년 메리다의 지배자 압드 알 라흐만 이븐 마르완(Abd al-Rahman ibn Marwan) —그의 무왈라드적 기원은 그의 별명이 알 질리키(al-Jilliqi, 혹은 이븐 알 질리키로 '북쪽 사람의 아들'이라는 뜻)인 데서도 알 수 있다—은 우마이야 왕조에 대한 충성을 거부했다. 그에 대한 (우마이야 왕조의) 반응은 신속했다. 이븐 마르완은 코르도바로 압송되었고, 거기서 그는 전보다 잘 통제될 수 있었다. 그러나 그는 거만한 우마이야 왕조 정신들과 그 외 다른 왕의 총신들과 충돌하고 나서 가족과 지지자들을 데리고 자신의 고향에 있는 요새로 다시 도망쳤다. 이에 대해 875년 무함마드 1세가 달려가 3개월 동안이나 그곳을 공성했으나 굴복시키지는 못했다. 결국 양측은 타협을 하게 되었는데, 그 내용은 알 질리키는 지역 지배자로 복직하고, 그의 조상들의 땅이 있는 바탈야우스(Batalyaws, 오늘날의 '바다호스')에 거주하게 하는 것이었다.

알 질리키는 아미르에게 카시 가문이 그랬던 것과 똑같은 문제를 가져다주었다. 그는 변덕스럽기는 했지만 쉽게 어떻게 할 수 있는 사람이 아니었다. 아미르는 코르도바의 대의명분을 위해 싸울 수 있는 지역 전사들을 끌어모을 수 있는 지역 지배자들과 지역의 군 지휘관들이 필요했다. 그런데 고향에 돌아온 알 질리키는 무함마드의 권위를 시험하기 시작했고, 그러다가 결국 아미르는 하심 이븐 압드 알 아지즈가 지휘하는 군대를 파견해 그를 진압했다. 그러나 이 장군(압드 알 아지즈)의 과도하고 서투른 전술(그중에는 기독교도와 무슬림 시민들을 학살하고 그들의 아내들을 제멋대로 노예로 만든 것도 포함되어 있었다)은 저항에 불을 붙여놓고 말았을 뿐이었는데, 알 질리키는 이웃 무왈라드 영주들과 아스투리아스의 알폰소 3세의 도움을 받아 하심의 군대를 격퇴했을 뿐만 아니라 그를 포로로 잡아 기독교도 왕(알폰소 3세)에게 보내기까지 했다. 그리고 그 기독교 왕이 하심을 데려가기 위해서는 몸값으로 15만 디나르를 가져와야 한다고 하자, 아미르는 남쪽 지역 신민들에게 세금을 거두어야만 했고 이로 인해 그 지역에서 반란이 일어나기도 했다. 한편, 알 질리키 자신은 아스투리아스로 피신해 그곳에서 8년 동안 머물다가 884년 무함마드와 화해했다.

이 무렵 아미르는 끌어모을 수 있는 모든 도움을 끌어모으지 않으면 안 되는 상황에 직면해 있었다. 우마이야 왕조에 대항한 반란은 이베리아반도 전역에서 맹위를 떨쳤고, 그래서 무함마드는 알 질리키에게 반도 서쪽에 명목상으로는 그에게 충성을 하지만 실제로는 독립적인 (바다호스를 수도로 하는) 피호국의 수립을 허용해서라도 그의 충성을 확보해야 했다. 그렇게 해서 생긴 새 국가는 그 후 두 아미르, 즉 알 문디르와 압드 알라의 치세 동안 독립국가로서의 지위를 누리게 된다. 그리고 그동안 이 무왈라드 군벌(warlord)은 요새, 대모스크, 목욕탕, 여관, 그리고 그 외에도 권위 있는 이슬람 도시가 필요로 하는 여러 시설물을 건축함으로써 바다호스를 메트로폴리스로 바꾸는 과업을 시작했다. 그리고 그의 후손들은 그곳을 세 세대 동안 통치하게 되는데, 그로써 대략 한 세기 후에 우마이야 왕조의 권위가 붕괴되고 나서 이곳에서 출현하게 될 독립 왕국의 초석을 구축하게 된다.

제8장

신앙의 왕국들

928년 여름, 소름끼치는 한 광경이 코르도바 왕국 앞에서 벌어졌다. 세 구의 시신(그중에 하나는 열 살배기 소년의 시신이었는데, 이 상황을 위해 급하게 짜맞추어진 것이었다)이 십자가에 매달려 들어올려졌는데, 그것은 『신약성서』에 나오는 예수와 두 도둑의 처형을 상기시키는 기분 나쁜 장면이었다. 그 당시 십자가 처형은 알 안달루스와 그 외 다른 이슬람 세계에서도, 특히 반란자들을 본보기용으로 처벌할 때 자주 이용되는 방식이었으며, 당시에는 처형을 당하는 반란자 양쪽에 역시 십자가에 매달린 개와 돼지가 배치되기도 했다(이 짐승들은 불결한 동물로서 그리스도의 수난 장면을 흉내 내는 상징적인 효과를 위한 것이었다). 그러나 이미 10년 전에 죽은 범죄자의 시신을 발굴해 전시하는 것은 당대의 수준으로 봐도 매우 이례적이었다.

이 극적인 장면에서 가운데 십자가에 매달린 사람은 우마르 이븐 합순이었는데, 그는 무왈라드 출신 유력자이자 모험가로서 알 안달루스 남쪽 말라가 위쪽 언덕에서 거의 40년 동안이나 우마이야 체제에 대항해 반란을 이끌었던 사람이었다. 그의 십자가 처형은 899/900년 그가 자기 조상들의 기독교 신앙으로 다시 개종을 했다는 주장이 있음을 고려할 때, 특별한 의미가 있었다. 그의 한쪽 옆에는 927년 전투 중에 체포되어 참수당한 그의 아들 술라이만이, 다른 한쪽에는 또 다른 아들 알 하캄이 있었다. 비록 이븐 합순의 반란은 끝난 지 오래되었지만, 그의 부관참시는 알 안달루스에서 길고도 거의 치명적이었던 10세기가 종식되었음을 의미했다.

이 세 개의 십자가는 거기에 달린 소름끼치는 시신들이 썩어 없어지고 나서도 한참이 지난 942년까지도 그 자리에 서 있었다. 942년경이면 9세기 후반 내내 우마이야 왕조의 힘을 파괴할 수도 있었던 반란들이 마침내 완전히 진압된 상태였다. 그리고 북쪽 기독교도 군주들도 효과적으로 제어되었고, 우마이야 왕조는 그 어느 때보다도 부유하고 강력해져 있었다. 그리고 압드 알 라흐만 3세(그는 이븐 합순의 반란 진압과 '처형'을 감독한 군주이기도 했다)는 알 안달루스의 아미르라는 평범한 칭호를 버리고 자신의 평가와 지지자들의 판단을 바탕으로 '이슬람의 칼리프'가 되었다.

이븐 합순의 반란의 기원은 무함마드 1세의 오랜 치세 중 말기에 해당하는 870년대 말로 거슬러 올라간다. 당시 아미르는 변경 지역에서 끊임없이 발생하는 반란과 아스투리아스의 알폰소 3세의 전례 없는 강공 말고도 남쪽 중심부 지역 도처에서 휘몰아치고 있던 광풍과도 같은 반란들과도 맞서 싸워야만 했다. 우선 878년 말라가와 알헤시라스에서 일어난 반란은 그렇지 않아도 이미 매우 불안했던 에미르국의 재정 기반을 더욱 위태롭게 만들었다. 이에 대해 무함마드는 그들을 진압하기 위한 군사 원정대의 수장으로 자신의 아들 알 문디르를 임명했는데, 그는 아미르의 무능한 총신 하심 이븐 압드 알 아지즈에 비하면 훨씬 믿을 만한 무장(武將)이었다. 그러나 당시 반란의 뿌리가 불충한 몇몇 신하의 단순한 기회주의에 있었던 것이 아니라 그보다 훨씬 뿌리도 깊고 포착하기도 어려운 과정에서 유래한 것이었기 때문에 알 문디르가 이루어낼 수 있는 것에는 한계가 있었다.

그리고 반란 원인은 오늘날까지도 논란거리가 되고 있다. 이에 대한 기존의 설명은 9세기가 무왈라드 세력의 종식, 개종해 (이슬람 지배자에) 협력하는 서고트 엘리트의 후손들의 세력이 종말을 맞게 된 시기였다는 것이다. 이 설명에 따르면, 이 반란들은 반도(半島)에서의 지배권을 유지 혹은 되찾기 위한 조직적인 시도였다는 것이다. 일부 역사가들은 그 반란들이 순교자 운동과 마찬가지로 베르베르인이나 아랍인 같은 외부 세력에 맞서 일어난 스페인 사람들의 원-민족주의적 투쟁이라고 주장한다. 하지만 이 주장은 당시 정치 상황에 비추어볼 때 설득력이 떨어진다. 당시 정치는 (이슬람의 지배에) 잘 통합되고 (이슬람 지배자에 대해) 충성스런 다수 무왈라드 가문의 존재를 특징으로 하고 있었다. 또 이븐 합순은 일부의 주장처럼 탐욕스런 왕정으로부터 농민들을 지키려는 포퓰리스트적인 '로빈 후드' 같은 인물이 아니었다. 그 당시에 어떤 무왈라드 '운동'이라고 할 만한 것이 있었다고 하더라도 그것은 결코 민족주의적이지도, 포퓰리스트적이지도, 반(反)이슬람적이지도 않았으며, 적어도 문화적 혹은 언어적 차원에서는 반(反)아랍적이지도 않았음이 분명하다. 이븐 합순의 경우는 예외라고 할 수 있지만 당시 무왈라드 반도들은 이슬람에 대해 강한 충성심을 갖고 있었다. 그들이 반대한 것은 무엇보다도 자신들의 정치적 소외였다. 이븐 합순은 (이슬람 지배자들의) 탐욕스런 억압에 도덕적으로 반대하지 않았다. 그는 그 탐욕스런 억압을 실행하는 사람이 되고 싶었을 뿐이다.

우마르 이븐 합순의 기원에 대해서는 여러 가지 설명이 있지만 대개는 믿을 수 없는 것들이다. 그가 정복 초기 '백작'의 후손이라고 주장한 것으로 판단컨대, 그가 무왈라드적 기원을 가지고 있었음은 분명해 보이며, 아마도 오늘날의 그라나다 남서쪽 산지에서 태어난 것으로 보인다. 이 지역은 당시 비록 상당수 유대인과 이슬람으로 개종한 현지 기독교도들(그중 다수는 여전히 기독교적 믿음과 의식에서 벗어나지 못하고 있었다)이 살고 있기는 했지만 주민 대부분은 여전히 기독교도들이었다. 이븐 합순은 각 지역에서 유사(quasi)봉건적 권력을 누리고 농민들로부터 직접적으로 부를 짜내는 느슨한 농촌 유력자 계급의 일원이었다. 그 유력자 가운데 일부는 해당 지역의 종교 단체들을 후원하기도 하고 권력 강화를 위해 병사들을 고용하고 있기도 했다.

이븐 합순의 반란은 매우 단순한 이유 때문에 시작되었다. 그가 경쟁 가문의 한 구성원을 살해하고 나서 루스타미드 왕국(Rustamids) — 오늘날 알제리 일부를 지배하던 페르시아적 기원을 가진 이바디(Ibadi) 가문 — 이 지배하던 북아프리카 땅으로 피신했다는 것은 분명하다. 그 후 이 사건이 잠잠해지자 이븐 합순은 고향으로 돌아와 재산을 모으고 출세가도를 달리기 시작했다. 보바스트로(Bobastro, 말라가 북쪽에 위치한 언덕 요새)에 있던 그의 본거지는 후에 반란의 진원지이자 그의 자칭 왕국(would-be kingdom)의 수도가 될 터였다. 그는 지역민의 다수를 이루고 있던 기독교도들의 불만을 이용해 무장 집단을 구성하고 독립을 선언했다. 이 운동에 기름을 부은 지역민들의 불만 가운데 하나는 무함마드의 장군이자 총신인 하심 이븐 압드 알 아지즈(그는 당시 오비에도에서 포로 생활을 하고 있었다)를 구해 내는 데 필요한 몸값을 마련하기 위해 지역민들에게 거둔 세금이었는데, 그것은 그렇지 않아도 주민들의 어깨를 짓누르던 세금 부담을 더욱 가중한 것이었다.

무함마드 1세는 이븐 합순의 반란에 신속히 대응해 알 문디르가 지휘하는 군대를 그곳에 파견하여 반란을 진압하게 했다. 833년 이 반란이 진압되자 이븐 합순의 가족은 지방 벼락출세자들에 대한 아미르의 견제 정책에 따라 코르도바로 이사를 와야 했다. 이때만 해도 그는 이제 자신의 운명을 이슬람 정부와 함께하기로 한 것으로 보였다. 그것은 그와 그의 부하들이 무왈라드 동료들의 반란이나 카시 가문의 반란을 진압할 때, 그리고 아스투리아스의 알폰소 3세와의 싸움에서 아미르에게 충성을 다했다는 사실에서도 알 수 있다. 그러나 알 질리키의 경우에서와 마찬가지로 무함마드 1세의 총신 하심 이븐 압드 알 아지즈가 비아랍인들에게 보인 적대적인 행동이 상황을 악화시켰다. 하심의 압박을 견디다 못한 이븐 합순은 수도에서 도망쳐 보바스트로에 자리를 잡은 다음 다시 반란에 불을 붙였다. 아마도 하심은 어떻게든 알 문디르(하심은 그를 경쟁자로 간주했다)의 일을 방해하고 그의 평판을 떨어뜨리려고 했던 것으로 보인다. 어쨌든 우마이야 왕조의 궁정에서 벌어지던 싸움과 886년 무함마드 1세의 죽음으로 더욱 대담해진 이븐 합순은 지역의 다른 불만 세력들(그중에는 베르베르인들도 있고 무왈라드들도 있었다)을 규합하기 시작했고 점점 더 넓은 영토를 장악하게 되었다.

알 문디르는 즉위하고 나서 반란 진압을 자신의 가장 중요한 소임으로 여겼다. 그는 보복성 폭력과 화해 제안을 병행하는 또 다른 전술을 시도했는데, 이븐 합순에 대하여는 그를 지역 지배자로 임명하는 당근을 제시해 그를 복속시키려고 했다. 하심에 대해서도 알 문디르는 그를 하집에 임명함으로써 진정시키려고 했다. 하지만 이 전술이 실패하자 그를 체포해 처형하고 그의 가산을 몰수했다. 그러고 나서 얼마 후, 이븐 합순은 아미르의 힘이 떨어졌다고 판단해 바로 얼마 전에 바쳤던 충성 서약을 무시하고 코르도바 영토를 공격했다. 이에 분노한 알 문디르는 888년 친히 군대를 이끌고 보바스트로에 대한 공격에 나섰다. 그러나 6주 후 그는 자신의 캠프에서 죽었는데, 외형적으로는 병 때문이었던 것으로 되어 있으나 실제로는 그의 동생 압드 알라 측의 독살 때문인 것으로 보인다. 압드 알라는 형의 죽음을 3일 동안 비밀에 부치고 있다가 재빨리 손을 써서 아미르로 즉위했다. 압드 알라는 후에 동정적인 연대기 작가들에 의해 경건한 신앙심과 이슬람 문화의 헌신적인 후원자로 기억되었지만, 그의 25년간의 치세는 폭력적인 음모와 왕족 처형, 그리고 수많은 반란들로 특징지어진다.

이런 어수선한 상황을 이용해 이븐 합순은 스스로 남쪽 지역민들의 군주로, 그리고 그들의 최고 지도자로 자처했다. 그리고 자신을 아랍인, 즉 그들(남쪽 지역민들)에게 무거운 세금을 물리고, 그들을 무시하고, 노예 취급하는 그 아랍인들의 압제로부터 자유롭게 해줄 사람이라고 주장하면서 (무슬림 지배로부터의) 완전한 독립을 선언했다. 이 같은 언동은 베르베르인뿐만 아니라 기독교도와 무슬림을 불문하고 농촌 엘리트들을 선동해 자기편으로 만들려는 목적이 있었는데, 그들은 무왈라드들과 마찬가지로 우마이야 왕조의 피호인들에 의해 권력의 주변부로 밀려나 있었고 그들(우마이야 왕조의 피호인들) 가운데 하심 이븐 압드 알 아지즈는 가장 혐오스러운 대변자였다. 이븐 합순은 무력보다는 솜씨 좋은 연합 구축을 통해 스스로 우마이야 왕조의 권력 구조로부터 소외되었다고 생각하는 사람들의 충성심을 확보할 수 있었다.

이븐 합순의 지배 영역이 알헤시라스와 말라가 북쪽 산지 전역으로 확대되고 과달키비르강 남쪽에까지 이르게 되면서 그는 전보다 훨씬 더 대담해지고 야심만만해졌다. 예를 들어 그는 지역 기독교도들의 지지를 이끌어내기 위해 교회 건축을 후원하고 보바스트로에 주교구를 설치하기도 했는데, 이는 우마이야 왕조가 사용했던 국가 건설의 방식을 모방한 것이었다. 그는 알 질리키와 카시 가문, 그리고 아스투리아스의 알폰소 3세 같은 아미르의 적들에게 사절을 보냈는가 하면, 891년경이면 더욱더 대담해져 자신의 세력 거점을 산지에서 내려와 코르도바에서 남쪽으로 48킬로미터밖에 떨어지지 않은, 오늘날의 아길라르 데라 프론테라로 옮길 정도가 되었다. 이제 그의 시선은 수도 코르도바를 향했고 그 수도를 수차례 공격하기도 했다. 그러나 그것이 성공으로 이어지지는 못했으며, 그 실패는 이븐 합순의 반란의 정점이라고 할 수 있었다.

이븐 합순은 자신의 지배권을 공고히 하기 위해 모종의 합법성의 토대를 구축할 필요가 있었는데, 알 안달루스에서 그것은 이슬람의 맥락 안에서만 가능했다. 그래서 그는 지역 무슬림들과 체결한 협약 말고도 (동쪽의) 압바스 왕조에 사절을 보내 자신이 알 안달루스의 지배자가 되면 알 안달루스를 칼리프국의 속국으로 만들겠다고 제안하기도 했다. 또한 그는 가볍게 카와리즈주의에 눈길을 주기도 했고, 심지어 압바스 왕조의 불구대천의 원수인 이단적인 시아파 파티마 왕조(이 왕조는 얼마 전 이프리키야를 장악하고 스스로 독립적 칼리프 위를 선언한 바 있었다)가 보낸 선교 사절을 환영하기도 했다. 나중에는 이븐 합순이 지역 지지자들을 끌어들이기 위해 기독교로 개종하기까지 했다고 그의 적들이 주장하기도 했는데(이븐 합순을 유명하게 만든 가장 중요한 요소가 바로 이것이었다), 실제로 그가 그렇게까지 했는지는 알 수 없다. 이 주장은 그에 관한 기억과 그의 운동을 폄하하기 위해 우마이야 왕조의 연대기 작가들이 제기한 것임이 분명하며, 그로 인해 실제로 무슬림 동맹자들이 그로부터 떨어져 나간 것도 확실해 보인다. 그러나 그의 자식 중 일부가 기독교로 개종한 것은 분명하며, 그와는 다른 맥락에서이기는 하지만 이븐 합순이 자신이 상대하는 사람이나 사안에 따라 기독교도로 혹은 무슬림으로 행세하는 등 기회주의적으로 처신한 것 또한 분명하다. 결국 그가 진정으로 숭배한 것은 다름 아닌 권력이었다.

그의 초창기 성공이 대단하기도 하고 그가 반란을 성공시키기 위해 종교를 이용했음에도 불구하고, 이븐 합순의 반란은 실패할 수밖에 없었다. 그의 농촌 유력자 연합체는 허약하고 취약했으며, 이념적 혹은 제도적으로도 탄탄한 기반을 갖고 있지 못했다. 그러나 가장 중요한 원인은 그의 반란이 시대와 조화를 이루지 못했다는 점이었다. 당시 알 안달루스에서는 도시와 상업이 경제적 번영과 권력의 동력이 되어가고 있었으며, 정치적 운동의 성공적 기반이 될 수 있는 곳은 오직 도시뿐이었다. 당대의 보다 성공적인 반란들은 세비야나 무르시아 같은 도시 혹은 그 주변을 근거지로 하고 있었다. 세비야에서는 아랍인 하자즈 가문(Banu'l-Hajjaj)이 도시를 점령한 적이 있었고, 무르시아에서는 무왈라드 출신 다이삼 이븐 이샤크(Daysam ibn Ishaq)가 반란을 일으킨 적이 있었다. 그런데 농촌 지역을 근거지로 하던 이븐 합순의 반란은 도시민 가운데서 지지자들을 끌어들이지 못했고, 특히 우마이야 왕조 알 안달루스의 세련된 정치 문화에서는 더더욱 그러했다. 그러나 800년대 말에 알 안달루스는 또 다른 중요한 변화의 기로에 서 있었으며, 이븐 합순과 그의 일파는 그들이 무왈라드인지 기독교도인지 아니면 아랍인인지 베르베르인인지를 떠나서 그 변화에서 뒤처지게 될 터였다.

변화는 새 아미르로 즉위한 (압드 알라의 손자) 압드 알 라흐만 3세의 모습으로 가장 강력하게 찾아왔다. 압드 알 라흐만 3세는 912년 조부가 죽자 스물한 살의 나이에 새 아미르로 즉위했는데, 이 새 군주는 경험은 부족했지만 그 약점을 강한 의지와 타고난 재능으로 보완하고 있었다. 압드 알 라흐만은 조상들의 특징인 야수적인 힘과 회유적 외교술을 통합하여 이븐 합순의 가장 중요한 동맹자들을 그로부터 떨어져나가게 하고, 이어서 그가 이용할 수 있는 항구들을 해상 봉쇄했다. 916년 노쇠한 반란자(이븐 합순)가 평화를 요청해 오자 압드 알 라흐만은 대단히 관대한 조건으로 그 요청을 받아들였다. 이 조약으로 이븐 합순과 그의 가족들은 보바스트로에 억류되었으며, 918년 이븐 합순이 죽고 난 후 그의 아들들은 아미르로부터 권력과 호의를 얻어내기 위해 여러 가지 방도를 강구했다. 그들은 자기들끼리 싸우기도 하고 우마이야 왕조의 군대에 복무하기도 했으며, 때로는 단기적이고 실패로 돌아간 반란에 가담하기도 했다. 928년 압드 알 라흐만은 이 가문이 더 이상 쓸모가 없어졌다고 판단되자 좀 더 강하게 압력을 가했다. 이어서 그는 보바스트로를 점령하고 이븐 합순의 썩어가는 시신을 파내 모욕을 가했으며, 반란자들이 세운 교회를 파괴하고, 그의 가문을 모욕하고, 이븐 합순이 세운 수도를 망각 속에 빠뜨렸다.

9세기 말 코르도바의 지배에 대항해 일어난 빈번한 반란은 우마이야 왕조가 취약해서가 아니라 강력해서 나타난 현상이라고 볼 수 있다. 혁명적 과정에 참여하고 있었던 사람들은 반란자들이 아니라 지배하고 있던 왕조(우마이야 왕조)였다. 중앙집권적인 우마이야 왕조의 권력은 압드 알 라흐만 1세 이후 상당히 광범한 지역 유지들(그들이 우마이야 왕조의 권위를 인정할 이유는 별로 없었다)에게 자신들의 정치적 의지를 강요하려고 분투·노력하면서 나타난 점진적 현상이었다. 제도화된 시민권과 공적이고 종교적인 성격의 법에 기반을 둔 격식을 갖춘 국가를 향해 나아감으로써 기존 질서를 뒤집으려고 한 것은 우마이야 왕조였지, 그 적대 세력이 아니었다. 그러나 우마이야 왕조가 자신의 권위를 탄탄하게 확립할 때까지 그들은 종교적 이데올로기를 완전히 무시하거나 이슬람의 용어로 자신들의 반란 상태를 은폐하는 기회주의자들이 일으킨 반란 때문에 끊임없이 시달려야 했다. 이 같은 상황에 대한 예외적인 경우가 북쪽 아스투리아스 왕국일 텐데, 이 왕국은 다른 적대자들과 달리 이슬람에 대한 반대와 이베리아반도에서 기독교 신앙의 도구로서의 자신의 역할에 정당성의 근거를 두고 있었다.

844년 압드 알 라흐만 2세의 군대는 에브로강 남쪽 언덕 클라비호(Clavijo)라는 장소—오늘날에는 라 리오하(La Rioja)라고 알려진 스페인 북부 지역 팜플로나 인근—에서 대오를 갖춘 채 정렬해 있었다. 강 반대편 언덕에는 아스투리아스의 왕 라미로의 군대가 정렬해 있었는데, 무슬림 군대에 비하면 수도 훨씬 적고 초라해 보였다. 비현실적인 전설에 의하면, 이 잔인한 무슬림 군주(압드 알 라흐만 2세)는 1년에 100명의 처녀를 공물로 바치라는 요구를 거절하는 기독교도 왕을 징벌하기 위해 이곳으로 쳐들어와 공격에 나서고 있는 중이었다. 비록 기독교도 병사의 수가 상대편보다 훨씬 적었지만 라미로는 승리에 대한 확신이 있었다. 그는 꿈에서 자신이 승리할 것이라는 예언을 들었고 신이 자신에게 승리를 가져다줄 것으로 확신하고 있었던 것이다. 무슬림 대군이 그의 진영으로 물밀듯이 쳐들어오자 하늘에서 한 천상의 인물이 백마를 탄 기사의 모습으로 나타났는데, 그는 천상의 군대와 함께 싸워 불리한 전세를 역전시켜 라미로 군대의 승리와 적군의 학살을 친히 이끌었다. 그 천상의 인물은 다름 아닌 성 야고보(Saint James the Greater, 스페인식 이름은 '산티아고')였다. 그는 후에 마타모로스(Matamoros, '무어인 살해자')라는 이름으로 불리게 되었고 레콩키스타로 일컬어지게 될 현상에서 수호성인의 역할을 맡아보게 될 것이었다. 그렇게 해서 클라비호 전투는 전설에서 역사로 이행하게 된다. 그렇다면 왜 성 야고보였는가? 그리고 왜 스페인에서였는가?

그와 비슷한 시기에 또 하나의 기적적인 사건이 일어났다고 이야기되고 있는데, 그것은 스페인 북서쪽 끝에서 이리아 플라비아(Iria Flavia)라는 도시의 주교 테오데미르(Theodemir)가 거대한 별에 인도되어 사도 야고보의 무덤을 발견했다는 것이다. 야고보의 시신은 그 근처, 즉 후에 산티아고(성 야고보) 데 콤포스텔라('작은 매장지')라고 알려지게 될 곳에 재매장되었다. 전설에 의하면, 성 야고보는 로마의 지배를 받고 있던 히스파니아에서 전도 사업을 펼쳤고 기원후 44년 유대 지방에서 순교했는데, 그 후 기적처럼 그의 시신은 배를 타고 이곳 이리아 플라비아로 옮겨져 묻혔다는 것이다. 9세기 말이 되면 이 장소가 북서부 스페인에 사는 기독교도들의 성지가 되었으며, 결국에는 중세 기독교 세계에서 가장 인기 있는 순례지가 되었다. 무슬림 살해자 산티아고는 '레온의 황제들'(아스투리아스의 왕들은 자신들을 그렇게 불렀다)의 보호자가 되었고, 이를 근거로 아스투리아스 왕들은 자신들이 무슬림에게 패한 서고트 왕들의 후계자이며, 따라서 이베리아반도 전체에 대한 정당한 지배자라고 주장했다. 그들이 만들어낸 이 이야기, 즉 외부인 무슬림 침입자들에 의해 패했으나 후에 십자군 운동과 재정복 과정을 통해 영광스럽게 재주장된, 항구적으로 하나로 통일된 스페인이라는 서사는 클라비호와 산티아고, 그리고 펠라기우스의 전설 못지않는 허구다. 그러나 그것이 가진 극적인 단순성과 자기확인적 도덕화(self-affirming moralization)를 통해 스페인뿐만 아니라 다른 지역에서도 놀라운 호소력을 갖게 되었다.

만약 펠라기우스가 722년 코바동가 전투에서의 승리를 통해 알 안달루스에 대한 재정복을 알릴 생각이 있었다면, 그것은 상당히 험난한 출발을 의미했다. 그는 737년 죽으면서 외아들 파빌라(Favila)에게 권좌를 넘겨주었다. 그러나 이 새 지배자는 2년이 채 지나지 않아 곰에 물려 죽었고 왕위는 다시 펠라기우스의 사위 알폰소 1세에게 넘어갔으며, 그의 선전자들은 대놓고 그를 서고트 왕족의 후손이라고 소개했다. 그러나 이 원왕국(protokingdom)은 그 후 한 세기 동안 알폰소의 후손과 혈친들이 다른 지역 유력자들의 혈족들과 함께 권력을 유지하기 위해, 혹은 가난

무슬림 살해자 성 야고보.
Liber Sancti Jacobi, Codex Calixtanus
(12세기 초, f. 120r, Certo Xornal, Wikicommons).

하고 고립된 이 산악 지역에 대한 지배권을 두고 이전투구를 하고 음모를 꾸민 것 말고는, 그리고 남쪽 무슬림 세력을 무시한 것 말고는 서고트 왕국과 닮은 점이 별로 없었다.

이 왕국이 뭔가 특별하고 역사적인 사명을 갖고 생겨났다고 하더라도, 그 당시에는 그것이 분명하지 않았다. 아미르의 관점으로 보면, 질리키야(Jilliqiyya, 지금의 '갈리시아'로, 당시 아랍인들은 이베리아반도 북서부 지역을 그렇게 불렀다)는 여러 골치 아픈 경계 지역 가운데 하나에 불과했다. 알푼시 가문(Banu Alfunsh, '알폰소의 혈족')은 9세기 초 팜플로나 왕을 자처했던 에네코 에네코니스(Eneko Enneconis)가 이끌었던 와나쿠 가문(Banu Wannaqu, '에네코 혈족' 혹은 팜플로나 아리스타 혈족), 혹은 800년대 초 '스페인의 세 번째 왕' 무사 이븐 무사 치하에서 공고한 왕국을 만들어낸 카시 가문 같은, 다른 경계 지역 원주민 가문과 크게 다를 것이 없었다. 791년 즉위한 알폰소 2세는 오비에도에 수도를 정했으며, 샤를마뉴와 교황에 의해 왕으로 인정받은 다음에 정식 국왕의 상징물을 사용하기 시작했다.

알폰소와 펠라기우스의 원대한 야심이 허구임을 보여 주고 제국의 영광이라는 그들의 과장을 거의 한 편의 코미디처럼 보이게 만든 것은 아스투리아스가 가난하고 빈약하기 짝이 없는 벽촌에 지나지 않았다는 사실이었다. 이곳을 아랍의 정복으로부터 안전하게 만들어준 바로 그 특징들, 즉 자원 부족과 험준한 지형, 그리고 지리적 고립은 이 지역 자체의 번영을 방해하는 장애물이었다. 이곳에 있던 금광은 로마인들에 의해 고갈된 지 오래였고, 그렇다고 이곳이 어떤 교역로상에 위치하고 있지도 않았으며, 이 지역의 빈약한 생존 경제는 목재와 짐승가죽으로부터 얻을 수 있는 것을 제외하면 농업, 목축, 어로, 그리고 사냥에 기반을 두고 있었다. 왕들도 구매력을 거의 갖고 있지 못했고 외래의 사치품을 구입하기는 극히 어려웠다. 가난한 농민과 농촌 노예들로 이루어진 지역 주민들은 거친 전사 계층을 부양해야 했으며, 그 전사들은 지배자들의 주장에 맞서 얼마 되지 않는 자신들의 재산을 지키는 데 골몰해 있었다. 또 그곳의 몇몇 빈한한 소읍은 규모도 작고 보잘것없었으며, 교회를 중심으로 하고 있거나 로마 시대 때 건축된 성벽 안에 자리 잡고 있었다. 경제적 기회는 대체로 침략과 도둑질에 의해 제공되었는데, 그 대상은 고원지대의 적대적인 기독교도들이기도 했고 (좀 더 입맛에 당기는 대상으로) 무슬림에 의해 지배되던 더 부유한 남쪽 땅이기도 했다.

알 안달루스가 공식적으로 이슬람의 땅으로 간주되고 이 지역(아스투리아스) 주민 대부분이 기독교도였다는 사실은 아스투리아스가 (남쪽 무슬림을 상대로 싸우는) 종교적인 전쟁을 하고 있다는 관념을 조장하는 데 도움이 되었다. 이 생각은 지역 가문들이 벌이는 사업에 과장된 도덕적 권한을 부여해 주었고 반도의 모든 기독교도에 대해 우월한 권한을 갖고 있다는 생각을 부추겼다. 그런 생각은 이곳 성직자들에게도 매력적으로 여겨졌는데, 그들은 이베리아반도 내 다른 지역 교회들에 대해 우월한 권위를 주장하고 정통 교리를 강요하려 했다. 그런가 하면 그들은 톨레도 대주교구가 주장하던 수위권에 도전할 생각도 갖고 있었다. 당시 톨레도 대주교구는 이슬람의 지배 아래 있기는 했지만 공식적으로 히스파니아의 수석 대주교구의 지위를 유지하고 있었는데, 산티아고가 이베리아반도에 와서 전교 사업을 했다는 신화의 이면에는 다름 아닌 톨레도의 수위권 주장을 약화시키려는 의도가 자리 잡고 있었다.

알폰소 2세의 52년이라는 긴 치세는 왕위 계승 전쟁으로부터의 장기간의 휴식을, 그리고 영토 팽창을 위한 기반을 제공해 주었다는 점에서 왕국의 미래에 결정적으로 중요한 시기였다. 842년에 그가 죽고 나서 가족 간 분쟁이 일어났고 그것은 일련의 쿠데타로 이어졌으며, 결국 라미로 1세(그는 클라비호와 산티아고 전설의 당사자였다)가 왕위에 올랐다. 바이킹의 공격에 맞서 싸우기도 하고 갈리시아 대귀족의 내부 저항에 대처해야 하기도 했던 라미로는 850년 자신의 아들 오르도뇨 1세에게 양위할 수 있었다. 오르도뇨는 알 안달루스에서 반란이 거세게 일어나고 있던 시기에 즉위했기 때문에 팜플로나의 아리스타 가문, 그리고 우마이야 체제에 대해 충성과 저항 사이를 계속 오락가락하고 있던 카시 가문에 대해 얼마간의 이점을 가질 충분한 기회를 갖게 되었다. 그러나 그가 죽고 나자 귀족들 간에 피비린내 나는 왕권다툼이 재발했으며, 그 다툼에서 10대 소년인 오르도뇨의 아들 알폰소가 866년 승자로 등장했다. 후에 '대왕'(the Great)으로 알려지게 될 알폰소 3세는 44년 동안 재위했는데, 알 안달루스에서는 이 기간이 최악의 혼란기였다. 당시 우마이야 체제는 반도 전역에서 일어난 반란 때문에 붕괴 직전에 있는 것처럼 보였다.

전사 성인으로서의 산티아고(성 야고보) 숭배 의식과 콤포스텔라에 안치된 그의 유해에 대한 숭배가 공식적으로 자리 잡고, 펠라기우스와 코바동가의 전설이 하나의 왕조적 신화로 만들어지기 시작한 것은 바로 이 알폰소의 치세 동안이었던 것으로 보인다. 아스투리아스 왕국의 지배가 대서양 쪽 북부 지역 전체로 확대된 것도 이 알폰소 3세 치세 때였다. 그러나 그중에서도 가장 중요한 사실은 왕국이 남쪽으로 확대되었다는 것이다. 아스투리아스는 에미르국의 약점을 이용할 수 있는 이상적인 지점에 위치해 있었으니, 아스투리아스인들은 두에로강 북쪽에 넓게 펼쳐져 있는 평야(이곳은 코르도바의 아미르 정부가 지배하기는 어려운 인구 희소 지역이었다)로 어렵지 않게 이동해 갈 수 있었다.

그렇지 않아도 취약했던 우마이야 왕조의 이곳에서의 상황은 톨레도의 중부 변경령과 메리다로부터 북쪽과 서쪽으로 펼쳐져 있는 하부 변경령의 반항적 경향으로 더욱 취약해졌다. 854년 톨레도 귀족들과 그들의 동맹세력(즉 카시 가문과 아리스타 가문)은 우마이야 왕조에 맞서 싸우기 위해 (아스투리아스의) 오르도뇨 1세에게 도움을 청했다. 그러나 반란세력과 그들의 아스투리아스 동맹세력은 무함마드 1세의 군대에 참패했다. 무함마드 1세는 패자들의 수급(首級, 연대기 작가들에 의하면, 그 수가 8,000개에 이르렀다)을 코르도바와 알 안달루스 내 여러 도시, 그리고 마그립에까지 갖고 가 마치 트로피처럼 거리 곳곳에 내걸었다. 아스투리아스는 그 후로도 계속해서 하부 변경령의 반란세력에 군대를 보내거나 반란을 일으켰다가 실패해 도망쳐 온 자들에게 은신처를 제공했다. 828년 베르베르인 출신 군벌 마흐무드 이븐 알 자바르(Mahmud ibn al-Jabbar)가 메리다에서 반란을 일으켰다 실패한 뒤 부하들을 데리고 북쪽으로 왔고, 그런 그에게 알폰소 2세는 갈리시아에 있는 요새와 영토를 내주었다. 868년에 알 질리키가 메리다에서 반란을 일으켰다가 실패하고 이곳으로 왔을 때도, 알폰소 3세는 그를 명예로운 망명자로 환영했다. 그 후 알 질리키는 다시 메리다로 돌아와 알폰소 3세와 동맹을 맺고 877년 다시 알 안달루스에 대한 공격에 착수했다.

재원이 한정되어 있었던 우마이야 왕조는 여러 위협 가운데 어떤 위협에 맞서 싸울 것인지 신중하게 선택하지 않으면 안 되었다. 그래서 무함마드와 알 문디르가 정규적으로 군사 원정을 감행하기는 했지만, 그것은 대개 상부 변경령의 카시 가문 혹은 그 지역 다른 반란자들, 혹은 팜플로나나 카탈루냐의 기독교도들에게로 향하는 경향이 있었다. 아스투리아스 왕국은 아미르의 주요 고려 대상이 되지 못했으며, 이 전투들은 대개 결정적으로 승패를 결정짓지 않았다. 그래서 그것들은 주로 군대가 생산적으로 뭔가에 종사케 하는 데에, 지역 영주들이 계속 전투 인원과 필요한 물자를 보내게 하는 데에, 잠정적으로 반란을 일으킬 소지가 있는 경계 지역 부족 간 지역 동맹을 붕괴하는 데에, 전리품과 가축, 노예를 확보하는 데에, 그리고 하부 구조를 파괴해 적들을 약화하는 데에 기여했다. 또 이 전투들은 이교도 아랍인들과 초창기 무슬림의 전통적이고 연례적인 여름 원정을 환기하고 도덕적 혹은 종교적 투쟁(즉 지하드)의 분위기를 불러일으키는 상징적인 의미를 갖기도 했다. 아미르들은 이 소임을 이끌거나 혹은 거기에 참여함으로써 권위를 획득할 수 있었고, 젊은 왕자들은 소중한 전투 지휘 경험을 얻을 수 있었다.

이렇게 해서, 9세기 3/4분기경이면 두에로강 북쪽 평원 지역에 아스투리아스 왕국과 에미르국을 나누는 느슨한 프런티어가 만들어져 있었다. 오포르토, 브라가, 사모라, 아스토르가, 시망카스, 그리고 레온을 비롯한 여러 중요한 도시들이 아스투리아스인들에 의해 정복되거나 그들에 의해 정주 혹은 요새화되었다. 과거 로마 제국의 군사 거점이었던 레온의 두터운 성벽은 845~846년과 878년, 그리고 882년 아미르 군대의 공성포 공격에도 무너지지 않을 정도로 그 견고함을 입증했다. 대서양 해안 쪽에서는 알폰소 3세의 진출이 남쪽으로 코임브라(쿨룸브리야)에 이를 정도로 깊숙이 진행되었다. 새 경계 지역은 위험한 땅이기도 했지만 보상의 땅이기도 했는데, 적의 공격을 받을 수도 있었지만 전리품을 얻을 수도 있었다. 그러므로 아스투리아스 왕들의 격려 아래 (기독교) 정주자들이 남쪽의 새 영토로 이주하기 시작했고, 여기에 점점 반동적으로 되어간 이슬람 문화를 피해 도망친 아랍화된 기독교도(모사랍)들이 북쪽으로 와서 합류했다.

아스투리아스와 에미르국은 상호 갈등에도 불구하고 외교적 혹은 정치적으로 긴밀한 관계를 맺고 있었다. 압드 알 라흐만 1세 이후 서로 간에 조약이 체결되고 사절이 교환되었으며, 우마이야 왕조는 아스투리아스 왕국에서 나타나는 위기를 이용하기 위해 최선을 다했다. 820년대에 압드 알 라흐만 2세는 자신에게 매우 유리하게 체결된 10년의 휴전을 지렛대로 이익을 도모했고, 870년대에는 무함마드 1세가 알폰소 3세의 힘을 약화하기 위해 반란을 일으킨 왕의 동생 베르무도(Bermudo, 그는 아스토르가에서 스스로 왕을 자처했다)를 지지하기도 했다. 군사적 대결과 외교는 종교적 차이를 뛰어넘어 양측 지배 계급 간에 모종의 통합을 만들어내기도 했는데, 그것은 한쪽의 포로나 도주자가 상대 진영 궁으로 도피하거나 아니면 조약을 보증하기 위해 인질로 보내지는 형태를 통해서였다. 가르세아 에네코니스(Garsea Enneconis)와 팜플로나의 다른 지배자들이 자기 아들들을 코르도바에 보내 성장하게 한 것처럼 알폰소 3세는 자신의 아들 오르도뇨(그는 레온의 첫 번째 왕이 되었다)를 카시 가문의 궁으로 보냈다. 이 젊은 귀족들은 그곳에서 귀빈 대접을 받았고 거기에 머무는 동안 종교적·정치적 적들의 문화와 관행을 알게 되었다.

그 같은 상호 교환은 기독교도 스페인과 무슬림 스페인 간의 공적인 간극을 메워주는 귀족 문화를 창출하는 데 기여했다. (양쪽) 엘리트 간 통혼은 계속되었으며, 이제 결혼은 귀족들 사이에서뿐만 아니라 포로들 사이에서도 추구되었다. 예를 들어 862년 장차 아미르가 될 압드 알라는 팜플로나의 왕위 계승권자인 포르툰 가르세스(Fortún Garcés)의 딸 오네카와 결혼했는데, 이 결혼은 양측이 북부 피레네 지역을 지배하려는 아스투리아스의 시도를 막기 위해 추진한 것으로 보인다. 오네카와 압드 알라의 아들 무함마드는 왕이 되기도 전에 살해되었지만, 그 무함마드의 아들이 다름 아닌 알 안달루스에서 칼리프 위를 주장한 첫 번째 우마이야 왕조의 지배자 압드 알 라흐만 3세이다.

알폰소 3세에 대해서는, 그의 자신감이 얼마나 확고했던지 909년에 프랑크인들에게 돈을 주고 '황제의 관'과 스스로 '레온의 황제'를 자처할 수 있는 권리를 구입했다고 알려졌을 정도다. 그러나 그의 황제 프로젝트가 당시에는 확고해 보였으나, 성스러운 개입(saintly intervention)에 의해서도 그것이 지켜지지는 못했다. 그의 말년에 항상 반항적이었던 귀족들이 왕과 그의 자식들, 즉 가르시아, 오르도뇨, 프루엘라 사이를 가르는 불화의 씨를 뿌렸고 그 아들들은 910년 들고일어나 부친을 왕위에서 쫓아내 그의 왕국을 세 개의 독립 왕국으로 분할했으니, 레온, 갈리시아, 아스투리아스가 바로 그것이었다. 그러나 925년경이면 세 형제가 다 죽고 없었으며, 그곳에서는 다시 한 번 왕위 계승 전쟁의 소용돌이가 몰아쳤다. 그다음 세기 동안 그곳은 사실상 코르도바 칼리프의 지배 아래 들어가게 된다.

당대의 믿을 만한 사료가 거의 부재하고, 있는 자료도 매우 제한되고 한정된 방식으로만 그 사실을 지지하고 있음에도 불구하고, 기독교가 하나로 통합된 상태로 지속되어 왔다는 전설은 계속 유지되어 왔다. 알폰소 3세 시대 이후의 역사, 그리고 11세기와 그 이후에 기록된 역사들은 대개 명백히 레온 왕정의 정치적 우월성을 지지하고 거기에 섭리적이고 성스러운 성격을 부여하는 외국인 성직자들에 의해 쓰였다. 그들은 중세 말부터 오늘날까지 이베리아반도에서 카스티야와 레온의 궁극적 지배를 위한 정당한 근거로 기여해 온, 기독교도와 무슬림의 대결이라는 거대담론으로 스페인 역사를 짜맞추기 위해 기꺼이 역사를 조작하고, 문서를 날조하고, 족보를 꾸며냈다. 이 역사를 서술한 수도승과 성직자들은 세계를 성스러운 싸움(celestial struggle)이라는 용어로 설명했다. 그들의 언어는 성서적이었고, 수사는 종말론적이었다. 그들에게 스페인의 기독교도들은 '진정한 이스라엘'이었다. 즉 신에 의해 선택되었으나 불복종과 죄악 때문에 버림받은, 그러나 이제 내적인 경건과 이교도들과의 지상에서의 싸움을 통해 자신의 정당한 자리를 되찾으라는 요구를 받고 있었던 사람들이었다.

아마도 그들 자신은 이 전설을 믿지 않았겠지만(적어도 그것을 믿고 있는 것처럼 행동하지는 않았다) 알폰소 3세와 그의 후임자들은 신화의 힘과 신앙이 갖는 설득력, 이 두 가지 모두를 잘 이해하고 있었다. 800년대의 반란들이 우마이야 왕조에 이슬람 스페인 전체에 대해 자신들이 주장하는 수위권을 정당화하기 위해 종교적 이데올로기가 필요하다는 점을 입증해 주었다면, 아스투리아스의 왕들은 기독교 스페인 전체에 대한 자신들의 주장을 정당화하기 위해 종교가 필요하다는 것을 알게 되었다. 그러나 기독교도들의 야심이 어떠했든 간에, 그것은 당분간 보류되지 않으면 안 되었다. 929년 바야흐로 하나로 통합된 알 안달루스를 지배하고 있던 코르도바가 이제 막 최전성기로 접어들려 하고 있었으니, 이 시기는 우마이야 왕조 칼리프 체제를 서유럽과 서부 지중해 세계의 비할 바 없는 초강대국으로 만들고 그 제국의 수도를 '세계의 장식품'으로 만들게 될 터였다.[14]

---

14 Katharina M. Wilson, *Hrotsvit of Gandersheim*, p. 29.

제3부

대성공, 929 ~ 1030

우마이야 칼리프와 서구
(929~1030년)
아헨
신성로마제국
장크트갈렌
알프스
대 서 양
프랑스
부르고뉴
비스케이만
론강
프로방스
이탈리아 왕국
갈리시아 왕국
카스티야 백령
산티아고 데 콤포스텔라
오비에도
팜플로나 왕국
툴루즈
프락시네툼
레온 왕국
무에스 전투 (920년)
나르본
산 에스테반 데 고르마스
레온
팜플로나
피레네산맥
라 리오하
투델라
상부 변경령
토로
시망카스
오스마
우에스카
지로나
사모라
사라고사
바르셀로나
디치 전투 (939년)
고르마스
예이다
타라고나
두에로강
중부 변경령
메디나셀리
에브로강
토르토사
코임브라
우마이야 칼리프
하부 변경령
타호강
톨레도
발렌시아
마요르카
발레아레스제도
데니아
리스본
바다호스
메리다
과달키비르강
카르모나
코르도바
세비야
루세나
지 중 해
말라가
튀니스
카디스
알헤시라스
지브롤터해협
세우타
아틀라스산맥
카이로완
파티마 왕조
라카다
페즈
이프리키야
알 마그립
사 하 라 사 막
하이아틀라스산맥
안티아틀라스산맥
시질마사
N
0
300mi
0
300km

제9장

서쪽에서 떠오르는 해

929년 1월 17일 정오쯤, 수많은 무슬림 신자가 금요 기도를 위해 코르도바의 대모스크 통로를 가득 메웠다. 기도 예식이 끝나고 나서 이맘은 쿠트바(khutba, '설교')를 위한 전통적인 시작 봉헌(opening dedication)을 하면서 처음으로 수니 세계 전역의 관행대로 바그다드 압바스 왕조 지배자를 인정하지 않는 대신에 압드 알 라흐만 3세를 '신자들의 왕'이라는 이름을 써서 환호로 맞이했다. 이제 알 나시르 알 딘 알라(al-Nasir al-Din Allah, '신의 체제에서 신의 승리자')라는 존경이 담긴 칭호로 통하게 될 (알 안달루스의) 아미르는 이렇게 스스로 '이슬람의 칼리프' 자리에 올랐다.

이것은 어떤 점에서 보더라도 특별하고 충격적인 사건이었다. 지금까지 어떤 우마이야 왕조의 군주도 비록 자신이 칼리프적 혈통을 갖고 있다고 해도 압바스 지배자들의 권위를 공개적으로 부정하지는 않았으며, 어떤 수니파 군주도 압바스 왕조 지배자들의 직함(칼리프)에 도전하지 않았다. 그리고 17년 전 압드 알 라흐만 3세가 열일곱 살의 나이로 즉위했을 때의 알 안달루스 상황, 즉 거의 파산 상태에다 반란으로 나라가 갈갈이 찢겨 있었고 북쪽 국가들의 계속된 공격에 전전긍긍하고 있던 때를 고려하면 더욱더 특별한 일이었다. 890년대 그의 조부 압드 알라의 치세는 피비린내 나는 음모로 점철되었으며, 암살에 대한 아미르의 공포는 왕궁과 대모스크 사이를 통과할 때 습격을 당하지 않기 위해 위에 지붕이 있는 통로를 새로 설치할 정도였다. 그는 자신의 앞길을 가로질러 가는 사람이 있으면 그가 왕족이라고 할지라도 가혹하게 처벌했다. 압드 알 라흐만이 태어나고 나서 얼마 안 되었을 때 그의 부친 무함마드(압드 알라의 계승권자)가 자신의 이복형제 알 무타리프(al-Mutarrif)에 의해 살해되었는데, 이 범죄 행위는 공범이었음이 분명한 당시 아미르에 의해 처벌받지 않았다. 아미르(압드 알 라흐만 3세)는 나중에 이 사건과는 무관한 혐의, 즉 불충(不忠) 혐의를 씌워 알 무타리프를 처형했다.

그러므로 압드 알라가 생존해 있는 아들들을 제치고 스물한 살의 손자 압드 알 라흐만을 후계자로 임명하자 많은 사람들이 이 결정을 환영했다. 젊고 누구에게도 빚을 지지 않은 군주였던 그의 이름은 이 왕조의 건설자인 압드 알 라흐만 1세 알 다킬('Abd al-Rahman I al-Dakhil)을 상기시켰고, 사람들은 그가 영광과 승리와 통합의 시대를 가져다줄 것으로 생각했다. 하지만 경험이 일천한 그의 즉위가 자신들에게 유리하게 작용할 것이라고 생각한 사람들도 있었던 것 같기도 하다. 그리고 처음에는 그가 좋은 인상을 주지 못한 것이 사실인데, 그의 다리는 너무 짧아 등자(鐙子)를 위로 끌어올려 안장 바로 밑에 매달리게 하지 않으면 안 되었다. 그러나 그는 비록 자신의 아랍적 혈통을 드러내기 위해 턱수염을 검게 염색한 것이, 조모인 팜플로나의 오네카와 모친인 기독교도 노예 출신 무스나(Muzna)로부터 물려받은 밝은 색의 얼굴을 숨길 수는 없었지만 외모는 준수한 편이었다.

그리고 그는 궁정이 제공할 수 있는 최상의 교육에 의해 계발된 날카롭고 기발한 지성, 예민한 정치적 본능, 세계시민적인 문화관, 그리고 확고한 결의와 잔인한 폭력으로 표출되곤 했던 강인한 의지의 소유자였다. 그를 배신한 사람들은 섬뜩하게, 그리고 시범적으로 처벌받았다. 그는 배신자들에 대해 데리고 있던 사나운 사자로 위협하고, 고문하고, 참수하고, 산 채로 십자가에 매달고, 가끔은 혀를 자르기도 했다. (적에게) 투항한 병사들은 기독교도와 무슬림을 막론하고 처형했으며, 패배한 적들의 머리는 자기 권력을 만방에 알리기 위해 왕국 전체를 돌아다니면서 사람들에게 전시되었다. 자신이 다가갔을 때 겁을 내 피하는 후궁은 현장에서 죽이거나 잔인하게 얼굴을 훼손하기도 했다. 950년 혹은 951년에 그는 자신의 아들 압드 알라를 반란 혐의로 처형했는데, 일설에 의하면 압드 알 라흐만은 이달 아다('Id al-Adha), 즉 '희생의 축제'(아브라함이 야훼에게 순종하여 자신의 아들이라도 기꺼이 죽이려고 한 사건을 기념하는 축제)를 지내기 위해 코르도바에 모인 수많은 군중 앞에서 직접 자기 손으로 죽였다고 한다.

이 같은 폭력은 당대의 전형적인 현상이었다. 만약 이러한 잔인함이 없었다면 압드 알 라흐만은 전임자들이 이루지 못한 위대한 과업, 즉 알 안달루스를 하나로 통일하고 당대 유럽의 가장 위대하고 번영한 왕국으로 만드는 일을 완수하지 못했을 것이다. 그러나 그는 자신의 분노를 관대함과 자비로 균형을 맞추었는데, 예를 들어 자기 가문 사람들의 배신을 용서하거나 반란자들에 대해 관용을 베풀어 그들이 다시 궁정에 머물게 하기도 했다. 어떤 사람들은 압드 알 라흐만 3세를 전제 군주라고 부르기도 했지만, 그의 강력한 힘은 무슬림과 기독교도, 유대인을 불문하고 그의 백성 가운데 다수의 환호를 불러일으켰다. 그들은 그를 영웅으로 환호하는가 하면, "그는 서쪽에서 떠오른 태양, 그 태양은 두 동쪽(two Easts)에 광채를 비출 것이다"라며 메시아에게 바치는 듯한 어조로 그를 칭송했다.[15]

그런데 이 같은 긍정적인 설명은 압드 알 라흐만 3세가 즉위할 당시의 상황에 대해 잘못된 인상을 심어줄 수 있다. 당시 상황은 너무나 혼란해 코르도바 인근 영토에서조차 반란자들이 설치고 돌아다녔고, 그로 인해

15 Janina M. Safran, *The Second Umayyad Caliphate*, p. 1.

도시 남문(南門)이 항구적으로 잠긴 채 바리케이드가 쳐져 있었을 정도였다. 그러므로 그가 즉위하고 나서 처음으로 한 일은 수도에서 가장 가까이에 있는 적, 특히 이븐 합순을 타도하는 것이었다. 이 과업은 928년에 가서야 완결되는데, 이때는 승자가 된 군주(압드 알 라흐만 3세)가 사망한 지 오래인 반란자(이븐 합순)의 시신을 무덤에서 파내어 코르도바에서 상징적으로 십자가 처형을 한 지도 상당히 시간이 지난 시점이었다. 다른 반란자들도 하나하나 진압되었다. 항구적으로 반란 상태에 있었던 톨레도를 비롯해 카르모나, 세비야, 메리다, 바다호스, 그리고 발렌시아가 932년에, 그리고 마지막으로 사라고사가 933년에 진압되었다. 이 과정은 25년에 걸친 전쟁과 협박, 회유의 기간이 필요했다. 압드 알 라흐만은 반란세력들을 차례로 진압해 갔는데, 대개는 그 자신이 군사원정을 직접 이끌었다. 그는 먼저 주변 농촌 지역을 약탈해 공포를 확산시킨 다음, 공성으로 적을 진압했다. 그러고 나서 다른 지역으로 이동해 작전을 수행했다. 구제불능의 사람들은 처형하기도 했지만 가능하면 반란자들의 항복을 이끌어내려고 했다. 톨레도처럼 어찌해 볼 수 없을 정도로 골치 아픈 도시들에서는 지역 엘리트의 직위를 박탈하고 자신이 신임하는 사람을 파견해 정복한 영토를 지배하게 했는데, 그중에는 마울라(유력한 후견자의 피호인 혹은 종속자 집단)와 노예도 포함되어 있었다.

압드 알 라흐만 3세는 이 일을 체계적으로 수행했다. 그는 먼저 남쪽을 확보함으로써 수입 기반과 군사적 능력을 공고히 하고, 이어서 하부 변경령의 바다호스와 중부 변경령의 톨레도, 그리고 상부 변경령의 사라고사 등 경계 지역으로 눈을 돌렸다. 그는 자신의 군대가 계속해서 전장에 머물게 하고 지배 영토 전역을 돌아다니게 했다. 그렇게 함으로써 지역 영주들이 계속해서 병력과 물자를 제공하게 했고, 영토 전체에서 경계를 늦추지 않음으로써 더 이상의 반란을 예방했다. 그 결과 코르도바는 드디어 사실상 알 안달루스 전체를 효과적으로 지배할 수 있게 되었다. 지역에서 확고하게 자리 잡은 무왈라드 가문을 지역 지배자 자리에서 쫓아내고 그 자리를 투집 가문이나 딜눈 가문 같은, 아랍인 혹은 베르베르인 출신으로 채웠다. 또 원주민 가문이나 베르베르인들을 관료 집단이나 고위 종교직에 포함해 아랍인들의 독점적 지위를 약화시켰다.

군대 또한 부족 수비대, 즉 준드들의 힘을 의도적으로 약화시킴으로써 점차 탈(脫)아랍화되어 갔다. 압드 알 라흐만은 대규모의 노예를 사서 그 자리를 채웠으며, 다른 한편으로는 북아프리카의 베르베르인 용병을 고용하기도 했다. 노예는 도처에 존재했으며, 체제 내에서 그들의 영향력은 막강했다. 궁에는 수천 명의 노예가 고용되어 있었고, 우마이야 왕조 왕족들과 다른 귀족들의 영지에도 마찬가지였다. 압드 알 라흐만의 치세 초기에 아미르의 오른팔은 기아(棄兒) 출신의 바드르 알 시클라비(Badr al-Siqlabi)라는 인물이었는데, 그는 아미르 압드 알라 치하에서는 하집으로 복무했고, 압드 알 라흐만 치세 때는 행정관 겸 군 지휘관으로 활약했다. 대부분의 노예가 환관이었지만 그렇지 않은 자 가운데 일부는 대귀족으로 신분이 상승하기도 했다. 치세 말기에 칼리프가 가장 총애한 장군 역시 노예 출신인 갈리브 알 나스라니(Ghalib al-Nasrani)라는 인물이었는데, 그는 주군의 이름을 딴 '이븐 압드 알 라흐만'으로 불릴 정도로 높임을 받았다. 그는 아미르에 의해 노예 신분에서 해방되어 귀족의 딸과 결혼도 하고 최고위직에 오르기도 했다.

오랫동안 역사가들은 압드 알 라흐만 3세를 위대한 문화의 후원자로 생각해 왔지만 무엇보다도 그의 치세를 특징지은 것은 전쟁이었다. 그는 서서히 알 안달루스 전체를 자신의 지배 아래 두면서 916년부터 기독교도들의 북쪽 지역에 대해 정규적으로 군사 원정을 수행했다. 북쪽 기독교 군주와 제후들은 항상 코르도바가 약화되면 그것을 이용할 준비가 되어 있었으며, 알폰소 3세의 아들이자 레온과 카스티야의 왕이었던 오르도뇨 2세(Ordoño II)는 910년대에 여러 차례 군사 원정을 감행했다. 변덕스런 그의 동맹자였던 산초 1세(Sancho I)는 지역 유력자 가운데 한 사람으로 알폰소 3세의 지원 아래 팜플로나의 아리스타 왕조의 마지막 왕 포르툰 가르세스에 대항해 반란을 일으켜 그를 폐위했다. 산초와 포르툰, 그리고 압드 알 라흐만은 물론 모두 혼인을 통해 연결되어 있었다.

한편, 북쪽 기독교 영토에 대한 압드 알 라흐만의 공격은 영토 정복을 위한 전쟁이 아니었다. 외부에서 벌이는 그의 군사 정책은 대개 대응적 성격을 갖고 있었다. 즉 변경 지역에서 제기되는 위협에 대한 응답의 성격을 갖고 있었고, 기독교 왕국들을 동요하게 하려는 것이었지 파괴하려는 것이 아니었다. 그리고 그 전쟁들은 그의 군대가 자신들의 임무에 전념케 하고 지방 수령들로 하여금 헛생각을 하지 못하게 했으며, 다른 한편으로 이런 지하드적인 전쟁은 '모든 신자의 사령관'을 자처한 그의 명분을 강화해 주었다. 그가 벌인 전쟁 중에는 성공적인 것도 있었지만, 그렇지 못한 것도 있었다. 920년 무에스(Muez)에서 레온과 나바라 왕국을 상대로 벌인 전쟁에서의 승리는 그에게 뜻밖의 큰 수입을 가져다주었는데, 그는 그것을 병사들에게 나눠주었다. 또한 이 전투에서 그는 다수의 기독교 병사들의 수급을 거두어 마치 전리품처럼 북아프리카에까지 보내기도 했다. 그러고 나서 얼마 지나지 않아 그의 군대는 두에로강을 따라 줄지어 들어서 있는 기독교도들의 성채를 공격했으며, 팜플로나를 공격하기도 했다. 그러나 그 전투는 무엇보다도 3년 전 실패로 끝난 침입에 대한 대응의 성격을 띠고 있었는데, 3년 전 알 안달루스의 군대는 산 에스테반 데 고르마스(San Esteban de Gormaz)에서 적군에 의해 궤멸된 적이 있었다.

압드 알 라흐만은 무자히드(mujahid, '지하드의 실천자' 혹은 '신성한 전사')로서의 자신의 이미지를 강화하고 반항적인 지역 지배자들에게 자신의 권위를 강요하기 위해 몸소 직접 전투를 이끌었다. 그러나 939년 디치(Ditch) 전투에서 패해 가까스로 목숨만 부지한 채 도망친 경험을 한 후로는(이때 그는 지방 귀족 출신의 군 지휘관들에게 배신당했다) 군대를 갈리브 알 나스라니 같은 심복 지휘관에게 맡기고 자신은 전투에 직접 참여하지 않았다. 그해 8월, 칼리프는 톨레도에 대군을 소집해 시망카스를 공격한 적이 있었는데, 당시 시망카스는 레온 왕국이 두에로강 지역으로 영토를 확장하기 위해 설치한 전진기지의 성격을 띠고 있었다. 그런데 그의 군대가 시망카스 시로 접근하는 과정에서 치명적인 매복에 걸려들었고, 여기에서 칼리프는 자신의 목숨 말고는 모든 것을 잃은 채 가까스로 도망친 적이 있었다. 그의 수화물 수송대는 적의 포로가 되었고, 『꾸란』을 비롯한 그의 개인 소지품은 적들의 전리품이 되었다. 그러나 이 패배가 알 안달루스에서 압드 알 라흐만의 지위를 떨어뜨리지는 않았다. 만약 어떤 변화가 있었다면, 그것은 그로 인해 새로운 안정의 시기가 도래하게 되었다는 것이다. 특히 프런티어 지역에서 그러했는데, 그 후로 프런티어 지역의 지배자들은 더 많은 자치권과 칼리프 귀족층에서의 한자리, 그리고 직책을 자식에게 상속할 수 있는 권리를 갖는 대신에 우마이야 체제에 충성하게 되었다.

압드 알 라흐만은 북쪽 기독교도들의 영토에 대한 침공 외에도 두에로강 남쪽 언덕과 피레네산맥 기슭의 프런티어 지역의 요새화에도 소홀하지 않았는데, 그가 이곳에서 구축한 새 요새들은 변경 지역에 대한 칼리프의 지배를 강화해 주었다. 두에로강 동쪽에서도 고르마스 성과 같은 기존의 요새들이 더 확대·강화되었다. 당시 유럽의 가장 큰 성채 가운데 하나였으며 웅장한 자태를 자랑했던 고르마스 성은 장차 레온과 나바라 침입을 위한, 그리고 카스티야(al-Qila, '성들')라고 알려진, 아직 형성 단계에 있던 백령으로 쳐들어가기 위한 발판이 되었다. 이 요새들은 외국인들과 자기 백성들 모두에게 우마이야 왕조의 강력한 힘을 과시하는 광고판 역할을 했다. 지역 유력자들과 지역 공동체들도 요새를 건설하거나 유지했으며, 알 안달루스의 풍광은—특히 투구르(thughur), 즉 대서양으로부터 지중해까지 이어진 띠 모양의 프런티어 영토—역사가들이 히슨 카리야(hisn-qarya, 즉 '요새 마을')라고 부르는 특징을 띠고 있었다. 스페인 전역에 산재한 작지만 가파른 고원 지역을 이용하여 마을에 인접한 지역에 성벽으로 둘러싸인 성채가 만들어져 외부의 침입이 있을 때 지역 주민이나 가축들에게 피난처를 제공했고, 이 관행은 그 후 수세기 동안 기독교도들이 국경을 넘는 침입을 강화하면서 매우 중요한 요소로 자리 잡게 된다.

압드 알 라흐만은 또 아글라브 왕조(9세기에 압바스 왕조의 이름으로 이프리키야를 지배한 왕조)의 침입에 대비해 해군을 확대하고 지중해 해안 지역의 방어를 강화했다. 마침내 마요르카와 메노르카가 935년과 943년에 각각 완전히 복속되었으며, 또한 압드 알 라흐만은 함대를 파견해 카탈루냐로부터 북부 이탈리아에 이르는 해안 지역에 대한 공격을 강화하기도 했다. 그때마다 함대들은 매번 상당한 전리품과 기독교도들을 상대로 유리한 무역 관계를 보장하는 조약을 체결하고 돌아왔다. 압드 알 라흐만의 치세 동안 무슬림 해적들(그중에는 시민권을 박탈당한 무왈라드들도 포함되어 있었다)은 프로방스에 있는 프락시네툼 요새를 중심으로 활발한 활동을 벌였고 론강까지 거슬러 올라가는 침입을 시작했다. 심지어 그들의 활동은 스위스 알프스에 이르기도 해서 장크트갈렌 수도원을 약탈하는가 하면, 로마로 가는 길에 위치한 자신들의 영토를 통과하려는 기독교도 순례자들에게 통행세를 받아내기도 했다. 이 '해적들'(기독교도들은 그들을 그렇게 불렀다)의 관심은 정복이 아니라 약탈에 있었으며, 코르도바 정부는 그들의 활동에 별로 개의치 않은 것으로 보인다. 그럼에도 그들의 침입은 외교 문제를 불러일으켰는데, 953년 독일인의 왕이며 장차 신성로마제국의 황제로 등극하게 되는 오토 1세(Otto I)가 코르도바에 사절을 파견해 칼리프에게 해적들의 공격을 중지시켜 달라고 강하게 요구하기도 했다. 오토 1세의 이 요구는, 다른 한편으로 당시 칼리프의 막강한 권위를 보여 주는 것이기도 했다.

그런데 멀리 떨어져 있는 기독교도 왕의 분노는 압드 알 라흐만의 큰 걱정거리가 되지 못했지만, 북아프리카에서 전개되고 있던 사건은 그의 큰 관심을 끌었다. 아글라브 왕조는 무너져가고 있었지만, 그 대신에 파티마 왕조—시아파의 한 분파로 이 왕조의 이맘들은 이 왕조가 무함마드의 딸 파티마와 무함마드의 사촌이자 사위이기도 한 알리 이븐 아비 탈리브의 직계 후손이라고 주장했다—가 새로운 유력 왕조로 이미 떠올라 있었다. 파티마 왕조의 열한 번째 이맘은 압바스 칼리프국에서 박해를 받게 되자, 이를 피해 서(西)사하라사막 변두리에 위치한 시질마사에 은거지를 마련하고 아랍인들이 지배하는 이프리키야에서 소외되었던 원주민 부족인 쿠타마족(Kutama)을 지지세력으로 끌어들였다. 이 베르베르인들은 파티마 왕조의 비의적이고 종말론적인 신학에 끌렸는데, 그 종말론적인 신학은 예수와 함께 세상 종말을 알리게 될 알 마흐디(al-Mahdi, '올바르게 인도된 사람'으로, 최후의 심판 때 나타날 것으로 생각한 메시아적인 인물)라는 메시아가 곧 도래할 것이라고 주장했다.

파티마 왕조는 놀랍게도 자신들이 불법적인 수니 이슬람 체제라고 간주해 왔던 것을 뒤집어엎음으로써 이슬람 세계의 대변혁을 꿈꾸었다. 이를 위해 그들이 택한 전술은 외교, 스파이 활동, 적진에의 잠입, 그리고 (어떤 한 국가를 장악하고 나서는) 군사적 행동을 한데 결합한 것이었다. 알 안달루스에서는 그 시작이 다름 아닌 절망적인 상태에서 살아남기 위해 몸부림치고 있던 이븐 합순에 의해 제공되었는데, 이븐 합순은 다른 선택지가 모두 실패로 돌아가자 이들 시아파 혁명가들에게 자신의 반란을 지지해 달라고 도움을 요청했던 것이다. 바로 이 행동이 그가 기독교로 개종했다는 소문과 함께 이븐 합순이 배교자라는 소문을 더욱 신빙성 있게 만들었다. 그 전해에 파티마 왕조는 아글라브 왕조의 수도 라카다(Raqqada)를 점령했고, 거기서 909년 말 혹은 910년 초 우바이드 알라는 자신이 바로 메시아 마흐디라고 주장하면서 숙적인 압바스 왕조의 칼리프 알 무크타디르(al-Muqtadir)에 도전해 '모든 신자들의 사령관', 즉 칼리프를 자처했다.

그것은 대담한 행동이었는데, 특히 파티마 왕조가 당시에는 북아프리카의 소규모 외국인 도당에 불과했고, 당시 북아프리카는 베르베르인 국가와 부족들, 그리고 혈족들이 끊임없이 자기들끼리 혹은 이미 그곳에서 2세기 이상 동안 살아온 아랍인들과 충돌하는 변화무쌍한 세계였기 때문이었다. 파티마 왕조의 이데올로기는 수니파와 카와리즈파 지지자 중 다수만이 아니라 지역에서 활동하는 자칭 예언자들로부터도 심한 반대를 받았다. 파티마 왕조는 내부 적대세력과 쿠타마족 지지자들과의 긴장 관계에 의해 방해를 받았음에도 불구하고 이프리키야에 대한 지배를 강화하고 시칠리아를 침공했으며, 계속해서 서부 마그립으로 쳐들어갔다. 지역 왕조들이 하나둘씩 그들 앞에 무릎을 꿇었는데, 917년에는 페즈의 이드리스 가문(Idris)과 나쿠르(Nakur)의 우마이야 보호령이 그들에게 복속되었다. 927년경이면 그들은 테투안까지 진출해 있었으며, 파티마 왕조의 전선들이 알 안달루스 해안을 침입하기 시작했다.

이에 대해 압드 알 라흐만은 새 조선소를 세우고 해군력을 증강해 나갔다. 나아가 공세로 전환해 해협을 건너 북아프리카에 군대를 파견하고 거기에 일종의 상륙 거점을 만들었다. 그 거점 가운데 가장 중요한 곳이 931년에 점령한 세우타였다. 견고한 요새 도시 세우타는 10세기 내내 우마이야 왕조가 북아프리카로 팽창하는 데 필요한 전진기지 역할을 하게 되며, 이 기간 동안 우마이야 알 안달루스에서는 놀라운 번영이 시작되기도 하지만 파멸의 씨앗이 심어지기도 했다.

압드 알 라흐만 3세가 칼리프 위를 취하기로 한 결정은 대담한 것이었다고 할 수도 있지만, 어떻게 보면 자명하고 필요하고 거의 불가피한 것이기도 했다. 900년경이면 이슬람 세계는 너무 커져 보편적으로 인정받는 바그다드의 수니 칼리프라는 비현실적 허구로는 감당할 수가 없게 되었다. 동쪽 압바스 왕조의 권위는 붕괴되고 있었고 칼리프의 지배권은 수도와 그 주변에 국한되었다. 그 너머의 거의 모든 영토에 대한 지배권은 불온한 지방 지배자들과 이슬람 세계 변두리 출신의 급진적인 비의 집단들에게 넘어가 있었다. 908년 바그다드의 궁정 관리들은 서로 협력해 아직 어린아이에 불과한 알 무크타디르에게 칼리프 직을 승계했다. 그럼으로써 궁정 음모의 시대가 시작되었으며, 이듬해 우바이드 알라가 이프리키야에서 스스로 칼리프를 자처했다.

파티마 왕조가 칼리프로 즉위한 것은 압드 알 라흐만의 권위를 약화시켰으며, 그(압드 알 라흐만)로 하여금 스스로 무슬림 공동체의 수장으로서의 무함마드의 계승자를 자처하지 않으면 안 되게 만들었다. 그 역시 파티마 왕조 칼리프와 마찬가지로 이제 메시아적이고 거의 반신(半神)

적인 공적 페르소나(public persona)를 계발하게 되었다. 또한 칼리프 위를 주장함으로써 이제 그는 (레온의 '소황제들'은 논외로 하고) 콘스탄티노플에 있는 비잔티움 제국의 황제나 후기 카롤링거 시대 프랑크족의 자칭 '로마 황제들' 같은 서구의 다른 위대한 군주들과 동급의 권위를 갖게 되기도 했다.

직위(칼리프 지위)와 함께 찾아온 권위와 합법성은 내정(內政)에도 도움이 되었다. 이제 더 이상 알 안달루스의 대귀족들은 그를 '동등자들 가운데 첫 번째'에 불과한 자로 간주할 수 없게 되었다. 새롭게 고양된 그의 권위에 도전할 수 없게 된 지역 영주들은 이제 그들의 야심을 다른 곳에서, 즉 우마이야 왕조의 권력 구조를 약화시키기 위해 음모를 꾸미기보다는 그 구조 안에서 위로 올라가기 위해 노력하는 것으로 발산해야 했다. 군사 원정은 이제 그것이 알 안달루스 내에서 일어난 것이든, 기독교 왕국이나 북아프리카를 상대하는 것이든 간에, '다신론자들'과 싸우는 성전으로 규정되었으며, 무슬림들의 저항을 억누르고 칼리프의 부하들과 군대의 결의를 증대할 수 있는 종교적 명분을 제공했다. 시카(sikka), 즉 금화 주조는 칼리프만의 특권이었고 압드 알 라흐만은 이제 아프리카에서 생산되는 금에 쉽게 접근할 수 있었기 때문에 고품질의 디나르 금화를 원하는 만큼 충분히 주조할 수 있었다. 그리고 그 금화는 서부 지중해의 표준 화폐가 되고, 칼리프국의 엄청난 번영의 상징이 되었다(디나르 금화는 오늘날의 미국 달러화가 누리는 지위를 구가했다). 그가 알 안달루스에 가져다준 내적인 평화는 전쟁에 지친 대중에게는 안도감을, 교역이 번성하면서부터는 경제적 이득을 가져다주었다.

이 모든 이득(benefits)이 그의 메시아적 캐릭터의 가시적 표현으로 제시되었다. 그리고 비록 압드 알 라흐만이 신학에 대해 개인적인 관심을 별로 보이지는 않았지만, 그의 칼리프 직위는 그 지역에서 최고의 종교적 권위를 주장하던 말리키 울라마(Maliki ulama)의 점증하는 권력에 대해 제동 장치 역할을 했다. 압드 알 라흐만은 스스로를 그들보다 상위에 위치시킴으로써 이슬람에 대한 신비주의적이고 비의적인 접근뿐만 아니라 다른 수니적인 법적 전통(Sunni legal traditions)—이들은 압드 알 라흐만의 백성들 사이에서 상당수의 추종자를 발견하고는 있었지만 일부 말리키에 의해 심한 박해를 받고 있기도 했다—에도 숨 쉴 공간을 만들어주었다. 마지막으로 그의 새로운 직위는 같은 '성서의 민족들'인 이베리아반도 내 기독교도와 유대인들에 대해 합법적 권위를 보다 분명하게 주장하고, 또한 그들에 대한 보호를 확대할 수 있게 해주었다.

알 안달루스의 인종적·종교적 다양성은 하나의 사실(fact)이지 이상(ideal)이 아니었으며, 압드 알 라흐만은 거기에 응답하지 않으면 안 되었다. 실제로 그는 그 다양성을 증진했고, 그럼으로써 자신의 지배권을 강화하고 뒤따르게 될 통합의 시대를 위한 토대를 구축했다. 칼리프는 기독교도 여성의 아들이며 손자였고, 그가 성장한 환경은 스페인 내 기독교도의 언어와 문화에 강한 영향을 받고 있었다. 그중에는 그가 어렸을 때 혹은 성장 과정에서 주변의 후궁과 노예들이 불렀던 노래와 시, 즐겼던 축제, 그리고 행했던 종교의식 등이 포함되어 있었다.

제10장

눈부시게 빛나는 도시

압드 알 라흐만이 칼리프가 되고 '모든 신자의 사령관'의 직책을 갖게 되자, 그는 자신의 위엄을 보여 주고 압바스 왕조 혹은 파티마 왕조 칼리프의 왕궁 도시에 버금가거나 그것을 능가하는 궁전을 건축하지 않으면 안 된다고 생각하게 되었다. 936년 무렵 코르도바 시가 대화재로 파괴된 사건이 계기가 되어 코르도바에서 서쪽으로 8킬로미터쯤 떨어진 지점에서 기대한 복합 건물 공사가 시작되었다. 941년에는 마디낫 알 자흐라(Madinat al-Zahra, 눈부시게 빛나는 도시)의 거대한 모스크가 새로 봉헌되었으며, 6년 후에는 칼리프가 왕궁에 자신의 거처를 정하고 공문서 보관소, 칼리프 경호 부대, 조폐국, 재무국, 그리고 티라즈(왕립 견직물 공장)를 포함하는 여러 국가 기구도 이곳으로 이전했다.

이 공사의 규모는 상상을 불허할 정도였다. 칼리프는 과달키비르강 계곡의 넓은 바닥으로 흘러내리는 시에라모레나산맥 사면에 서로 인접한 궁전을 세 채 건축했으며, 그것들 각각은 넓은 정원을 갖추고 있었다. 근처에 위치한 대도시 코르도바를 내려다볼 수 있었던, 가장 높은 곳에 위치한 궁전은 칼리프의 사적인 공간으로서 그의 아내들과 수백 명의 첩들, 그리고 왕실 관리인들이 머무는 공간이었다. 압드 알 라흐만이 서거한 961년에 이 왕실에는 3,750명의 남자 노예와 6,750명의 여자 노예가 왕실 관리인단을 구성하고 있었다. 그 아래 위치한 또 하나의 궁은 통치를 위한 공간으로서 알현과 예식이 거행되고 외국 사절들이 칼리프를 접견하는 등 국가의 공적인 업무가 수행되었다. 여기에는 정신과 고관들, 무슬림, 기독교도, 유대인이 가족들과 함께 살았으며, 귀족 인질과 지중해 혹은 그 너머 지역에서 파견된 사절도 이곳에 머물렀다. 그리고 맨 아래쪽에 있는 또 하나의 궁은 공적인 공간으로서 수천 명의 일꾼과 수공업 기술자들, 그리고 보조 일꾼들이 살았다. 그리고 이 복합 건물 전체—이곳은 하나의 자족적인 도시였다—를 곳곳에 탑을 가진 방어용 성벽이 둘러싸고 있었으며, 그 성벽은 길이가 거의 1.6킬로미터, 폭이 0.8킬로미터에 이르렀다.

마디낫 알 자흐라는 칼리프의 권력과 부를 보여 주는 전시관이었다. 그 건물은 궁전벽을 덮고 있거나 바닥에 상감 형태로 들어간 수천 톤에 이르는 다색의 대리석을 포함해 최고급 자재로 지어졌다. 건물 내부는 정교하게 제작된 목재 창문 스크린을 통해 들어온 빛이 아름답게 색칠된 스투코 벽과 천장, 그리고 거대하고 조각이 들어간 석가래들을 밝게 비쳐주었다. 궁전 안에 세워진 4,300개의 기둥 가운데 대다수는 로마 시대 알 안달루스의 폐허에서 가져왔다. 그중에는 외국 군주들이 선물로 보내온 것도 있었다. 그중 몇 개는 로마에서, 10여 개는 프랑크 왕국에서, 그리고 100개가 넘는 기둥은 이프리키야와 비잔티움에서 온 것이었다. 졸졸거리는 물소리와 공작들의 쉰 목소리의 투덜거림, 그리고 가끔씩 사자들의 으르렁거리는 소리는 지상낙원의 정원을 떠올리게 했다. 정원에는 약탈해 온 이교도 조각상이 곳곳에 배치되어 있었으며, 화려한 부조가 들어간 고대 시대의 석관들은 궁전벽에 끼워져 출입구 위쪽 상인방으로 사용되거나 아니면 분수물을 담는 대형 수반으로 사용되었다. 이러한 정원들은 과거 로마의 영광과 헬레니즘의 풍요로움을 떠올리게 했다.

위 두 궁전의 담벼락은 아름다운 비단 브로케이드로 장식되어 있었고 알현실 한가운데, 즉 마즐리스(majlis)에는 액체 수은으로 채워진 대형 수반이 놓여 있었는데, 그것은 뭔가에 의해 자극을 받으면 희미하게 어른거리는 빛을 발해 방문자들을 놀라게 했다. 외국 사절들은 칼리프의 전리품을 감상할 수도 있었는데, 그중에는 전투를 통해 얻은 노획물과 성유물, 진기한 물건, 그리고 비잔티움 황제 콘스탄티누스 7세가 보내 온 두 개의 대리석 분수와 대형 진주 같은 아득히 먼 곳의 지배자들이 보내온 정교하고 화려한 선물들이 포함되어 있었다.

방문자들이 칼리프를 알현할 때 칼리프가 앉게 되는, 도금으로 번쩍거리고 수많은 보석으로 장식된 옥좌는 성서 속의 솔로몬의 왕좌를 모방한 것이었다. 궁전 가구와 시설물 역시 하나같이 화려하고 사치스러웠는데, 이국적이고 신비스런 동물 모양으로 된 정교하기 그지없는 철제 용기와 램프, 진귀한 목재로 만든 가구, 정교하게 조각된 아프리카산 상아로 만들어진 상자 등이 포함되어 있었다. 또한 칼리프의 궁전은 이슬람과 비잔티움 제국, 그리고 라틴 세계의 지식을 담고 있는 (일설에 의하면) 수십만 권에 이르는 책을 소장하고 있는 거대한 도서관을 갖추고 있었으며, 그것은 세속에 대한 칼리프의 관심을 말해 준다고 할 수 있다. 도서관에 대한 칼리프의 후원은 후에 그의 아들 알 하캄 2세의 특별한 취미가 될 터였다.

맨 위에 위치한 궁에서 칼리프와 그의 아내들, 첩들, 어린 자식들, 그리고 그 외 왕실 가족들은 수많은 환관 노예의 시중을 받았는데, 그 노예들은 대부분 북부 스페인이나 동유럽에서 온 사람들이었다. 압드 알 라흐만의 아내들 가운데 세 명이 특히 두드러졌다. 그중 한 명, 즉 움 쿠라이시(Umm Quraysh, '쿠라이시족의 어머니')라고 불렸던 여자는 강가에서 빨래를 하다가 칼리프를 만났다. 두 사람의 만남은 그녀의 가족, 특히 오빠에게 큰 행운을 가져다주었다. 그는 압드 알 라흐만에 의해 여러 주요 직책에 임명되었는데, 나중에는 군 지휘관에 임명되기도 했다. 압드 알 라흐만은 아랍적 전통에 따라 자기 부족의 한 여성과 결혼하기도 했다. 그녀가 바로 파티마였는데, 그녀는 압드 알 라흐만의 먼 친척이자 명문가 출신이었으며, 거기다 아들까지 낳았음에도 불구하고 한 야심만만한 첩이 꾸민 음모에 연루되어 칼리프에 의해 버림을 받았다.

치세 초기에 아름답기로 소문이 자자했던 기독교도 여성 마르잔(Marjan)이 파티마에게 접근해 아내들이 아미르와 같이 보낼 수 있게 배당된 밤 가운데 하룻밤을 자신이 돈을 주고 구입할 수 있는지 물었고, 파티마가 이에 동의하자 그 노예 여성은 아미르와 뜨거운 하룻밤을 보냈다. 그러고 나서 마르잔은 자기가 하룻밤을 보내기 위해 치른 계산서를 압드 알 라흐만에게 보여 주었다. 이에 대해 아미르는 대노해 파티마를 멀리하고 대신에 마르잔을 애첩으로 삼았다. 그 후 압드 알 라흐만은 마르잔에게 푹 빠져 그녀를 자신의 친한 친구 겸 가계(household)의 책임자로 삼고 그녀에게 엄청난 재산을 하사했다. 그녀는 압드 알 라흐만에게 아들 알 하캄을 낳아주었으며, 이 알 하캄이 결국 부친의 칼리프직을 계승하게 된다.

알 하캄은 어렸을 때부터 후계자 교육을 받았는데, 이미 여섯 살 때부터 칼리프가 전투를 위해 자리를 비우면 부친 대신에 칼리프직을 수행했다. 당시 한 소년이 받을 수 있는 최고 수준의 교육을 받았음 을 고려할 때, 그는 지적으로 상당한 능력의 소유자였던 것으로 보인다. 또한 그는 국정에 필요한 훈련을 받았고 불과 열두 살의 나이에 군 지휘관으로 전쟁을 지휘하기도 했다. 압드 알 라흐만 3세는 왕조의 지속성의 중요성을 고려해 아들에 관한 일과 그의 이미지를 꼼꼼히 관리했는데, 성년이 되고 나서 한참이 지나도 세자의 혼인을 금했기 때문에 세자가 동성애자라는 소문이 돌기도 했다. 압드 알 라흐만에 관해서도 그런 소문(동성애자라는)이 떠돌았고, 특히 기독교도들의 북쪽에서 심했다.

소문에 의하면 칼리프가 펠라기우스라는 한 젊은 포로에게 성적인 관계를 제안했다가 거절당하고, 거기다 그가 이슬람으로의 개종을 거부하자 그를 처형했다고 한다. 이 펠라기우스의 유해는 후에 레온으로 옮겨졌고 그에 관한 전설은 북쪽 프랑크 왕국에까지 전해졌다. 거기에서 색슨족 수녀(canoness)인 간더스하임의 흐로츠비타(Hrotsvitha of

Gandersheim)는 이 칼리프의 비행을 멋진 운문으로 비난하는 가운데, 무슬림들의 수도 코르도바를 '서양 세계의 빛나는 장식품'이라고 찬양했다.[16] 펠라기우스의 죽음을 둘러싼 정황이 어떠하든 간에, 이 이야기는 지중해와 근동, 그리고 그 너머 문화의 오랜 특징이 되고 있었던 뇌성애(ephebophilism) — 소년들을 성적으로 이상화하는 것 — 를 반영하고 있는 것으로 보인다. 그것은 경건한 사람들에 의해 악덕으로 비난받기는 했지만, 그럼에도 불구하고 기독교도와 무슬림, 유대인을 불문하고 알 안달루스 엘리트 사이에서 공공연히 행해지고 있었다. 그들은 술기운에 달아올라 잘생기고 아직 아이 티를 벗지 못한 노예 소년들과의 에로틱한 만남을 즐기는 시를 짓곤 했다.

음모를 예방하기 위해 칼리프의 다른 자식들에게는 인접 지역의 시골 영지와 급료를 풍족하게 제공해 그들 모친의 후견과 통제 아래 반고립적 특권층의 삶을 살게 했다. 칼리프의 사랑을 받은 아내와 첩들, 그리고 딸들도 재산을 받았는데, 그녀들은 그것으로 자신들의 비공식적인 후견 네트워크를 만들기도 했다. 그러나 궁극적으로 그녀들의 팔자는 칼리프의 변덕스런 마음에 달려 있었으며, 칼리프의 유명한 변덕은 그런 점에서 그 식솔들의 야심을 차단하는 또 하나의 방어선이기도 했다. 우마이야 왕조 혈족과 피호인들, 그리고 아랍인과 원주민 귀족들을 비롯한 주요 정치가와 정신들도 왕족들처럼 코르도바와 과달키비르강 계곡 쪽에 대저택과 정원을 건축했다. 그리고 이곳은 축하연, 즉 결혼식과 할례식, 연회와 음주 모임, 사냥 여행과 오락이 벌어지는 현장이었다. 이 빌라들 가운데 가장 큰 것이 마디낫 알 자흐라와 가까운 곳에 들어선 알 루마니야(al-Rummaniyya)였는데, 이 빌라는 알 하캄 2세의 재무관으로 활약한 노예 출신의 두리 이븐 알 하캄 알 사기르(Durri ibn al-Hakam al-Saghir)에 의해 만들어졌다. 973년에 그는 영리하게도 그 빌라를 풍부한 오락거리와 농장, 그리고 가축과 노예들과 함께 칼리프에게 바쳤다.

---

16 Katharina M. Wilson, *Hrotsvit of Gandersheim*, p. 29.

이런 대규모 장원의 건립은 코르도바에 나타난 변화의 한 단면에 불과했는데, 코르도바는 마디낫 알 자흐라가 건설되기 전에 이미 확대되고 있었다. 코르도바는 계속해서 공적이고 상업적인 수도로 남아 있었고, 그곳의 대모스크와 알 카사르(요새 겸 궁전)는 우마이야 왕조의 권력을 상징하는 강력한 기념물이었다(알 카사르는 왕들의 무덤 역할을 겸했다). 압드 알 라흐만 3세가 백성들 앞에 나타나는 것은 그들에게 지배자의 위엄을 보여 주기 위해 사전에 계획된 일이었다. 종교 행사는 코르도바에 있는 두 개의 옥외 기도소에서 거행되었는데, 행사가 거행되면 이곳에서 도시의 여러 집단의 대표들이 칼리프국에서의 지위에 따라 차례대로 도열했다. 그것은 그들이 지배자에게 예속된 존재임을 인정하는 것이기도 했고, 또한 그들이 안달루스 사회 구조에 통합되어 있음을 보여 주는 것이기도 했다. 마찬가지로 외국 고관들이 이곳을 방문했음을 보여 주는 여러 가지 표식은 질서와 권력, 그리고 권위에 대해 우마이야 왕조 지배자들이 지닌 개념을 강화해 주었으며, 유럽과 아프리카 이웃 국가의 군주들은 칼리프의 신하로, 그리고 칼리프 자신은 그들의 후견인으로 소개되었다. 가뭄이 발생하면 지배자는 신에게 비를 청하기 위한 종교 행렬을 이끌었다. 전쟁을 하기 위해 군대가 전장으로 떠날 때면 코르도바에서 퍼레이드가 벌어졌고, 승리하고 귀환할 때도 역시 마찬가지였다. 그럴 때면 그들은 전투에서 획득한 전리품과 포로들을 패배한 적들의 시신에서 잘라낸 수급들과 함께 군중에게 보여 주었다. 칼리프와 그의 가족들이 마디낫 알 자흐라에서 코르도바로 행차할 때는 몇 킬로미터밖에 되지 않는 이 거리를 이동하는 데 여러 날이 걸렸다. 그 행차에는 왕족과 수백 명이나 되는 수행원과 말들, 그리고 호위대가 대형 비단 깃발들이 좌우로 늘어서 있고 양단이 깔린 길을 따라 느린 걸음으로 수도를 향해 행진했으며, 중간에 위치한 웅장한 마을들에 멈추어 쉬고, 먹고, 그리고 자면서 갔기 때문에 여러 날이 걸릴 수밖에 없었다.

코르도바 인구가 10만 명이 넘어가면서 대모스크도 확장되어야 했는데, 알 하캄 2세는 대모스크의 기도 공간을 두 배 규모로 늘렸다. 여기에

청동 향로(11세기).
Metropolitan Museum of Art 소장
(1967년 퓰리처 재단에서 구입).

비잔티움 기술자들의 모자이크와 아프리카와 인도에서 가지고 온 귀한 목재를 사용한 장식적 요소들을 더했다. 모스크와 요새로 구성된 복합 단지는 코르도바 대시장과 함께 도시의 심장부리 할 수 있었는데, 이곳은 일곱 개의 견고한 철제 대문을 갖춘 둥근 성벽으로 둘러싸여 있었다. 철제 대문들은 각각 재활용된 고전 시대 조각상들로 장식되어 있었고, 그것은 이슬람의 전승에 나오는 일곱 개의 천국문을 상기하기 위한 것이었다. 다른 하부 구조 프로젝트 중에는 도시의 물 공급을 개선하기 위해 만들어진 거대한 수도교가 포함되어 있었다. 코르도바가 확장되면서 공공 시설물, 즉 공적 용도의 대형 화덕, 목욕탕, 학교, 병원, 모스크, 그리고 여관 등도 확장·증축되었는데, 이 모든 것이 도시 엘리트들로부터의 재정 지원과 투자를 통해 건축되고 자선 단체에 의해 운영되었다. 엘리트들은 칼리프의 행태를 모방해 자신들의 살롱과 도서관, 아카데미를 설립했다. 그리고 좀 더 조심스러운 것이기는 했지만 코르도바의 유대인과 기독교도 주민들도 자신들의 시나고그와 교회를 계속해서 건립했다.

코르도바와 마디낫 알 자흐라로 이루어진 이 거대 도시에는 사치품과 일용품, 그리고 음식물을 파는 대규모 시장이 하나 있었는데, 그것은 알 안달루스 경제의 엔진이었다. 마디낫 알 자흐라 하나가 칼리프국 예산의 3분의 1을 잡아먹은 것으로 추정된다. 궁전과 영지들의 건축 혹은 재건축에는 수천 명의 숙련·비숙련 노동자들이 필요했다. 엘리트와 일반 서민들 모두를 위한 옷, 신발, 가재도구, 그리고 가구 등을 생산하기 위해서는 각종 도구와 장비들이 제작되어야 했다. 금은세공, 철공과 목공, 유리 제조, 양잠, 재단업, 그리고 상아조각 같은 고급 기술은 지위에 굶주린 엘리트와 증가하는 인구의 만족할 줄 모르는 수요 덕분에 전례 없이 높은 수준에 도달했다. 도자기와 가죽 제품을 비롯한 공산품은 국내 소비와 해외 수출 모두를 위한 것이었다. 도시 대중을 먹여살리기 위해 식품이 농촌에서 유입되었고, 그 식품들은 '밤의 토양'—도시에서 수집되어 비료로 팔린 인분—이 되어 다시 농촌으로 빠져나갔다.

코르도바 인구는 노예와 자유인 정주자들의 유입으로 계속 증가해 갔다. 도시의 질서 유지 책임은 사힙 알 마디나(sahib al-madina, '도시의 마스터'로 시 감독관)의 소관이었는데, 그는 경찰력의 지원과 감독관·조사관, 그리고 시장 감독관(이 시장 감독관은 상업 행위뿐만 아니라 일반 공중도덕을 감시하기도 했다)의 도움을 받았다. 거지와 행상, 그리고 떠돌이 장사꾼들은 엄격하게 규제되었다. 지정된 곳이 아닌 곳에 쓰레기를 버리는 행위는 엄격히 금지되었으며, 수공업 작업장과 가게들이 주변을 더럽히는 것도 금지되었다. 굴뚝이 도입되었으며, 그것은 후에 각 가정과 가게에서 배출되는 연기를 줄이기 위해 의무 사항이 되었다. 요컨대, 압드 알 라흐만 3세가 지배한 반세기 동안 코르도바는 빈번한 싸움으로 얼룩진 한 지방 도시에서 떠들썩한 국제적인 수도로, 즉 칼리프국 방방곡곡과 지중해 전역, 그리고 유럽, 아프리카, 근동에서 찾아온 상인, 여행가, 학자, 관리, 이민자, 방문객, 포로, 그리고 입신양명을 바라며 찾아온 사람들의 만남과 교환의 장소로 바뀌었다. 바로 이 시기에 알 안달루스는 칼리프의 미덕을 찬미하는 시인과 문인들에 의해 지상낙원이라는 찬사를 들었으며, 또한 엄청나게 비옥한 땅과 유례없는 부, 풍요의 땅으로 명성을 떨쳤다. 그러나 이 모든 것에도 불구하고 칼리프 자신은 상당히 신중한 태도를 유지했는데, 그는 치세 말기에 자신이 단지 '2주간의 행복'만을 향유했노라고 말했다.[17]

칼리프 치세 자체는 한 세기도 못 갔지만 압드 알 라흐만 3세가 수립한 행정 구조, 그의 치세 동안 농업과 수공업에서 나타난 엄청난 발전, 그리고 그가 만들어낸 하부 구조에의 투자는 알 안달루스 전역에서 도시화의 붐을 불러일으켰다. 이런 여러 요인이 합쳐져 알 안달루스에 안정과 통일성이 나타났으며, 그것은 이슬람 스페인이 11세기 초에 나타나게 될 칼리프국의 파편화를 견뎌낼 힘을 제공하게 될 것이었다. 그러나 이 같은 유례없는 번영은 이런 변화로 인해 그 바닥에서 나타나고 있던 긴장을 은폐하고 있었으니, 알 안달루스 사회의 다인종적·다종교적 현실은 인구 대다수 사람들 사이에서 이제 막 생겨나고 있었던 이슬람 의식(Islamic consciousness)과 부딪히면서 마찰음을 만들어내고 있었다.

오늘날 이란으로부터 아이오와에 이르기까지 익숙한 시나리오에는 자유주의적이자 국제적이고 다원적인 귀족들(이들의 성쇠는 왕조, 국가와 함께했다)과 종교적으로나 사회적으로 보다 보수적인 보통 사람들(그들이 지지하는 사람들은 울라마 구성원들이었다) 간의 관계가 점차 소원해지는 현상이 있었다. 영향력 있는 울라마(그중 다수는 종교적으로 진지한 상인과 수공업자들의 사업가들이었다)는 귀족 엘리트를 퇴폐적인 타락자로 간주했으며, 칼리프국이 번영한 동안만 그들의 지배를 용인하려는 경향이 있었다. 그와 같은 문제는 우마이야 왕조 알 안달루스에서만 나타난 것이 아니라 당대 비잔티움에서도, 파티마와 압바스 왕조 칼리프국에서도 나타났는데, 그 모든 곳에서 비슷하게 파괴적인 결과를 만들어낼 것

17 María Isabel Fierro Bello, *'Abd al-Rahman III*, p. 1.

이었다. 그러나 당분간은 중심부가 지배권을 유지하게 되며, 961년 압드 알 라흐만이 죽자 그의 아들 알 하캄 2세가 그 자리를 계승하게 된다. 그리고 그는 알 안달루스에서 진정한 의미의 권력을 유지한 두 번째 — 그리고 마지막 — 칼리프가 된다.

제11장

칼리프의 모든 사람들

압드 알 라흐만 3세가 아무리 비범한 능력을 가졌다고 해도 그 혼자 국가를 통치할 수는 없었다. 그의 성공은 상당 부분 그를 위해 봉사한 관리와 조언자들 덕분이었다. 그의 치세 동안 국가 기구는 대단히 정교하고 세련되어졌으며, 궁정과 관료제는 다양해졌다. 압드 알 라흐만 3세와 그의 뒤를 이은 알 하캄 2세는 아랍인 준드 대가문들과 옛 무왈라드(알안달루스에서 이슬람으로 개종한 기독교도들 혹은 그 후손들) 영주들의 힘을 약화시키고 행정부 내의 힘의 균형을 유지하기 위해 신입자와 외부인의 도움을 구했다. 그중에는 새 마울라(mawla) 가문들, 즉 노예들(스페인 출신도 있었고, '슬라브족' 출신도 있었다)도 있었으며, 아랍화된 기독교도와 유대인들, 그리고 나중에는 자나타족과 산하자족 베르베르인들, 사하라 남쪽 아프리카 흑인들도 포함되어 있었다. 이 같은 개방성은 아무리 비천한 신분이라고 하더라도 최고 직책에 오를 수 있는 기회를 제공하는 실력 중시 사회를 통치 시스템에 가져다주었을 뿐만 아니라 관료제의 힘을 증대하기도 했다. 칼리프가 자신의 존재감을 드러낼 능력이 있고 국가 운영을 확고하게 장악하고 있는 동안에는 제도(institution)가 안전할 수 있었지만, 만약 그렇지 않으면 국가 기구는 각각 제 갈 길을 갈 수도 있었다.

압드 알 라흐만 3세는 자신의 명예로운 고립(glorious isolation)이 수반하게 될 위험을 의식해 정신들을 임명할 때 노예, 마왈리(피호인) 가문, 지방 귀족, 그리고 새 종자들 가운데서 신중하게 선택했으며, 그들을 한 자리에 오래 머물지 않게 하고 여러 직책을 옮겨 다니게 했다. 그리고 만약 부정이나 부패가 발견되면 가차 없이 내쫓았다. 같은 맥락에서 그는 신임하던 하집(환관 바드르)이 죽고 난 직후부터 하집 직책 — 막강한 힘을 가진 칼리프의 대리인 — 을 한동안 임명하지 않았다. 이 하집직은 알 하캄 2세가 자신의 노예인 자파르 알 시클라비(Ja'far al-Siqlabi)를 그 직책에 임명함으로써 다시 부활하게 된다. 나중에 알 하캄은 베르베르인 가문 출신의 자파르 알 무샤피(Ja'far al-Mushafi)를 그 자리에 임명하는데, 그 가문은 우마이야 왕조의 후원을 받아 상당한 영향력을 가지고 있었고 정주한 지도 오래되었으며, 탄탄한 기반과 더불어 하나로 통합되어 있었다. 그러나 이 임명은 치명적인 결과를 낳았다. 그러니까 이 알 무샤피는 우마이야 왕조가 점차 마그립과 깊은 관계를 갖게 되고 마그립 지역이 중요해진 것과 함께(무엇보다도 마그립 지역은 아프리카 금과 노예, 그리고 병사들의 원천이었다), 알 안달루스로 밀려들어오기 시작한 많은 베르베르인 용병과는 전혀 다른 부류의 인물이었다.

북아프리카에 대한 칼리프(압드 알 라흐만 3세)의 관심 증대는 종교 관련 정책에서, 특히 이슬람 행정관인 카디(qadi)의 임명에서도 엿볼 수 있다. 처음에는 압드 알 라흐만이 오랫동안 충성을 바쳐온 아랍인 명문가 출신 중에서 수석 카디를 임명했으나, 치세 말에는 북아프리카 출신 인물들이 임명되었다. 이 같은 추세 변화를 가져온 요인에는 여러 가지가 있었다. 무엇보다 마그립은 시아주의 혹은 비정통파 집단들에 맞서 싸우는 전선이었기에 유능하고 경험이 풍부한 말리키 설교사들이 배출되었으며, 우마이야 왕조는 그들을 필요로 했다. 더욱이 알 안달루스에 안정적으로 자리 잡은 울라마(알림)는 칼리프에게 봉사하기를 꺼려했는데,

그들은 원칙적으로 칼리프를 타락한 '맘몬'(corrupting 'Mammon')으로 간주해 무시하는 경향이 있었다.

그러나 압드 알 라흐만이 아무리 보수적인 말리키 종교 집단의 지배력을 약화시키고 싶어 했다고 해도 그들과 그는 상호 의존 관계에 묶여 있었는데, 그는 그들의 권위를 인정하고 그들은 압드 알 라흐만의 칼리프로서의 합법성을 인정해 주는 관계였기 때문이다. 유대교와 기독교는 압드 알 라흐만 체제에 위협으로 여겨지지 않았지만 비공식 설교사들이 주도하는, 허가받지 않은 메시아주의 운동뿐만 아니라 라이벌 수니 법학파의 형태로도 나타나고 있었던 이슬람 내 이단은 위협으로 여겨졌다. 종교적 담론과 정치적 담론은 불가분의 관계였다. 그와 관련해 압드 알 라흐만에 대항하여 반란을 일으켰다가 죽임을 당한 그의 아들 압드 알라는 샤피 법학파로 간주되었고, 그 사실 하나만으로도 불충(不忠)의 표징으로 여겨졌다.

칼리프의 통치 시스템에서 북아프리카인들과 더불어 가장 영향력 있는 집단이 된 것은 사칼리바('슬라브족')들 — 유럽 출신 노예들과 해방 노예들 — 이었다. 그들은 사회 문화적으로 고립되어 있었기 때문에 우마이야 왕조에 전적으로 의존할 수밖에 없었으며, 그들이 환관인 경우에는 후손이 없었기 때문에 믿을 수 있는 사람들로 생각되었다. 이들은 환관이든 아니든 간에 관료제의 중추를 이루었으며, 하집, 와지르, 지방의 지배자, 외교관, 그리고 군 지휘관 등으로 활약했다. 거세된 노예들은 왕가 여자들과의 친밀한 관계로 인해 신뢰를 받았기 때문만이 아니라 그들의 상징적인 역할 때문에도 하렘에서 봉사하기에 적당한 사람들로 여겨졌다. 당대의 비잔티움에서와 마찬가지로 환관들은 남다른 특징과 매너 때문에 딴 세상 사람 같은, 즉 거의 천사와 비슷한 존재로 여겨졌다. 그러므로 거의 신적인 존재인 칼리프와 그 칼리프 가문 여성들을 중재하는 중재자로서 적절하다고 생각되었다. 그런데 궁정 노예들은 알 안달루스의 보통 사람들로부터 분리되어 있었기 때문에 10세기 말경이면 자신들끼리 모종의 연대감이 생겨났으며, 얼마 안 가 궁전 안에서뿐만 아니라 알 안달루스 전역에서 하나의 정치세력이 되었다.

그중에 압드 알 라흐만이 특히 총애하기도 하고 가장 유명하기도 했던 인물이 해방 노예였던 갈리브 이븐 압드 알 라흐만 알 시클라비 알 나스라니(Ghalib ibn 'Abd al-Rahman al-Siqlabi al-Nasrani, 이하 갈리브)였다. 그는 압드 알 라흐만의 노예였다가 해방되었으나 거세당하지 않았으며, 후에 칼리프의 귀족들 가운데서도 최고위에까지 올라간 사람이다. 갈리브는 칼리프가 939년 시망카스(Simancas) 전투에서 대패하고 나서 군사적으로 현역에서 물러나고 난 뒤 수십 년 동안 그의 가장 유능한 장군으로 활약했다. 940년대에 그는 지역 지배자가 되어 톨레도와 중부 변경령의 지배를 공고히 하는 데 큰 역할을 했고, 950년대에는 북쪽 지역에 대한 공격을 이끌어 전리품과 포로들을 거느리고 돌아왔으며, 기독교도 군주들을 겁먹게 하고 칼리프의 권위를 높였다. 950년대에는 파티마 왕조의 공격에 대응해 함대를 소집해 이프리키야 해안을 유린하기도 했다. 알 하캄 2세가 즉위하고 나서(그는 점점 정치에서 물러나 고급문화를 추구하는 일에 몰두했다) 갈리브의 별은 더 밝게 빛났다. 그는 960년대와 970년대에 북쪽 기독교도들에 대한 공격과 북아프리카에 대한 정복 원정을 성공적으로 이끌었으며, 971년과 972년에 칼리프는 알 안달루스에 대한 바이킹의 마지막 침략에 대한 반격의 책임을 그에게 맡겼다. 그러고 나서 얼마 후에 그는 칼리프로부터 '두 자루 칼의 사나이'라는 칭호와 함께 두 자루의 도금한 칼을 하사받았으며, 내각 평의회의 높은 자리 하나도 그의 차지가 되었다. 갈리브는 칼리프가 궁전 안에 은거하고 있었기 때문에 체제에 필수 불가결한 공적인 얼굴 역할을 수행하기도 했다. 그는 전국적인 영웅으로 간주되었다. 그가 지휘하는 칼리프 군대가 전투를 위해 코르도바에서 출발하거나 전투를 끝내고 귀환하는 행사는 대단히 거창하게 거행되었다.

그가 수행한 일 가운데 가장 중요한 것은 북아프리카에서 치른 전투였다. 북부 모로코의 이드리스 가문의 지배자들(그들은 자신들이 예언자 무함마드의 사촌이자 사위인 알리의 후손들이라고 주장했다)은 우마이야 왕조와 파티마 왕조 사이에 끼어 있었다. 파티마 왕조가 이프리키야의 자나타족 베르베르인 군대를 등에 업고 이드리스 왕조를 복속시킨 뒤, 958년 그들(이드리스 가문 지배자들)을 강요해 코르도바를 공격하게 했고, 이에 대해 972년 갈리브는 그들을 진압하기 위해 군대를 이끌고 그곳으로 갔다. 그는 치열한 전투 끝에 이드리스 가문 지배자들을 복속시킨 다음에 그들을 코르도바로 데리고 와 알 하캄 2세와 말리키 이슬람에 대한 충성을 공개적으로 천명하게 만들었다. 이로써 모로코는 우마이야 왕조의 지배를 받게 되었다. 후에 파티마 왕조의 반격이 있게 되지만 그때쯤이면 이미 그들(파티마 왕조)은 북아프리카로부터 철수하고 무게 중심을 동쪽 이집트로 이전해 가고 있었다. 그곳에서 그들은 969년 새 수도 카이로를 건설하게 된다. 갈리브는 마그립에서 승리를 거두고 나서 그 후 9년 동안(이때 그는 이미 70대였다) 계속해서 기독교도 스페인에 대한 공격을 이끌며 우마이야 왕조의 존속을 위해 노력했다. 그러나 그의 그런 행동이 별다른 성과를 내지는 못했다. 알 하캄 2세의 죽음과 그의 어린 아들 히샴의 계승은 궁정 내 여러 세력들의 반란을 불러일으켰으며, 그것은 칼리프국의 붕괴를 재촉하게 된다. 갈리브는 981년 권력에 굶주린 히샴의 하집 무함마드 이븐 아비 아미르(Muhammad ibn Abi 'Amir)의 야심에 맞서 왕조를 수호하기 위한 절박한 노력의 일환으로 오랜 숙적인 기독교도 왕국인 카스티야, 나바라와 동맹을 체결하는데, 이는 알 안달루스 역사의 전형적인 아이러니라 할 수 있다.

또한 압드 알 라흐만 3세 치세에 유대인들이 칼리프의 궁정에 들어와 일하고 있었고, 그것은 장차 세파르디 문화로 성장하게 될 단초가 되었다. 칼리프 체제 이전의 스페인 유대인 사회에 대해 우리가 알고 있는 것은 매우 적다. (기독교에서 유대교로) 배교한 프랑크족 엘레아자르가 830년대에 사라고사에 들어와 정착한 사실은 당시 알 안달루스에 상당수의 유대인이 살고 있었음을 말해 준다. 정복기 동안 이베리아반도에 정착한 베르베르인 가운데 일부는 당시에 막 결집 단계에 있었던 '일반적인' 랍비 중심의 유대교(Rabbinical Judaism)를 신봉한 것 같지는 않지만 아마도 유대교도로 간주되었던 것으로 보인다. 유대 문화가 800년대에 압바스 왕조 치하의 영토에서 번성한 것은 분명하다. 여기에서 엑사일라치(exilarch, '유대인 사회의 세습 통치자')는 이슬람 세계의 유대인들에게는 일종의 부(副)칼리프, 그림자 칼리프 역할을 수행했다. 이 직책은 바빌론 유수로까지 그 역사가 올라가며, 압바스 왕조 칼리프 치하에서 공식적으로 인정된 것이기도 했던 '망명 중인 유대교도들의 왕'이었다. 유대인 딤미들은 동쪽 아시아와 이집트 사회에서 고도로 통합·동화되어 있었고 고위직에 임명되기도 했으며, 그들의 교역망은 지중해 전역과 인도양, 그리고 그 너머에까지 광범하게 퍼져 있었다.

이런 점들을 고려할 때 9세기 초 무슬림 지식인들이 서쪽 알 안달루스로 이주하기 시작한 것처럼 유대인 지식인들 또한 마찬가지였다는 점은 의심의 여지가 없다. 무슬림 이주민들과 여행자들이 그랬듯이 그들 역시 새로운 이념을 갖고 이곳으로 왔다. 아랍어에서 나타난 혁신 — 유대인들의 구어(spoken language) — 과 이슬람의 의술과 과학 같은 것은 알 안달루스 유대인들에게 환영을 받았으나, 랍비 지배 아래의 유대인 지도층이 이단으로 여겼던 카라이트 유대교(Karaite Judaism, 랍비의 가르침을 부정하는 유대교 일파로, 8세기 페르시아에서 시작되었다) 같은 것은 환영을 받지 못했다. 카라이트 유대교 — 이것은 8세기 바그다드에서 통합된 것으로 보인다 — 는 그 신봉자들이 『탈무드』 외에는 어떤 권위도 인정하지 않고 랍비 주도 아래 유대교의 성서 해석을 부정했기 때문에 이슬람의 카와리즈주의와 비슷한 점이 많았다. 그리고 압바스 칼리프국의 분화로 독립적이고 지역적인 이슬람 지역들이 생겨나던 900년대에 그와 비슷한 과정이 엑사일라키(exilarchy, '유대인 공동 사회의 세습 통치 체제')와 그 유대인들 사이에서도 나타났다. 900년대 초 이후로 엑사일라키는 더 이상 보편적 권위를 주장하지 않았다.

알 안달루스 내 유대인 역사에서 전환점을 제공한 인물은 하스다이 이븐 샤프루트(Hasdai ibn Shaprut)였다. 하엔(Jaén, Hayyan)의 부유한 가정에서 태어나 코르도바에서 성장한 하스다이 — 코르도바궁에서는 아부 유수프(Abu Yusuf)로 알려져 있었다 — 는 최고의 종교 교육과 의학, 문학 교육을 받았다. 그는 히브리어와 아랍어에 능통했고 라틴어도 구사할 수 있었으며, 후에 스페인어로 발전하게 되는 구어체 라틴어 방언도 알고 있었다. 그는 가족 배경 덕분에 압드 알 라흐만 3세의 궁정에 들어갈 수 있었는데, 거기서 칼리프의 주치의로서 신임받는 측근이 되었다. 그는 칼리프로부터 라틴어 서신 담당 비서직을 비롯해 여러 중요한 직책을 하사받았는데, 그중에서 가장 수지맞는 직책은 세관장이었다. 그 덕분에 그는 칼리프국으로 들어오는 모든 상품에 대해 수수료를 챙길 수 있었다. 그의 가장 중요한 직책은 외교관으로 칼리프에게 봉사하는 것으로 비잔티움 제국과 신성로마제국과의 협상에서 중요한 역할을 수행했으며, 나바라 왕국과 레온 왕국, 그리고 바르셀로나 백령과 카스티야 백령을 제어하는 데도 역할을 수행했다. 하스다이는 알 안달루스에서 유대인을 외교관으로 고용하는 관행이 시작되는 계기를 제공했으며, 이를 계기로 스페인 내 기독교도 지배 영토와 프랑크 제국의 영토에서도 같은 관행이 시작된 것으로 보인다.

하스다이가 외교관직을 시작한 것이 940년대였는데, 당시 그는 겨우 20대였다. 콘스탄티누스 7세 포르피로제네토스(Constantine VII Porphyrogennetos) 치하의 비잔티움 제국과 압드 알 라흐만의 칼리프국은 비록 지중해를 사이에 두고 정반대편에 위치해 있었지만 신성로마제국과 압바스 칼리프국이라는 공동의 적을 갖고 있었다. 두 제국(비잔티움 제국과 압드 알 라흐만의 칼리프령)을 가르고 있는 머나 먼 거리를 고려할 때, 둘 간의 의미 있는 동맹은 사실상 불가능했을 것 같았다. 그럼에도 두 제국은 서로의 권위를 인정하면서 이국적이고 귀중한 선물을 동반한 사절을 주고받음으로써 자신들의 권위의 증거를 보여 주는 것이 도움이 된다고 생각했다. 예를 들어 하스다이 같은 사람들의 여행을 통해 1세기에 활동한 의사 페다니우스 디오스코리데스(Pedanius Dioscorides)가 쓴 그리스어로 된 중요한 약학 백과사전인 『페리 훌레스 이아트리케스』(*Peri hules iatrikēs*, 라틴어로는 *De materia medica*)가 황제의 선물로 알 안달루스에 전해졌으며, 알 안달루스에서 이 책은 라틴어와 아랍어로 번역되었다. 알 안달루스에는 그리스어를 번역할 수 있는 사람이 없었기 때문에 칼리프는 비잔티움 황제에게 번역가를 보내달라고 청했고, 이에 비잔티움 황제는 니콜라스라는 이름의 그리스인 수도승을 코르도바에 보내 주기도 했다. 이런 식으로 광범하게 이루어진 문화적 교류 가운데는 칼리프의 정원에 심을 식물들(그 가운데 어떤 것은 이베리아반도에 중요한 농업 생산물로 도입되었다)은 물론이거니와 보석류와 비단, 그리고 그 외의 미용 관련 용품, 그리고 번역가와 장인들(그중 다수는 코르도바 모스크를 짓는 일에 투입되었다)도 포함되어 있었다.

공식적으로 들어오는 수입과 궁정에서의 영향력 덕분에 하스다이의 부와 권위는 계속 커졌고, 그로 인해 그는 코르도바에서 유대 문화에 대한 지원 사업을 할 수 있게 되었다. 그래서 그는 나시(Nasi), 즉 알 안달루스 내 유대인의 지배자(prince)로 인정받았는데, 이는 칼리프를 대신해 유대인 공동체의 지배자로 봉사하는 다윗 가문의 후손을 가리키는 직책이었다. 그리고 이 직책은 그가 자신을 이슬람의 칼리프와 비슷한 의미를 가진, 사실상 모든 유대인의 지배자로 생각해 메시아적 사명감을 갖고 떠맡은 것이었다.

이런 분위기에서 그는 독립적인 외교 정책 프로그램에 착수해 지중해 각지의 유대인 공동체에 청원을 하기도 하고 받기도 하면서 그들을 위해 많은 노력을 기울였다. 그는 비잔티움 제국 내 유대인들이 차별 대우를 받지 않도록 그곳 황비(皇妃) 헬레나를 강하게 질책하는 청원서를 보내면서 알 안달루스의 기독교도들의 경우를 본받아야 할 모델로 제시하기도 했다. 하스다이는 아시아의 한 유대인 왕국—8세기 혹은 9세기에 그 지배자들이 유대교로 개종했다고 알려져 있었던 중앙아시아 투르크족의 일파인 카자르족(Khazars)의 왕국—에 관한 소문을 듣고 편지를 쓰고 사절을 보내 접촉을 시도했다. 이 편지는 그가 유대인 공동체에 대한 칼리프의 정책에 대해 갖고 있던 깊은 신뢰와 유대인 공동체의 엄청난 번영을 말해 준다.

> 포로가 된 이스라엘인들(captive Israelites)의 자투리(remnant)이며, 우리의 주군이자 왕이신 분의 하인인 우리는, 하느님께서 우리를 저버리지 않으시고, 그분의 그림자가 우리를 보살펴주시고 있는 덕분에 일시적으로 체류하고 있는 이 땅에서 평화롭게 살고 있다. ……
>
> 이 땅은 강과 샘, 그리고 수도교가 풍부한 풍요의 땅으로 곡물과 올리브유, 그리고 포도주가 넘쳐나며 수많은 과일과 온갖 별미로 가득하다. 이 땅은 기쁨 정원(pleasure-gardens)과 과수원을 비롯해 온갖 종류의 과실수가 자라고 그중에는 비단을 만드는 누에가 자라는 뽕나무도 있는데, 이곳에는 그 뽕나무가 도처에 널려 있다. ……
>
> 또 이곳에는 은, 금, 구리, 철, 주석, 납, 황, 반암, 대리석, 그리고 크리스털이 포함된 광맥의 산들이 많다. 그래서 상인이 대거 이곳으로 모여든다. 세상 끝에서, 그리고 이집트와 그 인근 국가들에서 온 상인들이 왕과 귀족들을 위해 향신료, 각종 보석과 빛나는 상품들, 그리고 이집트의 갖가지 좋은 상품들을 가지고 온다. 그래서 우리 왕은 그 어떤 다른 왕도 엄두를 내지 못할 정도로 엄청난 양의 은, 금, 보석을 갖고 있다.[18]

칼리프국의 정치 상황에 좀 더 결정적인 의미를 갖는 것은 이베리아 반도 문제에 대한 하스다이의 개입이었다. 하스다이는 940년대 시망카스의 패배 후에 레온 궁정에 파견되어 그곳의 국왕 라미로 1세의 친구가 되었다. 그래서 그는 시망카스 전투에서 포로가 된 투집 가문 출신의 사라고사 지배자를 몸값을 치르고 데려올 수 있었으며, 알 안달루스에서 온 주교단의 도움으로 평화 조약을 체결할 수 있었다. 또한 이때 압드 알 라흐만은 함대를 파견해 카탈루냐 해안 지역에 대해 무자비한 공격을 퍼부어 그 지역 백작들을 굴복시키기도 했는데, 이 공격은 하스다이

18 Ross Brann, "Andalusi 'Exceptionalism'", pp. 128~29.

가 북쪽으로 파견되었다가 지로나 주교와 함께 코르도바로 귀환하는 것으로 완수되었다. 하스다이가 주도한 협상 조건은 상당히 가혹했다. 바르셀로나의 백작 수네르(Sunyer)는 칼리프에게 정식으로 항복하고 조공을 바쳐야 했을 뿐만 아니라 그의 여식과 팜플로나의 왕 가르시아 산체스(García Sanchéz) — 그는 압드 알 라흐만에게 조공을 바쳤다 — 간의 정치적 혼인을 취소해야만 했다.

가르시아 산체스와 압드 알 라흐만은 모후 토다 왕비(Queen Toda)를 통해 사촌지간이었는데, 토다 왕비는 한때 아미르 압드 알라와 혼인한 적이 있던 나바라 출신 공주 오네카(Onneca)의 딸이었다. 토다 왕비는 925년 남편 나바라의 산초 1세가 죽고 난 뒤에 아들 가르시아를 대리하는 섭정을 맡아보기도 했으며, 동시에 원래 자신의 땅을 지배하기도 해 북쪽 기독교도 영역에서 가장 유력한 인물이 되었다. 그녀의 막강한 권력의 원천은 우마이야 왕조와 맺은 커넥션이었다. 예를 들어 그녀는 남편의 사후 여섯 살에 불과한 가르시아의 왕위 계승을 성공적으로 이루어내기 위해 압드 알 라흐만의 지지가 필요했는데, 이를 성사시키기 위해 그(압드 알 라흐만)와의 친견(親見)을 시도했다. 그러나 어린 왕(가르시아)은 성년이 되어 지역 무슬림 지도자들과 공모해 칼리프에 대항하는 반란을 주도했으며, 시망카스 전투에서도 그의 반대편에서 싸웠다. 이에 압드 알 라흐만은 팜플로나에 대해 몇 차례 징벌적 침입을 감행했고, 결국 가르시아는 항복하지 않으면 안 되었다. 가르시아가 바르셀로나 백작과 결혼 동맹을 체결한 것은 코르도바 쪽에서 볼 때 압드 알 라흐만에 대항하려는 것으로 비쳤고, 그래서 하스다이는 그것을 중단시켰던 것이다.

토다는 956년 레온 왕으로 즉위한 산초 '비만왕'(Sancho 'the Fat')의 할머니이기도 했다. 그런데 산초의 왕위 계승은 그의 비만 때문에 난관에 부딪히게 되었는데, 그는 너무 뚱뚱해서 말에 올라탈 수도 없을 정도였다. 그로 인해 958년 자신의 사촌인 오르도뇨(Ordoño) — 그 역시 토다의 손자였다 — 에 의해 폐위되었다. 사촌(오르도뇨)이 죽고 나서 산초는 다시 복위하기는 했지만, 2년 후 다시 이번에는 벼락출세한 귀족 페르난

곤살레스(Fernán González) 백작 — 그는 카스티야의 최초의 독립적 지배자였다 — 에 의해 폐위되었다. 토다는 자신의 가문이 레온을 잃게 될까 걱정이 되어 다시 압드 알 라흐만 3세에게 지원을 요청했는데, 이 지원은 군사적인 도움으로만이 아니라 하스다이 이븐 샤프루트가 개입하는 형태로도 왔다. 이때 문제 해결에 도움이 된 것은 하스다이의 의술과 그의 의료적 보살핌을 통해서였는데, 산초는 하스다이 덕분에 체중 감량에 성공했고 왕위를 되찾을 수 있었다. 산초는 왕국을 되찾게 해준 데 대한 보답으로 압드 알 라흐만을 팜플로나와 레온의 주군으로 인정했으며, 토다와 산초, 그리고 가르시아 산체스가 직접 코르도바를 방문해 압드 알 라흐만을 알현하기도 했다. 칼리프는 코르도바에서 이 기독교도 친척들을 성대한 의식으로 맞아주어 그들이 자신에게 예속되어 있다는 것, 그리고 자신이 이베리아반도 전체의 사실상의 지배자라는 점을 분명히 했다.

그러나 하스다이가 개입한 일 가운데 유럽 역사가들의 가장 큰 관심을 끈 것은 미래의 신성로마제국 황제 오토 1세와 칼리프 간에 벌어진 논란에서 그가 수행한 역할이다. 독일 왕은 자신의 영토와 이탈리아 사이의 쐐기 부분에 해당하는 프락시네툼이라는 땅에 대한 무슬림 '해적들'의 약탈 행위에 격분했는데, 오토는 자신의 황제 위(位)를 주장하기 위해 이곳을 확실히 지배할 필요가 있었다. 950년 압드 알 라흐만은 오토의 궁에 사절을 보냈고, 이에 3년 후 방디에르의 요한(John of Vandières, 후에 그는 '고르체의 요한'으로 알려지게 된다)이라는 수도승이 이끄는 오토의 사절단이 선물과 한 통의 친서를 갖고 코르도바에 도착했다. 신중한 하스다이는 요한이 칼리프를 만나기 전에 친서에 담긴 내용이 무엇인지 알아야겠다고 생각했다. 그러나 그 수도승은 서신의 수신자 외에는 그 누구에게도 그 내용을 말해 주지 않겠다고 맹세했다면서 편지를 보여 주지 않았다. 그러나 하스다이는 요한의 거절에도 굴하지 않고 요한을 구워삶기도 하고, 또 계속해서 구실과 변명을 만들기도 해서 그와 칼리프 간 면담이 이루어지지 못하게 했다.

사실 요한은 코르도바에서 포로 신세나 다름없었다. 그래서 달리 할 수 있는 것이 없었던 그는 결국 편지를 하스다이에게 보여 주었는데, 그 편지에는 하스다이가 예상한 대로 압드 알 라흐만이 불쾌하고 모욕적이라고 생각할 만한 내용이 들어 있었다. 이에 하스다이는 그 편지를 칼리프에게 전하는 것을 허용하지 않고 요한에게 가지고 온 선물만 바치고 돌아가라고 설득했다. 그러나 이 프랑크 왕국의 사절은 의심의 여지없이 프랑크 왕국에서 지배적이던 반(反)무슬림 정서, 그리고 아마도 850년대 코르도바의 순교자들이 쓴 보고서에 의해 고무되어 완강한 태도를 견지했다. 그는 칼리프국의 기독교도들이 평화롭게 살고 있다는 지역 주교 코르도바의 요한(John of Córdoba)의 확언과 만약 그 모욕적인 편지가 칼리프에게 전달되면 그 자신도 죽게 될지 모른다는 위협에도 불구하고, 칼리프에게 편지를 꼭 전해야겠다고 주장했다.

결국 하스다이는 타협안을 만들어냈는데, 북쪽 오토의 궁정으로 사람을 보내 새 편지를 받아오든지 아니면 오토로부터 원래의 편지를 칼리프에게 전달하지 않아도 된다는 허가를 받아오든지 하는 것이었다. 이를 위해 선택된 사절이 레케문드(Reccemund)라는 유명한 기독교도 정신(廷臣)이었는데, 그에게는 라비 이븐 지야드(Rabi' ibn Ziyad)라는 아랍식 이름도 있었다. 레케문드는 북쪽 옛 프랑크 왕국의 수도 아헨에서 남쪽으로 약 160킬로미터 떨어진 곳에 있는 고르체 수도원을 방문해 그곳에서 프랑크 왕국 고위 성직자들과 정신들을 만났으며, 스페인에서 가지고 간 서책과 소식을 그들과 공유했다. 그 만남은 성공적이어서 (요한에게 보낼) 새 편지가 작성되었다. 또한 그를 통해 고립되어 있던 알 안달루스의 교회와 라틴 제국 교회 간에 직접적인 접점이 생겨났다. 956년 마침내 요한은 코르도바에 도착한 지 3년 만에 압드 알 라흐만을 알현해 맡은 바 소임을 완수할 수 있었다. 이 수도승(요한)은 그 의사 겸 정신(하스다이)에게 깊은 인상을 받았는데, 후에 그는 "'유대인 하스데우'(Jew Hasdeu)만큼 교활하고 영리한 사람은 본 적이 없다"라고 말하기도 했다.[19] 그러나 이 편지가 칼리프에게 끼친 영향은 무시할 수 있을 정도였다. 압드 알 라흐만 3세도, 그리고 후에 알 하캄도 주로 프로방스를 무대로 활동하는 무슬림 해적들에 대해 어떻게 할 힘도 의지도 없었다. 결국 950년대와 960년대에 해적들이 그 전해 유명한 클뤼니 수도원 원장인 마이올루스(Maiolus)를 납치해 몸값을 뜯어낸 사건으로 촉발된 일련의 전쟁에서 승리하고 나서야 오토는 마침내 972년 프락시네툼에 있는 무슬림 해적들의 기지를 소탕할 수 있었다.

레케문드는 이 외교 업무에서 수행한 역할 덕분에 칼리프에 의해 엘비라(Elvira, 지금의 그라나다 근처) 주교직을 하사받았다. 그러나 우리는 레케문드에 대해 그가 하스다이와 마찬가지로 비무슬림 상류층 출신으로 칼리프의 공문서 보관소에서 일하는 것으로부터 시작해 행정부에서 경력을 쌓음으로써 출세가도를 달린 사람이라는 것 외에는 아는 것이 별로 없다. 그는 프랑크 왕국의 궁정에 다녀오는 여행을 하고 나서 다시 비잔티움과 시리아로 파견되어 마디낫 알 자흐라를 장식하는 데 필요한 고전 시대의 이교도 예술품 구입 업무를 맡아보았다. 라틴어와 아랍어 모두를 공부했고, 특히 아랍어에 능통했던 그는 알 하캄에게 헌정하는 책 한 권을 공저하기도 했다. 오늘날 『코르도바의 달력』(*Calendar of Córdoba*)이라는 이름으로 알려져 있는 이 책은 지리, 기후, 점성술, 그리고 의학 정보를 포함하는 전통적인 아랍식 계절력과 기독교의 전례용 달력이 하나로 결합되어 있다. 성직자가 아니었던 것으로 보이는 레케문드가 왕조에 봉사한 대가로 주교직을 하사받았다는 사실은 알 안달루스 내 교회와 성직자들이 얼마나 우마이야 체제에 통합되어 있었는지를 말해 준다. 주교 가운데 다수가 비록 자기들이 맡고 있는 신자들에게 헌신하기는 했지만 본질적으로 그들은 칼리프의 관리였다. 즉 그들은 칼리프에 의해 임명되어 행정가, 번역가, 중재자, 혹은 사절로 봉사할 것이 기대되었던 것이다.

---

19 Colin Smith, *Christians and Moors*, vol. 1, pp. 62~75.

갈리브와 하스다이, 그리고 레케문드 같은 인물은 칼리프의 궁정이 얼마나 세계시민적 성격을 띠고 있었는지를 잘 보여 준다. 칼리프 체제가 우마이야 왕조와 그 피호인들 그리고 종자들에 의해 지배되었으며, 아랍 혹은 이슬람적 혈통을 가진 사람들이 가장 큰 권위를 누렸던 것은 분명한 사실이다. 그러나 그렇지 않은 사람도 만약 힘 있는 연줄이 있고 중요한 능력만 있으면 출세할 수 있었다. 이것은 우마이야 왕조의 민족종교적(ethnoreligious) 다양성의 저변에 깔려 있던 '분할하여 통치하라'는 원칙이 낳은 부산물이라 할 수 있다. 이 새로운 안달루스 사회는 동시대 파티마와 압바스 칼리프국, 그리고 비잔티움 제국의 사회와 매우 비슷했는데, 그 사회들 역시 다양하고 세계시민적이며 문화적으로 세련된 사회였다. 이 제국들에서는 비록 종교 간 관용이 하나의 이상으로서 의도적으로 옹호되었다고 말할 수는 없지만, 적어도 교육받은 궁정 지식인 엘리트층 사이에서는 그것이 하나의 상식으로 간주되고 있었음이 분명하다. 물론, 그 관용에는 한계가 있었다. 비무슬림들은 아무리 유력하고 큰 영향력을 갖게 되었다 하더라도, 알 안달루스의 이슬람 행정부에서 공식 직책에 임명될 수 없었다. 비록 압드 알 라흐만 3세와 알 하캄 2세 아래에서는 가장 문젯거리를 만들어낸 것이 칼리프의 권력 구조에 기독교도나 유대인이 포함된 것이 아니라 새로운 무슬림 집단들, 특히 자나타족과 산하자족 베르베르인들이 들어간 것이기는 했지만 다양성은 자주 긴장을 낳았다.

제12장

‘빛나는 장식’

9세기 초 아미르 알 하캄이 코르도바에 심은 고급문화의 씨앗은 200년 후에 그의 먼 후손인 칼리프 알 하캄 2세에 의해 활짝 꽃피우게 된다. 알 하캄 2세는 지적 열정에 의해 추동되어 서고트 문화와 동쪽 압바스 왕조의 문화를 통합하는 엄청난 규모의 장서를 수집해 소장하고 있었는데, 압바스 문화는 고대 그리스-로마, 페르시아, 그리고 멀리 인도의 지식까지 포함하고 있었다. 그의 도서관에 소장되었다고 하는 40만 권이 넘는 책은 20쪽짜리 44권으로 된 색인집(index) 안에 기록되어 있었다. 여기에는 철학, 종교, 의학, 천문학, 공학, 식물학, 지리학, 역사, 문학을 비롯해 당시 알려진 모든 주제의 책이 망라되어 있다.

세계의 모든 지식을 끌어모으겠다는 것은 프톨레마이오스 1세 소테르(Ptolemaios I Soter)가 기원전 3세기 알렉산드리아에 대도서관을 건립했을 때부터 보편적 주권의 표징으로 여겨져 왔다. 압바스 왕조의 다르 알 히크마(Dar al-Hikma, ‘지혜의 전당’)와 그 이전 사산조 페르시아 제국의 도서관을 모델 삼아 건립한 알 하캄 2세의 도서관은 지배자로서의 그의 위상을 높여주었고, 안달루스적 색깔이 분명한 문화 정체성의 형성에 기여했다. 칼리프가 젊었을 때 코르도바의 학자 이븐 압드 라비(Ibn 'Abd Rabbih)는 방대한 문화와 지식의 백과사전인 '알 이크드 알 파리드'(Al-'Iqd al-Farid, '특이한 목걸이')를 편찬한 바 있었다. 이 백과사전 한 질이 거창한 축하 의식과 함께 바그다드 궁전에 전달되었을 때, 페르시아인 와지르 사힙 이븐 압바드(Sahib ibn 'Abbad)는 콧방귀를 뀌면서 "이것은 우리의 지식이 그곳으로 갔다가 다시 되돌아온 것에 불과하다"(즉 압바스 왕조에서 가지고 간 지식의 싸구려 모방에 불과하다는 뜻)라고 말했다고 한다.[20] 그러나 한 세기 후쯤이면 코르도바 문화는 다양한 분야에서 독창적인 성과를 만들어내기 시작했다. 귀족과 학자들은 칼리프를 모방해 코르도바와 반도 전역에 사립 도서관을 세웠으며, 자신들도 의식하지 못하는 사이에 11세기 알 안달루스의 타이파(taifa, 'tawa if'에서 온 말로 '파당적인'이라는 뜻) 왕국들의 영광 — 라틴 기독교 사상에 혁명을 불러일으키게 될 지적 문화 — 의 토대를 닦게 된다.

알 하캄 2세는 자신의 장서를 확충하기 위해 비잔티움과 동쪽 아시아 국가들에 사절을 보내 책을 구해오게 했으며, 학자들에게는 엄청난 재원을 지원해 학문 연구와 후학 양성에 전념하게 했다. 그는 또 대규모의 필사자와 번역사들을 고용하기도(혹은 노예로 구입하기도) 했다. 그의 도서관은 단순히 책만 소장하는 곳이 아니라 거의 모든 주제가 연구되고 이슬람 세계 전역으로부터, 심지어는 기독교 유럽으로부터도 학자들이 몰려드는 방대한 규모의 왕립 아카데미였다.

천문학(여기에는 점성술이 포함된다)은 알 안달루스에서 하나의 기초과학이었다. 그것은 이슬람력의 월(month)과 일(day)을 정확히 계산하는 데 필요했으며, 또한 종교 축일의 시작과 끝을 결정하고 기도가 적절하게 수행되는 데 필수적인 키블라를 정확하게 결정하는 일도 거기에 포함되어 있었다. 우리는 알 안달루스의 모스크의 방향 결정 문제에서 천

20 David Samuel Margoliouth, *The Irshad*, vol. 2, p. 67.

문학 연구의 성과를 확인할 수 있다. 예를 들어 8세기에 코르도바의 대모스크 건축을 주도한 시리아인들은 지구가 구형(球形)이라는 사실을 알지 못했다. 그래서 메카가 다마스쿠스에서 볼 때처럼 남쪽에 위치해 있다고 생각하고 모스크(의 기도실)를 그쪽을 향해 지었다. 그러나 마디낫 알 자흐라의 모스크를 건축할 때쯤이면 메카가 있는 방향을 좀 더 정확하게 계산할 수 있게 되어 기도실을 동쪽을 향하게 만들었다. 이슬람 학자들은 지구상의 위치(global position)를 계산하기 위해 고대 시대의 아스트롤라베(astrolabe, 천체 관측의)를 개선했는데, 이것은 위도를 측정하고 그것을 통해 달과 별, 그리고 행성들의 위치를 측정해 별점을 치는 데 사용되었다. 이 기구는 알 안달루스에서 보다 정확한 '보편적인 아스트롤라베'가 발명되고 지구의 위도와 경도를 더 정확하게 계산해 주는 프톨레마이오스 세계의 기계적 모델이 도입됨으로써 더 완벽해져 별점을 훨씬 효과적으로 칠 수 있게 만들어주었다.

알 안달루스의 학자들은 무슬림이든 기독교도든 아니면 유대인이든 간에, 그것이 종교 교리의 관점에서 볼 때는 도덕적으로 문젯거리가 되었음에도 불구하고 점성술을 굳게 믿었다. 특히 지배자들은 최고의 점성술사를 곁에 두고 그들로부터 조언을 구하는 것에 큰 관심이 있었다. 이슬람 학자들은 이교 문화의 유산인 과학을 불신하고 그것의 평판을 떨어뜨리고 싶어 하는, 종교적으로 경건한 무슬림들을 의식하지 않을 수 없었기 때문에 고대 시대의 천문학 텍스트를 번역할 경우에 그것을 주의 깊게 수정하고 태양과 별들의 경험론적 관찰에 기반을 둔 개선된 판본을 만들어냈다. 코르도바에서 천문학자이자 연금술사인 마슬라마 알 마즈리티(Maslama al-Majriti)는 800년대 초 페르시아의 무함마드 이븐 무사 알 콰리즈미(Muhammad ibn Musa al-Khawarzmi)가 만든 천문도를 개선했다. 알 마즈리티는 마슬라마라는 이름의 당대 동명이인과 자주 혼동되곤 하는데, 나중의 마슬라마는 마법에 관한 『루트바트 알 하킴』(*Rutbat al-hakim*)과 『가야트 알 하킴』(*Ghayat al-hakim*) 두 권을 저술했다. 그중 후자는 '피카트릭스'(Pikatrix)라는 제목의 라틴어로 번역되어 그

후 400년 동안 유럽에서 비의과학(점성술과 연금술 등의 학문)에 관한 표준적인 참고서 역할을 했다.

유클리드 기하학을 포함해 수학 역시 진지하게 연구되었다. 그러나 수학이 특별히 중요한 분야로 간주되지는 않았고 대체로 실용적 학문으로 여겨졌다. '알 안달루스의 유클리드'로 알려진 마슬라마 알 마즈리티는 산수와 대수학이 포함되고 상인들이 일상적으로 직면하게 되는 문제들의 부록(apendices)으로 가득 찬 상업용 수학과 관련된 연구들을 발표했다. 공학과 도구 제작은 실용적 목적과 비의적 목적 모두에 기여하는 쪽으로 맞추어져 있었다. 발명가 겸 비행가가 되려고 했던 압바스 이븐 피르나스의 전통을 이어받은 학자들은 시계, 자동 장치, 항구적인 운동 장치, 그리고 관개 혹은 수공업 생산과 관련된 보다 일상적인 발명에 관심이 많았다. 화학(혹은 연금술)은 실용적인 노력만큼이나 비의적인 학문 분야였는데, 별로 중요치 않은 금속으로부터 금을 만들어내려고 하는 것보다는 그 과정에서 연금술사 자신에게 일어난다고 생각했던 존재의 변화를 더 중요하게 생각했다. 모래점, 새점(ornithomancy, 새가 날아가는 모습을 보고 점을 치는 것), 마방진(문자와 숫자가 포함된 도표) 사용, 그리고 부적 등 고대인과 원주민, 혹은 베르베르인들의 전통에서 유래한 다른 형태의 마술과 점술도 인기가 있었다.

의학 또한 중요한 학문 분야였는데 점성술과 깊게 연계되어 있었으며, 갈레노스, 히포크라테스, 아리스토텔레스 같은 그리스인들의 영향과 페르시아와 인도 등에서 유입된 약학 지식이 결합되어 있었다. 코르도바에서는 학자들이 고대 시대 텍스트들과 압바스 왕조 아시아로부터 유입된 최신 의학 지식을 흡수하고 종합하는 일에 많은 노력을 기울였다. 이 같은 역동적이고 혁신적인 분위기 속에서 몇몇 빛나는 창조적 성과가 나타났다. 예를 들어 하스다이 이븐 샤프루트에게서 의학을 공부하고 알 하캄 2세의 주치의로 활약한 술라이만 이븐 줄줄(Sulayman ibn Juljul)은 의학과 의사들에 관한 백과사전적 역사서를 저술했을 뿐만 아니라 차후 중세 유럽에 널리 유포될 약학에 관한 책—중세인들에게는 이 책의

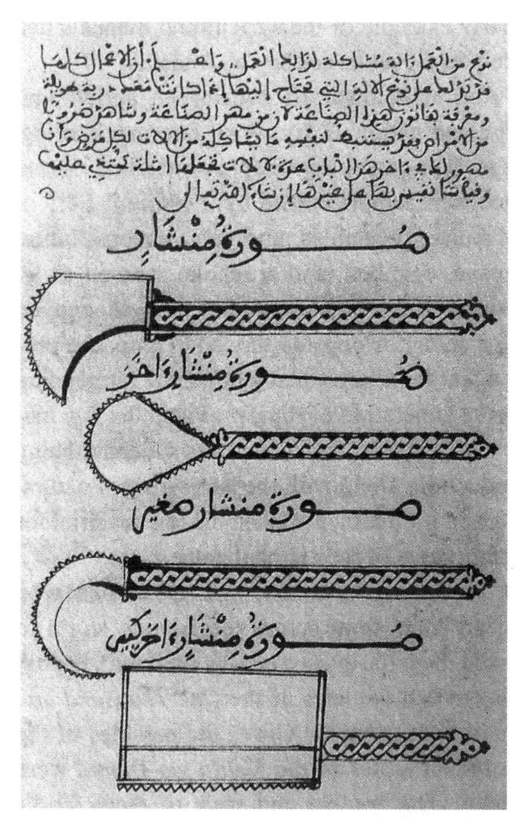

'아불카시스'라고도 알려진 아불 카심 칼라프 알 자라위의 의학 및 수술에 관한 책, 『알 타스리프』(*Al-Tasrif*). Arkwatem, 2007 (Wikicommons).

저자가 길길(Gilgil)이라는 이름으로 알려졌다—을 남기기도 했다. 아립 이븐 사드('Arib ibn Sa'd)는 산과(産科)와 소아과에 관한 책을 남겼는데, 이 책은 점성술과 그리스 의학을 결합한 것이었다. 900년대 말 권력을 찬탈한 하집 알 만수르(al-Mansur)의 공식 의사로 활약한 아불 카심 칼라프 알 자라위(Abu 'l-Qasim Khalaf al-Zahrawi)는 외과 의사로 국제적 명성을 얻었다. 오늘날까지 남아 있는 그의 유일한 책(의술에 관한 장문의 논문)에는 수술 기술과 의료기 제작에 관한 획기적 성과들이 다수 포함되어 있으며, 치아와 눈수술 그리고 여러 종류의 상처와 몸 상태에 관한 처치 등이 요약되어 있다. 이 책은 수세기 후에 라틴어로 번역되어 유럽 대학에서 표준적인 의학 텍스트로 자리 잡게 되는데, 당시에는 이 책의 저자가 아불카시스(Abulcasis)라는 이름으로 알려졌다.

응용과학 분야에서는 농경과 원예, 그리고 영양학(당시 영양학은 의학의 한 분야로 여겨졌으며, 점성술과도 관련되어 있었다)이 특히 중시되었다. 디오스코리데스가 쓴 『페리 훌레스 이아트리케스』를 아랍어로 번역한 것이 알 안달루스의 약초학에 혁명을 가져다주었는데, 이때 이 분야에서 활약한 대표적 인물은 '약초학', 즉 약효 성분과 관련된 논문들을 양산한 이븐 줄줄과 하미드 이븐 사마준(Hamid ibn Samajun)이었다. 대귀족들의 영지에 만들어진 정원은 단순히 보고 즐기기 위한 것만은 아니었다. 새로 도입된 식물, 과수, 약초, 그리고 그리스와 압바스 왕조 아시아, 혹은 그 너머 먼 지역에서 온 여러 작물들—이 중에는 만약 발각되면 가혹한 처벌을 받게 될 위험을 무릅쓰고 몰래 들여온 것도 있었다—을 시험적으로 재배하는 텃밭이기도 했다. 도니걸 무화과는 원산지가 비잔티움으로 알려져 있고 유출이 엄격히 금지되어 있었다. 전설에 따르면, 이 무화과 몇 개를 책 사이에 몰래 숨겨 가지고 온 사람은 다름 아닌 9세기 비잔티움 제국 궁정에 사절로 파견된 시인 알 가잘(al-Ghazal)이었다. 그가 이 무화과를 압드 알 라흐만 2세에게 선물로 바쳤으며, 압드 알 라흐만 2세는 그것을 자신의 정원에 심어 열매를 맺게 하는 데 성공했다. 도니걸이라는 말은 아랍어 두나칼(Dunaqal)의 변형이고 두나칼은 '두나우 카울리'(Dunahu qawli, 오 주인님, 이것 보세요)에서 온 것인데, 알 가잘의 주장에 따르면, 사람들이 그 열매를 딸 때 기뻐서 그렇게 외치곤 한 것에서 유래했다고 한다. 레케문드와 아립 이븐 사드가 공동으로 저술해 알 하캄 2세에게 바친 코르도바 월력은 11세기 알 안달루스에서 널리 유포될 여러 농경서 가운데 초창기의 한 예다.

압드 알 라흐만 3세 치하에서 알 안달루스는 곡물 경작, 목축, 관개에 의한 판매용 채소의 집약적 경작에 힘입어 농업 강국이 되었다. 듀럼밀(durum wheat), 수수, 쌀 등 주요 곡물에 다양한 종류의 고칼로리, 고생산성의 과일, 채소, 견과류(레몬, 라임, 아몬드, 망고, 사탕수수, 가지, 아티초크 등)가 더해졌으며, 여기에 콩과식물, 그리고 정향, 후추, 강황, (색깔을 내는데 들어가는) 사프론 등의 향신료와 향료 등도 생산되었다. 아마, 대마와 함께 면화 생산이 더해져 급증한 인구에 충분한 의복을 제공하는 직물업이 발전했으며, 또한 그로 인해 생겨난 헌옷은 폭발적으로 증가한 서적 생산에 필요한 종이의 원료로 사용되었다. 지방에서 생산되는 비단은 식물, 곤충, 연체동물에서 얻어지는 천연염료와 더불어 칼리프 궁전에서 필요한 사치스런 옷감과 태피스트리를 위한 원료를 제공해 주었다.

이슬람 세계 전역으로부터 알 안달루스로 새로운 작물과 산물을 들여온 여행가, 외교관, 학자, 상인들은 문학, 시, 음악에서의 최신 경향도 함께 가지고 왔다. 『천일야화』, 알렉산드로스 대왕에 관한 전설, 일곱 현인의 동화, 그리고 칼릴라 와 딤나(Kalila wa-Dimna)의 인도 동화 같은 이야기가 알 안달루스에서 널리 확산된 것도 바로 이 시기였다. 이런 작품들의 내용과 양식은 그 후 수백 년 동안 유럽의 속어 문학에 심대한 영향을 주게 된다. 지리압의 유산 덕분에 코르도바는 키얀(qiyan) — 음악인이나 시인으로 훈련받은 노예 소녀들 — 을 위한 교육장이 되었다. 의사이면서 철학자였던 무함마드 알 카타니(Muhammad al-Kattani)는 자신에게서 아답을 배운 소녀들을 팔아 큰돈을 벌었으며 여러 지방에 분교를 설립하기도 했다. 특히 대중적인 속어 아랍어(vernacular Arabic)와 로망스어 계열의 속어를 결합한 무와시샤하트(muwāshshahāt) 같은 서정적 양식의 시는 알 안달루스에서 큰 인기를 끌었다. 이븐 다라즈 알 카스탈리(Ibn Darraj al-Qastali) 같은 시인은 명성과 재산을 추구해 고급 아랍어로 압드 알 라흐만 3세와 알 하캄 2세, 그리고 권력 찬탈자인 알 만수르를 칭송하는 작품들을 썼다. 유수프 알 라마디(Yusuf al-Ramadi) 같은 사람은 자연과 사랑, 그리고 감정과 관련된 시를 썼다. 동성애는 비정상적 행위에 대한 종교적·법적 금지에도 불구하고, 성행위를 동반하든 그렇지 않든 간에 인기 있는 주제였다.

또 학자들은 의식적으로 우마이야 왕조 알 안달루스의 역사를 서술하기 시작했다. 연대기 작가들 가운데 가장 유명한 사람이 아흐마드 알 라지(Ahmad al-Razi)였는데, 그는 압드 알 라흐만 3세 시기에 『알 안달루스

알 무기라 이븐 압드 알 라흐만 3세의 성체함이
왕좌를 증명하고 있다(968년, 상아).
코르도바의 마디낫 알 자흐라에게 출토된 듯하다.
알 무기라는 976년 알 만수르에 의해 죽임을 당했다.

지배자들의 역사』라는 두툼한 역사서를 저술했으며, 이 책은 성서에 나오는 노아의 홍수에서부터 자신의 시대까지를 다루고 있었다. 지금은 원본이 망실되어 후에 만들어진 포르투갈어 번역본과 라틴어와 카스티야어 연대기들의 파편을 통해서만 그 내용을 알 수 있다. 이 책은 알 안달루스 아랍인들의 역사서에 그치지 않고 그 땅과 주민 전체의 역사서이기도 했으며, 그것은 우마이야 왕조의 자신감과 보편적 주권 의식이 반영된 것이라 할 수 있다. 반면에 철학자이자 카디로 명성을 떨친 서고트 왕가의 후손 아부 바크르 이븐 알 쿠티야(Abu Bakr ibn al-Qutiyya, '고트족 여인의 아들')는 알 안달루스에 대한 이슬람의 지배를 공고히 하는 과정에서 기독교 원주민들의 협력이 중요했음을 강조한 역사서를 저술했다. 또한 이 시기에 처음으로 또 하나의 중요한 역사적 개념이 출현했는데, 그것은 서고트 스페인 유대인과 아랍-이슬람 정복자들 간의 협력을 강조하고 있다. 그것은 알 안달루스 사회에 유대인이 통합되는 것을 정당화하는 데 기여하는(그것은 10세기에 사실이 되었다), 그리고 유대인 저술가들과 무슬림 저술가들 모두가 강화하고 싶어 한 개념이었다.

알 안달루스의 고급문화는 비록 거기에 참여하는 사람들이 아랍-이슬람 문화와 하나의 종교로서의 이슬람의 우위를 인정하고 존중해야 한다는 것을 가정하고 있기는 했지만, 대단히 포용적인 성격을 띠고 있었다. 지극히 신학적인 몇몇 분야를 제외하고 의학, 천문학, 수학, 그리고 그 외 다른 학문 분야들이, 그 안에서 서로 다른 종교를 가진 학자들이 스스로 공통의 지적 프로젝트에 참가하고 있다고 생각할 수 있는 담론의 영역을 이루고 있었기 때문에 다양성은 가능했다. 무슬림 지식인들은 비무슬림들이 알 안달루스의 지식 문화에 중요한 기여를 하고 있다는 점을, 다른 말로 하면 그들(비무슬림들)이 가진 문화적 자산이 그들을 왕조가 벌이는 프로젝트에 가치 있는 존재로 만들었다는 점을 인정했다.

유대인과 기독교도들이 코르도바의 지식 문화에 중요한 역할을 수행했다는 점은 의심의 여지가 없다. 현존하는 자료들은 여성들도 필사자와 번역가로서뿐만 아니라 학자나 저술가로서 나름의 역할을 수행했음을 말해 준다. 상류층 여성들은 지적 열정을 추구할 재원과 자유를 갖고 있었으며, 알 하캄 2세 치하에서 전도유망한 노예 소녀들은 서예, 천문학과 점성술, 의학, 수학을 비롯해 여러 분야에서 소질에 따라 교육을 받았다. 루브나(Lubna)라는 노예 소녀는 알 하캄의 서기 겸 사서로 활약했으며, 시·서예·문법에 관한 지식으로 널리 알려져 있었다. 아이샤 이븐 아흐마드(Aisha ibn Ahmad) 같은 지체 높은 여성은 시를 쓰고, 『꾸란』

을 필사하고, 법령을 집성하고, 중요한 도서관을 건립하기도 했다. 또한 비록 남성들과의 공적 교제에서 제한받아야 한다는 압력을 받고 있었음을 고려할 때, 부친이 학자여서 집에서 공부하는 것이 가능했던 여자들에게 더 많은 기회가 주어졌을 것이 분명하기는 하지만 아답과 과학, 그리고 종교를 연구하기도 했다. 파티마 빈트 야흐야 알 마가미(Fatima bint Yahya al-Maghami)같이 파키, 즉 종교법 전문가로 이름을 떨친 여성도 있었다. 공식적인 신학 분야에서 남자들이 가진 독점적 지위를 고려할 때, 여성들이 통제하기 쉬운 금욕주의와 대중과 지식인층 모두에서 힘을 확대해 가던 신비주의에 많이 참여했음은 결코 놀라운 일이 아니다. 그리고 우리가 알고 있는 모든 것에도 불구하고, 남성이 지배하는 사회에서 역사가들이 단지 공적으로 잘 알려져 있고 진짜로 특별한 여성들의 업적만 기록하는 경향이 있었음을 고려할 때, 알 안달루스 문화에서 여성들이 수행한 역할 혹은 그녀들의 기여는 사료의 진술보다 훨씬 클 것임이 분명하다.

상이한 종교를 가진 지식인들에게 학문 세계는 그 안에서 종교적 계서가 무시될 수 있는 협력의 장을 제공해 주었다. 무슬림들은 딤미들과의 협업에 참여했을 뿐만 아니라 그들의 제자가 되기도 했다. 사회의 다른 분야에서도 비록 무슬림과 딤미들 간의 권위에서의 불균형으로 인한 긴장이 상존하기는 했지만 그와 비슷한 통합은 분명 존재했으며, 다수의 무슬림과 기독교도, 그리고 유대인이 상호 존경과 신뢰를 유지했다. 무슬림과 딤미들 간의 구분은 당시부터 지금까지 내려오고 있는 파트와(fatwas), 즉 법적 견해에서의 차이에서 반영되는데, 어떤 무프티(mufti, '파트와를 공포하는 법적 권위를 가진 사람')는 기독교도가 새 교회를 짓거나 교회종을 울려서는 안 된다는 견해를 갖고 있었던 데 반해, 또 어떤 무프티는 무슬림 아들이 기독교도 어머니와 함께 교회에 갈 수 있다는 답을 해주기도 했다.

알 안달루스 문화와 사회에 대한 비무슬림의 적극적 참여는 여러 가지 분명한 이유 때문에 알 안달루스 내 유대인의 경우에서 가장 분명히 나타나고 있다. 유대 문화와 이슬람 문화는 동쪽 아시아에서 수세기 동안 시너지 효과를 만들어내고 있었으며, 그것은 여러 가지 점에서 바빌론 유수 시기까지 거슬러 올라가는 페르시아 문화와 헤브라이 문화 간 융합의 연장선상에 있었다. 아랍어와 히브리어는 언어학적으로 매우 비슷하다. 두 언어는 세 자음 어근 시스템(three-consonant root system, '셈계 언어 구조')에 기반을 두고 있으며, 여러 가지 특징을 공유하고 있다. 비록 일부 무슬림의 종교적 혹은 민간적 전승은 그 주장을 부정하거나 간과하기도 하지만, 유대교는 독창적인 아브라함의 종교라는 특징을 갖고 있다. 그리고 유대교는 삼위일체와 인간의 몸을 가진 신(God incarnate)으로서의 예수라는 개념을 가지고 있는 기독교와는 달리, 다신론적인 혹은 신을 인격화하는(anthropomorphizing) 종교로 여겨지지 않았다.

하스다이 이븐 샤프루트는 칼리프 궁정에서 가장 유명한 유대인이었다. 그러나 다른 유대인도 다양한 행정 분야에서 일을 했고 지적 탐구에 다수 참여했다. 12세기 유대인 연대기 작가였던 이븐 다우드(Ibn Daud)는 하스다이가 살아 있을 때 "매일 700여 명의 유대인이 700여 대의 마차를 타고 코르도바에서 마디낫 알 자흐라로 출근했으며, 그들 각각은 궁전에서 입는 옷을 입고 무슬림 관리들이 쓰는 머리쓰개를 쓰고 있었으며, 모두 랍비(하노크)를 에스코트하고 있었다. 그리고 두 번째 파당은 그의 라이벌인 이븐 샤트나시(Ibn Shatnash)를 에스코트하고 있었다"라고 기술했다.[21] 고전 아랍어의 중요성과 유대인들이 아랍어 속어를 일상적으로 사용했다는 사실 때문에 유대인들은 히브리어 시와 문학뿐만 아니라 대중 혹은 지식인층의 아랍어 문학에서 나타난 르네상스에도 기여했다.

그렇지만 스페인에서 헤브라이 문학과 유대 사상의 나아갈 길을 밝히고 11~12세기 유대 문화의 '황금기'의 토대를 닦은 것은 알 안달루스

21 Gerson D. Cohen, *A Critical Edition*, p. 67.

유대인들을 동쪽 바빌로니아 아카데미로부터 독립시키려고 노력한 하스다이의 결의였다. 이 프로젝트는 우마이야 왕조 칼리프의 승인을 얻고 있었는데, 칼리프들은 '그들' 유대인의 지위를 높여주는 것이 곧 자신의 권위를 높이는 것이라고 생각했다. 그리하여 무슬림 시인들이 압드 알 라흐만 3세를 찬양했던 것처럼 유대인 시인들은 나시(Nasi), 즉 하스다이 이븐 샤프루트를 위한 찬가를 만들었다. 알 하캄 2세와 마찬가지로 하스다이는 외국인 전문가들을 알 안달루스로 초빙했다. 그는 수라(Sura)에 있는 위대한 바빌로니아의 탈무드 아카데미에서 수학한 모세스 벤 하노크(Moses ben Hanokh)를 초빙해 코르도바의 다이얀(dayyan, '유대인 치안 판사')으로 임명했다. 하스다이가 초빙한 또 한 사람이 문법학자 두나시 벤 라브라트(Dunash ben Labrat)였다. 페즈에서 태어나 동쪽 아시아에서 수학하고 위대한 학자 사디야 가온(Sa'adya Gaon)의 제자이기도 한 두나시는 히브리어로 된 세속시와 종교시 모두에 아랍적 운율을 적용함으로써 알 안달루스 내 유대 문학에 혁명을 가져다주었다. 또한 그는 하스다이의 비서 메나햄 이븐 사루크(Menaham ibn Saruq)를 모욕하기도 했는데, 메나햄은 헤브라이 철학에 관한 선구적인 논문을 썼으나 그것이 카와리즈파적 경향성을 띠고 있다는 이유로 맹렬한 비난을 받았다. 두나시와 메나햄에게는 그들의 작업을 계승한 제자들이 있었으며, 그 이후의 학자들과 시인들은 그들의 입장을 화해시키기 위해 노력했다. 어쨌든 이 같은 유대인 학문 공동체 내에서 벌어진 논쟁은 압드 알 라흐만 3세와 알 하캄 2세의 지식 문화에 대한 증진 노력이 만들어낸 엄청난 지적 역동성의 한 표징이었다.

반면에 알 안달루스 내 기독교도 원주민의 고급문화는 우마이야 왕조 르네상스의 피해자였다. 10세기경이면 라틴 문학은 아랍 문학에 거의 흡수되다시피 했으며, 기독교 복음서와 시편, 사도 서간 등은 아랍어로 번역되어 신자들에게 제공되어야만 했다. 문화는 후원 없이는 생존할 수 없는데, 알 안달루스에는 라틴 문학을 지원하려는 부자가 없었다(기독교 엘리트의 언어는 아랍어였다). 라틴어의 최후의 보루는 미사에 있었다. 비록 8세기 이래로 로마 교회의 다른 지역과 단절되어 있었던 알 안달루스에서 별도의 기도문과 예식이 발전하기는 했지만(그 예식은 모사랍식이라고 알려지게 되었다) 미사는 계속해서 라틴어로 거행되었다.

아랍화된 기독교도들의 영향력은 알 안달루스 밖에서 가장 강하게 느껴졌다. 스페인 북쪽 기독교 왕국들에서 가장 강하게 느껴졌지만 이탈리아와 프랑크 왕국에서도 마찬가지였다. 알 안달루스 영토에서 서유럽 라틴 영토로 이주해 간 '이동하는 성직자들'은 그곳(이탈리아나 프랑크 왕국 등)에서는 망실되거나 알려져 있지 않은 서적이나 필사본의 형태로 알 안달루스의 지식을 가지고 갔다. 기독교 사절들은 알 안달루스의 지식이 유럽에 확산되는 데, 그리고 지식과 권력의 중심으로서의 코르도바의 명성을 높이는 데 기여했다. 레케문드는 오스만 궁정의 방문이라는 임무를 수행하는 중에 장차 크레모나의 주교가 되고 외교관, 궁정인, 학자로도 활약하게 되는 리우트프란드(Liutprand)를 만났다. 그 뒤 두 사람은 친해졌으며, 후에 리우트프란드는 자신의 자서전을 알 안달루스의 동료(레케문드)에게 헌정하기도 했다. 코르도바와 바르셀로나 간의 외교 관계는 941년 압드 알 라흐만 3세의 제독 알 루마히스(al-Rumahis)가 함대를 몰고 가 카탈루냐 해안에 도착해 (카탈루냐) 공국을 공격할 준비를 하고, 다른 한편으로 하스다이는 수네르 백작의 항복 문제를 협상한 일이 있고 나서 특히 가까워졌다. 970년대 내내 두 지역 간에는 여러 명의 외교 사절이 교환되었으며, 그 이후 바르셀로나(바르셀로나는 인근에 코르도바의 지적 궤도의 한 미약한 위성 역할을 한 빅이라는 도시가 있었다)는 아랍-이슬람의 지식을 전해 주는 통로가 된 것으로 보인다.

이 같은 사실의 극적인 증거를 중부 프랑스 고원지대 출신의 수도승 오리야크의 제르베르(Gerbert of Aurillac)에서 볼 수 있는데, 그는 수네르의 후계자인 백작 보렐 2세(Borrell II)의 초대를 받아 카탈루냐를 방문했다. 이곳에서 그는 수년 동안 라틴 기독교 세계에서는 거의 알려져 있지 않던 수학과 천문학, 점성술에 대해 상당한 지식을 쌓았다. 귀국해 랭스의 주교좌 부속학교 선생이 된 그는 4과(quadrivium), 즉 수학·기하학·

음악·천문학을 중심으로 하는 새로운 커리큘럼을 만들어내고 라틴 세계에 아라비아 숫자를 도입하는 데, 그리고 개선된 주판과 천체를 관찰하고 분석하는 데 필요한 기구 등 여러 가지 기술 혁신에 기여한 것으로 알려져 있다. 그가 박식하다는 소문이 퍼지면서 제르베르는 어린 황제 오토 3세의 개인 교사로 임명되었으며, 이후에는 랭스의 주교와 라벤나의 대주교에 임명되었다. 999년에 오토 황제는 제르베르가 교황이 되도록 영향력을 행사했으며, 제르베르는 실제로 교황 실베스터 2세(Sylvester II)가 되었다.

그러나 제르베르는 스페인에서의 체류 이력 때문에 논란의 대상이 되었고 그를 둘러싸고 험한 소문이 난무했다. 그에 따르면, 사실은 그가 코르도바에서 살았고 거기서 한 무슬림 주술사 밑에서 마법을 배웠으며, 스승의 마법서를 훔쳐 그것을 이용해 도망쳐 나왔다는 것이었다. 그가 한 여자 악마와 동맹 관계를 맺고 있다느니, 그가 예언 능력이 있는 말을 하는 기계 장치 머리를 갖고 있다느니, 악마가 그를 지옥으로 데리고 가겠다고 맹세를 했다느니 하는 소문이 끊이지 않았다. 이런 이야기는 모두 허무맹랑하기는 했지만, 이런 이야기가 나돌았다는 것은 모두 훨씬 후진적인 유럽 기독교도 주민들 사이에 알 안달루스가 불러일으킨 두려움과 걱정을 말해 준다. 그런 이야기들은 모두 제르베르의 적들이 퍼뜨린 '헛소문'이었던 것으로 보이는데, 그렇지만 그것들은 기독교도들의 상상 속에 두려운 모습으로 자리 잡고 있던 알 안달루스의 존재감을 반영하는 것이기도 했다.

무슬림 스페인의 번영이 학자들만 매혹한 것은 아니었다. 수네르가 칼리프와의 휴전에 응한 것은 어쩔 수 없어서였지만, 교역에 관심이 있었던 다른 기독교 국가들은 능동적이고도 적극적으로 우마이야 왕조와의 조약을 추진했다. 아를의 백작이자 이탈리아의 왕이었던 위그(Hugh)는 알 안달루스와 외교적·상업적 관계를 수립했으며, 초창기 이탈리아의 아말피 화물 집산지에서 온 상인들도 코르도바 거리에서 어렵지 않게 발견되었다. 마디낫 알 자흐라는 칼리프국이 가진 부와 세련됨의 진열장—이곳을 방문하는 명사들에게 알 안달루스 사치품을 구입할 수 있는 화려한 백화점—이 되었다. 940년대에는 교황 사절들이 알 안달루스 문화에 경의를 표했으며, 970년대 초에는 북쪽 기독교 세계와 그 너머에서 온 왕족과 귀족 방문객들의 정기적인 행렬이 이어졌다.

알 안달루스의 국제적인 분위기에 불안감을 느낀 사람들이 외국의 기독교도들만은 아니었다. 일부 보수적인 말리키 울라마(알림)도 점차 우마이야 궁전의 세련된 문화에 불안한 마음을 갖게 되었다. 8세기의 아미르들은 말리키즘을 확실한 정통론으로 장려했고 압드 알 라흐만 3세는 말리키의 독점을 공식적으로 지지했던 데 반해, 알 하캄 2세는 이슬람법에 대한 (말리키적 해석이 아닌) 다른 해석을 은밀하게 장려했는데, 그것은 지적 호기심 때문이기도 했지만 다른 한편으로는 이 법적·종교적 엘리트(말리키)의 힘을 약화시키기 위해서이기도 했다.

말리키에 대한 견제는 불가피했으니, 그 이유 가운데 하나는 당시 베르베르인들과 토착 스페인 무슬림 사상가들(이들은 무엇보다도 말리크 이븐 아나스의 글을 숭배하고 하디스의 중요성을 경시했다) 사이에서 말리키법에 대한, 특히 보수적이고 편협한 해석이 인기를 끌고 있었기 때문이었다. 그들의 법 해석은 짐짐 경직되고 시대착오적인 것으로 여겨졌다. 그럼에도 그들 중에 개혁을 주장하는 사람이 나타나면 '혁신', 불결, 이단, 혹은 '불신', 부도덕이라며 비난을 퍼부었다. 이런 강경파들은 필요하다고 생각되면 법의 손을 거치지 않고 자의적으로 정의를 실현할 수 있는 사람들이었는데, 가끔 반대자들에 대해 공식적으로 범죄 혐의를 뒤집어씌울 수 없으면 그들의 도서관을 샅샅이 뒤져 증거를 찾기도 했다.

코르도바 궁전에서는 과학적·문학적 활동도 활발했지만, 그럼에도 알 안달루스에서 가장 중요하고 가장 활발한 연구 분야는 역시 종교학 분야였다. 지적인 개방성과 이설(異說)에 대한 조심스런 장려에도 불구하고, 정통 신학의 열렬한 후견인으로 널리 알려져 있었던 알 하캄 2세는 말년에 병석에 눕게 되었을 때 진지하게 경건한 쪽으로 돌아섰다. 그러나 도전은 말리키 이슬람 내에서 발효되고 있었으니, 허가받지 않은 신비주의자와 예언자를 자처하는 사람들이 알 안달루스 전역과 마그립에서 나타나기 시작한 것이었다. 압드 알 라흐만 3세와 알 하캄 2세 모두 공개적으로 정통 신학을 강화했음에도 불구하고, 말리키 엘리트들은 거기에 만족하지 않았다. 976년 알 하캄이 죽고 찬탈자 무함마드 이븐 아비 아미르, 즉 알 만수르(al-Mansur)가 등장하자 그들은 신비주의와 이슬람 이설이라는 정령을 다시 호리병 속에 집어넣을 기회를 맞게 된다.

제13장

장군, 칼리프, 그의 아내, 그리고 그녀의 애인

압드 알 라흐만에 의해 자리 잡은 효율성과 질서는 결국 그가 건립한 칼리프 체제를 파멸시키는 원인이 되었다. 국가의 일상 문제는 우마이야 왕조의 유능하고 충성스런 공복들의 수중에 있게 되고 칼리프는 (국사로부터) 멀리 떨어져 거의 반신적(半神的)인 간판으로 격상되면서, 그의 승계자 알 하캄 2세는 자유롭게 자신의 지적 열정에 탐닉하게 되었다. 국가의 공복들은 그로 인해 생겨난 권력의 공백 안으로 들어갈 기회를 갖게 되어 자신들의 권위와 영향력을 확대하기 위해 음모를 꾸몄으며, 그것은 자신들뿐만 아니라 지배 가문까지도 희생하게 되고 궁극적으로는 왕조의 파열을 재촉했다. 당대의 파티마와 압바스 칼리프 체제에서, 그리고 비잔티움과 오스만 왕조에서도 비슷한 과정이 나타났다. 1000년 이후 얼마 가지 않아 10세기 제국 질서는 완전히 일소되고 제국 세계 변경 출신의 새 지배자들이 그들을 대신하게 된다.

알 하캄 2세는 측근들, 그중에서도 지칠 줄 모르는 장군 갈리브 이븐 압드 알 라흐만(Ghalib ibn ʻAbd al-Rahman)과 하집 자파르 알 무샤피에 대해 깊은 신뢰를 갖고 있었기 때문에 여러 부분에서 권력의 고삐를 늦추어도 될 것이라고 생각했고, 또 그렇게 했다. 그 두 사람은 칼리프에게 끝까지 충성을 바쳤다. 그런데 그가 어린 아들 히샴(Hisham)을 후계자로 임명하고 무함마드 이븐 아비 아미르라는 명민하고 야심만만한 지방 출신 젊은이가 궁에 들어오면서부터 위기에 처하게 된다. 이븐 아비 아미르는 후에 알 안달루스 무슬림에게는 알 만수르(al-Mansur)로, 북쪽의 스페인과 그 너머의 기독교도들에게는 알만소르(Almanzor)로 알려지게 되는데, 그는 음모와 배신의 소용돌이 속에서 칼리프 위(位)를 찬탈하고 한편으로는 칼리프 체제에 가장 위대한 승리를 가져다주게 된다. 다른 한편으로는 의도치는 않았지만 그 칼리프 체제를 참혹한 붕괴의 나락으로 빠뜨리게 된다.

938년 무렵, 알 안달루스에 도착한 것이 711년 알 안달루스 정복 때까지로 거슬러 올라가는 야마니(Yamani) 가문에서 태어난 무함마드 이븐 아비 아미르는 수세대의 중간층 관리들을 배출한 가계 덕분에 알 안달루스 사회 내에서 엘리트층의 일원으로 간주되었다. 야심만만한 젊은이였던 그는 출세의 기회를 찾아 알헤시라스 근처의 고향 마을 토록스(Torrox)를 떠나 코르도바로 갔다. 그곳에서 그는 말리키 선생 밑에서 피크(fiqh, '이슬람법')를 공부하고 당대 최고의 선생들 밑에서 아답과 문학을 수학한 다음에, 당시 급증하고 있던 우마이야 왕조의 관료제 아래에서 일자리를 찾기로 결심했다. 가진 인맥이나 대담한 성품 때문이든 아니면 운이 좋아서든 간에, 그는 궁전(좀 더 구체적으로 말하면 하렘)에 들어가게 되었고, 거기서 알 하캄 2세의 움 왈라드('왕의 어머니')인 수브(Subh)의 관심을 끌게 되어 그녀의 비서로 채용되었다. 967년경 그는 그녀의 와킬(wakil), 즉 행정과 재정 업무를 맡아보는 측근이면서 일종의 대변인으로, 그리고 그녀의 장남의 집사로 일하게 되었다.

수브는 바스크 지역 출신으로 아랍-이슬람의 고급문화와 노래를 포함한 아답에서 좋은 교육을 받았으며, 그 점이 그녀가 칼리프에 의해 간택되고 각별한 총애를 받게 된 이유가 되었음은 의심의 여지가 없다. 여자를 지나치게 밝히지 않는 사람으로 알려져 있던 알 하캄이었지만 그는 그녀를 매우 사랑했다. 그래서 알게 된 지 얼마 되지 않아 그녀를 노예 신분에서 해방해 주었고, 그녀를 중하게 여기고 있다는 증거로 그녀에게 자파르(Ja'far)라는 남자 이름을 하사했다. 이에 대해 그녀는 그에게 두 명의 아들을 낳아주는 것으로 보답했다. 첫째 아들은 압드 알 라흐만이었는데 969/970년 일곱 살에 죽었으며, 둘째가 965년에 태어난 히샴이었다. 알 하캄은 974년 이 히샴이 여덟 살 때 그를 공식 후계자로 임명하게 된다. 수브 자신도 만만치 않은 야심의 소유자였는데, 그녀는 비록 이븐 아비 아미르의 매력에 끌리고 있었던 것은 분명하지만 자기 아들(히샴 2세)을 왕위 계승권자로 만들려는 생각을 갖고 있었다.

이븐 아비 아미르에게는 인간의 성품을 날카롭게 판단하는 능력이 있었다. 그는 궁정에 발을 들여놓고 나서 주저 없이 선물 공세를 퍼부어 수브와 하렘의 여자들을 자기편으로 끌어들이려 했고, 그 때문에 그와 관련된 소문이 나기도 했다. 또한 967년 그가 조폐국 책임자로 임명되자 횡령 사건에 연루되었다는 소문이 돌았는데, 그에 대해 그는 자신의 무죄를 주장하기보다는 은으로 제작된 근사한 궁정 모형을 주문해 수브에게 선물로 바쳤다. 움 왈라드(수브)와 칼리프는 이 모형의 독창적인 디자인에 감탄을 금치 못했고 횡령에 관한 소문은 조용히 잊혀졌다. 그러나 이븐 아비 아미르와 수브는 너무 가까워져 두 사람이 연인 관계라는 소문이 퍼지기 시작했다. 그녀가 둘째 아들에게 수유할 때 그(아비 아미르)가 그녀의 젖을 빨았다고 주장하는 사람도 있었고, 그래서 그가 '지르 히샴'(Zir Hisham), 즉 '세자의 양부'가 되었다고 주장했다. 그 말이 정말이든 아니든 간에, 이 이야기는 두 사람의 관계에 대해 세간에 의심이 컸음을 말해 준다. 그리고 그 이후 이븐 아비 아미르에 대한 수브의 억제되지 않은 열정을 풍자하는 외설적인 시가 공공연히 코르도바 시내에 퍼지기도 했다.

수브가 자신의 피고용인(이븐 아비 아미르)에 대해 어떤 개인적인 매력을 느꼈을지는 모르지만, 그녀는 분명 궁정 내 라이벌 파당의 견제를 이겨내고 어린 아들의 생존과 성공을 위해 모든 것을 바칠 수 있는 동맹세력을 찾고 있었을 것이다. 그렇다면 이븐 아비 아미르를 애인으로 선택한 것 역시 그와 관련된 전술 가운데 하나였을 수도 있다. 또 이븐 아비 아미르도 수브의 지지 덕분에 막대한 궁정 비용을 조달할 수 있었고 알 하캄의 신뢰도 얻을 수 있었다. 알 하캄은 그에게 유언 없는 영지 집행인, 세비야와 니에블라의 카디, 그리고 치안과 정보 분야의 수장 자리를 비롯해 수입도 많고 영향력도 큰 여러 직책을 계속해서 하사했다. 알 무샤피는 세자 히샴의 와킬에 임명되었으나 이 재정 관련 직책을 사실상 이븐 아비 아미르에게 넘겨준 것으로 보이는데, 이 직책은 그에게 상당한 수입을 가져다주었을 뿐만 아니라 하급자들을 임명하고, 시혜(施惠)를 하사하고, 선물을 나누어줌으로써 궁전 밖에서 자신의 후견 네트워크를 구축할 수 있게 만들어주었다. 궁정의 한 동료가 당시 조폐국 책임자로 있던 이븐 아비 아미르에게 딸의 결혼 때문에 빈털터리가 될 지경이라고 불만을 토로하자, 그는 그에게 신부 몸무게만큼의 은화가 담긴 자루를 선물하기도 했다.

이븐 아비 아미르는 하렘에서 확고하게 자리 잡고 칼리프의 신임을 얻게 되자, 칼리프 뒤에 실세로 군림하고 있던 두 인물인 갈리브와 알 무샤피를 자기편으로 만드는 일에 관심을 집중했다. 갈리브는 국가적 영웅과 비슷한 존재로 위대한 압드 알 라흐만 3세의 신뢰받는 마울라(피호인)이자 칼리프의 든든한 보호자였으며, 여러 군사적 공적으로도 유명했다. 그러나 이븐 아비 아미르가 궁전에 들어왔을 때 이 장군은 이미 60대에 접어들어 있었고 노쇠한 늑대라 할 수 있었다. 알 무샤피 또한 압드 알 라흐만 3세의 신임을 받는 가신이면서 서기였고 마요르카의 지배자였으며, 그 외에도 여러 직책을 겸하고 있었다. 그는 알 하캄의 절대적 신뢰를 얻고 있었으며, 알 하캄의 가정 교사로, 후에는 그의 하집으로 활약하기도 했다. 그러나 그가 인기 있는 인물은 아니었다. 그의 가문이 비록 오랫동안 알 안달루스에서 살았고 그 역시 학자의 아들로서 최고 수준의 교육을 받기는 했지만, 베르베르인 출신이었기 때문에 내각(council of ministers)을 장악하고 있던 아랍인과 마울라로 이루어진 파당에게는 눈엣가시 같은 존재였다.

칼리프 체제는 일종의 왕정이라고도 할 수 있었다. 그러나 우마이야 왕조의 힘은 카사(khassa)라고 하는 대귀족 가문들의 지지에 의존하고 있었는데, 그들은 와지르를 비롯한 핵심 직책을 차지하고 있었다. 인종적으로 아랍인이라는 정체성을 갖고 있었던 그들은 왕조와는 친족적 유대감과 공통의 특권 의식이 있었으며, 한 집단으로서 자신들의 권력에 자부심이 있었다. 그런데 그들은 알 무샤피 같은 베르베르인이 그렇게 막대한 영향력을 가질 수 있다는 사실에 경악을 금치 못했으며, 더구나 그가 궁전에서 세력을 키우고 있었기 때문에 놀라움과 분노는 더 컸다. 거기다가 970년대 초에 알 하캄 2세가 대규모 베르베르인 용병을 적극적으로 고용하기 시작했기 때문에 그들의 우려와 경계심은 더 커졌다. 이 새 용병 가운데 다수가 카와리즈파 혹은 시아파 신앙의 소유자였다는 점에 대해 칼리프는 그다지 걱정하지 않았다. 대부분 모로코의 자나타족 출신으로 구성된 새 용병들은 알 무샤피 가문처럼 아랍화된 베르베르인들과는 거의 혹은 전혀 유대감을 갖고 있지 않았을 것이다. 그렇지만 아랍인 엘리트들이 볼 때는 두 집단이 별로 다를 것이 없었다. 알 무샤피와 자나타족 신입자들의 부상은 아랍인 엘리트들에게는 야만인 혹은 벼락출세자라고 간주한 사람들에 밀려 자신들의 영향력이 감소해 가는 우려할 만한 징후로 생각되었다. 사실 베르베르인들에 대한 경멸은 아랍인들과 개종자들 사이에 광범하게 퍼져 있었다. 그런데 이븐 아비 아미르는 비록 귀족 집안은 아니더라도 나름 탄탄한 가문 출신의 아랍인이었고, 그는 그 점을 십분 활용했다. 그것은 궁극적으로 왕실 시종(하집)인 알 무샤피에게 치명적인 결과를 가져왔다.

한편, 이븐 아비 아미르의 눈은 칼리프 치하에서 팽창의 무대인 마그립으로 향해 있었다. 그중에서도 관심의 초점은 페즈의 강력한 이드리스 왕조와 그 지역의 변화무쌍한 베르베르 소국들에 대한 지배에 있었으며, 궁극적으로는 사하라사막을 횡단하는 금과 노예 무역을 지배하는 데에 있었다. 969년 파티마 왕조가 이집트 쪽으로 이전해 감으로써 북아프리카에는 권력 공백이 생겼고, 그로 인해 이드리스 왕조가 다시 나타나 에미르국에 대해 지배권을 행사했다. 한편, 이프리키야에서는 파티마 왕조의 산하자족 베르베르인 종속국들이 모로코의 자나타족들을 공격하기 시작했다. 알 하캄의 전략은 예속(subordination)과 강제(force)를 결합해 그 지역을 지배하는 것이었다. 그는 여러 군벌들을 이간질해 서로 싸우게 만들었고 누구도 우마이야의 질서에 도전할 만큼 강력해지지 못하게 조처했다. 일단 이드리스 왕조가 복속되자 여러 자나타족이 그 뒤를 따랐다. 그들 모두가 우마이야 왕조의 권위에 복속되었고 그들의 모스크에서는 금요일 기도에서 우마이야 왕조의 지배권이 공개적으로 인정되었다.

우마이야 왕조의 지배가 자리 잡자 이 지역의 주요 부족들은 가족 구성원 가운데 일부를 코르도바에 이주시키지 않으면 안 되었고, 다른 일부는 칼리프 군대에 입대시켜야 했다. 그것은 그들을 알 안달루스의 권력 구조에 포함하고 아랍 가문들의 힘을 약화시키는 데 기여했다. 반대로 아프리카에서 벌어지는 분쟁은 상부 변경령의 투집 가문 같은 알 안달루스의 프런티어 영주들이 아프리카에 군대를 파견하는 명분을 제공했으며, 그들을 군대와 행정의 상층으로 들어가게 만들어주었다.

이븐 아비 아미르는 갈리브와 함께 이드리스 왕조를 제압하기 위해 마그립으로 파견되었는데, 이때 그의 신분은 알 하캄의 일종의 부왕과 같은 직책으로 카디와 병참 장교의 직책을 갖고 있었다. 이 직책은 그것을 이용해 이득을 취하고 네트워크를 만드는 데 이상적이었으며, 그는 974년의 성공으로 의기양양하게 코르도바로 돌아왔다. 이드리스 왕조는 패했고 그 가문의 지도자들은 코르도바로 돌아와 거창한 의식과 함께 칼리프에게 충성을 맹세해야 했다. 이븐 아비 아미르는 갈리브의 신뢰와 베르베르인 족장들의 존중을 얻었으며, 알 하캄과는 더 가까운 사이가 되었다. 활약에 대한 보답으로 그는 알 안달루스 내 칼리프의 상비군 용병대(즉 베르베르인들)의 수석 감독관으로 임명되었다.

그렇지만 이드리스 왕조의 저항이 그것으로 완전히 끝나지는 않았다. 이드리스 왕조의 수장인 하산 이븐 카눈(Hasan ibn Qannun)은 이집트로 도망갔고, 979년 파티마 왕조의 지지를 받는 산하자족 군벌인 불루그긴 이븐 지리(Bulughghin ibn Ziri)가 마그립을 정복하자 이븐 카눈은 다시 이곳으로 돌아와 파티마 왕조 대신에 그곳을 지배하게 되었다. 그런데 이번에는 우마이야 왕조가 그를 용서하지 않았다. 985년 이븐 카눈이 알 안달루스에서 파견한 군대에 의해 포로가 되자, 이븐 아비 아미르는 그를 사형에 처했다. 그런데 이 조치도 이드리스 왕조를 끝장내지는 못했다. 이 가문은 그 후 40년 동안 세력을 결집하고 복수를 꿈꾼 끝에 알 안달루스로 돌아와 칼리프 위(位)가 자신들의 것이라고 주장했다. 그러나 당분간 북서 아프리카에 대한 우마이야 왕조의 지배는 확고했다. 그렇지만 이 지배권을 휘두른 사람은 알 하캄이 아니라 그의 후계자 히샴 2세였다. 985년경 이븐 아비 아미르—이때쯤이면 그는 알 만수르라는 이름으로 알려져 있었다—는 알 안달루스의 진정한 지배자가 되어 있었다.

알 만수르가 칼리프 체제를 장악하게 되는 것으로 끝나게 될 위기의 첫 번째 징후는 974년 알 하캄 2세가 뇌졸중으로 쓰러져 반신불수가 된 것이었다. 그 발병이 치명적이지는 않았지만 그의 허약한 체질을 발해 주었으며, 얼마 안 있어 닥치게 될 죽음의 징조였다. 그는 이를 감지하고 국사(國事)를 완전히 알 무샤피에게 넘겼으며, 열 살배기 아들 히샴을 후계자로 즉위시킬 준비에 착수했다. 임박한 권력 이양은 갈리브와 알 무샤피를 더 가깝게 만들었지만, 그럼에도 장군(갈리브)은 하집(알 무샤피)을 불신했다. 그들이 왕위 승계를 하고 나서 권력을 양분하기로, 즉 알 무샤피는 궁정을 지배하고 갈리브는 군대와 지방을 지배하기로 합의한 것은 아닌가 의심하는 사람도 있었다.

아마도 이 거래를 확실히 하기 위해 알 무샤피는 갈리브에게 그(갈리브)의 딸 아스마('Asma)와 자신의 아들 우스만의 결혼을 제안했던 것으로 보인다. 갈리브는 이 혼사에 동의해 정식으로 계약서가 작성되고 서

명까지 진행되었다. 그러나 이븐 아비 아미르가 이 사실을 알고는 공작에 들어가 장군의 마음에 의심의 씨앗을 뿌렸고, 결국 그가 합의를 깨고 대신에 아스마와 자신(이븐 아비 아미르)의 혼인을 추진하게 했다. 실제로 아스마와 우스만의 약혼은 취소되었고 이에 알 무샤피는 대노했다. 977년 새 결혼 계약이 체결되었고, 978년 상서로운 춘분날에 이븐 아비 아미르와 아스마는 성대한 예식을 통해 결혼을 했다. 알 무샤피는 이 결혼식에 참석하고 싶어도 참석할 수 없었을 텐데, 왜냐하면 그 무렵이면 그는 갈리브와 이븐 아비 아미르의 명령으로 감옥에 갇혀 있었기 때문이다. 그는 왕실 지하 감옥에 갇혀 있었으며, 거기에서 다시는 살아서 나오지 못했다.

그러나 자신의 운이 갑자기 바뀌기 전까지 알 무샤피는 이븐 아비 아미르의 야심에 대해 전혀 의심하지 않았고, 걱정할 이유도 없었다. 하집은 섭정으로 재직하면서 병약하고 미숙한 알 하캄의 아들 히샴 2세에게 칼리프 위를 넘기는 일을 준비하고 있었다. 그는 자신과 갈리브가 국정을 주도하고 수브와 이븐 아비 아미르는 자기들 밑에서 일하게 될 것이라고 확신하고 있었다. 알 하캄은 976년 10월 1일에 예순한 살의 나이로 눈을 감았고, 그 전날 히샴이 그의 계승자로 인정되었다. 네 명의 공모자는 서거한 칼리프의 바람에 따라 장례식을 주도했고, 소년 계승권자를 왕국의 명사와 고관들에게 소개하면서 그를 새로운 칼리프로 선언할 것을 주장했다. 그러나 아랍인 대귀족들 사이에서는 불평의 목소리가 거셌다. 그들은 알 무샤피를 불신했으며, 그와 수브 혹은 수브와 이븐 아비 아미르가 권력을 찬탈하기 위해 음모를 꾸미고 있다고 의심했다. 수석 카디 역시 이제 열 살밖에 안 된 소년이 칼리프직을 제대로 수행할 수 있을지 모르겠다며 걱정을 토로했으며, 다른 종교 엘리트들도 비슷한 걱정을 했다. 이와는 별도로 만약 어린 소년이 칼리프로 즉위하면 왕조의 안정이 유지될 수 있을지 걱정하는 사람도 많았다. 알 안달루스의 백성들은 그 전 세기에 그와 비슷한 상황에서 압바스 칼리프 체제가 어떻게 갈기갈기 찢어졌는지를 잘 알고 있었다.

당시의 보편적 불확실성이 궁전 내 다른 정치세력, 즉 사칼리바 환관들에게는 좋은 기회였다. 그들은 수브가 이븐 아비 아미르에게 의존하면서부터 점점 소외되었다. 이 집단의 리더는 파이크 알 니자미(Fa'iq al-Nizami)와 자우다르 알 하카미(Jawdhar al-Hakami)였는데, 이들은 알 하캄 2세의 심복이었고 각각 '매우 총애받은 종자'와 '총애받은 종자'라는 직함을 갖고 있었다. 그들은 부유했고 정치적으로 유력자들이었다. 파이크는 우체국장과 왕립 견직물 공장 책임자, 그리고 왕실 근위대장을 역임했으며, 자우다르는 수석 매사냥꾼과 왕립 금은세공 작업장 책임자, 그리고 군 지휘관을 역임하는 동시에 의식(儀式)과 관련된 역할을 맡아보기도 했다. 두 사람은 알 하캄에 깊은 충성심을 갖고 있었고 그의 임종을 옆에서 지키기도 했다. 그런데 새 체제 아래에서 두 사람은 완전히 권력에서 소외될 처지에 놓이게 되었고, 그래서 그들은 주군의 서거 소식이 밖으로 알려지기 전에 은밀하게 알 무사피에게 접근해 임종 소식을 전하면서 히샴을 멀리하고 대신에 알 하캄의 스물일곱 살의 동생 알 무기라(al-Mughira)를 후계자로 옹립하라고 부추겼다. 파이크는 히샴을 살해해야 한다고 주장했다. 이에 알 무사피는 그 견해에 동의한 척한 다음에 갈리브와 이븐 아비 아미르, 그리고 그 외 다른 우마이야 왕조 지인들과 회동해 이 음모를 알렸다.

그들은 알 무기라를 살려두면 자신들이 위험해질 것이라는 데 의견을 같이했으며, 이븐 아비 아미르가 그를 제거하겠다고 나섰다. 그는 일단의 병사들을 데리고 왕자(알 무기라)가 머물고 있는 궁전으로 갔다. 그들이 도착했을 때 알 무기라는 형의 서거 소식에 너무 놀라 제정신이 아니었기 때문에 이븐 아비 아미르는 그를 측은히 여겨 살려둘 생각을 하기도 했다. 그러나 충성파로부터 알 무기라를 반드시 죽여야 한다는 전언이 그에게 전해졌고, 왕자(알 무기라)는 자신의 집에서 가족들이 보는 앞에서 교살되었다. 이로써 히샴의 왕위 계승은 확실해졌다. 이븐 아비 아미르는 알 무기라의 시신을 대들보에 걸어두게 해서 그가 형의 죽음에 너무 충격을 받은 나머지 자살한 것이라고 주장했다. 그럼으로써 자신은 왕자를 살해했다는 오명에서 벗어날 수 있었다.

다음 날, 알 무샤피가 히샴의 취임식을 주재할 때 파이크와 자우다르는 그의 우측과 좌측의 명예로운 자리에 같이할 수 있었다. 그러나 권력 이양이 완결되자마자 그들과 그 외 다른 지도적인 환관들은 체포되었고 재산은 몰수되었다. 파이크는 마요르카로 추방되었고, 자우다르도 결국 처형되었다. 이븐 아비 아미르는 이 혼란한 상황을 이용해 이 음모에 참여하지 않은 다른 지도적인 환관들도 살해했다. 이로써 사칼리바 집단의 권력은 파괴되었다. 아니, 거의 그랬다. 자우다르는 후에 다시 나타나 마지막 음모를 꾸미게 된다.

물론 알 무샤피와 그의 공모자들은 히샴에게 진짜 통치권을 넘겨줄 생각이 전혀 없었다. 부친으로부터 허약한 체질을 물려받은 어린 칼리프는 즉각 외부와의 모든 소통이 단절된 채 왕궁 안에 갇혀 있게 되었고, 사치스럽지만 무기력한 생활을 하지 않으면 안 되었다. 알 무샤피는 하집 자리를 차지했고, 이븐 아비 아미르는 와지르 한 자리와 왕실 근위대장직을 차지했다. 갈리브는 원칙적으로 최고위 장군직에 그대로 머물렀으나, 알 무샤피는 자기가 임명한 사람들로 요직을 채웠고 자신의 앞길에 위협이 된다고 생각되면 누구든 구실을 만들어 제거했다. 이런 그의 행동은 내각(council of wazirs)을 지배하던 아랍인들과 갈리브를 놀라게 했는데, 이븐 아비 아미르는 그들의 그런 두려움을 은근히 더 부추겼다. 수브는 그녀대로 미묘한 처지에 놓이게 되었다. 즉 그녀는 어떠한 공식적인 지위도 갖지 않았고 사실상 하집의 통제를 받는 상태가 되었다. 이븐 아비 아미르가 다음 행동에 들어간 것은 바로 그때였다.

이 무렵에 이븐 아비 아미르는 궁정, 재정 부서, 몇몇 지방, 마그립, 그리고 종교 엘리트들과 군대 내 베르베르인들 사이에서 강력한 인적 네트워크를 구축하고 있었다. 그가 경험해 보지 못한 직책은 군 지휘관뿐이었다. 그런데 알 하캄이 죽고 나서 얼마 안 되어 북쪽 변경 지역에서 문제가 발생하면서 그 직책을 경험할 수 있는 기회가 찾아왔다. 약 반세기 전에 아직 젊은 나이의 압드 알 라흐만 3세가 그 지역들을 지배하려고 분투하고 있을 때, 레온 왕국의 오르도뇨 2세(Ordoño II)가 알 안달루스 영토 깊숙이까지 쳐들어와 왕국의 경계를 두에로강 남쪽까지 확장했다. 그는 자신감의 표현으로 왕국의 수도를 오비에도에서 레온으로 옮겼는데, 이 레온은 거대한 중앙 평원지대의 북쪽 가장자리에 위치한 옛 로마 도시 레지오(Legio)의 고대 성벽을 기반으로 하고 있었다.

한편, 레온과 팜플로나 사이에서는 새로운 세력이 떠오르고 있었는데, 카스티야 백령(county of Castile)이 그것이었다. 이 백령은 931년에 페르난 곤살레스의 지배 아래에서 레온으로부터 떨어져 나왔다. 압드 알 라흐만 3세가 알 안달루스에 대한 지배권을 공고히 하자, 페르난 곤살레스는 여러 기독교도 군주들을 휘하에 끌어모을 수 있었다. 그들은 탄원자 혹은 조공자의 신분으로 자신들이 직접 가거나 아니면 사절을 통해 마디낫 알 자흐라에 있는 칼리프의 궁정에 자주 얼굴을 내비쳤다. 그들은 자신들의 왕조가 아직 허약하다는 것을 잘 알고 있었다. 그러나 마그립에서 발생한 하산 이븐 카눈의 반란과 알 하캄의 병환, 그리고 히샴의 혼란스런 왕위 계승을 틈타 과거 자신들이 체결한 협정을 파기하고 전에 비해 훨씬 과감한 침입을 시도하는 등 칼리프국의 힘을 시험하기 시작했다.

977년경이면 기독교 군주들은 진짜 위협적인 존재로 여겨졌고, 그것은 카사들을 놀라게 하고 궁정인들을 두렵게 만들었다. 수브는 왕조의 미래를 걱정하기 시작했다. 군 지휘관직을 제멋대로 뒤섞어놓음으로써 군대를 약화시킨 알 무샤피는 무기력에 빠져 위기에 제대로 대처하지 못했다. 알 무샤피의 이중성에 완전히 실망하고 하집에게 도움을 제공할 마음이 없게 된 갈리브는 북아프리카로 원정을 떠났다. 이븐 아비 아미르가 앞으로 한걸음 더 나아가 군대를 자신의 휘하에 집결시키고 당당하게 칼리프국을 수호할 것이라고 모후에게 약속한 다음, 기독교도들의 위협에 대처하기 위해 북쪽으로 진군한 것은 바로 이 무렵이었다.

제14장

승리자 하집

이븐 아비 아미르는 977년 2월 중순에 군대를 이끌고 코르도바를 출발했다. 그의 목적지는 북쪽으로 480킬로미터 정도 떨어진 알 함마(al-Hamma) 혹은 로스 바뇨스(Los Baños)라고 알려진 레온 왕국 변경에 있는 요새 도시였다. 약 두 달 후에 그는 전리품과 다른 사람에게 선물하거나 노예로 팔아먹을 포로들을 데리고(후에 쓰여진 한 연대기에 따르면, 그 수가 '1,000명'이나 되었다) 열렬한 환영을 받으면서 코르도바로 귀환했다. 이 원정은 이븐 아비 아미르가 이베리아반도의 기독교 군주들을 상대로 이끈 쉰 차례 이상의 원정(977년의 두 차례 원정을 포함해) 가운데 첫 번째였다. 잔인하고 파괴적이었던 그의 침입은 알 안달루스에서는 인기 있고 신심 깊은 영웅으로, 유럽 기독교도들에게는 악마처럼 두려운 '알 만소르'로 명성을 떨쳤다.

특히 알 함마에서의 승전은 그에게 갈리브의 존경과 수브의 신뢰를 가져다주었으며, 노(老)장군들을 포함해 그의 적들과 동맹자들 모두를 제거하거나 무력화할 수 있는 힘을 안겨 주었다. 이는 또한 칼리프의 모후를 감동케 했다. 무함마드 이븐 아비 아미르는 역설적인 인물이었다. 기본적으로 그는 찬탈자, 즉 칼리프 위를 찬탈한 무자비하고 야심만만한 권력 추구자였다. 그는 암마('amma, '보통 사람들')의 포퓰리스트적 충동에 영합하고 종교 엘리트들의 약점을 이용했으며, 히샴 2세를 꼭두각시로 만들고 우마이야 왕조의 배후에서 자신의 그림자 왕조(아미르 왕조)를 수립했다. 독실한 수니파와 우마이야 왕조에 충성하는 충신들은 그의 이런 행동을 용납할 수 없었지만, 그가 많은 사람들의 기대를 충족해 준 것은 사실이었다. 그는 알 안달루스를 파국의 위기로부터 살려내고 잠재적 승계 위기로부터 구해 냈으며, 어느 모로 보나 알 안달루스를 이베리아반도와 마그립 양쪽 모두에서 확실한 강국으로 만들어놓았다. 당시 그는 알 안달루스 무슬림들에게는 질서와 신앙의 기둥이었으며, 이교도들에게는 가혹한 채찍이었다. 그를 비판하는 사람들도 그의 지배가 알 안달루스의 자부심, 번영, 안전, 그리고 안정을 강화했다는 분명한 사실 앞에서는 설득력을 잃었다. 그들은 이 모든 것이 얼마나 일시적인 것이 될지 결코 짐작할 수 없었다.

977년 침입의 가장 두드러진 피해자는 기독교 군주가 아니라 그 이전에 이븐 아비 아미르와 함께 음모를 꾸몄던 알 무샤피였다. 977년경이면 하집(알 무샤피)은 고립되었고, 자기 가족 외에는 그를 지지하는 사람이 거의 없었다. 이븐 아비 아미르는 카사 가운데서 동맹세력을 확보하고 수브와 갈리브의 동의를 얻어 알 무샤피를 면직한 다음에 체포·구금했으며, 히샴 2세의 시종직(하집)까지 박탈했다. 또한 이 무렵에 이븐 아비 아미르는 코르도바 시에서 최고 권위를 갖는 사힙 알 마디나(sahib al-madina, '시 감독관' 혹은 '시장 관리')직까지 차지함으로써 권력을 더 공고히 했다. 이때쯤이면 갈리브는 이미 자신의 사위에게 빚을 지고 있었다. 즉 이븐 아비 아미르는 열두 살배기 칼리프를 압박해 '이중 와지르'(dhu 'l-wizaratayn, '민사 담당 와지르'와 '군사 담당 와지르'를 함께 보유한 사람)직을 자신의 장인(갈리브)에게 하사케 함으로써, 한때 노예였던 사람을 궁정의 다른 와지르보다 더 높은 자리에 임명하도록 했다. 그러나 알 무샤피가 이미 권좌에서 물러난 상황에서 갈리브의 권력도 그리 오래가지는 못했다. 다가올 사태의 한 징조로서 이븐 아비 아미르(그는 당시 하집직을 차지하고 있었다)는 코르도바 동쪽 가까운 곳에 자신의 대저택 단지를 건설하기 시작했다. 그는 그 단지를 마디낫 알 자히라(Madinat al-Zahira), 즉 '빛나는 도시'라고 부르게 될 텐데, 그것은 칼리프의 왕궁인 마디낫 알 자흐라에 대한 대담한 도발에 다름 아니었다.

이것은 그의 의도를 분명히 보여 주는 것으로서 왕궁 내부 사람들과 종교 엘리트들의 즉각적인 반발을 불러일으켰다. 978~979년 울라마의 지도자들은 사칼리바들과 모의해 히샴 2세를 살해하고 그의 사촌인 압드 알 라흐만 이븐 우바이드 알라('Abd al-Rahman ibn 'Ubayd Allah)를 칼리프로 옹립한 다음에 이븐 아비 아미르를 쫓아내기로 의견을 모았다. 히샴 2세의 살해를 실행할 당사자로는 환관 자우다르가 선택되었다. 그러나 그가 칼리프에게 접근해 칼로 찌르려고 하는 순간, 히샴 옆에 서 있던 아미르의 충성파 가운데 한 사람인 아흐마드 이븐 암루스('Ahmad ibn 'Amrus)가 중간에 칼날을 가로막아 칼리프는 죽음을 면할 수 있었다. 하집은 분기탱천해 자우다르와 압드 알 라흐만을 즉각 처형하고 압드 알 말리크 알 발루티('Abd al-Malik al-Balluti, 이 사건의 주모자 가운데 한 명이자 존경받는 법관이었다)는 공개적으로 십자가에 못 박아 죽였다. 다른 공모자들 가운데 고위직에 있던 사람들도 대부분 투옥되었고 거기서 살아남지 못했다.

이제 잠재적인 라이벌을 근절하기로 작정한 이븐 아비 아미르는 압드 알 라흐만 알 루마히스('Abd al-Rahman al-Rumahis)에게 관심을 집중했는데, 그는 페치나(Pechina)와 알메리아(Almería)를 다스리는 해군 제독이었다. 알메리아는 칼리프국의 가장 중요한 조선소와 우마이야 왕조의 주력 함대 본부가 있는 항구였다. 알 루마히스는 과거에 카탈루냐, 프로방스, 북부 이탈리아, 그리고 이프리키야를 공격하는 함대를 이끌기도 했고, 971년과 972년 갈리브가 바이킹을 격퇴할 당시 해군 사령관이기도 했다. 요컨대, 그는 수도에서 멀리 떨어진 곳에 권력 기반을 갖추고 있었으며, 이븐 아비 아미르에게는 충성심도 정치적 부채도 갖고 있지 않은 만만치 않은 인물이었다. 갈리브와 그 외 다른 아랍 알 안달루스의 정치적 엘리트와 마찬가지로 그는 하집(이븐 아비 아미르) 휘하 군대의 상당 부분을 채우던 베르베르인 병사들에 대해 아무런 애착도 없었다.

그런 인물은 조심스럽게 제거해야만 했다. 979년 말과 980년 초, 이븐 아비 아미르는 모로코에서 일어난 반란을 진압하기 위해서라며 군대를 이끌고 남쪽 알헤시라스로 내려갔다. 여기서 그는 제독에게 존중을 표하고 싶다면서 저녁을 함께 하자는 말로 자신의 캠프에 초대했다. 이때 이븐 아비 아미르가 식탁에 내놓은 설탕이 들어간 닭요리—알 안달루스의 별미—는 그 속에 집어넣은 독약의 쓴맛을 은폐하기에 충분할 정도로 달콤했다. 그렇게 독약을 먹은 알 루마히스는 가까스로 집에 도착했으나 고통스럽게 서서히 죽어갔다. 하집은 즉각 죽은 제독의 재산을 몰수하고 알메리아의 지배권을 다름 아닌 자신의 심복인 아흐마드 이븐 암루스에게 넘겨주었다.

갈리브는 톨레도 근처에 있는 자신의 거점에서 놀라움과 경계심으로 이 사태를 지켜보았고, 결국 행동에 나섰다. 연대기 작가들에 의하면, 그는 980년 중부 변경령에 있는 메디나셀리(Medinaceli, Madinat Salim)에 있는 자신의 요새에서 의논할 일이 있다며 이븐 아비 아미르를 그곳으로 초대했다. 그런데 그와 대화를 나누다가 이성을 잃고 칼을 꺼내 하집을 내리쳤는데, 그를 죽이지는 못하고 손가락 일부와 얼굴 일부를 베는데 그쳤다. 이븐 아비 아미르는 부상을 입은 채 그곳을 빠져나와 성벽을 뛰어넘어 도망쳤다.

이제 더 이상 타협은 불가능했다. 이븐 아비 아미르는 코르도바 군대—베르베르인 징집병, 기독교도 용병, 상부 변경령의 무슬림 군대, 노예, 히샴과 자기 자신의 가문에 충성하는 알 안달루스 사람들로 구성되어 있었다—를 집결시킨 다음, 980년 말 북쪽으로 쳐들어갔다. 하집은 갈리브에게 충성하는 무슬림 지역과 중부 변경령 도시들에 대한 공격을 이끌었으며, 그는 이 공격을 다수의 기독교도들이 갈리브의 군대에서 싸우고 있다는 이유로 지하드로 규정했다. 나아가 그는 카스티야 백령까지 공격해 들어갔다. 당시 80대였던 갈리브는 더 이상 젊었을 때의 당당한 인물이 아니었으며, 칼리프국의 전쟁 영웅으로서의 그의 경력이 베르베르인들의 충성심을 이끌어내지는 못했다. 베르베르인 가운데 다수는 마그립에 있을 때 그의 적이었고, 그들은 이제 이븐 아비 아미르의 군대에서 다수를 차지하고 있었다. 당시 갈리브는 중부 변경령에 있는 얼마 되지 않은 자신의 병력에 의존할 수밖에 없었다. 따라서 리오하의 왕 라미로 가르세스나 카스티야의 백작 가르시아 페르난데스 같은 기독교 지배자들에게 도움을 구하지 않으면 안 되었다.

하집은 곧 닥칠 전투를 예상하고 981년 초봄에 갈리브가 지배하는 영토를 공격했다. 그러나 그는 참패를 당했고 여러 명의 충성스런 와지르가 포로 신세가 되었다. 몇 달 뒤에 두 사령관은 결정적인 전투를 치르게 되는데, 메디나셀리에서 서쪽으로 약 24킬로미터 떨어진 요새 아티엔사(Atienza) 근처에서 벌어진 전투가 그것이었다. 갈리브는 두 차례에 걸쳐 돌파를 시도해 적군의 우측과 좌측 양쪽을 무너뜨렸으며, 그 결과 이제 이븐 아비 아미르가 이끄는 중앙 부대만 남게 되었다. 그런데 바로 이때 그의 동맹군과 추종자들에게는 불행하게도 노쇠한 갈리브가 승리를 목전에 두고 탈진 혹은 고령 때문에 죽고 말았다. 그 때문에 그의 군대는 동요하고 무너지고 말았다. 그로 인해 갈리브의 군대는 패주했으며, 이븐 아비 아미르의 병사들은 달아나는 적들을 쫓아가 무자비하게 학살했다.

패한 쪽의 사상자는 엄청났다. 그중에는 대귀족이 여러 명 포함되어 있었으며, 리오하의 왕 라미로 가르세스(Ramiro Garcés)도 그중 한 명이었다. 갈리브의 시신이 발견되었고, 이븐 아비 아미르는 죽은 자신의 장인의 껍질을 벗겨 그 안을 솜으로 채워 박제한 다음에 코르도바 궁전 문 앞 십자가에 걸어놓아 모든 사람이 볼 수 있게 했다. 일설에 의하면, 갈리브의 머리는 이븐 아비 아미르의 궁전, 즉 마디낫 알 자히라 정문 위에 세워진 십자가에 매달려 있었다고 한다. 또 다른 설에 의하면, 하집은 그

머리를 갈리브의 딸이자 자신의 아내이기도 했던 아스마에게 소름끼치는 상징물로 보냈는데, 아스마는 그것을 향수와 장미수로 정성스럽게 씻은 다음 칼리프에게 보냈다고 한다. 이븐 아비 아미르에게 갈리브의 패배는 이제 그가 전권을 장악하게 되었음을 의미했다. 그는 그 승리를 기념해 군주의 호칭을 알 만수르 비라(al-Mansur bi-Llha), 즉 '신의 가호로 승리한 자'라고 정했다.

이제 무소불위의 권력을 갖게 된 알 만수르는 자신의 권력을 강화하고 국가 기구를 자기와 자기 가문에 충성을 바치게 하는 쪽으로 바꾸기 시작했다. 그는 982년에 완공된 마디낫 알 자히라에 거주했는데, 이 궁은 이제 마디낫 알 자흐라를 대신해 통치의 진정한 구심점 역할을 하기 시작했다. 이전 반세기 동안에 발전한 국가 중심의 행정과 관료제는 알 만수르 자신과 그의 가문에 봉사하는 쪽으로 개편되었다. 그는 대도시의 지배자들이 계속해서 자신에게 충성을 바친다는 조건 아래 그들에게 더 많은 권한을 부여했으며, 그럼으로써 의도치 않게 알 안달루스의 정치적 파편화의 단초를 제공하게 되었다. 그때까지 왕조의 권력 유지를 위한 결속력 있는 틀을 제공해 주었던 우마이야 마왈리 네트워크는 무력화되었다. 칼리프 군대 내 원주민 병사들은 노예들과 용병들, 특히 북아프리카에서 건너온 사람들에게 자리를 내주고 점차 무기력해졌으며, 베르베르인들이 국정 운영에서 전보다 훨씬 중요한 역할을 담당하게 되었다. 전에는 반(半)야만인들의 촌스럽고 미개한 복장이라고 조롱의 대상이 되었던 부르누스(burnus, 과거 아랍인들이 입었던 소매 없는 후드 달린 외투)와 터번은 이제 궁정에서 유행하는 옷차림이 되었고, 그것은 우마이야 왕조 엘리트들과 알 안달루스의 보통 사람들을 놀라게 했다. 이 두 집단은 모두 같은 종교를 가진 북아프리카 주민들을 두려움과 증오의 눈길로 바라보았다.

알 만수르는 정치적·개인적 생활에서는 마키아벨리적이었지만, 다른 한편으로는 신심 깊은 인물이기도 했다. 그는 말리키 법률가 교육을 받은 적이 있고 카디로 일한 적도 있었으며, 『꾸란』을 직접 필사하는 등의 경건한 행동으로도 잘 알려져 있었다. 그러나 그와 종교 엘리트들 간의 관계는 여전히 껄끄러운 상태로 남아 있었다. 대체로 말리키 울라마는 자신들의 독립성과 고결함, 그리고 칼리프 왕조에의 충성심에 대해 자부심이 있었는데, 이에 대해 하집은 자기 친척들과 종자들을 주요 사법 관련 직책에 임명함으로써(예를 들어 그는 자신의 외삼촌을 코르도바의 카디로 임명했다) 울라마의 (칼리프에 대한) 충성심에 대응하려고 했다. 비록 978~979년의 쿠데타가 실패한 이후로, 종교 엘리트들이 감히 그에게 정면으로 맞서려고 하지는 않았지만 그들의 저항 의지는 결코 사라지지 않았다. 예를 들어 알 만수르가 마디낫 알 자히라의 모스크를 마스지드 알 자미(masjid al-jami), 즉 금요 기도를 위해 신자들이 모이는 대모스크로 선언하려고 하자 그의 궁이 단지 수도(首都)의 교외 혹은 위성에 불과하기 때문에 그곳에 있는 모스크에 그런 지위를 부여하는 것은 합당하지 않다고 선언하는, 일련의 거의 만장일치적인 파트와(법적 견해)에 의해 저지되었다. 이에 분노한 알 만수르는 사법 엘리트들에게 자신의 말을 따르도록 압박을 가했으나 그 어떤 권위 있는 '알림'('alim, 특히 이슬람에 대해 많이 알고 있는 학자)도 그의 모스크에서 이맘으로 일하려고 하지 않았으며, 우마이야 왕조 엘리트 가운데서도 금요 기도를 위해 그곳으로 가려고 한 사람은 거의 없었다.

기독교도들을 상대하든 동료 무슬림들을 상대로 싸우든 간에, 알 만수르는 자신의 군사 원정에 지하드라는 신성의 아우라를 씌우려 했다. 마찬가지로 과장되고 웅장한 몸짓을 통해 종교 엘리트들을 자기편으로 끌어들이려 했다. 그중 하나가 코르도바의 대모스크를 확장하는 것이었는데, 그의 후원 아래 여덟 개의 네이브가 더해짐으로써 기도실과 파티오(안뜰)의 크기가 거의 두 배가 되었다. 그 대모스크에는 자신의 궁전의 경우와 마찬가지로 대용품 활용 기술이 적용되었는데, 그것은 그 건물 건축에 사용된 값싼 자재와 기술에서 분명히 나타났다. 또한 그는 말리키 엘리트들과 협력해 정통 신앙과 견해를 달리하는 울라마 학자들과 지식 계급에 대해 사법적 박해를 가했다. 보수적인 법률가들의 환심을 사려는 그의 경건한 제스처의 또 다른 예는 보수적인 법률가들이 대단히 못마땅하게 생각한 알 하캄 2세의 유명한 도서관을 없애는 것이었다. 기독교 지배기와 관련된, 그리고 천문학, 이교적 철학, '비무슬림적인 과학', 그리고 비도덕적이라고 생각되는 주제에 관련된 수많은 책이 압류되어 공개적으로 불 속에 던져졌다. 그러나 이 일은 그의 치세 말년에 일어난 것이었다.

알 만수르는 문화를 중히 여기고 그 문화의 정치적 의미를 잘 이해하는 사람이었다. 그는 계속해서 자신의 정통 신앙의 범위 내에서 학문과 예술을 후원했으며, 전에 마디낫 알 자흐라처럼 마디낫 알 자히라를 문인과 학자들이 만나서 교류하는 살롱으로 만들었다. 그는 이라크의 시인이자 문법학자인 사이드 알 바그다디(Sa'id al-Baghdadi)를 궁정으로 초대해 그에게 선물과 돈다발을 안겨 주었으며, 이집트에서 오래 체류하고 돌아온 지 얼마 안 되는 알 안달루스의 시인 알 후사인 이븐 알 아리프(al-Husayn ibn al-'Arif)를 아들의 가정 교사로 임명했다. 그가 비록 도서관을 파괴하고 몇몇 학자를 박해하기는 했지만, 그럼에도 알 안달루스 문화는 계속해서 발전했다. 빈틈없는 인물이었던 하집(알 만수르)은 결코 히샴 2세의 권위와 우마이야 칼리프국의 기구에 공개적으로 도전하거나 그 권위를 약화시키려 하지 않았고 칼리프 위를 자기가 직접 차지하려고 하지도 않았다. 980년경 칼리프의 권력은 그저 허구에 지나지 않았으며, 대부분의 사람들은 그 사실을 잘 알고 있었다. 그러나 우마이야 왕조의 권위라는 환상을 깨부수지 않고 그대로 유지하는 것이 알 안달루스의 안정에 매우 중요하다는 것을 모르는 사람도 거의 없었다.

알 만수르가 칼리프 왕조의 안정이라는 외형을 유지하려고는 했지만, 그는 자신의 지배를 인정하지 않으려는 내부 저항에도 대처해야 했다. 그의 권력이 점점 커지는 것에 비례해서 수브의 경계심도 점점 커져갔다. 히샴이 즉위한 이후 한동안 가동되었던 갈리브와 알 무샤피, 그리고 이븐 아비 아미르로 이루어진 3두체제에서 그녀는 사이이다(Sayyida,

'Lord'를 의미)라는 칭호에 대한 자랑이 보여 주듯이, 움 왈라드(umm walad, '세자를 낳은 노예 출신 후궁')라는 지위를 통해 상당한 권력을 행사할 수 있었다. 그러나 이제 마디낫 알 자흐라가 권력의 중심이 아니게 된 상황에서 그녀는 자신의 아들과 마찬가지로 고립무원 상태에 놓이게 되었다. 996년 그녀는 자신의 남동생 파이크(Fa'iq)의 도움으로 점차 알 만수르에 반항적으로 되어가고 있던 마그립의 지배자 지리 이븐 아티야(Ziri ibn 'Atiyya)와 접촉해 이븐 아비 아미르를 제거하려는 음모를 꾸몄다. 그 방법으로 그들은 이븐 아비 아미르에 대한 충성을 공개적으로 부인하고, 대신에 소년 칼리프 히샴에 대한 충성을 선언했다. 그럼으로써 하집을 권좌에서 제거하겠다는 것이었으며, 그리고 이 혁명에 들어가는 비용은 왕실에서 댄다는 것이었다.

그러나 궁전 내 이븐 아비 아미르의 스파이들이 이 음모를 사전에 인지했다. 이에 그는 서둘러서 '와지르 위원회', 즉 각료 회의를 소집했으며, 그 위원들은 왕실 금고(그때까지 지배 가문이 갖고 있던 가치 있는 유일한 것)를 마디낫 알 자히라로 옮길 수 있게 허용해 주었다. 하집의 군대가 마디낫 알 자흐라로 가서 꿀과 다른 식품을 담는 거대한 항아리에 금화와 은화를 담아 몰래 갖고 나오려는 과정에서 파이크(수브의 동생)와 사클라브들을 체포했다. 금고는 고스란히 하집의 수중에 들어갔다. 이 금고를 빼앗김으로써 이제 수브가 가지고 있던 이미 보잘것없게 된 영향력마저 사라져 버렸다. 이제 그녀는 완전히 무기력한 존재가 되고 말았다. 지리 이븐 아티야(마그립의 지배자)에 대해서는 알 만수르가 그 이듬해에 그를 제압하기 위해 먼저 군대를 마그립에 보내 더 허약한 자나타족 군벌들의 지지를 확보했다. 그리고 그들은 여러 차례의 전투를 통해 지리 이븐 아티야를 패퇴시키고 그를 동쪽 사하라사막 쪽으로 쫓아냈다. 998년 이븐 아비 아미르의 스물세 살난 아들이자 상속자였던 압드 알 말리크('Abd al-Malik)에게 이 반란자(지리 이븐 아티야)를 진압하라는 중책이 맡겨졌는데, 이 반란자는 지금의 알제리로 도망쳤다. 거기서 그는 티헤르트(Tihert)와 틀렘센(Tlemcen)을 중심으로 하는 새 제후국 확보에 성공했다가 다시 한 번 공개적으로 알 만수르의 권위에 복속되었다.

히샴 2세에 대한 수브와 지리의 공개적인 충성 선언은 히샴 2세가 수년 동안 대중의 눈에 띄지 않았다는 사실을 돋보이게 했다. 아울러 그것은 모후와 하집이 서로 사랑하는 사이라는, 아직도 떠돌던 소문과 함께 이븐 아비 아미르로 하여금 모종의 행동에 나설 필요를 느끼게 만들었다. 그는 또 한 번의 거창한 제스처를 통해 그 행동을 했다. 996년 화해와 재확인을 위한 떠들썩한 행사가 열렸다. 거기서 히샴 2세는 칼리프에게 어울리는 화려한 복장을 하고 말을 타고 마디낫 알 자흐라에서 출발해 수많은 군중의 환호를 받으면서 코르도바까지 행진해 갔다. 이때 알 만수르와 그의 아들 압드 알 말리크가 칼리프의 양쪽에 섰으며, 수브와 궁정 대귀족들이 그 뒤를 따랐다. 칼리프의 신민들은 그가 아직 살아 있다는 것을 직접 눈으로 확인하고 안도했다. 마디낫 알 자히라에 도착하고 나서 아미르의 가족을 포함해 예식에 참석한 사람들은 바야(bay'a), 즉 칼리프에 대한 충성의 선서를 다시 갱신했다. 이에 대해 칼리프는 공식적으로 하집에게 국가의 모든 권력을 넘겨주었으며, 하집은 히샴의 이름으로 그 권력을 행사했다. 이렇게 해서 쿠데타는 완벽하게 끝났다. 알 만수르는 이 새로운 신임의 표징으로 알 사이이드(al-Sayyid)라는 칭호를, 알 말리크는 알 카림(al-Karim, '고귀한 왕')이라는 칭호를 얻었다. 이렇게 완벽하게 패한 수브는 이 일이 있고 나서 2년 후에 세상을 떠났다. 그녀 사후에 알 만수르는 사람들에게 그렇게 보이려고 해서였는지, 아니면 진짜 그녀를 사랑해서였는지 몰라도 맨발로 장례 행렬의 뒤를 따랐다. 더불어 그는 자신이 지은 시를 바치기도 했는데, 그 시는 적어도 외형상으로는 마음 깊이 그녀를 추도하는 내용으로 되어 있었다.

알 만수르는 이전의 우마이야 왕조의 군주들과 마찬가지로 결혼을 정치적 도구로 이용해 자기 가문과 여러 지역의 유력 가문 사이에 사돈 관계를 맺었는데, 그중에는 투집 가문과 반도 내 여러 기독교도 왕가도 포함되어 있었다. 그렇게 해서 맞은 아내 가운데 한 명이 테레사로, 그녀는 결혼 후에도 기독교를 포기하지 않았으며, 역사가들은 그녀가 레온의 베르무도 2세(Bermudo II)의 딸이라고 추정해 왔다. 그녀에 대해서는 알려진 것이 별로 없는데, 알 만수르가 죽자 그녀는 다시 고국으로 돌아와 여생을 수녀로 지냈다고 한다. 또 한 명의 아내 아브다('Abda, 기독교식 이름은 '우라카')는 산초 2세 가르세스(Sanch II Garcés)의 딸이었는데, 그녀는 알 만수르에게 압드 알 라흐만이라는 아들을 낳아주었으며, 그 아들은 외조부인 팜플로나의 왕(산초 2세)과 생김새가 비슷해 사람들은 그를 샨줄(Shanjul, 아랍어로 '작은 산초')이라고 불렀다. 그러나 알 만수르의 총애를 받은 아들은 노예 출신의 아내 알 달파(al-Dhalfa)에게서 태어난 압드 알 말리크였다. 그는 후에 군 지휘관이 되고 적법한 의식을 통해 부친(알 만수르)의 승계자로 임명되었다. 그런데 이 같은 상황은 알 만수르의 장남인 압드 알라의 질시를 촉발했다. 이에 압드 알라는 989~990년에 야심만만한 친척이자 사라고사의 지배자인 압드 알 라흐만 알 투지비('Abd al-Rahman al-Tujibi)와 톨레도의 지배자인 압드 알라 알 마르와니('Abd Allah al-Marwani, 우마이야 혈족의 먼 친척이자 구두쇠로 유명해 별명이 '마른 돌'이다)와 힘을 합쳐 부친을 타도하기 위한 반란을 계획했다.

이번에도 알 만수르의 스파이들은 이 음모를 사전에 알아냈다. 그러나 하집은 자신이 알아낸 사실을 발설하지 않고 압드 알라를 고향 마디낫 알 자히라로 불러들여 점잖게 다른 생각을 품지 말라고 타일렀나. 그러나 압드 알라는 말을 들으려 하지 않았다. 이에 하집은 카스티야에 대한 대규모 침공을 하겠다고 선언하고 지방 지배자들에게 각각 군대를 거느리고 두에로 강변에 있는 고르마스 성(城)으로 집결하라고 명령했다. 이곳 캠프에서 이븐 아비 아미르(알 만수르)는 그곳에 모인 대군 앞에서 압드 알 라흐만 알 투지비의 부하 가운데 한 명에게 자신의 상관(압드 알 라흐만 알 투지비)의 반역 혐의를 고발하도록 사전에 말을 맞추어놓고 있었다. 결국 압드 알 라흐만 알 투지비는 체포되어 코르도바의 감옥으로 이송되었으며, 몇 달 후 알 만수르가 지켜보는 가운데 처형되었다. '마른 돌'과 압드 알라는 자신들의 음모가 발각되었다는 것을 알고는 캠프에서 도망쳐 북쪽으로 말을 타고 달려갔는데, '마른 돌'은 레온 왕에게로, 압드 알라는 카스티야 백작에게로 가서 피난처를 찾았다. 그러나 알 만수르의 영향력은 막강했다. 그가 레온에 대해 징벌적 침입에 착수하자, 레온의 베르무도 2세는 겁을 집어먹고 곧바로 '마른 돌'을 그에게 넘겨주었다. 그는 포로가 되어 코르도바로 압송되었지만, 그가 왕족의 일원이었기 때문에 참수형은 면할 수 있었다. 압드 알라의 경우는 알 만수르가 가르시아 페르난데스 백작에게 그를 돌려보낼 것을 요구하는 편지 한 장을 보내는 것으로 충분했다. 이에 대해 백작은 카스티야의 기사들로 하여금 압드 알라를 산 에스테반 데 고르마스에 있는, 두에로강을 가르는 다리로 호송하게 했다. 거기서 그는 알 만수르의 병사들에게 인도되어 하집의 명령에 따라 그 자리에서 처형되었다. 그의 시신은 죽은 현장에 묻혔고, 그의 수급은 보자기에 싸여 슬픔에 잠기기는 했지만 뉘우치지는 않는 그의 부친에게 보내졌다.

가르시아 페르난데스가 이븐 아비 아미르의 요구에 순순히 응한 데에는 물론 충분한 이유가 있었다. 하집은 977년 처음으로 군대를 이끌고 알 함마를 침입한 이후로, 그의 부하 장군들이나 지역 지배자들에 의한 것 말고도 1년에 두 번씩 직접 군대를 이끌고 카스티야 영토 공격을 위한 원정에 나서는 것을 관행처럼 해오고 있었다. 그 목적은 정복이 아니라 전리품을 얻고, 기독교도 왕들이 정치적으로 유력해지는 것을 막고, 그들의 농촌 경제를 파괴하기 위한 것이었다. 이러한 원정으로 교회와 수도원들이 약탈당하고 요새는 파괴되었다. 가끔씩 기독교도들을 학살하는 경우도 있었는데, 그것은 기독교도들의 저항에 대한 보복이거나 아니면 포로로 잡아 데려가는 것이 너무 번거로웠기 때문이었다. 전투가 끝나면 전사한 적들의 수급은 알 안달루스 전역으로 보내져 전시되었다. 이런 침입으로 인해 기독교도 제후령들은 거의 항구적인 혼란 상태에 빠지게 되었다. 알 만수르는 기독교도들의 북쪽 지역을 수시로 쳐들어갔고 그때마다 이렇다 할 저항에 부딪히지도 않았다. 기독교도 제후들은 정기적으로 탄원자 자격으로 코르도바에 찾아와 알 만수르에게 존중의 의사를 표해야 했다. 기독교도들에게 알 만수르는 공포의 대상이었으며,

그들은 칼리프의 군대에 병사 혹은 안내자로 복무하는 많은 기독교도들이 있었다는 사실에도 불구하고 알 안달루스의 무슬림들을 잔인한 학살자로 보게 되었다.

이런 성공들, 그리고 그로 인한 무적이라는 평판은 알 만수르를 대중의 영웅으로 만들었고, 그는 이 이미지를 시인들에 대한 후원을 통해 적극적으로 퍼뜨렸다. 그의 공식 찬양자인 아부 우마르 이븐 다라즈 알 카스탈리(Abu 'Umar ibn Darraj al-Qastalli)는 알 만수르를 따라 전투에 참여해 하집의 경건함과 무훈, 그리고 기독교도 지배자들에 대한 그의 '겸손'을 찬양하는 현란한 송시(頌詩)를 쓴 시인이었다. 이 시인은 많은 기독교도 여성 혹은 '살찐 가젤'들이 포로로 끌려와 노예나 첩으로 팔려가는 것을 흡족하게 생각하기도 했다.[22] 다라즈의 시에서 하집은 아랍의 늙은 전사 군주처럼 말을 타고 대군을 지휘하는 당당한 인물로 그려졌다. 그는 불신자들을 때려잡기 위해 전쟁터로 가면서 자신의 경건한 신자들의 사기를 북돋웠고 알림들이 그를 비난할 수 없게 만들었다.

알 만수르가 다음번에는 어디를 공격할지 혹은 그의 군대가 기독교도의 영토를 얼마나 깊숙이 쳐들어갈지는 아무도 몰랐다. 그는 988년, 994년, 997년에 아스토르가를, 981년, 986년, 988년, 994년에 사모라를, 987년에 코임브라를, 994년에 산 에스테반 데 고르마스를, 986년에 시망카스를, 989년에 오스마와 토로를, 982년에는 지로나를 각각 공격했다. 그는 갈리시아, 카스티야, 나바라, 그리고 카탈루냐령 피레네 산지 깊숙한 곳까지 습격을 감행했다. 그의 공격 앞에서는 시골도 도시도 안전하지 않았으며, 이븐 아비 아미르는 특히 기독교 군주들의 수도를 공격할 때 만족감을 느꼈다. 레온 시는 적어도 다섯 차례(986, 988, 995, 997, 999), 팜플로나는 적어도 네 차례(978, 994, 999, 1001)에 걸쳐 그에게 공격을 당했다. 985년에 그는 바르셀로나에 대한 대규모 공격을 감행해 철저하게 파괴하고, 상당히 많은 기독교도를 포로로 잡아 노예로 만들었으

---

22 Simon Barton, *Conquerors, Brides, and Concubines*, p. 42.

며, 많은 사람을 죽이고 교회, 수도원, 성, 그리고 요새들을 파괴했다. 한 연대기는 이 전투에서 포로로 잡힌 사람의 수가 7만 명 정도였다고 기록하고 있다. 백작 보렐 2세(Borrell II)는 산속으로 도망쳐야 했고, 바르셀로나 시는 오랫동안 파괴로부터 회복되지 못했다. 연합군도 기독교도들에게 도움이 되지 못했다. 982년 레온의 라미로 3세, 카스티야의 가르시아 페르난데스, 그리고 알 만수르의 장인이기도 한 팜플로나의 산초 2세가 서로 간의 불화를 일단 뒤로하고 연합해 알 만수르를 공격했으나 참패당했을 뿐이었다.

그러나 알 만수르의 가장 상징적인 승리는 997년에 거둔 승리였다. 이 해에 그는 무슬림과 기독교도들로 이루어진 군대를 이끌고 서쪽으로 진격해 지금의 리스본 근처까지 갔고, 그곳에서 다시 북쪽으로 기수를 돌려 북대서양 해안에까지 이르렀다. 무슬림 군대의 목표는 반도 내 기독교도들의 가장 중요한 신전이며, 이제 막 떠오르던 레온 왕국의 헤게모니의 상징이기도 했던 산티아고 데 콤포스텔라였다. 이곳을 공격하는 것에 대해 그의 군대의 일부를 이루고 있던 레온인 병사들 가운데 일부가 죄책감으로 주저하는 모습을 보여 이 전투를 방해하려고 했다. 그러나 전에도 그랬듯이 이번에도 알 만수르는 이 음모를 사전에 알아채고 조처를 취했다. 하집은 정치에서 종교가 갖는 힘을 이해하고 있었고, 그래서 의도적으로 중요한 기독교 신전과 수도원들을 파괴하려 했던 것으로 보인다. 그는 997년에 산티아고를 공격해 그곳의 대성당을 파괴했다. 그러나 이 공격에서 하집은 산티아고—성 야고보, 아랍어로는 샨트 야쿱(Shant Ya'qub), 무슬림들은 산티아고가 예언자 '이사'(예수)의 동생이라고 생각했다—의 무덤이 훼손되어서는 안 된다고 엄명을 내렸다. 대신 대성당에 걸려 있던 무거운 종들은 많은 전리품과 다수의 포로들과 함께 코르도바로 옮겨져서 '다신론자들'에 대한 승리의 공적 상징으로, 그리고 막강한 그의 권력을 말해 주는 증거물로 대모스크에 걸렸다. 이븐 아비 아미르는 종들로 스페인 기독교 세계를 장악했다.

알 만수르의 전투들이 잔인하고 폭력적이기는 했으나 대개는 실용주의에 의해 9세기 이래 기독교도들이 알 안달루스 영토에 대해 벌여온 점진적인 침식을 저지하기 위한 전술의 일부로 추동된 것이었다. 이븐 아비 아미르가 기독교도들이나 기독교 세계 자체를 혐오하지는 않았다. 그는 자신의 권위를 존중하는 기독교도 군주들에 대해서는 호의를 베풀었고 딤미들을 탄압하거나 공격하지도 않았다. 작은 공동체들은 대체로 누구의 지배를 받든지 간에, 우마이야 국가에 충성을 다했다. 하지만 반도 북쪽에서는 그때가 엄청난 공포와 불확실성의 시대였다. 995년에는 가르시아 페르난데스 백작이 하집에 의해 희생되기도 했는데, 이해에 그는 두에로 강변에서 사냥을 하다가 알 안달루스 기습 부대의 습격을 받아 포로가 되었다. 그는 코르도바로 이송되는 중에 메디나셀리에서 잠깐 쉬었는데, 그곳에서 숨을 거두었다. 결국 그의 수급만 알 만수르에게 전해졌다.

황량한 메디나셀리 고원 지역은 이븐 아비 아미르가 자신의 죽음을 맞이하게 될 장소이기도 했다. 그날은 성스러운 라마단의 달이 끝나가고 있던 1002년 8월 10일이었다. 그는 라 리오하 지역과 카스티야의 수호성인인 산 미얀 데 라 코고야의 수도원을 약탈하고 돌아오는 길에 병에 걸려 죽었다. 당시 그는 60대였고 심한 통풍을 앓고 있었다. 그는 말에 올라탈 수도 없었기 때문에 전쟁터에 나갈 때는 두 명의 아프리카인 노예가 어깨에 지고 운반하는 가마를 타고 가야 했다. 자신의 가문을 알 안달루스의 지배자로 만들기 위해 사반세기 동안 분투·노력한 그는 마그립을 정복하고 기독교 군주들을 제압했으며, 알 안달루스의 아랍 엘리트들을 순화했다. 그러나 그 과정에서 그는 알 안달루스를 하나로 묶어주던 제도와 네트워크를 손상했고 알 안달루스 사회에서 오랫동안 분명했던 사회적·인종적 균열을 더욱 심화시켰다. 이 균열은 치유 불가능한 것으로 드러났다. 그가 죽고 나서 10년이 채 지나지 않아 우마이야 칼리프 체제라는 건물은 피비린내 나는 내전 속에 붕괴되어 알 안달루스의 정치적 풍광을 바꿔놓으며, 새로운 시대를 알린다.

제15장

우마이야 왕조의 몰락

무함마드 이븐 아비 아미르 알 만수르—'알만소르'—가 기독교 왕국들에 가한 가혹한 징벌에도 불구하고, 놀랍게도 당대 스페인의 기록이나 북쪽 프랑크 왕국의 기록에는 그에 대한 언급이 거의 나타나지 않는다. 후대 역사서들은 그를 단순히 '무슬림의 왕' 혹은 '군주'라고 언급하고 있을 뿐이며, 중세 프랑크 왕국의 서사시 「롤랑의 노래」는 그의 이름을 강력한 무슬림 전사를 의미하는 일반적 용어인 알마수르(almaçur)로 바꾸어놓기도 했다. 루카스 데 투이(Lucas de Tuy)의 『세계 연대기』(*Chronicle of the World*, 1236년 갈리시아어로 쓰인 책)는 '알마소르'(Almazor)라는 이름의 한 왕에 대해 묘사하고 있는데, 그 왕은 끊임없이 전쟁을 하는 왕이기도 했지만 용감하고 기사도적인 인물이라고 묘사하고 있다. 이 알 안달루스 독재자에 대한 역직관적(contra-intuitive) 이미지는 이후에 중세 말 대중적인 기사도 무훈시로 흘러들어 가고 결국에는 19세기 스페인 민족주의 역사가들에 의해 이상화되기에 이르렀는데, 그들은 그를 강하고 실용적인 군주로 기술했다. 그가 죽고 나서 약 한 세기 후에 쓰인 『레온의 역사』(*Historia Silense, Historia Legionense*)라는 연대기는 그에 대해 덜 호의적인데, 이 자료는 알 만수르의 약탈 행위를 기술하고 나서는 그의 죽음에 대해 안도의 마음을 다음과 같이 묘사했다. "드디어 신께서 이 골칫덩어리를 기독교도들의 목구멍에서 꺼내주셨다. …… 알 만수르가 드디어 메디나셀리에서 악마에 의해 살해되고, 마침내 지옥에 던져졌다."[23]

하집의 사망 소식에 대한 코르도바에서의 반응은 그보다는 차분한 분위기였다. 마디낫 알 자히라의 정신과 하인들은 비단옷은 장롱 안에 집어넣고, 대신에 검은색 모직으로 만든 상복(喪服)으로 갈아입었다. 알 만수르의 아들이자 상속자인 압드 알 말리크는 부친의 임종을 마치자마자 지체없이 코르도바로 달려가 차기 하집으로 부임했는데, 이에 대한 저항은 거의 없었다. 매우 주도면밀한 성품의 소유자였던 그의 부친은 순조로운 권력 이양을 위해 이미 997년에 이 직책을 아들에게 이양한 상태였다. 알 만수르는 전쟁 때면 항상 매고 다녔고, 그래서 수많은 그의 침략 전쟁의 흔적을 간직하고 있었던 스카프를 목에 두른 채 영원한 안식에 들었다. 압드 알 말리크는 하집으로 취임하자마자 서둘러 북쪽 기독교 영토에 대한 새 원정 준비에 착수했고, 당분간 칼리프국의 삶도 전과 크게 달라지지 않을 것처럼 여겨졌다. 그러나 현실은 그렇지 않았다. 750년대에 압드 알 라흐만 1세가 건설하고 압드 알 라흐만 3세 치하에서 전성기를 맞았던 이 왕국은 곧 아예 사라지게 될 운명을 맞게 될 터였다. 스페인 내 이슬람인들의 통일성은 타이파(taifa) 왕국들의 출현으로 산산조각이 나고, 얼마 가지 않아 기독교 군주들은 이슬람인들에 대해 우위를 점하게 될 것이었다. 한 세기가 채 지나지 않아 알 안달루스는 베르베르인 외국인 왕조의 지배 아래 들어가며, 그때쯤이면 예언자 시대 메카에까지 거슬러 올라가는 칼리프 가문인 우마이야 왕조는 쇠약해져 굴욕적인 종말을 맞게 될 것이었다.

---

23 Justo Pérez de Úrbel, *Historia Silense*, p. 176.

압드 알 말리크의 치세는 그가 좀 게으르고 술을 지나치게 좋아한다는 평판이 있기는 했지만 좋은 분위기로 시작되었다. 그는 부친의 조언에 따라 재정에 대해 지속적으로 관심을 기울였고, 포로나 다름없었던 칼리프 히샴 2세의 하집이라는 직책에 스스로 만족했다. 그는 북쪽에서 기독교도들에 대한 몇 차례의 침공을 성공적으로 이끌었고 기독교 지배자들은 그를 자신들의 후견자로 인정할 준비가 되어 있는 것처럼 보였으며, 심지어 그를 돕기 위해 병력을 파견하기도 했다. 1006년 팜플로나와의 전쟁에서 패하고 몇 차례 궁정 음모를 겪고 나서는 그때까지의 삶을 반성하면서 술을 끊겠다고 맹세하고 국가를 좀 더 확실하게 지배하겠다는 결심을 하기도 했다.

1007년 성공적인 후속 침입은 백성들의 불안을 진정시켰으며, 히샴 2세는 그에게 알 무자파르(al-Muzaffar, '승리자')라는 명예로운 칭호를 하사하기도 했다. 또한 그는 겨우 다섯 살배기 아들 무함마드를 '이중 와지르'로 임명했는데, 그것은 과거에 뛰어난 장군 갈리브가 지낸 적이 있던 직책이었다. 압드 알 말리크는 자신의 피호인들과 친구들로 구성된 네트워크를 만들고 사칼리바 환관들을 대리인이나 관리로 이용했으며, 자신의 이익을 지키기 위해 모친 알 달파를 이용하기도 했다. 알 달파, 즉 알 만수르의 미망인은 매우 신심이 깊은 사람이었으며 오직 막후에서, 그리고 항상 그녀의 곁을 지키면서 신임을 받았던 한 파키를 통해서만 외부와 소통했다. 알 만수르가 그녀의 이름으로 재산을 축적함으로써 타인의 시선을 피할 수 있었기 때문에 그녀는 매우 부자였으며, 하집의 궁전 너머에서도 정치적으로 중요한 인물로 간주되었다. 또 그녀는 압드 알 말리크의 와지르이자 심복이며 대리인이기도 했던 이사 이븐 알 카타('Isa ibn al-Qatta')에 대해 강한 불신감을 갖고 있었다.

이븐 알 카타는 자신의 아들 중 하나와 압드 알 말리크의 여식 간의 혼인을 성사시키는 데 성공했다. 그런 다음 하집(압드 알 말리크)과 그의 아내 자얄(Jayal) 사이를 이간질하고 하집을 자신의 정원사의 딸 위야드(Wiyad)와 맺어주었다. 그러나 알 달파는 바보가 아니었다. 자얄은 그녀

(알 달파)와 한편이었고, 그녀는 이븐 알 카타가 위야드를 통해 자신의 아들(압드 알 말리크)을 조종하려 한다고 생각했다. 그녀는 이에 대해 불쾌감을 노골적으로 드러냈고, 그것은 이븐 알 카타를 패닉에 빠뜨렸으며, 그래서 그는 히샴 2세를 권좌에서 쫓아내고 대신에 압드 알 라흐만 3세의 또 다른 손자를 그 자리에 앉히고, 그럼으로써 압드 알 말리크를 권좌에서 제거하려는 음모를 꾸몄다. 그러나 그 음모는 사전에 발각되어 배신을 저지른 와지르(이븐 알 카타)와 그를 등에 업고 칼리프가 되려고 했던 자 모두는 사형에 처해졌다.

그러나 그 일이 있고 나서 압드 알 말리크는 그리 오래 살지 못했다. 젊은 나이였음에도 그의 건강은 늘 불안했으며, 1008년 전장에서 돌아오는 길에 휴식을 위해 코르도바 근처 한 수도원에 머문 지 얼마 안 되어 투병 끝에 눈을 감았다. 그런데 그 무렵에 그가 스물다섯 살의 이복동생 압드 알 라흐만에 의해 독살당했다는 소문이 나돌았다. 그러고 나서 샨줄(Shanjul, '압드 알 라흐만'의 별명)은 히샴 2세에 의해 새 하집으로 임명되었는데, 그는 이복형(압드 알 말리크)에게 있던 조심성이 없었다. 그는 여러 과장된 별칭들 — 알 마문(al-Ma'mun, '신에 의해 보호받은 자'), 혹은 나시르 알 다울라(Nasir al-Dawla, '왕조에 승리를 가져다준 자') 등 — 을 즐겨 사용했는가 하면, 칼리프가 자기 삼촌이라고 떠벌리고 다니기도 했다(칼리프와는 은밀한 술친구이기도 했다). 칼리프가 자기 삼촌이라고 한 이야기가 전혀 터무니없는 것은 아니었는데, 히샴의 생물학적 부친이 이븐 아비 아미르였고 그와 샨줄은 사실 이복형제라는 소문이 파다했기 때문이다. 그런데 허풍이 심했던 샨줄(압드 알 라흐만)은 부친의 조언을 따르지 않고 칼리프 가문의 대권(大權)을 건드리는 치명적인 실수를 저지르고 만다. 그는 권좌에 오르고 나서 얼마 지나지 않아 슬하에 자식을 두지 못한 히샴을 압박해 자기 자신을 차기 칼리프로 선언하게 했으며, 거기다가 이제 다섯 살밖에 되지 않은 아들 압드 알 아지즈를 새 하집으로 임명하기까지 했다. 샨줄의 칼리프 즉위식은 1009년 1월 13일에 열렸으며, 즉위하고 나서 그는 군대를 소집해 카스티야를 공격하기 위해 북쪽으로 떠났다.

이 같은 상황 전개는 비록 소외되고는 있었지만 아직 완전히 힘을 잃지는 않고 있던 우마이야 왕조 엘리트들이 참고 있기에는 너무 멀리 나간 것이었다. 그래서 그들은 즉각 반란 계획을 가동했다. 여기에서 그들은 알 달파의 지원을 받았는데, 그녀는 샨줄이 자기 아들을 독살했다는 소문을 믿었든 그렇지 않았든 간에 압드 알 말리크의 죽음과 함께 대비로서의 지위를 상실한 상태였다. 그래서 그녀는 자신의 많은 재산 가운데 상당 부분을 정치적 영향력 회복을 위한 노력의 일환으로 반란 공모자들을 위해 사용했다. 그러나 반란은 만약 알 안달루스 대중 사이에 불만이 팽배해 있지 않았다면 단순히 하나의 궁정 음모에 머물렀을 수도 있었을 것이다. 이 대중의 분노의 상당 부분은 자나타족과 산하자족 군대와, 그들의 가족들에 대한 분노였는데, 그들은 아미르 왕조 지배기 동안 점점 더 많은 수가 북아프리카로부터 알 안달루스로 들어오고 있었고, 시간이 흐를수록 자신들의 새 영토에서 안정적으로 정착해 가고 있었다. 2월 15일 샨줄과 그의 군대가 톨레도에 도착했다는 소식이 수도에 전해지자 코르도바 사람들은 반란의 깃발을 들어올렸다.

반란 주동자는 압드 알 라흐만 3세의 손자 무함마드 이븐 히샴(Muhammad ibn Hisham)이었는데, 그의 부친은 압드 알 말리크에게 죽음을 당한 바 있었고 그(이븐 히샴)는 우마이야 왕조 지지자들과 코르도바에 거주하는 알 안달루스인들의 지지를 받고 있었다. 그는 칼리프를 물러나게 하고 그 자신이 알 마흐디(al-Mahdi, '올바르게 인도된 사람'으로 최후의 심판 때 나타날 것으로 생각했던 메시아적인 인물)로 자처하면서 그 자리를 차지했다. 그러고 나서 얼마 안 가 히샴 2세의 서거 소식이 알려졌다. 이어서 두 왕궁이 약탈당했는데, 마디낫 알 자흐라의 귀금속과 가구들이 약탈당했고 마디낫 알 자히라에 있던 국고(國庫)도 압류되었다. 샨줄은 서둘러 코르도바로 돌아갔으나 자신의 베르베르인 군대는 그를 외면했다. 그는 결국 체포되어 처형되었으며, 그의 시신은 코르도바로 운구된 다음에 거리에 내걸려 오가는 사람들에게 조롱과 모독의 대상이 되었다. 그의 처형은 20년에 이르는 피트나(이슬람의 평화와 안정에 반하는 '갈등' 혹은 '내전')의 시발점이 되었으며, 그것은 우마이야 왕조, 궁정 노예, 베르베르인 군벌, 울라마 구성원들, 그리고 지방 수령들의 미친 듯한 권력 쟁탈전의 시기가 될 것이었다.

알 마흐디는 코르도바 사람들이 쌓인 분노를 베르베르인 이웃들에게 분출하도록 허용했고, 그것은 잔인한 폭력과 약탈로 나타났다. 베르베르인 병사들 가운데 일부는 코르도바에서 빠져나와 아미르 가문에 대한 충성을 천명하면서 뭉쳤다. 그런가 하면 다른 사람들은 압드 알 라흐만 3세의 또 다른 손자를 칼리프로 추대하고 그에게 알 라시드(al-Rashid)라는 칭호를 붙여주었다. 그런데 다시 그가 살해되자 이번에는 압드 알 라흐만의 증손자를 옹립하고 그에게 알 무스타인(al-Musta'in)이라는 칭호를 붙여주었다. 그들은 코르도바인들에게 복수하기 위해 잠깐 동안 수도를 탈환하기도 했으나 얼마 안 가 다시 알 마흐디에게 패했는데, 알 마흐디는 그 과정에서 카스티야와 바르셀로나에 도움을 청하기도 했다. 이것은 그야말로 상전벽해라고 할 수 있었는데, 400년 만에 처음으로 기독교 군주가 청원자 자격이 아니라 군대의 수장 자격으로 코르도바에 입성했기 때문이다. 이것은 코르도바 대중에게는 너무나 굴욕적이어서 그들은 결국 톨레도의 지배자(그는 사칼리바 노예 출신이었다)의 묵인 아래 알 마흐디를 쫓아냈다. 그 톨레도 지배자는 수도 코르도바를 장악한 다음에 히샴 2세의 이름으로(그는 아직 살아 있었음이 분명했다), 그리고 하집의 자격으로 지배권을 행사했다.

1013년 베르베르인 군대는 코르도바를 되찾고 히샴 2세를 (다시) 살해했으며, 코르도바 주민에 대해서는 그들이 베르베르인들에게 자행한 만행에 대해 보복을 가했다. 베르베르인들이 도시를 장악하자 그들의 꼭두각시인 알 무스타인은 권력을 상실하기 시작했고, 이에 베르베르인 군대는 그를 대신할 누군가를 찾아야 했다. 그들의 선택은 알리 이븐 함무드('Ali ibn Hammud)였다. 함무드 가문은 970년대에 우마이야 왕조가 박살을 냈던 이드리스 혈족의 한 갈래였으며, 그들은 자신들이 무함마드의 사촌인 알리의 후손이라는 점을 근거로 칼리프 위를 주장했다. 이로써 코르도바는 이제 완전히 베르베르인 용병 집단의 수중에 들어갔으며, 그들은 점점 더 강력한 반(反)아랍·반(反)안달루스 정책으로 돌아갔다. 1018년 사칼리바브들은 반격을 가하기로 결심하고, 말라가의 노예 왕 카이란(Khayran)은 자신의 칼리프 압드 알 라흐만 4세 알 무르타다('Abd al-Rahman IV al-Murtada, 압드 알 라흐만 3세의 또 다른 손자)의 깃발을 앞세우고 수도로 진격했다. 그러나 알 무르타다는 베르베르인들과 전투를 치르다 전사했으며, 그로써 사칼리바브들의 야심은 종지부를 찍게 되었다.

그러나 함무드 가문의 코르도바 지배 역시 얼마 가지 않아 가문 구성원들 간의 권력다툼으로 혼란에 빠지게 되었고, 결국 1023년 수도에서 완전히 추방되었다. 이에 코르도바 귀족들은 더 이상의 혼란을 막기 위해 압드 알 라흐만 3세의 또 다른 증손자를 칼리프(압드 알 라흐만 5세)로 옹립했으나 이 어린 지배자 역시 겨우 6개월 만에 그의 사촌이 이끄는 쿠데타로 피살되었으며, 그 사촌이 무함마드 3세로 칼리프에 즉위했다. 그런데 그 무함마드 3세 역시 16개월 만에 코르도바에서 쫓겨났고, 그 직후에 독살되었다. 그러고 나서 칼리프 위는 압드 알 라흐만 4세의 동생 히샴 3세에게 돌아갔는데, 그의 무능한 통치는 마침내 코르도바 주민들로 하여금 더 이상 칼리프를 통해 국가를 다스리게 하겠다는 생각을 포기하게 만들었다. 히샴 3세 역시 1031년 코르도바에서 추방당했으며, 그는 상부 변경령인 예이다(Lleida, Larida) 북쪽을 떠돌다가 5년 후 그곳에서 죽었다. 이로써 우마이야 왕조의 스페인은 끝나게 되었다. 20년에 걸친 내전과 종족 간 갈등, 쿠데타와 반(反)쿠데타, 집단 학살, 여기에 홍수와 역병까지 겹쳐 코르도바는 산산조각이 났다. 코르도바의 웅장한 왕궁은 얼마나 철저하게 파괴되었던지 마디낫 알 자흐라의 폐허는 1843년에 가서야 그 정확한 위치가 알려졌으며, 마디낫 알 자히라의 유적은 아직도 발견되지 않고 있을 정도다.

칼리프 위는 본질적으로 압드 알 라흐만 3세의 작품이었는데, 그는 국

내외 적들을 제압하는 과정에서 보편적 주권을 주장할 기회를 잡게 되었다. 무자비한 성정과 사람 보는 능력이 거의 반세기 동안이나 다스릴 수 있었던 행운과 함께 그의 칼리프 체제를 가능하게 했다. 그리고 칼리프라는 직책이 그에게 원칙적으로 종교적인 권위를 부여하기는 했지만, 칼리프들도 그들의 신민도 그 직위의 종교적 권위에는 큰 비중을 두지 않았던 것으로 보인다. 그런데 칼리프 체제가 실패로 돌아간 것이 어떤 한 개인의 행동 때문은 아니었다. 칼리프 체제는 알 만수르가 지배한 25년을 포함해 한 세기도 지나지 않아 붕괴되었는데, 혹자는 칼리프 체제의 궁극적 해체가 알 만수르 때문이었다고 말할지 모르지만 그가 없었다고 해도 칼리프 체제가 계속 존속할 수 있었을 것 같지는 않다. 지역주의와 인종 간 갈등, 그리고 지배 가문과 그들의 피호인들 간의 내분은 조만간 칼리프 체제를 붕괴시키고 말았을 것이 분명하다.

마찬가지로 어느 한 개인이 칼리프 체제를 구해 낼 수는 없었을 것이다. 1020년대 무렵이면 칼리프 체제는 일반인들이 보기에도 다 죽어가는 것처럼 보였다. 1031년 코르도바 주민들이 우마이야 왕조를 끝장낼 무렵이면 알 안달루스의 다른 지역들도 이미 우마이야 왕조로부터 등을 돌리고 있었다. 칼리프 시대가 공식적으로 사라지지는 않았다. 다만 그것에 대해 사람들이 관심을 갖지 않게 되었을 뿐이다. 우마이야 왕조와 함무드 혈족의 여러 구성원은 계속해서 칼리프 위를 주장했다. 그리고 타이파 왕국들의 지배자들도 우마이야 왕조의 권위라는 허구를 계속 유지하려고 했다. 그러나 그것이 우마이야 왕조에 대한 충성은 아니었다. 그들은 유령 같은 존재인 칼리프의 합법적 대리인을 자처함으로써 지배자로서의 자신들의 주장에 대해 제기될지 모르는 문제를 피하려고 한 것 뿐이었다.

피트나(내전기) 초기에 30개 이상의 독립적 타이파 왕국이 등장했다. 그중 소왕국들(그 대부분은 하나의 도시와 인접 지역으로 되어 있었다)은 얼마 안 가 덩치 큰 이웃 왕국들에 의해 정복되고 흡수되었다. 코르도바의 지배로부터 떨어져 나간 첫 번째 왕국들 가운데 가장 유력한 왕국들은 변경 지역에 위치했는데, 그 지역 지배자들은 이미 그 전부터 상당한 자치권을 향유해 오고 있던 터였다. 사라고사에 수도를 두고 있던 상부 변경령은 1039년까지 투집 가문의 지배 아래 있다가, 그해에 국왕 알 문디르가 살해되고 도시는 예이다의 지배자 무함마드 이븐 후드(Muhammad ibn Hud)에게 넘어갔다. 아랍 명문 가문의 후손이었던 이븐 후드는 새 왕조를 수립하고 북쪽의 여러 작은 왕국들을 병합했다. 중부 변경령의 수도였던 톨레도에서는 부유한 시민들이 권력을 장악했으며, 그들을 이끈 사람은 그들의 카디였다. 군대가 없었던 그들은 압드 알 라흐만 이븐 딜눈('Abd al-Rahman ibn Dhi 'l-Nun)이라는 이름의 베르베르인 장군을 불러들여 그에게 통치권을 위임했다. 바다호스를 수도로 하고 있었던 하부 변경령에서는 지배권이 처음에는 사칼리바 출신 지배자 사부르(Sabur)에게, 그리고 다음에는 와지르 압드 알라 이븐 알 아프타스('Abd Allah ibn al-Aftas)에게 넘어갔는데, 압드 알라는 아프타스 왕조라는 자신의 왕조를 수립했다.

도시들이 많았던 남쪽에서는 대부분의 왕국들이 결국 세비야에 합병되고 나머지 왕국들도 그라나다(Granada, Gharnata)와 톨레도에 합병되기는 했지만, 처음에는 사실상 모든 도시들이 독립적이었다. 알 안달루스의 제2의 도시였던 세비야는 처음에는 한 명의 카디와 한 명의 파키, 그리고 한 명의 와지르로 구성되는 삼두체제에 의해 지배되었으나 얼마 안 가 카디 아불 카심 무함마드 이븐 압바드(Abu 'l-Qasim Muhammad ibn 'Abbad, 알 무타미드)가 세습적 지배자가 되었다. 그는 하집이라는 공식 직함을 갖고, 행방이 묘연했지만 아직 살아 있던 히샴 2세의 이름으로 지배권을 주장했다. 세비야 남동쪽의 루세나(Lucena, Lujana) 인근은 주민 대부분이 유대인이었는데, 그들은 산하자족 출신 군벌인 자위 이븐 지리(Zawi ibn Ziri)를 왕으로 인정하고 대신에 그에게 군사적 보호를 요청했다. 반란자 불루그긴 이븐 지리와 형제지간이었던 자위는 자신의 가족을 비롯해 피호인들과 함께 칼리프의 군대에서 복무하기 위해 알 안달루스에 들어온 사람인데, 이 무렵 피트나의 반(反)베르베르 폭력을 피해 이곳에 와 있었던 것이다. 그는 그라나다 시 건설을 감독하고 나서 자기 민족(베르베르인)에 대한 안달루스인들의 증오심에 환멸을 느끼고 이프리키야로 돌아갔다. 그러나 그의 친족들은 그대로 남아 11세기 내내 그라나다 왕국을 다스렸다.

히샴 3세가 추방되고 나서 그라나다의 지배층 시민들은 통치 위원회를 구성해 시를 지배했고, 그라나다 시는 사실상 도시 공화국이 되었다. 이 공화국을 이끈 인물은 우마이야 왕조를 이 도시로부터 추방하기로 결심했는데, 그는 자와르 이븐 자와르(Jahwar ibn Jahwar)라는 이름의 카디 겸 와지르였다. 그의 가문은 코르도바를 세 세대 동안 통치하게 되며, 이 가문의 지배 아래 그라나다 시는 얼마간 안정과 번영을 회복하기는 했지만 예전에 갖고 있던 영광을 완전히 되찾지는 못했다.

코르도바의 불빛이 스러져가고 있었다면 지방 도시들은 조금씩 되살아나고 있었다. 그 도시들 각각에는 예술가, 시인, 지식인을 후원하는 궁정이 있었으며, 그것들의 존재는 권위와 번영의 징후로 여겨졌다. 코르도바에서 도망쳐 나온 학자와 지식인들은 타이파 지배자들 밑에서, 그리고 수세대 동안 각 지역에서 성장한 문인과 과학자들의 공동체 속에서 피신처 겸 일자리를 발견할 수 있었다. 알 안달루스는 마그립과 사하라 사막 횡단 금 무역로를 지배하고 있어 상업화가 크게 진척되어 있었다. 알 안달루스의 소도시들은 항구 도시와 지역 도시 모두 번성했고 농업과 제조업 생산은 높은 수준에 달해 있었으며, 무역은 수십 년에 걸친 내전기 동안에도 계속 유지되었다. 그래서 지중해 쪽의 항구 도시들은 계속 번영했는데, 그중 여럿은 자생력 있는 타이파 왕국이 되었다. 사칼리바들에 의해 지배되었던 데니아(Denia, Daniya)는 마요르카를 정복했으며, 기독교 국가인 사르디니아에 대한 침입을 감행하기도 했다.

알 안달루스의 보다 광범한 대중은 11세기 말경이면 정체성과 문화적 측면에서 대단히 결속력 있는 집단이었다. 그 무렵 대단히 많은 기독교도가 이슬람으로 개종한 상태였으며, 개종하지 않았어도 거의 아무런 차별도 받지 않았다. 기독교도들보다 (무슬림 사회에) 더 깊이 동화되어 있었던 유대인 공동체들은 농촌의 집단 거류지들과 도시들 모두에서 번창했다. 일상생활에서 사람들은 자신들을 종교와 상관없이 무엇보다도 알 안달루스 주민의 일원으로 생각했고, 동료 시민들에 대해서도 그렇게 생각했다. 보수적인 울라마 집단도 주변에 살고 있던 비무슬림들에 대해 우려의 목소리를 내지 않았다. 그들에게 가장 큰 위협은 비무슬림들이 아니라 시아파, 신비주의적 금욕주의, 무타질라파,* 혹은 알 안달루스가 있는 서쪽으로 확산되고 말리키 엘리트의 세력을 위협하던 위험하기도 하고 관행을 거부하는 이슬람 내 분파들이었다.

코르도바 같은 도시 공화국의 출현은 중앙의 권위가 붕괴되고 세 칼리프 체제 모두가 실패하면서 대부분의 이슬람 세계에서 나타난 현상이었다. 이 같은 변화는 보수적인 도시 상인 계층(이들로부터 다수의 알림들이 출현했다)의 '부드러운 혁명'을 의미했다. 이슬람법과 제도들이 대부분 울라마 집단에 의해 확립되었기 때문에 수니(정통파) 이슬람 세계의 지배자들은 점차 신성을 잃게 되었다. 그의 권위, 즉 술탄**은 본질적으로 세속적이고 매우 제한적이었다. 말리크(malik, '왕'으로, 이 용어가 전에는 비무슬림적이고 이슬람의 통일성과는 상반된다고 해서 회피되었다)의 역할은 과세(課稅)와 재정의 적절한 운영, 평화 유지, 그리고 군사력을 이용해 사회질서를 유지하는 수단이지, 그 이상도 이하도 아닌 것으로 여겨졌다.

질서에 대한 가장 큰 위협은 피트나(무질서, 내전)였는데, 1031년경이면 알 안달루스의 무슬림들은 20년 이상 동안 피트나로 고통받고 있었다. 그래서 신자들에게 종교 엘리트들의 지도 아래 신심 깊은 사람들이 될 수 있는 안정된 분위기를 제공할 수 있는 실력자가 있다면, 종교적 성향과 상관없이 그 공동체의 지배자로 받아들여질 수 있었다. 같은 이유

* 8~10세기에 유행한 합리주의적 이슬람 신학파.
** sultan: 술탄은 직책을 의미하기도 하지만 '권위'와 '권력'이라는 의미도 갖고 있다.

로 많은 무슬림들은 국왕 행정의 최고위직에도 유대인과 기독교도들을 기꺼이 받아들이는 경향이 있었다. 11세기 말이면 심지어 일부 무슬림들은 다수의 평화를 유지할 능력이 되고 이슬람법을 준수하겠다고 약속하기만 하면, 그가 무슬림이 아니라도 지배자로 받아들일 준비가 되어 있기까지 했다.

그리하여 피트나의 먼지가 잦아들게 되자 알 안달루스는 새로운 시대로 접어들었는데, 그것은 역동적 불안정 혹은 창조적 파괴의 시대로 간주될 수 있을 것이다. 문화적으로 이슬람 스페인은 새로운 차원의 세련된 사회에 도달하게 될 것이고 경제적으로는 계속 번영하게 될 것이지만, 정치적으로는 실패하게 될 것이었다. 당시의 한 풍자적 목소리가 시사하고 있듯이, 타이파 왕들의 부(富)와 온갖 허풍에도 불구하고 그들은 허약했다.

> 그들은 '힘 있는 자' 혹은 '천하무적' 같은 거창한 직함을 자랑하지만, 그러나 그것들은 공허하기 그지없다.
>
> 그들은 고양이 같은 자들이다. 잔뜩 허풍을 떨고 사자처럼 으르렁거리지만, 그들은 고양이일 뿐이다.[24]

그들의 이웃들, 즉 기독교 스페인과 베르베르 북아프리카의 군주와 유력자들은 이 호기를 그냥 지나치지 않았다. 칼리프 체제가 붕괴되고 나서 한 세기 동안 이슬람 스페인은 외부로부터의 침략에 직면하게 되며, 알 안달루스 주민들은 외국인 지배자들의 지배를 받게 될 터였다.

---

24 Hanna E. Kassis, "Muslim Revival", p. 82.

제4부

혼란기,
1030~1220

비스케이만
나바라 왕국
갈리시아 왕국
산티아고 데
콤포스텔라
팜플로나
에브로강
레온
라 리오하
아라곤
레온 왕국
카스티야 왕국
사라고사
시망카스
사모라
두에로강
사라고사 왕
포르투갈 왕국
메디나셀리
코임브라
톨레도 왕국
우클레스 전투
(1108년)
톨레도
타호강
발렌시아
프로방스
발렌
바다호스 왕국
데니아
바다호스
살라카 전투
(1086년)
라스 나바스 데
톨로사 전투
(1212년)
리스본
세비야 왕국
과달키비르강
무르시아
카르모나
코르도바
세비야
그라나다
알메리아 왕
루세나
그라나다 왕국
알메리아
헤레스 데 라 프론테라
카디스
말라가
알헤시라스
지브롤터해협
세우타
대 서 양
살레
페즈
안티아틀라스산맥
알 마그립
아그마트
마라케시
하이아틀라스산맥
틴말랄
시질마사

타이파 왕국과 서쪽 이슬람 영토
(1030~1230년)

바르셀로나 백령

지로나

바로셀로나

타라고나

토르토사

메노르카

마요르카

발레아레스제도

지 중 해

튀니스

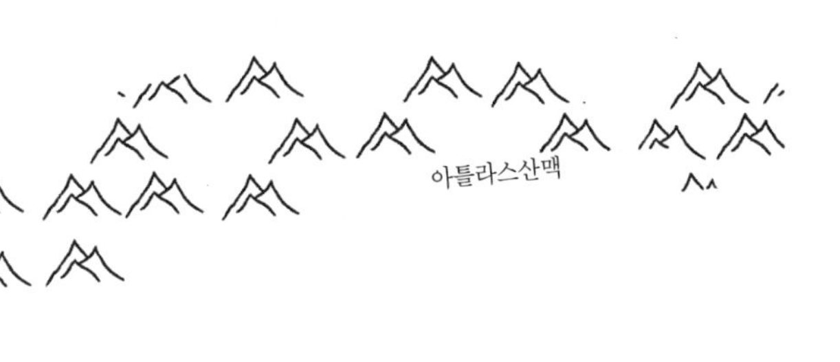

이프리키야

사 하 라 사 막

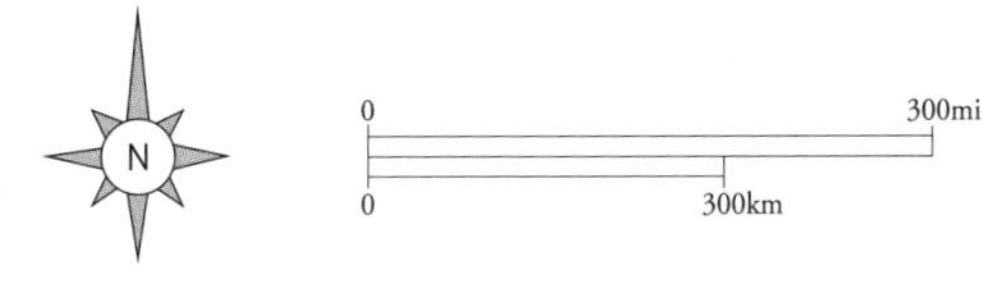

제16장

과거를 추억하며

나는 내 쇠사슬에 말했다.

너는 이해하지 못하는 거니?

나는 너에게 굴복했었지.

너는 왜 동정심도 온유함도 갖고 있지 않은 거니?[25]

시인이기도 했던 지배자 알 무타미드(al-Mu'tamid)—세비야 타이파국의 세 번째이자 마지막 지배자인 무함마드 이븐 압바드—의 애가(哀歌)는 이렇게 시작된다. 그가 이 시를 쓴 것은 1091년, 그러니까 세비야 타이파국이 알 안달루스의 새로운 지배자인 북아프리카의 알모라비드파(the Almoravids)에 의해 붕괴되고 그(알 무타미드)와 그 가족들이 모로코 중부 지역의 아그마트로 압송된 바로 그해 망명지에서였다. 세비야는 여러 타이파 왕국 중에서도 가장 부강하고 권위 있는 왕국의 수도였다. 그러나 그 전에 칼리프국처럼 그 영광은 덧없이 지나가고 말았다. 세비

25 Cola Franzen, *Poems of Arab Andalusia*, p. 90.

야 왕국은 알 무타미드의 할아버지이자 동명이인이기도 했던 카디 아불 카심(Abu 'l-Qasim)이 건국한 지 80년이 채 지나지 않아 두 왕국을 제외한 다른 모든 왕국과 함께 사라지고 말 것이었다.

코르도바와 그 배후지가 피트나 기간 동안 가장 혹심한 타격을 받고 나서, 이제 가장 많은 인구를 가진 도시가 된 세비야는 비옥한 과달키비르강 중류에 위치해 있어 배를 타고 대서양으로 진출할 수도 있었다. 여기에서 1023년 권력을 장악한 지 10년 후 아불 카심은 뻔뻔스럽게 자신이 살아 있는 히샴 2세를 발견했으며, 이 칼리프가 자신을 알 안달루스 전체의 지배권을 가진 하집으로 임명했다고 선언했다. 이 가짜 히샴 2세는 가끔 아불 카심의 권위를 강화하기 위해 화려한 복장을 하고 퍼레이드를 하기도 했다.

이런 행동은 비록 뻔히 눈에 보이는 술책이기는 했지만, 그럼에도 그것은 압바드 가문의 정치적 야심을 충족하기 위한 이념적 발판을 제공해 주었다. 심지어 왕국 내 라이벌 가문들 가운데 다수의 지지를 받게 해주기도 했는데, 코르도바 같이 가까운 곳에 위치한 도시들은 압바드 가문(Banu Abbad)의 정복을 두려워했기 때문에, 톨레도나 사라고사 같이 멀리 떨어진 도시들은 수도가 갖는 권위와 명백한 연계를 갖고 있지 않으면 합법성을 인정받지 못한다는 것을 알고 있었기 때문에 압바드 가문을 지지하지 않으면 안 되었다. 그러므로 히샴이라는 이름은 알 안달루스 대부분 지역에서 금요일 설교 직전에 베풀어지는 쿠트바('금요일 기도에서 하는 설교')에서, 1060년 아불 카심의 아들이자 계승자인 알 무타디드(al-Mu'tadid)가 사실은 히샴이 1044년에 죽었노라고 은근 슬쩍 고백할 때까지 자주 호출되곤 했다. 그러나 덤으로 살고 있었던 것은 귀신 히샴만이 아니었다. 타이파 왕국들은 부와 세련됨, 그리고 영광에 대한 열망에도 불구하고 계속 유지될 수는 없었으며, 칼리프 체제가 끝나고 난 다음 세기에 정치적 힘과 군사력의 균형은 극적으로 무슬림 스페인으로부터 북쪽 기독교 스페인, 그리고 남쪽(북아프리카) 이슬람 세계로 넘어가게 된다.

아불 카심은 비록 존경받는 법학자의 아들이기는 했지만 종교적인 힘이 아니라 귀족적 가산(家産)의 힘을 기반으로 권좌에 오른 사람이었다. 그는 아마도 세비야 왕국 영토의 3분의 1 정도를 소유할 정도로 세비야에서 가장 부유했기에 통치 주역을 담당할 위치에 있었다. 그를 카디로 임명한 사람은 칼리프 알리 이븐 함무드였는데, 그는 아불 카심이 자기를 지지해 줄 것을 기대하고 그를 임명한 것이었다. 그러나 아불 카심은 직책을 차지하자마자 자신의 후견인을 배신하고 함무드 가문 지배자에게 등을 돌렸다. 집권하고 나서 그는 자신의 공동 지배자였던 파키와 와지르를 쫓아내고 남부 지역의 작고 약한 왕국들을 병합하기 시작했다. 일은 일사천리로 진행되었지만 함무드 가문의 마지막 보루였던 알헤시라스는 1050년대에, 그리고 카르모나와 코르도바는 1060년대에 가서야 정복되었다. 비르잘 가문(Banu Birzal, 960년대에 이프리키야로부터 용병 자격으로 이주해 온 카르모나의 자나타족 지배자들)과 코르도바의 자와르 가문은 모두 유순한 하위자로 보여지기 위해 노력했기 때문에 오래 살아남을 수 있었으며, 전쟁으로 파괴된 과거의 수도(코르도바)는 얼마 동안 이나마 번영을 회복하게 되었다.

코르도바는 와시르 자와르 이븐 자와르와 그의 아들 무함마드 알 라시드(Muhammad al-Rashid)의 치하에서 비록 칼리프의 후원이 끊겨 과거의 영광을 되찾지는 못했지만 하부 구조가 복구되고 교역이 회복되었다. 코르도바는 부분적으로 그 이름이 가진 권위 덕분에 수많은 문인과 지식인의 고향으로 남아 있었는데, 그중에서도 가장 두드러진 인물은 법학자이자 작가, 시인이자 역사가, 신학자이자 이슬람 스페인 역사에서 최고의 지식인이며 문인인 알리 이븐 하즘('Ali ibn Hazm)이었다. 다수의 유명 시인들이 자와르 가문 지배자들의 와지르로 봉사했다. 그중에 연애시 작가로 유명한 이븐 자이둔(Ibn Zaydun)이 있었는데, 그는 자신이 획책한 궁정 음모 때문에 두 번이나 직위를 박탈당했고 결국에는 세비야로 도망을 갔다. 그는 단명한 칼리프 무함마드 3세의 딸이자 큰 부자이기도 했던 왈라다(Wallada)에게 구애했으나 퇴짜를 맞았다. 왈라다는 시인이었고 활기찬 문학 살롱을 유지하기도 했다. 바람둥이로 유명했던 그녀는 성적으로 노골적인 시를 지었으며, 자신에게 구애하는 남자들을 대놓고 조롱했다. 그녀의 마음에서 이븐 자이둔을 대신하고 그의 추방을 촉발한 것은 또 다른 시인이자 와지르였던 아흐마드 이븐 압두스(Ahmad ibn 'Abdus)의 사랑이었다. 한편, 보통의 무슬림에게도 마찬가지로 삶은 불확실했다(그것은 도시에 남아 있던 기독교도들과 유대인들에게도 마찬가지였다). 그러나 그것은 만성적인 경제적 · 재정적 불안정이라고 하는 좀 더 일상적인 이유 때문이었다. 무함마드 알 라시드가 실질적인 권력을 포악한 자신의 아들 압드 알 말리크에게 넘겨주고 나서 12년이 지난 1070년, 그들 부자의 폭정에 넌더리를 낸 코르도바 시민들은 세비야의 알 무타디드에게 성문을 열어주면서 왕과 그의 아들을 포로로 잡아 넘겼다.

세비야는 아불 카심의 아들 알 무타디드의 지배 아래 전성기를 맞았는데, 1042년 시작된 27년간의 그의 치세를 특징지은 것은 끊임없는 정복이었다. 알 무타디드는 자신의 정복 전쟁을 자기가 하집이라는 직함을 이어받았다는 점, 그리고 외국인 북아프리카인들에 대항해 원주민 '아랍인'의 수호자 역할을 한다는 점을 들어 정당화했다. 이런 그의 태도 때문에 일부 역사가들은 타이파 시대 알 안달루스의 분쟁이 본질적으로 인종적 성격을 갖고 있다고 규정하기도 하지만 그것은 사실과 다르다. 타이파 시대는 변화무쌍한 정치적 동맹과 적대 관계가 지배한 시기였다. 자나타족과 산하자족 베르베르인들과 알 안달루스인들은 자주 싸우기도 했지만 자주 동맹을 맺고 다른 사람들에 대항해 함께 싸우기도 했다. 피비린내 나는 적대 관계는 심지어 지배 가문 사이에서도 나타났다. 칼리프 체제 이후의 정치적 환경은 무자비할 정도로 현실적이고 기회주의적이었으며, 고도로 원자화되어 있었다. 권력을 쥐기 위해 싸웠던 부족과 가문, 그리고 개인 중에 그 누구도 이데올로기적으로 혹은 종교적으로 일관된 노선을 갖고 있지 않았으며, 그들의 내부 정치는 빈번한 강탈, 배신, 반란, 그리고 가문 내 폭력으로 특징지어졌다. 사실 타이파 시대의 정치 세계에서는 무슬림 지배자들의 입장에서 보면 덜 위협적으로 보였으며, 이론상 쉽게 결별할 수 있었던 외부자와 동맹을 추구하는 것이 오히려 더 신중한 행동이었다. 그래서 11세기 후반기 동안 타이파 궁정에서 알 안달루스 유대인들이 활약할 수 있는 기회가 많아지고 외국인 기독교도들의 역할이 커지기도 했다.

이런 불안한 상황 속에서 빈틈없는 인물이었던 알 무타디드는 성공가도를 달렸다. 이웃 왕국들을 협박해 자신이 주도하는 동맹에 들어오게 했고, 서쪽의 작은 타이파 왕국들을 차례로 공격해 지배 영토를 대서양 해안까지, 즉 지금의 포르투갈 남부 지역까지 확대했다. 그런 그에게 가장 완강하게 저항한 것이 바다호스 왕국(예전의 하부 변경령)이었는데, 이 왕국은 영토도 크고, 인구도 많고, 방어도 튼튼한 왕국으로서 아프타스 가문(Banu 'l-Aftas)이라는 아랍화된 베르베르인 가문의 지배를 받고 있었다. 바다호스 왕국의 지배자를 잠깐 동안 포로로 잡아 구금하는 등 얼마간의 성공이 없지는 않았지만, 알 무타디드가 정복하기에 바다호스는 너무 강했다. 또 세비야는 북쪽에 있는 강력한 톨레도 타이파를 상대로 전쟁을 할 위치에 있지도 않았다.

때문에 알 무타디드는 자신의 영토가 북쪽과 서쪽으로 한계에 이르자 동맹자들에게로 시선을 돌렸다. 1053년 그는 론다(Ronda, Runda)와 모론(Moron, Mawrur), 아르코스(Arcos, Arkush)를 지배하던 베르베르인 지배자들(그들은 용병대장 출신으로서 내전 중에 작은 지배 영토를 획득했다)을 그들의 식솔과 함께 세비야에서 열리는 연회에 초대했다. 알 무타디드는 그들에게 연회를 준비하는 동안 목욕탕에서 시간을 보내라고 하면서 들여보낸 다음, 부하들에게 목욕탕 입구를 벽돌로 봉쇄하게 한 후 그들이 목욕탕 안에서 서서히 고통을 받으면서 굶어 죽게 만들었다. 목욕탕 안에서 그들이 지르는 비명소리가 인근 거리에서도 들릴 정도였다고 한다. 그러고 나자 이제 자신들을 지켜줄 사람을 잃어버린 그 도시의 주민들은 알 무타디드에게 충성을 맹세했다. 왕은 자신을 방문한 사람들에게 계속해서 수그러들지 않은 잔인성을 보여 주었는데, 자기가 죽인 사람의 해골로 화분을 만들어 왕실 정원에 진열해 놓기도 했다. 1050년대 말에는 자신의 아들이자 후계자인 이스마일(Isma'il)이 알헤시라스에 독립 왕국을 건설하려고 하자 그를 불러들여 직접 처형하고 며느리들과 손자들을 포함해 가족 전체를 절멸했다.

알 무타디드가 잔인하기는 했지만 교양 없는 사람은 아니었다. 그는 아주 훌륭한 시를 지었고(비록 그 시들이 대부분 전쟁과 정복을 노래하기는 했지만 말이다), 반도 내 다른 타이파 지배자들과 마찬가지로 자신의 입지를 과시하기 위해 화려하고 세련된 문화를 창조하려고 노력했다. 그는 다른 당대인들과 마찬가지로 포도주와 여자를 즐겼다. 공식적으로는 한 번만 결혼했지만 여러 후궁과의 사이에서 적어도 스무 명의 아들과 스무 명의 딸을 두었던 것으로 보인다. 세비야의 입지가 강화되면서 천문학자, 의사, 시인, 그리고 학자들이 알 무타디드의 아낌없는 후원과 아랍 문화의 옹호에 이끌려 대거 몰려들었다. 그의 아들 무함마드(Muhammad)는 코르도바 출신의 망명 시인으로 알 무타디드의 와지르(장관)가 된 이븐 자이둔 같은 사람의 가르침을 받았다.

무함마드는 매우 뛰어난 시인이자 전설적으로 낭만적인 인물이었다. 1069년 왕위를 승계하게 되자 그는 사랑하는 아내인 노예 출신의 이티마드 알 루마이키야(I'timad al-Rumaykiyya, 그녀 역시 시인이었다)를 아끼는 마음에서 자신의 군주명을 알 무타미드로 정했다. 그가 이티마드를 처음 만난 것은 한 친구와 강가를 산책하고 있었을 때였고, 그녀는 강가에서 빨래를 하고 있었다. 이때 그는 시 한 구절을 즉흥적으로 읊조리고 나서 나머지 구절을 그 친구가 채워 완성해 주기를 기다리고 있던 참이었다. 그런데 그때 이티마드가 갑자기 끼어들어 그 나머지 부분을 완성한 것이 아닌가! 그는 그 자리에서 그녀에게 홀딱 반하고 말았다. 그는 즉시 그녀의 몸값을 치러 자유민이 되게 하고 그녀와 결혼했다. 그녀는 그 후 그의 유일한 아내로 남게 되었고, 그가 알모라비드파에 의해 폐위되어 망명을 가게 되었을 때도 그의 곁을 지켰다. 그러나 그의 또 하나의 집착은 그에게 수치를 안겨 주고 왕국을 상실하기 일보 직전까지 내몰기도 했다.

가든 파티에서의 우드 연주자.
13세기 초 『하디스 바야드 와-리야드』(*Hadith Bayad wa-Riyadh*) 필사본.
Jorge Fernandez-Oronoz(Archivo Oronoz).

1053년 대서양 해안에 위치한 실베스 시의 비천한 집안 출신의 시인인 무함마드 이븐 암마르(Muhammad ibn 'Ammar)가 세비야에 도착해 알 무타디드에게 아부성 시를 지어 바쳐 그의 총애를 받게 되었다. 그는 왕의 술친구가 되었고, 세자인 미래의 알 무타미드의 측근이 되었다. 그리고 알 무타미드가 열두 살의 나이로 실베스 시의 지배자로 파견되자 그를 따라 그곳까지 갔는데, 얼마 가지 않아 두 사람이 동성의 연인이라는 소문이 세비야에까지 들렸다. 이에 분기탱천한 알 무타디드가 아들을 세비야로 불러들였고, 처벌이 무서웠던 이븐 암마르는 사라고사로 도망쳤다. 성인이 된 알 무타미드는 1068~69년 왕으로 즉위하자 이븐 암마르를 다시 세비야로 불러들였고, 이븐 암마르는 왕의 최측근 조언자가 되었다. 그러나 모사꾼 기질의 소유자였던 이븐 암마르는 세비야 군대를 움직여 여러 차례 이웃 왕국에 대한 공격에 나서게 했는데, 그 공격은 대부분 서툰 계획 때문에 실패로 끝났다. 그로 인해 세비야는 카스티야와 레온으로부터의 값비싼 지원에 크게 의존하지 않으면 안 되었다. 1078년 이븐 암마르의 야심은 그가 세비야의 이름으로 무르시아를 장악한 다음, 바르셀로나의 라몬 베렝게르 2세(Ramon Berenguer II)의 지지를 등에 업고 독립적인 왕을 자처하고 나서면서 노골적으로 드러났다. 그러나 그는 곧 타도되었고, 그 후 6년 동안 여러 타이파 궁정에서 문제를 일으키면서 보내게 된다. 결국 무타미드는 이븐 암마르를 체포해 감옥에 넣었는데, 그는 거기서도 속임수와 음모를 멈추지 않아 결국 분노한 알 무타미드가 직접 옛 애인의 목을 도끼로 내리쳐 처형했다.

무심한 듯하면서도 유능한 지배자였던 알 무타미드는 호평을 받는 시인이었고, 전설적인 한량이기도 했다. 부친으로부터 물려받은 빛나는 궁정 문화는 그의 치세에 더욱 활성화되었는데, 특히 1058년 코르도바의 병합 이후, 그리고 1085년 알폰소 6세의 톨레도 정복 이후 톨레도 학자들과 과학자들이 새로운 후원자들을 찾아나서게 된 후로 더욱더 그랬다. 개선된 아스트롤라베를 발명한 유명한 천문학자 알 자르쿨라(al-Zarqullah)가 세비야에 정착했고, 내과 의사이자 식물학자, 약리학자이기도 했던 이븐 와피드(Ibn Wafid) —라틴 유럽인들에게는 '아벤게피트'(Abenguefit)로 알려져 있었다—, 알 무타미드의 왕실 정원을 설계한 농학자 이븐 바살(Ibn Bassal)도 마찬가지였다. 그리고 코르도바가 알 안달루스에서 신학 연구의 중심으로 남아 있었다면, 세비야는 시의 본고장이었다. 톨레도의 카디이자 과학사가였던 사이드 이븐 사이드(Said ibn Said)는 세비야를 '시의 왕국'이라고 불렀다. 왕(알 무타미드)의 시는 그가 죽고 나서도 높은 평가를 받았는데, 그는 당대 알 안달루스 최고의 시인으로 여겨졌다. 그의 부친이 자신의 승리를 찬양하고 권력을 과시하는 자화자찬적인 시를 지었다면, 알 무타미드의 시는 감정과 관능을 찬양했다. 코르도바를 정복할 당시 그가 지었던 유명한 승리의 시조차도 정복된 도시를 어여쁜 신부로 묘사하는, 그러니까 전쟁이 아니라 사랑의 정복에 비유했다.

타이파 시대 알 안달루스에서 시들은 포도주와 에로티시즘(여인들과 소년들이 포함되는)에 초점이 맞추어져 있었다. 대부분의 시가 밤샘 와인 파티(귀족 문화의 단골 메뉴였다)에서 영감을 얻었는데, 그 파티에서 사람들은 달빛이 내리는 정원에서 비스듬히 앉아 미모의 노예들이 따르는 술잔을 바라보며 즉흥적으로 시를 지었다. 왕이 그 자리에 참석해 있으면 시인은 그를 칭송하는 시를 지어 바침으로써 값비싼 선물을 받을 수도 있었고, 혹은 그에게 장문의 송시를 바침으로써 궁정의 한자리를, 아니면 연금이나 영지를 하사받기도 했다. 알 무타미드의 치세 말에 세비야에 온 두 명의 두드러진 인물이 있었는데, 데니아에서 온 무함마드 이븐 알 랍바나(Muhammad ibn al-Labbana)와 노르만족이 이슬람 지배 아래 시칠리아를 정복할 때 그곳에서 도망쳐 온 무함마드 이븐 함디스(Muhammad ibn Hamdis)가 그들이었다. 이 두 사람은 왕과 매우 친밀한 관계를 맺게 되었는데, 왕이 아그마트로 망명할 때 그와 동행할 정도였다.

압바드 가문의 주적이었던 그라나다 왕국은 아랍 문화에는 공헌한 것이 거의 없었지만, 유대 문학에서는 중심적인 위치에 있었다. 칼리프 체제가 해체되고 나서 칼리프의 군대에서 복무하기 위해 이프리키야로부터 들어와 있었던 지리 가문(Banu Ziri)은 시에라네바다산맥 북쪽과 동쪽으로 펼쳐져 있는 평야 지역과 그들이 건설한 수도 그라나다에 대한 지배권을 강화해 가고 있었다. 직업적 전사들이었던 그들은 아랍어를 거의 할 줄 몰랐고 외국인이라는 자신들의 처지를 날카롭게 인식하고 있었다. 그들은 왕들에게 봉사하기 위해 지역 유대인들의 초대를 받아 들어왔는데, 자신들의 고향 사람들인 산하자족과 자나타족 베르베르인, 원주민인 무슬림 안달루스인, 유대인, 그리고 소수 기독교도들로 이루어진 신민들을 지배했다.

지리 가문은 처음부터 사실상 모든 방향에서 이웃 국가들의 적대적 시선의 대상이 되었는데, 압바드 가문의 세비야, 함무드 가문의 말라가, 그리고 노예들에 의해 지배되고 있던 알메리아가 그들이었다. 이 같은 상황이 타이파 시대의 가장 흥미로운 에피소드 가운데 하나인 유대인 나그릴라 가문(Banu Naghrilla)의 아찔할 정도로 빠른 출세와 몰락의 배경이었다. 이 가문의 수장이었던 이스마일 이븐 나그릴라(Isma'il ibn Naghrilla)는 붕괴되기 직전 칼리프 체제에서 성장했다. 유년 시절을 마디낫 알 자흐라에서 보낸 궁정 엘리트였던 그는 어릴 때 아랍어와 히브리어, 그리고 라틴어를 익혔고 — 아마도 아마지그어(Amazigh), 즉 베르베르어도 배운 것으로 보인다 — 코르도바에서 최고의 선생들로부터 의학, 아답, 이슬람법과 유대법, 그리고 신학을 배웠다. 코르도바에서 일어난 폭동을 피해 도망쳐 나온 그는 처음에는 말라가에서, 1020년경에는 그라나다에서 피난처를 발견했다. 그라나다에서 그는 뛰어난 아랍어 작문 실력과 『꾸란』에 대한 해박한 지식 덕분에 왕국 행정부에서 비서 한 자리를 차지해 안착하게 되었다.

지리 가문의 첫 번째 왕인 합부스 이븐 막산(Habbus ibn Maksan)의 이스마일에 대한 신임은 각별해 이스마일은 조언자 겸 세금 징수인, 그리고 비서로 임명되었다. 또한 왕의 아들이자 계승자인 바디스(Badis)를 암살하려는 지배 가문 내 음모를 무산시키는 데 공헌하기도 했다. 이스마일의 영향력이 급증하면서 그는 유대인 공동체(처음에는 그라나다, 후에는 알 안달루스 전체)의 지도자 역할을 수행했다. 그는 하 나기드(ha-Nagid), 즉 '유대인의 왕'으로 불리면서 폭넓은 학자 네트워크를 구축했고, 그라나다에 있던 그의 저택은 유대 지식과 유대 문학, 특히 시와 법률 관련 학문의 중심이 되었다. 유대인 사상가들이 그의 후원과 호의를 향유하기 위해 멀리서 찾아왔다. 이때 이스마일과 당대 알 안달루스인들을 포함한 학자들의 활동에 힘입어 히브리어가 살아 있는 언어이자 문학 언어로 다시 태어나기 시작했다. 학자들은 아랍어 문법 이론을 모델 삼아 근대 히브리어를 발전시켰으며, 새 모델에 입각해 시와 산문을 짓기 시작했다. 압드 알 라흐만 3세 시대의 하스다이 이븐 샤프루트가 그랬던 것처럼 이스마일은 자신을 메시아와 비슷한 존재('새로운 다윗')로, 즉 이슬람 세계 전체에 거주하는 유대인의 보호자와 후원자, 그리고 옹호자로 생각했다.

1038년 합부스에 이어 권좌에 오른 우울한 기질의 술꾼이었던 바디스 치하에서도 이스마일 이븐 나그릴라의 영향력은 계속 증대해 갔다. 그는 분명 대단한 카리스마를 지닌 뛰어난 전술가였다. 그는 그라나다 내 내분을 잘 조장하고, 왕과 안달루스 내 무슬림들 그리고 자나타족 라이벌들 간의 이해관계를 중간에서 잘 조정함으로써 왕국 내 거의 모든 분파의 신임을 얻었다. 왕국의 백성들, 특히 자신과 같은 유대인들로부터 효과적으로 수입을 짜내는 법률 고문이자 세금 운영자로서의 활동으로 그의 개인 재산은 기하급수적으로 늘어났다. 또한 이스마일은 1038년 노예에 의해 지배되고 있던 알메리아 타이파의 군대가 그라나다에 쳐들어왔을 때, 그들을 격퇴하는 데 중심적인 역할을 수행하고 나서 곧바로 (적어도 그의 주장에 따르면) 왕국 무슬림 군대의 총사령관이 되었다. 그 후 그라나다가 세비야와 다투고 말라가의 정복에 나서면서 그는 나머지 인생의 대부분을 전쟁터에서 보냈다. 그의 명성이 어찌나 대단했던지 1058년에 그가 죽었을 때 알 안달루스 전역에서, 그리고 지중해 전역의 유대인들 대부분이 심심한 조의를 표했고 당대 무슬림들에게도 널리 칭송을 받았다. 무슬림들은 그의 지혜, 고상한 품위, 재치, 그리고 아랍어 구사 능력과 『꾸란』에 대한 해박한 지식에 경의를 표했다. 이스마일은 타이파 시대의 많은 유대인 정신 가운데 한 명에 그치지 않고 카사(귀족)의 사회 문화적 환경에 깊이 물들어 있었다. 또한 그는 엄격한 신앙의 소유자이자 정통주의의 신봉자였음에도 불구하고 쾌락의 찬미자로도 유명했다. 그는 많은 밤을 와인 파티에서 보냈으며, 신성하거나 세속적인 히브리어 시 외에도 자신에게 봉사하는 노예 소년·소녀들의 에로틱한 아름다움을 찬미하는 아랍어로 된 시를 쓰기도 했다.

그러나 모든 사람이 이스마일을 좋아하지는 않았다. 알 안달루스 내 다른 왕국에서와 마찬가지로 그라나다에서도 정치적 파벌이 종교적 혹은 인종적 공동체와 깔끔하게 일치하지는 않았으며, 그는 왕국 내 무슬림과 유대인 가운데에 친구와 적 둘 다를 갖고 있었다. 그러나 무슬림 왕국에서 비무슬림이 권력을 휘두르는 것이, 그리고 딤미가 자신의 예속적 신분을 뛰어넘어 출세하는 것이 이슬람법을 위반하는 것으로 간주되는 분위기에서 유대인이라는 그의 정체성은 무슬림 라이벌들이 그를 공격하는 데 유용한 발판을 제공해 주었다. 1038년 알메리아가 그라나다를 공격해 왔을 때, 그 공격의 명분 가운데 하나는 이스마일을 권좌에서 내쫓기 위해서였다는 기록도 있다. 그러나 사실은 거의 모든 큰 타이파 왕국들이 유대인 신민들을 영향력 있는 자리에 고용하고 있었다. 알메리아 역시 유대인을 와지르로 고용하곤 했고, 세비야의 알 무타미드는 이삭 벤 바루치 알발리아(Isaac ben Baruch Albalia)라는 유대인을 20년 동안이나 점성술사로 고용했다. 그러나 이슬람의 알 안달루스가 몰락의 길에 접어든 것처럼 보이고 경건한 무슬림들이 몰락의 이유를 점점 이슬람법과 이슬람 도덕률에 대한 타이파 왕들의 태만 탓으로 돌리면서 유력한 유대인들이 울라마 집단 내 보수파의 공격 대상이 되는 경우가 많아졌다. 칼리프 궁전에서 이스마일과 함께 성장한 이븐 하즘은 유대인 와지르가 작성했다고 소문이 난(그러나 그것은 분명 사실이 아니었다), 무슬림을 비난하는 내용이 담긴 보고서를 받고 나서 분기탱천해 이스마일과 유대교를 비난하는 내용의 통렬한 글을 쓰기도 했다.

이스마일 이븐 나그릴라가 1056년에 죽고 나서 그의 아들 유수프 이븐 나그릴라(Yusuf ibn Naghrilla)는 지리 왕국에 대한 자기 가문의 지배를 계속 이어가려 했고, 결국 그 역시 (부친의 뒤를 이어) 와지르에 취임했다. 그러나 그는 부친이 갖고 있던 신중함과 카리스마를 물려받지는 못했고, 얼마 안 가 하렘의 여인과 알림들 사이에서 강력한 적들만 만들었다. 시인이자 알림이었던 엘비라의 아부 이샤크(Abu Ishaq)는 유수프의 권모술수 때문에 수도에서 쫓겨나고 나서 바디스에게 독설에 찬 시 한 편을 보냈는데, 거기에서 그는 바디스가 유대인들에게 터무니없이 막강한 권력을 쥐어주었다면서, 그리고 유수프를 '새끼 양처럼' 죽이지 못하게 하고 그라나다의 '더러운' 유대인들을 모욕하지 못하게 했다면서 신랄하게 비난했다.[26] 그러나 아부 이샤크의 비난은 울라마 혹은 대중 사이에서 나타난 반(反)유대인 정서를 대변하기보다는 정치적 라이벌에 대한 개인적 보복으로 여겨졌으며, 분명 그런 측면이 없지 않았다.

그럼에도 불구하고 점차 힘이 약화되어 간 바디스의 뒤를 잇기 위해 여러 파당 간에 갈등이 심화되면서 유수프의 지위도 점차 위태로워졌다. 왕의 장남 불루킨(Buluqqin)이 유수프가 주최한 알함브라궁에서의 와인 파티를 마치고 집으로 돌아가는 길에 갑자기 쓰러져 죽자, 대중은 와지르가 세자를 독살한 것이라며 비난을 퍼부었다. 유수프는 계속 늘어나는 적들에 둘러싸이기도 하고 부친이 갖고 있었던 메시아적 야심을 자신이 충족하고 싶기도 해서 한 가지 과감한 계획을 생각해 냈다. 1066년 그는 알메리아의 유력한 지배자인 알 무타심(al-Mu'tasim)에게 은밀하게 다가가 그가 그라나다로 쳐들어오면 자기가 성문을 열어주겠다고 제안하고, 그 대신 자신이 알 무타심의 후견을 받는 왕이 되어 그라나다를 지배할 수 있게 해달라고 했다. 이에 대해 알 무타심은 동의했다. 쿠데타 전날 밤 유수프는 기념 연회를 열고 자신이 신뢰하는 그라나다 엘리트들에게 그 계획을 털어놓았다.

그러나 일이 유수프의 계획대로 되지는 않았다. 마지막 순간에 알 무타심이 겁을 집어먹고 군대를 철수하고 만 것이었다. 유수프가 바디스를 배신하고 지리 왕가를 제거하려 했다는 것이 알려지자, 그라나다 왕가 사람들이 들고일어나 알함브라궁을 공격하고 다수의 유대인들을 포함해 유수프의 공범을 살해했으며 도주하는 반역자(유수프)를 붙잡아 십자가형으로 처형했다. 이 반란의 구체적인 내용은 불분명하지만 오늘날의 역사가들은 주저 없이 계획적인 유대인 학살이자, 무슬림-유대인 관계에서 하나의 분수령이 되었다고 보고 있다. 그러나 그 견해는 사실과 다르다. 유수프와 그의 동맹세력 혹은 친구들로 여겨진 사람들은 그들의 종교 때문이 아니라 그들의 배신행위 때문에 살해된 것이었다. 이것은 11세기 알 안달루스 정치의 맥락에서 보면 그리 '특별하지도 않은' 사건

---

26 Olivia Remie Constable, *Medieval Iberia*, p. 99.

이었으며, 피트나 초창기에 코르도바인들이 베르베르인들을 살해한 것과 별반 다르지 않았다. 특별했던 점은 한 유대인이 무슬림 왕국에서 그렇게 엄청난 권력을 공개적으로 휘두를 수 있었다는 것, 그리고 유대인이 무슬림 군주를 등에 업고 왕이 될 수 있다고 생각했다는 사실이었다. 유수프의 딤미로서의 정체성이 공격자들에게 모종의 정당한 모욕의 명분을 제공해 주었을지는 모르지만 모든 유대인이 보복의 대상이 되지는 않았고, 그라나다 유대인들의 삶은 그 직후 수년에 걸쳐 다시 원상을 회복했을 뿐만 아니라 더 큰 번영을 누리기까지 했다.

유수프 이븐 나그릴라의 피살은 그라나다를 안정시키는 데 아무런 역할도 하지 못했다. 1073년 바디스가 죽고 10대의 아들 압드 알라('Abd Allah)가 그 뒤를 이어 즉위하자, 당시 말라가를 지배하던 그의 형 타밈(Tamim)이 독립을 선언했다. 설상가상으로 이미 진행되고 있던 세비야와의 전쟁은 1068~69년 알 무타미드의 즉위로 더 악화되었는데, 이때 세비야 왕의 교활한 와지르이자 시인이기도 했던 이븐 암마르(Ibn 'Ammar)는 코르도바와 그라나다, 그리고 톨레도 타이파에 대한 군사적 모험에 착수했다. 한편, 알 무타미드는 상당한 영토를 획득했지만 그것은 레온과 카스티야의 왕 알폰소 6세에 의존해야 하는 값비싼 대가를 치르고서였다. 알폰소 6세는 세비야에 군사 원조를 제공하는 대신에 그 대가로 무거운 현금 조공을 요구했다. 이 조공은 이미 지배자의 사치스런 궁전 생활 때문에 과중한 부담에 시달리고 있던 타이파 왕국 신민들의 어깨를 더욱 무겁게 짓눌렀다. 그라나다의 압드 알라도 똑같은 방식으로 대응해야 했기 때문에 카스티야와 레온의 지원을 확보하기 위해 조공을 지불해야만 했다.

그래서 1079년 두 타이파 왕국의 군대가 카브라 전투에서 맞붙게 되었을 때, 양 진영 모두의 군대를 이끈 것은 바로 카스티야의 기사 부대였다. 그리고 알 무타미드를 지원하는 기사 부대의 수장은 로드리고 디아스 데 비바르(Rodrigo Díaz de Vivar)라는 이름의 노련한 전사였다.

그가 압드 알라의 군대와 그들의 대장인 가르시아 오르도녜스(García Ordoñez)를 궤멸하자 세비야의 무슬림 군대는 로드리고에게 알 사이이드(al-sayyid, 아랍어로 '우두머리'를 의미)라는 존경의 의미를 담은 별명을 붙여주었고, 이 칭호를 모방해 카스티야인들은 그를 엘 시드(El Cid)라고 불렀다. 장차 '스페인 레콩키스타'의 상징으로 자리 잡게 되는 이 인물은 사실 그의 경력 가운데 상당 부분을 무슬림 혹은 기독교도 적들의 침입에 맞서 무슬림 왕국들을 수호하면서 보냈다.

제17장

왕의 귀환

톨레도 타이파 왕국의 왕 이스마일 이븐 딜눈(Isma'il ibn Dhi 'l-Nun)은 충격적인 상황에 처하게 되었다. 1038년 그는 무슬림 도시 사라고사로 진군하기 위해 병력을 끌어모으고 있었다. 그 사라고사에서는 지배 가문 내 쿠데타로 그(이스마일)의 친척인 왕 문디르 2세 알 투지비(Mundhir II al-Tujibi)가 살해되고 살해된 왕의 사촌 압드 알라가 왕위를 자지하는 사건이 벌어졌다. 이스마일은 이에 대해 복수를 결심하고, 그 이전에 변경 지역 지배자들처럼 북쪽 기독교도들에게 지원을 요청했다. 그러나 카스티야의 젊은 백작 페르난도 1세(Fernando I)는 지원군을 보내는 대신에 다음과 같은 메시지를 보냄으로써 당시 이베리아반도의 변화된 세력 균형을 보여 주었다.

> 우리는 …… 오래전에 그대들이 정복했고, 신께서 허락하는 동안 그대들이 지금까지 살고 있는 바로 그 땅을 이제 돌려줄 것을 요구한다. 신께서 그대들의 사악한 행태를 보시고 우리에게 승리를 허락하셨다. 그대들은 이제 그대들의 땅으로 돌아가라. 그리고 우리 땅을 우리에게

> 넘겨주기 바란다. 이제 그대들과 우리 사이에 평화로운 공존은 없다. 신께서 우리와 그대들 가운데 한쪽을 택하실 때까지 우리가 그대들에게서 눈을 떼지 않을 것이다.[27]

이 메시지는 선전 포고에 다름 아니었고, 후에 '레콩키스타'라고 알려지게 될 현상의 초기적 표현이었다. 레콩키스타는 카스티야와 레온 왕정과 교황청이 주도하는 하나의 이데올로기적 회복 운동이었으며, 그것은 이베리아반도의 정치사를 기독교와 이슬람 간의 투쟁으로 상정했고 도덕적 정당성과 역사적 불가피성의 의식을 포함하고 있었다. 또한 그것은 자신들이 서고트 왕들의 후계자이고 히스파니아 전체의 지배자라고 주장하는 레온 왕의 주장과 궤를 같이하고 있었다. 그렇다고 레콩키스타가 무슬림들을 스페인에서 쫓아내자는 것은 아니었으며, 그것은 그 후로도 마찬가지였다. 페르난도 1세가 톨레도 왕(이스마일)에게 도전하고 나섰을 때, 그는 딜눈 가문이 마그립에서 기원한 부족이라는 것과 타이파 왕들의 몰락한 평판에 대해 잘 알고 있었다. 그들의 땅으로 떠나라는 그의 경고는 반(反)무슬림이 아니라 반(反)외세의 제스처였다.

사실 기독교도 지배자들은 그 뒤로도 수세기 동안 여러 번에 걸쳐 정복된 무슬림들에게 계속 자신들의 백성으로 남아달라고 설득하고 회유하곤 했다. 그 지배자들의 의도는 711년 아랍인들의 그것과 마찬가지로 거기 살고 있는 주민들을 쫓아내려는 것이 아니라 그들을 정복하고 지배하려는 것이었다. 페르난도의 경고가 있고 나서 반세기가 채 지나지 않아 톨레도는 페르난도의 아들 알폰소 6세의 치하에서, 801년 바르셀로나의 정복 이후 기독교도 지배자에게 정복된 알 안달루스 내 첫 번째 주요 도시가 될 것이었다. 왕은 옛 서고트족의 수도(톨레도)로 귀환하게 되지만 그가 그 도시를 무력으로 취하지는 않고, 그 도시 지배자의 자발적 동의와 도시 주민들의 마지못한 묵인을 통해 취하게 될 터였다. 그리

27 Amin T. Tibi, *The Tibyān*, p. 90.

고 알폰소 6세는 자신을 기독교도들의 왕이 아니라 '알 임브라투르 둘 밀라타인'(al-Imbratur dhu'l-Millatayn), 즉 '두 종교 공동체의 황제'로 칭하게 될 것이었다.

피트나 시대의 톨레도에서는 세비야와 코르도바와 마찬가지로 활동적인 지역 엘리트—영지를 소유하고, 교역에 종사하고, 울라마로 활약하는 가문들—가 카디(종교적 성격의 판관)의 지원을 받으며 도시를 지배했다. 그러나 얼마 가지 않아 파당적 분쟁으로 왕국이 약화되었으며, 그들은 그런 상태로는 영토를 지킬 수 없다는 것을 깨달았다. 그래서 그들은 711년 첫 번째 정복 물결 때 이베리아반도로 건너온 베르베르인 딜눈 가문을 찾아가 자신들이 우마이야 왕조 군대에서 복무한 여러 기록을 제시하면서 자신들의 수장이 되어달라고 청했다. 딜눈 가문은 과거에 여러 차례 톨레도 배후지를 침입한 적이 있었음에도 불구하고, 이제는 그들(지역 엘리트)의 술탄 혹은 보호자가 되어달라는 요청을 받고 있었던 것이다. 이에 대해 딜눈 가문의 수장 압드 알 타흐만('Abd al-Tahman)은 1018~19년 아들 이스마일을 톨레도에 보냈다. 알 자피르(al-Zafir, '승리하는 자')라는 자화자찬적 칭호를 갖고 있었던 이 젊은 군주는 아부 바크르 이븐 알 하디디(Abu Bakr ibn al-Hadidi)라는, 그 지역의 한 샤이크(shaykh, '원로')의 도움을 받아 톨레토를 통치하기 시작했다. 알 자피르는 톨레도에서 인기가 있지는 않았지만 지역 엘리트 가문들의 경쟁 의식을 이용해 권위를 강화했으며, 집권 후 무슬림 이웃들을 상대로 전쟁을 수행하기 시작했다. 그는 신민들에게 무거운 세금을 거두어 그 돈으로 알 안달루스 내 다른 강력한 타이파 왕국 못지않게 웅장하고 화려한 궁전을 지었다.

1040년대 초 알 자피르의 아들 야흐야(Yahya, 혹은 '알 마문')가 이 톨레도 왕국을 계승했는데, 그 왕국은 겉보기에는 안전해 보였지만 실제로는 매우 취약해 바다호스와 사라고사의 공격을 받고 있었다. 이 같은 상황 때문에 알 마문(야흐야)은 이웃 기독교도들에게 군사적 도움을 요청하지 않으면 안 되었다. 사라고사는 카스티야의 페르난도 1세에게 파리아스(조공)를 바치기 시작한 상태였기 때문에, 알 마문은 페르난도와 형제지간이자 그의 라이벌인 팜플로나의 가르시아 산체스 3세(García Sánchez III, 그 자신이 사라고사에 대해 모종의 계획을 갖고 있었다)에게 도움을 청했다. 상당히 많은 액수의 조공을 포함하고 있던 이 (알 마문과 가르시아 산체스 3세 간의) 동맹 관계는 페르난도 1세로 하여금 자신의 기사 부대를 톨레도에 파견하도록 했으며, 그들은 거기에서 가축과 재산을 탈취하고 포로를 잡아가는 등의 조치로 그 지역 일대를 황폐화했다. 이런 종류의 약탈은 기독교도 왕에게 중요한 수입원이면서 동시에 파당으로 갈라져 싸우고 있던 전사들의 (폭력적 열정의) 배출구가 되어 주었다. 그리고 이제 페르난도의 별이 떠오르고 있었다. 1054년 그의 휘하 기사들이 전투 중에 가르시아 산체스를 살해했고 팜플로나를 속령(屬領)으로 만들었다. 1056년 그는 레온을 점령하고 '황제'라는 칭호를 자처했다.

1050년대와 1060년대에 페르난도는 거의 모든 주요 무슬림 왕국들에 대한 침입을 개시해 그들로 하여금 자신의 영주권을 인정하게 하고 파리아스를 바치게 만들었다. 타이파 왕들은 이렇게 조공을 바침으로써 페르난도에게 사실상 그들 자신을 상대로 하는 전쟁을 수행하는 데 필요한 수단을 제공하고 있었다. 레온의 팽창은 교황청의 승인을 얻은 것이기도 했다. 교황청은 하나의 제국과도 같은 권위를 갖기 시작했으며, 새로운 개혁 운동—특히 그중에서도 부르고뉴의 클뤼니 교단의 역할이 두드러졌다—은 그 교황청에 전례 없는 이데올로기적·제도적 통일성을 제공하고 있었다. 기독교 세계의 영역을 확대하기 위해서라면 어떤 전쟁도 환영을 받았으며, 11세기가 끝나기 전에 클뤼니 교단의 수도승 출신이기도 했던 교황 우르바누스 2세(Urbanus II, 1035?~1099)는 제1차 십자군으로 알려지게 되는 전쟁에 착수하게 된다. 승자의 편에 서는 법을 알고 있었던 가톨릭교회는 이베리아반도 전체에 대한 지배권을 주장하고 나선 페르난도를 지지했고 기독교 성직자들, 특히 교황청 혹은 클뤼니 교단과 연관되어 있었던 성직자들은 기독교도들의 레콩키스타 개념과 '무슬림 살해자'인 산티아고(성 야고보) 숭배를 적극적으로 지지했다. 이에 대해 페르난도는 교황과 클뤼니 교단에 대해 현금과 땅을 기부하고 영향력 있는 지위를 성직자들에게 제공하는 것으로 그들을 지지했는데, 그것은 스페인 원주민 성직자들에게는 놀라운 것이었다. 그렇지만 산티아고는 오로지 카스티야-레온 왕국의 수호천사 역할을 했을 뿐이었다. 카스티야-레온 왕국의 라이벌인 아라곤과 카탈루냐, 그리고 포르투갈 출신 기사들이 전투에서 신의 도움을 받은 경우가 있었다면, 그들에게 '무슬림 살해자' 역할을 수행해 준 것은 산티아고가 아니라 성 호르헤(Saint Jorge)였다.

페르난도는 레온의 지배자로서의 지위를 확실히 하고 나서 바다호스 타이파에 대한 공격을 감행해 아프타스 가문(Banu 'l-Aftas)으로 하여금 조공을 바치게 만들었으며, 두에로강 남쪽 띠 모양의 영토를 장악했다. 1064년에는 지금의 포르투갈 중앙부에 위치한 무슬림 도시 코임브라를 포위해 6개월의 공성 끝에 함락했다. 후대의 연대기 작가들은 '무어인 살해자'가 이 전투에서 황제에게 신성한 도움을 주었다고 주장하곤 했다. 그러나 실제로 그에게 승리를 가져다준 것은 산티아고가 아니라 지역 모사랍들(Mozarabs)의 지원이었다. 그 지역 기독교도 원주민이었던 시스난도 다비데스(Sisnando Davídez)는 세비야 군대가 이곳에 침입했을 때 어린 나이로 포로가 되었고, 거기서 궁정 노예가 되어 아랍어 교육을 철저하게 받았다. 그는 1064년까지 알 무타디드의 사절로 활약한 후에 전쟁에서 승리한 페르난도 1세의 부름을 받고 돌아와 코임브라의 '백작', 즉 와지르로 활약했다. 시스난도는 페르난도가 반도 내 이슬람 왕국에 파견하는 핵심 사절이 되었으며, 거기서 그는 아랍어와 알 안달루스 문화에 대한 해박한 지식과 타이파 궁정의 내부 작동 방식에 힘입어 페르난도의 무슬림 피호인들을 솜씨 있게 다루고 그들로부터 최대치의 조공을 끌어냈다.

페르난도는 정복보다는 침입과 협박을 선호했는데, 그것은 타이파 왕국들끼리 서로 싸우게 하는 것이 비용도 적게 들고 위험도 덜했기 때문이기도 하고, 그 과정에서 자신은 부유해지고 타이파 왕국들은 지배권이 불안한 상태로 놔둘 수 있었기 때문이다. 그라나다의 마지막 지리 가문 왕은 시스난도가 알폰소 6세의 조공 수취인으로 일하게 되었을 때, 왕이 사용한 전술에 대해 다음과 같이 설명했다고 회고했다.

> 알 안달루스는 원래 기독교도들의 땅이었다. 그런데 그 기독교도들은 아랍인들에게 패하여 척박하기 그지없는 갈리시아 지역으로 쫓겨났다. 이제 기독교도들은 다시 강해지고 유력해져 빼앗긴 땅을 되찾고 싶어 한다. 그런데 이것은 오직 (적의) 허약함과 (우리의) 공격을 통해서만이 얻어질 수 있다. 장기적으로 볼 때, 알 안달루스가 인적 자원도, 물적 자원도 갖지 못하게 될 때 우리는 별 어려움 없이 그것을 되찾을 수 있을 것이다.[28]

카스티야는 타이파 무슬림 왕국들의 고혈을 짜낼 것이었다. 그렇기는 하지만 기독교도 군주들과 그들의 무슬림 피호인들 간의 조공 관계가 순전히 착취하고 착취당하는 관계만은 아니었다. 조공으로 바쳐진 돈 가운데 상당 부분은 사치품과 공산품 구매의 형태로 타이파 왕국들에 되돌아갔고 그것으로 그 지역의 수공업과 상업에 도움을 제공했으며, 특히 톨레도 같은 변경 지역 왕국들에서는 더욱 그러했다. 역설적이게도 파리아스 지불에 가장 결사적으로 반대했던 울라마 가운데 상당수가 이 거래로부터 가장 많은 이익을 본 수공업자층 사람들이었다.

다시 톨레도로 돌아와서, 알 마문은 딜레마에 빠졌다. 사라고사와의 전쟁으로 1044~45년 세비야와의 동맹을 추진하지 않으면 안 되자, 압바드 왕조의 지배를 두려워한 톨레도의 엘리트들이 반란을 일으켰고 그 위기는 알 마문의 충신 와지르 이븐 알 하디디의 행동을 통해 극복할 수 있었다. 알 마문은 이웃 타이파 지배자들이 자신의 왕국을 서서히 잠식

---

28 Amin T. Tibi, *The Tibyān*, p. 90.

해 들어오자 페르난도 1세에게 막대한 재물을 갖다 바치면서 호의를 구하는 것 말고는 다른 방법이 없었고, 그리하여 카스티야의 지배자가 사라고사의 (톨레도) 침입에 제동을 걸게 되었다. 그러나 과도한 조공 납부는 왕국 재정에 큰 부담이 되었고, 알 마문은 그 부담을 세금 형태로 자기 백성들에게 떠넘겼기 때문에 백성들의 부담은 점점 무거워져 갔다. 그리고 알 마문은 페르난도의 충직한 부하가 되고 나아가 그가 동료 무슬림 왕국 그라나다(이 왕국은 파리아스 지불을 거부했다)를 징벌하는 전투를 지원하기 위해 군대를 파견했기 때문에 신앙심 깊은 톨레도 시민들의 분노를 사기도 했다.

알 마문의 기회주의적 성향은 1061년 페르난도가 당시 산줄(압드 알 라흐만)의 손자가 지배하던 발렌시아 왕국을 정복하기 위한 전투를 하기로 했을 때 그대로 드러났다. 페르난도가 병에 걸려 발렌시아 침입이 취소되자, 알 마문은 그 기회를 이용해 카스티야-레온 왕국의 지배를 거부하는 것이 아니라 발렌시아의 지배자이면서 자신의 사위이기도 한 압드 알 말리크 알 무자파르('Abd al-Malik al-Muzaffar)를 밀어내고 자신이 그 자리를 차지하려고 했다. 그는 이 쿠데타에 이어 1069년에는 세비야와 연합해 코르도바에 대한 공격에 나섰다. 그런데 군대가 코르도바에 도착하자 알 무타미드는 알 마문을 배신하고 그 도시를 탈취한 다음에 톨레도 병력이 들어오지 못하게 문을 닫아버렸다. 알 마문이 이 기만적인 옛 동료(알 무타미드)로부터 코르도바를 되찾는 데는 6년이라는 고난의 세월이 필요했다.

발렌시아와 코르도바에서 알 마문이 거둔 승리는 대부분의 성공적인 타이파 왕들에게서 기대되었던 것처럼 자신의 궁정을 유명한 시인과 학자들로 북적이게 하는 데 필요한 재원을 확보할 수 있게 해주었다. 그의 후원 덕분에 톨레도는 천문학과 점성술, 농학과 식물학, 약학, 의학, 공학, 그리고 고전 지식(무슬림은 그것을 '고대인의 학문'이라고 불렀다)을 포함한 여러 학문의 중심으로 발전해 나갔다. 알 만수르가 990년대에 보수적인 울라마의 요구를 만족시키기 위해 칼리프의 도서관을 파괴한 이

이브라힘 이븐 사이드 알 사흘리가 아랍어와 라틴 명문으로 만든 황동 아스트롤라베(톨레도, 1068년). 과학사 박물관(Museum of the History of Science), Oxford(#55331).

후, 다수의 과학 서적들이 톨레도로 은밀하게 유입되었고 그 책들이 이 톨레도의 지역 도서관들에 소장되었다. 그리고 피트나의 불안한 정세에서 남쪽에서 넘어온 유대인 지식인들이 이 도시에서 안식처를 찾아 이곳의 지식 문화를 더욱 활성화시켰다. 라틴 독자들에게는 아자르키엘(Azarquiel)이라고 알려져 있었고, 니콜라우스 코페르니쿠스(Nicolaus Copernicus)의 등장 이전까지 유럽에서 가장 중요한 천문학자이자 점성술사였던 알 자르쿨라도 이 도시에서 지적 고향을 발견했다. 그는 이곳에 체류하면서 행성의 타원형 궤도를 발견하고 '톨레도 천문도'(Toledan Tables, 르네상스 시기에 천체의 움직임을 계산하는 데 사용되었다)를 제작했으며, 여러 천문 도구들을 개선하기도 했다. 그런가 하면 그는 밤낮으로 시간을 알려 줄 수 있는 대형 클렙시드라(clepsydra), 즉 물시계를 발명하기도 했다.

알 마문은 시인도 아니고 지적인 인물도 아니었으며, 무질서하게 펼쳐진 작은 농촌 도시 알 문야 알 만수라(al-Munya al-Mansurah)에서 지내기를 좋아했다. 이곳은 그가 타호 강변 톨레도 성곽 밖에 건설한 도시로 연못과 부속 건물, 그리고 분수들이 들어선 널찍널찍한 공간으로 이루어져 있었다. 이곳에 만들어진 왕의 정원에서 일하는 과학자들이 생산해 낸 약리학과 농학 관련 논문들은 16세기 내내 유럽에서 가장 기본적인 교과서 역할을 했으며, 알 마문이 사절과 손님들을 맞아들이고 밤을 새우며 진행되는 포도주와 시 파티도 이곳에서 열렸다. 더불어 알 마문이 중요한 왕실 혹은 개인적인 행사를 개최하는 곳도 이곳에서였으며, 그것은 왕에게 '정원 예찬자'라는 별명을 가져다주었다. 그런데 왕이 무엇보다도 좋아했던 것은 자신의 부를 자랑하는 것이었다. 그의 손자 야흐야 이븐 이스마일(Yahya ibn Isma'il)의 할례식은 그 화려함과 과도함으로 유명했다. 알 안달루스 전역의 대귀족들이 이 행사에 초대되었고, 손님들이 집으로 돌아갈 때는 양손 가득히 금화가 들려 있었다. 1072년에는 불길하게도 이곳이 잠깐 동안 북쪽에서 온 젊은 왕자에게 망명지로 제공되었는데, 알 마문은 그를 알푼시 이븐 페르난도(Alfunsh ibn Fernando, 미래의 '알폰소 6세')라 불렀다.

왜 알 마문은 기독교도 왕자에게 그 같은 호의를 베풀었을까? 알 마문은 당시 잘나가고 있었다. 발렌시아가 그의 것이었고 사라고사가 그를 두려워했으며, 바다호스는 수십 년간의 공격으로 비틀거렸다. 세비야에 대해서도 그는 우위를 점하고 있었다. 가장 중요한 것은 레온 왕국이 그에게 전혀 영향을 끼치지 못했다는 것이다. 페르난도 1세의 제국은 겉으로는 막강해 보였지만 1072년경이면 거의 붕괴된 상태였다. 1065년 페르난도 1세는 발렌시아로부터 고향으로 돌아갔으나 그해 12월 27일에 세상을 떠났다. 그럼으로써 그가 그때까지 성취한 것이 거의 수포로 돌아갔는데, 그렇게 된 것은 적들의 힘이 강해져서가 아니라 그가 먼 서고트 조상들의 게르만족 전통에 집착했기 때문이었으니, 즉 자신의 영토를 세 명의 아들에게 분할 상속한 것이 그것이었다. 산초에게는 카스티야를, 가르시아에게는 갈리시아를, 그리고 알폰소에게는 레온을 각각 나누어 주었으며, 딸인 우라카와 엘비라에게도 사모라(Zamora)와 토로(Toro) 시를 각각 떼어주었다.

그러나 이 형제들은 얼마 가지 않아 골육상쟁을 벌였는데, 여기에서 먼저 선수를 친 것은 산초였다. 그는 휘하 전사였던 로드리고 디아스 데 비바르의 도움과 막냇동생 알폰소의 지원을 등에 업고 기독교 영토인 나바라와 아라곤(당시 나바라와 아라곤은 사촌인 산초 4세와 산초 2세가 지배하고 있었다)에 대한 공격을 성공적으로 이끌었다. 전쟁 명분은 이들(산초 4세와 산초 2세)이 카스티야로 흘러들어 가고 있던 조공의 일부를 차지하기 위해 사라고사 타이파 왕국(당시 이 왕국은 나바라와 아라곤의 공격을 받고 있었다)에 도움을 제공했다는 것이었다. 다음에는 산초와 알폰소가 가르시아를 공격했고, 여기에서 패한 가르시아는 세비야의 알 무타미드의 궁전으로 가서 보호를 구해야 했다. 승리한 두 형제는 가르시아의 영토를 나눠 가졌다. 그러나 산초와 알폰소의 동맹도 얼마 가지 못해 산초가 알폰소를 공격해 1072년 그의 레온 왕국을 점령했다.

그리하여 결국 산초가 부친의 세 영토를 다 차지하게 되었고 막내인 알폰소는 알 마문의 알 문야 알 만수라 궁전에서 호사스런 망명 생활을 하는 처지가 되었다. 아랍어에 능통했던 알폰소는 비록 그곳에 체류한 기간이 몇 달 되지 않았지만, 그곳에서 톨레도의 약점을 관찰하고 불안정한 내정을 살필 기회를 가질 수 있었다. 그는 알 마문에 대해 아무런 고마운 마음도 갖고 있지 않았으며, 오히려 그곳에서의 체류는 그에게 타이파 왕들의 힘이 변변치 않다는 것을 깨닫게 해주었다. "그들은 온갖 악덕과 죄악에 탐닉해 있으며, 가수와 악사들 속에서 인생을 탕진하는 광기의 소유자들임이 분명하다."[29] 그들의 무슬림 백성들 가운데 다수도 똑같은 생각을 하고 있었다.

알폰소의 체류는 레온에서 벌어진 사건 때문에 중단되었다. 산초는 1072년 10월 사모라를 지배하고 있던 누이 우라카를 공격했다. 공성 기

29 Douglas Morton Dunlop, "A Christian Mission", p. 288.

간 중에 그녀의 귀족 신하가 우라카를 배신한 척하고 산초의 진영으로 가 산초와 이야기를 나누던 중에 그를 살해했다. 혹자는 이 우라카의 개입을 그녀가 알폰소와 공유하고 있던 근친상간의 열정 탓으로 돌리기도 한다. 어쨌든 산초가 죽자 알폰소는 급히 레온으로 돌아와 왕위를 차지했다. 그런 다음 알 무타미드에게 자신의 형 가르시아를 넘기라고 요구했고, 그 가르시아는 17년의 여생을 수도원에서 보내게 된다. 새 왕 알폰소는 이베리아반도 북쪽으로 넓게 펼쳐져 있는 영토를 장악했다. 그리고 즉각 부친 페르난도 1세가 타이파들에 강요했던 조공 관계의 재수립에 착수했다. 그러나 귀족들은 서로 등을 돌렸다. 왕궁과 지역 교회를 지배하고 있던 레온과 카스티야, 그리고 갈리시아의 대귀족들은 인접 지역 귀족들을 라이벌로 간주했다. 특히 레온의 귀족들은 로드리고 디아스 데 비바르 같은 카스티야인들이 왕의 측근으로 들어오는 것을 수단과 방법을 가리지 않고 막으려 했다. 알폰소는 내부 평화를 유지하기 위해 대외 전쟁에 착수하지 않으면 안 되었다.

이것은 알 마문에게 반갑지 않은 소식이었는데, 당시 그는 톨레도의 울라마와 그들이 대변하는 도시 귀족들의 점증하는 저항에 직면해 있었다. 그들(울리마와 귀족들)은 자기네 왕을 직접 공격할 수 없었기 때문에 이슬람법을 무기화해 왕의 지지자들을 공격했는데, 왕의 대표적인 학자들 가운데 한 명인 이븐 알 하팀(Ibn al-Hatim)에 대해서는 그가 돼지고기를 먹고 포도주를 마시는 데다가 동성애자이고 이슬람을 조롱했다는 등 여러 위반 사항을 열거하면서 이단자라고 고발했다. 그 이후에 일어난 일은 알 안달루스 내 종교 계층의 세력 범위가 어느 정도인지, 그리고 그들이 만든 전국적인 네트워크가 얼마나 효과적이었는지를 입증하게 될 것이었다.

이븐 알 하팀은 톨레도에서 사형을 선고받자 하부 변경령으로 도망쳐 그곳의 왕 알 무타와킬(al-Mutawakkil)로부터 은신처를 제공받았다. 그러나 톨레도 파키('이슬람법 전문가')들이 자신들의 판결 내용을 바다호스 동료들에게 전하자, 알 무타와킬은 그에 대한 보호를 철회했다. 그러자 이븐 알 하팀은 이번에는 코르도바로 도망친 다음에 세비야의 알 무타미드에게 보호를 요청했다. 그러나 알 무타미드는 이븐 알 하팀을 알 마문에 대한 복수 수단으로만 생각했기 때문에 1072년 알 하팀의 사형 집행을 허용했다. 그것은 절묘한 조치였는데, 분노한 알 마문의 톨레도 울라마에 대한 보복이 그의 수도(首都)의 반란을 부추기는 결과를 만들어냈기 때문이다. 알 무타미드는 1075년 알 마문의 주치의를 회유해 그를 독살하게 함으로써 일을 마무리지었다.

그렇게 해서 톨레도 왕국은 알 마문의 손자 야흐야 이븐 이스마일(Yahya ibn Isma'il)에게 넘어갔고, 그는 알 카디르(al-Qadir, 유력자)라는 칭호로 즉위했다. 그러나 '알 카디르'라는 칭호는 더할 나위 없이 잘못된 선택이었는데, 왜냐하면 그는 하렘에서 애지중지 성장한 어린아이로, 경험도 없고 천부적인 능력도 갖고 있지 않았기 때문이다. 알 카디르의 라이벌들은 그가 무기력한 존재임을 알고 재빨리 움직였다. 세비야는 코르도바를 점령했고, 사라고사는 톨레도 동쪽 영토를 공격했다. 기독교 군대는 잠깐 동안 쿠엥카를 탈환했으며, 발렌시아는 아미르 가문에 의해 회복되었다. 톨레도에서는 도시 귀족들이 폭동을 일으켰다. 이어서 알 카디르는 알폰소에게 도움을 청하는 치명적인 실수를 저질렀는데, 그는 알폰소에게 도움을 받는 대가로 거액의 돈을 바치겠다고 약속해 이 소식을 들은 그의 정신과 고관들의 분노를 샀다. 알 카디르는 자신의 지지자들에게 도움을 요청했으나 여의치 않자, 도시 엘리트에게 톨레도를 넘겨주고 도망치지 않으면 안 되었다. 그러나 귀족 가문들은 군대 없이는 자신들이 무력할 수밖에 없다는 것을 깨닫고 재빨리 바다호스의 알 무타와킬에 달려가 자신들의 새 왕이 되어달라고 요청했다.

알 무타와킬이 속한 아프타스 가문은 딜눈 가문과 마찬가지로 700년대 이후 알 안달루스에서 거주해 온 베르베르인 출신이었다. 그들은 1022년 바다호스에서 그곳 사칼리바(유럽 출신의 노예) 지배자로부터 권력을 탈취했고, 그 후에 세비야와 톨레도, 그리고 레온의 페르난도 1세의 제국으로부터 공격을 받았다. 그러나 아프타스 가문은 그 와중에도 번영한 왕국을 수립하고 고급문화로 이름난 궁정을 만들어냈다. 알 무타와킬의 와지르 이븐 압둔(Ibn ʻAbdun)은 당대 최고의 시인 겸 작가로 간주되었는데, 그의 제자 가운데 한 명이 '카디'(Qadi)라는 이름으로 알려지게 될 이야드 이븐 무사(ʻIyad ibn Musa)였다. 그는 학자로서 후에 서쪽 무슬림 세계에서 말리키즘에 관한 한 최고 권위자가 된다.

1065년 페르난도 1세의 죽음이 (바다호스의) 알 무타와킬에게 숨 쉴 틈을 제공하지는 못했는데, 왜냐하면 곧바로 세비야와 톨레도의 공격이 재개되었기 때문이다. 설상가상으로 알폰소 6세가 1072년 레온의 왕위를 차지하고 나서 바다호스에 대한 그의 첫 번째 원정을 감행했다. 그래서 톨레도에 대한 지배는 알 무타와킬에게 자신의 국경을 안전하게 하고 잃어버린 땅을 되찾을 기회를 제공해 주었다. 그러나 결국 그는 알 카디르와 마찬가지로 톨레도 엘리트들의 마음에 들지 못했고, 그가 이 도시에서 보낸 10개월은 재물을 탕진하고 왕궁을 약탈하면서 허비되었을 뿐이다. 한편, 알 카디르는 알폰소 6세에게 둘 간의 동맹을 재개하고 다시 왕위에 복귀하겠다는 바람을 담은 청원의 편지를 보냈다. 이에 대해 알폰소는 더 많은 조공을 요구했고 자신의 요구를 좀 더 분명하게 하는 의미로 톨레도와 바다호스에 병력을 풀어놓았다.

알 무타와킬은 알폰소가 공격해 오자 톨레도를 포기하기로 했고 이제 도시 귀족들은 다시 한 번 무방비 상태로 남게 되었으며, 점점 불온해져 가는 대중에 대한 그들의 지배는 날이 갈수록 약화되어 갔다. 알 카디르가 톨레도에 대한 공격을 준비한다는 소식을 들은 톨레도 엘리트 가문들은 알폰소에게 사절을 보내 항복 의사를 표시했는데, 말하자면 그들은 무능한 무슬림 지배자보다는 유능한 기독교도 지배자를 택한 것이었다. 그러나 알 카디르는 가까스로 톨레도를 되찾기는 했으나, 권력을 장악하고 나서 알폰소에게 바치기로 한 돈을 마련할 수가 없었다. 그래서 레온의 왕(알폰소)은 도시 주변을 포위하고 서서히 옥죄어 갔으며, 마침내 1084년에는 도시를 주변 교외 지역과 완전히 단절시켰다. 알폰소는 알 문야 알 만수라 궁전에서 살고 있었는데, 이제 손님이 아닌 점령자의 자격으로였다. 공성으로 도시 주민들은 굶주려 가고 외부로부터의 지원이 없는 상황이 계속되자, 알 카디르는 알폰소에게 자신을 발렌시아의 피호인 왕으로 인정해 주면 그에게 도시를 넘기겠다고 제안했으며, 알폰소의 입장에서 볼 때 그것은 싸우지 않고도 톨레도를 취할 수 있는 솔깃한 제안이었다. 그리하여 톨레도 시 지도자들과 알폰소의 모사랍 사절인 시스난도 다비데스 간에 협상이 진행되었다. 그렇게 해서 결국 톨레도는 알폰소에게 넘어갔다.

톨레도는 무슬림 주민 지도자들이 알폰소에게 성문을 열어줌으로써 유혈 사태 없이 그에게 넘어갔다. 톨레도의 무슬림 주민들은 굶주림과 전쟁으로 고통받는 것이 두려웠고, 거기다 알폰소가 안전을 보장하고 번영을 약속하자 그의 점령을 순순히 받아들였다. 몇몇 사료는 도시 주민들이 당하게 될 고통을 덜어주기 위해 알폰소가 그들에게 거액의 현금을 선물로 주었다고 주장했는데, 그런 일이 실제로 있었든 그렇지 않든 간에 그가 보낸 사절 시스난도가 주민들에게 그들의 삶에 큰 변화가 없을 것이라고 애써 설득했음은 분명해 보인다. 양측이 체결한 합의문을 정리하자면, 톨레도의 무슬림들은 기독교도들의 딤미가 되고 기독교도들에게 종속되는 의미로 조공을 바치되 인신과 재산의 안전을, 그리고 자신들의 종교를 계속 신봉하고 성소를 유지할 자유를 보장받는다는 것이었다. 톨레도의 대모스크도 계속해서 무슬림들의 기도 장소로 남을 수 있었다. 그들에게는 무엇보다도 중요하고 아울러 알폰소에게도 필요했던 것으로서 무슬림 공동체 지도자들은 기존의 지위와 동료 무슬림들에 대한 권력을 유지할 수 있었다. 또한 모사랍과 유대인 공동체들, 그리고 새로 도착한 라틴 세계 정주자들에게도 비슷한 내용의 특허장이 주어졌다. 그들은 각각 자신들의 법에 의해 지배되고 자기네 공동체 지도자들에 의해 다스려지게 될 것이었다. 이런 규정이 주는 메시지는 단절이 아니라 지속이었다. 그리고 그것은 기독교도들의 정복 활동이 진행되는 수 세기 동안 거의 예외 없이 계속 이어지게 될 것이었다.

1085년 5월 25일, 역사와 전통을 자랑하는 서고트 왕국의 수도 톨레도가 기독교도들에 의해 재정복되었는데, 그로써 톨레도는 알 안달루스의 주요 도시 가운데 기독교도들에게 넘어간 첫 번째 대도시가 되었다. 이것은 거의 4세기 전에 있었던 이슬람의 톨레도 정복을 연상케 하는 중요한 승리였다. 그런데 이 사건은 그것이 갖는 상징성과 역사적 반향에도 불구하고, 당대 기독교도들의 상상에 거의 아무런 흔적도 남기지 않았다. 기독교도들의 역사책들은 이 사건을 자세히 설명하지 않고 얼버무리고 넘어갔다. 심지어 사건이 일어난 일시에 대해서도 제각각으로 기술했다. 그에 반해 무슬림들에게는 이 사건이 더할 나위 없이 중요한 비극처럼 생각되었다. 대다수 무슬림들에게 그것은 알 안달루스가 멸망할 조짐을 보여 주는 것으로 생각될 정도로 중대한 상실로 여겨졌다.

알폰소의 여러 가지 양보에도 불구하고 톨레도에서 빠져나간 무슬림들이 상당수에 달했던 것으로 보인다. 울라마 대부분은 기독교도들의 지배를 받으며 산다는 것 자체를 견딜 수 없어 했는데, 그것은 그런 상황이 그들에게는 이슬람법을 어기는 것처럼 생각되었기 때문이다. 대부분의 지식인 엘리트들도 다른 타이파 궁정으로 이주했고, 거기서 그들은 후원과 물질적 번영을 발견할 수 있었다. 시인들은 애끓는 탄식의 글을 썼으며, 신학자들은 이슬람의 상실이라는 비극에 울분을 토로했나. 수공업자들과 일반인들 중 다수는 난민이 되어 남쪽으로 이주해 갔으며, 그 외 다른 사람들은 사태 변화를 인정하고 기독교로의 개종을 택한 것으로 보인다. 상류층 사람들 가운데서도 개종자가 나타났는데, 그들의 개종은 의심의 여지없이 보통 사람들의 개종을 부추겼다. 한 유명한 파키는 개종을 하고 나서 자신은 기독교도가 되고 나서도 같은 신을 숭배할 것이라며 구차한 변명을 늘어놓기도 했다. 톨레도의 상당히 많은 기독교도가 아랍어를 능숙하게 구사하고 스스로 알 안달루스인으로 자처하고 있었다는 사실이(심지어 상당히 많은 기독교도가 압드 알라나 우스만 같은 이슬람식 이름을 갖고 있었다) 그들의 개종을 얼마간 쉽게 만들었던 것으로 보인다. 이런 톨레도 무슬림들의 모습은 닮은 혈족의 두 구성원, 즉 브리비에스카의 성녀 카실다(Saint Casilda)와 소프레탄의 성 베드로(Saint Peter)—이 둘은 망명이 아니라 개종을 택했다—와 관련된 후대의 민간전승에도 반영되었다.

톨레도의 무슬림 인구 급감과 함께 항복할 당시 체결한 협약의 효력이 그리 오래가지 못한 것은 그리 놀랍지 않다. 알폰소는 시스난도를 톨레도에서 차출해 다른 임무를 맡기고 그 대신에 부르고뉴 출신의 왕비 콘스탄스에게 그녀의 고해 사제인 클뤼니 교단의 수도승 사아군(Sahagún)의 베르나르와 함께 그곳을 통치하게 했는데, 이 두 사람은 무슬림 백성들에 대해 동정심도 이해심도 갖고 있지 않았다. 베르나르는 톨레도 대주교가 되었고, 그럼으로써 스페인 전체 기독교도들의 공식적 수장이 되었다. 톨레도의 모스크는 간단한 명령 하나로 새 대성당으로 용도 변경되었으며, 톨레도 무슬림들에게 베풀어졌던 양보 가운데 다수는 철회되었다.

그러나 베르나르와 콘스탄스, 그리고 그들의 동료 부르고뉴 귀족과 성직자들(알폰소는 상당수의 부르고뉴인들을 자신의 왕국으로 끌어들이고 있었다)이 기독교도들의 알 안달루스 정복을 문명 간 갈등으로 생각한 데 반해, 스페인 내 기독교도 귀족들과 성직자들은 그렇게 생각하지 않았다. 그들은 부르고뉴인들의 침입과 로마 교회의 영향력이 스페인에서 커진 사실(그것은 스페인 내 귀족들과 성직자들의 자치권과 정치 권력을 침해하는 것이었다)에 더 많은 관심을 표하고 걱정하고 있었다. 알폰소는 이미 자신의 두 딸 우라카와 테레사(이들은 각각 카스티야-레온 왕국과 포르투갈을 상속받게 되어 있었다)를 그녀들의 사촌인 레이몬드(Raymond)와 부르고뉴의 앙리(Henri)에게 시집을 보낸 상태였다. 교황과 그 대리인들은 스페인 기독교도들의 오래된 기독교 전통을 시대착오적인 것으로 간주했다. 이에 알폰소는 1080년 모사랍식 기독교 예식을 금하고, 로마 교황청이 제정한 예식을 따르라고 요구했다.

알폰소가 보기에 재정복은 기독교를 그것이 마땅히 있어야 할 자리, 즉 종교적 계서의 맨 꼭대기에 다시 올려놓기 위해 수행해야만 하는 정치적 소임이었다. 그는 스스로를 '모든 스페인 사람의 황제', 즉 이베리아반도의 기독교 왕국들과 무슬림 왕국들 모두의, 그리고 종교에 상관없이 이베리아반도에 거주하는 모든 주민의 합법적 군주라고 생각했다. 13세기에 쓰인 한 연대기는 베르나르와 콘스탄스가 모스크를 점유함으로써 자신의 약속을 어기고 자신의 명성을 훼손한 것에 대해 알폰소가 얼마나 화를 냈는지에 대해 기술하고 있는데, 그에 따르면, 그는 그 두 사람을 처형하겠다고 위협까지 했다. 그리고 그가 그 위협을 실행에 옮기지 않은 것은 무슬림들의 만류 때문이었다. 실제로 그런 일이 벌어졌는지는 분명치 않으나 이 이야기는 당대 정치 권력이 미약했다는 것, 그리고 지배자들이 이교도 백성을 포함해 백성들의 선의와 신뢰를 유지하는 것이 얼마나 중요했었는가를 보여 준다. 그러므로 톨레도가 알폰소의 지배를 받는 상태에서 시스난도는 겁을 집어먹은 타이파 왕들로부터 조공을 받기 위해 남쪽으로 파견되었다. 그리고 알 카디르는 알바르 파녜스(Álvar Fáñez)라는 이름의 한 군 지휘관(그는 변덕스럽기는 하지만 억제할 수 없는 신하 로드리고 디아스 데 비바르, 즉 엘 시드의 조카였다)에 의해 수행된 단기간의 공성 끝에 발렌시아의 왕으로 임명되었다. 황제 자신은 군대를 이끌고 동쪽으로 진군해 이슬람 도시 사라고사의 성벽 외곽에 집결했다. 그리고 이 군대를 이끌고 간 우두머리는 로드리고 디아스였다.

제18장

철학 왕국의 모험 군인

높이 치솟은 피레네산맥, 그리고 에브로강과 그 지류들의 비옥한 충적 평야로 둘러싸여 있는, 사라고사로부터 지중해 해안까지 펼쳐져 있는 지역은 로마 이전까지 거슬러 올라가는 독립의 역사를 갖고 있었다. 1009년 샨줄의 피살(被殺)로 칼리프 체제가 붕괴되자 투집 가문 — 이 가문은 아랍 쪽에 기원을 두고 번영하면서 반(半)자치적인 이 변경 지역을 지배하고 있었으며, 남쪽에서 일어나고 있던 격변으로부터 멀리 떨어져 있었다 — 은 비록 당대 타이파들이 취했던 의례적 허구에 따라 부재중인 칼리프의 하집으로 행세하기는 했지만 어렵지 않게 왕의 자리를 차지할 수 있었다. 그렇다고 그들의 왕위 승계가 순탄하기만 한 것은 아니었다. 그들의 혈족은 고질적인 내분에 시달렸는데, 그 내분은 형과 동생을, 사촌과 사촌을 서로 갈라놓고 있었다. 그 속에서 피호 가문들은 보호를 제공하는 후견인들을 거꾸러뜨리기 위해 음모를 꾸미기 일쑤였다. 설상가상으로 그들은 기독교 제후국들에 의해 포위되다시피 했는데, 그 제후국들은 얼마 전까지만 해도 인구가 희박하고 후미진 농촌 지역이었다. 그러나 이제 세력 균형이 바뀌고 있는 것처럼 보였다. 지역적으로 알 안달루스의 정치적 혼란기는 기독교 쪽 왕조 통일의 시기와 겹쳤다. 반면에 온화한 기후로 인해 피레네산맥 산지 계곡의 인구가 증가하고 있었고, 그로 인한 인구 압박은 정복과 식민화 사업을 부추겼다. 산지의 인구 밀도가 높아지자 그곳에 살고 있던 기독교도 주민들이 무슬림들이 지배하는 저지대로 내려오게 되었다.

기독교 제후령들의 단기간의 통일은 팜플로나의 산초 3세 대왕(Sancho III 'the Great')에 의해 가능했는데, 그는 압드 알 라흐만 3세의 숙모인 토다(Toda)의 고손자였다. 산초 3세는 알 안달루스가 한참 혼란에 빠져 있던 1004년 왕위에 올랐다. 그런데 그는 약화일로에 있던 칼리프국을 상대로 전쟁을 하기보다는 결혼 동맹, 외교, 음모 등의 방식을 이용해 히스파니아의 기독교 제후국들을 지배하는 일에 착수했다. 그리하여 1020년대 말이면 아라곤에서부터 바르셀로나에 이르는, 팜플로나 동쪽 산지에 자리 잡고 있던 여러 백작에 의해 영주로 인정받았다. 그리고 서쪽 지배 가문들 간의 갈등을 틈타 카스티야를 장악했고, 그 카스티야에 아들 페르난도를 지배자로 앉혔다. 그리고 결국에는 레온을 장악해 1034년 그 자신이 레온의 황제로 취임했다. 그러나 그는 그 북쪽 영토도 자신의 지배령으로 간주하고 지배권을 피레네산맥 북쪽 사면으로, 그리고 아키텐의 가론(Garonne)강 남쪽 평야지대까지 확대했다. 그래서 팜플로나는 고립된 기독교도 스페인 국가들(Christian Spains)과 보다 광범한 라틴 기독교 세계를 잇는 다리가 되었다. 산초는 로마 교회, 그리고 클뤼니 교단과의 동맹이 갖는 잠재력과 프랑크 왕국의 군사력에 의존하는 것이 갖는 잠재력을 처음으로 인식한 사람이었다. 북서 유럽의 보통 사람들이 산티아고 데 콤포스텔라로 가는 순례길(이 길은 그의 영토를 지나고 있었다)을 통해 이슬람 스페인의 매력을 처음으로 알게 된 것, 그리고 그 순례길을 자신들이 지배하는 것이 하느님의 뜻이라는 생각을 갖게 된 것도 그의 치하에서였다.

타이파 시대 첫 수십 년 동안에 투집 가문은 피트나 이전의 세력 균형 상태와 비슷한 모습을 유지했다. 우마이야 왕조의 지방 지배자 겸 왕(governor-cum-king)이었던 문디르 이븐 야흐야(Mundhir ibn Yahya)는 친척과 피호인들을 통해 왕국 내 소읍들(towns)에 대한 느슨한 지배권을 유지할 수 있었다. 그리고 그의 직책은 1023년 아들 야흐야에게, 그리고 1029~30년에는 야흐야의 아들 문디르 2세(Mundhir II)에게 순조롭게 이양되었다. 수도 사라고사와 그 소읍들의 경제적 번영은 지역 농업과 수공업 생산을 기반으로 했다. 그 생산물은 코르도바 시장에 직접적으로 의존하지 않고 지역 시장들에 공급되었다. 무슬림들이 지배하는 저지대와 기독교도들이 지배하는 산지 계곡 간 경계는 비교적 자유롭게 왕래가 가능한 상태로 유지되었다. 엘리트들은 계속 서로 간에 혼인을 했고, 보통 사람들도 서로 침입도 하고, 교역도 하고, 가축을 이동시킬 수도 있었다. 투집 가문은 이웃 기독교 영주들의 후견인까지는 아니라도 그들의 이해를 중재하는 중개인 역할을 맡아보기도 했다. 그래서 공동의 적인 팜플로나의 산초 3세의 요구를 피하기 위한 노력의 일환으로 1021년 카스티야의 산초 가르세스가 자신의 딸과 바르셀로나의 라몬 베렝게르 1세(Ramon Berenguer I)의 혼인을 추진하게 되었을 때, 이 혼인 예식이 열리는 곳이 사라고사였으며, 예식의 주최자는 문디르 1세였다. 투집 가문은 다른 타이파 왕국들과 마찬가지로 자신들의 목표를 북쪽 기독교도들이 아니라 알 안달루스에 대한 지배로 보았으며, 결혼 동맹과 음모를 통해 상대 왕국들에 침투하기 시작했다.

그러나 남쪽에서의 불안정한 상황은 이곳에서도 감지되었는데, 이곳에서는 함무드 가문의 칼리프들, 세비야의 가짜 히샴 2세, 그리고 쫓겨난 히샴 3세의 반대 주장이 산초 3세 같은 기독교 지배자들의 격려를 등에 업은 야심만만한 지배 가문 구성원들에 의해 이용될 수 있는 이념적 지렛대가 되었다. 1038~39년 문디르 2세가 사촌이며 카디인 압드 알라에 의해 암살되었는데, 압드 알라는 그러고 나서 하집 자리를 차지했다. 이는 후에 그라나다에서 일어날 반란의 전조였으며, 이 반란의 희생자 가운데 한 사람이 예쿠티엘 이븐 이샤크(Yequtiel ibn Ishaq)였다. 그는 문디르의 유대인 와지르로, 유수프 이븐 나그렐라(Yusuf ibn Naghrella)와 마찬가지로 헤브라이 문학의 관대한 후원자였다. 그러나 압드 알라의 통치는 한 달도 가지 못했는데, 그는 사라고사 백성들이 국왕 시해에 분노해 들고일어나 사라고사에 있는 그의 요새 왕궁에 쳐들어가자 급하게 도망쳐야만 했다. 그러고 나서 투집 가문의 피호인이며 예이다의 지배자이자 존경받는 군 지휘관이기도 했던 술라이만 이븐 후드(Sulayman ibn Hud)가 왕위에 올랐다. 그는 알 무스타인(al-Musta'in)이라는 이름으로 통치했고, 그 후 80년 동안 이곳을 지배하게 될 왕조를 구축했다.

후드 가문(Banu Hud)은 그 기원이 예언자의 한 도반(道伴)에까지 거슬러 올라가는 아랍의 한 부족으로, 투집 가문의 피호인 신분으로 상부 변경령에 세력을 구축하고 있었다. 술라이만은 쿠데타를 통해, 그리고 톨레도의 알 자피르(al-Zafir)의 공격을 격퇴한 덕분에 에브로강과 그 주요 지류들을 따라 발렌시아까지 펼쳐져 있는 넓은 왕국을 지배하게 되었다. 이 지역은 예이다, 투델라, 우에스카, 칼라타유드 같은 도시를 포함하고 있었다. 흰색의 견고한 로마 시대 성벽으로 유명한(그 성벽은 지금도 그 자리에 있다) 이곳의 수도(사라고사)는 알 안달루스에서 가장 국제적인 도시였고, 아랍인과 알 안달루스 원주민의 고향이자 대규모의 모사랍 공동체와 유대인 공동체를 갖고 있었다. 상인, 병사, 순례객, 그리고 북쪽 기독교 지역과 남쪽 이슬람 지역에서 온 여행자들로 시장과 여관이 북적이는 도시였다. 이 지역의 엄청난 부는 발달한 수공업, 상업과 더불어 비옥한 강 유역에서 생산되는 산물에서 유래했다. 이슬람의 종교적·지적 문화는 칼리프 시대 내내 왕국 전체에 확고하게 정착해 있었다. 코르도바에서 반란이 일어나고 나서 다수의 대표적인 무슬림과 유대인 학자들, 특히 문법학자, 의사, 수학자, 그리고 철학자들이 이 도시로 이주해 있었다. 11세기의 과학사가 사이드 이븐 사이드는 사라고사를 '철학의 왕국'이라고 불렀다.

알 무스타인은 카스티야, 나바라, 카탈루냐 백령들, 그리고 1035년 이후로는 새로 등장한 아라곤 왕국을 비롯해 상쟁하는 기독교 제후국들에 의해 포위되어 있었기 때문에 외교, 음모, 파리아스 상납, 그리고 때로는 대응 공격 등을 통해 이 포식자들의 접근을 저지하기 위해 최선을 다하지 않으면 안 되었다. 그렇지만 그는 이를 통해 영토 상실은 최소화할 수 있었지만, 점점 더 기독교도 용병과 동맹군에 의존함으로써 신심 깊은 신민들을 놀라게 했고 종국에는 그것이 기독교도들의 정복을 위한 길을 닦는 데 한몫을 하게 된다. 이곳 프런티어에 대한 고조된 인식, 그리고 침입과 피랍의 위험은 그의 신민들이 지하드의 이상(理想)에 많은 돈과 시간을 투입하도록 했다. 그렇다고 그것이 궁정의 사회적·문화적 관계에 부정적인 영향을 끼친 것 같지는 않아 보이는데, 이곳에서는 무슬림과 유대인, 그리고 기독교 사상가들 간의 끈끈한 협력이 계속 유지되었다.

알 무스타인은 1046년에 죽으면서 자신의 왕국을 다섯 명의 아들에게 분할 상속했다. 그러나 결국 그 왕국들은 수도를 물려받은 차남 아흐마드(Ahmad)에게 돌아갔다. 그는 형제들과 차례로 싸워 왕국들을 합병해 나갔다. 알 무크타디르라는 별명을 가지고 45년 동안이나 통치한 아흐마드는 여러 번의 군사적·정치적 성공을 거두었다. 그러나 그 시작은 험난했다. 그가 집권하고 난 직후에 사라고사 주민들은 자기 가족에 대한 그의 음모와 배신에 혐오감을 느껴 그에 대한 충성을 철회하고 그의 형제인 유수프(Yusuf)를 불러들여 지배자로 앉혔다. 그러나 아흐마드는 아라곤의 산초 라미레스(Sancho Ramírez)에게 유수프가 바치는 것보다 두 배의 파리아스를 바치겠다고 약속하고 그의 도움을 받아 권좌에 복귀할 수 있었다.[30] 아흐마드는 형제들과 싸우는 동안 1060년과 1075~76년에 각각 슬라브족의 지배를 받고 있던 타이파 왕국의 토르토사와 데니아를 합병했다. 토르토사는 전략적으로 중요한 지점인 에브로강의 지중해 쪽 입구에 위치해 있었고 외국 상품들이 들어오는 항구였으며, 그 배후 산지는 풍부한 목재 생산지였다. 데니아의 점령은 그 자체로 훌륭한 수확

30 Brian A. Catlos, *The Victors and the Vanquished*, p. 60.

물이기도 했지만, 그것은 알 무크타디르가 발렌시아 타이파 왕국의 포위를 완성하는 것이기도 했다. 1063년 알 무크타디르는 그라우스(Graus) 전투에서 아라곤의 왕 라미로 1세를 패퇴시키고 살해했으며, 1065년에는 바르바스트로를 재정복했다. 바르바스트로는 피레네산맥의 고원지대에 위치한 성벽 도시로, 그 전해에 노르만족과 프로방스 군대가 이곳을 점령해 알 안달루스 무슬림들을 놀라게 한 적이 있었다.

기독교도들의 바르바스트로 점령은 일반적인 침입이 아니었다. 이 침입을 수행한 전사들 대부분은 북유럽 국가들에서 온 사람들이었으며, 그들은 무기와 갑옷으로만이 아니라 이교도들에 맞서 싸우면 죄를 용서받을 수 있다는 교황 알렉산데르 2세의 보증으로 무장을 하고 싸우러 온 사람들이었다. 이것은 라틴 유럽에서 일어나고 있던 변화의 한 징후였으며, 클뤼니 교단의 출현, 교황 그레고리우스 7세와 그 계승자들에 의해 추진된 교회 개혁 운동과 궤를 같이하고 있었다. 기독교 세계의 종교적·도덕적 안내자로서의 교회의 역할이라는 한 측면과 교회의 부패, 세속화, 그리고 전교 문제에서의 태만이라는 다른 측면 간의 큰 괴리를 의식한 여러 교황이 부패한 성직자들을 추방하고, 통일된 교회법을 제정하고, 행정·사법·과세의 제도적 틀을 정상화하려는 과업에 나서고 있었다. 또한 교회는 유럽의 전사 계층에게 '신의 평화와 휴전'(Peace and Truce of God, 기사들이 언제, 어디서, 어떻게, 그리고 누구와 전쟁을 할 수 있는가를 규정함으로써 전쟁을 제한하려는 것이었다)을 강요함으로써 유럽 대륙에 만연한 기독교도들 간의 전쟁 악순환을 끝내기 위해 노력했다.

그러나 온화해진 기후와 농업 기술의 발달에 힘입어 유럽 인구는 증가했고, 그것은 수가 늘어난 귀족들로 하여금 지배할 땅을 찾아 나서게 만들었다. 한편, 경제 호황은 상업혁명을 촉발하는 데 기여했고, 이탈리아 상인들은 유럽에서 팔 수 있는 사치품을 찾아 그리스 혹은 무슬림 지중해로 퍼져나갔다. 이것은 오랫동안 다소 고립되어 있던 서유럽인들을 보다 넓은 세계와 교류하도록 자극했다. 1054년 교회 대분열(Great Schism)에서 그리스정교와 라틴 교회는 서로를 이단이라고 선언했으며,

바로 이때부터 서유럽 교회는 기독교의 보편주의적 주장에 대해 이슬람이 제기한 도전을 해결하려고 노력하기 시작했다. 마침내 '대각성'(great awakening)이 유럽의 농촌 하급 계층 사람들 사이에 스며들었으며, 여태까지 가져본 적이 없는 기독교도로서의 자기인식과 묵시록적 열정을 가지고 찌꺼기처럼 남아 있는 이교적 사고방식을 떨쳐버리게 만들었다.

이 모든 경향이 스페인에서 한꺼번에 나타났는데, 이곳에서는 수도승들에 의해 알 안달루스 내 인구가 희박한 변경 지역에 대한 정주 사업이 진행되었고, 순례객들이 호전적인 반무슬림 사도(산티아고)에게 경배 드리기 위해 콤포스텔라를 향해 걸어갔으며, 호랑이 같은 부르고뉴 기사들과 귀족들이 카스티야-레온 왕국으로 모여들었다. 이슬람과 기독교의 문명 간 갈등의 개념이 이베리아반도에서 양쪽 모두의 정치의 특징이 되고 있었다고 할 수는 없지만, 유럽의 다른 지역에서는 기독교와 기독교도들이 점차 자신들을 이슬람과 유대교에 대한 반대, 그리고 그들을 상대로 하는 투쟁으로 자신들을 자리매김하고 있었다. 바로 이 무렵 사라센을 괴기스럽고 사기꾼의 모습으로 서술하고 있는 「롤랑의 노래」가 등장했고, 또 그것이 프랑크 왕국 전역에서 인기몰이를 시작한 것은 결코 우연이 아니었다.

또한 이 혼란한 시기에 알 안달루스에 두 개의 또 다른 전사 집단이 극적인 모습으로 나타났다. 그중 하나가 노르만인들이었는데 그들은 기독교로 개종한 바이킹의 후손으로서, 먼저 에미르국을 침입하고 이제는 교황의 축복 아래 비잔티움 영토와 이탈리아 내 이슬람 영토까지 공격하고 있었다. 또 한 집단은 프로방스인, 즉 아키텐과 랑그도크 지역(예전의 셉티마니아) 사람들이었는데, 이들은 옥시타니아어라는 같은 어족(語族)으로 하나가 되고 있기는 했지만 실은 작고 인구가 밀집된, 끊임없이 서로 싸우고 있던 여러 백령에 분산되어 있었다. 1064년 아라곤의 산초 라미레스에 의해 소집되고, 아키텐의 기욤 8세 백작이 이끄는 모습으로 노르만인과 프로방스인, 그리고 카탈루냐의 기사들로 구성된 대군이 무슬림 도시 바르바스트로의 성벽 외곽에 집결했다. 이 도시는 피레네산맥 사면에 위치하고 있었는데, 당시 알 무크타디르의 큰 형인 예이다의 알 무자파르(al-Mazaffar)의 지배를 받고 있었다.

이때 라틴 기독교도들은 전리품을 차지할 수 있다는 생각으로 이곳에 온 사람들이었으며, 교황이 내린 축복으로 사기가 고조되어 있었다. 그러나 공성은 도시 주민들의 완강한 저항으로 교착 상태에 빠지게 되었다. 결국 양쪽은 협상을 하게 되었고, 주민들이 도시를 넘겨주는 대신에 소지할 만큼의 재산을 가지고 안전하게 다른 곳으로 이주할 수 있게 한다는 합의가 이루어졌다. 그러나 피난민들이 자기 재물을 가지고 긴 행렬을 이루어 떠나는 것을 본 기독교도 병사들(원십자군 병사들)은 탐욕에 눈이 멀어 협정을 무시하고 공격을 퍼부어 남자들은 학살하고, 여자들과 그 식솔들은 포로로 잡아 도시로 돌아왔다.

승자들은 바르바스트로에 들어와 원래 도시 주민들의 집에 들어가 살았고, 그 주민들의 여식들을 그들의 노예나 첩으로 만들었다. 이때 이 도시를 방문한 한 유대인 여행가의 기록에 따르면, 당시 정복자들은 '동방적인' 사치스런 삶을 만끽하고 있었다. 알 안달루스의 울라마는 무슬림 스페인 지역 전체에 몰아친 이 천인공노할 행위에 분노했다. 이에 알 무크타디르는 자신의 형 알 무자파르의 세력이 약해진 틈을 이용해 이웃 타이파 왕들 가운데 지도자적 위치를 주장했으며, 경건한 무자히드('지하드를 행하는 자')를 자처하면서 알 안달루스의 무슬림들이 자신을 중심으로 뭉쳐 복수에 나서야 한다고 주장했다.

이듬해 그는 여러 타이파 왕국들에서 모인 신병들로 구성된 군대를 소집했고, 여기에 페르난도 1세가 파견한 기사군 분견대가 더해졌다. 페르난도 1세가 병력을 파견한 것은 아라곤인들이나 카탈루냐인들의 진군을 사전에 저지하기 위해서였다. 공격자들은 재빨리 도시를 휩쓸고 그 도시를 무슬림의 지배로 되돌려놓았으며, 기만적인(협정을 위반하고 피난민들을 공격한) 정복자들을 척살했다. 이 무렵이면 아키텐의 기욤은 비단, 가구, 금은, 노예 소녀 등 상당량의 전리품을 가지고 안전하게 고국으로 돌아간 상태였다. 그는 이 소녀들을 자신의 궁에 들어앉히거나 교

사라고사에 있는 '쾌락의 궁전'인 알하페리아궁.
Turol Jones, 2004(Creative Commons).

황이나 다른 대귀족들에게 선물로 보냈다. 이 소녀들 — 그들 중 일부는 아답 교육을 받은 키얀(노래 부르기나 아답 교육을 받은 여자 노예)이 되었다 — 은 아랍-안달루스 음악과 서정시가 서유럽 문화에 침투해 들어가 얼마 지나지 않아 아키텐과 랑그도크, 그리고 피레네 지역에서 나타나게 될 트루바두르 문화를 촉발하는 데 기여했다.

사라고사의 알 무크타디르는 세비야의 알 무타미드와 마찬가지로 그 시대의 전형적인 인물이라 할 수 있었는데, 이따금 경건한 태도를 보여주기도 했지만 그보다는 "포도주잔을 부지런히 들어올리고 사람들의 목을 따는" 것으로 — 즉 관대한 문화의 후원자이자 냉혹하고 빈틈없는 군주로 — 더 유명했다.[31] 그는 사라고사의 북서쪽 외곽 지역에, 그리고 그를 못마땅해 하는 신민들을 보지 않아도 되는 곳에 웅장하고 견고한 방어 시설을 갖춘 요새-왕궁을 건설해 그곳을 자신의 거처 겸 궁정의 중심

31 Ibn Sa'id, *al-Mughrib*, vol. 2, pp. 436~38.

으로 삼았다. 이 왕궁은 사치스럽기로 유명했으며, 왕 자신은 이 왕궁을 '쾌락의 궁전'이라 불렀다. 이 궁전은 지금도 그 자리에 서 있다.

사라고사는 알 무크타디르의 후원으로 아랍과 헤브라이 학문의 중심지가 되었으며, 무함마드 이븐 바자(Muhammad ibn Bajja) — 라틴 세계에서는 아벰파세(Avempace)라는 이름으로 알려져 있었다 — 나 유대인 솔로몬 이븐 가비롤(Solomon ibn Gabirol, 그는 작품 활동을 대부분 아랍어로 했다) 같은 시인 혹은 문법학자들의 고향이 되었다. 방금 언급한 두 거장은 당대 사라고사에서 활동한 수많은 동료 문인과 마찬가지로 의사이기도 하고 지식인 박식가이기도 했다. 이븐 바자는 철학자이자 작곡가, 천문학자였으며, 이븐 가비롤은 철학자이자 문법학자였다. 사실 사라고사는 무엇보다도 수학, 천문학, 의학, 그리고 철학의 중심지로 널리 알려져 있었다. 이 도시는 합리주의적인 아리스토텔레스 혁명과 신플라톤 철학의 부활(이 두 지적 조류는 당시 이슬람 세계의 신학적·지적 풍경을 바꾸어놓았고, 얼마 가지 않아 유럽의 르네상스 운동과 아브라함의 세 종교, 즉 유대교, 기독교, 이슬람교 모두에서 발전하는 새로운 비교 운동을 위한 토대를 제공하게 된다) 때문에 격변에 휩싸여 있던 12세기에 수십 명의 유명한 무슬림 혹은 유대인 학자들을 배출한 문화적 중심지였다.

알 무크타디르의 아들이자 후계자인 유수프 알 무타만(Yusuf al-Mu'taman, 1081~82년 집권)은 그 자신이 당대 가장 유명한 수학자였으며, 부왕과 마찬가지로 학문의 후원자이기도 했다. 사라고사는 12세기 말에 정치적으로 흔들리기 시작할 때도 쉬지 않고 뛰어난 학자들을 배출했다. 반(反)아리스토텔레스적이고 유대교 옹호론적 저서인 『키탑 알 카자리』(*Kitab al-Khazari*, '카자르의 책', '무시받는 종교를 증거하고 옹호하는 책'이라고도 불렸다)의 저자인 아불 하산 유다 하레비(Abu 'l-Hasan Judah ha-Levi)도 이곳에서 살았으며, 그의 친구이자 시인이고 성서 해석자이자 문법학자이기도 했던 아브라함 벤 에즈라(Abraham ben Ezra) — 아부 이샤크(Abu Ishaq)라고도 불렸다 — 도 이곳 사라고사에서 살았다. 아브라함은 프랑스의 위대한 랍비 라시(Rashi)에 이어 성서 해석 분야에서 제2인자로 간주되었다. 시인, 음악가, 천문학자, 수학자였으며, 위대한 하스다이 이븐 샤프루트의 손자였던 아부 파들 이븐 하스다이(Abu Fadl ibn Hasday)는 알 무크타디르와 알 무타만의 총애를 받았는데, 그 두 지배자 밑에서 카티브(katib)와 와지르로 활약했다. 그는 결국 나중에 이슬람으로 개종했는데, 아마도 받은 총애 때문이기도 했지만 그보다는 좀 더 나은 경력을 쌓기 위한 것으로 보인다. 그러나 아부 파들이 이슬람을 선택했다면 더 많은 사람은 기독교를 택했는데, 그것은 당시 그 지역의 힘의 균형이 북쪽(기독교 지역)으로 기울고 있었기 때문이었다. 그 가운데 가장 두드러진 인물이 모세스 세파르디(Moses Sephardi)였다. 그는 1106년 페트루스 알폰시(Petrus Alfonsi)라는 이름으로 세례를 받았으며, 『디시플리나 클레리칼리스』(*Disciplina Clericalis*)라는 제목의 근동 지역 우화집과 「반(反)유대인 담론」(The Dialogue Against the Jews)이라는 유대교를 비판하는 영향력 있는 논문을 썼다. 1116년에 그는 잉글랜드의 왕 헨리 1세의 주치의가 되었다.

그러나 후드 가문의 궁정을 특징짓고 있던 문화를 넘나드는 협력에도 불구하고, 가장 기이하고 놀랄 만한 교환 가운데 하나가 1070년대 초에 익명의 한 기독교 사제와 철학자 아불 왈리드 술라이만 이븐 바지(Abu'l-Walid Sulayman ibn Baji) 사이에서 나타났다. 구체적인 내용은 알려져 있지 않지만 개략적인 내용을 말하자면, 프랑크 왕국에서 두 명의 기독교 수도승이 사라고사에 도착해 알 무크타디르에게 "친애하는 친구이자 …… 위대한 왕에게"라는 제목으로 시작되는 정중하고도 예의를 갖춘 편지를 보냈으며, 거기에는 점잖기는 하지만 이슬람을 악마의 창조물이라고 비난하고 왕에게 기독교로의 개종을 권하는 내용의 글이 들어 있었다.[32] 필자가 자신의 신분을 밝히지는 않았으나 이 글을 쓴 사람은 아마도 클뤼니 교단의 수도원장인 위대한 위그(Hugh the Great, 그는 후에 성인으로 추대된다)였던 것으로 보인다. 부르고뉴에 있는 그의 엄청난 규모

32 Douglas Morton Dunlop, "A Christian Mission", p. 263.

의 수도원 교회(기독교 세계 전체를 통틀어서도 세 손가락 안에 드는 규모를 자랑했다)는 페르난도 1세의 파리아스 수입으로 조성된 기금으로 지어졌으며, 위그의 교단은 당시 이슬람 타도를 위한 전쟁의 토대를 닦고 있었다.

이 수도승의 편지는 두 가지 점에서 놀라운데, 하나는 순진하게도 기독교의 '자명한 진리'에 대해 확고부동한 확신을 갖고 있었다는 점이고, 다른 하나는 이슬람 사회에서 종교와 개인이 수행하는 역할에 대해 잘못 알고 있었다는 점이다. 만약에 설령 알 무크타디르가 이 편지의 순진한 주장에 감동해 개종을 택했다 하더라도, 그것은 그의 백성들의 개종으로 이어지기보다는 왕이 폐위되는 결과를 가져왔을 것이고, 그의 백성들은 여전히 무슬림으로 남아 있었을 것이다. 그러나 어쨌든 알 무크타디르는 감동하지 않았고 이 편지는 궁정 철학자 알 바지(al-Baji)에게 전해졌다. 알 바지는 이 수도승의 주장을 반박하는 장문의, 그리고 명문의 답글을 썼다. 그것은 기독교 신학과 교리의 취약성에 대한 포괄적 이해를 보여 주고 이슬람의 진리와 철학적 일관성을 옹호하는 내용으로 되어 있었다. 그러나 우아함과 독창성이 거세게 밀려드는 역사의 파도를 막지는 못했고, 사라고사는 얼마 가지 않아 1118년 알폰소 1세에 의해 정복됨으로써 기독교도들의 땅이 된다.

시대 변화의 또 다른 전조는 알 무타만이 지배하는 사라고사에 카스티야인 기사 로드리고 디아스, 즉 '엘 시드'가 자신의 용병 무리들과 함께 도착했다는 사실이었다. 그는 당시 그를 의심한 알폰소 6세에 의해 부당하게 레온 제국에서 쫓겨난 상태였고 새 일거리를 찾고 있었다. 당시 알 무타만은 형제지간인 예이다의 왕 문디르(Mundhir)와 싸우고 있었고, 아라곤으로부터도 공격을 받고 있었기 때문에 시드를 반갑게 맞아들여 군대 지휘권을 맡겼다. 시드는 알 무타만을 실망시키지 않았고, 문디르와 그의 카탈루냐와 아라곤 동맹자들을 상대로 싸워 대승을 거두었다. 1082년 알메나르(Almenar)에서 시드는 바르셀로나의 라몬 베렝

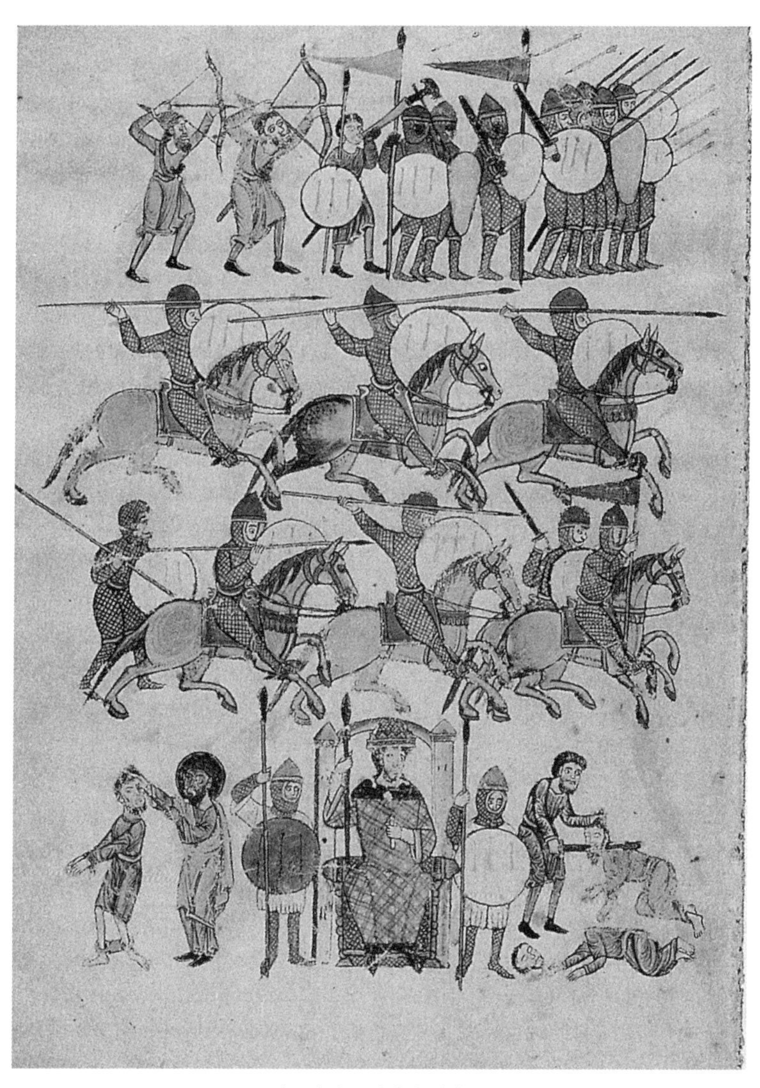

예루살렘 공성전의 전사들.
1220년 수도승 리에바나의 성 비에투의
『라스 우엘가스 묵시록』(*Las Huelgas Apocalypse*)에 실려 있다.
Morgan Library and Museum MS M.429(fols. 149v-150).
The Morgan Library & Museum/Art Resource NY.

게르 2세와 그의 군수품 수송 행렬을 포로로 잡았으며, 1084년 모레야(Morella)에서 문디르와 산초 라미레스는 자기편 귀족들을 전쟁터에 놔두고 황급히 도망치지 않으면 안 되었다. 그리고 뒤에 남은 10여 명의 아라곤 대귀족과 성직자들은 포로가 되어 후에 몸값을 치르고 풀려나야 했다. 시드는 무슬림 왕국에서 대중의 영웅이 되었으며, 넉넉한 전리품을 갖고 돌아와 부하들에게 분배하고 자신의 타이파 영주에게 기쁨을 안겨 주었다. 사라고사의 왕위가 알 무타만에서 아들 알 무스타인 2세에게 넘어가고 나서도 새 왕은 로드리고의 군 지휘권을 갱신해 주었다.

그러나 알폰소 6세의 톨레도 정복과 알 카디르의 발렌시아 점령은 시드와 사라고사 왕국 모두에 중요한 의미를 가졌다. 알폰소 6세는 톨레도에서 승리를 거둔 다음에 군대를 이끌고 수도(사라고사)로 쳐들어갔는데, 그것은 시드를 딜레마에 빠지게 했다. 그는 타이파 왕국(사라고사)을 방어해야 할 의무가 있었다. 그렇다고 이론적으로는 아직은 자신의 주군인 알폰소 6세를 상대로 싸울 수도 없었다. 결론적으로 말하자면 공성은 무위로 돌아갔다. 알폰소는 무슬림 북아프리카로부터 침입군이 알 안달루스에 상륙했다는 소식을 듣고 급히 공성을 풀고 남쪽으로 내려갔으나, 살라카(Zallaqa) 전투에서 궤멸에 가까운 패배를 당했다.

북아프리카에서 건너온 산하자족 전사들이 조직적으로 타이파 왕들을 하나하나 쫓아내고 알폰소의 파리아스를 앗아갔으며, 그의 제국적 야심을 위험에 빠뜨렸기 때문에 그 후 수년 동안 알폰소의 주된 관심은 왕국의 수호였다. 이 일시적인 숨 쉴 틈은 사라고사의 알 무스타인 2세로 하여금 야심을 품게 해서 무슬림 발렌시아를 정복할 생각을 하게 만들었다. 그런데 그의 용병대장 로드리고 디아스 역시 망명 생활에 지치기도 하고, 이제 알폰소의 부름을 받아 카스티야 조국으로 돌아가기는 어렵다고 판단되기도 해서 같은 목표(발렌시아 정복)를 추진하기로 결심했다. 그리하여 시드, 알폰소, 알 무스타인 2세, 바르셀로나 백작, 그리고 새로 도착한 알모라비드파 모두가 발렌시아를 차지하기 위해 달려드는 형국이 만들어졌다.

발렌시아에서 알 카디르의 지배—그것은 알폰소 6세의 진정한 권위를 은폐하는 얇은 합판에 불과했다—는 얼마 가지 않아 톨레도에서 그랬던 것과 마찬가지로 인기가 없는 것으로 드러났다. 발렌시아 지역의 대중이 들고일어나지 못하게 잡아놓고 있었던 것은 시드의 힘뿐이었으며, 그 힘은 시드의 무슬림 대리인 알 파라즈(al-Faraj) 자신과 소규모 기독교 수비대의 주둔으로 표현되었으며, 그들은 모두 알폰소의 요청으로 그곳에 체류하고 있었다. 이슬람이 지배하는 지중해 지역 전역에서 그랬던 것처럼 이곳 무슬림 도시민들도 군주들의 폭정에 염증이 난 상태였고, 자신들의 대변자로서 포퓰리스트적인 카디-과두 귀족들(qadi-oligarchs)에 대한 지지로 돌아서고 있었다. 발렌시아에서 판관 이븐 자하프(Ibn Jahhaf)는 알 카디르의 실정에 대한 대중의 불만과 살라카 전투 이후 알폰소의 약화를 틈타 1092년 반란을 일으켜 알 파라즈를 구속하고 알 카디르를 반역죄로 처형했다. 두 번에 걸쳐 타이파 왕을 역임한 불운한 알 카디르는 여장을 하고 옷 속에 귀금속을 가득 넣은 채 도시를 빠져나가려다가 붙잡혔다. 이렇게 해서 한때 영광의 시절을 구가했던 딜눈 가문은 굴욕적인 종말을 맞게 되었다.

이 쿠데타는 시드에게 구실을 제공해 주었는데, 그는 발렌시아 왕국에 전쟁을 선포하면서 이때는 발렌시아로부터 파리아스를 징수하는 사람이 레온의 왕이 아니라 시드 자신이었음에도 불구하고 냉소적으로 자신을 알 카디르의 합법성과 알폰소 6세의 권위를 수호하는 자로 자처했다. 전투는 2년 동안 계속되었고, 이 기간 동안 시드의 부하들은 발렌시아 후배지를 무자비하게 약탈하고 부유한 지역민들을 고문해 숨긴 재물의 위치를 알아내기도 했다. 아직 공식적으로는 알 무스타인에게 고용된 신분이었던 시드는 체포될까 염려해 사라고사로 돌아가려고 하지 않았다. 그러나 로드리고 디아스의 야심에 놀란 사람이 타이파 왕 혼자만이 아니었다. 바르셀로나의 라몬 베렝게르 2세(그 역시 발렌시아를 노리고 있었다)가 군대를 이끌고 그를 제압하기 위해 남쪽으로 진격해 왔을 때, 시드는 다시 한 번 이 카탈루냐 백작에게 굴욕적인 패배를 안겨 주었다. 시드가 '캄페아도르'(Campeador, 라틴어로는 Campi Doctor, 즉 '전쟁터의 선생')라 불렸던 데는 다 그만한 이유가 있었다.

시드를 저지할 수 있는 사람은 아무도 없었기 때문에 그는 드디어 1093년 가을에 발렌시아를 포위할 수 있었다. 성안 주민들은 몇 달 동안의 공성으로 굶주림에 시달려야 했지만(이때 쥐 한 마리가 1디나르에 팔렸다고 한다), 북아프리카 알모라비드파로부터 구원군이 오기를 기다리면서 결연한 의지로 버텼다. 그런데 마치 기적처럼(적어도 시드의 입장에서는 그랬다) 알모라비드 대군이 그곳에 도착해 캠프까지 설치했지만 어찌된 일인지 전투에 참여하기로 예정된 날 전야에 철수해 버렸다. 점점 더 인기를 잃어간 이븐 자하프와 절망적인 상태가 된 발렌시아 주민들은 계속해서 알모라비드파나 사라고사의 알 무스타인 2세가 원군을 보내주기를 바라면서 버티다가 결국 원군이 오지 않는다는 것이 분명해지자 1094년 6월 시드에게 성문을 열어주었다.

로드리고 디아스(시드)는 이제 사실상의 기독교도 타이파 왕이 되었다. 그는 도시의 지배권을 확실히 하기 위해 회유 정책을 택했는데, 이븐 자하프를 계속 카디로 두고 무슬림 주민들의 종교적·법적 권리를 존중하겠다고 약속했으며, 알 파라즈를 자신의 행정관으로 앉히고 도시에는 아랍어를 할 줄 아는 기독교 병사들을 주둔시키면서 그들에게 시민들의 감정을 상하게 하는 일이 없게 하라고 명령을 내렸다. 이 정책은 시드에게 안전을 가져다주었고, 그것을 바탕으로 그는 그해 9월 그 도시에 도착한 알모라비드 대군을 격파할 수 있었다. 그러나 일단 위협이 어느 정도 극복되자 그는 지배자로서 좀 더 비타협적이고 공격적인 모습으로 돌아섰다. 그는 먼저 이븐 자하프를 체포해 알 카디르 살해 책임을 물어 화형에 처했고 계속해서 이 도시(발렌시아)에 기독교 주교를 임명했으며, 유대인 와지르를 임명하여 재정을 맡겼고 도시의 주요 가문들에는 무거운 벌금을 물렸다.

이렇게 해서 시드는 도시를 통제할 수 있게 되었으나 그의 지배는 다른 많은 무슬림 타이파 지배자들과 똑같은 약점을 지니고 있었으니, 즉 그는 탄탄한 권력 기반을 갖지 못한 외부인이었고 도시의 이슬람 엘리트와 민중들로부터 폭넓은 지지를 받지도 못했다는 것이다. 그는 1099년 죽을 때까지 어렵게나마 발렌시아에 대한 지배권을 유지할 수 있었지만, 그가 죽고 나자 그의 아내이며 왕국을 승계받은 히메나(Jimena)는 그럴 수가 없었다. 1102년 노년의 알폰소 6세는 일단의 기사부대를 남쪽으로 파견해 그녀(히메나)와 발렌시아에 주둔 중인 소규모 기독교 공동체를 내쫓았다. 그리고 그들은 도시를 떠나면서 도시에 불을 질러 알모라비드파가 전리품을 차지하지 못하게 하고 지역 무슬림들의 해방의 기쁨에 찬물을 끼얹었다.

살아생전에 시드는 이베리아반도의 기독교도들과 무슬림들 모두에게 전설적인 전사로 여겨졌다. 그들은 그를 종교적 성향에 의해서가 아니라 그가 자신들에게 해방자로 여겨졌는가 아니면 재앙으로 여겨졌는가에 따라 반기기도 하고 저주하기도 했다. 이는 부와 명예를 추구하는 야만성(brutality)을 찬미하는 문화였다. 시드의 전공을 찬미하는 민요(오늘날 국경 무법자들의 활약에 열광하는 '나르코-코리다스'의 중세판이라고 할 수 있다)가 셀 수 없을 정도로 많은 야영장에서 울려퍼졌으며, 그 후 수세기 동안 그 민요들은 합쳐져 점차 로드리고 디아스를 기독교의 수호자와 십자군 운동의 선구자, 그리고 레콩키스타의 영웅으로 추켜세우는 일련의 기사도 이야기로 바뀌어갔다.

그러나 그것은 당대의 시드의 참모습이 아니었다. 당시 로드리고는 단지 기독교도 스페인들과 무슬림 스페인들, 북아프리카, 그리고 유럽의 지배자들에게 고용된 수많은 기독교도 혹은 무슬림 용병들 가운데 한 명이었을 뿐이다. 그런 사람들 중에는 시드 말고도 그의 조카 알바르 파녜스, 프랑스인 백작 에블 드 루시(Ebles de Rouchy), 노르만인 로제 브뤼데(Roger Brudet)와 로버트 크리스핀(Robert Crispin), 그리고 알 안달루스인 사이프 알 다울라(Sayf al-Dawla) 등이 있었다. 11세기와 12세기에 이들은 칼리프 시대 이후 이베리아반도에 나타난 힘의 공백을 이용해 자신의 목적을 달성하기 위해 변화무쌍한 알 안달루스의 종교적·정치적 무대를 찾아 이곳저곳을 떠돌아다녔다. 종교 공동체와 성전의 개념이 그들의 상상 속에 존재했을지는 모르겠으나, 그것이 그들의 선택과 행동에 큰 영향을 끼치지는 않았다.

시드가 죽고 나서 몇 년 지나지 않아 후드 가문의 왕국은 붕괴되었다. 아라곤의 왕들이 서서히 사라고사 시를 포위해 들어갔고, 동쪽에서는 바르셀로나와 우르헬의 백작들이 예이다 주변 영토를 정복하기 시작했다. 알 무스타인 2세는 용감하게 저항하다 1110년 투델라 근처에서 벌어진 기독교도들과의 전투에서 전사했는데, 그의 백성들에게 그는 순교자이자 무자히드였다. 이런 상황에 놀라게 된 사라고사 시의 주민들은 알 무스타인의 아들이자 왕위 계승자인 이마드 알 다울라('Imad al-Dawla)에게 기독교도들과의 동맹 관계를 중단하라고 압력을 가했지만, 허약한 왕이 왕국을 계속 유지하기 위해서는 그렇게 하는 것 말고 달리 할 수 있는 것이 없었다. 아라곤인들이 계속 포위망을 좁혀오자 화가 난 군중들이 1110년에 그를 쫓아내고, 당시 알 안달루스를 장악하고 있었던 알모라비드파에게 지배자를 보내 달라고 요청했다.

이마드 알 다울라는 자신의 금고와 궁정 장서들을 가지고 서쪽으로 약 48킬로미터 떨어진 자신의 요새로 피신해 그곳에서 카스티야의 지원을 받아 알모라비드파를 상대로 전쟁을 했다. 그러는 사이에 아라곤인들은 정력적인 전사왕 알폰소 1세(King Alfonso I 'the Battler')의 지배 아래 도시들을 하나하나 점령해 갔다. 1118년에는 사라고사 시가 항복했는데, 알폰소가 피정복민들에게 관대한 조건을 제시했음에도 불구하고(그 때문에 다수의 무슬림 보통 사람들은 그곳을 떠나지 않았다), 문화적·종교적 엘리트들은 남쪽 알모라비드파의 지배 영토로 떠났다. 1134년 그가 죽을 무렵에 알폰소는 타이파 왕국의 대부분을 정복한 상태였다.

완고한 성품의 소유자였던 이마드 알 다울라는 할론(Jalón)강 절벽 위에 자리 잡은 자기 요새에서 적의 공격을 이겨냈다. 1130년 그가 죽자 그를 승계한 아들 사이프 알 다울라 — 기독교도들에게는 '사파돌라 왕'

(King Zafadola)으로 알려져 있었다—는 톨레도 인근 한 지역의 영주권을 받는다는 조건 아래 카스티야와 레온의 왕 알폰소 7세에게 항복했다. 그렇게 해서 자랑스러운 후드 가문의 최후의 왕은 마지막 16년을 레온 왕의 궁정을 장식하는 장식품으로, 그리고 자신과 같은 이슬람인들인 알모라비드파에 맞서 싸우는 장수의 신분으로 보내게 되었다. 그는 1146년에 죽었는데, 알모라비드파의 힘이 약해지기 시작할 때 과달키비르강 남쪽 영토에 자신의 새 제후국을 건설하기 위해 노력하는 과정에서 기독교도 동맹세력들과 벌어진 분쟁 중에 살해되었다.

제19장

무섭고 날랜 칼

거의 무혈입성하다시피 한 알폰소 6세의 톨레도 정복과 시드의 일시적인 발렌시아 점령을 제외하면, 타이파 왕국들은 기독교도들의 공격이 아니라 같은 신앙을 가진 동료 무슬림들에 의해 붕괴되었다. 1070년 내에 카스티야와 레온의 왕 알폰소 6세가 타이파 왕들에 압박을 가하자 — 그들의 영토를 침입하고, 골육상쟁을 부추기고, 더 많은 액수의 파리아스를 요구했다 — 오래전부터 무슬림 대중 사이에 확산되어 있던 절망감과 체념이 지배층에까지 깊이 파고들었다. 타이파 왕들은 자신들 각각의 로마(Rome)가 화염에 휩싸일 때도 빈둥거리면서 시간을 보냈을지 모른다. 그러나 그 빈둥거림은 점점 더 위태로워졌다. 그들이 기독교도들의 군사적 지원에 의존하고 그들에게 조공을 바치는 것이 울라마 집단에게는 이슬람 지배자로서 자격을 상실한 '기독교도들의 딤미들'로 비쳐졌다. 칼리프 시대의 통합 이상은 이미 사라진 지 오래였으며, 그 이상이 부재한 상황에서 타이파 왕들은 언제든 교체가 가능한 유력자들 — 강하지도 않은 유력자 — 에 불과했다. 코임브라와 바르바스트로, 톨레도가 이미 이교도(기독교도)의 수중에 들어갔고 도시 주민들은 자기네 왕들의 권위에 도전했으며, 기회주의적인 와지르들은 적과 내통했고 경건한 시민들은 지배층에 저항했다. 그리고 도시들은 라이벌 지배자에 대한 충성에 따라 사분오열되어 있었다.

한편, 타이파 왕들은 포도주, 시, 섹스, 그리고 이교적 과학 같은 경박하고 비도덕적인 쾌락에 빠져 있었다. 또한 기독교도들과 유대인들을 궁정에 불러들여 후원하고 그들에게 권력을 부여하고 있었다. 그들은 『꾸란』의 계율을 어기고 신민들에게 세금을 거두었으며, 화폐 가치를 평가절하해 중간층 — 그들은 울라마의 보루였다 — 과 하급 계층에 심대한 타격을 가하기도 했다. 게다가 그들은 자기 영토에 질서와 번영을 가져다주지도 못했다. 침입자들은 농촌 지역을 쑥대밭으로 만들었으며, 타이파 왕들은 서로 협력하기보다는 돈을 주고 기독교도 군대를 끌어들여 무슬림 라이벌들을 공격했다. 타이파 왕들은 동료 무슬림들의 성공을 지켜보기보다는 차라리 이교도들이 더 강력해지는 것이 낫다는 태도를 보였다.

그리고 비록 모사랍들을 희생양으로 만드는 경우는 별로 없었지만 시간이 갈수록 알 안달루스가 북쪽 기독교도들에 대해 군사적 지하드를 수행해야 한다는 생각이 드러났는데, 특히 알폰소가 반도 전체에 대해 제국주의적 지배를 주장하고 나서부터는 더욱 그러했다. 일부 알 안달루스인들은 직접 나서서 타이파 군사 원정에 참여하기도 하고 리바트(ribats, 요새 수도원)에서 봉사하기도 했다. 이 무렵에 이 리바트가 국가 혹은 민간 주도로 변경 지역에 많이 생겨났는데, 무슬림 일반인이 이곳에 얼마 동안 머물면서 경건한 명상에 참여하기도 하고 다르 알 이슬람(이슬람 세계 전체)을 수호하기 위한 전투에 참여하기도 했다. 그러나 이들 지역 출신 자원병과 아직 남아 있던 칼리프 군대 병사들을 제외하면 타이파 왕들이 의지할 수 있는 군대는 지역 군대와 북쪽 기독교도 용병들뿐이었다. 포로를 잡는 시절(era of captive taking)은 이미 끝난 지 오래였고 베르베르인들은 더 이상 병사로 복무하기 위해 알 안달루스로 건너오지 않았다.

그렇다면 카스티야-레온 왕국이 서서히, 그러나 중단 없이 남쪽으로 밀려들어오고 있는 상황에서 알 안달루스는 누구에게 도움을 구해야 하는가? 북쪽 기독교도들은 알 안달루스인들이 베르베르인들에 적대감을 갖고 있다는 것을 잘 알고 있었다. 1050년대로 돌아와서, 톨레도 주민들은 사라고사에 맞서 싸우기 위해 페르난도 1세에게 조공을 바치고 있었는데, 그 액수가 너무 많다며 다음과 같이 항의했다. "우리가 만약 그렇게 많은 돈을 마련할 수 있다면 …… 차라리 그 돈을 베르베르인들에게 주어 그들을 데려와 문제를 해결할 수도 있다." 이에 대해 레온 왕은 콧방귀를 뀌며 다음과 같이 응답했다. "너희들은 항상 그런 식으로 협박을 해왔지. 그러나 그것은 너희들과 그들 간에 존재하는 적대감을 고려하면 불가능한 일이다."[33]

그러나 이 일은 실제로 일어나게 된다. 이미 1081년 바다호스의 알 무타와킬은 왕국에 대한 자신의 지배권이 상실되어 가고 있다고 생각하고 해협 건너편에 사절을 보내 당시 마그립을 지배하고 있던 서부 사하라 남쪽 변경 지역 출신 산하자족 연맹 지도자인 유수프 이븐 타슈핀(Yusuf ibn Tashufin)과 접촉한 적이 있었다. 1082년에는 알 무타미드도 공개석상에서 대노(大怒)해 알폰소가 보낸 유대인 사절 이븐 샬리브(Ibn Shalib)를 십자가형에 처하고 난 다음에 보복이 두려워 북아프리카의 알 무라비툰(al-Murabitun), 즉 알모라비드파에게 도움을 청했다.

아프리카의 금과 노예, 그리고 진기한 물건을 지중해 쪽으로 운반하는 사막의 대상을 공격하기도 하고 보호하기도 하면서 수세대 동안 살아온 파란색 베일을 쓴 가공할 전사 무리였던 알모라비드파는 1040년대에 이교에서 이슬람으로 개종한 지 얼마 안 된 사람들이었다. '알모라비드'라는 말의 기원은 확실치 않지만 아랍어 어근 r-b-t는 어떤 것을 '묶는' 것과 관계가 있으므로, 이 용어는 알모라비드파 남자들의 얼굴을 가리는

33 María Jesús Viguera Molíns, "La Taifa de Toledo", p. 59.

베일과 관계가 있거나 아니면 그들을 성전에 묶어놓은 도덕적 의무와 관계가 있거나, 그것도 아니면 그들의 초창기 근거지였던 사하라사막 남서쪽에 위치한 리바트들과 연관된 것으로 여겨진다. 그들을 이슬람으로 개종시킨 선교사들 — 특히 압드 알라 이븐 야신('Abd Allah ibn Yasin)이 그중에서도 중요했다 — 은 극도로 엄격한 말리키 신조의 신봉자들이었으며, 그 지역 일대에 엄격한 수니파 이슬람 체제를 수립하겠다는 혁명을 꿈꾸는 사람들이었다.

새로 개종한 사람들 특유의 비타협적 열정으로 무장하고, '순수한' 이슬람을 수립하고, 엄격하고 금욕적인 정통 신앙을 준수하려는 열망으로 넘쳐나 있던 람투나 부족(Lamtuna tribsmen, 이들이 그 운동의 핵심을 이루고 있었다)은 강인한 의지와 도덕적 확신의 소유자들이었는데, 그것이 특유의 스파르타식 생활 방식과 더해져 그들을 가공할 전사들로 만들어놓았다. 그들은 새로 개종한 사람들로서 이웃 이교도들을 상대로 열정적인 성전을 수행했는데, 그것은 이들 유목민의 전사 기풍이 새로운 종교적 소명의식과 결합해 도덕적 투쟁의 의무(거기에는 성전 수행이 포함되어 있었다)를 강조하는 이데올로기를 만들어낸 것이었다. 지하드는 그들의 존재 이유이자 권력 기반이었다. 그들은 1050년대에 사막에서 나와 마그립을 순식간에 휩쓸고, 칼리프 시대가 붕괴한 이후에 생겨나 모로코 중앙 지역에 높이 솟은 아틀라스산맥 꼭대기 바로 밑에 마라케시라는 새 수도를 건설한 베르베르인 왕국을 쓰러뜨렸다. 그들은 1086년 세련되지는 않았지만 영민하고 카리스마 넘치는 지도자 유수프 이븐 타슈핀의 지배기에 외견상으로는 기독교도들의 정복으로부터 알 안달루스 땅을 수호하기 위해 해협을 건너 알 안달루스로 건너가게 된다.

그러나 이븐 타슈핀은 자신의 군대를 알 안달루스로 이동시키는 것에 대해 시큰둥한 태도를 보였다. 진정한 의도가 무엇이었든 간에 그는 톨레도가 함락된 이후에야, 그리고 다른 타이파 왕들이 한목소리로 자신에게 구원을 요청한 후에야, 그리고 알모라비드파가 방관해서 알 룸(al-Rum, '로마인, 즉 기독교도)들이 알 안달루스를 정복하게 되는 일은 없어야 한다는 울라마 대표들의 채근을 받고 나서야 행동에 나서기로 결심한 것으로 보인다. 타이파 왕들이 톨레도의 함락을 애통해 한 것은 어떤 종교적 감정이나 유대감 때문이 아니라 '두 종교의 황제'가 이제 더 이상 자신들을 필요하다고 여기지 않게 되었음을 의미했기 때문이었다.

그러므로 심지어 오래된 숙적들—예를 들어 세비야의 압바드 가문과 그라나다 왕국의 지리 가문이 그런 경우였다—도 잠시 불화를 제쳐두고 힘을 합쳐 카스티야-레온 왕국에 맞섰다. 그러나 타이파 왕들은 알모라비드파의 궁극적 의도와 그들에게 도움을 청하는 것이 갖는 위험에 대해 어떤 환상을 품고 있지는 않았다. 세비야의 알 무타미드는 유수프 이븐 타슈핀을 알 안달루스로 불러들이는 것이 과연 옳은 일인가에 관해 질문을 받고 "돼지치기(알폰소)보다는 낙타몰이꾼(유수프)이 더 낫지 않은가"라고 농담을 했다고 한다.[34] 알폰소 6세는 타이파 왕들이 유수프에게 구원 요청을 했다는 것을 눈치채고 매우 세련된 아랍어로 된 공문을 유수프에게 보내 정식으로 한판 붙자며 일전을 청했고, 만약 응한다면 알 안달루스에서든 마그립에서든 그를 완파할 자신이 있다고 장담했다. 유수프는 이 도발에 대해 아무런 대꾸도 하지 않은 채 다만 그 공문을 가져온 사절에게 "앞으로 어떤 일이 벌어질지 곧 알게 될 것이다"라는 말만 했다고 한다.[35]

1086년 10월 23일, 타이파 왕들과 그들의 군대는 베일을 쓴 알모라비드파 군대와 그들의 베르베르인 피호인들, 그리고 사하라사막 남쪽 출신 노예들을 거느리고 나타난 유수프 이븐 타슈핀의 지휘 아래 편치 않은 마음으로 한자리에 집결했다. 말과 낙타, 코끼리 등에 올라탄 병사들과 북소리에 맞춰 전진하는 보병 부대로 구성된 무슬림 대군은 드디어 레온의 군대와 맞닥뜨리게 되었다. 그들은 알폰소의 기사군이 퍼붓는 공격을 견뎌내고 나서 적군의 수송 행렬을 공격해 포박했고 알폰소의 기

34 Pascual de Gayangos, *The History*, vol. 2, p. 273.

35 Hicham El Allaoui, "Les échanges", p. 265.

사들을 도륙했으며, 이에 알폰소 왕은 서둘러 도망치지 않으면 안 되었다. 승리를 기념하기 위해 수천 명의 기독교 병사의 수급을 알 안달루스와 마그립의 주요 도시들에 보내 승전 행렬에 사용하게 했다. 알 안달루스의 주민들과 울라마 집단은 환호했고 시인들은 승리의 찬가를 노래했다. 그러나 이 소름끼치는 행렬에는 섬뜩한 의미가 담겨 있었는데, 그것은 그 행위가 기독교도들에게만이 아니라 동료 무슬림들에게도 유수프 이븐 타슈핀에게 저항하면 어떻게 되는지를 보여 주는 엄중한 경고로 여겨졌기 때문이다. 타이파 왕들은 전투 결과에 대해 얼마간 신중한 태도를 보였던 것 같은데, 그러나 적어도 당분간은 자신들이 안전하다고 생각한 것으로 보인다. 유수프 이븐 타슈핀은 여세를 몰아 톨레도로 진격하거나 레온으로 쳐들어가지 않고 자신의 군대와 함께 아프리카로 돌아갔다.

그렇게 되자 알폰소는 곧 참패의 충격에서 벗어나기 시작했고 기독교도들은 타이파 왕들에게 다시 조공을 요구하기 시작했으며, 타이파 왕들은 다시 서로 싸우고 백성들을 나 몰라라 했다. 그리고 알 안달루스의 울라마는 유수프 이븐 타슈핀 — 그는 이제 보편적 군주를 자처한 알폰소가 그랬던 것처럼 아미르 알 무슬리민('무슬림들의 사령관')을 자처했다 — 에게 다시 돌아와 달라고 요청했다.

1088년 알모라비드파는 다시 해협을 건너와 타이파 왕들을 결집해 무르시아 인근의 기독교도들의 성채인 알레도(Aledo)를 공격했다. 이 공격은 결국 알 안달루스인들의 내분으로 실패로 돌아갔는데, 이 실패를 경험하고 나서 유수프는 지역 무슬림 지배자들을 전보다 더 경멸하게 되었다. 그래서 1090년 그가 세 번째로 이베리아반도에 돌아오게 되었을 때는 아예 항구적으로 정착할 생각을 갖고 왔다. 그 자신 혹은 알 안달루스 울라마의 관점에서 볼 때, 타이파 왕들이 예전의 한심한 모습으로 되돌아간 것은 그들의 불법성을 확인해 주는 것이었고 반역으로 간주될 수 있는 것이었다. 그래서 알 안달루스의 법률가들은 유수프가 타이파 왕들과 맺은 조약을 무효화하고 그에게는 그 왕들을 쫓아낼 의무가 있음을 확인하는 파트와(법적 견해)를 발표했다. 유수프는 자신의 기반을 좀 더 확실히 하기 위해 이 파트와를 동쪽 이슬람 세계의 권위자들에게 보내 인가를 받으려 했는데, 그 권위자들 중에는 아부 바크르 알 투르투시(Abu Bakr al-Turtushi, 그는 알 안달루스에서 도망쳐 온 사람이었다)와 위대한 철학자이며 신학자이기도 했던 아부 하미드 무함마드 알 가잘리(Abu Hamid Muhammad al-Ghazali)가 포함되어 있었다. 유수프는 그렇게 함으로써 자신을 '찬탈자' 혹은 '동료 무슬림들을 정복한 자'가 아니라 안달루스의 무슬림들을 이교도의 지배로부터 구해 준 합법적인 해방자로 자리매김할 수 있었다. 알모라비드파의 정치적 견해는 단순하지만 호소력이 있었는데, '올바름의 확산, 불의의 시정, 그리고 불법 세금의 철폐'가 그것이었다. 이 구호는 알 안달루스를 다시 위대하게 만들겠다는 포퓰리스트적 선언이었으며, 보수적인 울라마와 절망에 빠져 있던 대중 모두에게 호소력을 가졌다.[36]

그렇게 무장을 하고 알 안달루스로 돌아온 유수프는 타락하고 배은망덕한 타이파 왕들을 차례로 만나 퇴위할 것을 요구하면서 그렇게 하지 않으면 자신의 정당한 분노에 직면하게 될 것이라고 위협했다. 이에 대해 몇몇 타이파 왕은 잘못을 인정해 용서를 받았고 몇몇은 처형되었으며, 또 몇몇은 포로가 되어 마라케시 남쪽에 위치한 아그마트로 이송되었다. 그리고 몇 명의 왕은 자기 백성들로부터 버림을 받아 그 백성들에게 포박당해 유수프에게 넘겨지기도 했다. 또한 그 백성들은 알모라비드파의 정복 사업에 협력하기도 했다. 그러나 이 모든 일이 마냥 순조롭지만은 않았는데, 예를 들어 알 무타미드는 유수프에게 정복되기보다는 차라리 알폰소 밑으로 들어가겠다는 마음으로 유수프의 공격에 완강하게 저항했다. 압바드 가문의 군대는 코르도바와 세비야 모두에서 완강하게 저항했는데, 코르도바에서는 알 무타미드의 아들 아불 파타가 도시를 방어하기 위해 싸우다 전사했으며, 세비야에서는 알 무타미드 자신이 적군

36 Hugh Kennedy, *Muslim Spain and Portugal*, p. 158.

의 맹공을 견뎌내다가 결국 1091년 9월에 도시가 함락되었다.

이렇게 타이파 왕국들이 차례차례 함락되고, 이제는 시드가 지배하는 발렌시아와 후드 가문이 지배하는 사라고사만 남게 되었다. 1110년경이면 무슬림 알 안달루스 전체가 알모라비드파의 지배 아래 있게 되었으며, 이때쯤이면 알폰소 6세와 그의 숙적 유수프 이븐 타슈핀은 이미 이 세상 사람이 아니었다. 소문에 의하면, 1106년 아미르(유수프 이븐 타슈핀)가 눈을 감게 되었을 때 나이가 100세였다고 하며, 그의 아들 알리 이븐 유수프('Ali ibn Yusuf)가 그 뒤를 이은 상태였다. 그리고 이때쯤이면 알 안달루스는 마라케시에 본거지를 둔 새 제국에 통합되어 있었으며, 세비야는 그 제국의 이베리아반도 지역 수도 정도의 의미를 갖고 있었다. 이렇게 이슬람의 통합과 위상이 이베리아반도에서 회복되었거나 아니면 적어도 겉으로는 그렇게 된 것처럼 보였다. 2년 후에 알모라비드파의 군대는 카스티야-레온 왕국에 또 한 번 참패를 안겨 주는데, 이번에 그 무대가 된 곳은 톨레도에서 동쪽으로 얼마 떨어지지 않은 우클레스(Uclés)였다.

이 전투에서 전사한 수많은 기독교도 가운데 알폰소의 외아들인 산초도 포함되어 있었으며, 그는 코르도바의 아불 파타의 과부 사이이다(Sayyida)와의 불륜 관계에서 태어난 아들이었다. 그녀의 남편이 도시를 방어하다가 전사하자, 이 왕비는 처음에는 알폰소의 왕국에 피신해 있다가 결국 그의 품에 안기게 되었다. 알폰소에게는 여덟 명의 아내 혹은 첩이 있었는데, 그녀들 가운데 그에게 아들을 안겨 준 사람은 이 사이이다가 유일했다. 당시 열여섯 살의 산초는 우클레스 전장에서 도망쳐 북쪽으로 돌아가는 길에 머물게 된 한 작은 촌락에서 무슬림 주민들에 의해 기습을 받아 살해되었다. 그 일이 있고 얼마 지나지 않아 알폰소의 왕국을 물려받은 그의 두 딸 우라카와 테레사가 권력다툼을 시작하게 되며, 북쪽 기독교 세계는 다시 한 번 격심한 내란의 나락에 빠지게 된다.

기독교도 왕국들에게는 다행히도 알모라비드파는 이때도 자신들의 승리를 이용해 더 많은 것을 얻어 내려고 하지 않았다. 역사가들은 그들

1097~98년 알메리아에서
유수프 이븐 타슈빈이 주조한
알모라비드 시대 디나르 금화.
Courtesy of the American
Numismatic Society(1951.146.6).

이 톨레도 점령에 별 관심을 보이지 않은 점을 의아하게 생각해 왔다. 그러나 그들이 그런 태도를 보인 것은 아마도 자신들이 그 일을 하기에는 약점이 많다는 것을 알고 있었기 때문이었을 것이다. 그들은 낯선 땅에 들어온 외국인 군대였고, 그러므로 혹시라도 중대한 인명 손실이 발생한다면 그것을 보완할 인적 자원이 없었다. 또한 자신들이 애써 이루어낸 것을 다시 상실할 수도 있는 위험을 감수해야 했다. 거기다가 알 안달루스와 마그립, 양쪽 모두를 지배하는 것은 알모라비드파의 지배를 매우 취약하고 위험한 상태에 빠뜨릴 수도 있었다. 권력은 지배 가문 사람들에 의해 장악되었으며, 군사 혹은 행정의 요직에는 왕의 아들과 사촌, 그리고 조카들이 임명되었다. 그러나 이들도 서로 간에 별 유대감이 없었고 가문 내 적대감과 음모는 만성적인 위협 요인이었다.

알모라비드파의 정복은 무슬림 스페인의 완전한 재편을 가져다주기도 했다. 유수프 이븐 타슈핀 가문에 의해 지배되고 거의 완전히 그의 부족인 람투나족 사람들만으로 채워져 있었던 알모라비드파 엘리트들은 알 안달루스에서 별개의 신분이 되어 지배권을 행사했다. 그들은 자신들의 언어로 말했고 자신들의 법에 구속되었으며, 자신들의 사회적 지위의 증표라 할 수 있었던 베일을 계속 착용했다. 알모라비드파 가운데 알 안달루스에 정착하기 위해 온 사람은 그리 많지 않았다. 그러나 그렇게 정착하기 위해 온 사람들은 그들의 보살핌을 받는 피호인들과 아프리카 노예들과 함께 얼마 가지 않아 거만한 전제정을 실시한다는 평판을 얻게 되었다.

그러나 알모라비드파는 마그립에서와 마찬가지로 종교 엘리트들의 지지와 협력 없이는 통치할 수 없다는 것을 알고 있었으며, 그 종교 엘리트들은 말리키법에 대해 엄격한 해석을 지지하는 자신들의 입장이 알모라비드파에 의해 타이파 왕들의 (도덕적) 해이로부터의 참신한 변화로 여겨지고 있다는 것을 알게 되었다. 그렇다면 알모라비드파의 승리는 칼리프 체제가 붕괴되고 나서 타이파 왕들을 상대로 권력다툼을 해온 경건파, 즉 도시 엘리트들의 승리로 여겨질 수도 있었다. 알 안달루스 도시들에서는 통치가 여러 평의회의 감독을 받게 되었는데, 이 평의회들은 알모라비드파와 알 안달루스 종교 지도자들이 각각 반반으로 구성되었다. 민사 재판은 대체로 알 안달루스 원주민들, 즉 카디의 수중에 있었고 군사 권력은 타슈핀의 혈족에 의해 장악되었다.

알모라비드파는 후대 무슬림 역사가들과 근대 학자들로부터 청교도적인 근본주의자들이라는 평판을 얻었는데, 특히 기독교도 혹은 유대인 신민들에 대한 태도에서 그랬다는 것이 학자들의 평가였다. 새 체제 아래에서 딤미들은 무거운 세금을 내야 했고 우마르 협약에 따라 (무슬림들과) 구분되는 의복을 착용해야 했으며, 신중하고 겸손하게 처신하지 않으면 안 되었다. 알모라비드파가 교리적 엄격함에도 불구하고 계속 유대인 와지르와 기독교도 장교들을 고용하기는 했지만, 원칙적으로 딤미들은 자신들의 처지를 유념하지 않으면 안 되었다. 시대가 변하면서 일부 알 안달루스 유대인들이 기독교도들이 사는 북쪽으로 이주하기도 했지만 대부분은 떠나지 않고 그대로 머물렀다. 그리고 그라나다와 코르도바에 있던 유대인 공동체는 거의 사라졌지만, 루세나의 랍비 양성 학교는 알모라비드파의 지배 아래에서도 계속 활기를 띠었다.

알모라비드파가 적극적인 박해로 여겨질 만한 행동을 한 경우는 별로 없었다. 만약 어쩔 수 없이 그런 박해를 하게 되었을 때는 — 1126년 과달키비르 지역의 모사랍 인구를 대규모로 북아프리카로 추방했을 때가 바로 그런 경우이다 — 이슬람법을 근거로 자신들의 정책을 정당화하기 위해 노력했다. 다른 한편으로 기독교 공동체들이 이슬람법의 정신에 반해 박해를 받으면 알모라비드파 사법부와 알 안달루스 사법부 모두가 나서서 그들을 보호하려고 했다. 예를 들어 아미르 알리 이븐 유수프는 그라나다의 기독교도들이 자신들을 지배하는 알모라비드파 지배자가 권력 남용을 저지른다고 불평을 토로하자, 그 지배자를 자리에서 내쫓고 그를 구속했다.

그와 똑같은 엄격함이 무슬림 백성들에게도 적용되어 새 지배자들은 비(非)말리키 무슬림학파와 그 이전 2세기에 걸쳐 알 안달루스에서 유행하고 있던 비의적이고 신비주의적인 이슬람 사조에도 억압적인 태도를 견지했다. 그들은 이슬람의 통일이라는 이상에 집착해 있었고 자신들의 종교적·정치적 합법성을 분명히 할 필요가 있었기 때문에, 1098년 명목적이기는 하지만 바그다드에 있는 압바스 왕조 지배자인 알 무스타지르(al-Mustazhir) — 그 자신이 칼리프국에 대한 지배권을 탈취한 중앙아시아 출신 셀주크족 군벌들의 꼭두각시에 불과했다 — 의 신하를 자처하면서 그 대신에 서쪽에서 그를 대신해 지배하는 총독이라는 정식 직함을 부여받았다.

요컨대, 비무슬림들에 대한 알모라비드파의 정책은 반(反)딤미적 적대감이 아니라 이슬람법을 곧이곧대로 지키려는 신념에서 나온 것이었으며, 그리고 그것은 말리키 파키들(fuqaha, '이슬람법 전문가들')의 막강한 권력에 의해 강요되었는데, 그 파키들은 당시 알모라비드 체제의 이념적 요새가 되고 있었다. 알 안달루스의 사법 행정에서 막강한 영향력을 행사할 수 있었고, 알모라비드 엘리트의 후원과 지지를 받고 있었으며, 이제 더 이상 타이파 왕실의 자유방임적 이교의 방해를 받지도 않게 된 대표적인 여러 법률가들은 비타협적인 접근 방식을 고수했다. 그리고 이 종교학자들의 영향력이 알 안달루스에만 국한되지는 않았다. 그들은 이븐 타슈핀이 알 안달루스를 정복하기 전에도 이미 마라케시의 궁전에서 고위직을 차지하고 있었다.

알 안달루스 전역과 마그립 도시들에서 카디로 임명되기도 하고 공적 지원도 받고 있었던 알 안달루스의 보수적 법률가들은 자신들의 비타협적 법 해석을 대중에게 강요하려고 했다. 그들은 공적 행동과 도덕적 해이를 엄격히 단속하고 사법부 숙청을 단행했으며, 이븐 하즘 같은 라이벌 신학파의 저서들과 알 가잘리 같은 비전 신봉자들의 저술을 공격했는데, 그 두 사람의 책을 공개적으로 소각하기도 했다. 1058년 호라산에서 태어난 아부 하미드 무함마드 알 가잘리는 가장 혁신적이고 독창적이며 영향력 있는 이슬람 학자로서 철학에 대한 공격과 수피 신비주의에 대한 지지로 유명했기에 보수적인 말리키의 적이 되었다. 알 안달루스의 울라마의 명성은 대단해서 세우타의 이야드 이븐 무사—그는 '알 카디 이야드'(al-Qadi 'Iyad), 즉 '행정관 이야드(Iyad)'로도 알려져 있었으며, 당대의 가장 위대한 말리키 학자가 된다—가 자신의 학업을 시작하려고 할 때, 스승을 찾아 동쪽으로 가지 않고 알 안달루스로 올 정도였다.

최근까지 중세 스페인 역사 연구자들은 알모라비드파를 거의 예외 없이 '비관용적이고', '근본주의적이며', '청교도적'이라고 묘사해 왔으며, 타이파 시대의 활기찬 문화를 압살한 음침하고 반지성적인 속물들이라고도 기술해 왔다. 역사가들은 지금까지 베르베르인들이나 알모라비드파를 비난하면서 알모라비드파와 문화 간의 관계를 무시 또는 경멸해온 후대 안달루스 문필가들의 반(反)베르베르적·반(反)알모라비드적 편견을 곧이곧대로 수용해 왔다. 알모라비드파가 문화를 지원한 것은 분명하다. 그런데 그 지원이 대개 종교 관련 학문과 말리키법에 국한되었기 때문에 서구 학자들은 그들의 지적 업적을 인정하지 않았던 것이다.

그러나 그들의 치세 동안 혹은 그 직후에 알 안달루스에서는 다수의 중요 인물들이 나타났다. 그중에는 아부 바크르 이븐 알 아라비(Abu Bakr ibn al-'Arabi)와 무함마드 이븐 바자도 포함되어 있었는데, 이븐 알 아라비는 말리키주의와 알 가잘리의 신비주의를 접목한 학자로 유명하며, 이븐 바자('아벰파세'라고도 불렸다)는 의학, 식물학, 천문학에 관한 영향력 있는 책을 펴냈다. 그러나 알모라비드 시대의 엄격한 정통주의 분위기에서 학자로 활동하기 위해서는 많은 주의가 요구되었으며, 많은 학자들이 갈채와 비난 사이에서 위험한 줄타기를 해야 했다. 이븐 바자 같이 널리 존경받는 사상가들도 언제든 이단 혐의로 추궁받을 수 있었고, 경우에 따라서는 갑자기 실추된 명예가 회복될 수도 있었다. 그들의 제자들 — 그중에는 이븐 투파일(Ibn Tufayl)과 이븐 루시드(Ibn Rushd)도 있었다 — 은 놀랄 정도로 혁신적인 철학 책을 출간하기도 했는데, 그 책들이 비록 1140년에 권력을 장악한 알모하드파 치하에서 책으로 만들어지기는 했지만 그것들 대부분은 알모라비드 시대의 합리주의와 말리키주의의 유산이라 할 수 있다.

그 시대가 매우 혼란했음에도 불구하고, 도시 생활과 상업 활동은 알 안달루스의 엄청난 농업 생산과 넓은 인적 기반 덕분에(그것은 수공업과 산업 생산에 필요한 견고한 내수 시장을 만들어주었다) 계속해서 번영을 구가했다. 알모라비드파의 지배 영역은 사하라 이남 아프리카에까지 확대되었고, 니제르강 델타 지역으로부터 유입되는 금(이 금이 우마이야 경제를 추동하는 원동력이었다)도 그들이 지배하는 동안 계속 증가했다. 그들이 주조한 순금 디나르화는 서부 지중해 지역의 새로운 '달러화'가 되었으며, 어디서나 환영받고 인정받았다. 기독교도 지배자들은 재빨리 자신들의 보조 화폐를 생산했으며 — 그것들은 '모라베티스'(Morabetís) 혹은 '마라베디스'(Maravedís)라고 불렸다 —, 그것들에는 진짜 혹은 엉터리 아랍-이슬람어 글귀가 새겨졌다. 알모라비드파 치하에서 기독교도 왕들에게 바치는 조공은 줄어들었고 북쪽과의 교역은 감소했다. 알 안달루스의 경제는 마그립 쪽을 지향하게 되었으며, 마그립은 그들 제국의 진정한 중심이었다. 실제로 1100년 이후 알 안달루스에서 나온 돈의 상당 부분이 알모라비드파가 당시 북아프리카에서 그들에 맞서 일어나기 시작했던 반란을 진압하기 위한 싸움을 지원하는 용도로 사용되었다. 그리고 그것은 원주민들과 그들의 새 지배자들 간의 관계를 더 복잡하게 만들었고, 그들 관계의 기저를 이루고 있었던 식민지적 역동성(colonial dynamic)을 적나라하게 드러내 주었다.

알 안달루스의 보조적 성격은 유수프의 아들과 그 계승자인 알리 이븐 유수프의 허약한 지배 아래에서 더 분명해졌다. 한 기독교도 노예와의 사이에서 태어나 사막의 전사가 아니라 도시의 도련님으로 성장한 알리는 부친의 카리스마도 능력도 갖추고 있지 않았다. 그는 마라케시에 신자들의 사령관으로 박혀 있으면서 밖으로 나가려고 하지 않았으며, 알 안달루스에 대한 지배는 처음에는 자신의 동생 타민에게, 후에는 아들 타슈핀에게 맡기고 알 안달루스에는 딱 네 차례 방문했을 뿐이었다.

기독교도 측의 혼란에도 불구하고 레온에 대한 몇 차례 공격은 성공적으로 끝났을 때조차도 큰 성과는 없었다. 1118년 아라곤과 나바라(팜플로나)의 왕 알폰소 1세가 사라고사 시를 점령했을 때 입은 손실은 막대했다. 1134년 그가 프라가 공성을 지휘하는 도중에 한 무슬림 궁수가 쏜 화살에 눈을 관통당해 죽을 무렵이면, 알폰소 1세는 이미 예전의 사라고사 타이파 왕국 전체를 정복한 상태였다. 설상가상으로 아라곤의 왕은 자신의 힘을 보여 주고 레온인들의 주장을 사전에 차단하기 위해 1125년 무슬림 남쪽 적진 깊숙이까지 쳐들어갔다. 그리고 1130년대 말이면 레온은 다시 공세로 돌아서 1144년에는 침입 범위가 코르도바에까지 이르렀다.

1125년 알폰소 1세의 전투는 비록 영토상의 이익을 가져다주지는 않았지만 알모라비드파의 취약성을 드러내 주었다. 또한 그것은 알 안달루스의 무슬림과 기독교도들 간의 긴장을 더 부추기는 데 일조하기도 했다. 알 안달루스 내 기독교도들과 알폰소 간에는 모종의 결탁이 있었던 것으로 보이며, 그래서 전쟁이 끝나고 난 뒤 상당수 기독교도들이 알폰소의 군대를 따라 아라곤으로 넘어왔고 거기서 그들은 옛 사라고사 왕국에 정주했다. 그들의 이런 배신행위에 알모라비드파는 기독교도들의 딤미로서의 지위를 박탈하고 이듬해 남쪽에 남아 있는 모사랍들을 모로코로 강제 이송했다. 그 조치는 분노한 알리 이븐 유수프로부터 나오기는 했지만 그 정책의 기반이 되었던 파트와(법적 견해)는 이미 코르도바 출신의 안달루스 법률가 이븐 루시드에 의해 공표된 바 있었으며, 그가 알리에게 그것을 강행하도록 부추긴 것이었다.

달리 말해 그 기독교도들의 추방은 알모라비드파의 '불관용'의 산물이라기보다는 알 안달루스 사회에 팽배해 있던 '불관용'의 산물이었다. 역설적이게도 이 추방된 모사랍들은 알모라비드파에 대항해 반란을 일으킨 지역 부족들을 진압하는 과정에서 알모라비드파의 병력으로 복무함으로써 체제의 필수불가결한 부분이 되었다. 그들의 역할이 너무나 중요했기 때문에 1130년대에 벌어진 한 전투에서 포로가 되었고 '돌아온 자'(Reverter)라는 별명으로 알려진 카탈루냐 귀족 출신의 그들의 지도자는 마그립에 주둔 중인 알리의 군 지휘관에 임명되기도 했다. 알모라비드파가 그곳에서 그만큼이나 오래 버틸 수 있었던 것은 상당 부분 기독교도 포로들과 용병으로 구성된 그의 군대 덕분이었다. 그러나 그것이 오래가지는 못했다. 1149년이면 유수프 이븐 타슈핀에 의해 건설된 에미르국은 더 이상 존재하지 않게 된다.

제20장

신앙과 권력

알 안달루스인들 가운데 다수는 타이파 왕들의 부패한 모습에 환멸을 느꼈기 때문에 그냥 최후의 의지처로서 알모라비드파를 택한 것이었다. 또한 그것은 종교 엘리트들 가운데 일부 — 파키들과 일반인들에게 점점 이슬람의 얼굴이 되어가고 있던 신비주의 성자들 — 의 로비 덕분이기도 했다. 그러므로 알모라비드파가 알 안달루스 침입을 정당화하기 위해 파트와('법적 견해')를 구한 것은 자신들의 정복에 신성의 광채를 씌우려는 것이었다기보다는 자신들의 권위와 엄격한 이데올로기를 알 안달루스인들이 어떻게 생각하는지 알아보기 위함이었다.

알모라비드파가 가진 매력의 많은 부분은 그들이 알 안달루스인들을 기독교도들로부터 보호할 능력을 갖추고 있었다는 것이다. 그러므로 1120년대에 알모라비드파가 군사적으로 패한 뒤 여론이 악화되었을 때 대중의 인정에 권력의 기반을 두고 있었던 말리키 법률가들은 거기에 반응해야만 했으며, 그들 중 온건파 가운데 다수는 (알모라비드파에 대해) 지지를 철회했다. 그러나 말리키 종교 엘리트들의 인기는 이미 그 전부터 하락하고 있었으며, 울라마와 일반 대중 모두 점차 수피주의를 비롯한 이슬람에 대한 신비주의적 접근 방식에 더 매력을 느끼고 있었다.

이 신비주의 신앙은 10세기 초부터 힘을 얻고 있었는데 그것은 비교주의(esotericism) 가운데 하나로서, 당시 유럽과 지중해 세계 전역의 기독교와 무슬림, 그리고 유대인 사회 모두를 휩쓸고 있던 천년왕국 사상을 토대로 하고 있었다. 알모라비드파 치하에서 소각 대상이었던 알 가잘리의 책은 알모라비드파의 몰락에 기여하는 대신에 알모하드파의 지배를 가져오게 될 종교적·정치적 저항의 핵심을 이루게 될 알 안달루스 금욕주의자들의 지지를 받았다. 과거에는 기독교도 왕들과 그들과 협력관계에 있던 무슬림들에 대항한 종교적·정치적 저항의 구심점이었던 사설 리바트들이 이제는 알모라비드파에 맞서 싸우는 종교적·군사적 저항의 중심이 되었다. 알모라비드파의 지배에 대항해 들고일어난 무슬림들은 이제 다른 대안이 없었기 때문에 기독교도 지배자들을 적극적으로 후원자와 동맹, 그리고 보호자로 받아들이려고 했다. 그들은 이제 자기들의 정치적 혹은 종교적 세계를 이슬람과 기독교의 충돌로 보기보다는 이슬람에 대한 상반된 비전 간의 충돌로 보는 경향이 있었다.

1130년대에 알모라비드파에 대한 첫 번째 공개적인 반란이 일어났다. 도시민들이 지역 지배자들에 대항해 들고일어나 그들을 쫓아내고 원성의 대상이 되고 있던 카디들을 살해했다. 1133년 세비야 주민들은 카스티야-레온의 왕 알폰소 7세에게 접근해 사이프 알 다울라—사라고사 후드 가문의 마지막 지배자로, 당시 '사파돌라 왕'이라고 불리면서 알폰소 7세의 카스티야궁에서 살고 있었다—를 지배자로 인정하고 알모라비드파의 지배로부터 벗어나게 해준다면 그를 왕으로 모시겠다고 제안했다. 1144년 알모라비드파의 지배 아래에서 세리(稅吏)로 일한 적이 있었고 기독교에서 개종한 사람이기도 한 수피 아흐마드 이븐 카시(Ahmad ibn Qasi)가 실베스 근처의 요새를 점령하고 스스로 '이맘'을 자처했다. 그는 '무리둔'(Muridun, 제자들)이라는 이름으로 알려진 동료 반란자들의 취약한 '왕국'을 하나로 결집해 세비야로 진군했다. 이 알 안달루스의 수도(세비야)는 세 무리가 벌이는 쟁탈전의 대상이 되었으니, 알 안달루스의 알모라비드파 지역 지배자인 야흐야 이븐 가니야(Yahya ibn Ghaniya), 반동적인 말리키 카디인 아부 자파르 이븐 함딘(Abu Ja'far ibn Hamdin), 그리고 후드 가문의 왕 사이프 알 다울라의 지지자들이 그들이었다. 사이프 알 다울라의 군대에 속한 기독교도들은 잠깐 동안 세비야를 점령한 적이 있었는데, 그때 그곳에 있는 대모스크를 약탈하고 소장되어 있던 값비싼 장식품을 탈취해 갔다.

한편, 기독교도 제후들은 이 반(反)알모라비드 감정의 존재를 잘 알고 있었으며, 그것을 어떻게든 자신들에게 유리하게 이용하려 했다. 1130년대에 아라곤의 알폰소 1세는 과거 사라고사 타이파 왕국이었던 영토를 정복한 뒤, 그 지역 무슬림 대중에게 계속해서 자신의 신민으로 남아 달라고 호소해 대체로 동의를 얻어냈다. 대신에 그들에게 인신과 재산의 보호, 그리고 종교적 자유와 계속해서 이슬람법 아래에서 살 권리를 보장하겠다고 약속했다. 이것은 사실상 그들을 기독교도들의 딤미로 만드는 것이었다. 그에 반해 자신이 살고 있던 곳에서 떠날 수 있는 경제적 여유와 다른 이슬람 세계에서도 필요한 직업을 갖고 있던 상류층과 문화적 엘리트, 그리고 이교도들의 지배를 결코 받아들일 수 없었던 경건한 사람들은 다른 곳으로 떠났다. 그러나 대부분의 보통 사람들—상인, 수공업자, 농민 등—은 조상 대대로 살아온 그 땅에 남아 알 무다잔(al-mudajjan)—'남은 사람들'이라는 뜻으로, 스페인어로는 '무데하르'(mudéjares)라고 불렸다—이 되었다. 그들의 입장에서 보면 이교도들의 지배 아래 살게 된 것이 달갑지 않았지만, 그럼에도 그것은 알 안달루스 농민들이 점점 빈번하게 기독교도 군인들과 모험가들에 의해 자행되고 있던 침입과 포로적 삶으로부터 벗어날 수 있게 해주었다.

그러나 1134년 알폰소 1세가 자식 없이 죽자 아라곤 왕국은 왕위 계승 위기에 빠지게 되었고, 이 위기는 1146년 그의 동생 라미로 2세(Ramiro II)의 장녀 페트로닐라(Petronila)가 스물한 살의 바르셀로나 백작 라몬 베렝게르 4세(Ramon Berenguer IV)와 혼인하고 나서야 완전히 해소될 수 있었다. 이 결혼으로 '아라곤 연합왕국'(Crown of Aragon)의 기반이 마련되었는데, 그것은 카탈루냐 백령과 아라곤 왕국의 연합체로서 라몬 베렝게르와 페트로닐라의 아들 알폰소가 1164년 두 지역 모두를 상속받음으로써 가능하게 된 것이다. 당시 이미 경험이 풍부한 지배자였던 라몬은 알폰소 1세의 뒤를 이어 에브로강 북쪽의 알 안달루스 영토 정복을 완수하게 된다.

한편, 다른 기독교 왕들도 이 무렵이면 남쪽으로의 진격을 재개하고 있었다. 1146년 레온의 알폰소 7세는 코르도바를 공격해 맹렬하게 저항하는 야흐야 이븐 가니야를 굴복시키고 나서 자신이 친히 대모스크에서 열린 미사에 참석했다고 한다. 이븐 가니야는 알폰소의 신하 신분으로 코르도바를 다스리겠다고 약속했음에도 불구하고, 황제가 도시를 떠나자마자 자기 왕조에 대한 충성을 재천명했다. 그러나 이때쯤이면 알모라비드 체제는 막바지로 치닫고 있었으니, 왜냐하면 북아프리카에서 시작된 알모하드파 운동이 북아프리카를 휩쓸고 있었고 곳곳에서 알모라비드파를 몰아내고 있었기 때문이다. 알모라비드파의 수도 마라케시가 1146년 여름에 함락되었고, 그해 말에 알모하드 군대가 처음으로 지브롤터해협을 건너 알 안달루스로 건너왔다.

그 무렵 서쪽 이슬람 세계의 종교적·정치적 협력은 붕괴되어 가고 있었고 그것은 곧 불화와 반란으로 치달았다. 또한 그것은 기독교 제후들에게 통일된 목적을 제공해 줌으로써 서로 협력하게 만들었다. 교회는 부분적으로는 11세기 후반 클뤼니 교단의 영향으로 도입된 개혁 덕분에 하나의 제도로서 자신의 역량을 충분히 발휘하고 있었다. 이 개혁 덕분에 교회는 세속 지배자의 영향으로부터 벗어나고 일관된 신학과 교회법을 만들어냈으며, 교황이 하나의 초월 왕정(metamonarchy)으로 기능할 수 있는 제도적 틀을 발전시킬 수 있었다.

1095년, 한때 클뤼니 교단에 몸 담은 적이 있었던 교황 우르바누스 2세는 부지불식간에 후에 십자군 원정으로 알려지게 될 운동을 시작하는데, 이때 그는 유럽의 기독교 전사들에게 서로 싸우는 것을 멈추고 비잔티움의 동료 기독교도들을 도우러 떠나라는 명을 내렸다. 당시 비잔티움의 동쪽 영토는 셀주크 투르크의 맹렬한 공격으로 큰 어려움에 처해 있었다. 교황은 만약 기독교 전사들이 자신의 명령을 실천하면 신께서 그들의 죄를 용서해 줄 것이라고 말했다. 십자군에 참가하라는 그의 요청은 보통 사람들에게는 종말론적 염원을, 귀족들에게는 군사적 에너지를 배출할 수 있는 경건한 출구를 제공해 주었다. 또한 그것은 성지 순례와 참회, 그리고 성전이라는 당대 기독교의 가장 중요한 세 가지 요소를 하나로 결합하고 있었다. 1099년 7월 기독교 군대는 성도 예루살렘을 정복하고 마구잡이식 대량 학살을 통해 예루살렘에서 무슬림들을 절멸했으며, 이에 대해 유럽의 기독교 세계 전체는 환호했다.

이것은 라틴 기독교 세계 안에서 일어나고 있던 보다 큰 흐름의 일부였다. 온화해진 기후와 농업 생산의 증가, 그리고 인구 증가는 유럽이라는 후진 지역을 발전과 번영의 길로 이끌었다. 유럽 내륙 지역과 변경 지역(스페인의 국경 지역도 여기에 포함된다)은 새로운 땅을 찾아나선 시토회 교단 수도승들과 자유로운 신분의 농민들에 의해 이미 식민화가 진행되고 있었다. 그리고 로마 제국 말기 이래로 찾아볼 수 없었던 방식으로 도시와 도시 문화가 부활하기 시작했다. 화폐가 다시 도입되어 유통되었고, 상공업과 무역이 상류층에게 부의 원천으로 토지 보유 못지않게 중요해졌다. 이탈리아 해안 지역에 산재한 해양 무역국가들—베네치아, 피사, 제노바, 그리고 아말피 등—은 이슬람과 비잔티움 해역으로 선박을 보내 사치품과 향신료, 그리고 이국적인 물건을 확보하려고 했으며, 그 상품들을 점차 현금이 풍부해져 간 라틴 세계 귀족들과 고위 성직자들에 판매해 이익을 챙길 수 있었다.

사람들—귀족과 평민들 모두—은 점점 더 이동이 잦아졌고 더 세속화되어 갔다. 산티아고 데 콤포스텔라에 있는 '무슬림 살해자' 산티아고의 성지를 방문하기 위해 길을 떠나기도 했고, 아니면 무슬림 지배 아래의 성지로 가는 순례 여행을 떠나기 위해 용감하게 배에 몸을 싣기도

하는 등 많은 사람들이 기독교 세계 전역을 활발히 돌아다녔다. 인구 증가와 자원의 부족은 대중, 그중에서도 소외된 하층민들의 불안감을 증폭했으며, 점점 더 정복할 땅에 갈증을 느끼게 된 귀족들 간에 경쟁을 부추겼다. 어렴풋이 느껴지고 있던 가난한 사람들의 위기감은 그들이 기독교를 받아들이면서 가졌던 뜨거운 열정(그 열정은 결국 유럽 사회의 하급 계층 사람들에게도 확산되었다)과 결합해 절망적인 천년왕국 사상을 부추겼으며, 그것은 원혁명적(protorevolutionary) 사회 불안과 계시 신앙, 그리고 유대인들에 대한 폭력으로 분출했다.

대부분의 유럽 기독교도들은 이슬람에 대해 아는 것이 별로 없었다. 그러나 그들은 점차 그 이슬람을 유럽에서 쫓아내는 것이 자신들의 사명이라고 확신하게 되었으며, 예루살렘 정복이라는 기적은 신의 호의가 어디에 있는지 보여 주는 명백한 증거로 생각되었다. 예루살렘이 정복되고 나서 십자군 열정은 유럽 전역을 지배하게 되었으며, 교황 혹은 왕들과 친분이 깊었던 시토회 교단의 수도원장 클레르보의 베르나르(Bernard of Clairvaux)는 로마 가톨릭의 지배를 확대하기 위해 모든 불신자에 맞서 성전을 수행하는 것이 고결한 행위라는 호전적 신앙관을 주장했다. 또한 그는 '새로운 기사단들', 즉 신전 기사단과 병원 기사단을 비롯한 종교 기사단을 찬미하는 글을 쓰기도 했다. 성지 예루살렘에서 순례자들을 보호하기 위해 생겨난 이 교단들은 가톨릭교회와 그 수장인 교황에게 봉사하기 위해 기사도적 미덕과 기독교적 미덕, 그리고 수도원의 절제를 하나로 결합하고 있었다.

기독교 스페인 왕국들의 지배자들은 이 십자군 원정의 잠재력을 재빨리 간파했다. 우르바누스 2세는 십자군에 응하라는 칙령을 발표하기 6년 전에 기독교 전사들에게 죄에 대한 용서를 약속하면서 무슬림 영토 타라고나에 대한 카탈루냐의 전투에 참여하라고 독려했으며, 1095년 클레르몽 공의회(이때 교황은 후에 제1차 십자군이라고 알려지게 될 전쟁을 시작하게 된다)가 끝나고 나서 스페인 내 기사들은 성지에서 벌어질 성전에 참여하기보다는 이베리아반도에서 벌어지고 있는 대(對)이슬람 성전에 참여하라는 내용의 교서를 발표했다. 그리하여 12세기부터 스페인의 지배자들은 외국인 기사들을 끌어들이고 교회 재원을 이용하기 위해 자신들의 전투를 십자군으로 규정하려 했다.

아폰수 엔히크스(Afonso Henriquez), 알폰소 7세, 라몬 베렝게르 4세, 그리고 아라곤의 알폰소 1세는 모두 자신들이 정복한 영토에서 토지와 요새를 기부하는 방식으로 신전 기사단과 병원 기사단을 지원했다. 그럼으로써 그들은 원칙적으로 분열된 충성심과 귀족들의 항구적 반항심에 의해 오염되지 않은 헌신적인 상비군을 갖게 되었다. 알폰소 1세는 오래가지는 못했지만 자기 자신의 종교 기사단을 창설하기도 했으니, 몬레알 종교 기사단(Order of Monreal)과 벨치테 기사단(Confraternity of Belchite)이 그것이었다. 이 종교 기사단들은 얼마 안 가 없어지지만 12세기가 되면 카스티야 이 레온(Castilla y León)에 세 개의 종교 기사단이 더 설립되게 되는데, 알칸타라와 칼라트라바, 산티아고 기사단이 그것이었다.

이 종교 기사단들은 지역 귀족들에 대한 균형추 역할도 했지만, 스페인 왕들이 이용할 수 있던 기독교도 정주자들의 공급 감소를 보충하는 데에도 기여했다. 위험하고 불안정한 변경 지역에로의 이주를 유도하기 위해 기독교 지배자들은 자기들이 건설한 새 도시에 들어와 살겠다고 하는 주민들에게 관대한 특혜를 부여했다. 이 도시들에서는 봉건제적인 유럽 중심부의 엄격하게 구조화된 사회(그 사회에서는 농민들이 군사적 직업을 갖는 것이 금지되어 있었다)와는 달리, 일반 주민들에게도 보병 혹은 기병으로 지역 수비대에서 복무하는 것이 요구되었다. 대신에 그들에게는 적의 영토에 침입해 획득하게 될 전리품 가운데 5분의 1을 제외한 나머지 전부를 차지할 권리가 주어졌다. 그로 인해 농민들 중에 용감하고 운이 좋은 사람들은 보병에서 기병으로 올라갈 수 있었고 궁극적으로는 하급 귀족 신분을 획득할 수도 있었다. 멀리 프랑스와 독일에서도 정주자들이 왔다. 또한 새 도시로 이주해 정주한 사람들에게는 사면의 혜택이 주어졌기 때문에 도망자들과 법의 보호를 박탈당한 자들도 이곳에서 1년 하고 하루 이상을 거주하면 자유를 획득할 수 있었다. 12세기 말이 되면 이 도시들의 수비대는 기독교 영토의 방어와 알 안달루스로의 팽창, 두 가지 모두에서 핵심 요소로 자리 잡게 된다. 비록 이 수비대들이 무슬림들을 상대로 싸우는 것 못지않게 자기들끼리 싸우는 데 많은 시간을 보내기는 했지만, 이 싸움은 스페인의 기독교도 평민들에게 자신들이 이슬람에 대항하는 거대한 싸움에 동참하고 있다는 느낌을 심어주었다. 기독교도 스페인은 사실 전쟁을 위해 조직된 사회였다.

그리하여 1140년대 중반쯤이면 스페인과 유럽, 그리고 동쪽(아시아)에서의 상황이 알모라비드 체제를 붕괴시키는 쪽으로 흘러가고 있었다. 자기 가문 내에서 벌어지는 음모와 경쟁을 억제하기 위해 필사의 노력을 기울였던 유수프 이븐 타슈핀의 아들이자 계승자인 알리 이븐 유수프는 제도적으로 안정된 체제를 수립하지도, 자신의 왕국에서 일어난 반란을 제어하지도 못한 채 1143년에 죽었다. 그에 이어 알리의 아들이면서 군 지휘관으로서의 능력을 입증한 바 있었던 타슈핀 이븐 유수프(Tashufin ibn Yusuf)가 즉위했으나 불과 2년 만에 알모하드파와의 전투 중 살해되었다. 그에게는 이브라힘 이븐 유수프(Ibrahim ibn Yusuf)라는 아들이 있었는데, 그는 '모든 신자의 사령관'이라는 칭호를 갖고 있었다. 그러나 그도 얼마 가지 않아 쫓겨나고 그의 삼촌 이샤크 이븐 알리(Ishaq ibn 'Ali)가 그 자리를 차지했다.

알모하드파는 이런 예측하기 힘든 반전에 반전을 거듭하는 상황 전개를 이용해 진군을 거듭했으며, 1145년에는 마라케시를 공성하기에 앞서 페즈를 점령했다. 마라케시는 2년 동안 공성을 버텨내다가 1147년 '알모하드의 칼리프'를 자처했던 압드 알 마문('Abd al-Ma'mun)에 의해 함락되었다. 그러고 나서 이샤크와 그 외 다른 지배 가문 구성원들은 추적당한 끝에 붙잡혀 살해되었다.

다시 알 안달루스로 돌아와서, 이곳의 주요 도시들은 다시 한 번 제2차 타이파 시대로 알려진 시기에 독립적인 존재가 되었다. 기독교도 왕들은 계속 남진해 왔고, 유수프 이븐 가니야(Yusuf ibn Ghaniya)는 절박한 마음으로 코르도바와 카르모나, 하엔을 중심으로 알모라비드파의 핵심 지역을 유지하려고 애를 썼다. 좀 더 북쪽 무르시아에서는 무함마드 이븐 마르다니시(Muhammad ibn Mardanish)라는 이름의 군 지휘관으로 알모라비드파에서 복무한 적이 있었던 한 네오-무왈라드(neo-Muwallad)가 알 안달루스 동부와 남부 지역에서 자신의 제후령을 만들어내기 위해 마찬가지로 많은 노력을 했다.

그러나 동쪽(아시아) 이슬람 세계에서 일어난 사건들이 (이베리아반도의 사태 전개에도) 결정적인 영향을 주게 된다. 1144년에 반(反)프랑크 지하드 이데올로기를 만들어냈던 셀주크족의 전사 영주인 이마드 알 딘 젱기('Imad al-Din Zengi)가 제1차 십자군 때 생겨난 제후령의 수도인 아나톨리아의 에데사 시를 점령했다. 이에 대해 교황 에우게니우스 3세(Eugenius III, ?~1153)는 제2차 십자군을 주창했는데 그것은 부분적으로는 클레르보의 베르나르의 열정적인 설교 덕분에 잉글랜드와 플랑드르, 그리고 다른 북쪽의 기사들 사이에서 많은 관심을 끌었다. 그런데 1147년 포르투갈의 아폰수 엔히크스는 이 십자군 병사들을 싣고 대서양 해안 루트를 따라 성지로 향하고 있던 함대를 설득해 무슬림 지배 아래의 리스본을 공격하는 과업에 합류하게 만들었다. 그해 7월 공성이 시작되어 기독교 군대는 어떻게 해서라도 리스본의 무슬림들을 굴복시키고 말겠다는 결의를 갖고 맹공을 퍼부었다. 이에 대해 무슬림들은 이웃 무슬림 지도자들에게 도움을 청했으나 거절당했고, 결국 그들은 10월 말에 포르투갈 왕이 제시한 관대한 항복 조건을 받아들이기로 했다. 그럼에도 불구하고 십자군 병사들은 성벽을 부수고 도시로 쳐들어가 성안 주민들을 무자비하게 약탈하고 무슬림과 기독교도를 가리지 않고 닥치는 대로 학살했다. 이때 희생된 사람들 중에는 그 도시 주교도 포함되어 있었다.

그보다 일주일 전에도 비슷한 일이 남부 알 안달루스의 주요 항구 도시인 알메리아에서 벌어진 적이 있었다. 1147년 7월 말 알폰소 7세는 나바라의 가르시아 라미레스(García Ramírez)와 라몬 베렝게르 4세가 보내 준 병력의 도움을 받아 알메리아 시의 성벽 밖에 군대를 집결시켰다. 한편,

피사와 제노바의 함대는 항구를 봉쇄하는 역할을 수행하기로 하고, 그 보상으로 만약 전쟁에서 승리하면 그 도시를 지배할 수 있게 해준다는 약속을 받아두었다. 그런데 공성이 쉽게 끝나지 않고 질질 끌자 알폰소 7세는 성안 주민들을 상대로 은밀한 항복 협상을 벌였다. 알폰소 7세의 이 같은 배신행위를 눈치챈 이탈리아 병사들이 도시로 달려 들어가 닥치는 대로 주민들을 살해했다. 급하게 도망쳐 안전한 요새까지 피난온 사람들만이 가까스로 목숨을 부지할 수 있었다. 이로써 한때 번성한 항구였던 알메리아는 완전히 파괴되었고, 이제 카스티야와 제노바의 지배를 받게 되었다.

라몬 베렝게르 4세는 그와 똑같은 방식으로 에브로강 입구에 위치한 알 안달루스의 항구 토르토사를 정복하기로 마음먹었다. 1148년 7월 그는 신전 기사단과 제노바인들의 도움을 받아(그들은 각각 그 보상으로 그 도시의 3분의 1에 대한 지배권을 약속받았다) 수륙 양면으로 토르토사를 포위했다. 도시 안 주민들은 5개월 동안 결핍과 포격을 견딘 끝에 그해 11월, 만약 한 달 안에 지원군이 도착하지 않으면 항복하겠다는 데 동의했다. 그리하여 12월 30일 라몬 베렝게르 4세가 그 도시를 접수하게 되었고, 무슬림 주민들에게는 알폰소 1세가 30년 전 사라고사 시에 부여했던 것과 똑같은 관대한 항복 조건이 주어졌다.

이제 에브로강 하류가 바다와 단절된 상태에서 예이다도 1149년 10월 끈질긴 저항 끝에 결국 항복했다. 1151년에는 승전한 백작(라몬 베렝게르)과 그의 맞상대격인 카스티야의 알폰소 7세가 투딜렌 조약(Treaty of Tudilén)을 체결했는데, 그것은 아직 점령되지 않은 알 안달루스 지역을 포함한 이베리아반도를 둘로 분할해 무르시아 남쪽 지역 전체는 카스티야-레온의 영역으로 하고, 북쪽 지역 전체는 카탈루냐를 중심으로 하는 아라곤 연합왕국의 영역으로 한다는 것이었다. 그러나 알 안달루스의 역사가 그렇게 쉽게 끝나지는 않았다. 그 후로도 수십 년 동안 알모하드파는 알 안달루스를 그들의 새로운 칼리프국의 핵심 지역으로 바꿔놓게 되고 다시 한 번 기독교도들의 전진을 저지하게 되며, 이슬람 스페인의 사회와 문화를 심대하게 바꿔놓게 된다.

제21장

아프리카 칼리프국

결국 알모라비드 체제를 붕괴시킨 것은 점점 공격적으로 되어간 북쪽 기독교도들이나 불만을 품고 반항적으로 되어간 알 안달루스인들이 아니라 그들의 수도 마라케시의 위쪽 농촌 고원 출신의 한 고독한 성인이었다. 1080년경 모로코 중부 지역 안티아틀라스산맥에서 태어난 무함마드 이븐 투마르드(Muhammad ibn Tumart)는 코르도바에서 수학한 뒤 동쪽 이슬람 세계로 가 알렉산드리아에서 알 투르투시 밑에서 공부했으며, 일설에 의하면 위대한 알 가잘리를 만나 그의 축성을 받았다. 이븐 투마르트가 발전시킨 신학은 수니주의, 시아주의, 카와리즈주의, 수피주의가 포함된 다양한 이슬람의 지류를 도덕적·신학적으로 단순하게 결합하고 있었다. 1116년 혹은 1117년 마그립으로 돌아온 후에 그는 마라케시 남쪽 틴말랄(Tinmallal) 산지에 들어가 은거하면서 이곳에서 이슬람으로 개종한 지 얼마 되지 않은 하이아틀라스산맥의 부족들을 상대로 가르침을 전했는데, 베르베르 문화를 찬양하고 동쪽 아랍 세계가 이슬람의 중심이 아니라는 종교관을 고취했다. 그의 추종자들은 알 무와히둔(al-Muwahiddun), 즉 알모하드파로 알려지게 되었는데, 이 명칭은 진실되고,

통일되고, 확고한 일신론을 의미했다.

알모하드파는 만약 1130년 이븐 투마르트의 죽음이 없었다면, 또 하나의 편협한 베르베르 토착민들의 운동으로 남았을지 모른다. 알모하드파 창시자의 뒤를 이은 후계자는 알제리 자나타족 출신으로 그의 오른팔이었던 압드 알 무민('Abd al-Mu'min)이었다. 이븐 투마르트가 예수였다면 압드 알 무민은 바오로였다. 그는 베르베르적 기원을 가진 불확실한 알모하드의 사명을 정교하게 만들고 형식화해 통일되고 보편적인 이데올로기로 만들었으며, 이슬람 칼리프로서의 궁극적 권위 — '알 아미르 알 무미닌(Al Amir al-Mu'minin, '신자들의 사령관') — 를 주장했다. 알모하드파도 알모라비드파와 마찬가지로 전통적으로 '근본주의적이고' '청교도적인' 사람들로 규정되어 왔지만 그 표현이 딱 들어맞지는 않는다. 알모하드주의가 엄격한 타우히드(tawhid, '일원론')를 강조하기는 했지만 그것은 12세기 서쪽 이슬람 세계가 처한 상황이 만들어낸 제설혼합적 신조였으며, 전통적인 이슬람을 시대착오적이라고 규정하고 그것을 대체하겠다는 목표로 생겨난 것이었다.

압드 알 무민은 이 알모하드주의를 베르베르 지역 너머로까지 확산시키기 위해 그것을 아랍화했으며(그리고 그는 자신의 조상이 아랍인이었다는 것을 입증하는 족보를 만들어냈다), 틴말랄 지역과 이븐 투마르트의 무덤을 메카를 대신할 경건한 순례지로 만들었다. 그는 알모하드주의가 이슬람의 유일한 합법적 해석 — 아브라함의 일원론의 유일한 합법적 형태 — 이라고 주장했는데, 이 주장은 후에 이 운동과 기독교나 유대교와의 관계뿐만 아니라 무슬림 백성들 다수(이들은 그 운동이 설교한 '타우히드'라는 특정 브랜드로의 개종이 기대되는 사람들이었다)와의 관계도 복잡하게 만들게 된다.

압드 알 무민의 지도자로서의 첫 번째 임무는 허약해진 알모라비드파 제국을 해체하는 것이었고, 그것은 1147년 봄 마라케시를 함락함으로써 완수되었다. 알모라비드파의 수도를 지키려는 자들과 그 지지자들은 잔인한 방식으로 일소되었다. 마지막 아미르 이샤크 이븐 알리를 포함해 수천 명의 주민이 살해되었다. 압드 알 무민은 이곳을 자신의 새 수도로 정하고 추방된 적들의 종교 시설물을 철저히 파괴했으며, 적들로부터 빼앗은 왕궁 바로 옆에 알 쿠투비야(al-Kutubiyya, 책장수들의)라는 새 대모스크를 건설하는 것으로 자신의 승리를 기념했다. 1151년에는 그의 군대가 동쪽으로 쳐들어가 그 지역 무슬림 지배자들로부터 마그립 해안 도시들을 탈취하고 시칠리아의 노르만족 왕들로부터는 이슬람 이프리키야를 회복했다.

알모하드파는 1145년에 이미 수피 반란자 아흐마드 이븐 카시의 초청을 받아 알 안달루스에 들어온 적이 있었다. 그러나 그들은 알 안달루스에서 비의적 경향을 가진 울라마 가운데 일부에서 지지자를 발견하기는 했지만 대규모 침입을 수행할 만한 병력을 갖고 있지는 않았다. 그런데 그들이 알모라비드파의 아프리카 함대를 탈취하고 대서양 해안 살레(Salé)에 중요한 해군기지 겸 조선소를 건설하고 나자 상황이 달라졌다. 1146년 카디스와 헤레스(Jeréz)가 알모하드파의 지배를 받아들였으며, 1147년에는 세비야가 그들에게 굴복했다. 한때 알모라비드파의 수도였던 도시(세비야)가 항복하고 나서 그곳 주민들에 대해 피비린내 나는 보복이 자행되었는데, 그 보복은 압도적으로 기독교도들과 유대인들에게 집중되었다(그렇지만 보복이 그들에게만 가해진 것은 아니었다). 이 시점에 알 안달루스의 저항이 강화되었다. 그라나다가 1154년까지 저항했지만 알모하드 군대는 1157년 세비야의 서쪽과 남쪽 전 지역을 휩쓸었으며, 그해 말 카스티야인들이 지배하고 있던 알메리아를 정복한 것은 그 절정이었다. 그런 식으로 확보한 이베리아반도에서 알모하드파 군대가 들어가 있는 가운데, 칼리프 압드 알 무민이 해협을 건너가 지브롤터에 본부를 설치했다.

알모하드파가 알 안달루스에 지배권을 확립하려고 애쓸 때 부딪힌 직접적인 장애물은 항상 자신감이 넘쳤던 기독교 왕국들로부터가 아니라 동료 무슬림들로부터 왔는데, 그중에는 알모라비드파를 타도하기 위해 노력해 온 알 안달루스 군벌들(warlords)과 알모라비드파 잔존세력의 핵심을 이루고 있었던 가니야 가문(Banu Ghaniya)도 포함되어 있었다. 군벌 가운데 우두머리는 나바라 출신의 네오-무왈라드이면서 과거 알모라비드 군대의 지휘관이었고, 기독교 연대기 작가들에게는 '늑대왕'으로 알려져 있던 무함마드 이븐 마르다니시였다. 그는 체제 붕괴 이후의 혼란한 와중에 무르시아와 발렌시아 지역 도시들을 기반으로 단명한 왕국을 만들어냈으며, 자신의 화폐를 주조하고, 인프라를 구축하고, 서부 지중해 지역, 특히 피사와 제노바 상인들과 상업적 거래 관계를 구축했다. 그는 허풍끼가 있기는 했지만 용감하고 인상적인 전사로, 엄청난 술을 마시는 음주가로, 전설적일 정도로 정력적인 사랑꾼으로 유명했다. 잔인하고 실용적이었던 늑대왕은 옛날 타이파 왕들의 전형으로써 반대 의견을 용납하지 않고, 자신의 체제를 지탱하고 자기 가문을 강화하기 위해 세금으로 백성들을 억누르는 대담한 권위주의자였다.

'늑대왕' 이븐 마르다니시는 옛 타이파 왕들과 마찬가지로 기독교도들의 지원에 철저히 의존했으며, 그 지원을 받아내기 위해 거액의 조공을 바쳤다. 그 대가로 카스티야의 라몬 베렝게르 4세와 알폰소 7세는 그에게 군대와 보호를 제공해 주었다. 그의 군대는 카스티야 군대와 긴밀하게 협력했는데, 예를 들어 1158년 그는 기독교 도시 아빌라의 수비대 병력을 이끌고 가 알모하드파의 알 안달루스 수도로 자리 잡은 세비야로 쳐들어갔다. 그리고 기독교 왕국들이 흔들리자 이븐 마르다니시 역시 흔들렸다.

알폰소 8세가 죽고 나서 카스티야와 레온은 따로따로 다른 후계자들에게 상속되었으며, 그것은 두 왕국 간 전쟁으로 이어졌다. 거기에 포르투갈의 아폰수 엔히크스까지 개입했다. 여기에서 압드 알 무민은 교묘한 솜씨를 발휘해 상쟁하는 기독교 지배자들의 싸움을 더 부추겼으며, 레온을 동맹으로 만들었다. 그는 작전기지를 알 안달루스로 옮기고 최근 정복된 이프리키야로부터 증원군을 끌어들임으로써 이베리아반도에서 자신의 권력을 강화했다. 1163년 대규모 침입이 계획되어 있었으나, 그 침입이 있기 전해 압드 알 무민이 병사함으로써 무효화되었다.

그의 뒤를 이은 아들 아부 야쿱 유수프(Abu Ya'qub Yusuf)는 불만을 품은 형제들에 대해 재빨리 자신의 권위를 강요했으며, 부친의 초창기 베르베르인 지지자들이 일으킨 반란을 진압했다. 그들(베르베르인들)은 알모하드 운동이 (압드 알) 무민의 가문에 의해 이용되었다는 것을 뒤늦게 알게 되고, 또한 이제는 이념이 아니라 왕조적 요인에 의해 정책이 추동되고 있다는 것을 깨닫게 되어 반란을 일으킨 것이다. 아부 야쿱 유수프는 이런 저항을 뒤로한 채 이븐 마르다니시를 공격하기 위해 알 안달루스로 향했다. 이렇게 알모하드파의 공격을 받게 되었을 때, 늑대왕은 동맹세력들에게 버림을 받았고 1171년 그의 왕국이 붕괴되기 직전에 자연사했다. 실용적인 인물이었던 아부 야쿱 유수프는 이븐 마르다니시의 아들 힐랄(Hilal)의 항복을 받아들이고 둘 간의 동맹을 확인하는 의미에서 힐랄의 누이 가운데 한 명을 아내로 맞아들였다. 아울러 다른 자매 한 명과 자신의 아들이자 후계자인 아부 유수프 야쿱(Abu Yusuf Ya'qub) 간의 결혼도 성사시켰다. 이로써 알 안달루스의 확실한 지배자가 된 아부 야쿱 유수프는 공식적으로 아미르 알 무미닌(Amir al-Mu'minin)이라는 칭호를 삿세 되었다.

알모하드파는 자신들의 정복 전쟁을 지하드라고 주장했다. 그러나 그렇게 주장을 하기는 했지만 기독교 세력들과 거래할 때는 알 안달루스인 적들 못지않게 실용적이었다. 그들의 군대는 레온의 왕 페르난도 2세의 동맹세력이 되어 그가 벌이는 전투를 지원했는데, 그중에는 북부 카스티야에 대한 침입도 포함되어 있었다. 이에 대해 페르난도는 알모하드파가 남쪽 기독교도들과 전쟁을 벌일 때 병력을 보내줌으로써 같은 방식으로 보답했다. 그뿐만 아니라 스페인과 북아프리카 모두 알모하드파 군대에는 다수의 기독교도 귀족들과 용병들이 포함되어 있었다. 포르투갈 레콩키스타의 영웅 제랄두 셈 파보르(Geraldo Sem Pavor, '용감한 자')가 아폰수 엔히크스의 총애를 잃게 되자, 아부 야쿱은 그의 패거리들을 자신의 군대에 받아들여 스페인과 북아프리카 전투에 참가하게 했다. 비록 결국에는 1174년 그가 자기를 배신했다고 의심해 참수형에 처하기는 했지만 말이다. 비슷한 시기에 레온의 영주 페르난도 로드리게스 데 카스트로(Fernando Rodriquez de Castro)는 알모하드파에 합류해 자신의 신민들을 상대로 싸웠고, 그보다 15년 후 그의 아들 페드로 페르난데스 데 카스트로(Pedro Fernandez de Castro)는 알모하드파가 포르투갈과 카스티야를 침입할 때 지원군을 제공했다. 1198년 나바라의 산초 7세는 마그립에서 알모하드파를 위해 싸움으로써 후에 카스티야에 대항한 자신의 싸움에서 그들의 지원군을 확보하고자 했다. 1219년에는 포르투갈의 왕 아폰수 2세의 동생 페드루가 알모하드파 군대에 합류했다. 13세기 중엽 알모하드파가 황혼기로 접어들 당시 마라케시 한곳에만 1만 2,000명가량의 기독교도 병사들이 있었다고 한다. 알모하드파는 전에 알모라비드파가 그랬던 것처럼 자신들의 생존을 거의 기독교 용병들에게 의존하고 있었다.

12세기 마지막 사반세기에 기독교 지배자들과 알모하드파 간의 전쟁이 타호강과 과달키비르강 사이 넓은 띠 모양의 땅 전역에서 치열하게 전개되었고, 1184년 아부 야쿱은 포르투갈에서 산타렘을 수복하기 위한 대규모 전투에 착수했다. 칼리프에게는 불행하게도 아폰수 엔히크스와 페르난도 2세는 평화 조약을 체결하고 함께 협력해 칼리프 군대와의 싸움에서 결정적인 승리를 거두었다. 아부 야쿱은 이 전투에서 치명상을 입었고, 그의 아들 아부 유수프 야쿱은 세비야로 돌아오자마자 서둘러 마라케시로 돌아가 칼리프로 즉위했다.

그러나 기독교도 왕들이 자신들의 전투가 십자군의 성격을 띠고 있다고 주장하기는 했지만, 그들과 알모하드파와의 외교적 접촉은 오히려 더 강화되었다. 카스티야의 또 하나의 라이벌이었던 나바라는 세비야에 사절을 보냈다. 그리고 13세기에 잉글랜드의 왕 존(John)도 알모하드파에 동맹을 제안했다. 알 안달루스, 마그립, 이프리키야의 지배자이면서 사하라 횡단 금 교역로를 장악하고 있던 알모하드파는 엄청난 경제 권역을 지배하고 있었기 때문에 서로 경쟁 관계에 있던 이탈리아 무역 강국들인 제노바와 피사로부터 구애를 받기도 했다. 사절들이 파견되고 조약이 체결되었으며, 항구에는 상관이 설치되었다. 교황들이 알모하드파를 타도하기 위한 십자군을 외치고 있을 때조차도 그들은 칼리프와 편지를 교환했고 마라케시에 외교 사절을 파견했다.

알모하드파는 대개 기독교도들과 유대인 신민들을 가혹하게 탄압하는 반동적이고 비관용적인 지배자들이었다고 여겨지고 있다. 예를 들어 그들이 마라케시를 정복할 때 자신들은 돈이 필요 없다고 선언하면서 지즈야(인두세)를 제공하겠다고 하는 유대인들과 기독교도들의 제안을 거부했다는 이야기가 있다. 압드 알 무민은 딤마•가 이제 무효화되었으므로 기독교도들과 유대인들은 개종을 하든지 아니면 그곳을 떠나든지 택일하지 않으면 안 된다—이는 기존 이슬람법을 완전히 거부하는 것이었다—고 선언한 것으로도 알려져 있다. 1149년경 코르도바에서는 가혹한 탄압이 자행되었는데, 이에 많은 유대인—그중에서 가장 유명한 인물이 위대한 철학자 무사 이븐 우바이드 알라 이븐 마이문(Musa ibn 'Ubayd Allah ibn Maymun, 모세스 마이모니데스)과 그 가족들이었다—은 이슬람으로 거짓 개종을 하고 나서 페즈로 이주한 다음에 최종적으로는 이집트로 도망쳐 그곳에서 다시 유대교로 돌아갔다. 알 안달루스의 시인이었던 아브라함 벤 메이르 이븐 에즈라(Abraham ben Meir ibn Ezra)는 이베리아반도 내 유대인 공동체의 파괴를 탄식하는 내용의 시를 썼다. 그러나 그는 이미 알모라비드 시기에 알 안달루스에서 도망쳐 나왔던 사람이기에 그의 관점은 믿을 만한 것으로 간주될 수 없다.

간헐적으로 폭력과 박해, 시나고그의 파괴, 그리고 유대인의 이슬람으로의 개종이 있었고 많은 유대인이 동쪽 이슬람 세계 기독교도들이 사는 땅으로 이주해 갔다는 데는 의심의 여지가 없다. 그러나 강제 개종은 없었으며, 압드 알 무민의 치세 이후로는 딤마의 폐지가 지속적으로 추

• dhimma: 무슬림 지배 아래 사는 비무슬림들을 보호해 주는 계약.

진되지도 않았다. 그럼에도 불구하고 비무슬림들의 굴욕을 강조하면서 딤마를 엄격하게 준수하겠다는 알모하드파의 약속은 일부 무슬림들을 대담하게 만들어 파당적 폭력에 가담하게 하기도 했는데, 이것은 종교적 요인보다는 경제적 요인 때문이었던 것으로 보인다. 아부 야쿱 유수프의 치세 동안 유대인들뿐만 아니라 유대교로부터 (이슬람으로) 개종한 사람들까지도 표식이 있는 옷을 입어야 했고 몇 가지 직업은 가질 수 없었는데, 이는 유대인들 중 다수의 (이슬람으로의) 개종이 거짓이며, 그들은 자기들끼리 따로 모여 은밀하게 자신들의 개종 전 신앙을 준행한다는 의심 때문이었다. 한편, 몇몇 유대인 개종자들은 칼리프 궁정에서 영향력 있고 신임받는 고위직에 오르기도 했는데, 알모하드파 지배 아래에서 유대인들의 생활이 계속 번영했음을 말해 주는 증거는 꽤 있다. 유대인들은 1220년대 무민 왕조가 공식적으로 알모하드 신조를 폐지하자, 드디어 왕의 정상적인 신민으로서의 지위를 완전히 되찾게 되었다.

어쨌든, 비무슬림들에 대한 알모하드파의 정책은 반(反)유대교 혹은 반(反)기독교적이라기보다는 그들의 신앙이 가진 혁명적 성격의 산물이었다. 그들에게 이븐 투마르트의 출현은 새로운 시대, 즉 모든 사람이 그가 주장하는 유일신 사상을 받아들이도록 요구받게 되는 시대를 수립하는 것이었다. 무슬림이 되는 것만으로는 충분치 않고 알모하드파가 되어야 했다. 기존 모스크들은 재건축되거나 재정화되어야 했고 기도 방향도 알모하드파의 지침에 따라 "수정되어야 했다". 적어도 겉으로라도 이 기준을 따르지 않는 무슬림들은 배교자로 간주되었고 알모하드파의 지하드의 대상이 되었다. 이런 이유들 때문에 상당수 경건하고 정통적인 무슬림들이 알모하드 칼리프국에서 도망쳐 나와 수니파 이슬람이 지배하는 지역으로 이주해 갔다.

자신들의 흥기가 새로운 시대의 서막이라고 믿었던 알모하드파의 신념은 그들이 발행한 주화에도 반영되었다. 그들은 비록 계속해서 알모라비드파 때부터 내려오는 동그라미 형태의 디나르 금화와 반(半)디나르 금화를 주조하기도 했지만 그들이 새로 주조한 디르함 은화(silver dirhams)는 기존 주화와는 전혀 다른 네모 모양으로 되어 있었다. 거기다가 그 주화들 가운데 어느 것에도 주조 날짜가 적히지 않았고, 대부분에는 주조한 지배자 이름도 들어 있지 않았다. 그들은 새로운 시대에는 시간이나 현세의 지도자가 중요하지 않다고 생각했고, 주화에 새겨진 글귀는 대부분 신의 유일성과 이맘으로서의 마흐디(Mahdi)가 수행하는 역할을 상기하는 내용으로 되어 있었다. 이 주화들은 그것이 가진 고품질 때문에 마그립과 알 안달루스, 그리고 서부 지중해 전체에서 표준 화폐가 되었으며, 그들이 전쟁하러 갈 때 앞에 내세우는 비단과 선조세공으로 된 엄청난 크기의 군기(軍旗)와 칼리프들이 대중에게 모습을 드러낼 때 제공되는 주도면밀하게 계획된 거창한 구경거리가 그런 것처럼 혁명적 신조를 강화하고 선전하는 데 기여했다. 실제로 경쟁적인 화폐 주조를 통해 수행되는 선전전에서 알모하드파는 점점 인기가 높아져 가고 있던 스페인 기독교도들의 주화(거기에는 기독교 왕들과 그들의 신앙을 찬미하는 글귀가 아랍어로 적혀 있었다)와의 경쟁에서 이기기 위해 주화의 금 함유량을 높이지 않으면 안 되었다.

알모하드파의 지배는 그것이 갖는 평등주의적 원칙에도 불구하고 우신적으로는 체제의 핵심 지지자들에게, 그리고 후에는 무민 왕조에 권력에 접근하는 수단이 되어주었다. 알모하드파 국가—그 국가는 다울라(dawla, '왕조')와 반대의 의미를 가진 마크잔(makhzan, '보물 상자')이라고 불렸다—는 딤미들과 새 정통성을 인정하지 않는 무슬림들로부터 몰수한 재산으로 부유해졌으며, 사하라 횡단 금 무역과 지배 영토에서 생산되는 엄청난 규모의 상업적·산업적 산물에 의해 지탱되었다. 권력은 알모하드파 샤이크들(원로들)과 이데올로기적 핵심 역할을 하는 외부인들로 구성되는 위원회들의 위계질서를 통해 칼리프에 의해 행사되었으며, 기본적인 행정은 서기들과 관료들(그들 가운데 다수는 알모라비드파를 위해 일한 적 있는 가문 출신의 말리키 울라마였다)의 수중에 있었다.

알모하드파는 알 안달루스를 지배하기 위해 원주민 엘리트의 협력에 의존하기는 했지만, 전임자들(알모라비드파)보다는 그 정도가 덜했다. 지역 종교인들은 서기 — 단순한 관리들 — 로 봉사했지만, 그들이 알모라비드파 치하에서 했던 것처럼 법과 정책을 제정하거나 입안하는 일을 하지는 않았다. 얼마 가지 않아 알모하드파 지하드의 전선이 된 알 안달루스에서 지역 지배자들은 대개 왕실의 사이이드들(sayyids, 왕자들) 혹은 내부 집단의 믿음직한 주민 중에서 임명되었다. 그러나 이들 특권적 엘리트들은 알 안달루스 민중을 무시하거나 권력을 남용하기 일쑤였고 그것은 얼마 가지 않아 민심이 이반하는 데 한몫을 담당했다.

알모하드 왕조는 아부 야쿱 유수프와 그의 아들 아부 유수프 야쿱 아래에서 전성기에 이르렀는데, 이 두 지배자는 알모하드파의 두 번째 수도인 세비야의 지배자로 있다가 집권했다. 이 두 사람은 세비야에서 자기 백성과 적들 모두에게 체제의 위엄과 정당성을 강화하고, 알모하드파가 자신들의 권력 선전 수단으로 발전시킨 과시성 의식을 위한 환경 제공을 위해 웅장한 왕궁과 화려한 정원을 건설하는 등 도시에 투자를 많이 했다. 아부 유수프 치하에서 라 히랄다(La Giralda)라고 알려진 미나렛(첨탑)이 시내에 있는 대모스크에 덧붙여 조성되었는데, 75미터 높이의 이 웅장한 구조물은 마라케시에 있는 알 쿠투비야(al-Kutubiyya) 모스크의 탑을 모델로 한 것이었다.

아부 야쿱 유수프는 세비야의 지배자로 있던 젊은 시절에 고급 학문, 특히 의학과 철학에 심취했다. 그는 우마이야 왕조의 칼리프 알 하캄 2세의 그것에 버금간다고 회자될 정도의 도서관 장서를 수집했으며, 물리학자 겸 철학자인 이븐 투파일과 이븐 루시드 같은 혁명적 사상가들이 즐겨 찾는 살롱을 후원했다. 아부 바크르 무함마드 이븐 투파일 — '아부바세르'(Abubacer) — 은 훌륭한 우화소설 『하이 이븐 야크잔』(*Hayy ibn Yaqzan*)의 작가로 유명한데, 이 소설은 한 황량한 섬에서 홀로 성장해 백지상태와도 같았던 한 소년이 세상과 자기 자신에 대해 자기 나름의 생각을 구축해 나가는 이야기다. 이 소설의 놀라울 정도로 독창적인 스토리 — 그의 이야기는 대니얼 디포(Daniel Defoe)의 『로빈슨 크루소』에 영감을 주었고, 르네 데카르트(René Descartes)의 『방법서설』을 예기케

했다—는 이성을 적용함으로써 신앙과 철학을 화해시키려고 했는데, 1671년 라틴어로 번역되어 유럽인들의 사상에 지대한 영향을 주게 된다.

또한 그것은 아리스토텔레스에 대한 칼리프의 관심을 자극했고, 코르도바의 논쟁적인 학자이면서 카디이기도 했던 이븐 루시드—라틴 세계에서는 아베로에스(Averroës)로 알려져 있다—에 대한 그의 후원을 자극하기도 했다. 이븐 루시드는 여러 편의 논문을 통해 논리학을 체계적으로 적용함으로써 이슬람 철학과 법을 집성했다. 중세 시대 대표적으로 위대한 지식인이었던 이븐 루시드는 무슬림과 기독교도, 그리고 유대인들의 생각을 크게 바꿔놓았다. 그의 저술들은 마이모니데스의 유대법 집성을 위한 영감이 되었고, 라틴 기독교 철학자들에게는 아리스토텔레스를 다시 소개해 주었으며, 스콜라주의 운동에 힘을 불어넣었다. 그리고 그의 사상은 유럽 사상에 혁명을 불러일으키고 과학혁명을 위한 초석을 닦기도 했다.

그러나 이븐 루시드는 알 안달루스의 종교 엘리트 가운데 다수에게 미움의 대상이 되었다. 그들은 그가 철학을 옹호하고 알 가잘리의 논리에 반대하는 것에 대해 못마땅하게 생각했다. 알 가잘리는 「철학의 모순」(The Incoherence of Philosophy)이라는 논문을 썼는데, 이 논문에 대해 이븐 루시드는 「모순의 모순」(The Incoherence of the Incoherence)이라는 제목의 논문을 통해 신랄한 비판을 퍼부었다. 이븐 루시드가 적어도 1195년까지 자신의 작업을 계속할 수 있었던 것은 전적으로 아부 야쿱 유수프와 아부 유수프 야쿱의 후원과 보호 덕분이었다. 그러다가 1195년에 신심 깊은 신자였던 아부 유수프는 안달루스 울라마의 정치적 압박에 못이겨 그의 책들을 소각하고 그를 루세나(이곳은 유대인들의 고립 영토이자 학문의 중심으로 남아 있었다)로 유배를 보냈다. 1198년 칼리프는 재고(再考) 끝에 그의 지위를 회복시켜 주었으나, 이븐 루시드는 같은 해 마라케시로 돌아온 직후 눈을 감았다.

아부 유수프의 치세 동안 알 안달루스의 상황은 점차 걱정스러운 상태가 되었다. 기독교 국가들의 계속되는 약탈과 쉽게 결말이 나지 않는 알모하드파의 전투들은 이슬람의 수호자로서, 그리고 신으로부터 소명받은 지배자로서의 그의 가문이 갖고 있던 명분을 약화시켰다. 일반 대중의 반(反)베르베르 감정과 외국인 지배 엘리트들의 강요에 대한 반발은 체제에 대한 하층민들의 저항을 강화하고 민중의 증오심을 더욱 부추겼다. 압드 알 무민의 지배가 그(아부 유수프)와 그의 부친의 치세 동안 점차 온건해지고 실용적으로 되어가기는 했지만, 야만적인 정복에 대한 기억은 알 안달루스인들 사이에서 쉽게 사라지지 않았다. 거기다가 알모하드파 군 지휘관들과 군대가 간헐적으로 저지르는 악행 때문에 더욱 그러했다.

그러는 동안 알 안달루스에서 또 하나의 반(反)알모하드파 구심점이 가니야 가문 ― 알모라비드 황제 가문의 마지막 잔존세력 ― 을 중심으로 생겨나고 있었다. 무함마드 이븐 가니야(Muhammad ibn Ghaniya)는 1126년 발레아레스제도의 지배자로 있다가 알모라비드 체제가 붕괴되자마자 스스로 왕을 자처했다. 다수의 함선을 보유하고 있던 마요르카는 번성한 화물 집산지로 자리 잡고 있으면서 아프리카에는 소금과 노예를, 이탈리아에는 여러 가지 산물을 수출했으며, 서부 지중해의 기독교 해상 강국들과는 때로는 충돌하고 때로는 동맹을 체결하기도 했다.

1155년 발레아레스제도의 왕위를 물려받은 무함마드의 아들 이샤크는 프로방스에 침입하고 제노바와 피사와는 유리한 조건의 조약을 체결했다. 알모하드파가 1203년 드디어 마요르카를 정복하게 되었을 때 가니야 가문은 이프리키야의 상당 부분을 접수하고 있었고, 그곳에서 작전을 바꾸었다. 이에 대해 알모하드파는 그들을 격퇴하기 위해 이븐 투마르트의 수제자 가운데 한 명의 후손인 하프스 가문(Banu Hafs)을 그곳에 파견했다. 그런데 이 작전을 완수하고 난 뒤에 그들 가운데 리더인 아부 자카리야 야흐야(Abu Zakariyya Yahya)가 독립을 선언했다. 그가 1237년에 건립한 튀니스의 하프스 에미르국(후에 칼리프국으로 바뀐다)은 그 후 한 세기 동안 이프리키야를 지배하게 된다.

한편, 레온과 카스티야, 포르투갈의 지배자들은 1170년대와 1180년대 내내 과달키비르강 북쪽과 서쪽 영토에 대한 정복을 야금야금 진행해 나갔는데, 그 과정에서 거의 아무런 방해도 받지 않았다. (이에 대해) 1189년 아부 유수프는 지브롤터해협 건너편에서 대군을 데리고 와 기독교 국가 길들이기에 나섰고, 전에 상실했던 도시들을 재정복하고 난 뒤에 마라케시로 돌아갔다. 그는 기독교 국가들에게 따끔한 가르침을 주겠다는 결심을 했으며, 그것을 1195년 7월 코르도바와 톨레도 사이 중간 지점에 있는 작은 요새 외곽 — 아랍어로는 알 아라크(al-Arak)로, 기독교도들에게는 알라르코스(Alarcos)로 불렸다 — 에서 실행에 옮겼다. 여기에서 알모하드 군대는 카스티야의 귀족 페드로 페르난데스 데 카스트로의 도움을 받아 카스티야에 뼈아픈 패배를 안겨 주었으니, 여러 명의 주교와 다수의 유력 영주들, 그리고 두 종교 기사단 사령관이 여기에서 목숨을 잃었다.

이 승리를 기념하는 의미로 알 만수르 빌라(al-Mansur bi-Llah, '신의 가호로 승리한 자')라는 경칭(敬稱)을 사용하기로 한 칼리프는 그 후로 더 멀리 넓은 지역으로 침입을 확대했다. 그로 인해 카스티야가 입은 손실은 심각했고, 게다가 아부 유수프가 레온과 나바라와 조약을 체결함으로써 카스티야는 더욱 고립되었다. 그러나 늙고 지친 칼리프는 중요한 혹은 지속적인 영토 확장을 만들어내지는 못한 채 마라케시로 돌아가 1199년에 세상을 떠났다. 그의 젊은 계승자 무함마드 — 그는 성급하게도 알 나시르(al-Nasir, '승리한 자')라는 즉위명을 택했다 — 는 원심력에 의해 서서히 해체되어가고 있던 복잡다단한 제국을 지배하기에는 자질이 크게 부족했다. 북아프리카는 파편화되어 가고 있었고, 이곳과 알 안달루스 모두에서 칼리프의 백성들은 억압적이고 변덕스러운 알모하드파의 지배에 대해 점차 저항의 강도를 높여가고 있었다. 그리고 정신(廷臣)들과 지방 수령들의 음모는 마크잔(makhzan, 알모하드파가 자신들의 국가를 지칭하는 말)의 효율성과 통일성을 크게 훼손했다.

18년이라는 세월이 걸리기는 했지만 카스티야의 알폰소 8세는 알라르코스에서 당한 패배에 대해 복수할 기회를 갖게 되었다. 카스티야 왕은 (레온을 제외한) 모든 기독교 왕국이 참여하는 연합군을 구성하고, 교황 인노켄티우스 3세(Innocentius III, 1160?~1216)가 내린 십자군 교서에 의해 보강되고, 여기에 불굴의 전사 겸 대주교 톨레도의 로드리고 히메네스 데 라다(Rodrigo Jiménez de Rada)의 선전이 더해져 대군을 끌어모을 수 있었다. 싸움을 시작하기까지 거의 2년에 걸친 준비 기간이 있었다. 알폰소 8세는 스페인 기사들과 외국인 십자군 병사들을 톨레도에 소집한 반면에 칼리프는 세비야에 병력을 집결시켰는데, 그중에는 북아프리카 출신의 베르베르인과 아랍인, 동쪽에서 온 튀르크 전사들, 그리고 다수의 자원병들—이교도들과의 싸움을 열렬히 원하는 무자히둔들—도 포함되어 있었다. 커져 가는 전운(戰雲)이 알 안달루스 하늘 위에 불길하게 드리워져 있었다.

폭풍은 1212년 7월 16일 알라르코스에서 멀지 않은 곳—그곳을 스페인 사람들은 라스 나바스 데 톨로사(Las Navas de Tolosa)라고 불렀다—에서 거세게 휘몰아쳤다. 자신감 있게 높은 산들을 뒤로하는 넓은 계곡에 지휘 본부를 설치한 알 나시르는 카스티야인들이 주도하는 기독교도 병력이 거의 알려져 있지 않던 고개를 은밀하게 넘어 갑자기 캠프에 들이닥치자 완전히 기습을 당했고, 그의 패배는 완벽했다. 가까스로 목숨을 부지해 도망쳐 나온 알 나시르는 치욕스럽게도 자신의 막사와 귀중품뿐만 아니라 군기(軍旗)마저 내팽겨치고 빠져나와야 했다(그 군기는 전투에서 승리한 알폰소에게 전리품으로 돌아갔다). 알모하드파 군대는 완전히 궤멸된 데 반해 기독교 측 병사들의 피해는 경미했다. 참패를 당하고 나서 마라케시로 돌아온 칼리프는 자신의 궁전에 은거해 있다가 1213년에 죽었는데, 아마도 정신들에 의해 살해된 것으로 보인다. 대주교 로드리고에 의해 '신의 승리'이자 카스티야에 맡겨진 명백한 운명의 증거로 선전된 이 승리는 역사가들에 의해 전통적으로 알모하드파의 몰락을 앞당긴 사건으로 간주되어 왔다. 그러나 알 나시르의 라스 나바스에서의 패배는 그의 왕조의 실패를 가져온 원인이라기보다는 알 안달루스에서 알모하드파가 실패했다는 한 징후였으며, 대부분의 당대인들에 의해 어떤 분수령으로 여겨지지는 않았다.

카스티야의 알폰소 8세의 경우, 힘이 고갈된 그의 군대는 곧바로 해산됨으로써 대주교 로드리고를 실망하게 만들었으며, 왕은 라스 나바스에서의 승리를 활용해 뭔가를 더 할 수가 없었다. 그것은 반도 내 다른 왕들도 마찬가지였다. 알폰소는 1214년에 죽었고, 그 후 불과 3년만에 그의 아들 엔리케가 그 뒤를 따랐다. 포르투갈에서는 1211년 10대의 나이로 왕에 즉위한 아폰수 2세가 자신의 입지를 강화하는 데 너무나 골몰해 있어 알 안달루스에 대한 전쟁을 감행할 생각을 하지 못했다. 바르셀로나 백작이자 아라곤의 왕으로 라스 나바스 데 톨로사 전투에서 두각을 나타냈던 '가톨릭 왕' 페레(Pere) — 피터(Peter), 카스티야어로는 페드로(Pedro) — 는 1213년 랑그도크의 카타르파 이단을 진압하라며 인노켄티우스 3세가 보낸 십자군 병사들에 의해 전장에서 피살되었다. 나바라의 산초 7세의 경우에는 나바라 왕국의 지리적 위치 때문에 이슬람 스페인을 정복할 기회를 가질 수도 없었으며, 따라서 그는 카스티야와의 경쟁 관계에 관심을 집중하고 있었다.

알 나시르가 죽고 난 뒤에 알모하드파의 몰락은 가속화되었다. 어리고 경험 없는 칼리프들이 연이어 즉위했지만 그들 가운데 다수는 살해되었으며, 그들 모두는 점점 포식적으로 되어간 왕실 내정의 먹잇감이 되었다. 1228년 카스티야의 도움으로 집권하게 된 제9대 칼리프 알 마문(al-Ma'mun)은 결국 수니파 이슬람으로 돌아가면서 이븐 투마르트가 아니라 예수가 경전의 마흐디라고 선언했다. 그의 치세에 알 안달루스에서 알모하드파 세력은 사실상 사라지게 된다. 알모하드파는 마그립에서 근근이 버티면서 마라케시를 중심으로 하는 점점 줄어드는 지역을 지배하다가 1269년 마린 가문이라는 한 자나타족 유목민들에 의해 수도가 정복되고, 틴말랄은 1276년 함락되었다.

알 안달루스에서는 라스 나바스 데 톨로사 전투 이후에 의미심장한 10년간의 휴지기가 나타났는데, 이 기간 동안 오로지 무기력 때문에 중요한 변화 없이 현상이 유지되었다. 그러는 동안 알 안달루스 원주민 유력자들과 불만을 품은 알모하드파 군 지휘관들은 각자 지역적 차원의 세력 기반을 구축하기 위해 애를 썼다. 그러다가 1220년대 들어 페르난도 3세 치하의 카스티야-레온 왕국과 자우메 1세(Jaume I) 치하 아라곤 연합왕국의 부상(浮上)과 아흐마르 가문(Banu 'l-Ahmar), 즉 나스르 가문이라는 새 원주민 왕조의 등장은 알 안달루스와 이베리아반도 무슬림들의 삶을 다시 한 번 바꿔놓는다.

제22장

황금기

서쪽의 고귀한 사람들을 뒤로한 채, 내 어찌 꿈속에선들 즐거움을 찾을 수 있으리오.

그리고 내 심장은 어찌 쉼을 얻겠는가.

내가 만약 그것을 잊는다면, 내가 만약 그들의 부재 속에서도 즐거워지기를 바란다면 나의 오른손은 잊히리라.

만약 신께서 나를 그라나다의 영광에 다시 데려다주신다면, 나의 길은 성공적이리라.

나는 에덴의 강들이 탁했던 그날에도 맑디 맑던 스니르강에서 갈증을 달래리라.

내 삶이 즐거웠던 땅, 그리고 양 볼에 흐르던 눈물은 이제 말라버리고 없는 땅.[37]

37 From "Until When in Exile?" in Nader Masarwah and Abdallah Tarabieh, "Longing for Granada", pp. 314~15.

알모라비드파가 정복되고 난 뒤, 1090년 알 안달루스를 떠나 망명길에 오른 유대인 시인 모세스 벤 에즈라(Moses ben Ezra)의 탄식은 당시 무슬림들 사이에서 큰 반향을 일으켰는데, 그의 애가(哀歌)는 기독교 '다신론자들'에 의해서든, 교양 없는 베르베르인들에 의해서든 알 안달루스가 정복되고 타이파 시대의 활기차고 개방적인 문화가 상실된 것에 대한 아쉬움으로 가득 차 있다. 그들의 노스탤지어는 현대 학자들의 심금을 울리기도 했는데, 그들은 11세기 알 안달루스를 관용, 다양성, 창조성, 세련됨, 그리고 관능성의 '황금기'로 — 그렇지만 이방인인 알모라비드파와 알모하드파의 침입으로 파괴되어 버린 — 찬양해 왔다. 그런데 이 묘사가 매력적으로 들리기는 하지만 그것은 지나친 단순화이다. 알 안달루스의 지식 문화가 타이파 왕국들의 파괴로 끝나지는 않았고 비록 그로 인해 변화를 겪기는 했지만, 여러 잔류들은 알모하드파 지배의 마지막까지, 아니 그 후로도 한참 동안이나 살아남았다. 마찬가지로 이 문화가 기독교도 스페인들과 라틴 유럽 세계에 끼친 심대한 영향은 결코 한 시절에 머물지 않고 수세기 동안 지속되었다.

타이파 시대는 시(詩)의 시대로 유명하다. 시는 대단히 정치적 성격을 띠고 있었으니, 시인들에게 시는 물질적 혹은 사회적 성공을 위한 수단이었다. 유력한 후원자에게 바쳐진 재치 있는 시는 비천한 신분의 사람을 한순간에 부와 권력의 자리에 앉혀 놓을 수도 있었다. 지배자들은 고전 아랍어 구사 능력을 높게 평가했는데, 그들 사이에서는 품격 있게 편지를 쓰는 것이 권위의 징표로 간주되었다. 시는 정치적 선전 수단으로 이용되기도 했지만 대중의 불만 표출 수단으로 이용되기도 했다. 이스마일 이븐 나그릴라가 자신의 권력을 히브리어로 노래하고 그라나다의 바디스가 자기 왕의 권력을 아랍어로 노래했다면, 엘비라의 아부 이샤크 같은 그들의 적들은 똑같은 방식으로 유대인 와지르와 그의 왕에 대해 신랄한 풍자로 강력히 맞섰다. 시는 새 소식을 널리 알리고, 정치적 이데올로기를 확산시키고, 의견 차이를 표현하는 수단이 되어주었다. 궁정 시인들은 고전 아랍어로 자기네 왕의 승리를 찬미했으며, 무명의 대중

시인들은 구어체 안달루스 방언으로 저속한 내용의 시를 지었다.

사랑, 섹스, 동경, 그리고 죽음은 무슬림 시인들과 유대인 시인들을 막론하고 인기 있는 주제였다. 유대인 시인들은 세속적인 시를 쓸 때는 아랍어를 사용하고, 종교와 관련되거나 혹은 (반무슬림 논쟁을 포함해) 소수 한정된 유대인 독자들을 대상으로 하는 점잖은 글을 쓸 때는 신성한 언어인 히브리어를 사용하는 경향이 있었다. 히브리어가 이 시기에 살아 있는 문학어(literary language) 혹은 지역어(vernacular)로 다시 등장하기는 했지만, 당시 수세기 동안 이슬람 세계 전체에서 유대인들의 주요 구어(口語)와 문어(文語) 역할을 한 것은 아랍어였다. 많은 유대인의 (아랍 문화에의) 동화는 너무나 철저해서 시와 학문을 위해서는 아랍어가 히브리어보다 본질적으로 우월하다고 생각할 정도였다.

시가 타이파 궁정들의 파괴와 함께 사라지지는 않았다. 작가들은 변화한 시대에 적응했을 뿐이며, 그들은 알모라비드파 치하의 알 안달루스 카사(귀족)들로부터 받은 것에 비하면 후원 규모가 훨씬 빈약하기는 했지만 여전히 후원을 받으면서 활발하게 활동했다. 예를 들어 발렌시아의 귀족인 이븐 카파자(Ibn Khafaja)는 고전적 양식의 시와 자연과 인간의 감정을 찬미하는 내용(그것은 동쪽 이슬람 세계에서도 존중되었다)의 운(韻)이 들어간 산문을 썼으며, 15세기 내내 많은 사람이 사용하는 관용구를 만들어내기도 했다. 그리고 (작가들에 대한) 무민 왕조의 후원(특히 무민 왕조는 자신들을 찬양하는 시들에 대해 관대한 후원을 해주었다)은 15세기 말 알 안달루스의 시가 부활하게 만든 기반이 되었다. 이것은 알모하드파 칼리프들과 세비야의 그들의 수령들 치하에서 보편적으로 나타난 문화적 개화의 일부였는데, 이때 다시 한 번 알 안달루스 학자들은 동쪽 이슬람 세계로 가서 당시 그곳 지식인들 사이에서 필사되고 보급된 책들을 가지고 돌아오곤 했다.

타이파 지배자들은 문학에 대한 후원 외에도 우마이야 왕조 지배 아래에서 유행했던 학문의 후원도 계속했는데 특히 '고대인들의 과학', 즉 점성술과 천문학, 의학, 철학, 수학, 지리학, 식물학, 농(農)경제학이 주요 후원 대상이었다. 그래서 이 시기에 이 분야들이 모두 상당히 높은 수준에 이르렀다. 여러 타이파 왕들 간의 경쟁은 교육과 지식 시장을 자극했고, 시인들과 마찬가지로 학자들도 여러 왕들의 지적 성향과 정치적 부침, 그리고 후원 기회에 따라 반도 전역을 돌아다녔다.

타이파 시대 이후 '고대인들의 과학'에 대한 지지는 고갈되었지만 알모라비드파와 알모하드파 시대 들어 역사서술과 지리학 논문, 전기적 사전류는 더 인기 있는 주제가 되었다. 예를 들어 무함마드 이븐 갈리브(Muhammad ibn Ghalib)는 천지창조 때부터 압드 알 무민의 치세까지의 역사를 썼으며, 유대인 아리스토텔레스주의자 아브라함 이븐 다우드는 같은 기간 동안의 반도 내 유대인의 역사를 자세히 설명하는 『전통의 서』(*Sefer ha-Qabbalah*)를 집필했다. 또 이 시기는 알 안달루스 울라마에 대한 중요한 전기적 사전이 집성된 시기이기도 했는데, 특히 10세기에 출간된 알 파라디(al-Faradi)의 『알 안달루스 울라마의 역사』(*History of the 'Ulama' of al-Andalus*)의 속편으로 쓰여진 『알 안달루스 현자들의 역사, 그 후속편』(*The Book of the Continuation of the History of the Sages of al-Andalus*)이 가장 두드러진다. 이븐 바시쿠왈(Ibn Bashkuwal, '파스쿠알의 아들')이 집필한 이 책은 1,500명이 넘는 인물의 전기가 담겨 있다. 알모하드파 시기에 하티바의 무함마드 이븐 주바이르(Muhammad ibn Jubayr)는 대단히 훌륭한 개인적 여행기를 집필했는데, 그는 메카 순례를 갔다가 십자군 왕국 예루살렘과 노르만족이 지배하는 시칠리아를 거쳐 돌아와 여행기를 썼다. 또 아부 하미드 알 가르나티(Abu Hamid al-Gharnati)는 중앙아시아까지 갔다 돌아오는 길에 헝가리에 잠깐 정착하기도 했다.

문학에서와 마찬가지로 과학과 철학에서도 유대인 학자들은 특별히 유대적인 집단들과 좀 더 넓은 아랍-안달루스적인 환경 모두에서 매우 활발하게 활동했다. 많은 책이 아랍어에서 히브리어로, 혹은 히브리어에서 아랍어로 번역되었으며, 유대인 학자들은 사회종교적 위계질서가 간과되거나 무시될 수 있는 환경에서 사실상 동등자들로 간주되었다. 유대인 선생 밑에서 교육을 받은 무슬림 학자도 있었고, 그 반대의 사례도 있었다. 지적 전선(戰線)은 유대교와 이슬람교 사이가 아니라 그보다는, 예를 들어 종교적 차이를 떠나 플라톤주의자와 아리스토텔레스주의자 사이에 그어져 있었다. 유대인과 무슬림은 지적으로 하나로 통합되어 있었기 때문에 그들의 책이 가끔은 어느 쪽에 의해 쓰인 것인지 구분할 수 없을 정도였다. 예를 들어 솔로몬 이븐 가비롤—라틴 유럽인들에게는 아비세브론(Abicebron)으로 알려져 있었다—이 아랍어로 쓴 신플라톤주의적인 중요 저술인 『생명의 샘』(*The Fountain of Life*)은 11세기 중반까지도 무슬림 혹은 기독교도에 의해 쓰인 것으로 여겨졌다. 사실 이 시기에 모사랍 기독교도들은 지식인 세계에서 두각을 나타내지 못했고 아랍어로 된 종교서의 번역 혹은 생산을 제외하면 그들의 존재는 눈에 띄지 않았다. 그러나 유대인 혹은 무슬림 궁정학자들에게는 이 시기가 활기차고 역동적인 시기였다. 그들은 이성의 힘을 찬미하는 시를 쓰기도 하고 자신들을 솟아오르는 매로 간주한 반면에, 보수적인 파키들을 독사로 간주하기도 했다.

그렇지만 모든 지식인이 이 궁정학자들에 의해 추구된 합리적인 과학이나 그 과학자들을 환영하는 궁정 환경에 매료된 것은 아니었다. 타이파 왕들의 힘이 약해지자 일부 학자들은 타이파 왕들의 퇴폐와 기독교 왕들을 묵인하는 그들의 태도를 비난했다. 신심 깊은 무슬림과 유대인들은 그들 자신들이 시를 지어 이 여성적인(effete) 문화를 비판했다. 그렇지만 알 안달루스에 두 개의 명백하게 구분되는 문화적 혹은 지적 진영—즉 세속적인 쪽과 종교적인 쪽—이 존재했다고 생각하는 것은 옳지 않다. 궁정학자들 가운데 다수는 명백한 자기모순에도 불구하고 매우 종교적이었고 신학 연구에서도 매우 적극적이었다. 예를 들어 이스마일 이븐 나그릴라는 매우 존경받는 신학자이자 정통 랍비적 유대교의 충직한 옹호자였지만 동시에 에로틱한 동성애적 시를 쓰는 작가이기도 했다. 동성애적 시와 종파를 넘나드는 불법적인 관계를 찬미하는 시는 무슬림 지식인들과 종교적 학자들에 의해서도 쓰였다. 말리키 학자들이 하나의 단일한 집단을 이루고 있었다든가 혹은 그들 전부가 반동적인 보수주의자들이었다고 생각해서도 안 될 것이다. 그들은 합리주의자들이었다. 그들 중 다수는 신비주의를 포함해 대안적인 종교 노선을 탐색했고, 엄격한 말리키법의 적용을 옹호한 다수의 사람들이 비종교적인 과학에 종사하기도 했다.

타이파 시기의 창조성과 긴장 상태를 체현한 사람이 있었다면 그는 바로 알리 이븐 하즘이었다. 우마이야 왕조에 열성적으로 충성하는 명문가문 정신(廷臣)의 후손이었던 이븐 하즘은 궁정의 하렘에서 성장했고 칼리프 행정에서 출세하는 데 필요한 교육을 받았다. 그런데 체제 붕괴와 그에 이은 피트나의 혼란 속에서 가문이 풍비박산 나는 바람에 그는 혼란스런 정치 현장에 내던졌으며, 왕조의 부활을 위해 노력을 했으나 그것은 헛된 꿈일 뿐이었다. 그는 학자와 신학자로 두각을 나타냈고 엄격하게 직해주의적인(literalist) 자히리 이슬람 학파(Zahiri school of Islam)를 옹호했으며, 신학에서 시작해 법학, 물리학, 천문학, 의학, 법률(law), 논리학, 윤리학, 역사, 철학 등 다방면에 걸쳐 수백 권의 책을 펴냈다. 또 그는 『피스칼』(*Fiscal*, '상세하고 비판적인 조사')이라는 제목의 백과전서적 저술 덕분에 비교종교학의 선구자로 여겨지는 인물이기도 하다. 이 책은 고대부터 당대에 이르기까지 여러 도덕적·종교적 신념을 비교하고 있다. 또 그는 시인이기도 했으며, 『비둘기 목걸이』(*The Dove's Neckring*)라는 사랑에 관한 글로 명성을 떨쳤다. 그는 확고한 합리주의자로서 시아주의와 신비주의, 그리고 철학에 대해서뿐만 아니라 이슬람 내 경쟁 학파에 대해 신랄한 비판을 퍼부었다. 그로 인해 그는 보수적인 말리키 울라마와 사이가 틀어졌고, 그 울라마는 그의 책을 태우고, 그의 선생 노릇을 방해하고, 그를 감옥에 가두는 등 몹시 괴롭혔다. 말리키 울라마는 알모라비드파에게서 자신들의 라이벌을 박해하는 데 필요했던 정치적 지지를 발견하곤 했지만 이븐 하즘이 옹호하는 자히리주의는 계속해서 지지자를 발견했고, 결국 제3대 알모하드파 칼리프 아부 야쿱 유수프 치하에서 공적인 지지도 얻게 된다.

아무튼 타이파식 궁정 문화가 알모라비드파에 의해 소멸되지는 않았고 단지 지하로 숨어들어 갔을 뿐이며, 그것은 그들(알모라비드파)에 대한 원주민들의 저항을 활성화하는 데 기여했다. 제2차 타이파들 — 카스티야의 후드 가문, 샤르크 알 안달루스의 이븐 마르다니시(Ibn Mardanish of Sharq al-Andalus), 그리고 마요르카의 가니야 가문 — 은 비록 그 규모는 많이 줄어들었지만 알모라비드파가 의도적으로 무시했던 과학과 예술에 새로운 활기를 불어넣었다. 유대인들의 지식 생활도 사라지지 않았는데, 알모라비드파의 지배 아래 유대인들의 종교 문화와 과학 문화는 건재했고 그들의 활동의 중심은 그라나다와 코르도바, 그리고 루세나 등이었다.

경건한 무슬림들 사이에서도 세속적인 문학은 포기되지 않았다. 아답은 문서 보관소와 외교, 그리고 권위의 표현에서 필수불가결한 고급 문학 양식의 기반이었기 때문에 여전히 중요하게 여겨졌다. 문법도 『꾸란』을 이해하는(그러므로 세계를 이해하는) 필수 요소가 되었다. 역사와 지리는 왕조의 권력을 유지하고 강화하는 도구로 간주되었다. 어쨌든 말리키 울라마의 힘은 대체로 알 안달루스로 국한되어 있었으므로 박해를 받게 된 지식인과 문인들은 마그립, 특히 튀니스, 살레, 마라케시, 페즈(9세기에 세워진 이곳의 카라와인 대학은 세계에서 가장 오래된 대학이었다)에 있는 궁전을 오가는 지배 엘리트들의 가정에서 은신처를 찾을 수 있었다.

말리키주의가 왕조의 공식 입장이었음에도 불구하고 알모라비드 지배자들과 귀족들은 물론 신중한 태도로 임하기는 했지만 개인적으로 사상가들을 지원했는데, 그중에는 과거 패배한 타이파 왕들의 궁전에서 활동한 사람들(이들의 저술들은 공식적인 노선을 따르지 않았다)도 다수 포함되어 있었다. 알모라비드파는 열정적인 모스크 건축가들이기도 했다. 초창기에 지어진 모스크들은 그들의 엄격한 이데올로기를 반영하고 모로코의 카스바(qasbas, '요새')와 수도원의 하얗게 회칠된 어도비 벽돌을 연상케 하는 수수하고 장식이 없는 스타일로 지어졌지만, 얼마 안 가 알 안달루스만의 독특한 취향이라고 할 수 있는 정교한 식물 문양 혹은 기하학적 문양이 도입되었다. 그리고 알모라비드 지배자들과 그들의 말리키

법 집행자들은 알 안달루스 색깔이 분명하고, 이제 확고하게 자리 잡은 귀족 문화를 제어할 수 없었다. 요컨대 알모라비드 치하의 문화적 선회(旋回)는 퇴행이 아니라 전적으로 그들의 이데올로기, 그리고 우선적 관심사와 궤를 같이하는 것이었다. 그 우선적 관심사 중에는 아직 매우 이단적이었던 마그립에서 정통 이슬람 신앙을 굳건히 하는 것도 포함되어 있었다.

무엇보다도 중요한 것은 말리키 울라마와 알모라비드파가 알 안달루스에서 점점 세력을 키워나가고 있던 신비주의 물결을 억제할 수 없었다는 것이다. 카디 이븐 함딘(Ibn Hamdin)이 세비야에서 알 가잘리의 책들을 공개적으로 소각한 사건은 타오르고 있던 알 안달루스의 수피즘의 불길을 꺼지게 한 것이 아니라 오히려 기름을 붓는 격이 되었다. 급증해 간 비교(秘敎) 성자들과 여기저기 생겨나는 지역 사당(祠堂)들, 그리고 마술에 대한 인기가 증가한 데서 볼 수 있듯이, 금욕주의와 신비주의는 대중 사이에서 확산되었다. 13세기 초쯤이면 지역 성인들의 무덤이 순례 여행과 대중적 숭배 의식의 중심지로, 그리고 종교 집단들이 즐겨 찾는 장소로 되어 가고 있었다. 아흐마드 이븐 카시 같은 수피적 영감을 받은 반란자들은 스스로 알 마흐디('올바르게 인도된 사람'이라는 뜻으로 최후의 심판 때 나타날 것으로 생각했던 메시아적인 인물)를 자처했고 알모라비드파를 타도하기 위해 지역 반란을 일으켰으며, 그것은 알모하드파 지배를 위한 토대를 닦는 것이기도 했다.

이 같은 원주민들의 운동은 반도 내 유대인들에게서도 볼 수 있었던 보다 광범한 신비주의 혹은 천년왕국 사상의 한 반영이었다. 12세기 중엽에 유대인 랍비들(이들은 어느 면에서는 말리키 울라마와 비슷한 집단이라고 할 수 있었다)은 스페인 내의 카라이트 유대교(Karaism)를 거의 근절하다시피 했다. 그러나 새로운 도전세력이 카발라(Kabbala), 즉 유대교 신비주의의 형태로 출현했는데, 그것은 그 자체가 수피 운동으로부터 영향을 받은 것이었다. 1100년대 초에 모세 알 다리(Moshe al-Darri)라는 인물이 알 안달루스에 나타나 꿈속에서 메시아가 1130년 페즈에 나타날 것이라고 말했다고 주장했다. 이에 그의 불운한 추종자들은 다가오는 세상 종말을 맞기 위해 갖고 있는 모든 재산을 팔아치웠다.

알모라비드파 엘리트와 마찬가지로 알모하드파 상류층 사람들도 의견을 달리하는 학자들을 조심스럽게 후원하기 시작했다. 그리하여 아부 야쿱 유수프 치하에서 알 안달루스의 합리주의 철학, 특히 아리스토텔레스 철학이 이븐 루시드와 마이모니데스(둘 다 코르도바 출신이었다), 이븐 투파일(과딕스 출신), 그리고 천문학자 알 비트루지(al-Bitruji) — 라틴 유럽에서는 '알페트라기우스'(Alpetragius)로 알려져 있었다 — , 그리고 물리학자 겸 시인인 아부 마르완 이븐 주르(Abu Marwan ibn Zuhr, 1094~1162) 같은 전문가들의 활약으로 정점에 이르렀다. 그리고 칼리프 자신의 딸 자이납(Zaynab)도 합리주의 신학자로 명성을 얻었다. 이븐 루시드와 이븐 주르, 그리고 이븐 투파일 같은 합리주의자들에게는 이성과 계시 간 — 팔사파(falsafa, '철학')와 칼람(kalam, '말씀') 간, 자연법과 신법 간 — 에 별다른 갈등이 없었으며, 이 입장은 신학(그리고 지식 일반)에 대한 알모하드파의 전체론적 접근과도 궤를 같이하는 것이었다. 그리고 그것은 영적 혹은 지적 엘리트만 느낄 수 있는 고차원적인 내적 진리에 대한 그들의 개념에 매력적인 것이기도 했다.

실제로 주르 가문(Banu Zuhr)의 경험은 지식 문화가 11, 12세기 체제 변화를 거치면서 어떻게 계속 유지되어 왔는지, 그리고 어떻게 가문들이 자신들만의 지적인 '영업 기밀'을 계발해 번영을 유지할 수 있었는지에 대한 한 사례를 제공해 준다. 주르 가문은 피트나 시대에 주르 알 이야디(Zuhr al-'Iyadi, 1030/31년 사망)가 법학자로 명성을 얻으면서 처음으로 유명해졌다. 그의 아들 아부 마르완 이븐 주르는 처음에 법학자로 경력을 시작했으나, 이후에 데니아의 타이파 궁정에서 유명한 의사로 복무했다. 그의 아들 아불 알라 주르(Abu'l-'Ala' Zuhr) — 라틴 세계에서는 '아보엘리'(Aboeli)로 알려져 있었다 — 는 하디스와 아답 교육을 받고 압바드 왕조 세비야에서 와지르로 활약했으며, 이후에는 의학 박사 겸 약리학자로 가장 유명해졌다. 아불 알라의 아들 아부 마르완 이븐 주르 — 라틴 세계에서는 '아벤소아르'(Avenzoar)로 알려져 있었다 — 는 알모라비드와 알모하드 궁정 의사로 활동한 다작의 문필가이면서 이븐 루시드의 친구가 되었다. 그의 딸 움 아므르(Umm 'Amr)는 왕실 여성들과 아이들, 그리고 여성 노예들을 치료하는 궁정 의사였다.

아부 마르완의 아들 아부 바크르 이븐 주르, 일명 '손자'는 말리키법과 아답을 공부하면서 동시에 가업인 의술도 병행했다. 그는 구식의 알 안달루스 귀족들이 해왔던 것처럼 무와시샤하트(보통 세속적인 주제를 담고 있는 장르의 시)를 짓고 체스와 활쏘기 등 귀족적 취미도 가진, 지식과 신앙 그리고 문화를 함께 추구하는 인물이었다. 아부 야쿱 유수프의 주치의였던 그는 칼리프로부터 논리학과 철학에 관한 모든 책을 없애라는 명령을 받았다. 그러나 알모하드파 지배자는 그(아부 바크르)가 갖고 있던 책들은 계속 소지할 수 있게 해주었고, 그는 그 책들을 자기가 믿을 수 있는 학생들이 이용할 수 있게 했다. 그가 1198~99년 한 라이벌 정신에 의해 독살되고 나서 그의 아들 아부 무함마드가 잠깐 동안 칼리프 알 나시르의 주치의로 일했으나, 그 역시 1205~06년에 독살되었다. 주르 가문의 이 같은 이력은 알 안달루스에서의 지적 후원이 마그립으로 옮아가게 되었음을 말해 준다. 그들이 이곳저곳 떠돌아다니기는 했지만, 그럼에도 주르 알 이야디 이후 모든 주르 가문 사람은 세비야에서 태어났고 모든 구성원이 그곳에 묻혔다.

알모하드파 치하의 예술품과 공예품도 단순한 '근본주의자들'에게서 기대될 수 있는 것과는 많이 달랐다. 그들의 모스크와 궁전 건축, 그리고 웅장한 정원 건축은 그들의 공적 의식(儀式)이 그랬던 것처럼 체제의 힘과 정당성을 강화하려는 목적을 갖고 있었으며, 그와 함께 알 안달루스의 수공업과 건축업에 혁신을 가져다주었다. 대부분 소박했던 알모라비드 양식과는 달리, 알모하드파의 지배 아래에서는 건축 장식(특히 벽돌쌓기 패턴, 상감, 그리고 치장 벽토), 직물(특히 실크), 유리, 그리고 도자기에서 화려하고 현란한 식물 문양과 기하학적 문양이 재도입되었다. 대개

꽃 모양이 많이 들어가고 가끔은 동물과 인간의 형상까지 포함된 이 문양들은 칼리프 시대나 타이파 시대의 그것들에 비해 훨씬 더 정교하고 복잡하고 섬세했으며, 그것은 그라나다 나스르 왕국의 예술과 수공업의 토대가 되었다. 칼리프 시대 때와 마찬가지로 새로운 종교적 정통성을 강화하기 위해 『꾸란』의 글귀들이 (예술 소재로) 사용되었다. 세비야 모스크의 입구 정면에 공들여 새긴 비문에는 다음과 같은 글귀가 있다. "신이 내려주신 은총을 찬양하라. 신에게 감사하라. 주권은 오직 신에게만 있다. 신에게 영광을 돌려라."[38] 신의 말씀(the Word)과 연계된 예술이 많은 후원을 받은 것은 전혀 놀랍지 않다. 코르도바는 책 제작의 중심이 되었고 새로운 기술의 장식적 서예가 발전했다. 한편, 발렌시아 인근의 하티바는 이미 1100년 무렵에 제지업이 크게 발전했으며, 이 제지 기술은 이곳으로부터 서유럽 전역으로 퍼져나가게 된다.

11, 12세기에 라틴 유럽인들은 점차 이슬람의 지식과 문화에 큰 관심을 갖게 되었다. 이때부터 프톨레마이오스, 갈레노스, 플라톤, 아리스토텔레스(그리고 이들에 대한 아랍인들의 주석과 수정 작업) 같은 저술가들이 쓴 '망실된' 고전 논문과 철학, 신학, 수학, 광학, 연금술, 기하학, 음악, 의학, 마술, 천문학, 식물학 등 거의 모든 분야의 업적들, 그리고 문학과 대중문화의 성과들이 당시 유럽 전역에서 생겨나고 있었던 대학들을 통해 갑자기 유럽 지식인들에게 제공되기 시작했다. 이베리아반도에서 번역된 수많은 중요한 저서 가운데 11세기 페르시아인 학자 이븐 시나(Ibn Sina) — 라틴 세계에서는 아비센나(Avicenna)로 알려져 있었다 — 가 쓴 의학 지침서 『의학정전』(*al-Qānūn fi al-Tibb*)이 있었는데, 이 책은 18세기까지 유럽인들의 표준 의학의 교과서 역할을 하게 된다. 거대한 지적 전용(appropriations) 프로젝트라 할 수 있었던 이 시기의 번역 운동은 모사랍 기독교도들과 알모하드파 정복 이후 점증하고 있던 남쪽에서 올라

38 Tom Nickson, "'Sovereignty belongs to God'", p. 846.

온 아랍어를 말할 줄 아는 유대인들, 자유 신분 혹은 노예 신분의 무슬림들, 그리고 유대교와 이슬람에서 기독교로 개종한 사람들의 활약 덕분에 가능했는데, 이들은 도시 대주교의 후원을 받아가면서 라틴 세계 성직자들과 함께 번역 작업에 참여했다.

오리야크의 제르베르(Gerbert of Aurillac) 같은 학자들의 초창기 전용은 이미 유럽인 성직자들의 상상에 불을 지피고 있었는데, 그들은 그때까지 체계화되어 있지 않던 가톨릭 신학에 이성의 도구를 열정적으로 적용하기 시작했고, 이제 그것은 곧 과열된 정점에 이르게 될 것이었다. 그것이 유럽 문화에 끼친 영향은 아무리 강조해도 지나치지 않은데, 그것은 르네상스와 계몽사상, 그리고 근대성 자체를 위한 기반을 제공하는 것이었다.

철학과 신학 저술의 번역은 그중에서도 가장 크고 직접적인 영향을 끼쳤다. 수세기 동안 무슬림들은(후에는 유대인 사상가들까지도) 이교적인 아리스토텔레스주의와 신플라톤주의를 아브라함의 유일신 신앙과 조화시키기 위해 노력해 왔으며, 기독교 종교학자들은 그 결과물로 얻어진 아이디어를 전용하고 조정해, 주로 신의 예수로의 체화(體化), 삼위일체 개념 같은 기독교의 독특한 교리를 설명하려고 했다. 대부분의 기독교 사상가들에게 이슬람은 악마적이며 위협적인 것으로 간주되었지만, 다른 한편으로는 그것이 비록 이슬람을 더 잘 논박하기 위해서이기는 했지만 이슬람 신학에 대한 관심을 불러일으키기도 했다. 그래서 1140년대에 클뤼니 수도원 원장인 가경자 페트루스(Petrus Venerabilis)는 투델라에 근거지를 두고 있던 잉글랜드인 성당 참사회원 케튼의 로버트(Robert of Ketton)에게 처음으로 『꾸란』의 라틴어 번역을 지시했는데, 로버트는 그 번역본의 제목을 아주 솔직하게 『거짓 예언자 무함마드의 법』이라고 명명했다.

1200년대 초에 그가 죽고 나서 한 세대가 채 지나기 전에 아베로에스(이븐 루시드)의 저작들, 특히 아리스토텔레스에 대한 그의 주석들이 당시 다작의 번역가이자 탁월한 마법사로도 유명했던 톨레도 대성당 참사

이븐 루시드(아베로에스)와 포르피리오스(Porphyrios) 간의 가상 논쟁.
14세기 만프레두스 데 몬테 임페리알리(Manfredus de Monte Imperiali)의
'*Liber de herbis et plantis*'에 실려 있다.
Reproduction in 'Inventions et decouvertes au Moyen-Age',
Samuel Sadaune(Wikipedia/Creative Commons).

회원 마이클 스콧(Michael Scot)을 비롯한 여러 사람들에 의해 라틴어로 번역되었다. 유럽의 지도적인 스콜라 신학자들이 이븐 루시드의 방법론을 너무나 열정적으로 받아들였기 때문에 그들을 '라틴 아베로에스주의자들'이라고 부를 정도였다. 그러나 그들의 억제되지 않은 합리주의는 얼마 가지 않아 이슬람 혹은 유대인 합리주의가 그랬던 것처럼 교조적 신학자들과 충돌했는데, 그 교조적 신학자들은 이 철학자들이 성서와 세계의 영원성, 그리고 신의 창조의 성격에 의문을 제기함으로써 신앙의 토대 자체를 위협한다고 주장했다.

1210년에 이미 교회는 아리스토텔레스 철학의 가르침에 제한을 가하기 시작했다. 1277년경이면 적어도 219개 이상의 '라틴 아베로에스주의자들'의 명제가 이단으로 단죄된 상태였다. 그럼에도 불구하고 이븐 루시드의 영향을 받은 신학자들 가운데 가장 위대한 인물이었던 도미니쿠스회 탁발수사 토마스 아퀴나스(Thomas Aquinas, 1225~74)는 직접적

인 단죄와 검열에서 제외되었으며, 그는 살아 있을 때 이미 가톨릭 사상에 혁명을 가져다준 사람으로 간주되었다. 이 '천사 박사'(Angelic Doctor, 토마스 아퀴나스의 경칭)는 1323년 성인(聖人)으로 시성(諡聖)되었다. 기독교도들은 이교도 철학자 이븐 루시드에게 거리낌 없이 신뢰를 표했고 그를 '주석가'라고 칭하면서 존경심을 표했다. 단테는 14세기 초에 『신곡』을 발표할 때 이븐 루시드를 '림보'(Limbo, 지옥의 변방으로 지옥과 천국 사이에 있으며, 기독교를 믿을 기회를 얻지 못한 착한 사람 또는 세례를 받지 못한 어린이나 백치 등의 영혼이 머무는 곳)에 머물고 있는 것으로, 그러니까 그가 가진 지혜 덕분에 무슬림이라면 마땅히 가야 하는 지옥행을 면한 인물로 묘사했다.

이념뿐만 아니라 세련된 상품도 무역, 공물, 약탈, 그리고 마지막으로는 모방을 통해 북쪽 라틴 지역으로 흘러들어 갔다. 무슬림 귀족들을 위해 정교하게 조각된 상아로 만든 궤와 고급 실크 양단이 기독교 북쪽에서는 용도 변경되어 성유물함과 교회에서 쓰는 용기로 사용되었다. 무슬림 수공업자들이 유럽 시장을 겨냥해 만든 고품질의 도자기 접시에는 아랍어 글귀나 아니면 별 의미 없는 사이비-아랍어 글귀가 들어가 있는 경우가 많았다. 정교하게 조각된 아프리카산(産) 상아로 만든 제품 혹은 '상아로 만든 피리'는 12세기 북쪽 기독교 지역에서 대단히 높게 평가되어 13세기에는 값싼 모조품이 나돌기도 했다. 물질적 교환의 가장 흥미로운 예 가운데 하나로 이른바 '엘레노어 꽃병'(Elenor Vase)이 있었는데, 그것은 아키텐의 엘레노어가 소유하고 있던 것으로, 지금은 파리 루브르 박물관에 소장되어 있다. 이것은 원래 11세기 파티마 왕조의 이집트(혹은 어쩌면 페르시아)에서 조각된 수정으로 만들어진 물병인데, 후에 사라고사의 후드 가문의 수중에 들어갔고, 그 이후에 이 용기는 1110년 다른 왕실 보물들과 함께 이마드 알 다울라—이 용기의 라틴어 명문은 '미타돌루스'(Mitadolus)이다—에 의해 아키텐의 윌리엄 9세에게 선물로 보내졌다. 즉 알 다울라와 윌리엄 9세가 아라곤의 알폰소 1세가 알모라비드파에 대한 전투를 벌일 때 그를 지원하는 동맹세력으로 행동을 같이한 인연으로 선물한 것이었다. 기독교도들 사이에서 이슬람의 물건들에 대한 선호가 얼마나 대단했던지 12세기 합리주의 신학자 피에르 아벨라르(Pierre Abélard, 1079~1142)는 자신의 제자이자 연인이었던 엘로이즈(Héloïse)와의 사이에서 얻은 사생아 아들의 이름을 '아스트롤라베'라고 지어줄 정도였다(오늘날로 치면 '아이폰' 정도에 해당하는 이름을 아이 이름으로 붙인 것이다).

요컨대, 이슬람 세계와 기독교 세계가 전보다 더 긴밀한 관계를 갖게 되면서 서로에게 끼치는 문화적 영향이 크게 강화되었다. 동맹, 이주, 정복, 노예제, 그리고 협력 등의 방식을 통해 기독교도들과 무슬림들은 서로가 서로로부터 많은 것을 차용하고 채택하고 흡수했다. 이 시기에 이슬람 문화는 그것이 가진 상대적인 세련성과 도시성, 그리고 세계적인 영향 범위 덕분에 (받는 것보다는) 주는 것이 더 많았다. 서유럽 기독교 세계는 이슬람의 의복, 음식, 춤, 음악, 시, 노래, 그리고 문학의 여러 양식을 열정적으로 받아들였다. 그 놀라운 한 예가 지금의 스페인어, 즉 카스티야와 레온의 언어인데, 그것은 지명을 제외하고도 과학과 기술 관련 용어에서부터 음식과 대중적 관용구에 이르기까지 약 4,000개의 단어(즉 전체 어휘 가운데 거의 10퍼센트)가 아랍어에서 유래한 것이다. 오늘날 미국에서 스페인어 문법에 영어 어휘가 재택됨으로써 스팽글리시(Spanglish)라는 새 변종 언어가 생겨나고 있는 것처럼 새로운 개념이나 사물의 이름이 아랍어로부터 전용되어 라틴화했다. 그럼으로써 이 시기에 막 생겨나고 있던 카스티야어, 즉 지금의 스페인어의 일부가 되었다. 14세기가 되어서야 근대적 형태를 획득하게 된 언어인 영어에서조차 아랍어에서 기원한 단어가 900개가 넘고 그 대부분은 '알코올'(alcohol) — 이 말은 'al-kohol', 즉 '안티몬'을 의미한다 — 에서부터 '천정'(zenith) — 이 말은 삼탈 라이스(samt al-ra'is), 즉 '위쪽 방향'을 의미한다 — 에 이르기까지 기술이나 과학과 관련된 것들이다.

그러나 그 이후 수백 년 동안 정치적·문화적 힘의 균형이 서서히 바뀌어 갔다. 13세기 중엽부터는 지배 영역이 크게 축소된 알 안달루스의 무슬림 제후들이 기독교 왕들의 보호를 받는 피호인 혹은 '조공을 바치는 자'가 되어갔다. 이제 서로의 관계가 뒤바뀐 것이다. 이슬람 문화는 여전히 기독교 상류층 사람들에게 매력적이기는 했지만, 무슬림 귀족들도 이제 라틴 세계로부터 여러 문화를 차용하기 시작했다. 이교도들의 지배 아래에서 합법적이기는 하지만 열등한 백성들 — 무다잔 — 로 살아가야 했던 무슬림들은 서서히 이웃 기독교도들의 매너와 외관을 받아들였다. 그런 경향은 그들이 움마 구성원으로서의 정체성을 유지하려고 노력한 경우에도 마찬가지였다.

제5부

로망스, 1220~1482

비스케이만

산티아고 데
콤포스텔라

팜플로나

나바라 왕국

에브로강

레온

사라고사

사모라

아라곤 왕국

레온 왕국

카스티야 왕국

두에로강

코임브라

포르투갈 왕국

발렌시아
왕국

톨레도

타호강

발렌

리스본

바다호스

무르시아
왕국

과달키비르강

무르

코르도바

세비야

그라나다

그라나다 술탄국

헤레스 데 라 프론테라

말라가

알메리아

카디스

알헤시라스

세우타

대 서 양

틀렘센

살레

페즈

알 마그립

N

0 15

하이아틀라스산맥

마라케시

안티아틀라스산맥

0 150km

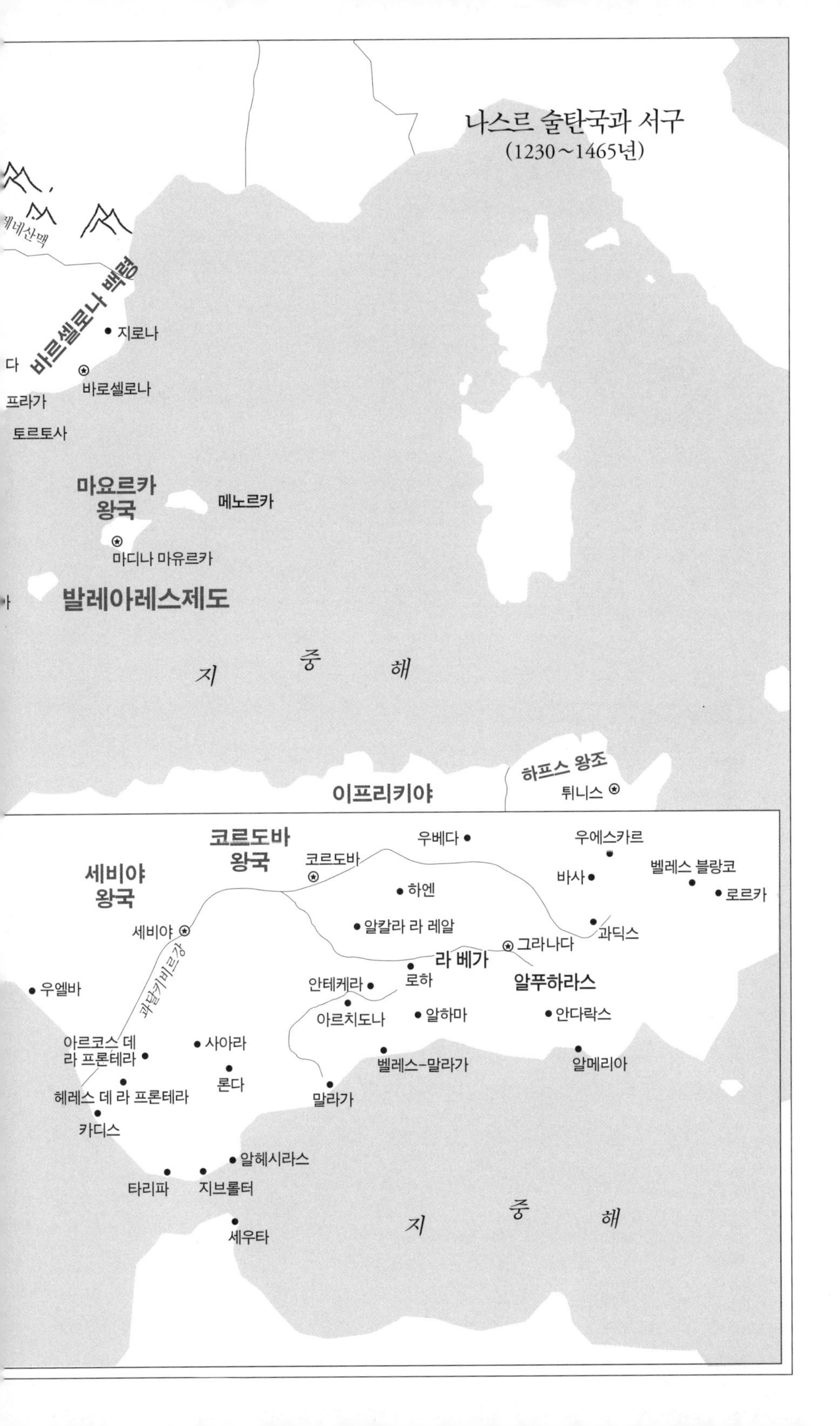

나스르 술탄국과 서구
(1230~1465년)
레네산맥
바르셀로나 백령
지로나
바로셀로나
프라가
토르토사
마요르카
왕국
메노르카
마디나 마유르카
발레아레스제도
지 중 해
하프스 왕조
튀니스
이프리키야
코르도바
왕국
세비야
왕국
코르도바
우베다
우에스카르
벨레스 블랑코
바사
로르카
하엔
세비야
알칼라 라 레알
과딕스
그라나다
라 베가
과달키비르강
우엘바
안테케라
로하
알푸하라스
아르치도나
알하마
안다락스
아르코스 데
라 프론테라
사아라
벨레스-말라가
알메리아
론다
헤레스 데 라 프론테라
말라가
카디스
알헤시라스
타리파
지브롤터
세우타
지 중 해

제23장

거대한 게임

알 안달루스인들은 알모하드파의 지배권을 부정하면서 이븐 후드를 마치 자기네 왕이나 주군이라도 되는 것처럼 따랐는데, 그 이븐 후드는 알모하드파를 사납게 공격해 그들을 포로로 만들고, 목을 치고, 남자들의 성기를 자르고, 여성들의 가슴을 도려내고, 아이들을 끔찍하게 죽였다.[39]

13세기 카스티야의 한 성직자의 이 언급은 1220년대 알모하드파의 지배가 붕괴되고 나서 나타난 혼란과 무질서를 잘 보여 주고 있다. 도시와 성읍들은 고아가 된 알모하드파 관리들과 장수들처럼 표류했고 지역 유력자와 종교 지배자, 그리고 토지 귀족들은 각자 자기 지역민들에게 질서를 부여하기 위해 노력했다. 14세기 역사가 이븐 할둔(Ibn Khaldun)

39 "The Latin Chronicle of the Kings of the Castile", in L. Charlo Brea et al., *Crónicas hispanas*, p. 76.

의 말처럼 "수십 명의 추종자를 거느리고 있고, 위기 때 피신할 수 있는 성 하나를 가진 군 지휘관이나 유력자라면 누구나 술탄을 자처했고 왕을 상징하는 휘장을 소유했다."[40] 그런데 놀랍게도 이슬람법의 기본 조직과 아랍-이슬람 문화의 활기, 그리고 알 안달루스 경제의 회복력은 계속해서 번영할 수 있는 기반을, 그리고 지배 엘리트의 야심 추구에 필요한 토대를 제공해 주었다. 울라마는 여전히 유력한 존재로 남아 있었다. 알 안달루스인들이 그들의 지배자들에게 기대할 수 있는 정도에 한해서는 이 시기가 그들에게 기독교도들과 무슬림 침입자들의 약탈로부터 한숨 돌리는 시기였으며, 알모하드파가 추방되고 수니 정통주의로 돌아온 시기이기도 했다. 즉 동맹과 종속, 그리고 기독교 제후들에 의한 지배로 이어지는 사이클이 종식되는 시기였다.

여러 군벌들이 이 명분의 수호자를 자처하게 되지만 기대만큼의 성과를 만들어내지는 못했다. 그들 각각은 대부분 무자히둔을 자처했지만 골육상쟁과, 그것이 북아프카로부터 온 것이든 북쪽 기독교도들로부터 온 것이든 외부 세력에 종속되는 똑같은 사이클에 빠졌다. 궁극적으로 아라곤의 자우메 1세와 카스티야-레온 왕국의 페르난도 4세가 기회를 잡게 되는데, 이 두 지배자는 알 안달루스가 자신들에게 굴복하는 것처럼 보이자 무슬림 영토를 서로 많이 차지하기 위해 치열하게 경쟁했다. 이때부터 무슬림 제후들의 생존은 기독교도 지배자들의 이 경쟁을 얼마나 잘 이용하느냐에 달려 있게 되었으니, 바야흐로 거대한 게임(Great Game)이 시작되었다.

1228년 사라고사의 후드 가문의 후손임을 주장하는 무함마드 이븐 후드 알 무타와킬(Muhammad ibn Hud al-Mutawakkil)이 공식적으로 알모하드파를 타도하겠다며 반란을 일으켰다. 그는 무르시아를 점령하고 나서 멀리 바그다드에 있는 압바스 왕조의 칼리프 알 무스탄시르(al-

40 Ibn Khaldun, *The Muqaddimah*, vol. 1, pp. 315~16.

Mustansir)에게 사절을 보내 그로부터 1232년 자기(무함마드 이븐 알 무타와킬)를 알 안달루스의 아미르로 인정한다는 승인과 함께 기독교도들과의 전쟁 수행의 책임을 부여받았다. 칼리프의 이 같은 승인이 비록 상징적이기는 했지만, 그 덕분에 후드는 울라마의 지지와 알 안달루스 나머지 땅 전부에 대해 지배권을 행사할 수 있는 명분을 확보할 수 있었다. 그는 자신의 합법성을 선전하는 주화를 발행했고 나아가 공식적인 지배기구를 만들어나가기 시작했다. 알 안달루스 주민들은 기독교도들의 공세를 저지하겠다고 한 그의 약속이 지켜지기를 바랐지만, 그 약속이 지켜지지 못할 것이라는 불길한 징조는 도처에서 나타나고 있었다.

그리고 그(이븐 후드)에게는 기독교도들 말고도 싸워야 할 적이 많았다. 북쪽에는 압드 알 무민의 증손자 아부 자이드(Abu Zayd)가 지배하는 발렌시아가 있었는데, 아부 자이드는 발렌시아의 지배자이면서 명목상 알모하드파에 충성을 바치고 있었다. 아부 자이드의 먼 친척이면서 마요르카를 지배하던 아부 야흐야 무함마드 알 틴말리(Abu Yahya Muhammad al-Tinmalli)는 너무 멀리 떨어져 있어 이베리아반도 정치에는 개입하지 못하고 있었다. 이븐 후드는 무자히드의 사명을 완수하기 위해 기독교도들에 대해서만이 아니라 자신의 권위를 인정하지 않는 무슬림들에 대해서도 성전을 수행했다. 그로 인해 그는 아라곤인들과의 싸움에 말려들게 되고, 이제 하나로 통합된 카스티야-레온 왕국과는 조공을 바치는 종속관계를 맺게 되었다. 이 같은 상황은 두 명의 그의 종신(subordinates)인 무함마드 이븐 알 아흐마르(Muhammad ibn al-Ahmar)와 자이얀 이븐 마르다니시(Zayyan ibn Mardanish)에게는 기회가 되었는데, 이븐 알 아흐마르는 코르도바에서 동쪽으로 64킬로미터 정도 떨어진 아르호나(Arjona)로부터 그라나다 동쪽 32킬로미터 지점에 위치한 과딕스(Guadix, Wadi 'Ash) 사이의 작은 영토를 지배하는 한 변경 지역의 무자히드였으며, 자이얀 이븐 마르다니시는 '늑대왕'의 친척이자 발렌시아 인근에 기반을 둔 군 지휘관으로 아부 자이드와 아라곤 연합왕국의 편에서 보면 골칫거리였고 이븐 후드에게는 봉사하는 입장이었다.

이븐 후드가 압바스 왕조로부터 아미르 직책을 하사받자마자 이븐 알 아흐마르는 반란을 일으켜 재빨리 하엔과 코르도바의 지지를 확보했고, 이에 대응해 새 아미르(이븐 후드)도 카스티야의 페르난도 3세에게 도움을 요청해야 했다. 이븐 후드는 그 대가로 페르난도 3세에게 땅과 현금을 제공해야 했으며, 그로 인해 신성한 전사로서의 그의 평판에 금이 갔고 백성들 사이에서도 인기가 떨어졌다. 거기다가 얼마 가지 않아 페르난도가 그를 배신하고 이븐 알 아흐마르를 지지하는 쪽으로 입장을 바꾸기까지 했다. 이 같은 상황은 카스티야 왕이 코르도바로 이동할 수 있게 만들었고, 그는 1236년 대군과 함께 코르도바에 도착해 도시를 봉쇄했다. 이 코르도바 공성은 이슬람이 지배하는 코르도바와 이븐 후드 모두의 종말을 가져다주게 된다.

코르도바는 다섯 달에 걸친 혹독한 결핍을 겪고 나서 결국 기독교도 왕에게 성문을 열어주었다. 무슬림 주민들은 소지할 수 있을 만큼의 재산을 갖고 도시를 떠나야 했으며, 페르난도는 요새 안에 거처를 정하고 새 코르도바 왕국에 대해 지배권을 주장했다. 한때 수도였던 이 도시(코르도바)가 자랑하던 영광의 시기는 끝난 지가 이미 한참 되었지만, 이베리아 반도에 살고 있던 무슬림들에게 이 코르도바의 상실은 엄청난 충격이었다. 400여 년 전에 압드 알 라흐만 1세에 의해 세워진 대모스크(메스키타)는 곧바로 용도 변경되어 새 대성당으로 봉헌되었고, 997년 하집 알 만수르가 그곳에 전리품으로 내걸었던 산티아고의 종(鍾)들은 무슬림 포로들의 어깨에 들려 의기양양하게 다시 콤포스텔라로 돌아갔다. 약속대로 페르난도도 그의 계승자도 모스크를 파괴하지는 않았다. 그렇지만 그 대신에 대모스크의 미나렛은 성당 종탑으로 용도 변경되었고, 그 모스크에서는 2세기에 걸쳐 500년 동안 스페인 내 이슬람인들의 심장과도 같았던 그곳을 뚫고 거대한 대성당이 서서히 솟아올랐다.

코르도바가 함락되고 나서 무함마드 이븐 알 아흐마르는 자신의 입지를 공고히 하기 위해 재빨리 움직여 그라나다를 자신의 새 전진기지로 삼고 부하들을 파견해 남쪽 도시들의 순종을 이끌어냈다. 이것이 새 술탄국, 즉 그라나다 왕국의 시작이었다. 이 왕국은 그 후 2세기 반 동안 그의 후손들, 즉 나스르 가문(Banu Nasr)의 지배 아래 있게 된다. 이븐 후드 알 무타와킬에 대해 좀 더 이야기하자면 — 그의 평판은 만신창이가 되었고, 그의 부하들은 그를 저버렸다 —, 그는 결국 알메리아로 가서 그곳에 있는 성에서 은신처를 찾으려고 했으나 결국 1237년 자신이 임명한 그 도시 지배자에 의해 성문 밖에서 살해되었다.

이븐 후드는 비록 그것이 코르도바를 위험에 빠뜨리는 것이기는 했지만 여러 가지 이유 때문에 북동쪽 변경 지역에 관심을 집중하지 않으면 안 되었다. 이 지역은 1220년대 이후로 아라곤의 귀족들과 도시 수비대의 침입을 받아오고 있었으며, 그들의 점진적인 정복 무대가 되어오고 있었다. 1220년대 말경이면 상당히 심각한 상황에 이르고 있었는데, 바르셀로나-아라곤의 백작 겸 왕인 자우메 1세가 대규모 침입을 위해 병력을 집결시키고 있었던 것이다. 이 같은 아라곤의 공세에 대비해 발렌시아의 아부 자이드는 카스티야의 페르난도 3세와 조약을 체결해 두고 있었는데, 이에 불만을 품은 시민들이 그를 쫓아내고 대신에 자이얀 이븐 마르다니시를 자신들의 지배자로 끌어들였다. 쫓겨난 아부 자이드는 가족과 측근들을 데리고 자우메의 궁으로 갔는데, 자우메는 그를 환영하면서 진정한 '발렌시아의 왕'으로 인정하고 자신의 피호인 자격으로 권좌에 복귀시켜 주겠다고 약속했다. 그 대가로 아부 자이드는 여러 개의 요새를 그에게 넘겨주겠다고 했으며, 그것들은 그 후에 자우메의 침입을 위한 발판이 되어주었다. 그리고 그는 왕의 측근이 되었다. 아부 자이드와 그에게 계속 충성하기로 한 병사들은 아라곤의 군대와 함께 싸우고, 그들에게 정보를 제공하고, 자우메가 원주민들을 상대로 협상을 벌일 때 그를 보필했다.

1230년대 초 자우메 1세는 무슬림 치하의 마요르카 왕국 정복에서 막 돌아온 상태로 견고한 입지를 갖고 있었다. 그러나 20년 전만 해도 상황은 전혀 달랐었다. 1213년 그의 부친인 가톨릭 왕 페레(Pere the Catholic)가 반(反)카타르 이단 십자군 병사들에 의해 살해되자, 일곱 살의 나이로 아라곤 연합왕국 왕으로 즉위한 그는 강제적으로 교황청과 신전 기사단의 보호를 받아야 했다. 그러고 나서 자우메 1세는 열세 살 때 백작 겸 왕의 직책을 주장함으로써 후견인들의 보호에서 벗어났고, 그가 어리다는 점을 이용해 왕권을 뒤흔들어왔던 카탈루냐 귀족들을 상대로 전쟁을 감행하기 시작했다. 1220년대 말이면 그들을 굴복시키는 데 성공했고, 그 후로 그는 귀족들의 군사적 열정을 배출할 출구를 제공하고 자신의 왕국에는 부(富)를, 자신에게는 명예를 가져다줄 프로젝트에 열정적으로 착수했다.

그리하여 모든 눈이 마요르카에 쏠렸는데, 그중에는 아라곤 연합왕국의 번영의 주역 가운데 하나였던 바르셀로나 상인 가문들도 포함되어 있었다. 이베리아반도, 이탈리아 본토, 시칠리아, 그리고 북아프리카의 중간 지점에 위치해 있었고, 수도 마디나 마유르카(Madina Mayurqa)에 넓고 안전한 항구를 갖고 있었던 이 섬의 마요르카 왕국은 무슬림 군주들과 이탈리아 무역 공화국들 모두가 탐내는 곳이었다. 자우메 1세는 이 섬을 점령하기로 하고 제노바인들과 피사인들에게서 병력을 끌어모았으며, 이 원정군을 십자군으로 규정한 교황 칙령을 등에 업고 1229년 9월 5일 함대와 함께 바르셀로나를 출발해 마요르카로 향했다.

그의 원정은 시기적으로 매우 적절했다. 당시 마요르카섬을 지배하고 있던 알모하드 왕조 아부 야흐야 알 틴말리는 적대적인 알 안달루스 피난민들의 유입으로 어려운 처지에 몰려 있었는데, 그 피난민들은 1229년 8월 반란을 일으켰고, 그중 일부는 (자우메의) 군대가 섬에 상륙하자 그들을 환영하고 자발적으로 안내자 노릇을 했다. 그리고 농촌에 거주한 다른 사람들도 침입자들에게 식량을 제공해 주었다.

자우메 1세는 마디나 마유르카의 견고한 성벽에도 굴하지 않고 성채 하부를 무너뜨리는 작업에 착수했고, 그 도중에 알 틴말리가 처음에는 공물을 바치겠다고 하고 나중에는 항복하겠다고 제안했지만 받아들이지 않았다. 12월 31일 성벽이 붕괴되자 기독교도 기사들이 안으로 몰려들어가 치열한 싸움이 벌어졌다. 결국 아부 야흐야가 포로로 잡혔고, 자우메는 만약 그가 자신에게 도시를 넘겨주면 목숨은 살려 주겠다고 약속했다. 그러나 아부 야흐야의 보물이 숨겨진 곳을 알아내기 위해 그가 보는 앞에서 아직 10대 소년인 그의 아들을 처형하기도 했다. 도시 주민 가운데 살아남은 자들은 왕의 노예가 되었으며, 그들의 인신과 모든 동산은 경매를 통해 처분되거나 승리한 군인들에게 분배되었다.

그러고 나서 자우메 1세는 메노르카 공격에 나섰다. 그러나 많은 전리품으로 배가 부른 병사들이 더 이상 위험을 감수하려고 하지 않았기 때문에 공격에 참여한 병력의 수가 많지 않았다. 그래서 백작 겸 왕(자우메)은 하나의 책략을 생각해 냈다. 밤중에 메노르카의 수도에서 머지않은 곳에 상륙한 다음에 얼마 안 되는 자신의 병사들에게 해안을 따라 길게 모닥불을 피워 대규모 침입군이 상륙한 것처럼 믿게 하라고 지시했다. 이 책략은 먹혔다. 메노르카섬의 지배자 샤이크들(원로들)은 대화를 하자며 왕에게 제안했고, 그들과 왕은 메노르카를 조공을 바치는 자치국가로 만들고 자우메 1세의 기사들은 섬에 있는 요새들을 장악한다는 내용의 합의를 이끌어냈다. 이 작은 섬 보호령은 그 후 약 반세기 동안 존속하게 되며, 특히 이곳은 알 안달루스에서 온 피난민들, 그중에서도 종교적·문화적 엘리트들이 모여드는 곳이 되었다.

한편, 이베리아반도 본토에서는 대부분 마요르카 원정에 참가하지 않은 아라곤의 귀족들과 도시 수비대들이 샤르크 알 안달루스(발렌시아, 알리칸테와 그 인근 지역) 북쪽 지역을 두고 이븐 마르다니시의 군대와 일진일퇴의 공방을 벌이던 중이었다. 그러나 샤르크 알 안달루스는 마요르카에 비해 면적도 훨씬 넓고 인구도 많았으며, 그 때문에 자우메 1세가 발렌시아 성벽에 도달하기까지는 9년 동안의 전투가 필요했다. 이 기간 동안 백작 겸 왕(자우메)은 무슬림 적들을 상대로 당근과 채찍 전술을 완벽하게 구사했다. 그는 자신에게 항복하고 지지를 보낸 공동체에게는 보호와 평화를 제공하고 그들의 종교와 관습을 존중해 주었으며, 반대로 저항하는 공동체들—자우메 1세의 군대는 가끔 맹렬한 저항에 부딪히기도 했다—에게는 추방으로 응답했다.

왕이 무슬림 적들의 전통을 인정해 주고, 그들과 체결한 합의를 존중하고(적어도 그것이 자신에게 유리한 경우에는), 만약 자기 신민들이 그 합의를 위반하면 가차 없이 처벌하는 등 그들을 거의 동등자로 대접해 줌으로써(적어도 그렇게 하려고 했다) 그들과 친밀한 관계를 수립하려고 한 것은 분명하다. 이것은 전투에 임해 그가 보여 준 불굴의 용기, 단호한 결의와 더불어 그를 샤르크 알 안달루스 주민들이 존경하면서 동시에 두려워하는, 그렇지만 대화가 되는 인물로 여기게 만들었다.

자우메 1세가 매우 신심 깊은 기독교도였고 자부심 강한 십자군 병사였으며, 교회를 옹호하는 사람이기는 했지만 그가 이 전술을 구사한 이면에는 매우 실용적인 이유가 있었다. 샤르크 알 안달루스는 고도로 생산적인 시장 지향의 원예업과 그곳 주민들이 고도로 발전시킨 수공업 덕분에 대단히 부유한 지역이었다. 자우메 1세는 경제를 유지하고 세금과 공납을 위한 기반을 마련하기 위해 그곳 무슬림 주민들이 다른 곳으로 떠나지 않도록 조치할 필요가 있었다. 그래서 그들이 받아들일 만한 조건을 제시하고 그들을 수용해야 했다. 그는 마요르카에서 했던 것과 같은 인종 청소를 여기에서는 할 수 없었다. 노예 시장은 이미 포화 상태가 되어 이제 (이익보다는) 부담이 되었고 노예들의 가치는 낮아져 있었다. 마찬가지로 생산적이지 않은 영토도 부담이 될 것이었다. 또한 그는 반란을 일으킬 소지가 있는 반항적인 무슬림 주민들에게 관용을 베풀 생각이 전혀 없었다.

전투는 해안을 따라 발렌시아가 있는 쪽으로 내려가면서 진행되었고, 아부 자이드를 발렌시아 왕으로 복귀시키는 것은 고려 대상이 아니라는 것이 분명해졌다. 이 알모하드 군주(아부 자이드)는 영리하게 자식들과 함께 기독교로 개종하고 발렌시아 수호성인의 이름을 따서 빈센트라는 세례명을 갖게 되었다. 그 덕분에 그와 그의 딸들은 아라곤의 명문 귀족 집안과 혼인할 수 있었고 내륙 지역에 영지를 할당받을 수 있었다. 일설에 의하면, 아부 자이드는 개종하고 나서도 무슬림이었을 때 입던 옷을 입고 무슬림의 관습을 버리지 않은 것으로 알려져 있다. 또한 상당히 오래 살았음이 분명하고 왕궁과 아라곤에 있는 자신의 영지, 그리고 무르시아 시(당시 이 도시는 후드 가문과 카스티야 봉신들이 보유하고 있었다)를 오가면서 지낸 것으로 알려져 있다. 그가 자신의 배교를 어떻게 생각했는지는 정확히 알 수 없고 단지 추측만 할 수 있을 뿐이다. 그것은 진짜 종교적 영감 때문일 수도 있고, 아니면 공허한 냉소주의의 산물일 수도 있다. 그가 자신의 배교를 알모하드 후반기 예수가 곧 마흐디라고 주장하는 관점에 비추어 고려하거나, 아니면 신은 모든 교리 위에 존재한다는 비교적(esoteric) 신념이 그 밑에 깔려 있을 수도 있을 것이다. 아무튼 그는 1264년에 교황 우르바누스 4세에게 서신을 보냈으며, 교황은 그가 (기독교로의) 개종으로 치러야 했던 엄청난 물질적 희생을 인정하면서 그에게 축복의 메시지를 전했다.

1237년 자우메 1세의 병력은 발렌시아에 도착해 육지와 바다 모두로부터 도시를 포위하고 봉쇄했다. 그러나 얼마 가지 않아 자우메 1세의 공성이 외부 지원 없이는 쉽게 끝나지 않을 것임이 분명해졌다. 튀니스의 아미르인 하프스 왕조의 아부 자카리야(Abu Zakariyya)가 함대를 파견해 해안 봉쇄를 돌파해 보려고도 했지만 성공하지 못했다. 결국 1238년 9월 29일 양자 간에 협상이 시작되었으며, 그 결과 도시에 거주하는 무슬림 인구 전부는 소지할 수 있을 만큼의 재산을 가지고 5일 이내에 도시를 떠나야 한다는 합의가 이루어졌다. 그들은 남쪽 쿠예라와 데니아 항구로 이동해 거기에서 해외 망명길에 오르거나, 아니면 왕이 지배하는 땅 어디로든 가서 자유로운 신분으로 살든지 선택할 수 있었다.

10일 후에 자우메 1세는 거창한 의식과 함께 무슬림들이 떠나간 도시로 입성했으며, 그곳에 있던 대모스크는 정화 의식을 거친 다음에 새 대성당(성 빈센트 대성당)으로 봉헌되었다. 점차 반도 내의 기독교도 지배자들에게 하나의 관행이 되어간 절차에 따라 이전 무슬림 주민들이 살던 집과 가게, 그리고 재산은 승자들 — 기사들과 일반 병사들, 그리고 종교 기사단들 — 에게 전리품으로 분배되거나, 아니면 1년 이상 그 도시에 거주한다는 조건 아래 새 정주자들에게 할당되었다. 유대인 집단 거류지도 생겨났으며, 모스크와 이슬람 종교 시설들은 가톨릭교회의 소유가 되었다. 이 모든 내용이 『분배의 서(書)』(*Llibre del repartiment*)에 기록되었는데, 여기에는 모든 재산 목록과 함께 새로 주인이 된 사람의 이름이 기록되어 있다. 얼마 가지 않아 가톨릭 교구들이 만들어졌고 수도원과 수녀원도 생겨났다. 무슬림들의 가옥은 파괴된 다음에 기독교도들의 취향에 맞게 재건축되었으며, 이제 기독교적 면모를 갖게 된 이 도시는 서서히 다시 자우메의 새로운 발렌시아 왕국의 수도로서의 모습으로 바뀌어갔다.

이븐 마르다니시와 그의 군대는 남쪽 무르시아로 이동해 갔는데, 이 도시는 당시 이븐 후드가 죽고 나서 혼란에 빠져 있었다. 왕궁은 군중들에 의해 약탈당한 상태였고, 그들은 인기는 있으나 유능하지는 않은 파키 이븐 하탑(Ibn Hattab)을 지배자로 옹립하고 있었다. 이븐 마르다니시는 도시를 점령하고 이븐 하탑을 체포해 처형했으며, 당시 알모하드파의 선봉을 자처하고 있던 하프스 왕조에 대해 충성을 선언했다. 그런데 나중에 그것이 자기에게 도움이 되지 않는다고 생각되자, 다시 페르난도 3세와 그의 강력한 모후 카스티야의 베렝가리아(Berengaria of Castile)에게 돌아와 그들에게 아라곤 연합왕국에 맞서 싸우기 위한 동맹 체결을 제안했다. 그러나 그것은 전에 이븐 후드가 빠졌던 것과 똑같은 함정이었다. 1241년 무르시아 주민들이 그 사실을 알고는 들고일어나 이븐 마르다니시를 타도했고(그는 튀니스로 도망쳤다), 대신 바하 알 다울라(Baha' al-Dawla)라는 이름의 이븐 후드 알 무타와킬의 삼촌을 불러들여 지배자로 세웠다.

발렌시아에 대한 정복과 함께 자우메의 전쟁은 동력이 고갈되었다. 비록 그가 계속해서 종교 기사단들로부터 인력을 충당해 정복한 영토를 다스릴 수는 있었지만, 그와 함께 전쟁을 수행할 기사는 부족했고 (정복된 땅에 들어가서 살아야 할) 기독교도 정주자도 고갈되어 갔다. 그럼에도 불구하고 그는 계속해서 새 수도(발렌시아) 남쪽 소읍들을 다스리고 있던 지역 무슬림 군 지휘관들과 카디들, 그리고 샤이크들로부터 주군 지위를 인정받기 위해 뇌물로 회유하고 무력으로 위협했다. 그리하여 1240년 자우메 1세는 하티바를 공성하고 지역 유력자인 이사 가문(Banu 'Isa)을 위협해 그들에게 인근의 성 하나를 주는 대신에 강력하게 요새화된 그 도시에 대한 지배권을 자신에게 넘기게 했다. 1252년 그 절차가 완결되자 그곳에 살고 있던 주민들은 성에서 쫓겨났고, 대신에 그 근처에 새 정주지를 건설할 수 있게 허락받았다. 이사 가문은 도시 주민들을 나몰라라 했다. 그 대가로 그들은 1275년까지 소박하기는 했지만 독립적인 영주로 살아갈 수 있었다.

그러나 지역 유력자들 모두가 그렇게 고분고분했던 것은 아니다. 알 아즈라크(al-Azraq)라는 별명을 가진('알 아즈라크'는 '청색'을 의미하는데, 아마도 그의 눈동자색 때문에 그런 별명이 붙은 것으로 보인다) 수수께끼 같은 인물 압드 알라 이븐 후다일('Abd Allah ibn Hudayl)은 1240년대와 1250년대에 자우메 1세에 대항해 여러 차례 반란을 일으켰는데, 그 과정에서 때로는 카스티야인들의 지원을 받기도 했다. 데니아 위쪽 고원지대, 관목이 우거져 접근하기가 어려운 계곡에서 무자히드를 자처했던 그는 상당히 많은 사람의 지지를 받았고 자우메에게 상당한 어려움을 안겨 주었다. 여러 번에 걸친 휴전과 조약은 그의 반란을 계속 오래 연장시켰을 뿐이다. 그러다가 1258년 알 아즈라크의 무슬림 동맹세력이 그를 배신하고 나서야 자우메 1세는 그를 거꾸러뜨릴 수가 있었다. 알 아즈라크와 왕(자우메)은 평화 조약을 체결했으며, 알 아즈라크는 자신의 마지막 남은 요새들을 왕에게 넘겨주기로 하고 안전하게 이프리키야로 건너갈 수 있었다.

한편, 바하 알 다울라 이븐 후드는 무르시아에서 1243년까지 버티다가 그해에 고립되기도 하고 협박을 받기도 해 정식으로 카스티야 왕의 봉신이 되겠다고 선언하고, 페르난도 3세의 아들이면서 계승자인 왕자 알폰소를 주군으로 모시겠다고 맹세해야 했다. 그로써 무르시아는 무슬림에 의해 지배되는 한 피호 왕국으로 카스티야 연합왕국에 통합되었다. 이 기간 내내 페르난도 3세는 무슬림 남쪽 지역에서 영토를 정복해 갔는데, 이곳에서 그의 주요 관심사는 포르투갈인들이었다. 포르투갈인들은 이곳에서 가능한 한 많은 안달루스 영토를 정복하기 위한 경쟁에 참여했으며, 이미 1217년에 그들은 알모하드파와 체결한 조약을 위반해 가면서 리스본 남쪽 전략 요충인 알카세르 두 살(Alcácer do Sal)을 차지했다. 1225년에는 세비야의 군대에 심각한 패배를 안겨 주었다. 그리고 1230년에는 레온이 포르투갈의 산초 2세가 메리다와 바다호스를 차지하는 것을 저지하기는 했지만, 포르투갈 왕은 다시 주도권을 쥐고 1250년경 포르투갈 남부 지역에 위치한 알가르베를 유린했다. 이것은 오로지 그가 무슬림 주민들에게 관대한 조처를 취했기 때문에 가능했다. 그는 일반 무슬림들에게는 재산과 인신의 보호를 보장하고 그들의 법과 종교를 존중해 주겠다고 약속했으며, 무슬림 엘리트에게는 왕의 군대에서 복무할 수 있게 해주었다.

이때쯤이면 알 안달루스 남쪽을 둘러싸고 벌어진 '거대한 게임'은 거의 끝난 것처럼 보였으며, 그 승자는 분명 카스티야-레온 왕국이었다. 1240년대에 페르난도 3세는 무슬림 종신들의 지원을 등에 업고 과달키비르강 지역에 대해 수차례 치열한 전투를 수행한 것을 비롯해 정복의 속도를 끌어올렸다. 농촌 지역은 황폐화되었고 무슬림 농민들은 포로가 되거나 피살되었으며, 남쪽 도시들은 차례로 함락되었다. 관용은 거의 베풀어지지 않았다. 무슬림 포로들이 북쪽으로 이송되면서 노예 시장이 북적이게 되었고, 남쪽에서는 상대적으로 큰 도시 주민들이 도시에서 쫓겨나 곧바로 다른 나라로 추방되거나 아니면 농촌으로 이주해야 했다. 라이벌들과 경쟁을 하고 있었던 페르난도 3세는 타협을 통한 점진적인 정복을 할 여유가 없었다. 비록 전투에 따른 폭력이 남쪽 무슬림 거주지 경제에 큰 피해를 안겨 주기는 했지만, 그럼에도 그 남쪽 지역은 적어도 그와 그의 후계자들의 지배 영역이 되었다. 이 전술은 바라던 성과를 냈다. 1248년 알리칸테가 함락될 무렵, 왕은 그의 아들 알폰소와 함께 한때 알모하드파의 수도였던 세비야 외곽에 진을 치고 있었다.

이제 세비야는 더 이상 알 안달루스의 수도가 아니었지만 그럼에도 이 도시는 가공할 만한 요새를 갖추고 있었다. 무려 150개가 넘는 탑이 군데군데 서 있는 두터운 성벽으로 둘러싸여 있었으며, 알 안달루스에서 압도적으로 가장 큰 도시였다. 이 도시는 여전히 경제, 종교, 문화의 중심이었으며, 수많은 시인과 지식인, 그리고 종교인의 고향이었다. 그러나 1228년 마지막 알모하드파 칼리프가 떠난 뒤로는 여러 번에 걸쳐 무슬림과 기독교도 양쪽으로부터 침입을 당했으며, 알 안달루스의 고질병이라 할 수 있는 내분에 시달리기도 했다. 그리고 여러 파당이 서로 싸웠기 때문에 세비야는 차례로 이븐 후드, 알모하드파, 하프스 왕조, 혹은 자기 자신들을 지배자로 생각하는 군벌 내지는 카디들의 지배를 경험해야 했다. 그 같은 상황은 여러 번의 쿠데타, 역쿠데타, 숙청, 그리고 처형을 불러일으켰으며, 페르난도 3세에게 공격의 기회를 제공했다. 1242년 하프스 왕조가 이 도시에 군 지휘관을 파견했는데, 그것은 세비야의 한 위대한 시인으로 하여금 '아랍인들'의 도착을 찬미하고 그들이 알 안달루스를 구할 것이라는 희망 섞인 애가를 만들게 했다. 그러나 그것은 그 도시를 지배하던 폭력적 당파싸움을 더 악화시켰을 뿐이었다.

1247년 여름경이면 페르난도 3세의 공성은 이미 준비가 완료된 상태였으며, 카스티야의 병력 가운데는 이 공성을 지원하기 위해 군대를 끌고 온 이븐 알 아흐마르도 포함되어 있었다. 한편, 농촌 지역은 카스티야인들과 그들의 동맹군에 의해 이미 황폐화된 상태였으며, 도시로의 식량 유입은 불가능했다. 하프스 왕조가 보낸 함대가 과달키비르강을 거슬러 올라가 세비야로 가려고 했으나 카스티야 해군에 의해 격퇴되었다. 몇 달이 지나자 도시에 굶주림이 만연하고 시민들은 허약해져 —술에 취해 인사불성이 된 사람처럼 이리저리 걸어다니다가— 굶주림을 이기지 못해 쓰러지기 시작했다.[41] 장례식은 참석할 수 있는 사람이 너무 적어 적절한 예를 갖추어 치를 수가 없었으며, 그 같은 상황은 지위가 높은 시민의 경우에도 마찬가지였다. 1248년 겨울 동안 점점 더 많은 기독교도 군대가 도착해 도시 주변을 에워쌌다. 그해 5월 카스티야 배들이 강을 따라 도시로 올라가 과달키비르강 왼쪽 요새화된 외곽 지역인 트리아나(Triana)—아랍어로는 아트라이나(Atrayna)—와 도시를 연결해 주고 있던 두 개의 부교(浮橋)를 파괴했기 때문에 도시는 이제 완전히 외부와 차단되었다. 세비야의 정복은 이제 시간문제였다.

1248년 11월 23일 드디어 카스티야의 왕실 깃발이 세비야 알카사르 지붕 위에 들어올려졌고, 12월 22일 국왕 페르난도 3세는 말을 타고 의기양양하게 시내로 들어갔다. 항복 조건에 따라 살아남은 무슬림 주민들은 가지고 갈 수 있는 만큼의 재산을 가지고 도시를 떠나야 했으며, 가지고 갈 수 없는 재산은 한 달 안에 처분해야 했다. 그러고 나서 마지막 무슬림들이 도시를 떠나기까지 3주일이 더 걸렸고, 수만 명의 피난민이 페르난도 3세의 기병대 감시를 받으면서 남서쪽 카디스 쪽으로 향했다. 그들 대부분의 일차적 목적지는 이븐 알 아흐마르가 지배하던 그라나다 왕국이었다. 그러나 최종적으로는 대부분의 피난민들이 단계적으로 참여한 과정—카스티야의 정복이 서서히 쉬지 않고 진행되었기 때문에 그들이 겪어야 했던 일련의 혼란—에서 상당수는 마그립으로, 일부는 메노르카로 갔다.

공성 기간은 길었고 그 과정은 참혹했다. 따라서 부자도 가난뱅이도 그 영향에서 벗어날 수 없었다는 사실을 고려할 때, 알 안달루스 최후의 수도 세비야의 함락이 알 안달루스인들의 마음속에 깊은 트라우마를 남겼음은 분명하다. 그 사실을 무엇보다도 잘 보여 주는 것이 망명객들 사이에서, 그리고 서쪽 무슬림 세계 전체에서 그 사건과 관련되어 지어진 한탄조의 시(詩)일 것이다. 튀니스에서는 발렌시아 출신의 시인 이븐 알 압바르(Ibn al-Abbar)가 세비야에서 신성모독 행위가 저질러진 것에 대해 맹렬하게 비난하는 시를 발표했고, 수년 후 세우타에서는 세비야 출

41 Ambrosio Huíci Miranda, *Al-bayan al-Mugrib*, vol. 2, p. 187.

알모하드 군대와 기독교도 동맹세력이 성모마리아 깃발을 들고
마린 가문에 대항해 행진하고 있다.
Cantigas de Santa María(Alfonso X, Cantiga 181,
Codex Rico, Ms T11, Biblioteca de El Escorial, ca.1280),
Jorge Fernandez-Oronoz(Archivo Oronoz).

신의 살리 이븐 샤리프 알 룬디(Salih ibn Sharif al-Rundi)가 알 안달루스가 정복된 것(거기서 자신의 고향 세비야는 특히 두드러졌다)을 한탄하는 장문의 애가(哀歌)를 썼다.

> 한때 막강했던 민족의 치명적인 수치를 누가, 누가 막을 수 있겠는가?
> 전제정과 폭정이 지금 그들을 억압하고 있다.
> 어제 그들은 군주로서 풍요로운 영지를 감시하고 돌아다녔다,
> 그런데 오늘 그들은 노예에 불과하며, 불신자들의 수갑에 묶여 있다.[42]

이 시는 이슬람 세계 전역에서 읽혔고 지금까지도 고전 가운데 하나로 여겨지고 있다. 이 시들은 리타 알 무둔(ritha' al-mudun, '도시들에 바치는 탄식')이라는 이름으로 알려진 독립적인 한 문학 장르에 속하는데, 이것은 이제 옛날 일이 되어버린 알 안달루스의 영광을 향수에 찬 격정적인 회한으로 가득 차 있다.

기독교도들에게 세비야 정복은 하나의 위대한 승리였고, 그 후로 이 도시의 풍경은 정복자들의 취향에 맞게 급속히 바뀌어갔다. 거대한 알모하드 모스크는 세비야 대성당으로 바뀌었고, 대성당 봉헌식에는 이븐 알 아흐마르의 고관들도 모두 참석했다. 그 후 한 세기 반 동안 기독교도들은 방대한 기도실 곳곳에 들어선 소성당에서 미사를 봉헌하다가 1401년에 알모하드 건물을 허물고 그 자리에 새 성당을 세우기로 결정했다. 그 근처에 위치한 왕실 요새 겸 궁전 단지는 기독교도 왕의 거처가 되었다. 그리고 비록 도시 인구는 수세기가 더 지나고 나서야 정복 이전 수준으로 회복되지만 세비야는 스페인의 가장 중요한 도시 가운데 하나, 스페인 왕들이 가장 즐겨 찾는 수도 가운데 하나가 되었다. 페르난도는 자신이 이런 과업을 완수한 것에 대해 너무나 자랑스럽게 여긴 나머지 자신이 죽으면 한때 모스크였던 장소(새 대성당)에 묻어달라고 당부했고, 실제로 1252년 그곳에 묻혔다. 이때 거기 세워진 비석에는 왕의 업적을 찬양하는 내용의 비문이 스페인 로망스어, 라틴어, 아랍어, 그리고 히브리어로 새겨졌다.

페르난도 3세에 이어 그의 아들 알폰소 10세가 레온, 카스티야, 갈리시아, 무르시아, 하엔, 코르도바, 그리고 세비야의 왕으로 즉위했는데, 그는 열여섯 살 때부터 부왕을 따라 전쟁터를 누벼왔다. 왕이 되고 나서 그가 수행한 첫 번째 전쟁이 포르투갈을 침략하는 것이었고, 그다음이 중간에 중단된 나바라에 대한 공격이었다. 그런데 알폰소 10세는 1259년

42 Rifaat Y. Ebied and M. J. L. Young, "Abu 'L-Baqa' al-Rundi", p. 34.

무슬림 영토를 정복하기 위한 새로운 전쟁을 계획하고 있었으니, 이 카스티야 왕은 그의 봉신 이븐 알 아흐마르의 지지 아래 마그립 정복을 위한 십자군을 계획하고 있었던 것이다. 여기에서는 알모하드 국가의 마지막 잔재가 서(西)사하라에서 유래한 자나타족 베르베르인 마린 가문에 의해 정복되어 가고 있었으며, 그들은 이미 1248년 페즈를 점령한 상태였다. 대서양 해안에 위치한 살레의 알모하드파 지배자(governor)는 어떻게든 살아남아야 한다는 생각에 만약 알폰소가 자신에게 도움을 제공해 준다면 기독교로 개종하겠다고 제안했고, 그렇게 해서 1260년에 알폰소의 기독교도 함대가 모로코의 한 항구에 도착했다. 그런데 그 지원군은 도착한 다음 도시를 지켜주기는커녕 오히려 잔인하게 도시를 공격하고 수많은 남자들과 늙은 여성들을 살해했으며, 집과 가게를 약탈하고, 여성들과 소녀들을 대모스크 안으로 몰아넣고 겁탈함으로써 신성한 모스크를 더럽혔다. 그리고 약 3,000명의 포로를 잡아 세비야로 끌고 와 노예시장에 넘겼다.

비록 알폰소가 중간에 아프리카에 대한 정복 계획을 포기하기는 하지만 이런 일련의 상황은 알 안달루스, 즉 남서부 마지막 독립 지역에서 정복 사업을 속행하게 되는 기폭제가 되었다. 대서양 쪽 카디스 항(港)과 헤레스 데 라 프론테라(Jerez de la Frontera)와 니에블라(혹은 우엘바를 수도로 하는 라블라) 같은 무슬림 왕국들이 포함된 이 지역은 페르난도 3세 때 그에게 조공을 바치는 속국이 되었다. 그렇지만 이제 알폰소는 남쪽 지역에 대한 정복 사업을 완결하기로 마음먹고 있었다. 그래서 그의 군대는 헤레스와 맺은 조약을 내팽개치고 이 도시 요새를 점령했으며, 그곳의 지배자 이븐 아비 할리드(Ibn Abi Khalid)와 정신들은 서둘러 모로코로 떠나야 했다. 그러나 알폰소는 그 지역에 들어와 살 정주자들이 부족했기 때문에 무슬림 주민들이 항복한다는 조건 아래 그대로 머물러 살게 해달라는 그들의 요청을 받아들였다. 한편, 강력한 요새를 갖고 있었던 니에블라는 어려운 가운데서도 용감하게 싸웠다. 1262년 초 이곳의 영주 이븐 마흐푸스(Ibn Mahfuz)는 9개월 반 동안의 공성을 견뎌내다가 결국 항복해 도시를 비워주는 대신에 세비야에서 명예로운 노후 생활을 보장하겠다는 알폰소의 제안을 받아들였다. 이로써 과달키비르강 하류 지역에 대한 카스티야의 정복은 완결되었다. 아니, 그런 것처럼 보였다. 왜냐하면 불과 2년 후에 기독교 지배 아래 있던 남쪽 안달루시아 무슬림 신민들이 기독교 지배자들에 대항해 반란을 일으켰기 때문이다.

알 안달루스의 상당 부분이 아직 무슬림의 지배 아래 있었음에도 불구하고, 알폰소 10세가 (알 안달루스가 아니라) 아프리카를 정복하기 위해 원정을 떠났다는 사실은 그가 이슬람 정복 이전의 히스파니아를 '재정복'하기 위해 무슬림 정복에 나섰다는 주장은 사실이 아니라는 것을 말해 준다. 사실 그의 진짜 큰 야심은 신성로마제국 황제의 자리를 차지하는 것이었다. 같은 맥락에서 카탈루냐-아라곤의 십자군은 전에 (무슬림들에게) 정복된 기독교 이베리아반도 땅을 재정복하는 것에 그치지 않았다. 그곳의 백작 겸 왕들은 자신들의 제국주의적 전략의 일환으로 기회가 생기는 대로 권력을 확대하려 했다. 그리하여 1284년 자우메 1세의 아들이며 계승자였던 페레 대왕(Pere the Great)은 이프리키야 해안가에 위치한 상당히 큰 섬 제르바(Jerba)를 정복하려고 했고, 그보다 2년 전에는 앙주 가문의 지배자들로부터 시칠리아섬을 탈취한 적이 있었다. 당시 그것은 십자군을 촉발했으며, 거기에서 아라곤 연합왕국은 교황의 군대에 대항해 그 섬을 수호하기 위해 싸운 무슬림 병사들 덕분에 살아남을 수 있었다. 1200년대가 끝나 갈 즈음에 거대한 게임은 다시 재개되고 있었으니, 기독교 세력과 이븐 알 아흐마르의 새로운 나스르 왕조 술탄국(즉 그라나다 왕국) 모두 지배와 생존을 위해 서로 싸우게 되었기 때문이다.

제24장
십자가 아래 초승달

13세기에 극적으로 진행된 기독교도들의 정복 사업을 가능케 한 것은 알모하드파 붕괴 이후 나타난 알 안달루스 사회의 내분이었다. (무슬림) 대중은 자기들을 지배해 온 지역 유력자들에 대한 신뢰를 완전히 상실하고 있었다. 다수의 보통 사람이 기독교도 침입자들에 맞서 완강하게 저항하기도 했지만 다른 사람들은 그냥 그곳에서 도망치는 것을 선택했다. 대부분의 울라마와 경건한 속인들은 이교도들의 지배 아래 살기보다는 차라리 그곳을 떠나겠다는 생각이 강했고, 경제적인 여유가 있거나 다른 곳에서도 누군가의 후원을 받을 수 있다고 생각되면 더욱더 그러했다. 그래서 남부 알 안달루스에서 도시 문화와 도시 경제를 지배하고 있던 대귀족들 가운데 다수가 이교도들이 가까이 다가오자 이베리아반도를 버리고 다른 곳으로 이주해 갔다(그중 하나가 세비야의 할둔 가문이었다). 대부분은 북아프리카로, 그중에서도 다수가 튀니스로 갔는데, 거기서 그들은 박식한 지식과 세련된 문화 덕분에 환영을 받았다. 그러나 아프리카 지역 주민들 모두가 알 안달루스에서 온 피난민들을 환영한 것은 아니었다. 그중에는 이 피난민들을 자신의 신앙을 지키지 못하고 자기들(아프리카인들)에게 불안과 경제적 경쟁만 가져다준 부담스런 외국인으로 생각하는 사람도 많았다.

대부분의 알 안달루스인들은 기독교도들의 정복에 대해 보다 실용적인 관점을 갖고 있었다. 보통 사람들('amma)은 지배 엘리트들에 의해 내버려지고 배신당한 상태였기 때문에 이제 자기 운명을 스스로 개척해 나가지 않으면 안 되었다. 무슬림 정치가들과 정통을 지향하는 성직자들이 보통 사람들을 버렸기 때문에 이제 그들은 점점 자기 지역의 신비주의자나 '성스러운 사람들'에 의지하게 되었다. 하층민들에게는 그 땅이 자신들의 고향이었고, 그중 다수는 계속 그곳에 머물러 있을 수만 있다면 비록 그것이 이교도 왕의 지배를 받는 것이라 하더라도 어떤 형태의 타협이든 받아들일 준비가 되어 있었다.

그러므로 1260년대경이면 이베리아반도 내 무슬림 인구 가운데 대부분은 무데하르(mudéjares, 기독교도들의 땅에서 그들의 지배를 받으면서 사는 무슬림들)가 되어 있었다. 이 '뒤에 남은 자들' 가운데 대부분은 기독교도 왕의 사법권 아래 있되, 무데하르 관리에 의해 지배되는 자치 공동체—이 공동체를 '알하마'(aljamas)라고 불렀다—에서 자유로운 신분의 신민으로 살았다. 그리고 그들은 기독교도 지배자와 협약을 맺고 공납을 바치는 대신에 종교적 권리와 공동체적 자치를 보장받았다. 이 같은 관계는 유대인 공동체들이 기독교도 지배자들과 맺고 있었던 것과 같았다. 이 법과 행정의 분리는 이 지역에서는 종교가 개인적 양심의 문제라기보다는 그들이 속해 있는 법적 공동체로 생각되었기 때문에 꼭 필요한 것이었다. 무슬림은 '무슬림들의 법'에 의해 지배되는 사람들이었다. 이것은 이슬람의 딤마(dhimma, '보호 계약')제도를 떠올리게 했고 그것은 무데하르들이 기독교 사회에서 자신들의 위치를 어떻게 이해하고 있었는지를 정확하게 말해 주는데, 그들은 거기서 합법적이기는 하지만 종속적인 공동체였던 것이다.

처음에는 기독교도들의 지배를 받게 된 것을 거의 인정할 수 없다고 생각했으며, 농촌 세계에서는 더욱더 그러했다. 기독교 정주자들은 서서히 도착했고 생활 리듬은 전과 다름없이 진행되었으며, 무데하르 사회는 서서히 점진적으로 자신들의 종속적 지위와 기독교적인 새 질서 속에서 그들의 지위를 반영하는 쪽으로 발전해 갔다. 대부분의 무슬림들은 농민과 수공업자, 그리고 상인으로 일했으며, 그중에는 의료, 말 사육, 군대 관련 직업, 음악과 춤, 건축, 그리고 엔지니어 분야에 종사하는 사람도 많았다. 농업 분야에서 그들의 역할은 매우 중요했으며, 고급 의상, 은세공, 장식 예술, 그리고 무기 제조 같은 특정한 수공업과 제조업 분야에서 그들이 갖고 있던 숙련된 솜씨 또한 마찬가지였다. 예를 들어 건축업에서 무슬림들의 역할은 너무나 중요해서 12세기와 13세기 카스티야와 아라곤 지역에서 생겨난 교회와 왕궁들 대부분이 그들에 의해 지어졌다고 할 수 있을 정도였는데, 그것들 대부분은 정교한 기하학적 벽돌 양식과 유약을 바른 타일을 특징으로 하는 무데하르 양식을 취하고 있었다.

아랍어로 이루어지는 이슬람 관련 교육도 지역적 차원에서 계속되었고, 무데하르들은 비록 전보다는 많이 감소했지만 종교적·교육적·경제적 이유 때문에 이슬람 세계 전역을 돌아다녔다. 부자들 중에는 하즈(hajj, '메카 순례')를 떠나는 사람도 있었는데 심지어 가족과 동행하는 경우도 있었다. 무데하르들은 자유로운 신분의 신민으로써 재산을 매매하고 돈을 빌리고 무역 벤처 사업에 투자하고 경제적 기회를 좇아 이 도시 저 도시로 옮아다닐 수 있었다. 무슬림들이 기독교도들의 땅 전역을 돌아다니기는 했지만 대개 그들의 공동체들은 자족적으로 되어갔고, 수공업이나 상업으로 모은 돈으로 국왕으로부터 무슬림 자치 공동체 알하마 내 관직을 매입한 지역 가문들에 의해 지배되었다. 이 관직을 차지하기 위한 경쟁은 매우 치열해서 가끔은 가문 간의 싸움으로 번지기도 했으며, 그런 경우에 무데하르 지도자들은 지역 내 기독교도들 가운데서 동맹세력을 찾기도 했다.

형식적으로는 자치를 누렸지만 실제로는 종속 관계였던 무데하르들은 소작인, 상품 공급자, 소비자, 서비스 제공자, 사업 파트너 등으로 기독교 사회에 경제적으로 통합되고 그 사회에 편입되었다. 다른 한편으로 유대인 대금업자들은 기독교인들에게 돈을 빌려주었다. 무데하르들은 도시 수비대와 국왕 군대에서 병사로 복무하기도 하고 지역 내 기독교도들과 정치적 동맹을 맺는가 하면, 심지어 함께 범죄를 저지르기도 했다. 이런 상호 의존은 두 공동체 구성원들 간의 관계를 안정시키는 데 기여했고 그들의 이해관계가 일치하는 경우도 많았다. 긴장이 전혀 없지는 않았지만 지역 무슬림과 기독교 공동체들은 외부로부터든 경쟁 도시로부터든, 아니면 약탈적인 왕의 관리나 교회 관리, 혹은 귀족들로부터든 외부로부터의 위협에 직면하게 되었을 때 서로를 지키기 위해 협력하곤 했다.

또한 무슬림들은 귀족들이나 교회와 호혜적인 관계를 유지하기도 했다. 귀족, 수도원, 대성당 참사회, 그리고 종교 기사단들은 대개 자신들의 땅을 경작할 소작인으로 무데하르들을 선호했다. 그래서 그들은 지역 기독교도, 탐욕스런 귀족 영주, 왕, 그리고 심지어는 무슬림 알하마의 침입에 맞서 휘하 무슬림 신민들을 보호하고 지켜주었다. 무데하르들은 기독교도 후원자들의 지지를 받아서든 자신들의 힘으로든, 무력으로든 법적인 방법을 써서든 간에 자신들의 권리와 재산을 지키기 위해 수단과 방법을 가리지 않았다. 실제로 무데하르들은 상대가 동료 무슬림이든 기독교도든, 유대인이든 자기네 공동체든, 아니면 왕 자신을 포함하는 자기 영주든 간에, 법정 분쟁을 벌이게 되었을 때 자신들의 혹은 기독교도들의 법체계를 매우 요령 있게 이용할 줄 알았다. 유대인 대금업자와 무슬림 채무자 간의 지루한 법적 분쟁은 빈번했지만 그것이 공동체 간 폭력으로 비화되는 경우는 거의 없었다.

문화적·사회적 통합 역시 널리 확산되었다. 일부 지역에서는 이미 12세기 말에 로망스어 계열의 속어들이 무데하르들의 일상 언어로 아랍어를 몰아내기 시작하고 있었으며, 많은 사람이 라틴어를 능숙하게 사용했다. 많은 지역에서 무데하르들은 기독교도들의 의복 양식을 수용했는데, 그것은 상호 작용을 용이하게 하기도 했으나 그 자체의 위험을 수반하기도 했다. 정복 당시 기독교도들과 무슬림들은 별도의 구역에서 이웃으로 살았지만 세월이 지나면서 하나로 합쳐지는 경향이 있었는데, 서로 다른 신앙을 가진 사람들이 바로 옆집에서 살기도 하고 심지어는 한 건물 안에서 사는 경우도 드물지 않았다. 그로 인해 생겨난 두 집단 간의 친교는 무데하르 지배자들과 기독교도 지배자들 모두에게 딜레마를 안겨 주었다. 특히 서로 다른 종교를 가진 사람들이 성관계를 가질 가능성이 커진 점은 두 공동체 모두에서 그것이 대죄로 간주되었다는 점에서 심각한 문제가 아닐 수 없었다. 개종으로 인해 신자를 잃을 수도 있다는 염려 때문에 기독교 지도자와 무슬림 지도자들 모두 이 같은 이종교(異宗教) 간의 사회화를 불안한 눈길로 바라보게 되었다.

법적·도덕적 금지에도 불구하고 기독교도와 유대인, 무슬림들이 서로 상대편 종교의식에 참석하고, 같이 술을 마시고, 도박을 하고, 목욕탕에 가고, 함께 매음굴에 출입해도 그것이 질책이나 단죄로 이어지는 경우는 별로 없었다. 적어도 남자들 사이에서는 그랬다. 그렇지만 무데하르 여성의 경우라면 이야기는 달랐다. 여성들은 매우 사소한 불법 행위(비행)에도 맹렬한 비난의 대상이 되었다. 만약 무데하르 여성이 성적 규범을 위반한 것이 밝혀지면 그녀는 국왕 정부에 의해 노예형에 처해졌으며, 왕실 매음굴의 성노예가 되어야 하기도 했다. 부패한 무슬림들과 기독교 관리들은 가끔 개인적인 이익을 취하기 위해 서로 공모해 무슬림 여성들을 거짓 성범죄자로 내몰기도 했다.

무데하르들이 공식적으로 법적인 하위자로 분류되고 있었다는 사실은 기독교도들이 무슬림 소수 집단에 대해 느끼는 두려움을 완화해 주었고, 다른 한편으로는 그들이 향유하는 폭넓은 권리와 기회가 이 무슬림들을 기독교도 왕의 자발적 신민으로 만드는 데 기여했다. 지하드에 관해 이야기하자면, 예속민이 된 무슬림들은 이 지하드를 무장 저항이 아니라 내적인 도덕적 투쟁 형태로 추구하는 경향이 있었다. 그래서 13세기 이전에 정복된 땅에서는 중세 말까지 기독교도와 무데하르들 간에 —그 문제에서는 무데하르들과 유대인들 간에도— 기록으로 남은 반란이나 대중적 폭력 사례가 거의 없었다.

13세기 중엽 가톨릭교회와 국왕 정부는 제국 시대 로마법을 모델로 하는 일관되고 포괄적인 법전을 만들기 시작했다. 그리하여 기독교 사회에서 무슬림과 유대인의 위치를 공식적으로 상세하게 규정하지 않으면 안 되었다. 이에 1215년 인노켄티우스 3세에 의해 소집된 라테란(Lateran) 공의회에서 유대인과 '이교도들'(여기에서 이교도는 무슬림들을 의미했다)은 그들을 기독교도들과 구분해 주는 배지를 달거나 옷을 입어야 한다고 결정되었는데, 그것은 기독교도들이 그들(유대인과 무슬림들)과 성관계를 가짐으로써 기독교 공동체로부터 쫓겨나는 것을 막기 위해서였다. 또한 무슬림들이 기독교도에 대해 권력을 휘두르는 일에 종사해서는 안 된다는 조항이 포함되었고, 시나고그나 모스크를 새로 건축하거나 수리를 해서도 안 되었다—이것은 '우마르 협약'과 비슷했으나 거기에서 영감을 얻은 것은 아니었다—. 그러나 스페인 왕국들에서 이 법령들은 무슬림 신자들에게 기도 시간을 알리는 무에진(muezzins)의 외침을 금한 1311~12년 빈(Wien) 공의회에서 선포된 규정과 마찬가지로 대부분 제대로 지켜지지 않았다. 사실 교회는 성직자들이 무슬림 소작인과 노예를 이용하는 경우가 아니면 무데하르 주민들에 대해 거의 관심이 없었다. 그들에게 전교를 하거나 그들을 개종시키려는 노력도 거의 없었다. 무슬림들에게 설교하는 것은 그것이 반란을 촉발할 수 있다는 염려 때문에 국왕 정부에 의해 엄격하게 제한되었다.

이 모든 이유 때문에 이슬람은 계속해서 응집력 있는 집단으로 남아 있었고, 해방을 바라는 노예와 사면을 원하는 범죄자, 혹은 특권적인 기독교 사회로 진입하려고 하는 사람들을 제외하면, 무데하르들 중에 기독교로 개종한 사람은 거의 없었다. 그리고 만약 배교를 하면 그 대가는 매우 컸는데, 그럴 경우에 그들은 사회적 네트워크와 가족, 그리고 종교 공동체를 상실하게 되었기 때문이다. 더욱이 개종자는 무슬림들뿐만 아니라 기독교도들에 의해서도 변절자로 간주되는 경향이 있었다.

기독교 스페인에서 노예제는 특별한 것이 아니었으며, 노예들 가운데 다수는 무슬림이었다. 그리고 그 대부분은 외국인 포로들—전쟁포로나 난파선에서 살아남은 자, 아니면 알 안달루스 혹은 아프리카에 침입해서 붙잡아 온 사람들—이었다. 노예들 대부분은 가정에서 하인으로 이용되었으며, 여자 노예들 중에는 남자 주인의 성노예도 포함되어 있었다. 지역에 따라서는 노예들이 농촌에서 매우 열악한 조건에서 일을 해야 하는 경우도 있었으나 대개는 가진 기술과 능력에 따라 가정 혹은 도시에서 일을 했다. 기술자와 수공업자들은 노예 주인들에게 상당한 수입을 가져다줄 수 있었기 때문에 가장 높은 평가를 받았다. 경우에 따라서는 노예 주인과 노예 간의 관계가 협력 관계와 비슷해서 해방되고 나서도 지속되기도 했다. 가끔은 노예들이 일을 하고, 저축을 하고, 그 돈으로 자유를 요구할 수 있도록 해방을 위한 조건이 설정되기도 했다. 또한 가끔은 무데하르들이 빚을 갚기 위해 일정 기간 동안 자발적으로 제3자의 노예가 되기도 했는데, 유감스럽게도 그것은 본질적으로 오늘날의 취업을 위한 계약과 별반 다르지 않았다. 노예들은 왕의 신민으로서 원래 합의한 대로 해방되지 않거나, 다른 부당한 일을 당하게 되면 국왕 법정에 호소를 할 수도 있었다. 무데하르들은 가끔 돈을 모아 몸값을 치르고 노예들을 해방해 주기도 했으며, 도망 중인 노예들을 도와주기도 했다.

노예가 기독교로 개종한다고 해서 신분이 자유롭게 되는 것은 아니었다. 법적인 장애 때문에 그럴 수 없었는데, 기독교로 개종한 유대인 노예들이 노예 신분에서 벗어나기 위해서는 몸값을 지불해야 했다. 흔치는 않았지만 일부 부유한 무데하르들이 무슬림 노예를 소유하는 경우도 있었다. 무데하르들 가운데 왕의 신민으로서 중죄를 저지른 경우에 벌을 받는 대신 노예가 되는 것을 택하는 경향도 있었다. 노예제는 가공할 고통과 학대를 수반했지만, 그럼에도 무데하르 사회에서 중요한 기능을 수행했다. 그것은 공동체적 유대감을 지속하는 데 도움을 주었고, 외국인 무슬림들의 편입을 통해 무데하르들의 아랍-이슬람 문화가 부활할 수 있는 도구를 제공해 주기도 했다. 외국인 무슬림들은 기독교 세계와 다르 알 이슬람(이슬람 세계)을 잇는 다리 역할을 했다.

노예 신분이든 자유 신분이든 간에, 무슬림들은 자신들이 만든 공예품과 아랍-이슬람식 요리를 통해 스페인 기독교도들을 알 안달루스적 양식에 친숙하게 함으로써 그들의 문화를 변형시켰다. 기독교도들은 무슬림 의사와 이발사를 즐겨 찾았으며, 그들의 민간요법이나 마술에 의존하기도 했다. 무데하르 음악인들과 무용수들은 기독교도 왕실과 도시의 주요 행사에 단골손님으로 초대되었으며, 그것은 가장 중요한 축일에 벌이는 종교 행사에서도 마찬가지였다. 기독교도들은 알 안달루스의 전설과 구전, 그리고 음악을 즐겨 들었으며, 수백 개의 아랍어 일상용어가 스페인어 일상어에 포함되었다. '오할라!'(Ojalá, 아랍어 'law sha' Allah'에서 온 말로 '신의 뜻대로 되기를' 정도의 의미를 갖고 있다), '알라'(Alá) 혹은 '올레'(Olé, 아랍어 'Allah!'에서 온 말로 '와우' 정도를 의미한다), 그리고 '풀라노'(fulano, 아랍어 'ulan'에서 온 말로 '~등' 혹은 '아무개'를 의미한다) 같은 일상적으로 사용된 표현들이 바로 그것들이다.

시와 산문 모두에서 알 안달루스가 가진 탄탄한 문학적 전통은 기독교도 청자(聽者)를 매혹했다. 전에는 기독교 학자들이 대개 과학이나 기술, 혹은 철학서에 관심을 가졌다면, 이제는 아랍-이슬람적 서사시와 로망스, 그리고 설화나 전설—그 가운데 다수는 남아시아와 페르시아에 기원을 두었다—이 번역되고 각색되거나 아니면 대중적인 문학 작품으로 재구성되었는데, 그중에 '칼릴라 와 딤마'(Kalila wa-dimma, 우화 모음집), '신디바드'—Sindibad, 혹은 센데바르(Sendebar), '선원 신바드의 이야기'—, 알렉산드로스 대왕 서사시, 그리고 『천일야화』에 나오는 이야기들이 대표적이라고 할 수 있다. 라몬 율(Ramon Llull)의 작품 『야수들의 서(書)』(*Book of the Beasts*, 1280년대), 알폰소 10세의 조카 돈 후안 마누엘(Don Juan Manuel)이 1335년에 발표한 『루카노르 백작의 이야기』(*Libro de los ejemplos del conde Lucanor y de Patronio*) 같은 당대의 대중적이고

체스를 두고 있는 여인.
『유희의 서(書)』(*Libro de los juegos*)(Alfonso X, 1283).
Jorge Fernandez-Oronoz(Archivo Oronoz).

교훈적인 문학 작품은 앞서 언급한 텍스트의 영향을 강하게 받은 것들이다. 실제로 아랍 문학은 내러티브의 차용이나 마카마트(maqamat, 스토리 안에 스토리가 들어 있는 형태)—조반니 보카치오가 『데카메론』에서, 제프리 초서가 『캔터베리 이야기』에서 사용한 방식이다—라는 문학적 방식의 전용을 통해 유럽 소설에 중요한 변화를 가져다주었다.

12세기에 톨레도와 투델라에서 시작된 번역 사업은 13세기 알폰소 10세의 후원 아래 더욱더 활성화되었다. '현왕'(賢王, El Sabio)이라는 별명을 가진 알폰소 10세는 활기찬 문화 사업을 후원했고, 거기에는 종교적인 내용을 가진 시 — 그 자신이 지은 『성모마리아 찬가』(*Cántigas de Santa María*)도 그중 하나다 —, 음악, 천문학, 체스, 사냥, 법, 정치와 지배자의 덕목, 역사, 그리고 그 외 여러 다른 주제들에 관한 책들의 번역과 각색이 포함되었다. 톨레도가 이 사업의 중심지이기는 했지만 아랍어 학교는 왕국 전역에서 생겨났다. 대개는 팀을 이루어 일했던 번역가들(유대인 혹은 무슬림은 아랍어를 검토하고, 기독교도는 라틴어 혹은 로망스어계 언어로 책을 쓰는 방식이었다)은 왕의 후원을 받거나 아니면 자비로 이 작업을 수행했다. 알폰소 10세는 무르시아와 세비야에 무슬림과 기독교도, 그리고 유대인들 모두에게 개방된 아카데미를 열고, 의사 아부 바크르 알 리쿠티(Abu Bakr al-Riquti)를 그 책임자로 임명했다.

13세기에는 기독교 유럽에서 대학이 크게 번성했는데, 당시 왕들이 대학을 지원한 것은 권력의 상징이라고 여겼던 지식을 증진하고 증대일로의 관료제에 필요한 관리와 성직자를 양성하기 위해서였다. 카스티야-레온 왕국과 포르투갈, 그리고 아라곤 연합왕국에서 대학들은 아랍-이슬람의 지적 전통을 확산시키는 구심점이 되었다. 국왕과 귀족들이 알 안달루스를 지배하게 되고 아랍-이슬람 사회를 정치적으로 순화하면서, 그와 더불어 아랍-이슬람의 고급문화를 존중하고, 모방하고, 거의 맹목적으로 숭배하기 시작한 것도 바로 이때부터였다. 사실 알폰소 10세의 고급문화 숭배와 사회 재정비에 대한 열정, 그리고 보편 왕정에 대한 그의 인식은 국왕직과 주권, 그리고 지식에 대한 알모하드적 개념으로부터 많은 영향을 받은 것으로 여겨진다.

13세기 국왕 법전들은 이 사회들에서 자유 신분 혹은 노예 신분의 무슬림들의 지위를 공식화했는데, 대개는 그들의 열등한 지위와 법적 불리함은 더 분명히 하되, 그들의 권리와 그들에 대한 보호는 중시하는 내용으로 되어 있었다. 그러나 이 법들이 담고 있는 더 차별적인 측면 — 기독교도들과 구별되는 옷을 입어야 하고, 모스크를 새로 짓거나 공개적으로 이슬람 종교 행사를 거행할 수 없고, 특정한 직업을 가질 수 없게 만든 법령 등—은 거의 실행에 옮겨지지 않거나 아니면 단속적으로만 실행되었다. 중세 시대 법전들은 대체로 사회적·법적 현실이 아니라 법학자들의 이상을 반영하고 있었다. 더욱이 기독교도 왕들에게 무슬림 신민들인 무데하르들은 (국왕의 지배뿐만 아니라 영주와 교회, 그리고 도시 정부의 지배도 받아야 했던 기독교 신민들과는 달리) 세금과 시설물 사용료, 허가권 등을 통해 국왕에게 중요한 수입원이 되었기 때문에 왕들은 그들을 보호하려는 경향이 있었다. 14세기에 아라곤 연합왕국의 예식왕 페레(Pere the Ceremonious)는 자기 왕국의 무데하르들을 '왕실의 보물'이라 부르기도 했다.

14세기 중반에 북쪽 스페인에서 무데하르들이 번영을 누리고 자신감에 차 있었던 것은 얼마간 이 시기에 나타난 보편적 번영의 산물이었다. 이 시기는 기독교 유럽 전역에서 온화한 기후, 인구 증가, 상업 팽창, 도시와 소읍의 발전, 그리고 증대된 농업 생산이 나타난 시기였다. 이 시기에 무슬림들은 카스티야와 레온, 아라곤 연합왕국, 나바라 왕국, 그리고 포르투갈을 비롯해 기독교 왕국들 전역을 누비고 다녔고 무슬림의 지배를 받아본 적이 전혀 없는 지역에 들어가 정주하기도 했다. 외국에서 온 무슬림들이 기독교도들의 땅에 이주하는 사례도 나타났다.

그러나 그라나다 울라마에 의해 자세히 설명되고 이슬람 세계 전역에서 널리 반향을 불러일으키고 있던 나스르 왕조 술탄들의 공식 입장은 무슬림들이 이교도의 지배를 받으면서 살아서는 안 된다는 것이었다. 이교도들의 땅에서는 이슬람의 법과 제도가 온전히 가동될 수 없고 무슬림들이 문화 변용과 탄압의 대상이 될 수 있으며, 무엇보다도 그곳에서는 무슬림 여성들이 강제와 겁탈의 대상이 될 수 있다는 것이 그 이유였다. 그러나 14세기에 상황이 더 열악해진 뒤에도 '굴욕의 땅'에서 도망치려고 하는 무데하르들은 거의 없었으며, 15세기가 되면 서쪽 이슬람 세계의 몇몇 법적 권위체는 이 점에 대한 태도를 완화하고 있었다. 한편으로 그 권위체들은 자신들이 주권을 가지고 있음을 입증하는 의미로 반도에 거주하는 모든 무슬림에 대한 지배권이 자신들에게 있다고 주장했으며, 나스르 왕조의 왕들은 무데하르들의 권리 보장을 위해, 특히 그들이 원하는 곳으로 자유롭게 이주할 수 있는 권리를 얻어내기 위해 기독교 왕들을 상대로 열심히 로비를 벌이기도 했다.

무슬림 소수 집단의 (기독교 사회로의) 진정한 통합은 가능하지도 않았고, 또한 두 공동체가 그것을 추구하지도 않았다. 기독교도들이나 무슬림들이나 둘 다 종교적으로 사실상 통혼을 금하고 있었기 때문에 족보상으로 두 공동체는 자족적인 상태로 남아 있었다. 이 시기에는 재산이나 권력이 가문을 통해 상속되었기 때문에 그것은 불가피하게 무슬림들과 기독교도들이 서로를 경쟁자로 보게 되었음을 의미했다. 폐쇄적인 종교 공동체의 위계질서에 의존하는 사회에서 주도권을 갖고 비기독교 경쟁자들에게 자신들의 의지를 강요하고 처리할 수 있는 쪽은 지배 집단인 기독교도들이었다. 그리고 그것은 평화적인 방법으로 나타날 수도 있고, 폭력 ― 그 폭력은 실제로는 경제적인 이유로 행해진 것이라고는 해도, 종교적 우월성이라는 자기정당화적이고, 도덕적으로 재확인하는 언어로 표현될 수 있었다 ― 을 통해 나타날 수도 있었다.

그런데 14세기 중엽에 유럽과 서부 이슬람 세계 둘 다 위기에 처하게 되고, 연이은 기근과 역병, 그리고 전쟁으로 경제가 붕괴 일보 직전까지 가자 기독교도들은 무데하르들의 권리를 침해하기 시작했다. 기독교도들은 무데하르들을 위험한 적으로 보든 착취의 대상으로 보든 간에, 점점 더 큰 의심과 적의를 가지고 바라보기 시작했다.

이런 파노라마는 13세기 정복 이후 이베리아반도 남쪽에서 나타난 상황과 대조가 된다. 이곳에서는 기독교도들이 벌인 전쟁과 살육, 노예화, 그리고 그것들에 수반된 혼란이 농촌 경제의 하부 구조를 파괴하고 지역 무슬림을 혼란에 빠뜨리기도 했지만, 다른 한편으로는 그들의 저항 의지를 더 강하게 만들기도 했다. 그들은 오래 기다리지 않고 행동에 나섰다. 알폰소 10세는 1264년 선을 넘는 행동을 하게 되었다. 그는 신성로마제국의 황제직을 차지하기 위한 싸움에 집착한 나머지 자신의 왕국을 파산 일보 직전으로, 그리고 귀족들을 반란 상태로 몰아갔다. 무슬림 신민들과의 긴장 상태도 점점 고조되어 갔다. 그라나다에서는 이븐 알 아흐마르가 지브롤터해협에 대한 지배권을 유지하는 데 전략적으로 매우 중요한 항구 도시들을 자신에게 넘기라는 알폰소의 요구에 응하지 않고 저항 의지를 굳히고 있었다. 한편, 아직 알폰소의 봉신인 후드 가문의 지배를 받고 있던 무르시아에서도 기독교도 식민자들이 카스티야-무르시아 간의 조약을 무시하는 태도를 보였기 때문에 공동체 간 긴장이 폭발 일보 직전에 있었다. 그러므로 무슬림 지배 아래 두 왕국은 서로 간의 적대감은 일단 제쳐두고 모로코의 마린 왕조와 최근 정복된 과달키비르강 유역의 무데하르들과 명분을 공유하면서 범(凡)지역적 차원의 반란을 추진했다.

그 계획은 1264년 왕이 세비야에서 코르테스, 즉 의회를 소집하면(그 의회에 이븐 알 아흐마르도 참석해야 했다) 거기서 왕을 포로로 잡고 그를 살해하려는 것이었다. 이 음모는 실패로 끝났다. 그러나 한편으로 마린 왕조의 술탄 아부 유수프 야쿱은 카스티야에 대항한 지하드를 수행하기 위해 기병과 보병으로 구성된 대군을 알 안달루스에 파견했다. 여기에 이븐 알 아흐마르의 친척인 알리 이븐 아시킬룰라('Ali ibn Ashqilula)의 지휘를 받는 나스르 왕조의 군대와 망명 생활을 하고 있던 마린 왕조 왕자들의 지휘를 받고 있던 북아프리카에서 건너온 다수의 구자트(ghuzat, '신성한 침입자들' 혹은 '신앙의 자원병들')가 더해졌다. 이 지역의 기독교도 수비대들은 불시에 기습을 당한 끝에 궤멸되었다. 여러 주요 도시들이 점령되고 지역 기독교도들은 도망치거나 살해되었다. 이 패배에 충격을 받은 알폰소는 교황 클레멘스 5세(Clemens V)에게 십자군을 허락해 달라고 요청했고 그라나다 자체를 향해 진격해 갔다. 그의 군대가 그라나다 주변 지역에 큰 손실을 입히기도 했지만 마린 왕조의 기병들에 의해 참담한 패배를 당했다.

그에 이어 무르시아가 들고일어났는데, 이때는 아라곤 연합왕국의 자우메 1세가 이 반란이 자신의 발렌시아 왕국에까지 확산되지 않을까 염려해 친히 군대를 이끌고 반란을 진압하기 위해 이곳으로 왔다. 그는 남쪽으로 내려오면서 전에 자신이 발렌시아를 정복할 때 취했던 것과 같은 당근과 채찍의 방식으로 무르시아 왕국의 주요 도시들을 점령했다. 지역 군벌과 지도자들에 대해서는 협박하고 뇌물을 먹이거나 무력으로 제압했으며, 기독교도의 지배를 받아들일 준비가 되어 있는 무슬림들에게는 안전을 보장해 주었다. 자우메 1세의 자서전(이 자서전은 그가 벌인 전투들을 생생하고 자세하게 기록하고 있다)에 의하면, 기사도적인 왕이 어떤 보복도 하지 않은 것으로 되어 있다. 그렇지만 무슬림 측의 기록을 보면 아라곤의 병사들이 무슬림 주민들을 약탈하고 살해하고 유괴하고 수많은 가혹 행위를 저지른 것으로 되어 있다. 자우메는 무르시아에 도착해 1266년 1월 그곳 무슬림 정부에 관대한 특권을 부여하되, 대모스크는 넘겨받고 이븐 아흐마르의 군 지휘관은 추방한다는 조건을 달고 도시를 인수했다.

그 후에 자우메 1세가 탈취한 도시(무르시아)와 그 영토의 대부분은 적법한 절차를 거쳐 알폰소 10세에게 넘어갔다. 그는 곧바로 자우메 1세가 무슬림들에게 한 양보를 무효화하고 무르시아 왕국을 해체했으며, 대신에 작은 '아리하카 왕국'(kingdom of Arrixaca) — 실제로는 수도의 외곽 지역 — 을 수립하고 후드 가문이 지배하도록 했다. 이 왕국은 1295년 마지막 지배자 아부 이샤크 이브라힘(Abu Ishaq Ibrahim)이 자기 재산을 카스티야의 왕 페르난도 4세에게 매각하고 북아프리카로 망명을 떠날 때까지 존속하게 된다. 이 기간 동안 알폰소 10세가 취한 억압적 정책은 무슬림들의 그라나다로의 이주를 가져왔으며, 그로 인해 무데하르 인구는 소수만 남게 되었다. 페르난도 4세는 이 인구 유출을 막기 위해 여러 가지 양보를 했지만 큰 효과를 거두지는 못했고, 무르시아 경제는 되돌릴 수 없을 정도로 큰 손상을 입었다.

(아라곤 연합왕국의) 자우메 1세가 무르시아를 진정시키는 동안에 (카

스티야 왕국의) 알폰소 10세는 남서부 지역에 대한 지배권을 되찾아가고 있었다. 그라나다 왕국에서 마린 왕조의 군대가 거둔 성공과 구자트들의 영향력 증대는 아시킬룰라 가문과 다른 나스르 왕조의 엘리트들을 불안하게 만들었다. 그때까지 아시킬룰라 가문은 술탄국의 요새 역할을 해왔으나, 이제는 신입자들에게 영토와 영향력을 상실해 가고 있었다. 알리 이븐 아시킬룰라의 두 아들은 무함마드 1세의 두 딸과 결혼한 상태였고, 아마도 그 왕국을 상속받을 수 있을 것으로 기대하고 있었던 것으로 보인다. 이제 그들은 배신감을 갖게 되었다. 이를 기회라고 생각한 알폰소 10세는 사절을 파견해 아시킬룰라 가문에 지지를 약속하고 그 가문이 이븐 알 아흐마르에 등을 돌리게 했는데, 그것은 술탄으로 하여금 알폰소에게 평화를 요청하지 않으면 안 되게 만들었다. 1267년 조약이 체결되었고 이븐 알 아흐마르는 자신의 영토 가운데 일부를 알폰소에게 넘기고 다시 파리아스를 바쳐야 했다.

이 기간 동안에 자우메 1세의 발렌시아 왕국 북쪽에서는 골치 아픈 문제가 생겼다. 그것은 기독교도 정주자들이 십자군의 선전에 고무되기도 하고 자기들보다 훨씬 더 수가 많은 무슬림 신민에 겁을 집어먹기도 하여 자우메 1세가 왕국 내의 무데하르들에게 부여한 보호와 보장 약속을 깨뜨리고 무슬림들을 학대함으로써 반란 직전까지 몰고 간 것이었다. 불똥은 1276년에 튀었는데, 이때 그 전해에 마린 왕조가 침입한 여세를 몰아 망명 중이던 노년의 반란자 알 아즈라크가 이끄는 그라나다와 모로코 군대가 발렌시아 왕국을 공격했고, 얼마 안 가 그들은 무슬림 신민들에게서 지지세력을 발견하게 되었다. 알 아즈라크는 그해 전투에서 전사했지만 반란은 1277년까지 계속되었다. 그리고 반란자들의 지역적 저항은 1304년까지 간헐적으로 계속되었다. 자우메 1세는 이 반란('무슬림들의 전쟁'이라고 불렸다)을 개인적인 배신으로 간주했으며, 1276년에 그가 후계자 페레에게 왕위를 물려줄 때 그에게 왕국 내 무데하르들을 쫓아내라고 조언했다. 그러나 경제적·정치적 이유 때문에 그것은 불가능했다. 페레에게 발렌시아의 무슬림들은 없어서는 안 될 존재였다. 그들은 당시 전체 인구의 90퍼센트, 즉 농촌 인력의 거의 전부를 차지하고 있었던 것으로 보인다. 그러므로 그는 그들에게 보복하는 대신 오히려 폭넓은 사면을 베풀었으며, 남쪽 그라나다로 도망친 피난민 혹은 이주자들을 다시 돌아오게 하기 위해 최선을 다했다.

그런데 반란과 그 결과는 발렌시아에서 독특한 무데하르 사회가, 특히 기독교 이웃들과의 우려스러운 관계로 가득 찬 사회가 발전하게 만들었다. 무데하르들은 몇몇 대도시에서 쫓겨났고 그들의 공동체들은 내륙 쪽으로 내몰렸는데, 그것은 그들과 북아프리카 침입자들의 협력을 막으려는 조치이기도 했고, 또한 기독교 농민들과 영주들이 선호하는 (곡물 생산에 유리한) 비옥한 땅이 주로 해안 쪽에 있기 때문이기도 했다. 이런 강제적 재배치는 구래(舊來)의 무데하르 공동체들을 해체했고 무슬림 농민들을 가장 척박한 땅으로 내모는 것이었다. 기독교도 식민자들은 무데하르들을 두려워해 그들과의 사회적 접촉을 피하려고 했으며, 가끔씩은 그들의 정당한 권리를 침해하고 폭력을 행사하기도 했다. 1309년 발렌시아에서 일어난 것처럼 가끔은 기독교도 군중이 무슬림 주민들을 공격하기도 했다. 역설적이게도 그 가운데 가장 처지가 좋았던 무데하르들은 종교 기사단들의 소작인으로 살았던 사람들이었는데, 종교 기사단들은 십자군의 도구로 생겨났음에도 불구하고 지배 영토 내 무슬림들의 처지를 개선하고 군중의 폭력과 관리들의 권력 남용으로부터 그들을 보호해 주었다.

왕국 내 무슬림들은 그들 나름대로 동화에 저항했다. 그들도 지역 방언을 배우고 사용하기는 했지만, 아랍어는 계속 매우 중요한 일상용어로 남아 있었다. 무슬림들과 기독교도들이 몸을 부딪히며 살아가야 했던 도시를 벗어난 곳에서는 문화 변용이 서서히 나타났다. 발렌시아에는 아라곤 연합왕국 내 다른 지역들보다 무슬림 노예들이 특히 많았다. 그리고 그 점은 기독교도들이 무슬림들을 이방인이자 적으로 간주하는 경향을 만들어냈고, 그것은 다시 무데하르들의 저항 의지를 굳게 만들었다. 14세기 내내 긴장이 고조되었고, 그것은 흉작과 기근, 그리고 1348년 시작된 치명적인 흑사병으로 인한 스트레스로 더욱 악화되었다. 1360년 또 한 번 대규모 반란이 발렌시아 농촌 지역에서 타올랐는데, 이 반란의 지도자는 메시아를 자처하는 살림(Salim)이라는 사람이었다. 그는 곧 체포되어 화형에 처해졌지만, 그 후로도 수년 동안 소규모 반란과 기독교도들의 보복은 계속되었다.

왕국 내 무데하르들에 대한 또 한 차례의 타격이 14세기 후반 '두 페드로의 전쟁'(War of the Two Peters)과 함께 찾아왔다. 1356년부터 1375년까지 카스티야와 아라곤 연합왕국 간에 벌어진 이 전쟁은 발렌시아 왕국 남쪽에 위치한 무슬림 농촌 공동체들에 심각한 피해를 가져다주었는데, 그들은 카스티야와 그라나다에서 온 침입자들에 의해 납치되기도 하고 인근 기독교도들이 무질서를 이용해 그들을 괴롭히기도 했다. 혼란스러운 14세기가 끝나갈 무렵, 무데하르들은 발렌시아의 (성)비센트 페레르(그는 무슬림들을 기독교 사회의 전염병이라고 규정하고 근절할 것을 주장했다) 같은 카리스마 넘치는 천년왕국적 설교사들의 선동에 고무된 민중들에 의해 다시 한 번 폭력의 대상이 되었다.

이런 문제들에도 불구하고 발렌시아의 무데하르들은 반도 북쪽에서 잘 통합된 채 살고 있었던 무데하르들과 마찬가지로 계속해서 스스로를 기독교 왕의 신민으로, 그리고 자신들이 살고 있던 더 큰 사회의 합법적 구성원으로 생각했다. 이 점은 아마도 그들이 바르셀로나 백작-왕들에게 제공한 군사적 기여에서 가장 잘 나타나고 있다고 생각된다. 무슬림 군대가 (기독교도 왕들에게) 중요했다는 사실을 말해 주는 가장 좋은 예를 '무슬림들의 전쟁'이 끝나고 몇 년 지나지 않아 일어난 '1285년의 사건들'에서 볼 수 있다. 1282년 시칠리아 주민들은 앙주 가문의 왕 샤를 1세를 타도하고 (아라곤 연합왕국의) 페레 대왕을 초빙해 자기네 왕국을 다스리게 했다. 이에 대해 앙주 가문의 동맹세력이었던 교황 마르티누스 4세(Martinus IV)는 아라곤 연합왕국을 공격하기 위한 십자군을 소집해 1285년 프랑스인과 마요르카인으로 구성된 군대가 카탈루냐를 침공했다. 이에 맞선 전투에서 항구적으로 불온한 성향을 보여왔던 페레의 귀족 가운데 다수는 적극적으로 임하지 않았으며, 대신에 발렌시아에서 넘어온 600명으로 구성된 무슬림 궁병대(이들은 '교황의 십자군'의 지로나 공성을 깨뜨리는 데 핵심 역할을 수행했다)가 왕에게 승리를 가져다주었다. 실제로 1200년대 말과 1300년대 초에 아라곤 연합왕국의 왕들은 아라곤 혹은 발렌시아의 무데하르들이든 외국인 무슬림 용병들이든 간에, 여러 차례에 걸쳐 무슬림 군대의 도움을 받았다. 이 기간 내내 그라나다와 북아프리카 망명자들과 용병들이 아라곤 연합왕국의 깃발 아래 아라곤 왕국의 기독교 라이벌들, 즉 나바라나 카스티야 군대에 맞서 싸웠다. 그리고 그들은 바르셀로나 궁정에서 명예로운 신하로 대접받았다.

그러나 메노르카 무슬림들의 운명은 그렇게 좋지 못했다. 1286년 페레 대왕의 아들인 알폰소 자유왕(Alfonso the Liberal)은 작은 섬으로 된 이 보호령(메노르카)을 합병할 구실을 찾았다. 그는 전에 자신이 이 섬의 무슬림들과 체결한 바 있는 조약을 마음대로 파기할 수는 없었기 때문에 먼저 이곳 무슬림들이 북아프리카 무슬림들에게 정보를 건네줌으로써 계약을 위반했다고 고발해 자신의 침입을 십자군으로 간주한다는 교황의 승인을 얻어낸 다음, 1287년 1월 5일 이 섬에 군대를 상륙시켰다. 아라곤 연합왕국의 군대는 초반에 저항에 직면하기도 했지만 얼마 가지 않아 섬 전체를 휩쓸었고 1월 21일 메노르카의 항복을 받아냈다. 섬의 지배자 아부 우마르(Abu 'Umar)와 그 가족, 그리고 약 200명의 추종자에게는 휴대할 수 있는 재산을 갖고 북아프리카로 건너갈 수 있는 안전 통행권이 주어졌다. 떠나지 않고 남은 사람들—혹은 몸값을 지불하지 못해 떠나지 못한 사람들—은 포로로 간주되어 본토에 있는 노예 시장으로 보내졌다. 거기서 그들은 남자, 여자, 아이로 각각 분류되어 최고가를 써낸 사람들에게 팔려 나갔기 때문에 가족이 뿔뿔이 흩어지게 되었다.

결론적으로 말하면, 예속적 신분의 소수 집단들이 처하게 되는 상황과 관련해 기독교도와 이슬람 세계 간의 가장 중요한 차이는 이슬람 세계에서는 딤미들의 지위가 『꾸란』에 적시되어 있었기 때문에 소수 공동체들에 최소한의 '법적' 권리가 주어지고 그것이 적어도 이론적으로는 침해되어서는 안 되었던 반면에, 기독교 세계에서는 그와 같은 보장이 주어지지 않았고 본질적으로 기독교 사회는 소수 공동체들에게 불친절했다는 점이었다. 그러나 실제로 두 방식 간에 큰 차이는 없었다.

기독교 스페인에서 일부 무슬림 공동체들이 혹심한 폭력과 억압을 당한 것은 사실이지만 많은 지역에서 그들은 광범한 권리를 향유하고 평화와 안전을 누리면서 만족스럽게 살았으며, 상당한 정도로 이웃 기독교도들, 그리고 영주들과 통합되어 있었다. 그러므로 무데하르들에 대한 (기독교도들의) 정책을 결정지은 것은 이데올로기나 교리가 아니라 현실적인 이해관계였다. 무슬림들이 (기독교도) 지배자들의 권력을 높여주고 왕국의 번영에 기여할 것으로 여겨지면 그들의 공동체가 보호되고 양성된 반면에, 그들이 위협적이거나 혹은 골칫거리로 간주되거나 제거하는 것이 더 낫겠다고 여겨지면 그들의 권리는 침해되거나 아예 폐기되었다. 이런 가변성은 무데하르들의 경험에서 변치 않은 상수로 남았고, 그것은 기독교 스페인의 무슬림 공동체들이 언제가 되었든 소멸되고 말 것임을 분명하게 해주었다. 그러나 그렇게 되기까지는 약 4세기의 세월이 필요하게 될 터였다.

제25장

목걸이 속의 진주

1273년 1월 22일 알 갈리브 비 라(al-Ghalib bi-Llah, '신이 선택한 정복자')로 불리고 싶어 했으나, 추종자들에 의해 알 샤이크(al-Shaykh, '노인', '두목' 혹은 '성인'(聖人))라고 불린 아부 압드 알라 무함마드 이븐 유수프 이븐 나스르 이븐 알 아흐마르(Abu 'Abd Allah Muhammad ibn Yusuf ibn Nasr ibn al-Ahmar)가 말을 타고 가다 떨어져 죽었다. 알모하드 체제 이후 알 안달루스의 잔해에서 한 왕국을 건설해 내기 위해 분투한 지역 유력자가 여럿 있었지만 소기의 목적을 달성한 사람은 오직 그뿐이었다. 그는 천부적인 교활함과 정치적 본능, 종교와 상관없이 편의에 따라 동맹을 맺기도 하고 싸우기도 하는, 수단과 방법을 가리지 않고 왕국을 수립하려고 한 굳은 결의와 그의 장수(長壽)에 힘입어 그 일을 해냈다.

일흔여덟 살의 나이로 세상을 떠날 때까지 인생의 대부분을 말 그대로 말 안장 위에서 보낸 그는 알 안달루스의 마지막 무슬림 지배자(the last Muslim ruler)였을 뿐만 아니라 당시 서른여덟 살의 아들 무함마드 2세(Muhammad II)의 계승을 위한 기반을 닦아놓고 있기도 했다. 그가 다스리는 그라나다 술탄국은 옛 코르도바 칼리프국에 비하면 분명 초라한 그림자에 불과했지만, 그가 문을 연 왕조는 이슬람 스페인의 마지막 흥망성쇠의 주기가 될 250년 동안 그라나다 왕국을 다스리게 된다. 그중 첫 한 세기는 특히 쉽지 않은 시기였는데, 그의 가문은 살아남기 위해 수단과 방법을 가리지 않았다. 이 투쟁에 힘을 보탠 사람들 가운데 공주가 한 명 있었는데, 그녀는 무함마드의 명민한 손녀 파티마 빈트 알 아흐마르(Fatima bint al-Ahmar)였다. 막후에서 전개된 그녀의 눈부신 활약은 왕실이 존속하는 데 크게 기여했다.

무함마드 1세의 힘은 1232년 이븐 후드 알 무타와킬에 대한 도전과 1236년 페르난도 3세와 맺은 동맹에 기반을 두고 있었다. 도전하는 동안에 그는 알 안달루스의 강력한 종교적 광신의 조류에 휩쓸려들어 가 상황에 따라 자신을 카리스마 넘치고 금욕적인 인물, 거룩한 성자, 혹은 말리키 정통주의의 수호자로 자처함으로써 남부 지역 전역에서 광범한 대중의 지지를 끌어냈다. 그러나 그의 신앙심이 진짜든 그런 척한 것이든 간에, 만약 대중이 그를 강력한 이슬람의 수호자로 생각했다면 그것은 착각이었다. 1246년 그는 참혹한 공성 끝에 하엔을 페르난도에게 넘겨주지 않으면 안 되었다. 그 후로 그는 카스티야 왕에게 조공을 제공하고 영토와 무거운 현금 공납을 바쳤으며, 카스티야 왕의 평의회와 코르테스에 참석하고 카스티야 군대와 함께 전쟁에 참여하겠다고 약속했다. 카스티야 측 사료는 이 두 사람 간의 합의가 봉건적 성격을 갖고 있었다고 말하고 있는데, 무함마드가 페르난도의 봉신이 되었음을 말해 주는 증거로 그가 페르난도의 손에 입을 맞추었고, 그에게 조언과 부조의 의무를 지고 있었음을 강조한다. 그러나 이븐 알 아흐마르와 그의 지지자들은 두 사람 간의 관계가 독립적인 동등자들 간의 쌍무적 관계였다고 주장하고 있다. 그렇지만 페르난도가 죽었을 때 무함마드는 봉신으로서의 의무 때문이든 아니면 외교적 의전 때문이든 간에, 자신의 지배 영토에서 공적인 애도 기간을 갖도록 명령했고 세비야에서 거행된 장례식에 의장대를 파견했다. 그러고 나서 직접 톨레도를 방문해 새 왕 알폰소 10세와 만나 조약을 체결했다.

매수한 휴전으로 얻게 된 카스티야와의 20년간의 평화는 나스르 왕조의 왕에게 지배권을 공고히 할 수 있는 기회를 제공했다. 그러나 무함마드는 알폰소 10세가 자신에게 강제로 아프리카 침입을 지원하게 하고 더 많은 영토를 넘기라고 요구하자 거부하기로 결심하고, 1264년 무르시아와 헤레스의 무데하르들, 무르시아의 후드 가문, 그리고 마린 왕조의 지원을 받아 반란을 일으켰다. 술탄(무함마드)은 이 동맹과 마그립에서 온 구자트(이들은 얼마 가지 않아 그의 군대에서 핵심적인 역할을 수행하게 된다)들의 도착으로 대담해져 있었다. 그로 인해 아시킬룰라 가문이 무함마드에 대항해 반란을 일으키자, 알폰소는 그 반란을 지원하겠다고 약속하고 그들을 자기편으로 끌어들였다. 이에 대해 무함마드는 알폰소를 거꾸러뜨릴 기회를 엿보고 있던 카스티야 귀족들을 지원하는 것으로 맞대응했다. 알폰소가 아시킬룰라 가문을 도우라며 파견한 기사들을 지휘하고 있던 누뇨 곤살레스 데 라라(Nuño González de Lara)가 자신의 왕(알폰소)을 배신하고 그라나다 편에 합류했다. 그러나 알폰소가 그라나다를 공격하기 위해 마린 왕조와 동맹을 체결하자 무함마드는 어쩔 수 없이 알폰소에게 평화 조약 체결을 청하지 않으면 안 되었고, 그와 다시 주군-봉신 관계를 맺어야 했다. 그런데 1273년 갑자기 무함마드가 세상을 떠나자 조약 체결은 그의 아들 무함마드 2세의 몫이 되었다. 알폰소 10세에게 그것은 '외통수'('check' and 'mate')로 생각되었다.

무함마드 2세가 즉위할 당시, 서부 지중해 세계의 상황은 많이 바뀌어 있었다. 지금까지는 이곳이 이슬람 지역과 기독교 지역으로 분명히 구분되어 있었다면, 이제는 종교적 정체성과는 상관없이 라이벌 혹은 동맹 관계에 의해 종횡으로 나뉘어 있었다. 그 후 약 75년 동안 카스티야-레온, 그라나다, 아라곤 연합왕국, 하프스 왕조 이프리키야, 마린 왕조 술탄국(페즈를 수도로 하는), 그리고 제노바나 피사 같은 무역 도시들은 각자 살아남고 지배 영토를 늘리기 위해 수단과 방법을 가리지 않았다. 대부분의 왕국들이 내분에 시달리고 있었다. 불만을 품은 귀족들이 지배자들에게 도전하는 경우가 빈번했고, 그럴 경우에 그들은 종교에 상관없이 인접 국가들로부터 도움을 구했다. 아라곤 연합왕국도 카스티야를 약화시키고 싶어 했기 때문에 그라나다 왕국과 동맹을 맺고 카스티야에 대항했다. 마린 왕조는 북아프리카의 적들을 상대로 싸우면서 동시에 나스르 왕조 그라나다를 지배할 생각으로 알 안달루스의 상황을 예의주시했으며, 더불어 카스티야로부터도 가능한 한 많은 영토를 탈취하려고 했다. 한편, 제노바와 피사는 이슬람 세계에서 무역상의 특권을 얻어내기 위해 노력했고, 그 때문에 자신들을 지배하려고 하는 기독교 세력에 맞서고 무슬림 세력을 지원하기도 했다.

정치 무대에 새로 등장한 집단들도 있었는데 마린 왕조도 그중 하나였다. 그들은 자나타족 샤이크(원로)인 압드 알 하크 알 마리니('Abd al-Haqq al-Marini)의 후손으로 라스 나바스 데 톨로사 전투 패배 이후 서서히 알모하드 칼리프령을 쓰러뜨리기 시작했으며, 그 과정은 1269년 마라케시 정복으로 종결되었다. 아틀라스산맥의 북동쪽 사면 건조지대에서 유래하고 (이슬람으로) 개종한 지 얼마 되지 않은 이 유목민들—유명한 메리노종 양이 이 부족 이름에서 유래했다—은 12세기 말 이후에 알 안달루스에 전사를 공급해 오고 있었다. 마그립에서 마린 왕조의 술탄들은 다수의 알 안달루스 망명자를 포함해 말리키 울라마에게 힘을 불어넣어 주었고 그들의 이데올로기를 확산시켰다. 또한 그들은 수피즘과 지역 성인, 성스러운 사람들에 대한 숭배를 지지했으며, 그것은 마그립 대중들 사이에서, 특히 농촌 지역에서 인기를 얻고 있었다. 그들(마린 왕조)의 합법성을 지지해 줄 혁명적인 이슬람 교리가 부재한 상태에서 기독교도들에 맞서 싸우는 지하드의 소명(시간이 갈수록 민중의 지지를 받았다)이 마린 왕조의 존재 이유 가운데 하나가 되었다. 지역 전사 성인들(local warrior saints)에 대한 대중의 공경은 어떤 의미에서는 '무슬림 살해자' 산티아고에 대해 스페인 기독교도들이 갖고 있던 것과 비슷했다.

그러나 기본적으로 마린 왕조 지배자들은 실용주의자들이었다. 그들의 군대는 기독교 용병에 많이 의존했으며, 사하라사막 횡단 금 무역과 지중해 시장의 상업적 발전을 위해 기독교 국가들과 탄탄한 외교 관계를 수립하기 위해 노력을 아끼지 않았다. 그들은 공성포와 화기를 포함해 혁신적인 군사 기술의 개발에 많은 투자를 했다. 그러나 유럽 열강에 맞설 만한 함대를 마련하지는 못했는데, 이 약점은 알 안달루스에서 그들이 겪게 될 실패의 한 원인이 되었다.

서부 지중해 지역의 정치에서 이 다양한 주역의 복잡하게 얽혀 있는 의제들 때문에 군사적 충돌, 상업적 합의와 파트너십, 사절의 교환, 그리고 군대의 지원 등을 특징으로 하는, 언제든 바뀔 수 있는 동맹과 적대 관계가 생겨났다. 마린 왕조의 기사들과 그라나다의 기사들이 카스티야와 아라곤 연합왕국의 깃발 밑에서 싸우기도 했고, 아라곤 연합왕국과 카스티야의 함대, 배교자, 그리고 용병들이 북아프리카 국가에서 함께 싸우기도 했다. 무슬림과 기독교도, 유대인 상인들이 지중해 양안에서 경쟁도 하고 협력도 했다. 그리고 아시킬룰라 가문과 카스티야 귀족들이 거느리는 소부대, 그리고 점점 독립적이고 분열적으로 되어가고 있던 '신앙의 자원병'(구자트)들은 외인 부대를 끌어들여 세력을 강화했다.

그러나 지하드의 교리가 아무리 현실 정치에 미미한 영향을 끼쳤다 해도 이교도들과의 전쟁은 이상적 차원에서 사람들의 승인을 받는 것이 대단히 중요했다. 그러므로 무함마드 1세의 묘비에는 그가 카스티야의 봉신이자 더할 나위 없는 현실주의자였으며, 기독교도들이 무슬림의 땅 하엔, 세비야, 헤레스를 정복할 때 그들과 행동을 같이했었음에도 불구하고 다음과 같은 글귀가 쓰여 있다.

> 이슬람의 자랑 …… 움마(무슬림들의 공동체)의 조력자, 자비의 원천이자 공동체의 기둥, 샤리아(이슬람 법전)의 빛, 수나(Sunna, 이슬람의 전통 율법)의 보호자, 진리를 지키는 칼 …… 변경의 수호자, 적군의 파괴자, 비무슬림 지배자들을 다스리는 자, 불신자들과 반란자들의 정복자 …… 신을 위해 일하는 성스러운 전사.[43]

사실 무함마드가 비무슬림 지배자들을 다스리는 자는 아니었을지 모르지만, 자신의 후계자에게 강력하고 견고한 왕국을 물려준 것은 사실이다. 남서부 타리파(Tarifa)부터 북동쪽 풀피(Pulpí)까지 약 480킬로미터에 이르는 이 왕국의 험준한 해안선은 여러 개의 천혜의 항구를 갖고 있었으며, 그 항구들로부터 길게 펼쳐진 왕국을 따라 펼쳐져 있는 고지대로 올라가다 보면 협소한 계곡에 접근할 수 있었다. 왕국 한가운데 위치한 시에라네바다산맥 — 이 산맥 꼭대기 물하센(Mulhacén)은 해발 고도가 거의 3,650미터에 이른다 — 은 북쪽 사면에 위치한 그라나다 시를 감싸고 있으면서 피난처가 되어주었다. 11세기 지리 가문의 타이파 왕국 수도로서 단명으로 끝난 영광의 시절을 경험한 뒤로 깊은 동면에 빠져 있던 이 도시는 나스르 왕조 치하에서 알 안달루스 북쪽으로부터 피난민들이 몰려오면서 활기를 되찾았다. 알메리아와 말라가도 무역항이자 산업의 중심지로 번영했으며, 그중 전자는 대규모 조선소가 들어섬으로써 조선업의 중심지가 되었다. 그보다 남쪽에 위치한 타리파와 지브롤터, 그리고 알헤시라스는 해협을 지키는 파수꾼이 되었다.

넓은 평야지대, 그리고 험준한 산마루와 언덕이 사이사이에 끼어들어간 초록의 계곡들이 특징이었던 내륙은 유리한 조건과 불리한 조건 모두를 갖추고 있었다. 론다, 과딕스, 로하, 바사 같은 크고 견고한 성채를 갖추고 있는 내륙 도시들은 군사적 거점 혹은 농업이나 산업의 중심지 역할을 했고, 다른 한편으로 북쪽 변경 지역에는 성, 요새, 성벽을 가진 정주지가 이곳저곳 산재해 카스티야 침입자들을 막아주는 방패막이가 되어주었다. 그라나다 왕국의 이 같은 풍광은 바로 북쪽에 위치한 인구가 희박하고 주민 대부분이 목축에 종사하는, 그리고 간간이 대규모 영지들이 끼어들어 있고 도시 생활이라고는 거의 찾아볼 수 없던 기독교도들의 땅과 좋은 대조를 이루었다.

그라나다 왕국은 13세기 초부터 이곳으로 몰려들어 인력과 가내 소비

43 Amira K. Bennison, "Liminal States", p. 15.

의 기반을 제공해 준 농민과 수공업자들 덕분에, 그리고 그라나다가 기독교 유럽과 북아프리카 시장들과 맺고 있던 연계 덕분에 번영했다. 농업 생산은 수세기에 걸친 관개와 거름주기, 그리고 농업 기술과 관련된 알 안달루스인들의 실험과 혁신 덕분에 탄탄한 발전을 이루었다. 관개 시설이 잘 갖추어진 강을 낀 계곡들에서는 오렌지와 무화과를 비롯해 다양하고 값비싼 과일이 생산되었으며, 습지에서는 쌀과 사탕수수가 재배되었다. 이슬람 세계와 기독교 세계 모두에서 수요가 많았던 사프란은 중요한 환금(換金) 작물이었다. 주요 작물들과 함께 올리브, 포도(포도주를 만들기 위한 것이 아니라 건포도를 생산하기 위한 것이었다), 견과류(특히 아몬드), 리넨 생산을 위한 아마, 그리고 뽕나무 — 뽕나무는 그라나다 수출 경제를 이끌고 있었던 실크 산업을 위한 원료를 제공하는 누에의 먹이였다 — 등이 재배되었다.

실크 생산과 직물업은 의심의 여지 없이 제조업 경제의 가장 중요한 분야였다. 고품질과 빛나는 색깔, 그리고 화려한 양단과 금은세공으로 유명했던 값비싼 나스르 왕조의 직물은 유럽 전역으로 수출되었다. 내수와 수출 모두를 위한 야금업, 제혁업, 제지업, 크리스털, 도자기업(특히 진주 광택이 나는 도자기가 유명했다)을 비롯해 다른 수공업 생산도 고도로 발전했다. 이런 수공업 제품은 외국 상인들, 특히 카탈루냐와 이탈리아인들의 큰 관심을 끌었는데, 그들은 그것들을 자기 나라로 가져가기도 하고 기독교 세계 전역에 공급하기도 함으로써 유럽인들의 취향과 기술을 바꿔놓았다. 이 같은 상황은 카탈루냐나 이탈리아 상인들이 카스티야에 세금을 내지 않기 위해 그라나다가 독립을 계속 유지하도록 열성을 다하게 만들었다. 더불어 그들 자신의 이익을 강화하기 위해 노력하는 만큼 이 왕국의 이익을 지키기 위해 열성을 다했다는 점에서 그것은 그라나다 왕국의 정치적 안전에 기여하는 것이었다.

또한 카스티야와의 국경을 넘나드는 무역이 활발하게 이루어졌고, 14, 15세기에는 그것을 조정하기 위해 나스르 왕조와 카스티야 간에 여러 차례 휴전과 합의가 체결되었다. 북쪽으로 여행하는 무슬림 상인들은 전시에도 이런 합의에 의해 보호받았다. 국경은 밀무역, 특히 가축 밀무역의 현장이기도 했으며, 가축들이 오고가는 계절에 따른 이동로는 자주 서로의 국경을 넘나들었다. 그와 비슷한 상업적 혹은 정치적 조약이 아라곤 연합왕국이나 이탈리아 무역 도시들과도 체결되어 유럽의 상인들이 그라나다 왕국의 항구에 접근할 수 있게 하고, 기독교도 해적들의 해적질과 약탈 행위로부터 그라나다인들을 보호해 주었다. 13세기 말과 14세기 초에는 아라곤 연합왕국의 몇몇 유력한 유대인 가문들이 외교 업무를 지배하고 있었는데, 그들은 그라나다를 왕래하며 조약을 협상하고, 용병을 고용하고, 조약을 위반하고 잡아간 포로들을 되찾아오기도 했다.

나스르 왕조는 노예를 이용하기도 했는데, 그 가운데는 무슬림 상인들이 아프리카에서 데려온 자들도 있었지만 기독교도 영토나 기독교도 선박을 공격해 납치해 온 사람들 혹은 육지나 바다에서 벌어진 전쟁에서 포로로 잡혀온 사람들이 더 많았다. 노예들 가운데 일부는 성벽 건축 같은 중노동에 투입되기도 하고 농업과 관련된 일에 종사하기도 했다. 그들의 처지는 지하 감옥에 감금되고 등골이 부러질 정도로 힘든 일을 해야 했으며, 언제든 처형될 수 있다는 불안에 시달려야 하는 등 매우 열악했다. 여성들은 대개 하녀 노릇을 하거나 남자 주인의 첩이 되어야 했다. 그녀들의 운명은 결코 낭만적이지 않았다. 이 여성들은 유괴되고 뿌리 뽑힌 상태에서 가재도구처럼 매각되고 자의적인 성폭력에 시달렸으며, 기독교도들의 땅에 사는 무슬림 노예들과 마찬가지로 비극적인 '하녀 이야기'에 나오는 고통을 감당해야 했다. 기독교도들의 땅에 침입해 잡아온 포로들(거기에는 무르시아 혹은 발렌시아 왕국의 무슬림들도 포함되어 있었다)은 국경 도시로 끌려와 그곳에서 매매되었고, 가끔은 그라나다에서 재(再)매매되었다. 그 가운데 다수가 이슬람으로 개종을 했는데, 특히 해방될 가능성도, 자신들의 고국으로 돌아갈 가능성도 거의 없었던 사람들 혹은 하녀로 일하거나 첩이 된 사람들 중에서 개종을 택하는 경우가 많았다.

포로, 외국인 상인(그들은 주로 말라가와 알메리아에 살았다), 용병, 직업 군인을 제외하고 나스르 왕국 사람들이 전쟁 국면이 아니라면 비무슬림들과 접촉할 기회가 많지는 않았다. 그라나다 왕국에 머물고 있던 소수 기독교도 원주민들은 대개 시에라네바다산맥의 남쪽 사면에 위치한 알푸하라스 지역 산촌에서 가난한 농민으로 살았던 것으로 보인다. 그에 비해 소수에 불과했던 유대인들(그들의 수를 다 합쳐봐야 2,000명이 넘지 않았던 것으로 보인다)은 그라나다, 과딕스, 론다, 바사, 알메리아 같은 대도시에 집중되어 있었다. 소수의 유대인 지식인 혹은 문학적 엘리트들이 그라나다에 남아 있기는 했지만(그들은 대개 계속해서 아랍어로 작품 활동을 했다), 그중에 나스르 행정부에서 공식적인 직책을 가진 사람은 없었던 것으로 보인다. 카스티야의 유대인들이 변경 지역에서 이루어지는 교역에 적극적으로 참여하기는 했지만, 나스르 왕국 안에 그들만의 집단 거류지가 있었던 것 같지는 않다. 1391년의 대학살로 기독교 왕국들 내의 유대인 공동체들이 파괴되고 난 뒤에 일부 유대인들이 피난민으로 그라나다 왕국으로 넘어왔고, 기독교 왕국에서는 두려움과 협박 때문에 어쩔 수 없이 기독교로 개종해야 했던 그들 가운데 다수가 이곳 그라나다에서 다시 유대교로 돌아갔다.

그라나다 왕국의 주민들은 상당히 동질적이었는데, 그들은 이슬람교와 아랍어, 그리고 아랍-안달루스 문화(이 세 가지는 나스르 왕조가 의도적으로 장려한 정체성의 핵심이었다)를 통해 하나로 통일되었다. 비록 인구 대부분은 이곳에서 나고 자란 무슬림 원주민들이었지만, 이때도 자랑스럽게 자신들의 가계가 아라비아반도에까지 거슬러 올라간다고 주장하는 가문들이 있었다. 그리고 (최근에 도착한 사람들을 포함해) 베르베르인 출신도 상당수 있었지만, 그라나다 사회의 핵심은 아랍어와 알 안달루스 문화였다. 더구나 그라나다 왕국은 반도 전역에서 몰려온 피난민들의 고향이었으므로 이곳의 문화는 알달루스 전역에서 온 요소들이 포함된, 지역을 초월하는 문화의 용광로라고 할 만했다. 이곳에 이주민들이 가장 많이 들어온 시기는 정복의 시기였던 13세기였다. 그러나 무데하르들은

14세기 초에도 계속 유입되었는데, 그 이유 가운데 하나는 1325년 아라곤과 발렌시아 간의 조약으로 발렌시아의 무슬림들이 다른 곳으로 이주할 권리를 부여받았기 때문이었다. 나스르 왕국에 들어온 수많은 망명객의 존재는 경계를 넘나드는 상호 간의 침입과 더불어 대중 사이에 무슬림-기독교도 간의 갈등을 고조시켰다. 그리고 그 대중 가운데 다수는 물론 피난민이거나 그들의 후손으로서 기독교도들의 공격으로 고통당한 사람, 혹은 이교도들의 땅에서 포로 생활을 한 사람들이었다. 나스르 왕조의 왕들은 자신들의 합법성을 분명히 하기 위해 그라나다 왕국을 알 안달루스 내 이슬람의 최후의 피난처로 제시하곤 했다.

이 모든 이유 때문에 '알 파키'(al-Faqih, '법학자')라고 알려지게 될 무함마드 2세가 해결해야 할 과제는 결코 녹록지 않았지만, 그는 그것을 능수능란하게 처리했다. 그가 물려받은 왕국은 파리아스를 바쳐야 하고 잦은 반란에 시달렸다. 그는 요새를 건설하거나 유지해야 했고, 까탈스럽고 변덕스러운 엘리트들의 비위를 맞추는 데 들어가는 막대한 비용도 조달해야 했다. 그가 집권하게 되었을 때 그의 가장 유력한 군대는 누뇨 곤살레스 데 라라가 지휘하는 신뢰할 수 없고 불온하기까지 한 카스티야 기사들이었다. 그의 잠재적 동맹세력인 마린 왕조는 알 안달루스를 호시탐탐 노리고 있었으며, 북아프리카의 무자히드들(그들은 부왕이 다스릴 때 알 안달루스에 들어와 있었다)은 북쪽 변경 지역에서 독자적으로 활동하면서 지역 주민과 귀족 집안들을 자극함으로써 그들의 지지를 약화시키고 있었다.

그러나 무함마드 2세는 이런 여러 파당 간의 분쟁을 조장하고, 알폰소 10세의 아들이자 후계자(그는 1284년 산초 4세로 즉위한다)가 일으킨 반란으로 카스티야가 혼란에 빠진 것을 이용해 자신의 왕국을 지켜냈을 뿐만 아니라 더 공고하게 만들기까지 했다. 기독교도와 무슬림 주요 세력들과 여러 반란세력에 의한 침입, 반란, 배신, 그리고 동맹으로 점철된 10년 동안의 대혼란기에 아시킬룰라 가문은 중립적이 되고 마린 왕조는 알 안달루스에서 구축되었다. 아울러 카스티야는 억제되고 구자트들의 군사력은 제어되었다. 그러나 그렇게 되기 위해서는 대가를 치러야 했다. 마린 왕조는 무함마드의 동맹세력인 누뇨 곤살레스를 살해했고(그들은 그의 머리를 장뇌유가 든 용기에 담아 무함마드에게 선물로 보냈고 무함마드는 이것을 다시 알폰소에게 보냈다), 모로코의 구자트들은 자신들의 문제를 알 안달루스로 가지고 왔다. 그들이 가지고 온 문제 가운데 가장 중요한 것은 마린 왕조의 두 라이벌 가문, 즉 아비룰라 가문(Banu Abi'l-'Ula)과 라후 가문(Banu Rahhu)이 이 수비대를 장악하기 위해 벌인 갈등이었는데, 그 싸움이 아비룰라 가문 쪽으로 기울자 라후 가문은 북쪽 바르셀로나로 이동해 그곳 왕실에 몸을 의탁했으며 그곳에서 아라곤 연합왕국의 용병으로 자리를 잡았다.

한편, 카스티야는 1295년 페르난도 4세가 열 살의 나이로 즉위하면서 다시 위기에 빠져들었다. 그래서 무함마드는 사실상 남부 지역에서 최후의 인물로 남게 되었다. 1296년에 그는 카스티야 남부 지역을 침입할 자유 재량권을 자기가 갖는다는 조건 아래 아라곤 연합왕국과 행동을 함께하기로 했다. 그러나 나스르 왕조의 지배자(무함마드)가 자신의 이점을 오래 누리지는 못했다. 무함마드 2세는 1302년에 독살당했는데, 그 범인은 아마도 아들이자 후계자였던 것으로 보인다.

무함마드 3세는 잔인했고 부친이나 조부에 비해 왕으로서의 능력도 훨씬 떨어졌는데, 7년의 재위 동안 그들이 이루어놓은 것 가운데 많은 것을 수포로 돌아가게 만들었다. 그를 지지하지 않는 후대 연대기 작가들의 기록에 따르면, 그는 일련의 폭력적 숙청을 단행함으로써 카사들의 신뢰를 잃었다. 이어서 그는 구자트들('신앙의 자원병들')이 하엔 지역에서 승리를 거두었음에도 불구하고 카스티야 왕을 자신의 주군으로 재확인하는 조약을 체결했는데, 그 안에는 주군인 카스티야 왕에게 파리아스를 바친다는 것과 요새들을 넘겨준다는 내용이 포함되어 있었다. 이 조약은 아라곤 연합왕국에 의해 승인되어(아라곤은 그러고 나서 비밀리에 카스티야와 협약을 체결하고 그라나다 왕국을 정복한 뒤에 분할할 생각이었다)

무함마드의 적인 마린 왕조를 취약하게 만들기는 했으나, 원칙적으로 이교도들과의 조약 체결에 반대하는 일반 대중과 구자트들에게는 고민스러운 것이었다. 술탄은 마린 왕조가 약해진 것에 고무되어 1306년 세우타 주민들을 사주해 반란을 일으켜 도시를 장악하게 했고, 그럼으로써 지브롤터해협을 장악했다.

이런 일련의 상황 전개는 서부 지중해의 모든 나라를 놀라게 하고 카스티야와 아라곤 연합왕국, 그리고 마린 왕조가 삼자(三者) 동맹을 체결하게 만들었다. 그로 인해 무함마드 3세는 고립되었다. 공정하게 말하면 이 모든 것이 전적으로 술탄(무함마드 3세)의 탓만은 아니었다. 치세 초기부터 그의 시력은 급속하게 나빠져 아부 압드 알라(Abu 'Abd Alla)라는 한 조언자에 크게 의존하게 되었는데, 아부 압드 알라는 원래 시인으로 무함마드 2세 치세 때 그에게 아첨하는 시를 써서 그의 카티브(katib, '서기')로 임명된 사람이었다. 이후 아부 압드 알라는 무함마드 3세의 신임도 얻어 술탄의 이중 와지르가 되어 사실상 국가를 지배하기도 하고 엄청난 재산도 모았다. 그러나 그의 정책은 일반 대중의 반감을 불러일으키고 막대한 그의 재산이 동료 관리들의 질시를 유발함으로써 결국 1309년 3월 반란이 폭발했다. 그의 경쟁자들 가운데 한 사람이 주도하고 술탄의 동생 나스르(Nasr)의 지원을 받은 이 반란에서 와지르(아부 압드 알라)는 살해되었다. 그의 시신은 모욕당했으며, 그의 저택은 약탈당했다. 그리고 무함마드 3세는 남부 해안에 위치한 알무녜카르(Almuñecar)에서 사치스러운 귀양살이를 해야 했다.

나스르는 아라곤 연합왕국이 알메리아를 공격하고 카스티야가 알헤시라스와 지브롤터를 공격하기 시작하던 위기 상황에서 권좌에 올랐다. 1309년 9월 지브롤터가 함락되었고 얼마 안 가 그곳 주민들이 추방되었다. 알헤시라스와 론다는 카스티야를 지원하기 위해 알 안달루스에 들어와 있던 마린 왕조의 성문을 개방했고, 이에 대해 나스르는 마린 왕조에 이 두 도시를 공식적으로 넘기는 것으로 대응했다. 그럼으로써 그들(마린 왕조)과는 화해를 하고 자신을 공격하기 위해 맺어졌던 삼자 동맹에 균열을 낼 수 있었다. 그 직후에 돈 후안 마누엘(후에 『루카노르 백작의 이야기』를 쓴 바로 그 왕자)과 상당히 대규모였던 그의 군대는 페르난도 4세를 놔두고 카스티야로 돌아갔으며, 그 때문에 알헤시라스는 정복을 면할 수 있었다. 알메리아를 공격한 아라곤 연합왕국 군대의 성과는 그보다 더 실망스러웠다. 그들은 1309년 8월 대규모 군대와 해상 봉쇄로 이 도시를 포위했다. 그런데 무슬림의 군 지휘관들은 그에 대비해 수개월 동안 성벽을 강화하고 식량을 비축해 놓고 있었다. 방어자들은 여러 차례 끓는 기름을 사용해 기독교도들의 공격을 격퇴했으며, 멋지게 차려 입은 기독교 기사들에게 오물을 집어던지는 공격으로 상당한 효과를 거두기도 했다. 공격자들은 투석기로 수만 발의 돌덩어리를 비처럼 도시에 쏟아붓고 한때 성벽을 돌파하는 데 성공하기도 했지만 결국 바라던 성과를 만들어내지는 못했다. 1310년 초에 아라곤 연합왕국 군대도 그곳에서 물러났다.

이 승리가 중요하지 않은 것은 아니었지만 그것이 그라나다 군중을 만족시키지는 못했다. 그들은 점차 나스르와 그의 와지르 아티크 이븐 알 마울('Atiq ibn al-Mawl)에 대해 실망을 금치 못하고 있었다. 나스르는 왕족들 가운데서도 강력한 적을 갖고 있었다. 그의 이복누이인 파티마 빈트 알 아흐마르는 오빠 무함마드 3세의 강력한 지원자였나. 그 두 사람은 부친의 첫 번째 아내이자 이종사촌이었던 여인에게서 태어난 자식들이었다. 파티마는 삼촌이자 무함마드 1세의 조카이기도 했던 아부 사이드 파라즈 이븐 이스마일(Abu Sa'id Faraj ibn Isma'il, 그는 오랫동안 말라가의 지배자로 있으면서 왕조에 중요한 기여를 해오고 있었다)의 아내였다. 혈통의 관점에서 보면 무함마드의 두 번째 아내 샴스 알 두하(Shams al-Duha, 그녀는 기독교도이자 노예였다)에게서 태어난 나스르가 외부에서 들어온 침입자인 셈이었다. 기독교도들처럼 옷을 입는다든지, 모사랍 출신의 무함마드 이븐 알 하즈(Muhammad ibn al-Hajj)를 와지르로 임명한다든지 하는 나스르의 행태는 그에 대한 인상을 부정적으로 만들었다. 그렇게 해서 분쟁의 무대가 마련되었다.

파티마의 남편 아부 사이드는 왕위 계승권을 갖고 있지 않았다. 그렇지만 그들의 아들 이스마일은 부친과 모친 양쪽을 통해 무함마드의 후손으로서 이제 나스르 왕조의 가장 순수한 피를 가진 유력한 승계 후보자가 되었다. 나스르는 그를 위협적인 존재로 생각했는데, 그것은 정확한 상황 파악이었다. 그러므로 파티마는 행동에 나서게 되었다. 파티마는 아부 사이드의 오랜 동료이며 구자트 군 지휘관이었던 우스만 이븐 아빌울라(Uthman ibn Abi 'l-'Ula)와 그라나다 도시 엘리트들 가운데 우호적인 사람들을 등에 업고 나스르 타도에 나섰는데, 결국 나스르는 1314년 2월 반란세력에 의해 수도에서 쫓겨나 호위병과 함께 과딕스에서 호사스런 귀양살이를 하지 않으면 안 되었다. 그는 그곳에 도착하자마자 다시 복위하기 위해 카스티야에 사절을 보내 동맹을 모색했다.

카스티야의 페르난도 4세가 1312년에 죽고 한 살배기 아들 알폰소 11세가 그 뒤를 잇자, 어린 왕을 대신해 그의 할머니인 마리아 데 몰리나(Maria de Molina)와 유력한 두 왕자 후안(알폰소 10세의 아들)과 페드로(산초 4세의 아들)가 섭정을 했다. 나스르의 동맹 제안 소식을 접한 두 왕자는 대규모 기사 부대를 이끌고 과딕스로 내려가 1316년 구자트 군 지휘관인 우스만 이븐 아빌울라가 이끄는 군대와 싸워 고전 끝에 승리를 거두었다. 3년 후에 여세를 몰아 그라나다의 비옥한 베가(Vega), 즉 후배지로 쳐들어갔는데 이번에는 참패를 면치 못했다. 여기에서 페드로와 후안은 살해되고 기독교 군대는 그라나다 군대에 의해 궤멸되었다. 샤이크(원로) 알 구자트, 즉 우스만이 복수를 한 것이었다.

카스티야가 혼란에 빠져 있을 때 알폰소 11세의 피후견인들이 8년간의 휴전을 요청했다. 1323년 휴전이 끝나자 이스마일은 직접 군대를 이끌고 나가 북쪽 변경 지역에 있는 몇몇 대도시를 점령했는데, 이때 그는 이베리아반도에서는 처음으로 대포를 사용한 것으로 보인다. 한편, 그는 자신의 부친(아부 사이드)과 사이가 틀어져 있었는데, 그것은 부친이 말라가를 마린 왕조에 넘기려고 음모를 꾸몄다고 의심했기 때문이었다. 아부 사이드는 직위를 박탈당한 채 왕궁 내 감옥에 감금되어 있다가

1320년 감옥에서 죽었다. 우스만 이븐 아빌울라는 이스마일이 점점 고립되어 가고 있다는 것을 알고는 자신도 어떻게 될지 모른다고 두려워해 행동에 나서기로 결심하고 이스마일의 사촌 무함마드 이븐 이스마일(그는 당시 알헤시라스의 지배자였다)을 부추겨 이스마일의 암살을 시도하게 했다. 그래서 무함마드와 그의 동생이 술탄(이스마일)을 궁전에서 칼로 찔렀는데, 일을 엉성하게 처리하는 바람에 미수에 그쳤다. 부상을 입은 채 목숨을 건진 이스마일은 그 후에도 오랫동안 살아남아 암살 미수자들과 그 지지자들이 체포되어 사형당하는 것을 볼 수 있었다. 그러나 음모를 뒤에서 부추긴 우스만은 도망치는 데 성공했고, 열 살배기 죽은 왕의 장남 무함마드 4세가 부친이 죽은 바로 그날 왕위를 승계했다. 이에 대해 우스만은 동의를 표했는데, 그것은 분명 자신이 이 소년왕의 배후에서 실질적인 권력을 휘두를 수 있을 것으로 생각했기 때문이었다.

파티마는 당시 60대 중반의 나이였으나 여전히 무시 못할 존재였다. 그녀는 이스마일의 곁을 지켰고 손자 무함마드 4세가 왕이 되는 과정에서 한 보호자와 함께 손자의 섭정 역할을 하기도 했다. 이제 그녀는 우스만 이븐 아빌울라와 와지르 무함마드 이븐 알 마흐루크(Muhammad ibn al-Mahruq)가 지배권을 차지하기 위해 서로 음모를 꾸미고 있는 가운데, 왕조 존속을 보장하기 위해 애쓰지 않으면 안 되었다. 상황은 위기의 정점으로 치닫고 있었다. 우스만은 이븐 알 마흐루크를 궁정 내 다른 사람들로부터 떨어뜨려 놓으려 했고, 그에 대해 와지르는 1326년 라이벌인 이븐 라후 혈족의 야흐야 이븐 우마르를 그라나다로 불러들여 구자트들을 지휘하게 했다. 우스만은 자기가 데리고 있던 병력 가운데 상당수가 자신을 떠나 새 지휘관 쪽으로 넘어간 것을 알게 되었는데, 그것은 모로코 구자트들 간에 전쟁을 촉발했다. 알 안달루스에 대한 지배권을 차지하고자 하는 야심을 채우기 위해 내세울 간판을 찾고 있던 우스만은 무함마드 4세의 삼촌 무함마드 이븐 아비 사이드(Muhammad ibn Abi Sa'id)에게 갔는데, 그는 자신의 형(살해된 술탄 이스마일)이 권력을 잡자 틀렘센에서 도망쳐 온 사람이었다. 알 안달루스로 건너와 알푸하라스 지역의 안다락스(Andarax, Andrash)에 정착해 살고 있던 무함마드 이븐 아비 사이드는 우스만에 의해 합법적인 술탄으로 선언되었다. 무함마드 4세는 이에 대항해, 그리고 이븐 알 마흐루크의 성공과 최근의 반란에 놀란 파티마의 묵인 아래, 이븐 알 마흐루크의 암살을 지시했다. 우스만은 즉각 자신이 왕으로 밀고 있던 사람들을 버리고 다시 구자트들의 지휘관으로 복귀했다.

상황이 다시 안정되자 1330년경 무함마드는 알폰소 11세에 대해 몇 차례 공격을 개시할 수 있었다. 당시 알폰소 11세는 우스만의 아들 아부 타비트(Abu Tabit)가 이끌던 구자트들의 지원을 받고 있었다. 그런데 카스티야인들이 대규모로 반격해 오자 술탄은 곧바로 꼬리를 내리고 알폰소에게 다시 조공을 바치겠다고 약속하고는 서둘러 직접 페즈로 달려가 술탄 아부 알리 우마르에게 도움을 청했다. 이에 마린 왕조는 제노바인들의 도움을 받아 이베리아반도 남쪽에 상당수의 병력을 상륙시켜 1333년 6월 카스티야로부터 지브롤터를 탈환했다. 알폰소 11세가 곧 도착해 반격했지만 3개월이 지나도 방어자들을 쫓아내지는 못했다.

카스티야 귀족들이 새로 반란을 일으켰다는 소식이 들리자(그 반란군의 우두머리는 제어할 수 없는 인물 돈 후안 마누엘이었다), 왕은 무함마드와 타협을 하기로 결심했다. 그와 무함마드는 성대한 연회를 열고 선물을 주고받는 가운데 직접 의견 차이를 조정했는데, 알폰소는 알 안달루스에서 철수하고 무함마드는 카스티야에 조공을 바치며, 양국은 국경 부근에서 교역을 재개한다는 것이 주요 내용이었다. 무함마드는 이 합의에 만족해 그라나다로 돌아갈 준비가 되어 있었다. 그러나 두 번에 걸쳐 지브롤터 공성에 참여했던 구자트들의 지휘관 아부 타비트는 그렇지 않았다. 그는 카스티야와의 조약이 체결되고 나스르 왕조의 그라나다와 마린 왕조의 페즈 간에 동맹이 맺어져 자신의 용도가 감소하자, 자기 가족이 모로코로 다시 쫓겨나게 되지 않을까 두려워했다. 그래서 그는 당시 열여덟 살의 무함마드 4세가 의기양양하게 그라나다로 돌아올 때 중간에서 그를 습격하기로 했다.

그렇게 해서 술탄이 살해될 때 무함마드의 충성스런 와지르 아부 누아임 리드완(Abu Nu'aym Ridwan)이 그 현장에 있었다. 그는 급히 말을 타고 바로 그날 수도로 돌아왔고, 모후 파티마의 동의와 협력 아래 즉각 무함마드의 열다섯 살배기 동생 유수프를 새 술탄으로 선언했다. 아부 타비트와 그의 가족들은 새 왕에게 충성을 맹세했음에도 불구하고 체포되어 하프스 왕조의 튀니스로 보내졌고, 반면에 유수프 이븐 우마르 이븐 라후는 구자트들의 지휘관직에 복귀했다. 이 같은 험난한 출발에도 불구하고 유수프 1세와 그의 장남 무함마드 5세 치하에서 나스르 왕조의 그라나다는 전성기를 누리게 되는데, 거기에는 세 세대에 걸쳐 나스르 왕조를 지지하기 위해 노력하고 왕조의 젊고 불운했던 술탄들에게 비전과 경험을 제공해 주었던 파티마 빈트 알 아흐마르의 비전과 지조가 중요한 역할을 했다. 그녀의 위상은 당대인들에게 분명히 각인되어 있었는데, 정신(廷臣)이며 시인이자 역사가였던 이븐 알 카티브(Ibn al-Khatib)도 그중 한 명이었다. 1349년 아흔 살의 나이로 그녀가 세상을 떠나자, 그는 다음과 같은 말로 그녀를 칭송했다.

> 왕국의 정수 중에 정수, 왕조라는 목걸이의 한가운데 박힌 커다란 진주, 명예와 존중을 열망하는 하렘의 자부심, 백성들을 한데 묶어주는 쇠사슬, 왕들의 보호자, 그리고 왕가의 생득권의 살아 있는 기억.[44]

44 Bárbara Boloix Gallardo, "Mujer y poder", p. 288.

제26장

신의 가호로 번영하다

1332년 유수프 1세가 즉위했을 때, 그라나다 나스르 왕조는 만만찮은 도전에 직면해 있었다. 왕족과 귀족들, 궁정 관료들, 그리고 군대에서 벌어지고 있던 만성적인 심각한 파당적 분열은 그중에서도 가장 큰 부분을 차지했다. 그 외 다른 점에서도 그라나다 술탄국의 상황은 취약했다. 그라나다 왕국은 자기보다 영토도 더 넓고 인구도 더 많은 빈도 내 두 적국, 즉 카스티야와 아라곤 연합왕국에 둘러싸여 있었는데, 그 두 나라는 그라나다 왕국에 대해 어떤 공격을 하더라도 그것을 십자군의 명분으로 합리화할 수 있었다. 나스르 왕조의 사실상 유일한 무슬림 동맹이라 할 수 있었던 마린 왕조의 모로코 또한 그라나다 왕국을 잠재적 먹잇감으로 간주하고 호시탐탐 기회를 노리고 있었다. 성채 축조, 육군과 해군 유지 비용, 그리고 기독교 이웃 국가들에 바쳐야 하는 파리아스 등 왕국을 지키기 위해 지불해야 하는 대가는 매우 컸다.

왕국의 신민들은 기독교도들의 공격으로 심한 고초를 당해 왔다. 그런데 나스르 왕조에 대한 대중의 지지와 정당성의 상당 부분이 이슬람의 수호자 혹은 이교도에 대항한 성전의 수호자로서의 선전에 기반을 두고 있었기 때문에 불가피하게 이웃 기독교 국가들과 타협하지 않으면 안 되게 되었을 때 대중이 보일 거센 반발을 의식하지 않으면 안 되었다. 그러나 신비주의가 대중뿐만 아니라 엘리트들 사이에서도 확산되고 그것이 왕국 내 울라마의 합의(consensus)를 위협하자, 술탄국의 종교적 기반에도 변화가 나타나게 되었다. 궁극적으로 유수프 1세와 그의 아들 무함마드 5세가 거둔 성공은 외교관 혹은 군주로서 그들의 기량뿐만 아니라 라이벌 국가들을 분열되고 산만한 상태로 만들어놓은 상황 덕분이기도 했다.

유수프 1세의 시작은 평탄치 않았다. 카스티야·모로코와 체결하고 있었던 삼자 간의 평화 조약은 1340년 마린 왕조와 나스르 연합 해군이 지브롤터 해안에서 카스티야 함대를 격파하면서 끝이 났다. 마린 왕조의 아미르 아불 하산 알리(Abu 'l-Hasan 'Ali)는 여세를 몰아 병력을 끌어모은 다음에 타리파를 되찾기 위해 알 안달루스로 건너갔다. 그는 승리를 확신한 나머지 직접 원정을 이끌었을 뿐만 아니라 가족 전체를 동반하기까지 했다. 그러나 사태는 그의 뜻대로 되지 않았다. 카스티야 방어자들은 아불 하산의 공격을 격퇴했을 뿐만 아니라 알폰소의 지원군은 잘 조직된 중(重)기병대에 힘입어 마린 왕조와 그라나다 군대를 격퇴하고 도주하는 자들을 쫓아가 죽였으며, 아미르(아불 하산)의 캠프를 유린했다. 아불 하산은 가까스로 도망쳐 세우타로 돌아왔으나, 그의 아내와 자식들을 비롯한 식솔들과 그가 개인적으로 갖고 있던 보물들은 엄청난 양의 귀금속과 함께 그곳에 두고 오지 않으면 안 되었다. 그가 두고 온 귀금속의 양이 얼마나 많았던지 그로 인해 유럽의 금값이 상당히 떨어졌다는 소문이 돌았을 정도였다. 마린 왕조가 그 후로도 알 안달루스에 대한 야심을 포기하지는 않았지만, 살라도강(Rio Salado) 전투에서 당한 패배로 이제 그들은 나스르 왕조에 위협적인 존재가 되지 못했다. 1351년 아불 하산이 죽고 나서 그의 왕조는 반란과 쿠데타, 국왕 시해의 악순환에 휘말리게 되었고, 그로 인해 14세기 후반기 동안 그곳에서는 적어도 열여섯 명의 아미르가 즉위하게 된다.

알폰소는 여세를 몰아 그라나다에서 북서쪽으로 48킬로미터 정도 떨어진 방어 거점인 알칼라 라 레알(Alcalá la Real, al-Qal'a)로 쳐들어가 장기간의 공성 끝에 항복을 받아냈다. 그 후 그는 1342년 서쪽 알헤시라스로 돌아왔고 거기서 유럽 도처에서 들어온 십자군을 포함해 대군을 결집했는데, 그중에는 나바라 왕국의 카를로스 3세 같은 거물들과 제노바에서 온 선박들도 포함되어 있었다. 공성은 2년 반 동안 계속되었다. 이 기간 동안 기독교 군대는 도시 성채를 무너뜨리기 위해 끈질긴 작업을 하고 성벽을 향해 공격을 퍼부었으며, 성안의 방어자들 또한 그 공격을 완강하게 버텨내고 대포 공격으로 공격자들을 두려움에 떨게 만들었다. 양측은 피로와 굶주림, 질병으로 기진맥진한 상태가 되었고 알폰소의 외국인 동맹들은 하나둘씩 그의 곁을 떠났다. 유수프가 알폰소에게 평화를 요청했으나, 그러기 위해서는 마린 왕조와의 동맹을 포기해야 한다고 주장한 카스티야 왕(알폰소)의 요구를 술탄은 받아들일 수가 없었다. 아프리카로부터 지원군이 도착하지 않은 상태에서 유수프의 왕국은 패할 수밖에 없는 처지였다. 결국 알폰소가 양보해 10년간의 휴전에 동의했다. 매년 상당액의 현금을 받는 대신에 도시 수비대와 주민들이 무사히 그곳을 떠날 수 있게 해준다는 데 동의한 것이다. 이 휴전은 유수프가 국가 건설과 왕조의 공고화에 전념할 수 있게 해주었다.

이 조약을 체결하기 직전 알폰소는 지브롤터 공성에 착수했었는데, 그것은 그의 몰락을 앞당기는 것이 된다. 1350년 3월에 이 '독재자'는 자신의 공성 캠프에서 어떤 용감한 무슬림 전사의 공격을 받아서가 아니라 너무도 작아서 눈에 보이지도 않은 적, 즉 예르시니아 페스티스(Yersinia pestis)라는 세균의 공격을 받아 죽었다. 흑사병이 도착한 것이었다. 이 병은 이베리아반도와 지중해 전역에 가차 없이 몰아쳤는데, 지역에 따라서는 사망률이 거의 90퍼센트에 이르기도 했다.

유수프는 한때 자신의 주군이자 냉혹한 적이기도 했던 알폰소에 대해 기사도적 미덕을 발휘해 죽은 왕의 장례 행렬이 코르도바로 안전하게 돌아갈 수 있게 해주었다. 알폰소는 코르도바에 도착해 과거 대모스크로 이용되었던 곳에 부친 페르난도의 옆에 묻혔다. 유수프 자신도 4년 후 기도를 하던 중에 한 마긋간지기 노예의 기습 공격을 받아 쓰러졌는데, 이 암살은 페즈에 있는 술탄의 적들에 의해 주도면밀하게 계획된 것이기는 했지만 당시 이 마긋간지기는 분명 분별력을 상실한 상태였다. 유수프는 전장에서 많은 것을 잃기는 했지만 인기 있는 왕이었고 백성의 존경을 받았으며, 기독교 지배자와 외교관, 상인들(이들과 그는 자주 편지를 주고받았다)로부터도 존경받는 인물이었다.

기독교 세계와 이슬람 세계 양쪽 모두에 큰 변화를 가져다준 흑사병이 단기적으로는 그라나다에 이익을 가져다주었으니, 그것은 이웃 열강들 사이에 대혼란을 불러일으켰고 나스르 왕조는 그것을 자신들에게 유리하게 이용할 수 있었기 때문이었다. 여기서 결정적으로 중요한 것은 나스르 왕조가 카스티야와 카스티야의 새로운 왕 페드로 1세와 맺은 관계였다. 페드로 1세는 지지자들에게는 '공정왕'으로, 적들에게는 '잔인왕'으로 알려져 있었다. 이처럼 양극적 인물이었던 페드로 1세는 반도 내 기독교 국가들을 여러 차례 전쟁의 소용돌이 속으로 몰고 갔는데, 그 전쟁들은 거의 세기말까지 계속되며 그라나다 왕국을 다시 강력한 위치에 올려놓게 된다.

유수프가 갑자기 죽자 오랫동안 와지르로 일해 오고 있던 리드완이 재빨리 행동에 나서 죽은 술탄의 열여섯 살난 아들 무함마드를 왕위에 앉혔다. 유수프는 오랫동안 원래 이스마일이라는 이름의 다른 아들—그의 두 번째 아내인 림(Rim) 혹은 마리암(Maryam)이라는 노예에게서 태어난 아들—을 더 총애했으나, 죽기 직전에 무함마드를 후계자로 지명한 것이었다. 아직 어린 술탄은 하집으로 임명된 리드완과 야흐야 이븐 우마르 이븐 라후(Yahya ibn 'Umar ibn Rahhu, 그는 구자트들을 이끌었다), 그리고 하집이면서 동시에 이중 와지르를 겸했으며 14세기 알 안달루스의 가장 뛰어난 작가이자 지식인 가운데 한 명이었던 이븐 알 카티브—그는 리산 알 딘(Lisan al-Din), 즉 '신앙의 목소리'라는 이름으로 알려져 있었다—의 충성심과 재능에 의존할 수 있었다. 그러나 궁정 내 유력자들은 림과 그녀의 자식들, 특히 이스마일에 적대적이었다. 그리하여 1359년 그들(림과 그 자식들, 그리고 일부 유력자들)은 무함마드와 그 지지자들을 덮치기로 하고, 리드완의 집을 습격해 그를 죽이기 위해 대규모 암살단을 보냈다. 그러나 술탄 무함마드는 라후 가문 사람들의 재빠른 행동 덕분에 도시에서 빠져나와 과딕스로 이동한 다음, 자신의 왕실 관리들과 함께 페즈에 있는 마린 왕조의 궁으로 망명을 하게 되었다. 그와 동행한 왕실 관리 중에는 이븐 알 카티브와 시인 겸 정신이었던 무함마드 이븐 잠락(Muhammad ibn Zamrak), 그리고 200명가량의 기독교도 노예 병사로 이루어진 경호 부대가 포함되어 있었다. 라후 가문 사람들은 군대를 규합해 북쪽 카스티야로 진출하기 위한 전투를 벌였고, 카스티야에서 그들은 페드로 1세에게 몸을 의탁하면서 그(페드로 1세)의 기사(騎士)들과 함께 아라곤 연합왕국에 대항해 싸웠다.

이스마일은 재빨리 왕위를 차지했고 아빌울라 가문에 다시 한 번 구자트들을 맡겼으며, 당시 그라나다에 체류 중이던 무함마드 5세의 아내에게는 남편과 헤어지고 자신과 결혼하게 했다. 당시 그라나다는 서유럽 전체에 큰 파문을 일으키고 보편적인 불안을 불러일으키고 있던 역병과 경제 위기로 큰 피해를 본 상태였는데, 그것이 무함마드 5세에 대한 불만이 증폭하는 데도 일조했다는 점에는 의심의 여지가 없다. 이스마일의 치하에서도 상황은 좋아지지 않았고 엘리트들과 보통 사람들을 막론하고 다수의 주민이 수도로부터 빠져나갔다. 더욱이 이스마일의 허영심과 여성스런 외모(그는 남사스럽게도 머리를 길게 길러 땋은 다음 실크 리본으로 묶고 있었다)는 많은 사람으로 하여금 그가 왕에 걸맞지 않다는 느낌을 갖게 만들었다. 한편, 그의 처남이자 파티마 빈트 알 아흐마르의 증손자였던 무함마드(그는 1359년의 쿠데타 때 이스마일의 편에 섰었다)는 막후에서 권력을 휘둘렀다.

무함마드는 카스티야인들에게는 '엘 베르메호'(El Bermejo, '붉은 머리')라는 이름으로 알려져 있었는데, 1360년경이면 이스마일과 그의 가장 가까운 가족과 조언자들을 공격해 살해할 수 있을 정도로 확고한 입지를 다져두고 있었다. 그러고 나서 '엘 베르메호'는 알 갈리브 빌라(al-Ghalib bi-Llah, '신의 가호를 입은 승리자'), 즉 무함마드 6세로 왕위에 올랐다. 그러나 지저분하고 대마초 중독자로 알려진 엘 베르메호는 백성들의 신뢰를 얻지 못했고, 그의 쿠데타에 이은 사회 불안은 무함마드 5세가 망명으로부터 돌아올 수 있는 기회를 열어주었다. 무함마드 5세는 자신의 충성스런 지지자들과 론다에 있던 군대를 끌어모으고, 오랜 동맹이자 친구인 카스티야의 페드로의 지지를 등에 업고 1361년에 왕위를 되찾기 위한 싸움을 시작했다.

이베리아반도에서는 궁정 음모 외에 강력한 지정학적 요인이 중요했다. 1350년 알폰소 11세가 죽고 나서 아라곤 연합왕국의 예식왕 페레와 카스티야의 페드로 1세 간에 긴장이 고조되고 있었다. 두 군주는 반항적인 귀족들과 도시 정부들을 상대로 싸워야 했으며, 거기다 각각 상대방 이복형제들의 왕위 도전을 지지하고 있었다. 1356년 페드로가 아라곤 연합왕국을 공격하면서 이른바 '두 페드로의 전쟁'•이 시작될 때, 그의 동맹 무함마드 5세는 그에게 선박과 병력을 보내 주었는데, 그에 대응해 페레는 그라나다와 카스티야에 대항하여 마린 왕조와 동맹을 맺었다. 이제 두 무함마드가 그라나다 왕위를 놓고 싸우고 있는 상황에서 페드로 1세는 무함마드 5세를 지원했고, 무함마드 6세는 아라곤 연합왕국과 동맹을 체결했다. 페드로는 자신의 왕국이 그라나다에 대한 지배권을 상실하지 않을까 염려해 이슬람에 맞서 싸우라는 교황 인노켄티우스 4세로부터 받은 십자군 교서(이 경우에 이 교서는 자신의 무슬림 동맹세력을 지원하기 위한 것이었다)라는 수단을 이용해 아라곤 연합왕국과 일시적인 휴전을 체결하고, 그라나다에 병력을 보내 무함마드 5세를 도왔다.

엘 베르메호(무함마드 6세)의 군대를 둘로 나눠놓은 카스티야의 공격으로 무함마드 5세는 주도권을 쥐고 1362년 3월 말라가를 점령했으며,

---

• 카탈루냐의 인명 'Pere'는 카스티야 인명 'Pedro'에 해당한다.

그라나다와 모로코 사이의 통행로를 장악했다. 한편, 페드로 1세의 기독교도 군대는 변경을 따라 세워진 도시들과 성채들을 하나씩 점령해 갔다. 이 같은 상황 전개에 점점 자신감을 잃게 된 엘 베르메호는 겁을 집어먹고 식솔들과 자신의 보물, 그리고 500명 정도 되는 군대와 함께 그라나다를 떠나 페드로 1세에게 몸을 의탁하지 않으면 안 되었다.

그 뒤에 일어난 일은 페드로 1세가 자신의 별명인 '잔인왕'이라는 이름에 걸맞게 처신한 수많은 사례 가운데 하나였다. 그는 무함마드와 그의 고관 서른여섯 명을 연회에 초대한 뒤, 다음 날 들판으로 끌고 가 엘 베르메호는 페드로 자신이 직접 창으로 찔러 죽이고 나머지 다른 사람들은 아랫사람들을 시켜 참혹하게 학살했다. 이어서 페드로는 정중하게 예의를 갖춰 그들의 수급을 무함마드 5세에게 보냈으며, 살아남은 그라나다 정신들과 군 지휘관들은 세비야 지하 감옥에 가두었다. 아울러 엘 베르메호가 갖고 있던 상당량의 보물은 모두 자신의 몫으로 챙겼다.

왕위를 되찾은 무함마드 5세는 카스티야와 아라곤 연합왕국의 두 페드로가 다시 치명적인 싸움을 벌이게 되는 1390년까지 왕위에 남아 있게 된다. 술탄(무함마드 5세)에 대해 좀 더 언급하자면, 그는 자신의 외교적 기술을 이용해 갈등에 치명적으로 휩쓸려 들어가는 것을 피하고, 그것을 오히려 자신과 자신의 왕국에 유리한 쪽으로 돌려놓곤 했다. 처음에는 동맹세력(카스티야의 페드로와 그라나다의 무함마드 5세)에 상황이 유리하게 흘러갔다. 1363년 페드로 1세는 나바라와 포르투갈의 지원 아래 아라곤 연합왕국에서 상당히 큰 영토를 획득했고, 반면에 그라나다 기병대는 무르시아와 남부 발렌시아에서 농촌 지역을 파괴하고 기독교도들을 포로로 잡았다. 그러나 페드로 1세의 카스티야 왕국은 오랜 전쟁과 그로 인한 비용으로 빚더미에 나앉게 되었으며, 이미 바닥을 기고 있던 그의 인기는 더 떨어지게 되었다. 점점 불안해진 왕은 신민들에게 점점 더 무거운 세금을 거두었으며, 자기 가족을 포함해 충성심이 의심되는 사람이면 누구나 잡아다 고문하고 처형했다. 얼마 가지 않아 그는 자신의 귀족들과 주요 도시들이 일으킨 반란에 직면해야 했다.

한편, 아라곤 연합왕국의 페레의 운명은 잉글랜드와 프랑스의 백년 전쟁에 따른 소강 상태에 힘입어 페드로 1세의 배다른 서출 형제인 엔리케 데 트라스타마라(Enrique de Trastámara, 페레는 카스티야 왕위를 차지하려고 하는 이 엔리케를 지지했다)가 악명 높은 용병 '백색 중대'(White Companies, 이들은 자신들의 고국 프랑스에서 엄청난 파괴를 저질렀다)를 자기편으로 갖게 되면서 바뀌었다. '백색 중대'가 카스티야를 침입해 (카스티야의) 페드로 1세의 입지가 위기에 처하게 되었을 때, 무함마드 5세는 아라곤 연합왕국의 동맹 제안을 거절하고 계속 카스티야에 대한 충성을 고수해 카스티야 편에 자기 기사들을 참전시켰다. 그러나 무함마드는 1361년의 십자군 교서(그는 이 교서를 자신을 무너뜨리기 위해 교황이 꾸민 음모의 증거로 보았다)에 자극을 받아 신앙의 전사로서의 자신의 명성을 높이고 분열된 신민들을 동원하기 위해 지하드를 선언했으며, 페드로 1세에 대해 반란을 일으킨 카스티야의 요새와 도시들을 탈환할 때는 직접 군대를 이끌고 나가 싸워 코르도바를 탈환하기 일보 직전에까지 갔다. 무함마드는 페즈부터 메카에 이르기까지 이슬람 세계의 여러 지배자에게 사절을 보내 자신과 페드로 1세간의 동맹이 기독교 세계에 맞서 싸우기 위한 좀 더 원대한 전략의 일부라며 합리화했다.

1369년경이면 페드로 1세의 국내 지원세력은 거의 고갈된 상태였다. 그해 3월, 그가 몬티엘에서 엔리케와 '백색 중대'에 패했을 때, 계속 그의 곁을 지키고 있던 얼마 안 되는 군대 중에는 무함마드 5세가 보낸 1,500명가량의 그라나다 기병대가 있었다. 전쟁이 끝날 무렵에 카스티야 왕은 용병대장 베르트랑 뒤 게클랭(Bertrand de Guesclin)이 쳐놓은 덫에 걸려들었고, 용병대장은 그를 엔리케 데 트라스타마라가 기다리고 있는 막사로 데리고 갔다. 몇 마디 대화가 오가고 난 뒤에 엔리케는 자신의 이복형인 페드로 1세를 칼로 찔러 죽였다. 그렇게 해서 트라스타마라 왕조 시대가 시작되었으며, 이 왕조로부터 '가톨릭 공동왕'인 이사벨과 페르난도 2세가 출현하게 된다. 그러나 엔리케의 승리와 그가 카스티야 왕으로 대관(戴冠)한 것이 이베리아반도에 평화를 가져다주기는커녕 반도 내 기독교 왕국들을 다시 전쟁의 구렁텅이 속으로 몰아넣게 되며, 그것은 그 후 수십 년 동안 계속될 터였다.

이 전쟁은 나스르 왕조 술탄에게 절실히 필요했던 숨 쉴 틈을 가져다주었으며, 무함마드 5세는 그 기회를 잘 이용할 준비가 되어 있었다. 1369년 7월 그는 대군을 이끌고 카스티야군이 장악하고 있던 알헤시라스 성문 앞에 도착했다. 불과 이틀 만에 '신도시'의 성채는 파괴되고 나스르 왕조의 군대는 홍수처럼 달려들어가 주민들을 마구잡이로 학살했다. 그다음 날에는 더 강한 요새를 갖추고 있던 '구도시'의 수비대가 겁을 집어먹고 안전하게 내보내주면 항복하겠다고 제안을 해왔다. 그렇게 해서 무함마드는 보무당당하게 도시로 입성할 수 있었다. 그는 이 승리를 기념해 '알 가니 빌라'(al-Ghani bi-Llha. '신의 가호로 번영한 자')라는 별명을 갖게 되었다. 그는 가톨릭교회로 전용되어 있던 이 도시의 대모스크를 원상태로 돌리고 계속해서 세비야와 코르도바 남쪽 지역을 공격해 상당한 수입을 챙겼다. 이 같은 일련의 성공으로 무자히드로서의 술탄의 명성은 확고해졌으며, 이븐 알 카티브를 비롯한 시인들은 이 업적을 널리 선전했다. 그렇지만 이런 중요한 승리도 취약한 그라나다 왕국의 현실을 바꾸지는 못했다. 무함마드도 그 점을 인정하고는 1379년에 후에 그것이 적군에 의해 이용되는 것을 막기 위해 알헤시라스를 둘러싸고 있는 5킬로미터에 이르는 성벽을 철거하고 도시를 포기하기로 결정했다.

한편, 궁지에 몰려 있던 기독교 왕국들은 그라나다의 이 같은 회복된 자신감에 대응할 준비가 되어 있지 않았다. 아라곤 연합왕국과 카스티야 왕국 둘 다 무함마드 5세를 어떻게든 자신의 동맹으로 삼으려고 했으며, 둘 중 누구도 그라나다에 독점적인 충성을 요구할 처지에 있지 않았다. 그래서 그라나다는 두 나라 모두와 우호적이고 생산적인 관계를 유지할 수 있었다. 나스르 왕들은 전쟁으로 쇠약해진 기독교도들이 장악하고 있던 땅을 침공해서든, 아니면 기독교 기사들과 함께 기독교도 적들을 공격해서든 간에, 명예와 전리품을 획득했으며, 기독교도 상인들과 무슬림 상인들은 육로와 해로 모두를 통해 서로 오가면서 장사를 했다. 무함마드는 왕족 내 경쟁자들을 교묘하게 이용하고 소프트 파워(간접적이고 무형의 영향력을 행사하는 힘)를 행사해 마린 왕조와 그 외 여러 북아프리카 왕조들(이들은 쇠약해졌고 마그립 지역에 대한 지배력을 상실해 가고 있었다)이 자신을 괴롭히지 못하게 만들었다. 1372년경이면 그는 구자트들을 나스르 왕조의 군 지휘관들의 수하에 두고 있었으며, 1374년에는 지브롤터해협을 장악하고 나서 마린 왕조의 피호인들에게 군사 원조를 보냈다. 1384년 그는 지브롤터해협을 장악하고 세우타를 지배하게 되었다.

무함마드의 치세 후반기는 번영과 안정의 시기였으며, 왕은 자신을 일급의 지배자로 보이려고 노력했다. 그는 이집트의 맘루크들(Mamelukes, 이들은 1258년 몽골족의 바그다드 침공 이후 망명 상태에 있던 압바스 칼리프령의 수호자 역할을 해오고 있었다)과 외교 관계를 수립했으며, 자신이 기독교 왕들에게 예속된 무슬림들의 진정한 군주라고 주장했다. 나스르 왕조의 정신(廷臣)-선전자들은 유수프 치세 이후로 왕조의 지배권을 합법화하기 위해 노력해 왔는데, 그중 한 가지는 족보를 조작해 술탄의 가문이 안사르 가문이라는 아랍인 명문 집안에서 유래했다고 주장하는 것이었다. 또 한 가지는 비록 신중하고 제한된 맥락에서이기는 했지만 술탄들에게 '칼리프' 타이틀을 쓰라고 권고하는 것이었다.

나스르 왕조의 자신감의 가장 가시적인 표명은 예나 지금이나 그라나다에 있는 웅장한 알함브라궁이다. 이 궁전은 다로(Darro)강을 내려다보고 있는, 도시 남동쪽에 위치한 사비카(Sabika)라는 언덕 위에 자리 잡고 있는데, 이곳은 11세기에 유대인 와지르들을 배출한 나그릴라 가문의 저택이 있던 곳이었다. 1238년 무함마드 1세는 그라나다를 장악하고 나서 이곳에 있던 요새를 보수하고 재건축하기 시작했으며, 그 사업은 무함마드 2세와 무함마드 3세 때까지 이어졌다. 무함마드 3세 때 '자낫 알 아리프'(Jannat al-'Arif, '주인님의 천국'이라는 뜻으로 지금의 '헤네랄리페')—궁전 부속 건물 한 채가 딸린 공식 정원 겸 농장—가 산 사면

사자들의 궁(그라나다 알함브라궁).
Courtesy Alamy.

의 약간 위쪽에 자리 잡았고 근처 아래쪽에는 대모스크와 공중 목욕탕이 들어섰다.

오늘날 관람객들이 방문하는 알함브라궁의 상당 부분이 설계된 것은 유수프 1세와 무함마드 5세 치세 때였다. 유수프 1세 때 건축된 기념비적인 '정의의 문'은 지금도 그 자리를 시키고 서 있다. 그러나 왕좌가 위치한 방과 왕의 거처, 그리고 그가 건축한 여러 접견실은 1360년대 무함마드에 의해 대부분 그 용도가 변경되었다. 오늘날 코마레스궁(Comares Palace)과 사자들의 궁(Palace of the Lions)으로 알려진 두 개의 결합된 복합 건물도 건축되었는데, 그중 후자는 마드라사(madrasa, '종교 아카데미')와 자위야(zawiya, '수피들의 수도원'), 그리고 후에 술탄들이 묻힐 영묘(靈廟)로 이용하기 위한 것이었다.

나스르 왕국과 마그립, 그리고 카스티야 무데하르 장인들은 석고반죽이라는 혁신적 기술을 이용해 중력에 도전하는 듯한 우아한 깊은 양각(陽刻)의 스크린과 종유석을 제작했으며, 그것은 어지러울 정도로 복잡한 기하학적인 문양과 식물 문양, 그리고 술탄의 계관 시인 겸 와지르로 활약한 이븐 알 카티브와 그의 제자 이븐 잠락이 지은 찬미의 시에서 발췌한 비문을 특징으로 하고 있다. 눈부시게 멋진 회반죽은 형형색색의 도자기 타일과 정교하게 조각된 목조 부분, 그리고 반투명 대리석으로 된 넓은 공간으로 보완되었다. 여기에다 카스티야에서 온 기독교도 예술가들이 기사도와 사냥 장면을 묘사하는 그림을 덧붙였다. 널찍한 왕의 접견실 옆에는 졸졸 흐르는 분수들이 만들어졌고, 산들바람이 부는 발코니에서는 그라나다 시와 시에라네바다산맥 사면을 조망할 수 있었다. 그 효과는 초자연적이었으며, 그것은 지금도 마찬가지다. 이븐 잠락의 말을 빌리면, 사비카 언덕은 "그라나다 앞머리에 씌워진 왕관이었으며, 알함브라궁(신께서 제발 이 궁을 지켜주시길!)은 이 왕관 꼭대기에 박힌 루비"였다.[45]

그러나 알함브라궁은 아마도 그것이 가진 방대한 규모 말고는 결코 유일무이한 건축물은 아니었다. 사실 이 궁은 알모하드 시대 이후 활기찬 이슬람 귀족 문화의 전형적인 한 사례였으며, 그라나다와 마그립뿐만 아니라 카스티야까지 관통하는 미학을 보여 주는 것이기도 했다. 국경을 넘나들며 여행을 하고 정주도 했던 무슬림과 기독교도 왕족, 외교관, 귀족, 그리고 기사들은 공동의 가치와 동종의 직업에 기반한 긴밀한 개인적 관계를 맺고 있었으며, 그것은 문화적 전파와 통합을 위한 도관이 되어주었다. 술탄들은 이것이 일종의 소프트파워가 되어줄 수 있다는 것을 알고 있었고 궁전의 숙박 시설, 즉 디야르 알 디야파(Diyar al-Diyafa, '접견의 집')가 왕국을 방문하는 고관들에게 제공되도록 세심한 주의를 기울였다.

그래서 다수의 카스티야 국경 귀족들과 마찬가지로 무함마드 5세의 동맹자 잔인왕 페드로 1세도 아랍-이슬람 문화에 완전히 매료되었다. 그는 술탄과 친밀하고 개인적인 유대를 유지했다. '동방적인' 장식과 패션을 선호하고 이슬람 양식과 라틴 양식이 화려하게 뒤섞인 궁전을 여

45 Emilio García Gómez, *Cinco poetas musulmanes*, p. 246.

러 채 지었으며, 거기에는 무데하르와 나스르 왕조, 그리고 카스티야의 장인들이 참여했다. 그중에 가장 상징적이라고 할 만한 건축물이 세비야의 왕궁이었다. 페드로 1세의 전임자들도 각각 승리를 기념하고 이교도 지배를 축하하기 위해 이슬람 양식으로 이곳의 알카사르, 즉 왕궁 겸 요새의 여러 부분을 개축하기는 했지만 페드로의 광범한 리모델링은 그 자체로 활기찬 이슬람적 취향의 눈부신 향연이었다. 그리고 그것은 같은 시기 무함마드가 동쪽으로 240킬로미터 떨어진 곳에 세우고 있던 알함브라궁의 약간 더 창백한 반영이었다.

사실 페드로 1세는 카스티야 상류층 사람들 사이에 마우로필리아(mauro-philia, 아랍-이슬람 양식에 대한 애정과 선호)를 크게 유행시켰고, 그것은 가톨릭 공동왕 치세 때까지 유지되었다. 카스티야 전역에서 왕의 궁전과 귀족들의 대저택, 그리고 수도원들까지 그라나다 궁전들과 같은 설계도로 지어졌고, 무데하르 혹은 나스르 양식으로 장식되었다. 같은 집단에서 활동한 유대인 귀족들도 이 양식을 모방했으니, 우리는 그 예를 14세기 코르도바에 지어진 한 소박한 시나고그와 엘 트란시토(El Transito) 시나고그 — 페드로의 유대인 재정관 사무엘 하 레비(Samuel ha-Levi)가 톨레도에 건축해 카스티야 왕에게 봉헌한 호화로운 기도소 — 에서 볼 수 있다.

왜 카스티야 왕이 자신의 궁전을 이교도 적들의 양식을 차용해 지었을까? 그 대답은 간단한데, 그것은 그가 그것을 이교도 적들의 양식으로 보지 않았기 때문이었다. 그의 정치적 생존은 그라나다와 마린 왕조와 우호 관계를 유지하느냐 그렇지 않느냐에 달려 있었으며, 반면에 그에 대한 위협은 자기 가문 사람이나, 귀족이든 아니면 이웃 왕들이든 간에 기독교도들로부터 제기되었다. 더욱이 라틴 유럽이 많이 발전하기는 했지만 아랍-이슬람 세계는 기술적으로 유럽보다 훨씬 더 앞서 있었으며, 지적으로 역동적이고 세계시민적이었다. 그러므로 카스티야와 서쪽 무슬림 세계 간에 확립되어 있던 문화적 협력은 일시적이거나 '단순한' 장식이 아니라 훨씬 깊게 흐르고 있었으며, 세 왕국은 '문학 공동체'에 의해, 그리고 서부 지중해 전체에서 관통하고 있었고 지식 문화에 의해 서로 연결되어 있었다.

이것을 잘 보여 주는 것이 1364년 세비야 알카사르에서 이루어진 페드로 1세와 압드 알 라흐만 이븐 할둔('Abd al-Rahman ibn Khaldun)이라는 한 그라나다 왕국 사절 간의 만남이다. 이븐 할둔은 학자이자 역사가로서 세련된 세계사를 집필한 바 있었는데, 오늘날 많은 사람에 의해 사회학의 창시자이자 정치학의 선구자로 평가받는 인물이다. 그는 세비야의 오래된 아랍 귀족 집안 출신으로 페르난도 3세 치세 때 알 안달루스에서 도망쳐 이프리키야에 정주했다. 이프리키야에서 그는 1352년 페즈로 이동해 마린 왕조의 술탄 밑에서 일했고, 이곳에서 무함마드 5세의 유대인 의사 겸 천문학자인 이브라힘 이븐 자르자르(Ibrahim ibn Zarzar, 그는 여러 차례에 걸쳐 마린 왕조에 파견된 사절로 술탄을 위해 일을 했다)를 만났다. 7년 후 무함마드가 패해 마린 왕조 궁정에 피신하게 되었을 때, 이븐 할둔은 망명해 온 왕과 동행해 온 그라나다의 와지르 이븐 알 카티브와 친구가 되었다.

이븐 알 카티브는 무함마드 5세의 가장 영향력 있는 정신(廷臣)으로 로하(Loja) 출신의 학자였으며, 처음에는 유수프 1세의 비서로 있다가 나중에는 신분이 상승해 무함마드의 이중 와지르로 활약했다. 1362년 왕이 망명 생활에서 돌아왔을 때 이븐 알 카티브는 술탄령의 일상생활을 책임지는 자리에 앉게 되었으며, 그가 지은 시와 그가 추진한 정책으로 나스르 왕조의 지위를 끌어올리는 데 기여했다. 거기다가 그는 서부 이슬람 세계 전역의 대표적인 문학인과 종교인, 그리고 학자들과 교류했으며, 산문과 운문으로 된 소설 외에도 철학과 신학, 아답, 역사, 의학, 과학을 포함해 다방면에 걸쳐 엄청난 분량의 글을 썼다. 그는 당대의 가장 위대한 지식인으로 떠오르고 있던 인물이다.

그라나다로 돌아온 이븐 알 카티브는 마린 왕조의 음모에 신물이 나 있던 이븐 할둔이 나스르 왕조의 지배자로부터 관직을 임명받는 데 도움을 주었다. 이븐 할둔은 알함브라궁에 도착하자마자 사절 자격으로 페드로 1세에게 파견되어 카스티야와 그라나다 간의 조약 체결을 이끌었는데, 이때 세비야에서 이븐 자르자르를 만났다. 당시 이븐 자르자르는 그라나다의 음모를 피해 세비야에 와 있었는데, 이때 카스티야 왕에 대해 찬사를 늘어놓으면서 이븐 할둔을 따뜻하게 맞아주었다. 페드로 1세는 이 소중한 보물(이븐 할둔)을 자기 궁에 두기로 작정하고 이븐 할둔에게 궁에서 일할 수 있게 자리를 제공했다. 아울러 정복 이전에 그의 조상들이 세비야 시내와 교외에 소유했던 재산(그것은 당시 기독교 귀족들의 수중에 들어가 있었다)도 돌려주겠다고 약속했다.

그러나 이븐 할둔은 이 제안을 거절하고 그라나다로 돌아갔고, 후에 페즈로 건너갔다. 거기서 그는 알 카티브가 베풀어 준 친절함에 대해 1371년 그에게 은신처를 제공하는 것으로 보답하게 된다. 그해에 와지르(알 카티브)는 그의 적들(즉 그라나다의 수석 카디 알 부나히와 그의 옛 제자 이븐 잠락)이 공모해 배교했다고 그를 고발함으로써 무함마드 5세의 미움을 사자 그라나다에서 도망쳐 나왔다. 이븐 알 카티브는 적이 많았고, 이 적들은 대담해져 이제 행동에 나섰다. 1372년 알 부나히(al-Bunnahi)는 와지르의 책들을 공개적으로 불살랐으며, 이븐 알 카티브는 부재한 상태로 배교 혐의로 재판받아 사형을 선고받았다. 그는 페즈에서 체포되어 고문을 당했으며, 1374년 두 번째 재판에서 유죄 판결을 받았다. 그러나 공식 판결이 내려지기 전에 알 카티브는 감옥에서 교살되었는데, 14세기 그라나다를 대표하는 가장 유명한 문인이자 지식인이었던 그가 그런 죽음을 맞이하게 된 것은 충격적인 종말이 아닐 수 없었다.

나스르 왕국의 문화(literary culture)가 칼리프 시대나 타이파 시대의 그것만큼 혁신적이지는 않았지만, 그럼에도 그것은 놀라울 정도로 탄탄했다. 문화가 그렇게 발전한 데는 술탄 자신들의 역할이 컸는데, 그들은 왕실 차원에서든 개인적인 관심 때문이든 지식 문화를 적극적으로 후원했다. 예를 들어 무함마드 2세 알 파키는 이슬람법에 대해 뜨거운 열정의 소유자였으며, 나스르는 뛰어난 천문학자이자 수학자였다. 그리고 여러 술탄은 시인이었다(그중에서도 무함마드 5세의 손자 유수프 3세가 두드러졌다). 그라나다의 궁정은 왕족과 귀족, 그리고 관료들의 후원 아래 문학적·학술적 생산물의 온상이 되었는데, 그중 다수 ― 특히 서기, 카디, 파키들 ― 는 그들 자신들이 학자이고 문필가였다.

이곳의 지식 문화가 활기를 띠게 된 이유 가운데 하나는 13세기 기독교도들의 정복을 피해 도망쳐 나온 알 안달루스의 문화 엘리트들 가운데 다수가 이곳 그라나다로 몰려왔기 때문이었다. 정치적 음모에서 줄을 잘못 선 사람들, 혹은 해협을 오가면서 지식과 후원을 찾아다녔던 마그립 출신 학자들도 이곳으로 몰려들었다. 그로 인해 문화 활동이 수도(그라나다)에만 국한되지 않고 말라가, 알메리아, 론다 같은 큰 도시들, 그리고 그보다 더 작은 지방 도시들에서도 활발했다. 이 지방 도시들은 특히 유수프 1세로부터 관대한 후원을 제공받았는데, 그는 왕국 전역의 신민들에게도 교육의 기회가 돌아갈 수 있게 하는 데 큰 관심이 있었다. 1343년 그는 소도시에도 모두 학교를 설립하도록 명령했다. 또한 무엇보다도 정신병 치료를 우선시하는 병원인 마리스탄(maristan)이 1365년 초 무함마드 5세에 의해 그라나다에 설립되었는데, 이 병원은 환자들을 돌보는 데 그치지 않고 의료 문화의 발전에도 기여했다.

나스르 왕조의 지배자들은 종교에도 적극적인 관심을 보였다. 무함마드 1세가 주장한 권위는 스스로 자처한 정통 무자히드로서의 정체성에 기반을 두었으며, 그의 봉기를 지지한 여러 가문은 그 전 수백 년 동안 말리키 울라마의 구성원으로 알모하드파의 점령을 견뎌내면서 결국 권력과 부를 획득한 지역 도시와 농촌의 엘리트들이었다. 제2대 술탄인 무함마드 알 파키(Muhammad al-Faqih)는 말리키 파키들(Maliki faqaha)이 보내 준 축복과 지지에 대한 보답으로 그들을 왕국 행정에서 안락하게 자리 잡을 수 있게 해주었다. 또한 그들이 자히리(Zahiri) 라이벌을 상대로 잘 싸울 수 있게 해주었다. 그러나 무슬림 법률가들이 오래전부터 알고 있었듯이, 후원은 의존을 낳았고 울라마에게 권력을 제공해 주기보다는 그들을 통제하는 수단이 될 수도 있었다. 대표적인 법학자들이나 행정관들은 새 술탄의 즉위식이 거행될 때, 그들의 합법성을 강화하기 위해 즉위를 승인하고 지지하지 않으면 안 되었다. 한편, 나스르 지배자들은 수석 카디에게서 하급 재판관 임명권을 박탈했으며, 법관들을 술탄의 뜻을 받드는 관료제의 일부로 만들려고 애를 썼다.

보다 보수적인 말리키 학자들 중 일부가 선호한 엄격한 율법주의에 대한 도전은 라이벌 법-신학 학파가 아니라 당시 서부 이슬람 세계에서 점점 대중의 마음을 사로잡고 있던 신비주의 물결에서 왔다. 일반 대중의 관심은 점점 대안적 형태의 영성에, 그리고 비정통적이고 카리스마 넘치는 종교 지도자들에 쏠렸는데, 그중 몇몇은 존경의 대상이 되기도 하고 기적을 일으키는 능력의 소유자로 (사후에라도) 숭배되기도 했다. 황홀경에 빠지게 하는 찬송, 춤, 노래, 그리고 육체적 고행이 포함된 생동감 넘치는 영적 행위가 점점 인기를 끌었으며, 그것은 정통을 고집하는 종교 당국을 적잖이 놀라게 했다.

한편, 이 새로운 민중 신앙은 국경 주변에 리바트들이 생겨나게 하고 일반 대중을 자극해 기독교도들과의 싸움, 즉 지하드에 참여하게 했다. 실제로 무함마드 1세가 왕국을 건설하기 시작했을 때, 그는 그 같은 금욕주의자들의 지지에 크게 의존했다. 그렇지만 반면에 신비주의는 교리를 초월하는 신성한 진리에 접근해야 한다고 수상함으로써 정통주의 개념 그 자체를 위협하는 것이 될 수도 있었다. 알 안달루스 영토에 대한 직접적인 지배를 통해서든, 구자트들 혹은 알 안달루스로 망명한 엘리트 모로코인들의 영향을 통해서든 간에, 수피즘이 대단한 영향력을 발휘하던 모로코와의 접촉은 수피즘이 알 안달루스에서 확산되는 또 다른 촉매제로 작용했고, 그로 인해 수도와 농촌 지역 모두에 자위야(zawiya, 수피들을 위한 숙소 혹은 수도원)와 쿠바(qubba, '성스러운 무덤')가 많이 생겨났다. 1340년 알 안달루스에서는 처음으로 수피들에 의해 말라가에 사설 마드라사가 생겼는데, 그것은 이곳에서 수피즘이 점점 인기를 얻어가고 있었음을 말해 줄 뿐만 아니라 마린 왕조의 종교적·정치적 영향력이 커지고 있었음을 보여 주는 징표이기도 했다. 더욱이 마흐루크 가문

(Banu Mahruq) 같은 지배층 가문 중 일부가 공개적으로 새 신앙을 받아들이기도 했다. 이처럼 날이 갈수록 인기가 높아져 가는 새로운 신앙 형태에 대해 술탄들은 모종의 조치를 취할 필요가 있다고 생각했다. 그리고 통제만 잘 된다면 그것은 말리키 울라마에 대한 균형추로, 혹은 하나의 대안적인 종교적 정당성의 원천으로 이용될 수도 있었다.

유수프—아니, 그보다는 그의 와지르 이븐 알 카티브—는 시디 보나 가문(Banu Sidi Bona)을 알함브라궁으로 초빙하는 것으로 (이 일을) 시작했다. 그 영향력이 12세기 샤르크 알 안달루스에까지 거슬러 올라가는 존경받는 수피 집안인 시디 보나 가문은 1250년대 중반에 그라나다로 왔다. 그들은 발렌시아와 그 주변에 정착했고, 거기서 리바트를 설립해 자신들의 영적 단체의 본거지로 삼았다. 유수프는 1333년(그의 치세 첫 해)에 마울리드(mawlid), 즉 예언자 무함마드의 생일을 공식적이고 공개적으로 기념하는 관행을 만들어냄으로써 일찌감치 수피 신앙에의 경향성을 보여 준 적이 있었다. 그런데 이제 그의 와지르의 지지 아래 시디 보나 가문이 왕에게 자신들의 영성 운동을 가르치기 시작한 것이었다.

1348년 유수프는 자신의 하집인 아부 누아임 리드완을 통해 그라나다에 왕립 마드라사를 설립함으로써 한 걸음 더 나아가려고 했는데, 이 마드라사는 특별히 정통 신앙과 관련된 과목을 포함하고 있었고, 수피 선생에 의한 교육 외에도 신학 관련 교육 프로그램을 갖추고 있었다. 우수한 학생들에게 가르침과 숙식을 무료로 제공하는 학교인 마드라사는 11세기 셀주크 술탄국에서 생겨났는데, 종교 교육이 정치적 노선과 부합하도록 하기 위한 수단으로 만들어진 것이었다. 1300년대 초 마린 왕조는 이 제도를 열렬히 받아들여 왕국 전역에 여러 개의 마드라사를 설립했다. 이것이 나스르 왕조에게는 위험한 것으로 여겨졌는데, 왜냐하면 그들은 자신들의 신학교가 없었고 그 같은 상황에서 그라나다의 울라마가 모로코로 건너가 마린 왕조에 우호적인 종교 교리를 배우고 돌아올 수 있었기 때문이다.

유수프의 사후 무함마드 5세는 그라나다에서 수피즘을 일반화하는 경향을 계속 유지했는데, 그것의 가장 극적인 예는 1362년에 다른 도시도 아닌 그라나다에서 마울리드(예언자의 생일)를 기념하는 의식을 거행한 것이었다. 이같이 국왕의 취향이 바뀐 것이 말리키 파키들에게는 모욕적인 것으로 받아들여졌다. 왜냐하면 그들은 그것을 자신들의 정치적 중요성이 감소하고 있다는 것, 그리고 동료 파키들의 이탈로 자신들의 수가 감소하고 있음을 말해 주는 것이라고 생각했기 때문이다. 그래서 반격에 나섰다. 법학자 아부 이샤크 알 샤티비(Abu Ishaq al-Shatibi)는 두 권으로 된 『고수(固守)의 서(書)』(*Kitab al-I'tisam*)를 출간했는데, 이 책은 비다(bida, '혁신')를 비난하는 백과사전적인 저서로, 새로 등장하고 있는 신비주의가 쿠프르(kufr, '불신앙')에 다름 아니라고 선언했다. 한편, 수석 카디 알 부나히는 국왕의 취향을 바꾼 당사자라고 여겨지던 이븐 알 카티브를 겨냥했다. 이 이중 와지르는 한때 수피즘에 끌리는 자신의 마음과 싸운 적도 있었는데, 1367년에 이미 신비주의를 경계하기 위한 지침서로 『고귀한 사랑의 지식의 정원』(*The Garden of Knowledge of Noble Love*)이라는 에세이를 쓴 바 있었다. 당시에는 이 에세이가 별로 주목을 끌지 못했지만, 이후에 이븐 알 카티브의 정치적 힘이 약해지자 알 부나히와 그의 동료 파키들이 그를 단죄하는 데 이용될 수 있는 글귀를 찾기 위해 그 에세이를 샅샅이 뒤짐으로써 중요해졌다. 그리하여 그들은 유죄를 입증하는 단서라고 생각되는 글귀를 근거로 이 책이 이븐 알 카티브의 배교—그것은 대죄였다—사실을 입증하는 것이라고 주장했다. 이 사건의 전말이 결코 단순명쾌하지는 않았지만 본질적으로는 정치적 재판이었다. 따라서 그에 대한 단죄와 처형은 불가피했다.

제27장

알함브라궁 이야기

1374년 이븐 알 카티브가 처형된 사건은 정치 엘리트들에게도, 그리고 지배 가문 자체에도 나스르 왕국을 파괴할 정도로 긴장이 고조되고 있었음을 가감 없이 보여 주었다. 오랫동안 통치해 오던 무함마드 5세가 1391년에 매우 석연치 않은 이유로 죽자, 그의 치세 후반기에 안정적이던 상황은 곧바로 반란과 음모의 시기로 바뀌었다. 나스르 왕조 지배의 마지막 한 세기 동안 적어도 열네 명의 술탄이 즉위했다. 가문 내 정치적 경쟁자들은 자주 망명을 떠나거나 투옥되거나 처형되었다. 마린 왕조는 그럴 능력이 있다고 생각되면 개입하기도 했으나 상황을 개선하지는 못했다. 1392년 무함마드 5세의 아들 유수프 2세가 죽었는데, 그 죽음은 마린 왕조의 아미르인 아불 압바스 아흐마드(Abu 'l- 'Abbas Ahmad)가 선물로 보낸 독 묻은 셔츠 때문이었던 것이 분명했다. 그로 인해 유수프 2세는 거의 한 달 동안 살점이 떨어져 나가는 듯한 고통에 시달린 끝에 숨을 거두었다.[46] 1410년 마린 왕조는 왕실 수비대가 반란을 일으켜

46 Leonard P. Harvey, *Islamic Spain*, p. 221.

유수프 3세를 거꾸러뜨리고 난 뒤 지브롤터를 점령했다. 그러나 유수프 3세는 그 이듬해 오래고도 치열한 전투 끝에 그곳을 다시 되찾았다. 또한 마린 왕조는 막후에서 음모를 꾸미고, 왕족 간 갈등을 부추기고, 그 전 세기에 그라나다가 자기들에게 그랬던 것처럼 자신들의 목적을 달성하는 데 도움이 될 것으로 생각되는 반란을 일으킨 왕자들을 지원하기도 했다. 튀니스는 기독교도들의 정치적·경제적 영향력의 범위 안에 들어 있었으며, 사실상 누군가를 돕거나 해를 입힐 능력도 의지도 없었다.

1470년대 내내 카스티야와 아라곤 연합왕국은 각자 계속되는 계승 위기와 반란, 그리고 이웃 기독교 국가들과의 전쟁 등 자신들의 문제로 다른 생각을 할 여유가 없었다. 이 두 왕국과 그라나다 왕국 간의 무역과 외교 관계는 탄탄했고 그라나다와 나바라 간의 관계도 안정적으로 유지되었다. 카스티야 지배자들은 대부분 그라나다의 혼란한 상황을 자신들에게 유리한 쪽으로 이용할 처지에 있지 않았고 불화를 조장하거나 반란을 부추기는 것 말고는 큰 관심도 없었다. 카스티야가 몇 차례 중요한 군사적 승리를 거두기도 했으나, 그라나다 역시 용감하게 저항했고 때로는 공세를 취하기도 했다. 그럼에도 불구하고 14세기에 성전에 관한 글에서 그라나다의 학자 이븐 후다일(Ibn Hudayl)은 알 안달루스를 '지하드의 땅'으로 규정했을 뿐만 아니라 "폭풍이 몰아치는 바다와 가공할 무기를 가진 적들 사이에 갇힌 나라"로 규정했는데, 이는 곧 알 안달루스에 불어닥칠 운명을 미리 보여 주는 탁견이라 할 수 있었다.[47]

무함마드 5세의 전임 재상(宰相, 이븐 알 카티브)의 죽음 또한 나스르 왕국의 역사를 이해하는 데 하나의 전환점이라 할 수 있다. 우리는 이븐 알 카티브와 당대 그라나다의 다른 학자들 덕분에 14세기 술탄국(그라나다)에서 벌어진 실상에 대해서는 상당히 많이 알고 있다. 그에 비해 15세기에 대해서는 그렇지 못한데, 지금까지 남아 있는 아랍어로 된 사료가 극히 드물기 때문에 역사가들은 대개 불분명한 기독교도 측의 기록에 의

47 Rachel Arié, *El reino naṣrí*, p. 229.

존해야만 했다. 그로 인해 그림이 너무 분명치 않아, 예를 들어 얼마 전까지 1445년부터 1457년까지 술탄으로 그라나다를 지배했다고 여겨져 온 이른바 절름발이 왕 무함마드 10세(Muhammad X 'the Lame')가 사실은 왕국을 다스린 적이 없다는 사실이 최근에 와서야 밝혀졌을 정도다. 왕조의 가계도는 너무나 복잡하게 얽혀 있어 어떤 사람들이 어떻게 연결되는지 정확히 알 수 없는 경우가 많다.

대표적인 정신(廷臣) 가문들의 복잡한 역사를 설명하는 것은 그보다 더 어렵다. 그 이유 가운데 하나는 무슬림 지배의 마지막 세기의 역사가 너무나 빨리, 그리고 철저하게 낭만적으로 묘사되었다는 사실이다. 예를 들어 기사도적인 '스페인 사람' 사라즈 가문(Banu 'l-Sarraj, '아벤세라헤스')과 악랄한 북아프리카 사람 '제그리스'(Zegries, '프런티어 전사'를 의미하는 타그리에서 온 것으로 보인다) 간의 영웅적인 싸움(지금까지도 알함브라궁 관광 가이드들은 이것을 사실인 것처럼 소름 끼칠 정도로 구체적으로 설명하고 있다)은 사실은 순전히 오리엔탈리즘적인 판타지일 뿐이다. 이 이야기는 1595~1619년 사이에 쓰인 『그라나다 내전』이라는 제목의 히네스 페레스 데 이타(Ginés Pérez de Hita)의 소설에 기원을 두고 있으며, 그 후 1832년 위싱턴 어빙(Washington Irving)이 발표한 『알함브라궁 이야기』라는 소설로 영어권 세계에 알려졌다. 사라즈 가문의 이야기에서 보이는 목적의 일관성과 통일성은 과장임이 분명하며, 그의 숙적인 리드완 바니가시(Ridwan Bannigach)의 출신 이야기 — 소설에서는 그가 에가스 베네가스(Egas Venegas)라는 기독교 귀족의 아들로 되어 있다 — 또한 소설상의 허구일 가능성이 크다. 그러나 왕국의 주요 가문들 간에 벌어진 음모가 나스르 왕조의 힘을 약화시켰을 수는 있지만, 그라나다의 운명을 결정지은 것은 그것이 아니라 카스티야와 아라곤 연합왕국에서 벌어진 예상할 수 없는 왕실 간 혼인이었다.

나스르 왕조의 집권에 대한 명분은 그리 강하지 않았다. 나스르 가문은 칼리프의 혈통을 갖고 있지 않았고, 남부 지역 다른 귀족 가문들도 이븐 알 아흐마르를 신으로부터 서임받은 왕으로보다는 '동등자들 가운데 첫 번째' 정도로 보았다. 술탄이 자신의 직위를 아들 무함마드 2세에게 넘긴 것에 대해 아시킬룰라 가문이 배신감을 느낀 것이나, 론다의 하킴 가문(Banu 'l-Hakim) 같은 지역 귀족들이 그라나다에서 왕의 터번을 쓴 사람들은 반대하고 마린 왕조나 불온한 나스르 왕조의 왕자들을 지지하는 경향이 있었던 것도 바로 그 때문이었다. 이 귀족 가문 가운데 일부는 자신들이 초창기 아랍인 정주자의 후손이라고 주장했다. 아울러 어떤 귀족들은 14, 15세기에 등장한 사람들이었으며, 또 어떤 귀족들은 궁전에서 유력한 자리에 오른 개종한 옛 포로들의 후손이었다. 어찌 됐든 그들의 권위는 그들이 지배하고 있던 영지에서 유래한 부(富)와 유력한 행정직이나 사법직을 갖게 된 데서 오는 영향력, 가문에서 나오거나 종교와 관련된 권위, 그리고 전쟁을 수행할 때 군대를 소집하고 이끌 수 있는 능력에서 나온 것이었다.

요컨대, 왕국의 대귀족 가문들은 '1퍼센트의 사람들'—카사 가운데 카사—에 해당했다. 그들은 무사하라(musahara), 즉 근친혼 메커니즘을 이용해(전형적으로는 아들과 딸을 혼인시킴으로써) 이 느슨한 엘리트 집단에 들어온 사람들을 지배하려고 했다. 그들은 알 안달루스를 자기들 것이라고 생각했으며, 그들의 권력 추구가 냉소적으로 보일지 모르지만 그들이 그것을 위해 감수해야 했던 위험은 매우 컸다. 정치적 착각이나 실패한 음모는 쉽게 죽음에 이르게 할 수 있었다. 그리고 기독교 프런티어 영주나 왕들과 맺는 동맹에 대한 그들의 성향이 어떻든 간에, 학자와 법률가들을 포함하는 다수의 엘리트 구성원이 전선에서 싸웠고, 적지 않은 사람들이 카스티야와의 전투 중에 죽음을 맞았다. 이것은 동기가 어떻든 간에 그들을 지하드의 순교자로 인정하는 환경이었다.

나스르 왕조 사람들 자신들은 근친혼을 별로 하지 않았다. 그들은 마그립 쪽 왕조들과 달리 다른 왕가들과는 혼인을 하지는 않았지만, 자신들의 영향력을 완강하게 지키려고 했고, 족내혼과 후궁 관행을 통해 안정된 계승 라인을 유지하려고 했다. 그들은 간헐적으로만 귀족 집안의 충성을 공고히 하기 위해 공주를 그쪽으로 주거나 며느리를 받아들였다. 그러나 왕가의 그와 같은 허용은 왕조를 위험에 빠뜨릴 수 있었다.

예를 들어 유수프 3세가 주도한 자르 알 리야드(Zahr al-Riyadh)와 그의 조카 무함마드 간의 혼인은 결국 내전으로 비화하는 사건의 원인이 되었다. 이 혼인은 군 지휘관으로 유수프에게 봉사한 바 있었던 자르의 부친(그는 과거 기독교도 노예였다가 유수프의 신임을 받았다)에게 하사하는 포상의 성격을 띠고 있었다. 그런데 후에 자르는 결코 무시할 수 없는 인물이라는 것이 드러났다. 그녀는 결혼하고 나서 사라즈 가문을 동맹으로 키우기 시작했는데, 1417년 유수프가 죽고 여덟 살배기 그의 아들 무함마드 8세 알 사기르(al-Saghir, '꼬마')가 즉위하자 어린 술탄의 보호자였던 와지르 알리 알 아민('Ali al-'Amin)을 암살하고 사라즈 가문의 도움을 받아 자신의 남편 무함마드 9세 알 아이사르(al-'Aysar, '왼손잡이')를 술탄 자리에 앉혔다.

알 아이사르는 1453년까지 술탄으로 재위했는데, 그 기간 동안에 그는 세 번이나 권좌에서 쫓겨났다가 다시 복귀하는 우여곡절을 거치면서도 끈질기게 자리를 지켰다. 특히 어려움이 많았던 치세 초반에 자르는 많은 사람에 의해 군주나 다름없는 존재로 여겨졌고, 자신의 이름으로 외국 지배자들과 서신을 교환하기도 했다. 그중에는 아라곤 연합왕국의 알폰소 관대왕(Alfonso the Magnanimous)과 그의 왕비 카스티야의 마리아(María of Castile)도 포함되어 있었다. 알 사기르(무함마드 8세)는 1427년 자신의 와지르인 리드완 바니가시의 도움을 받아 잠깐 동안 왕위를 되찾기도 했지만, 1429년 사라즈 가문은 카스티야의 지원 아래 그를 다시 권좌에서 쫓아냈다. 쫓겨난 그는 말라가 해안에 위치한, 살로브레냐(Salobreña)에 있는 왕실 감옥에서 은밀하게 살해되었다.

자르가 결혼할 무렵에 무함마드 6세인 엘 베르메호의 딸이 와지르인 이브라힘 이븐 알 마울(Ibrahim ibn al-Mawl)의 아내가 되었는데, 이 혼인 역시 앞에서 언급한 혼인 못지 않게 위기 상황을 만들어냈다. 1432년 이븐 알 마울의 아들 유수프(4세)는 자신의 동맹이자 친척인 바니가시 가문의 지지 아래, 모계 쪽 왕손이라고 주장하면서 왕으로 추대되었다. 카스티야의 후안 2세의 꼭두각시였고 민중에 의해 반역자로 간주되어 미움의 대상이 되었던 유수프 4세의 권위는 수도 안에만 머물고 수도 밖으로는 미치지 못했다. 그가 불과 4개월 만에 적들에 의해 궁에 유폐되었다가 붙잡혔을 때, 그가 폐위했던 무함마드 9세 알 아이사르가 사라즈 가문의 도움을 받아 권좌에 복귀했다. 이에 그들과 경쟁 관계에 있던 바니가시 가문은 카스티야로 도망가 그곳에서 망명 생활을 해야 했다. 그러나 안정은 찾아오지 않았고, 얼마 가지 않아 카스티야 연대기 작가들에게는 '엘 코호'(El Cojo, '절름발이')라고 알려져 있던 무함마드 9세의 친척 유수프 5세라는 새로운 도전자가 나타났다. 유수프는 알메리아의 지배자(governor)로 있으면서 충성하는 척하며 때를 기다렸고, 독자적인 주화를 발행하고, 국가 수입을 통제하고, 아라곤 연합왕국을 상대로 독립적인 외교 관계를 수행하는 등 조용히 독립국가로서의 기반을 다지고 있었다.

무함마드가 1445년 반란을 일으킨 유수프를 응징하기 위해 일단의 카디들과 군대를 이끌고 알메리아에 도착했을 때 유수프는 자신이 술탄이라고 선언하며 맞섰으며, 다시 한 번 그는 알 아이사르를 권좌에서 쫓아내 살로브레냐에서 살게 했다. 한편, 바니가시 가문은 카스티야의 지원을 등에 업은 새로운 찬탈자, 즉 이스마일이라는 이름을 가진 유수프 2세의 아들을 데리고 망명지에서 돌아왔다. 이 이스마일 3세는 1446년 잠깐 동안 그라나다를 차지했으나, 이번에도 그라나다 군중들은 후안 2세의 꼭두각시가 분명한 이 왕을 지지하지 않았다. 거기다가 유수프는 자신들의 왕 후안 2세에 반대하는 카스티야 왕족과 귀족들의 지지를 끌어들여 반격을 가했다. 이 삼자 간의 싸움은 유수프가 자신의 와지르에 의해 살해되고 이스마일의 지지가 붕괴되어 무함마드 9세인 알 아이사르가 다시 한 번 권좌에 복귀하는 것으로 귀결되었다.

아들이 없었던 무함마드는 더 이상의 분쟁을 막고, 자신의 사촌들이자 유수프 2세의 후손들로 대표되는 왕가와 화해하기 위해 애를 썼다. 그래서 술탄은 움 알 파트(Umm al-Fath, 자르와의 사이에서 태어난 딸)를

1419년에 자신이 폐위한 바 있고 1430년에는 처형까지 했던 바로 그 술탄의 아들인 무함마드 8세 알 사기르와 혼인시켰다. 역시 무함마드(10세)라는 이름을 갖고 있었고, '꼬마'(Little Boy)—기독교도들에게는 '엘 치키토'(El Chiquito)라고 불렸다—라고 불렸던 이 군주는 1453년까지 알 아이사르와 공동으로 통치하다가 그해 알 아이사르가 죽고 나서 단독 술탄이 되었다. 이 모든 것에도 불구하고 무함마드 9세의 복위가 가져다준 가장 지속적인 효과는 그것이 사라즈 가문의 지배권을 공고히 했다는 것이었다. 이제 그들은 쿠마샤 가문(Banu Kumasha)과 알 아민 가문(the al-Amins)을 비롯한 다른 유력 가문들을 자신들의 편으로 만들어놓고 있었다. 비록 그들의 역할이 후대 역사가들에 의해 과장된 것은 분명하지만 나스르 지배 시기 가운데 마지막 반세기 동안 정치를 이끌었던 것은 사라즈 가문 사람들이었고, 왕국을 지킨다는 구실 아래 행해진 그들의 노력과 음모가 실제로는 알 안달루스를 멸망의 구렁텅이로 몰아넣는 데 일조한 것으로 보인다.

이 시점까지 그라나다인들과 카스티야 이웃들 간의 관계는 본질적으로 '뜨거운 평화'•라고 할 만했다. 그리고 이 기간 동안에 1410년 왕자이면서 섭정이기도 한 페르난도에 의해 안테케라(Antequera, Antaqara)가 점령된 것을 제외하면 전쟁이라고 할 만한 사건은 거의 없었다. 다만 한 번의 예외가 있었는데, 1431년 무소불위의 권력을 가진 카스티야의 재상 알바로 데 루나(Álvaro de Luna)가 술탄국에 침입한 것이 그것이었다. 침입의 목적은 항상 가만히 있지를 못하는 귀족들의 주의를 딴 데로 돌리고 반항적인 그라나다 군중을 압박해 전임 와지르인 아티크 이븐 알 마울('Atiq ibn al-Mawl)의 손자 유수프 4세 이븐 알 마울(ibn al-Mawl)을 그들의 지배자로 받아들이게 하려는 것이었다. 그래서 수도 바로 외곽에 위치한 이게루엘라(Higueruela)에서 대규모 전투가 벌어졌는데, 양편 모

• hot peace: 전쟁은 하지 않을 정도의 긴장 상태.

두에서 기사도적인 훌륭한 행동과 필사적인 용기도 있었고, 수도(그라나다)의 주민들이 어쩔 수 없이 카스티야의 지지를 받은 '아베날마오'(Abenalmao)에게 성문을 열어주기는 했지만 그럼에도 영토의 상실은 없었다. 그 이후 카스티야가 수년에 걸쳐 우에스카, 우엘마, 벨레스 블랑코, 벨레스 루비오를 비롯해 여러 변경 도시를 정복했지만, 그라나다인들도 여러 차례 성공적인 전투를 치렀다. 1438년경이면 양국의 경계선은 안정을 되찾았고, 두 왕국은 협상을 통해 단기간의 휴전(대개는 1년짜리였다)을 계속해서 만들어내는 예전의 양상으로 돌아갔다.

연이은 평화 조약 체결을 고려할 때, 15세기는 대체로 정복 전쟁보다는 간헐적인 소규모 침입이 많았음을 알 수 있다. 왕의 주도로 수행되는 침입 말고는 대개의 침입이 기독교 혹은 무슬림 경계 지역의 영주들과 도시 정부들에 의해 가끔은 조약을 위반하면서 독립적으로 수행된 것이었다. 경우에 따라서는 일반인들이 단순히 재물을 약탈할 목적으로 지나가는 상인을 공격하고, 목부(牧夫)를 납치하고, 가축을 잡아가기도 했다. 그러나 대부분의 왕국들은 이런 불법 행위들, 특히 무역의 흐름을 해치고, 경계선 양쪽에서 가축의 이동을 방해하고, 폭력적인 보복을 촉발할 수 있는, 혹은 휴전의 무효화를 정당화할 수 있는 행위를 사전에 예방하기 위해 최선을 다했다.

카스티야 왕정은 '불평 해결 재판관'과 '기독교도와 무슬림들 간의 분쟁 조정관'이라는 직책을 만들어 법의 지배를 강화하고, 나스르 왕조 쪽 파트너인 '왕국들 간의 행정장관들'과 더불어 국경을 오가는 교환을 비롯한 여러 분쟁을 조정하려고 노력했다. '피엘레스 데 라스트로'(fieles de rastro, '추적자')라는 이름의 변경 지역 보안관들은 비적과 침입자, 범죄자 등을 추적했다. 직업적인 인질 구호인(ransomers, 몸값을 치르고 인질을 데려오는 사람)과 카스티야에서는 알파케케(alfaqueques) 혹은 에헤아스(exeas) — 아랍어 알파카크(al-fakkak), 즉 '구해 오는 자'와 알쉬아(al-shi'a), 즉 '가이드'에서 각각 유래했다 — 라 불렸던 중재자들은 경계선 양쪽을 넘나들었고 — 그중 다수는 무슬림 혹은 기독교도였다가 상대

쪽으로 개종한 사람들이었고, 그중에는 유대인도 있었다 — 삼위일체 수도회(Trinitarians)와 복되신 성모마리아회(Mercedarians, 이들은 포로들을 구해 오는 데 헌신하는 수도회 교단들이었다)도 비슷한 역할을 했다.

보통의 기독교도들과 무슬림들에게는 넓은 프런티어 땅이 의심의 여지 없이 폭력과 공포의 땅이었다. 그리고 그 사실은 양 진영 모두에서 서로의 종교가 다르다는 인식을 강화하고, 더 광범한 종교적 갈등의 존재를 느끼게 해주었다. 그러므로 나스르 왕국의 보통 사람들이 자기네 지배자들에게 기독교도 왕들에게 굴복하지 말고, 불신자들을 쳐부수기 위해 지하드를 수행하라고 요구한 것은 단순히 이데올로기에 따른 행동만은 아니었다. 그것은 접경 지역에서 나타나고 있는 현실에 대한 매우 실용적인 반응이었다. 즉 그곳에서 허약하고 순종적인 술탄은 기독교도들의 침입을 불러들이고, 보통의 무슬림들에게는 죽음과 경제적 파괴, 그리고 가족과 재산의 상실을 가져다주고, 술탄국에는 파리아스의 무거운 부담을 안겨 주는 것이었으며, 그 부담은 고스란히 보통 사람들에게 전가될 것이었기 때문이다. 그와 비슷한 두려움이 기독교도들의 땅에도 팽배해 있었다. 이곳에서는 기독교도-무슬림 간의 갈등이 종교적 축제와 도시 행사로 체현되곤 했는데, 그것은 종교 행렬이나 기독교 군대와 무슬림 군대 간 전투의 재연으로 나타났다. 그 축제나 행사에 그 지역 무데하르들이 자발적으로 혹은 급료를 받고 배우, 음악가, 춤꾼, 혹은 곡예사로 참가했으며, 그런 축제와 행사는 지금까지도 인기 있는 '무어인들과 기독교도들의 축제' 같은 모습으로 남아 있다.

역설적으로 프런티어 지역에서의 갈등은 이곳에 거주하는 무슬림과 기독교도들 간에 깊은 친밀감을 만들어내기도 했다. 상인과 여행가, 그리고 목부들은 끊임없이 이쪽저쪽을 넘나들었다. 포로들이 잡혀 오고 다시 돌아가기도 했다. 포로든 자유민이든 관계없이 가끔은 자유롭게 종교적 확신 혹은 사랑 때문에, 협박을 받아서, 그리고 어떤 경우에는 정치적 편의 때문에 다른 쪽 신앙으로 개종을 했다. 이 개종자들은 다시 개종 이전의 동족들과 개종 이후 새 공동체를 잇는 중재자가 되기도 하고, 아니면 그들을 배신하기도 했을 것이다. 그러나 그들은 불가피하게 자신이 가지고 온 문화적 영향력을 통해 새 신앙 공동체에 변화를 초래했다. 변경 지역의 많은 사람이 두 개 이상의 언어를 구사했다. 나스르 왕국 안팎에서 많은 시간을 보낸 다수의 기독교도들은 적어도 몇 개의 아랍어 단어는 알고 있었고, 술탄국 도처에서도 카스티야어의 영향을 받은 로망스어 계열의 단어를 자주 들을 수 있었다. 공통의 사회적 기풍, 관습, 노래와 이야기, 그리고 취향이 일반 카스티야인과 알 안달루스인들까지 하나로 만들어주었다.

양측의 종교 간에도 유사성이 있었다. 수피즘과 비교(秘敎)가 반도 내 무슬림들에게 자리 잡고 있었듯이, 강신론(spiritualism)이 기독교 유럽을 휩쓸고 있었다. 13세기에 기성 교회의 위계질서는 이단뿐만 아니라 프란시스코파를 비롯한 새로운 종교 교단들의 도전에도 직면해야 했는데, 이 교단들의 영적 경향은 수피들의 그것과 놀라울 정도로 비슷한 점이 많았다. 그러나 그것이 반드시 상호 호감으로 이어지지는 않았다. 기독교도들의 땅에서는 신비주의와 계시 신앙으로의 쏠림이 흑사병 이후 불안과 혼란의 시기에 더 심해졌다. 그리고 그것은 1391년 유대인 공동체들에 대한 반도(半島) 차원의 공격에 일조하고 비센트 페레르(Vicent Ferrer, 그는 공격적인 전교를 주장했다) 같은 영향력 있는 설교사의 출현을 가져왔다.

무슬림과 기독교도 이데올로기의 기조가 점점 공격적이고 대립적으로 되어간 것이 반드시 기독교와 무슬림 간, 특히 카스티야와 그라나다에서의 둘 간의 관계를 반영하는 것은 아니었다. 사실 전쟁이 기독교도와 무슬림 간의 (종교적인) 문제인 경우는 드물었고, 전쟁을 벌이는 두 진영 모두에 기독교도와 무슬림 기사와 병사들이 한편에서 싸우지 않는 경우는 거의 없었다. 1449년 그라나다와 나바라의 동맹군이 쿠엥카 근처 영토를 공격할 때, 그들의 상대편인 카스티야 군대에는 과르디아 모리스카(Guardia Morisca) — 대부분 그라나다의 무슬림들로 구성되어 있었으며, 그중 일부는 기독교로 개종한 자들이었다 — 와 소수의 부유한 무데하르들이 포함되어 있었다. 그리고 1년 후 '용감한' 알론소 파하르도(Alonso Fajardo 'the Brave', 그는 프런티어 군 지휘관으로 경력 가운데 상당 부분을 나스르 왕국 동쪽 영토를 공격하면서 보냈다)는 자신의 적인 무르시아의 사령관 페드로 파하르도(Pedro Fajardo, 그는 자신의 사촌이기도 했다)에 맞서 싸우기 위해 알메리아의 무슬림 프런티어 지휘관들과 와지르인 유수프 이븐 알 사라즈(Yusuf ibn al-Sarraj)에게 도움을 청해야 했다.

그 이듬해에는 상황이 다시 바뀌어 있었다. 알론소는 무함마드 9세가 파견한 대규모 침입군과 싸움을 하게 되자 한때 자신의 적수였던 기독교도들과 조약을 체결하고, 1452년 알포르초네스(Alporchones) 전투에서 그라나다인들을 상대로 대승을 거두었다. 이때 수천 명의 무슬림 포로들이 알론소의 본부가 위치한 로르카(Lorca, Lurqa)로 끌려왔고 그로 인해 이 도시는 포로로 넘쳐나게 되었으며, 결국 이 포로들과 지역 무슬림들이 힘을 합쳐 도시를 점령하는 지경에 이르기도 했다. 이에 대해 파하르도는 인정사정 없이 반격을 가해 로르카를 다시 탈환하고 포로들과 도시 무데하르들을 무자비하게 학살했다. 만약 알론소와 그와 비슷한 무리를 어떤 기준으로 가정한다면, 중세 스페인의 전쟁터에는 오로지 무신론자들만 있었다고 여겨질 정도다.

이베리아반도의 기독교도와 무슬림 전사들은 우호적일 때나 적대적일 때나 자신들이 공통의 가치관을 갖고 있다는 것을 인식하고 있었다. 기독교도 기사들이 마상창시합을 벌이거나 결투로 분쟁을 해결하려고 할 때, 그들은 자주 무슬림 전사들에게 심판을 봐달라고 하거나 행사를 주관해 달라고 부탁하기도 했다. 무슬림과 기독교도 병사들은 카냐스 경기(juego de cañas)에서 서로 맞붙기도 했는데, 이 경기는 나스르 왕국의 게임으로 승마팀들이 특별 제작한 경기용 창을 상대편에 던지는 것으로 되어 있었다. 양 종교의 기사들과 영주들이 거래를 하거나 내기를 하게 되었을 때는 서로 예의와 존경으로 대했고, 선물 — 특히 사치스런 옷, 마구, 무기 등 — 을 주고받았으며, 연회와 리셉션을 열어 환대해 주었다. 패자(敗者)에게도 예의를 다해 대했다. 예를 들어 1407년 페르난도 데 안테케라(Fernando de Antequera)가 자하라 수비대의 항복을 받아들일 때, 그는 패배한 무슬림들에게 도시에서 떠날 때 타고 갈 말을 빌려주었다. 인질로든, 난민으로든, 아니면 용병으로든 그들은 상대편 궁이나 저택에서 상당 기간 동안 머물면서 정치와 종교를 뛰어넘는 우애를 다지곤 했다. 그래서 1360년대에 성마르고 충동적인 인물인 잔인왕 페드로 1세가 칼라트라바 기사단(Order of the Calatrava)의 지휘관인 마르틴 로페스(Martin López)를 처형하려고 했을 때, 무함마드 5세가 개입해 기독교도 친구인 그의 목숨을 구해 준 일도 있었다.

여러 명의 술탄이 카스티야 왕으로부터 기사 작위를 받았고 그중에는 무함마드 2세와 유수프 4세도 포함되었는데, 후안 2세는 이 두 술탄을 자신이 속해 있던 기사들의 친목 단체인 사시 기사단(Order of the Sash)에 가입시키기도 했다. 전장에서의 존중은 모방을 통해서도 표현되었다. 일부 알 안달루스 전사들은 기독교 기사들이 선호하는 무거운 갑옷과 무기를 사용하기 시작했고, 반면에 카스티야 귀족들 사이에서는 15세기에 자나타족의 말을 타는 것이 유행했다. 엔리케 4세는 양단으로 만든 비단옷을 입고 돌아다니는 것을 좋아했으며, 짧은 박차를 장착한 마그립식 안장 위에서 알 안달루스 기병들이 사용하는 가벼운 창을 휘두르는 것을 좋아했다.

프런티어 전사들의 기풍의 공유는 '로만세스 프론테리소스'(romances fronterizos), 즉 프런티어 지역에서 나타난 익명의 대중적 민요에서 가장 극적으로 표현되었다. 이 가운데 많은 것이 실존 인물과 실제 사건들을 바탕으로 하고 있었다. 그중 가장 인기 있었던 것 중 하나는 이게루엘라 전투 당시에 후안 2세와 유수프 4세 이븐 알 마울 간의 가상의 대화인 '아베나마르 이야기'였다. 여기에서 그라나다는 아름다운 여인으로 의인화되었고, 아베나마르는 그녀를 후안에게 소개하고 카스티야 왕은 그녀를 간절히 소유하려고 했으나, 그녀는 이미 임자가 있는 몸이라면서 그를 거절한다.

> 돈 후안 왕이시여, 저는 이미 임자가 있는 몸이에요.
> 과부가 아니라 유부녀라구요.
> 저를 차지하고 있는 무슬림 남편은 저를 너무나 꽉 붙잡고 있고
> 저를 너무나 사랑한답니다.[48]

이 노래는 로망스어로 불려졌지만 아마도 이 시를 지은 작가는 양쪽 모두의 문학 전통에 익숙한 그라나다 출신 무슬림이었던 것으로 보인다. 반대로 카스티야의 문학 양식이 아랍어로 글을 쓰는 시인들에 의해 전용되기도 했다. 14세기 말 알메리아에서 종교학자 이븐 카티마(Ibn Khatima)는 카스티야의 시적 구조를 이용해 시를 썼다. (그리고 '기독교도 남자'에게 바치는 무와시샤하트[알 안달루스에서 발전한 것으로 대개는 세속적인 주제를 가진 시의 한 장르]를 쓰기도 했는데, 그 제목이 '그의 사랑이 나를 사로잡았다'였다.)[49] 그보다 반세기 전에는 같은 알메리아의 주민이자 농학자로 유명했던 이븐 루윤(Ibn Luyun)도 운율이 있는 속담을 만들고 로망스 계열 언어를 통합한 무와시샤하트 시를 썼다.

가장 큰 접촉과 문화의 변용은 물론 기독교도 땅에서 살고 있던 무슬림들에게서 나타났다. 15세기에 무데하르 공동체는 반도 전역에 존재했다. 포르투갈 남쪽과 카스티야 북부, 그리고 나바라에서 무슬림들은 도시와 농촌 모두에서 중요한 소수 집단으로 기독교도들과는 아무 갈등 없이 살고 있었다. 특히 나바라의 무데하르들은 기독교도 사회에 잘 통합되었는데, 그중 상당수는 국왕의 행정과 군대에서 전문가로 활약했고 프랑스로 넘어가 거주하는 사람도 있었다. 거기다가 아라곤 왕국과 카탈루냐 지역에는 상당수의 무데하르 농민들이 있었고, 거기서도 무슬림 공동체나 개인들을 겨냥한 긴장이나 공격의 징후는 — 유대인들이 기독교도들의 폭력의 희생자가 되어가고 있을 때도 — 거의 없었다. 그러나

48 David W. Foster et al., eds., *Spanish Literature*, p. 122.

49 Ryan Szpiech, "Granada", vol. 2. p. 161.

나스르 왕조 침입자들에 의한 공격과 이프리키야와 마그립에 기지를 둔 해적들의 공격에 자주 시달려야 했던 발렌시아와 무르시아에서는 사정이 달랐다. 이곳에서는 일부 기독교도들 사이에서 무데하르들이 이슬람 외세 강국들을 위해 일하는 '제5열'이며 불온한 외부인이라는 생각이 나타났는데, 그런 의심은 동부 지중해에서 오스만인들의 세력이 커지면서 더 커졌다.

무데하르들이 무슬림 침입자들에게 협력하는 경우가 없지는 않았기 때문에 그 같은 의심이 완전히 사실무근이라고 할 수는 없었다. 발렌시아와 카스티야령 안달루시아에서는 기독교 군주와 (전통적으로 무슬림 공동체의 기둥 역할을 해온) 무데하르들 간의 유대 관계가 약화되어 가고 있었다. 이제 토지 귀족이 되었든, 종교 기사단이 되었든 간에 그 이해관계가 농촌 무슬림들과 연계되고, 그들의 보호자가 된 것은 (군주가 아니라) 영주들이었다. 카스티야에서는 점점 소원해져 간 둘(기독교도 왕과 무슬림들) 간의 관계가 세르비시오와 메디오 세르비시오(무엇보다도 무슬림 그라나다와의 전쟁에 들어가는 비용을 마련하기 위해 무슬림들에게 징수하는 세금)를 징수하면서 더 악화되었다. 또한 이 지역에서 기독교-무슬림의 관계는 간헐적인 (무슬림들의) 불충 행위가 탄압으로 이어지면서 급속히 악화되기 시작했는데, 탄압은 더 많은 불충 행위를 낳고 그것은 다시 더 큰 탄압과 저항을 불러일으키는 악순환이 나타났다. 1455년 기독교도 왕국에서는 처음으로 기독교도 민중에 의해 대규모의 반(反)무슬림 폭력 행위가 발생했는데, 이때 발렌시아의 모레리아(moreria, '무어인 거주지')가 공격을 당하고 다수의 무데하르들이 죽음과 개종 가운데 하나를 선택하지 않으면 안 되었다.

발렌시아에서 발생한 무어인 공격은 나스르 궁전에서 벌어진 더 큰 소동과 시기적으로 일치했다. 1452년 알포르초네스에서 알론소 파하르도가 거둔 충격적인 승리는 노년의 알 아이사르에게는 큰 타격이었고, 세자인 무함마드 10세 '엘 치키토'의 명성을 훼손하는 것이었다. 게다가 킹 메이커인 사라즈 가문은 '엘 치키토'가 후안 2세의 궁에서 망명객으로 보낸 적이 있었기 때문에 그를 의심의 눈으로 바라봤다. 그러니까 그가 망명 시기에 카스티야적 영향에 오염되었을 수 있다고 생각한 것이다.

아무튼 알 아이사르가 죽고 나서 그의 사위가 뒤를 이어 즉위한 지(아마도 1454년 초였던 것으로 보인다) 얼마 되지 않아 사라즈 가문은 이 즉위를 인정하지 않고 자신들이 지지하는 유수프 2세의 쉰다섯 살의 손자 사드(Sa'd)를 새 지배자로 밀었다. 사드는 자신의 아들 아불 하산 알리(Abu 'l-Hasan 'Ali)를 새 카스티야 왕으로 즉위한 엔리케 4세의 취임식에 보냈는데, 엔리케 4세는 아불 하산 알리가 '손님'으로 자신의 왕국에 남아 있는다는 조건 아래 사라즈 가문에 도움을 제공하겠다고 약속했다. 사드와 '엘 치키토'의 군대가 싸움을 시작하자 기회주의적 인물이었던 엔리케 4세는 군대를 풀어 십자군 교서의 깃발을 들고 프런티어 중심부를 따라 길게 자리 잡은 농촌 지역을 약탈했다. 그 약탈 행위는 무르시아에서 알론소 파하르도가 일으킨 새로운 반란으로 그(엔리케 4세)가 상당한 액수의 현금을 사드로부터 받는 대신에 그라나다와 평화 조약을 체결할 때까지 계속되었다. 엘 치키토는 1456년 그라나다에서 탈출해 알푸하라스 남쪽으로 도망갔으나, 거기서 자신의 아들들과 함께 아불 하산 알리(그는 카스티야에서 호화판 포로 생활을 하다가 풀려나 있었다)에게 포로가 되었다. '엘 치키토'와 그의 아들들은 알함브라궁으로 끌려와 처형되었다.

그러나 사드의 승리가 평화를 가져다주지는 않았다. 사드는 엔리케 4세와 사라즈 가문 사이에 붙잡혀 카스티야 왕의 요구에 따르기도 하고 반항하기도 하면서 오락가락했다. 그가 기독교도들의 속국(조공국)이기를 거부하자 1462년 카스티야가 파괴적인 침입을 재개했다. 이 공격에 대해 아불 하산 알리와 다른 군 지휘관들은 용감하고 결연하게 저항했다. 그러나 엄청난 피해를 입었고 그것은 그해 7월 지브롤터의 상실에서 정점에 이르렀다. 바로 이때 사드는 사라즈 가문의 지배에서 벗어나기로 작정하고, 그 가문 사람들 가운데 여럿을 연회를 가장한 모임에 불러들여 살해했다. 이때 죽은 사람들 중에는 아부 수루르 알 무파리즈(Abu Surrur al-Mufarrij, 그는 술탄의 배후에 있는 진정한 실세였다)와 와지르인 유수프 이븐 알 사라즈가 포함되어 있었다. 살아남은 사라즈 가문 대귀족들은 말라가에 있는 자기네 기지에 집결해 거기서 사드를 몰아내고 대신에, 다른 나스르 왕조의 왕자를 앉히려고 했다. 그러나 이 시도가 실패하자 과달키비르강 쪽에 있는 기독교도 군벌 사이에서 은신처를 찾았고 거기서도 그들은 계속 음모를 꾸몄다. 그들은 오래 기다리지 않아도 되었다. 1464년 엔리케가 베가 데 그라나다(Vega de Granada)를 공격해 사드를 또 다른 휴전에 동의하게 만들자, 술탄은 자신의 아들 아불 하산 알리(그는 부친을 쫓아내기 위해 사라즈 가문과 동맹을 체결한 상태였다)에게 타도되었다. 이로써 왕조의 최후의 붕괴를 위한 무대가 마련되었다.

만약 알함브라궁이 15세기 나스르 왕조 그라나다의 충격적인 음모가 펼쳐진 캔버스였다면, 카스티야 왕국은 그 캔버스를 가두고 있는 틀이었다고 할 수 있다. 카스티야 왕들은 술탄국(그라나다)과 직접 전쟁을 벌이고 있지 않을 때는 수단과 방법을 가리지 않고 술탄국을 약화시켜 자신들의 속국으로 만들려고 했다. 그런데 나스르 왕조 술탄들에게는 다행히도 카스티야 자신에게도 처리해야 할 문제가 많았다. 이 기독교 왕국(카스티야)에 15세기의 시작은 상당히 긍정적이었다. 유능한 엔리케 3세는 귀족들을 잘 다잡아 두고 있었고 반도 내 경쟁자들에게는 위협적인 존재가 되었으며, 모로코를 공격하고 있었고 그라나다에 대한 공격을 준비하고 있었다. 그러나 건강이 발목을 잡아 그는 1406년에 스물일곱 살이라는 젊은 나이에 죽었다. 이때 그는 한 살배기 아들을 후계자로 남겼는데, 이 어린 군주 후안 2세를 대신해 카스티야를 실질적으로 지배한 사람은 그의 모후인 잉글랜드 출신 미망인 랭커스터의 캐서린(Catherine of Lancaster)과 그의 삼촌 페르난도(Fernando) 왕자였다. 그런데 이 두 사람은 지독한 앙숙이었기 때문에 두 사람이 사실상 왕국을 양분해 남쪽은 페르난도가, 북쪽은 캐서린이 각각 지배했다. 무함마드 7세는 카스티야의 이 내분을 이용해 공세에 나섰는데, 그것이 국내에서는 그의 지지를 높이는 데 도움이 되기도 했지만 다른 한편으로는 페르난도 왕자의 분노를 촉발하는 원인이 되기도 했다.

1407년 페르난도는 무함마드 7세의 공세에 무력으로 응답했는데, 이때 그는 파괴적인 대포 공격을 통해 변경 도시 자하라를 점령했다. 그러나 1409년 이 도시를 다시 빼앗겼고, 그의 수비대원들은 학살당했다. 1410년 페르난도는 그라나다에서 서쪽으로 96킬로미터, 말라가에서 북쪽으로 48킬로미터 정도 떨어져 있는 오래된 성채 도시 안테케라를 점령함으로써 복수를 하고 자신의 명성을 공고히 했다. 이 승리를 통해 그는 도시 자체뿐만 아니라 비옥한 배후지까지 장악함으로써 술탄국의 경제를 약화시키고 수도(그라나다)와 그 주요 항구 간 교통을 차단할 수 있었다. 그것은 사실상 나스르 왕국 한가운데에 말뚝을 박는 것이나 다름없었다. 또한 이곳에 기독교도 전진기지를 건설함으로써 수도뿐만 아니라 그라나다 왕국 전체를 위협하게 되었으며, 카스티야 군대는 농작물과 하부 구조를 파괴하기 위한 초토화 공격에 착수했다. 그럼으로써 그라나다의 부와 그라나다 대중의 사기를 크게 약화시켰다.

그라나다 공성은 장기적이고 격렬했으며 협상은 치열했다. 페르난도는 그라나다를 어떻게든 다시 카스티야에 조공을 바치는 속국으로 만들려고 했는데(그라나다는 1370년 이후 조공을 바치지 않고 있었다), 하지만 그라나다의 새 군주 유수프 3세의 입장에서 보면 그렇게 되면 국내 지지기반을 잃게 되고 자신의 지배권을 위험에 빠뜨릴 수 있었기 때문에 쉽게 동의할 수 있는 문제가 아니었다. 결국 페르난도는 자하라를 점령하고 술탄이 풀어준 100명의 포로를 데리고 나스르 영토를 떠났다(그런데 이때 페르난도가 데리고 간 포로들은 그라나다가 바치는 조공이 아니라 선물이라는 점이 분명히 언급되었다). 그러고 나서 나스르 왕조에 유리해 보이는 상황이 나타났다. 1410년, 카탈루냐의 국왕 마르티 1세(Martí I)가 합법적 계승자를 생산하지 못하고 죽음으로써 12세기 아라곤 연합왕국의 출범 때부터 왕국을 지배해 오던 왕조가 단절된 것이 그것이었다. 여러 명의 후보자가 나타났지만 누구도 왕위를 차지할 만큼 충분한 힘을 가지고 있지 않았다. 2년 동안의 혼란이 있고 나서 아라곤 왕국의 도시 카스페에서 주교와 대귀족, 그리고 도시 참사회 회원들로 구성된 비밀회의가 열렸고 참석자들은 '안테케라의 그'('He of Antequera'), 즉 페르난도 왕자를 아라곤 연합왕국의 새 왕으로 선출했다.

페르난도가 바르셀로나로 떠난 상황에서 카스티야에서의 정치적 상황은 그라나다의 그것과 흡사한 모습을 보여 주었으니, 왕족들과 야심만만하고 탐욕스런 정신들 간에 치열한 당파싸움이 벌어지게 된 것이 그것이었다. 이제 아라곤 연합왕국의 왕이 된 안테케라의 페르난도는 카스티야에 영지를 갖고 있던 아들들을 시켜 허약한 후안에 대항하는 반란을 일으키게 해서 불안을 더 부추겼다. 이때 후안은 재상 알바로 데 루나의 수중에 잡혀 있었는데, 당시 알바로 데 루나는 산전수전 다 겪은 정치의 달인으로서 정치적 경쟁자들을 잔인하게 살해하고, 왕의 유일한 심복이자 왕 뒤에서 절대적 권력을 휘두르는 진정한 막후 실력자였다. 왕을 자신의 꼭두각시로 만들고 있던 알바로 데 루나는 유례없는 부와 영향력을 갖고 있다가 1453년 임자를 만나게 되는데, 이해에 후안의 두 번째 부인 포르투갈의 이사벨은 알바로 데 루나에게 반역 혐의를 뒤집어씌워 체포하고 재판을 열어 처형했다.

이듬해 후안이 죽자 카스티야 연합왕국의 지배권은 그의 아들 엔리케 4세에게 넘어갔다. 당시 엔리케는 스물아홉 살의 성년이었지만 남자 구실을 하지 못한다는 소문이 퍼져 있었다. 귀족들은 그를 공개적으로 성불구자라며 조롱했다. 그런데 그의 왕비 포르투갈의 조아나(Joana of Portugal)가 후아나라는 딸을 낳자 왕을 싫어하는 귀족들은 그 공주를 '라 벨트라네하'(La Beltraneja)라고 불렀다. 그것은 왕비가 여러 남자들과 놀아나는 바람둥이였고, 그 공주도 왕비가 (엔리케의 측근 가운데 한 명인) 벨트란 데 라 쿠에바(Beltrán de la Cueva)라는 한 정신과 사통해 낳은 딸이라는 의미로 비아냥댄 것이었다. 그들은 이 벨트란 데 라 쿠에바를 벼락출세자이면서 자신들의 야심을 위협하는 인물로 간주했다.

이 같은 상황 전개는 카스티야와 아라곤 연합왕국, 그리고 그라나다에 심대한 영향을 끼치게 된다. 공주 후아나는 엔리케의 유일한 자식이었으므로 딴 생각을 갖고 있던 귀족들은 왕의 배다른 동생 알폰소를 내세워 그를 카스티야의 합법적인 왕위 계승자로 만들려고 했다. 이들의 주장은 페르난도 데 안테케라의 아들 조안(Joan)의 지지를 받았는데, 그는 당시 나바라를 지배하고 있었을 뿐만 아니라 1458년 자신의 형인 알폰소 관대왕이 죽고 나서는 아라곤 연합왕국의 왕위까지 계승하게 될 사람이었다. 그후 16년 동안 카스티야는 간헐적인 내전에 휩싸이게 되었고, 아라곤 연합왕국의 조안 2세는 어떻게든 그것을 더 부추기려고 했다. 1468년 불온한 젊은 왕자 알폰소가 죽었으나 그것이 사태를 해결해 주지는 못했다. 그는 유언을 통해 자신의 누이 이사벨을 자신의 계승자로 지명했고 카스티야 귀족들은 그것을 받아들였다. 그러나 엔리케와 그녀 자신의 지지자들의 뜻과는 반대로 이사벨은 1469년 조안 2세의 아들 페르난도(페란이라고도 불렀으며, 페르난도 2세를 말한다)와 눈이 맞아 달아났다. 5년 후 엔리케가 죽고 1475년 1월에 이사벨이 카스티야 여왕으로 즉위하게 되었을 때, 그 옆에는 열일곱 살의 남편 페르난도가 서 있었다.•

그 전해에 이미 시칠리아 왕으로 즉위한 카스티야의 젊은 여왕의 배우자(페르난도)는 스스로 천부적인 정치적·군사적 본능의 소유자임을 보여 주었다. 그것은 결국 그에게 니콜로 마키아벨리(Niccolò Machiavelli)의 칭찬을 안겨 주게 되는데, 1513년 발표한 유명한 『군주론』(*Il Principe*)은 페르난도를 이상적인 '르네상스 군주'로 소개했다. 1479년은 여러모로 매우 중요한 해였다. 이해에 이사벨은 여왕으로 인정되었고, 페르난도는 아라곤 연합왕국의 조안 2세의 죽음으로 이 왕국을 상속받았다. 이 연합왕국에는 아라곤 왕국, 카탈루냐, 발렌시아, 사르디니아, 그리고 마요르카가 포함되어 있었다. 이때쯤이면 그라나다의 운명은 분명해졌다. 젊고

• 페르난도가 1452년생이므로 1475년이면 스물세 살이 된다. 두 사람이 결혼한 해인 1469년에 그의 나이가 열일곱 살이었는데 저자가 착각한 것으로 보인다.

유능한 두 지배자(페르난도 2세와 이사벨)의 혼인은 기질에서는 그렇지 않았지만 목적에서는 두 왕국을 하나로 만들어주었고, 그들은 아라곤 연합왕국과 카스티야 간의 오랜 적대감—이 적대감을 카스티야 귀족들과 나스르 술탄들은 지난 두 세기 동안 자신들에게 유리한 쪽으로 이용해 오고 있었다—을 종식시켰다. 그라나다 왕국은 이제 진짜 홀로서기를 하지 않으면 안 되었다.

제6부

샤드(Shards), 1482~1614

신성로마제국
아우크스부르크
북대서양해
프랑스 왕국
사부아
공작령
이탈리아
교황령
로마
나폴리
아 코루냐
팜플로나
마르세유
아그드
부르고스
사라고사
카스티야
연합왕국
아라곤
연합왕국
바르셀로나
포르투갈
왕국
엘 에스코리알
마드리드
톨레도
발렌시아
사르디니아
부왕령
리스본
스페인 왕국
데니아
양(兩) 시칠리아 왕국
그라나다
카르타헤나
말라가
카디스
튀니스
세우타
알헤시라스
오란
페즈 왕국
살레
페즈
오스만 제국
모로코 왕국
N
0
300mi
0
300km

스페인과 모리스코 디아스포라
(1609~14년)
헝가리 왕국
오스만 제국
흑해
콘스탄티노플
(이스탄불)
카르스
오스만 제국
아다나
지중해
다마스쿠스
예루살렘
알렉산드리아
카이로
홍해

제28장

최후의 탄식

아불 하산 알리—카스티야 연대기 작가들에게는 물레이 하센(Muley Hacén)으로 알려져 있었다—의 지지자들이 그에게서 기독교도들에게 맞서 전쟁을 수행할 수 있는 근육질의 술탄을 기대했다면 그들은 실망하지 않아도 되었을 것이다. 그러나 아불 하산의 치세는 전임자들을 괴롭혔던 것과 똑같은 요인들—술탄국의 정신(廷臣)들과 대귀족들이 벌이는 끊임없는 음모, 그리고 카스티야 군대가 왕국의 경제적 토대를 파괴하기 시작하면서 전쟁과 조공 납부 가운데 선택하라며 사정없이 밀어부치는 압박—때문에 복잡했다. 자신의 가족 안에서도 동생 무함마드 이븐 사드(Muhammad ibn Sa'd)와 아들 아부 압드 알라 무함마드(Abu 'Abd Allah Muhammad)—기독교도들에게는 '보압딜'(Boabdil)이라는 이름으로 알려져 있었다—의 도전이 있었다. 귀족들 내부의 적대적 관계도 계속되었는데, 그중에서도 사라즈 가문과 마울 가문이 주도하는 두 파당이 변덕스런 기회주의를 동원해 소기의 목적을 달성하려고 했다. 페르난도와 이사벨의 혼인으로 아라곤 연합왕국과 카스티야 왕국 간의 적대가 종식되었다고 하지만 두 지배자는 여러 번에 걸쳐 외세와의 갈등에 휩쓸렸고, 그들 각각의 귀족들도 분열된 상태로 무슬림 영토의 정복보다는 자기들 서로 간의 갈등에 골몰해 있었다.

아불 하산이 1464년 술탄으로 즉위하자마자 그의 동생 무함마드 이븐 사드가 말라가에서 사라즈 가문의 지지를 등에 업고 반란을 일으켰다. 당시 사라즈 가문은 말라가에 자리 잡고 있었고, 아불 하산이 자신의 와지르로 라이벌 리드완(Ridwan)의 아들 아불 카심 이븐 바니가시(Abu 'l-Qasim ibn Bannigash)를 임명하자 불만을 품고 아불 하산과 사이가 틀어진 상태였다. 아불 하산은 이 저항을 제압하고, 이어서 대표적인 두 귀족 카브라 백작과 로드리고 폰세 데 레온(Rodrigo Ponce de León) 간에 세비야에서 벌어진 전쟁을 틈타 카스티야 영토에 대한 침입을 시작했다. 1471년까지 격전이 이어졌고 양측은 각각 몇 차례씩 승리를 거두었다. 5년간의 평화를 약속한 1475년의 조약을 포함해 여러 차례 조약이 체결되었는데, 그러는 동안에도 국경 양쪽에 대한 침입은 계속되어 농작물이 파괴되고, 가축이 탈취되고, 많은 포로가 잡혀갔다. 바로 이 무렵 페르난도는 그라나다 왕족들을 이간질해서 서로 싸우게 만드는 전술을 사용했다. 1474년 그는 알메리아의 지배자 유수프 4세 이븐 알 마울의 아들인 아부 살림 이븐 나자르(Abu Salim ibn Najjar)를 상대로 비밀 협상을 시작해, 그가 반란을 일으키면 그에게 왕국 동쪽에 있는 보호령 하나를 주겠다고 약속했다.

1475년 조약 기간이 만료되자마자 아불 하산은 공세를 취해 1481년 자하라를 되찾음으로써 백성들에게 기쁨을 안겨 주었다. 그러나 주도권은 여전히 페르난도 2세가 쥐고 있었고, 그는 폰세 데 레온에게 말라가와 수도 사이에 위치한 요새 도시 알하마(Alhama)를 기습 공격하게 했다. 기독교 군대가 도시 성벽을 파괴해 시민들을 놀라게 만들었음에도, 알하마 시민들은 가족들이 옆에서 죽어 나가는 상황에서도 불굴의 의지로 끝까지 저항했다. 하지만 최후의 저항자들이 모스크 안으로 대피하고 그곳마저 화염에 휩싸이자 거기서 달려 나오다가 피살되거나 포로가 되었다. 그러고 나서 4일 후에 술탄의 대규모 지원군이 도착했을 때, 그들은 성벽 주변에 무더기로 쌓여 있는 시신들과 그 시신들을 뜯어먹고 있는 개들을 발견할 수 있었다. 이 같은 참패의 와중에서도 그라나다인들은 계속해서 도시를 공격했다. 그러다가 기독교도 지원군이 도착하고 페르난도가 동쪽 로하(Loja)를 공격하기 시작했다는 소식이 들리자 공격을 중단할 수밖에 없었다. 로하에서는 아불 하산이 좀 더 잘 대처했는데, 이곳에서 그는 아라곤 연합왕국 왕(페르난도 2세)의 공격을 격퇴했는가 하면, 남서쪽에서 양동 작전을 위한 침입을 감행해 상당한 전리품을 획득하기도 했다.

이렇게 아불 하산이 싸움에 전념하고 있는 동안 그의 아들들은 그라나다에서 도망쳐 나와 과딕스에 자리 잡았고, 거기서 장남 보압딜은 사라즈 가문의 지원 아래 스스로 술탄에 즉위함으로써 부왕(父王)을 적으로 돌렸다. 그의 이 같은 행동은 그의 모친이며 무함마드 9세의 딸이었던 아이샤('Aisha, 혹은 파티마. 역사가들 사이에서 의견이 갈린다)의 사주에 따른 것이라는 이야기가 있다. 그렇게 된 데는 그럴 만한 이유가 있었는데, 그 전 언젠가에 이사벨 데 솔리스(Isabel de Solis)라는 이름의 (기독교도) 귀족 출신의 어린 소녀가 포로가 되어 왕궁 하렘에 들어온 적이 있었다. 그녀는 투라야(Turaya)라는 이름으로 이슬람으로 개종하고 얼마 가지 않아 아불 하산의 마음을 사로잡았는데, 결국 아불 하산은 그녀를 새 부인으로 들어앉히고 아이샤와 그녀의 자식들은 거들떠보지 않게 되었다. 이런 상황이 아이샤에게 얼마나 큰 정신적 스트레스를 가져다주었을지는 알 수 없다. 그러나 투라야와 아불 하산 사이에서 두 명의 아들(사드와 나스르)이 태어나 잠재적 왕위 계승자가 되었다는 사실은 아이샤와 그녀의 자식들을 치명적인 위기로 몰아넣는 것이었다. 이들에게 궁전은 이제 감옥으로 변했으며, 거기서 빠져나오게 되었을 때 그들은 반란을 일으키는 것밖에는 다른 선택지가 없었다. 후대 역사가들은 이 사건을 1478년 아불 하산이 신경 쇠약을 앓게 되어 성적 쾌락의 방종한 생활에 빠졌다는 당대의 주장을 근거 삼아 낭만적으로 서술했다. 그러나 술탄의 군사적 기록을 고려하면 이 주장은 근거가 없어 보인다. 비록 그가 분명 모종의 질병을 앓았고 그것이 그의 시력과 다른 능력에 영향을 주기는 했지만, 그의 군사적 활동은 여전히 활발했던 것이다.

1483년 이제 동생 무함마드 이븐 사드의 지원을 받고 있었던 아불 하산은 그 전에 말라가 북쪽 지역을 파괴한 적이 있던 카스티야의 한 주요 군대를 기습 공격으로 궤멸하고 상당히 많은 포로를 획득했다. 이에 대해 자신도 뭔가 내세울 만한 치적을 쌓고 싶었던 보압딜은 기독교 도시 루세나를 공격하려고 했다. 그러나 한 그라나다인 배신자가 이 공격 계획을 방어자들에게 미리 알려 주는 바람에 보압딜의 군대는 참패를 당했으며, 여러 명의 군 지휘관이 죽고 자신도 포로가 되는 신세가 되었다. 이로써 아불 하산은 다시 술탄령의 유일한 지배자가 되었다. 그러나 페르난도가 계속해서 주변 농촌 지역을 파괴했기 때문에 그의 백성들 대부분은 피폐한 상태가 되어갔다.

페르난도 2세는 보압딜을 포로로 잡고 있으면서 한동안 접견을 허용하지 않다가 결국 이 젊은 왕자를 풀어주는 대신에, 그로부터 거액의 현금과 매년 700명의 기독교도 포로를 돌려주겠다는 약속, 그리고 정식으로 봉신이 되겠다는 서약을 받았다. 그러고 나서 보압딜은 그의 아들이자 후계자인 아흐마드와 동생 유수프, 그리고 다른 대귀족 가문의 자식들을 인질로 남기고 과딕스로 돌아와 술탄의 직위를 계속 수행했다. 그러나 그가 페르난도의 봉신이 되겠다고 서약하고, 페르난도 앞에서 무릎을 꿇고, 그의 손에 입맞춤하는 굴욕을 당했다는 소식을 들은 그라나다의 지도적인 카디들은 보압딜이 지배자 자격이 없다는 파트와(법적 견해)를 아불 하산에게 전했다.

한편, 페르난도는 계속해서 압박을 가했다. 1483년 자하라가 탈환되었고, 1484년에는 론다가 공성을 당했다. 한때 난공불락의 도시로 여겨졌던 론다는 기독교도들의 대포 공격 앞에 불과 2주일 만에 함락되었다. 페르난도는 항복을 받아들이면서 도시의 대귀족들에게는 무슬림들이 지배하는 북아프리카로 이주하든지, 아니면 자신의 영토에서 명예롭게 물러나 살든지 선택하라고 했다. 존경받는 하킴 가문(Banu 'l-Hakim)

의 마지막 인사였던 지역 사령관은 후자를 택해 세비야에 정착했다. 페르난도는 자신의 전임자들이었던 자우메 1세, 그리고 그에 앞서 아라곤 연합왕국의 알폰소 1세가 취했던 것과 똑같은 전략을 따르고 있었다. 즉 그는 무슬림 엘리트를 끌어들이거나 쫓아냈다가, 이제 지도자도 없고 방어 능력도 없게 된 도시나 농촌 마을들을 상대로 항복을 협상하고, 그들의 권리와 전통을 존중하겠다고 약속하고, 그들이 복속을 약속하면 무데하르 신분으로 보호를 제공하는 것이 그것이었다. 그렇게 해서 그라나다 왕국의 서쪽이 페르난도 2세의 수중에 들어갔다. 페르난도 2세는 농촌 지역에 대한 무자비한 파괴를 계속해 1486년 신속하게 로하를, 그리고 평원 지역(베가)의 주요 도시들을 점령해 그라나다로부터 곡창을 탈취하고 자신의 군대를 거의 수도 코앞에까지 데려다 놓았다. 그러고 나서 그는 최후의 결전을 준비했다.

전광석화 같은 페르난도의 승리는 두 가지 요인에 기인하고 있었으니, 하나는 그와 이사벨이 프런티어 지역의 기독교도 귀족 가문들을 통합하는 데 성공한 것이고, 다른 하나는 일거에 전세를 바꿀 수 있는 대포라는 새 기술의 효과적인 사용이었다. 대포는 14세기 그라나다인들에 의해 이곳에서 처음 사용된 이래로 중포(重砲)의 제작과 사용은 결국 알 안달루스의 종말을 가져다줄 수 있을 정도로 계속 발전해 갔다. 과거에는 그라나다가 정복을 어렵게 만드는 모종의 전술적 유리함을 갖고 있었다. 이곳 지배자들은 술탄국(그라나다)의 빈틈 없는 지형 덕분에 단시간 안에 왕국 전체로부터 병력을 소집할 수 있었고, 지나치게 길게 늘어진 보급선이나 통행로 없이도 신속하게 이쪽저쪽을 이동할 수 있었다. 소읍과 도시들은 몇 년치 식량을 비축해 공성자들보다 더 긴 기간 동안 버틸 수 있었으며, 그 도시들이 가진 두텁고도 높이 치솟은 성벽은 어떤 기병이나 보병의 공격도 막아낼 수 있었다. 그리고 그라나다 궁병들이 보유한 석궁(그중에는 그것을 사용하기 위해 별도의 인원이 붙어야 할 정도로 큰 것도 있었다)은 안전한 흉벽 위에서 공격해 오는 적들에게 죽음의 비를 쏟아부을 수가 있었다. 그러나 이제는 그럴 수가 없었다. 페르난도가 전선으로 가지고 온 엄청난 크기의 대포들(그중 어떤 것은 수백 명의 병사가 달라붙어야 가동할 수 있었고, 프랑스나 이탈리아에서 온 전문 기술자들이 딸려 있었다)은 아무리 두터운 성벽이라도 균열을 낼 수 있었다. 성벽이 높으면 높을수록 더 쉬운 목표물이 되었다. 그리하여 한때 난공불락이었던 성벽이 갑자기 취약한 것으로 되어버렸다.

페르난도 2세와 이사벨이 이렇게 돈이 많이 드는 전쟁을 수행할 수 있었던 이유 가운데 하나는 그들이 이베리아반도 대부분과 이탈리아 일부를 다스리는 지배자로서 끌어올 수 있었던 유례없는 재원이었다. 이것은 그들에게 엄청난 재정적 수단을 제공해 주었으며, 공동왕의 재정가와 세금징수자들, 특히 유대인 정신(廷臣)인 아브라함 세뇨르와 이삭 아브라바넬은 그 재원을 효과적으로 집행했다. 거기다가 교황 식스투스 4세(Sixtus IV)와 인노켄티우스 8세(Innocentius VIII)는 1479년부터 1491년까지 여러 차례에 걸쳐 십자군 교서를 발행해 '가톨릭 공동왕'('the Catholic Kings', 1494년 교황 알렉산데르 4세가 이사벨과 페르난도에게 하사한 별명)이 교회가 거두는 세금과 자산을 이 전쟁에 사용할 수 있게 허락해 주었다. 마지막으로 여기에다 그들이 징수하는 파리아스(조공), 세르비시오와 메디오 세르비시오, 그리고 침입에서 얻어지는 수입이 더해졌다. 페르난도와 이사벨의 부와 권력, 그리고 그들의 확실한 목적은 귀족들이 감히 토를 달지 못하게 했고 이 원대한 대의에 협력하도록 부추겼다. 그에 반해 그라나다의 재원과 인구는 감소 일로에 있었고 북아프리카에 있는 그들의 잠재적 동맹세력들은 가톨릭 공동왕을 두려워했다. 아울러 해협을 지키는 기독교도 수비대들은 어떤 소수의 병력이나 적은 물자도 알 안달루스로 유입되지 못하게 만들었다.

이 기간 내내 무함마드 이븐 사드(무함마드 12세)는 병석에 누워 있던 형 아불 하산의 이름을 내걸고 싸웠다. 그는 1485년 보압딜로부터 알메리아를 탈취했으며, 상황이 호전될 때마다 페르난도에 반격을 가해 기독교도들의 공세를 저지해야 한다고 생각하고 있던 사람들 사이에서 상당한 인기를 얻었다. 이 칭찬에 고무되고 이븐 바니가시의 지원까지 받게 된 무함마드는 병든 형을 폐위하고 자신이 알 자갈(al-Zaghal, '용감한 자')이라는 이름으로 술탄직에 취임했다. 한편, 보압딜은 그의 동쪽 영토가 쪼그라들고 있는 상황에서 기독교도들의 영토인 무르시아에 지원을 요청하고, 이제 어떤 대가를 치르더라도 평화를 원하고 있었던 그라나다 주민들에게도 지지를 호소했다. 날이 갈수록 긴장은 고조되어 갔다. 드디어 1486년 수도에서 보압딜의 지지자들과 알 자갈의 지지자들 간에 싸움이 벌어졌다. 결과적으로 여기에서 알 자갈의 지지자들이 승리를 거두었고, 보압딜은 어쩔 수 없이 자기 삼촌을 왕으로 인정하지 않으면 안 되었다. 그 직후에 페르난도 2세와 이사벨은 만약 보압딜이 술탄국 동부 지역을 자신들(페르난도와 이사벨)의 이름을 내걸고 다스린다면, 그곳에 대한 지배권을 인정하겠다고 약속했다. 이에 대담해진 보압딜은 그라나다로 돌아와 수주 간의 전투 끝에 1487년 4월 도시를 점령하고는 삼촌의 주요 지지자들을 처형했다.

한편, 페르난도의 군대는 남쪽 해안 쪽으로 진군해 벨레스-말라가(Velez-Málaga, Baldish)를 점령했다. 이븐 바니가시가 지휘하는 방어자들은 용감하게 싸웠으나 결국 항복할 수밖에 없었다. 이어 페르난도는 도시 주민들에게 가져갈 수 있을 만큼의 재산을 가지고 북아프리카로 가든지, 아니면 (말라가 시가 아닌) 술탄국 어디로든 가서 살든지 선택하게 했다. 이로써 말라가는 고립되었고, 페르난도는 1487년 봄 군대를 동원해 왕국의 제2의 도시이자 중요한 항구인 이 도시를 포위했다. 방어자들은 보압딜이 그라나다에서 무덤덤하게 지켜보고 있는 가운데, 3개월 반 동안 대포 공격과 굶주림을 견뎌냈고 때로는 용감하게 반격을 가했으며, 최후까지 싸울 각오를 다지고 있었다. 한때는 변절자를 가장한 침입자를 보내 페르난도를 그의 막사에서 암살하는 데 성공하기 일보 직전까지 가기도 했다. 그러나 결국 도시는 알리 도르둑스(Ali Dordux)라는 한 시민 대표에 의해 공동왕에게 넘어갔으며, 공동왕은 그에 대한 보상으로 그를 말라가와 론다, 그리고 그 주변 농촌 지역 무데하르 공동체들의 지배자로 임명했다. 도르둑스가 어떤 동기를 갖고 있었든 간에, 그는 배교를 거부하고 자신의 이슬람 신앙을 굳건히 지켰다. 심지어 그는 배교를 택한 아들의 상속권을 박탈하기까지 했다. 굶주림에 시달리고 절망 상태에 있던 다른 시민들은 죽임을 당하거나 노예가 되었다. 1만 명가량의 생존자 가운데 대부분은 여성이었으며, 그중 다수는 수십 명씩 교황과 유럽 여러 지배자의 궁전에 선물로 보내졌다. 말라가에서 자행된 악행은 술탄국의 다른 지역 여러 사람에게 보내는 경고의 메시지라고 할 수 있었으니, 아직 술탄국에 남아 있는 사람들의 마음에 두려움을 각인하고 그 지도자들에게는 저항을 포기하게 하거나 체념하게 하려는 것이었다.

그리고 그 메시지는 바라던 효과를 냈다. 말라가를 상실하고 나서 알메리아에 고립된 알 자갈은 1488년 공세에 나서 보압딜의 지배 아래 있던 동쪽 프런티어 지역의 여러 도시를 점령하기도 했으나, 이에 대해 페르난도는 곧바로 반격을 가해 동쪽의 내륙 도시인 바사(Baza)에 대한 공성에 나서 여러 개의 거대한 토루와 거점을 건설함으로써 이 도시를 완전히 포위했다. 알 자갈이 이 공성을 돌파하기란 불가능했다. 그래서 바사의 군 지휘관 야흐야 알 나자르(Yahya al-Najjar, 아부 살림 이븐 나자르의 아들)는 아마도 바사가 제2의 말라가가 되는 것을 두려워해 비밀리에 도시의 항복을 놓고 협상을 벌였고, 그렇게 해서 시민들의 목숨을 살리는 대신(그들은 휴대할 수 있을 만큼의 재산을 소유하고 안전하게 도시를 떠날 수 있었다)에 도시를 비워주게 되었다.[50] 야흐야에 대해 좀 더 언급하자면, 그는 페드로 데 그라나다 베네가스(Pedro de Granada Venegas)라는 이름으로 기독교로 개종했고, 아내 세티 마리암(Cetti Maryam)의 부친 리드완 바니가시의 개종 이전의 성을 따랐으며, 이 기독교 족보가 가져다준 귀족 신분을 향유했다. 그가 혹여 갖고 있었을지 모르는 아쉬움은 새 왕으로부터 보상의 의미로 받은 현금과 영주로서 지배하게 된 땅에 의해 많이 완화되었을 것이다.

이 무렵 알 자갈은 희망을 포기하고 알메리아와 과딕스를 카스티야에

---

50 Rachel Arié, *El reino naṣrí*, p. 98.

넘겨주는 대신에 거액의 현금과 알푸하라스 지역 안다락스(Andarax)에 기반을 둔 한 소(小)제후령의 지배자가 되기를 택했다. 이 제후령은 무슬림들만의 왕국이 될 것이었고, 거기서 알 자갈은 (사고를 치지 않는다는 조건 아래) 군대를 유지할 수도 있었다. 처음에는 알 자갈과 그의 지휘관들이 체념을 해서든 아니면 조카 보압딜을 괴롭히기 위해서든 자신들의 새 주군들(이사벨과 페르난도 2세)의 명분에 충실하게 따랐고, 술탄령을 평정하는 데에도 적극 협력했다. 그러나 얼마 가지 않아 양심의 가책 때문이었는지 알 안달루스를 떠나기로 결심하고는 남아 있는 영지를 팔아 넘기고 마그립행 배에 올랐다.

그리고 다음에는 보압딜의 양심이 흔들릴 차례였다. 그는 1490년 자기 백성들의 강력한 결의에 압박을 받아 가톨릭 공동왕에 맞서 싸우기로 결심했다. 그러나 그 결심은 너무 때늦은 것이었고, 그가 가진 자원은 너무 적었다. 이 저항이 가져다준 유일한 결과는 수도(그라나다)를 옥죄고 있던 올가미를 더 세게 조이게 하는 것이었고, 페르난도와 이사벨은 이제 그를 반란자로 낙인찍을 수 있었다. 이것(반란자로 낙인찍기)은 후에 그들(페르난도와 이사벨)이 취하게 될 입장이었다. 즉 1502년 맘루크 술탄 알 아시라프(al-Ashraf)가 그라나다가 (공동왕에 의해) 정복된 것에 대한 보복으로 농방의 기독교도들을 공격하겠다고 위협하자, 가스티야 대사는 페르난도와 이사벨이 그라나다를 정복한 것은 종교적인 이유 때문이 아니라 반란을 일으킨 봉신 보압딜에 대한 정당한 권리로서 그를 응징한 것이라고 주장했던 것이다. 그보다 몇 년 전에 나스르 왕조의 지배자들이 카이로에 사절을 파견해 알 아시라프의 전임자 카이트 베이(Qa'it Bey)에게 지원을 요청했으나 소기의 성과를 거두지는 못한 적이 있었다. 이때 술탄은 비록 (그라나다 술탄에게) 직접적인 도움을 제공하지 못했지만, 대신에 (기독교도들에 대한 보복으로) 성묘 교회(Church of the Holy Sepulcher)를 파괴하겠다고 위협했다. 이 협박에 놀란 교황은 페르난도에게 서신을 보내 그라나다를 공격하지 말도록 요청했고, 이에 대한 아라곤 연합왕국 왕의 대답은 자신은 외국인들을 자기 땅에서 쫓아낼 완전한 권리를 갖고 있으며, 자신의 땅에 머물기를 원하는 사람들은 자신의 봉신으로서 보호와 관용을 충분히 누리게 될 것이라는 것이었다.

1490년 페르난도 2세와 이사벨은 그라나다 성벽 바로 아래에 거대한 규모의 공성 캠프—산타 페(Santa Fe)—를 설치하기 시작했는데, 이 캠프는 그 자체로 하나의 도시라 할 만했다. 이 전쟁의 승패에 대해서는 모두가 알고 있었고, 승리의 영광에 동참하려는 수많은 기독교도가 이곳으로 몰려들었으며, 그들은 승리에 대한 확신과, (교황이 발행한) 십자군 교서가 제공하는 도덕적 지지로 사기가 충천해 있었다. 그라나다 시 자체에서는 주민들이 체념한 상태에서 최선의 항복 조건을 끌어내기 위해 협상 위원회가 구성되었는데, 그것은 아불 카심 이븐 바니가시와, 존경받고 있던 두 명의 파키로 구성되었다. 그러나 그 와중에 보압딜은 아무도 모르게 자기 자신에게 가장 유리한 결과를 얻어내기 위한 비밀 협상을 공동왕 측과 시작하고 있었다.

1491년 11월, 공식적이고 공개적인 항복 조약이 체결되어 그라나다 시에 대한 지배권을 넘겨주기 위한 합의가 마무리되었다. 그러나 보압딜은 그 과정을 좀 더 확실히 하기 위해 날짜를 조금 늦추었다. 드디어 1492년 1월 1일, 주의 깊게 계획된 항복 의식을 통해 알함브라궁 열쇠를 페르난도와 이사벨에게 넘겨주었다. 다음 날 가톨릭 공동왕은 보무당당한 모습으로 도시 안으로 입성했으며, 이로써 새로운 기독교 왕국 그라나다가 탄생해 알 안달루스는 더 이상 존재하지 않게 되었다.

이 정복의 상징적 혹은 이데올로기적 가치가 어떠하든 간에, 페르난도는 완고한 실용주의자였다. 그는 그라나다가 자신의 지배 아래 들어온 지금, 그것이 계속해서 경제적 발전소로 남아 있기를 원했다. 그리고 그것은 그렇게 되었다. 이 새 왕국은 카스티야 왕국의 나머지 다른 영토 전부가 카스티야 국고에 가져다준 수입보다 더 많은 수입을 가져다주었다. 그 때문에 그라나다 항복 협정(Capitulaciones)은 패배자들에게 대단히 관대한 조건을 제공했다. 그것은 그들에게 보복을 하지 않을 것이고, 계속해서 그들은 이슬람법의 지배를 받을 것이며, 개종을 강요하지 않을 것임을 보장함으로써, 생산자 계층이 그라나다에서 떠나지 않게 하려는 것이었다. 동시에 그는 잠재적으로 반항적이었던 상류층 사람들에 대해서는 개종을 하든지 떠나든지 택일하도록 부추겼다. 그와 더불어 정복 이전의 재산권을 존중해 줌으로써 그들이 카스티야 엘리트층에 통합되든지, 아니면 (왕국을) 떠날 때 필요한 돈을 마련할 수 있게 했다. 엘체들(elches), 즉 포로가 된 후에 이슬람으로 개종한 기독교도들은 계속 무슬림으로 남든지 아니면 옛 신앙으로 돌아가든지 스스로 선택할 수 있게 했다.

"신 외에는 정복자가 없다"라는 명문이 새겨진, 보압딜에게 헌정한 칼자루 (15세기 후반, 16세기 초). Bibliothèque Nationale, Paris, Cabinet des Medailles.

보압딜에 대해 좀 더 설명하자면, 그는 그라나다를 떠났다. 당시 그의 마음이 무거웠을 것이라는 점에는 의심의 여지가 없지만, 워싱턴 어빙의 상상처럼 그가 통곡을 하고 그 옆에서 비정한 그의 모친이 남자답지 못하다며 그를 질책했던 것 같지는 않다. 이 그라나다의 마지막 왕은 본질적으로 그의 삼촌 알 자갈이 처음에는 받아들였다가 결국에는 거부한 것과 똑같은 제안 — 즉 알푸하라스에서 작은 꼭두각시 제후령 하나를 지배하는 것 — 을 공동왕으로부터 받았다. 그러나 그 역시 얼마 안 가 꼭두각시 왕 노릇에 회의를 느끼고는 자신의 재산과 식솔을 거느리고 모로코로 건너가 페즈에서 안락하게 여생을 보내다가 1533/34년에 세상을 떠났다.

토지 귀족 가운데 다수는 야흐야 알 나자르의 예를 따라 기독교로 개종한 뒤에 안달루시아 기독교 귀족들 가운데 한자리를 차지할 준비가 되어 있었다. 2세기에 걸친 갈등과 협력의 과정을 거치면서 형성된 긴밀한 유대감은 두 왕국의 군사 귀족들 사이를 갈라놓고 있던 종교적 차이를 이어주는 다리가 되어주었다. 귀족은 귀족이었으며, 그것은 계급의 문제였다. 개종자들 가운데 가장 유명한 인물은 아불 하산 알리의 애첩 투라야였다. 그녀는 비록 자신의 원래 이름인 이사벨 데 솔리스로 바꿨지만 계속해서 자랑스럽게 자신을 '그라나다의 왕비'로 소개했다. 그리고 세비야로 이사해 그곳에서 그녀가 전에 남편으로부터 받았다가 정복기 동안 몰수당한 많은 영지의 소유권을 되찾기 위해 소송을 벌였다. 그녀는 이사벨 여왕의 호감을 사기도 했고, 그녀의 두 아들 사드와 나스르(그들은 각각 페드로 데 그라나다와 후안 데 그라나다로 세례를 받았다)는 명문 기독교 집안 여식들과 결혼하기도 했다.

놀랍게도 종교 엘리트들 가운데 상당수도 그라나다를 떠나지 않은 채 새 왕국의 견고한 무데하르 사회의 지배자와 관리가 되었다. 이 알파키(alfakis, 그라나다 기독교 왕국 내 무데하르 공동체의 행정관 혹은 관리)들은 그들의 공적 지위와 경건한 자질, 그리고 무슬림 공동체 재산 등을 통해 부유하고 영향력 있는 상류층 국왕의 관리 집단을 구성했고, 기독교 지배로의 이행을 순조롭게 하는 데 기여했다.

반면에 그라나다의 일반 무슬림 주민들은 군인 출신 지배자(military governor)인 이니고 로페스 데 멘도사(Iñigo López de Mendoza)와 왕실의 고해 사제이면서 대주교였던 에르난도 데 탈라베라(Hernando de Talavera)의 지배 아래 있었다. '성(聖) 파키'(El Santo Faquí)라는, 호의적이기는 하지만 아이러니한 별명으로 불렸던 탈라베라는 유대인 콘베르소(converso)의 후손으로, 아랍-이슬람 문화의 비종교적 측면에 호감과 관심을 갖고 있었다. 또한 항복 협정을 철저히 준수함으로써 개종자들 사이에서 인기가 높았다. 그러나 얼마 안 가 그라나다 왕국 전역에서 긴장이 고조되어 갔다. 가톨릭 공동왕은 이미 과중했던 나스르 왕조 시대의 세금에 또 다른 세금을 부과함으로써 부담을 더욱 가중시켰다. 신중하지 못한 식민지 행정관들은 제멋대로 재산을 몰수하고 터무니없는 죄를 물어 기소하는 등 무슬림들을 괴롭혔다. 마지막으로 그라나다 같은 부유한 도시로 흘러들어오는 거만하고 고압적인 기독교도 정주자들과의 마찰이 점점 심해졌다. 그럼으로써 이미 불만을 품은 무슬림 난민들로 가득 차 있던 그라나다를 일촉즉발의 상황으로 몰아갔다.

1497년에 단기의 세금 폭동이 일어났다. 그러나 1499년 12월에는 수도에서 완전한 의미의 반란이 일어났는데, 이 사태를 촉발한 사람은 탈라베라의 동료 성직자인 프란시스코 히메네스 시스네로스(Francisco Jiménez Cisneros)였다. 그는 탈라베라에 이어 가톨릭 공동왕의 고해 사제로 재직하고 있었고, 카스티야 사제 중 최고위 직책인 톨레도 대주교직을 역임하고 있었다. 시스네로스는 모든 면에서 탈라베라와 대조되는 인물이었다. 그는 냉혹하고 비타협적이었으며, 보다 고차원적인 이익을 위한다는 명분 아래 잔인한 폭력과 테러에도 주저함이 없었다. 1499년 그는 종교재판소로 무장하고 그라나다에 도착했다. 도착 즉시 그는 항복 협정을 무시하고는 도시 내 무슬림들을 탄압하고 핍박하기 시작했다. 그는 엘체들(무슬림들에게 포로가 되어 이슬람으로 개종한 기독교도들)을 박해하고 무데하르 지도자들에게 구금 또는 고문을 가해 개종하게 만들었으며, 무슬림과 기독교도를 사회적으로 격리하고 무데하르들을 경제적으로 차별하는 법을 통과시켰다. 또한 원주민들의 아랍-이슬람적 관습을 없애기 위한 문화 전쟁을 선포했다. 더불어 그는 아랍어로 된 모든 서적을 몰수해 공개적인 장소에서 불태웠는데, 이 같은 조치는 결국 반란을 촉발하는 횃불이 되었다.

탈라베라는 재빨리 반란자들이 기독교를 받아들이면 사면하겠다고 약속함으로써 상황을 진정시켰는데, 그로 인해 5만 명의 개종자가 새로

그라나다에서 세례를 받는 무데하르들(F. 하일란).
Biblioteca de la Universidad de Granada
(Colección de láminas alusivas a los libros de plomo y reliquias del Sacro Monte de Granada).

생겨났다. 그러나 이 조치는 이웃과 가족 구성원을 배교자로 만들고, 모스크를 가톨릭교회로 바꾸고, 또 (기독교로) 개종한 자들이 이제 기독교도가 되었으니 기독교도로서의 완전한 권리를 달라고 강력하게 주장함으로써 도시의 사회 조직을 갈갈이 찢어놓았다. 반란은 농촌으로도 퍼져나갔다. 처음에는 알푸하라스로, 1500년경이면 론다, 말라가, 알메리아를 비롯해 왕국 전역의 주요 도시들로 확산되었다. 반란자들의 지도자는 이브라힘 이븐 우마이야(Ibrahim ibn Umayya, 'Abrahem aben Humeya')라는 이름의 무데하르 관리였다. 칼리프의 이름이 적힌 깃발을 앞세운 이 반란세력은 기독교도 관리와 정주자, 그리고 성직자들을 공격했다. 페르난도의 군대는 이에 대해 반란자들 못지않게 야만적으로 맞대응해 남녀노소를 가리지 않고 학살함으로써 사기를 꺾으려 했다. 그러나 (무슬림들의 입장에서 볼 때) 반란으로 인한 피해 가운데 가장 심했던 것은 이 반란이 카스티야 왕정으로 하여금 항복 협정을 폐지하고 이슬람을 완전히 금할 수 있는 법적 명분을 제공했다는 것이었다.

무데하르 지도자들은 절망적인 심정으로 오스만 제국의 술탄 바예지드 2세(Bayezid II)에게 애처로운 서신을 보내 보기도 했지만 소용이 없었다. 그들의 도움을 받지 못했을 뿐만 아니라 사절을 보냈다는 사실은 '무데하르들은 적과 내통하는 반역자들'이라는, 당시 기독교도들이 갖고 있던 의심을 확인해 주었을 뿐이다. 1501년경이면 반란은 완전히 진압되었다. 그라나다 왕국은 격리되어 도시 밖으로 주민들이 나갈 수도 없게 되었다. 무데하르들에게는 9년 전 카스티야와 아라곤의 유대인들에게 제시되었던 것과 똑같은 선택지가 주어졌는데, 기독교로 개종을 하든지 아니면 추방되든지 택일하는 것이 그것이었다. 떠나고 싶어도 그럴 처지가 못 되었던 대부분의 무데하르들은 어쩔 수 없이 체념한 상태로 세례당 앞으로 걸어가야 했다.

카스티야의 교회 당국은 강제 개종이 가져올 문제를 너무나 잘 알고 있었는데, 특히 그들은 개종자들이 개종하지 않은 무슬림들과 계속 접촉하고 만나게 되는 상황에 대해 걱정이 많았다. 그리고 이 문제는 그 전

세기에 스페인을 괴롭혔던 이른바 '유대인 문제'의 핵심이기도 했다. 유대인 공동체가 계속 존재함으로써 콘베르소들은 은밀하게 유대인 신앙과 의식에 접근할 수 있었으며, 거기다 일부 비개종자들은 콘베르소들을 다시 유대교로 돌아오라고 설득하기도 했던 것이다. 가톨릭 공동왕이 1478년 장차 스페인 종교재판소(Inquisition)라고 알려지게 될 기구의 설립을 허락해 달라고 요청하게 된 것도 바로 이 때문이었다. 스페인 종교재판소는 비기독교도들에 대해서는 사법권이 없었고 '은밀한'(crypto), 즉 기독교로 개종하고 나서도 남몰래 유대교를 신봉하는 유대인들을 근절하기 위해 만든 것이었다. 그러나 종교재판소는 소기의 업무를 수행할 수 없다는 것이 입증되었다. 종교재판소는 이사벨의 조언자들이 1492년 1월에 그녀의 영토(카스티야)에 남은 유대인들에 대해 개종 혹은 추방 가운데 택일을 하도록 명령하도록 설득하는 데 실패해 만들어진 기구였다. 페르난도 2세는 그 정책(종교재판소 설치)을 자신의 왕국(아라곤 연합왕국)에서 시행하는 것에 대해 별 관심이 없었을지 모르지만 (이사벨과의) 혼인 계약에 따라 그렇게 하지 않을 수 없었다.

이 같은 상황의 전개를 막기 위해 시스네로스 같은 강경파 성직자들은 이사벨에게 카스티야 내 무슬림 신민들에게 한 약속을 철회하라고 요구했다. 이에 대해 그녀는 1493년까지 무슬림들에게 강제 개종은 없을 것이라고 확인해 주었지만, 1502년 2월 결국 바로 그 명령을 내렸다. 이 명령으로 카스티야 연합왕국의 모든 무슬림은 기독교로 개종을 하든지 아니면 카스티야를 떠나야 했다. 그리고 이 명령은 이사벨의 영토에만 적용되었기 때문에 아라곤 연합왕국이나 나바라 왕국의 무데하르 공동체들에는 효력이 미치지 못했다. 포르투갈의 무슬림들, 혹은 그들 가운데 대부분은 1500년 이전에 수년 동안 조용히 추방되었다.

아라곤 연합왕국의 왕이자 나바라 왕국의 실세이기도 했던 페르난도는 이 지역들에서 전체 인구 가운데 상당수를 차지하고 있으면서 매우 가치 있는 공동체를 이루고 있던 무데하르들을 괴롭히는 데 전혀 관심이 없었다. 그러나 나바라에서 그는 이사벨과의 혼인 계약에 구속되어 있었다. 그래서 이사벨 여왕이 죽고 나서 9년이 지난 1513년에 그가 (나바라 왕국의 수도) 팜플로나를 정복하게 되자 그는 나바라의 왕으로 선언되었다. 그 왕국은 자동으로 카스티야에 합병되고, 개종 명령을 포함해 카스티야의 모든 법에 구속되었다. 그로써 나바라 왕국의 무데하르들은 하룻밤 사이에 교회나 왕실 혹은 민중의 어떤 압박도 없었음에도 불구하고 기독교를 받아들이든지, 아니면 그곳을 떠나든지 선택해야 했다.

따라서 자연스럽게 아라곤 연합왕국(이곳은 여전히 이슬람 신앙이 완전히 합법적인 것으로 남아 있었다)은 개종하기를 거부한 카스티야와 나바라의 많은 무슬림이 가고 싶어 하는 목적지가 되었다. 이 아라곤 연합왕국, 특히 아라곤 왕국과 발렌시아 왕국에서는 무슬림들이 계속해서 역동적이고 활기찬 공동체로 남아 있었다. 아라곤 왕국에서 그들은 기독교 사회 안에 대단히 잘 통합되어 있었는데, 비록 2등 시민이라는 신분 때문에 입지가 취약했고 가끔씩 부당한 대우를 당하기도 했지만 전체적으로 자신감에 차 있었고 큰 걱정 없이 안전한 삶을 살 수 있었다. 발렌시아에서의 상황은 그보다 좀 더 열악했다. 이곳에서는 무데하르-기독교도의 관계가 오래전부터 훨씬 더 적대적이어서 두 공동체는 서로를 적으로 보는 경향이 있었으며, 관계가 소원한 편이었다. 그리고 그런 불안한 상황은 (기독교도 민중들이) 무데하르들을 외국인 동조자 혹은 그들의 대리인으로 간주하는 경향과 무슬림들을 경쟁자로 여기거나 아니면 무데하르들을 그들(민중들)이 적대적으로 생각하는 왕 혹은 귀족의 권위의 상징으로 생각하는 경향에 의해 악화되었다.

1516년 페르난도 2세가 죽자 아라곤 연합왕국 내 이슬람의 종말을 위한 무대가 마련되었다. 페르난도는 재혼을 했지만 자식을 낳지는 못했고, 그래서 그와 이사벨 사이에서 태어난 딸 후아나(Juana)가 카스티야 왕국과 함께 아라곤 연합왕국까지 상속받았다. 그녀는 이미 합스부르크 가문의 왕자 필리프 미남공(Philip the Fair)과 결혼을 한 상태였다. 그런데 1506년 남편이 죽자 후아나 — 그녀는 남편이 죽고나서부터 정신이상기가 있어 '광녀'(the Mad)라는 별명으로 불리게 된다 — 는 절망적인 우울증에 빠져 권좌에서 물러나고, 그녀의 장남 카를(Karl)이 신성로마제국 황제 카를 5세(1519년부터) 겸 스페인 왕 카를로스 1세로 그 뒤를 잇게 되었다. 카를에게 아라곤 연합왕국은 그의 여러 지배 영토 가운데 하나였을 뿐이며, 그에게 제국의 경제적 엔진은 '신세계(아메리카)'였다. 그는 자신의 무데하르 신민들에 대해 아무런 기억도 동정심도 갖고 있지 않았다. 거기다 그는 오스만 제국의 술탄들을 상대로 존재론적 싸움(existential struggle)을 벌이고 있었다. 당시 오스만의 술탄들은 이슬람의 칼리프이자, 로마의 황제로 여겨지고 있었다.

그리하여 1520년 발렌시아의 수공업자들이 형제단(Hermandades)이라고 알려진 반란을 일으켜 왕국의 무데하르들을 공격해 그들을 죽이기도 하고 개종을 강요하기도 하는 일이 일어났을 때, 카를은 반란자들에 대해 무차별적인 폭력으로 대응했다. 반란을 진압하기 위해 파견된 외국인으로 구성된 황제의 군대는 황제의 무슬림 백성들에 대해서도 엄청난 폭력을 자행했다. 1522년경이면 반란은 대부분 진압된 상태였으나, 마무리 작전은 그 후로도 6년이나 계속되었다.

한편, 말썽만 일으키는 아라곤과 발렌시아의 귀족들(이들의 경제적 번영은 무데하르들의 노동력에 의존하고 있었다)에 대해 아무런 호감도 갖고 있지 않던 카를은 1526년 1월 5일에 모든 무슬림 신민은 기독교로 개종하고, 모스크들은 다 폐쇄하라는 명령을 내렸다. 개종을 원치 않는 사람들은 17일 안에 반도 북서쪽 끝에 위치한 아 코루냐(A Conuña)에 도착해 거기서 적어도 이론적으로는 배를 타고 외국으로 망명을 떠날 수 있다고 했다. 그러나 이것은 분명 불가능했다. 그 조항이 칙령에 포함된 것은 순전히 떠나지 않고 머물러 세례를 받은 무데하르들이 강제가 아니라 자신들이 선택해서 그렇게 한 것이라고 주장할 수 있는 근거를 만들어놓기 위해서였다. 이에 대해 소수의 용감한 무데하르들이 칙령을 거부하고 발렌시아 북서쪽 산지에 위치한 베나과실(Benaguasil)이라는 작은 소도시에 숨어들어 가 죽기를 각오하고 싸우겠다고 나섰다. 그러나 대규모의 황제 군대가 압도적인 화력을 앞세워 공격해 오자, 반란자들은 이

내 항복을 하고는 고개를 숙인 채 세례당 앞으로 걸어가야 했다. 이것으로 스페인의 무데하르들은 '모리스코'(Morisco, '기독교로 개종한 무슬림')가 되었으며, 이베리아반도에서 이슬람은 종식되었다. 적어도 공식적으로는 말이다.

제29장
성 처녀와 베일

1518년 그라나다의 새 대성당 건축 사업이 시작되었다. 옛 나스르 왕조의 대모스크가 시간을 두고 서서히 철거되고 그 자리에 약 150년에 걸쳐 거대한 성당이 들어섰다. 처음에는 땅딸막한 모습의 고딕 양식이 적용되다가 나중에는 화려한 스페인식 바로크 양식이 적용되었다. 1588년 3월 오래된 탑 가운데 하나를 철거하자 놀라운 물건이 발견되었다. 돌무더기 잔해 밑에서 납으로 만들어진 상자 하나가 나왔는데, 그 안에는 손글씨로 쓰인 양피지 문서 한 점과 옷 한 점, 그리고 인골(人骨) 하나가 들어 있었다. 당국은 흥분을 감추지 못하면서 먼저 문서를 검토했는데, 그것은 라틴어와 기이한 형태의 아랍어, 그리고 서툰 그리스어로 쓰여 있었다. 이 조사에는 알론소 델 카스티요(Alonso del Castillo)와 미겔 데 루나(Miguel de Luna)라는 두 명의 모리스코 어의(御醫)가 참여했다. 거기 쓰인 글을 해독하는 것이 쉽지는 않았지만 대략적인 요지를 파악하는 데는 큰 어려움이 없었다. 거기 있던 옷 한 점은 다름 아닌 예수가 십자가 처형을 당할 때 성모마리아가 착용하고 있던 스카프 혹은 베일이었고, 유골은 기독교 전승에 의하면 최초의 순교자로 알려져 있는 성 스테판의 것이라고 되어 있었다.

이 물건들은 십자가 처형이 있고 난 직후에 초창기 기독교도들에 의해 이곳으로 옮겨져 왔고, 로마 정부의 눈을 피해 숨겨져 있었다는 것이었다. 놀라운 발견이었다. 이 기록이 사실이라면 그것은 그라나다가 이베리아반도에서 처음으로 기독교가 자리 잡은 도시라는 것을 의미했다. 그뿐만 아니라 이 양피지 문서는 이 초창기의 기독교도들이 아랍어를 사용했으며, 아랍어는 카스티야어가 자리 잡기 1,000년 전에 기독교도들의 언어였다는 것을 방증하는 것이었다. 그러므로 아랍어는 스페인어보다 더 기독교적이고 더 '스페인적인' 언어라는 것이었다.

기이한 발견은 그 이후에도 나타났는데, 1596년 초부터 11년에 걸쳐 그라나다를 내려다보고 있는 인접한 사크로몬테 주변에서 스물두 점의 불가사의한 물건이 차례대로 발굴되었다. 그중 처음 발견된 것들은 '납의 책'(Lead Book)이라고 불렸는데, 사실은 납으로 만든 원반 혹은 접시였다. 거기에는 기이한 아랍어 모양의 글자와 역시 기이하고 아마도 마술과 관련된 것으로 보이는 기호들이 적혀 있었다. 다행히도 모리스코인 알론소 델 카스티요와 미겔 데 루나는 늘 함께하면서 그 글자들을 해독하는 일에 착수했다. 그들이 판독할 수 있었던 내용 중에는 사도들이 언급한 예언과 성모마리아가 로마 지배 아래 있던 히스파니아의 복음화를 위해 언급한 권고가 있었다. 이것들은 두말할 필요도 없이 큰 관심을 불러일으켰고, 즉각적으로 이 책의 진위를 둘러싸고 논란이 벌어졌다. 이에 대해 교황청은 재빨리 이 문제에 개입해 이 서판들을 바티칸으로 가지고 갔다. 1682년 교황청은 그 문서가 가짜라고 판정을 내렸다. 그리고 이것은 지금까지도 사람들의 손에 닿지 않은 곳에 보관 중이며, 최근까지 거의 완전히 잊힌 채 심지어 학자들에게도 접근이 금지되어 있었다.

1588년까지 반세기 동안 적어도 법적으로는 스페인이 완전한 기독교 국가였고, 그라나다도 세 세대 동안 기독교 지역이었다. 무데하르 주민 중 일부는 성공적으로 새 질서에 적응해 가고 있었다. 그라나다 궁전을 지배했던 귀족 가문들과 지역의 군 지휘관들을 포함해 나스르 귀족들 가운데 다수는 기독교로 개종하고 카스티야 귀족 집단에 편입되어 있었다. 그중에서도 주목할 만한 가문이 마울 가문(유수프 4세의 가문)과 그들의 친척인 바니가시 가문이었는데, 그 구성원 중 일부는 자기네 가문의 기원이 베네가스(Venegas) 가문 같은 카스티야 기독교 가문에 있다고 주장(혹은 조작)했다. 여기에서 베네가스 가문은 리드완 바니가시가 1400년대 초 나스르의 침입 때 포로가 된 어린 소년으로 그 일원이 된 귀족 가문이었다. 정복 이후 시대의 알파키로 복무했던 종교인들도 기독교로 개종해 이제 모리스코 주민들의 행정관 직위를 유지하고 있었다.

1492년에 떠나지 않고 그곳에 머문 무슬림 그라나다의 교육받은 상류층 가운데 일부, 그리고 그 후손들(그들은 '아랍인 기독교도들'로 불렸다)은 그라나다 왕국의 엘리트가 되었을 뿐만 아니라 정신(廷臣)이 되기도 했다. 그 대표적인 예가 알론소 델 카스티요와 미겔 데 루나였다. 이 두 사람 모두 그라나다 대학에서 훌륭한 의사 교육을 받기도 했지만, 그들이 성공한 바탕에는 아랍-이슬람 계열의 언어 구사 능력과 학자로서의 실력이 있었다.

두 사람은 고전 아랍어에 능통했다. 그 점에 대해 그들은 강한 자부심이 있었으며, 둘 다 합스부르크 왕 밑에서 번역가로 활동했다. 1573년 알론소는 펠리페 2세의 왕궁 겸 수도원인 엘 에스코리알(El Escorial) 안에 있는 도서관에 소속되어 왕국 전역을 돌아다니며 아랍어 필사본을 수집하고 분류하는 일을 맡아보았다. 미겔은 『로드리고 왕의 진실된 역사』(*The True History of King Rodrigo*)라는 베스트셀러 책을 썼는데, 이 책은 스페인 역사서로서 무슬림의 정복이 무엇보다도 서고트인들 탓이라고 기술했고, 이슬람 지배 시기를 매우 긍정적 관점에서 바라보고 있다. 그리고 그는 1605년 이 책이 '아불카심 타리프 아벤타리크'(Abulcacim Tarif Abentarique)라는 사람이 쓴 아랍어 텍스트를 번역한 것이라고 소개했다. 이 두 모리스코 정신(廷臣)은 서로 아주 가까운 사이였는데, 최근까지 미겔이 알론소의 딸과 결혼했다고 생각되어 왔다. 알론소와 미겔이 '납의 책'을 '발견하고' 번역했을 뿐만 아니라 그것들을 꾸며내는 데도 관여했을 것이라는 데는 의심의 여지가 없다. 그렇다면 왜 그랬을까?

『로드리고 왕의 진실된 역사』도, '납의 책'도 그 자체로서 이슬람을 옹호하고 있지는 않았다. 그보다는 아랍의 언어와 문화 가운데 기독교적이지 않은 것과 스페인적이지 않은 것은 아무것도 없다는 것, 그리고 아랍인들이라고 규정되는 사람들도 진정으로 경건하고 충성스런 기독교도 백성이 될 수 있다는 것을 주장하려고 했다. 이런 주장이 나타난 것은 무데하르들이 이미 수십 년 전에 세례를 받았음에도 불구하고 여전히 2등 시민으로 간주되었기 때문이었다. 무데하르들은 여전히 의심의 대상으로 무시받았으며, 그들의 대중문화는 위험하고 비정상적인 것으로 여겨졌다. 일부 상류층 사람들을 제외하면 이슬람으로의 개종이 대부분의 모리스코들에게는 아무런 이익을 가져다주지 못했으며, 전체적으로 구(舊)기독교도 다수 집단과 신(新)기독교도(모리스코) 소수 집단 간의 종교적 · 사회적 · 행정적 통합은 거의 이루어지지 않았다.

모리스코들은 계속해서 그들만의 고립된 공동체에서 살았고, 그들만의 법에 의해 지배되었다. 교육 프로그램이 전무했기 때문에 아랍어가 일상어로 사용되는 지역에서는 스페인어가 거의 호응을 얻지 못했다. 아랍-이슬람적 민속은 풍습과 가치관으로든 의복과 음악 혹은 춤으로든 깊이 뿌리내리고 있었다. 모리스코 농민들에게는 대단히 실망스럽게도(특히 그라나다 왕국의 농민들에게는 그랬다) 개종이 그들에게 억압적인 무데하르 과세 시스템으로부터의 해방을 가져다주지 못했다. 이베리아반도에서는 유대교-기독교 간 관계의 유산 때문에 '순혈'(blood purity)의 개념이 발전해 있어 이제 어떤 사람의 종교적 정체성이 그 사람의 신앙이나 그가 속한 법적 공동체와의 관련성에 그치지 않고 피에 의해 전해지는, 그러므로 바꾸기가 거의 불가능한 것이 되었다.

과거에 유대인 콘베르소들이 그랬던 것처럼 모리스코들도 생물학적인 이중의 굴레에 갇히게 되었다. '신기독교도들'이 된 그들은 특권층인 '구기독교도들'에 의해 법적으로나 사회적으로나 차별을 받았다. 그리고 그것은 다시 두 집단 간의 혼인에 걸림돌로 작용했고, 둘 사이의 거리를 점점 멀어지게 만들었다. 요컨대, 강제 개종은 무슬림들을 '더 스페인적으로' 만든 것이 아니라 '덜 스페인적으로' 만들고 있는 것처럼 보였다. 해적들의 공격에 노출된 해안 지역에서는 모리스코들이 외국 무슬림 세력과 한통속이라는 의심을 받았다(가끔은 그것이 사실이기도 했다). 그들은 다수의 '구기독교도들'에 의해 충성이 의심스러운 외국인으로, 즉 자기들과는 다른 별개의 민족으로 간주되었다. 대규모의 모리스코 농업 노동자들을 데리고 있던 지역에서는 그들을 최하층 노동자, 즉 착취의 대상자로 여기는 관점 때문에 상황이 더욱 악화되었다. 그들은 더럽고 야비하고 시끄럽고 음탕한, 그리고 '새까만' 사람들(이 표현들은 사람들이 누군가 자신들이 적극적으로 억압하는 집단을 규정할 때 사용하는 전형적인 자질들이다)로 여겨졌다.[51] 농촌 무슬림들에 대한 이 같은 대상화는 그라나다가 정복되고 나서 수년 동안 이베리아반도를 여행한 바 있는 독일인 학자 제로니모 뮌처(Jeronimo Münzer)가 표현하기도 했는데, 그는 "무슬림을 갖지 못한 사람은 부자가 될 수 없다"(Quien no tiene moro, no tiene oro)라는 유명한 속담을 언급한 바 있다.[52]

모리스코들은 무데하르 조상들과 마찬가지로 경제적으로 유력한 집단으로 남아 있었다. 특히 그라나다 농촌 지역과 아라곤 연합왕국에서 그러했는데, 이 지역들에는 견실한 모리스코 집단 거주 지역들이 남아 있었다. 도시에서는 모리스코들과 '구기독교도들'이 수많은 종류의 상조적 관계를 가질 수밖에 없었기 때문에 경제적·사회적 통합의 정도가 훨씬 더 컸으며, 경우에 따라서는 그 통합의 정도가 무데하르 시대 때보다 더 할 때도 있었다. 이런 환경에서는 모리스코들과 '구기독교도들'의 사회적 거리가 다른 곳보다 더 가까웠다. 가끔은 그들이 공유하는 시민권이 그들에게 공동의 정체감을 제공해 주기도 했고, 양 집단의 계급적

51 Perceval Verde, "Asco y asquerosidad", p. 23.

52 Jeronimo Münzer, *Viaje por España y Portugal*, pp. 120~23.

차이가 인종적 차이를 뛰어넘는 유대를 만들어주기도 했다. 그러나 경쟁과 결핍의 시기가 찾아오면 도시에 거주하는 부유한 모리스코들은 대개 욕심 많고, 탐욕스럽고, 지나치게 많은 혜택을 받는 사람들로 묘사되었다.

모리스코들은 그들의 조상들과 마찬가지로 몇 가지 중요한 직업과 기술에서 지배적이었고, 그것은 스페인의 사회 경제적 환경 안에서 그들을 가치 있는 존재로 만들어 경제적 번영에 기여했다. 노새꾼은 매력적이지는 않지만 필요한 직업이었는데, 그들 가운데 상당수는 모리스코들이었다. 모리스코들의 숙련된 기술은 대를 이어 가족 내에서 전수되었다. 따라서 그들은 여러 수공업 직종에서 지배적인 위치를 계속 유지할 수 있었다. 마지막으로 모리스코들은 의료 분야 같은 지체 높은 직업에서도 그들을 배제하기 위한 법이 제정되었음에도 불구하고 계속 지배적인 지위를 잃지 않았다. 무슬림 여성 산파도 특히 부유한 기독교도 여성들 사이에서 인기가 많았다. 그럼에도 불구하고 20세기에 일어난 시민평등권 운동• 이후 아프리카계 아메리카인들에게 일어난 것과 비슷하게 무슬림들의 종속적 지위가 이론적으로 폐지된 것이 기독교도 하층민들 사이에서 적대적인 반발을 불러일으켰다. 왜냐하면 그들은 모리스코들을 경제적 경쟁자로 생각했고, 기독교의 종교적 혹은 법적 우위에 따른 이점을 더 이상 기대할 수 없었기 때문이었다. 바로 이 점이 16세기 스페인에서 종교재판소가 생겨난 원인이 되었다. 그 종교재판소는 모리스코들의 부적절한 행동의 낌새만 있으면 그 증거가 아무리 빈약하더라도 철저히 조사할 준비가 되어 있었으며, '구기독교도들'이 건방지고 도전적인 모리스코들을 때려잡는 도구로 쉽게 활용될 수가 있었다. 이제 모든 사람이 이론적으로는 기독교도였을지 모르지만 '더 기독교적인' 사람들과 '덜 기독교적인' 사람 간에 구별이 생겨나게 되었다.

16세기 스페인의 모리스코 문화와 '구기독교도들'의 문화 간의 관

• 1950~60년대 미국의 흑인 평등권 요구 운동.

독일의 화가 크리스토프 바이디츠(Christoph Weiditz)의
『의복도감』(*Trachtenbuch*, 1530/40)에 실려 있는 모리스코 무용가와 음악인들.
Germanisches Nationalmuseum, Digitale Bibliothek,
Germanisches Nationalmuseum Nürnberg, Hs. 22474. Bl. 107-108 Der Moriskentanz.

계는 오늘날 우리들의 사회와 비슷한 점이 있다. 16세기 스페인에서는 15세기의 이색적인 고급문화인 마우로필리아(maurophilia, 아랍-이슬람 양식에 대한 애정과 선호)가 뒤로 물러난 지 오래였고, 이제 그것은 '좀 난처한 것'으로 간주되었다. 어쨌든 이슬람은 '패했고', 무슬림들은 이제 가난한 하층민으로 여겨졌다. 그에 반해 카스티야 문화는 만개한 제국적 영광의 후광에 힘입어 활짝 피어나고 있었고 예술적·문학적 생산의 '황금기'를 누리고 있었으며, 그것은 의식적으로 유럽 기독교 전통에 뿌리를 두고 있었다. 그럼에도 불구하고 아랍-이슬람의 대중문화는 여전히 큰 매력을 발산하고 있었다. 모리스코들의 노래와 춤, 그리고 전통 요리는 공식적으로는 금지되어 있었음에도 불구하고, 구기독교 사회의 모든 계층에 의해 널리 받아들여지고 있었다. 모리스코 음악인들과 곡예사들은 사적·공적 행사를 불문하고 오락을 제공했는데, 알 안달루스의 전통춤인 잠브라(zambra)는 한편으로는 도덕주의자들과 고상한 척하는 사람들에 의해 천박하다고 매도당했지만, 다른 한편으로는 심지어 주교들조차도 파티에서 신이 나서 카속(cassock, '성직자들이 입는 옷')을 걷어붙이고 뒷굽을 차 올리는 이 춤을 즐겼다. '백인들의' 20세기 미국에서 아프리카계 아메리카인들의 경험이 말해 주듯이, 어떤 민족이 그들이 가진 문화가 특권적 지위에 있는 사람들에 의해 기꺼이 받아들여진다고 해서 그 민족이 그들(특권적 지위에 있는 사람들)의 사랑을 받거나 존경을 받는 것은 아니다. 오히려 그 반대다. 받아들여진다는 사실은 힘이 더 강해지는 느낌을 줄 수 있다. 그러나 금지된 것이라면 더 매력적으로 여겨진다.

그러나 모리스코 문화에 호감을 가진 교회 사람들이 많기는 했지만, 그에 반해 그것을 위협으로, 그리고 새로 기독교로 개종한 사람들에 대한 성공적인 전교를 방해하는 장애물로 간주한 성직자도 있었다. 그라나다 정복이 있고 나서 시스네로스는 기독교도 스페인 사람들과 무슬림 자신들 모두를 위해 그라나다 원주민 문화는 파괴되어야 하고, 그렇게 해야 그들이 기독교 신앙을 포용할 것이고, 그것을 완전히 포용할 것이라고 생각했다. 이 생각은 합스부르크 궁정에서 반향을 불러일으켜 왕조의 관리들과 지배자들은 점점 모리스코들 사이에 아랍-이슬람 문화가 존속하는 것이 그들을 외국 무슬림들(모로코의 사드 왕조든 합스부르크의 숙적인 오스만 왕조든)과 연결해 준다는 점에서 정치적 위협이라고 생각했다.

개종 명령은 이베리아반도 내 이슬람 문화에 엄청난 타격이었다. 예를 들어 아라곤 연합왕국에서는 1526년 1월에 단 한 장의 문서로 수백 년 역사를 가진 (이슬람) 성소들이 폐쇄 혹은 파괴되었으며, 사회 엘리트들은 영향력을 상실하고, 종교 엘리트들은 지하로 숨고, 종교 서적들은 샅샅이 수색당하고, 가족의 성(姓)은 바뀌었다. 모든 공동체가 압력을 받아 그들을 거부했으며, 그들은 예외 없이 그들을 못마땅하게 생각하는 성직자에게 복종을 강요당했다. 그것도 모자라 그 6개월 후에 한 비밀 성직자 회의—콘그레가시온(Congregación)—는 모리스코 문화를 불법화하고 민속 문화를 압살하는 조치를 발표했다. 더불어 '무어식' 옷차림

(특히 여자들의 베일), 아랍어 사용, 의료 행위와 산파일을 불법화하고, 모리스코들의 '기독교식' 이름 사용을 금하는 조치도 발표했다. 이에 왕국 전역의 모리스코 공동체들은 서둘러 8,000두카트라는 거액을 모아 왕에게 뇌물로 바쳤고, 그것은 황제 카를에게 먹혀들어 이 법들의 실시를 40년 동안이나 늦추게 만들었다.[53]

그러나 모리스코 문화가 개종을 방해하는 데, 그리고 개종 명령에 대한 '은밀한'(crypto) 무슬림의 저항을 고무하는 데 어떤 역할을 했든지 간에, 그보다 훨씬 큰 (개종에의) 장애물은 교회와 국왕 자신의 정책과 태도였다. 무데하르 세금 체제를 비롯해 여러 가지 차별적인 법이 계속 유지됨으로써 종교적 개종과 문화적 동화에 꼭 필요한 사회적·경제적 통합을 방해했다. 설상가상으로 교회는 기독교적 신앙 안에서 종교적 리더십을 제공하지도, 공동체를 개종하지도, 무슬림들에게 교육을 제공하지도 못했다. 다시 말해 이슬람을 금지만 했지 그것을 대신할 수 있는 것을 모리스코들에게 제공하지 않았으며, 그것은 세례를 자발적으로 진실된 마음으로 받아들인 무슬림들에게도 마찬가지였다.

그처럼 교육이(그리고 감시가) 제공되지 않는 상황에서 많은 모리스코 공동체, 특히 지리적으로 고립되어 있거나 아니면 안정된 사회 구조를 유지할 수 있을 정도로 큰 규모를 가진 공동체들은 은밀하게 이슬람 신앙을 계속 고수하거나 조심스럽게 자신들만의 종교적 전통을 발전시켜 나갔다. 그리고 교구 사제들이 제공되지 않아 중요한 성사들이 거행되지 못했는데, 그것은 가톨릭 교리에 따르면 진실된 마음으로 개종한 신기독교도들조차도 지옥에 떨어지게 만드는 것이었다. 이것은 모리스코들에게 또 하나의 이중적 족쇄를 채우는 것이었는데, 그것은 신학적인 의미를 가진 것으로서 "그들이 개종을 해도, 개종을 하지 않아도" 채워질 수밖에 없는 족쇄였다. 15세기 유대인의 '콘베르소 문제'가 모리스코들에게도 똑같이 반복되고 있었던 것이다.

---

53 After Catlos, *Muslims of Medieval Latin Christendom*, pp. 226, 289.

모든 성직자가 이 사실을 간과하고 있었던 것은 아니었다. 예를 들어 에르난도 데 탈라베라는 무슬림들의 성공적인 복음화를 위해서는 강제나 태만이 아니라 교육과 연민이 필요하다는 것을 분명히 알고 있었다. 그러나 16세기에 그와 같은 전교관(觀)을 공유한 사람은 많지 않았다. 카스티야 귀족들과 고위 성직자들은 세계무대에서 스페인이 거둔 대성공 — '인디아스'(Indies)의 '발견'과 식민화, 그리고 인디아스가 스페인 제국에 가져다준 엄청난 부(富) — 에 크게 고무되어 도덕적 자기확신과 민족종교적 자만심에 푹 빠져 있었다. 그들의 눈에는 옛 무슬림 하층 계급이 안중에 없었다.

그러나 극소수에 불과하기는 했지만 모리스코 전교 사업에 헌신하고 있었던 사람들은 그렇지 않았다. 신분이 상승한 모리스코들은 교회보다는 국왕의 관리로 진출하는 경향이 있었다. 그리고 가톨릭 종교가 끊임없는 이단의 도전에, 그리고 이제 (프로테스탄트) 종교개혁이라는 도전에 직면해 있었음을 고려할 때, 왜 교회의 문화가 점점 더 반동적으로 되어갔는지 쉽게 이해할 수 있다. 그런데 광야에서 외치는 한목소리가 있었으니, 모리스코 출신의 예수회 수사 이그나시오 데 라스 카사스(Ignacio de las Casas)가 바로 그였다. 그는 1606년과 1607년 사이에 교황 파울루스 5세(원문에는 '클레멘스 7세'로 되어 있으나 오류로 보인다)에게 편지를 보내 신기독교도들에 대한 교회의 태만을 비난했다. 여기에서 그는 특히 구기독교 성직자들의 광신주의적 태도, 모리스코에 대한 탄압과 무시, 종교재판소의 정책, 아랍어를 개종 도구로 효과적으로 이용하지 못한 점, 어린 모리스코들에게 적절한 교육을 제공하지 못한 점, 그리고 '은밀한' 무슬림 권위체가 모리스코 공동체들에 대해 여전히 영향력을 갖고 있는 점을 비롯해 문제가 되는 요인을 지적했다. 그러나 교회는 이에 대해 적절한 조치를 취하지 않았을 뿐만 아니라 오히려 모리스코들에 대한 차별을 더 강화했다. 1593년 라스 카사스 자신의 교단(예수회)이 '순혈령'을 받아들였는데, 이 법은 그 자신(라스 카사스)처럼 무데하르를 조상으로 둔 사람은 성직자가 될 수 없게 하는 것이었다.

그와 같은 긴장과 좌절이 교회에만 국한되지는 않았다. 그것은 제국 행정의 중심부에서 일하는 모리스코 궁정인들에 의해서도 느껴지고 있었다. 그들은 진실된 마음으로 개종한 신기독교도들이 아직 호감을 갖고 있었던 모리스코 문화를 구기독교도들이 공격하는 것에 대해 분개했다. 1554년 그라나다에서 열린 시노드는 1526년에 발표된 콘그레가시온의 결정을 능가하는 법률을 통과시켜 기존의 조치 외에도 모리스코의 춤과 음악, 아랍식 목욕탕 사용, 노예 소유를 금지했다. 또한 금요일과 일요일에 집 문을 열어놓게 하여 모리스코들이 안식일을 제대로 준수하는지 밖에서 볼 수 있게 하는 조치를 부가했다. 1567년에는 콘그레가시온에 의해 결정된 반(反)모리스코 법에 대한 40년간의 유예 기간이 끝나고 나서 1년 후 프란시스코 누녜스 물레이(Francisco Núñez Muley)라는 이름의 한 모리스코 정신(廷臣, 그의 성으로 볼 때 그는 마린 왕조의 후손인 것으로 보인다)은 레알 아우디엔시아(Real Audiencia, '고등법원')에 장문의 항의 편지를 보내 이 조치의 부당함을 성토했다.

모리스코의 자존감과 충성심의 선언문이라고 할 수 있는 누녜스 물레이의 문건은 모리스코들이 외국인이 아니라 이베리아반도의 주민이며, 그들은 기독교도 반란자들의 진압을 비롯하여 합스부르크 왕조의 병사로서 충성을 다해 왔다는 점을 강조했다. 그들의 춤과 음악, 의상은 아프리카나 터키 쪽에서 온 것이 아니라 스페인에서 생겨난 것이라고 했다. 또한 가난한 모리스코들이 자신들이 가지고 있는 옷(그 옷 가운데 대다수가 이제 금지된 비단으로 만들어진 것이었다) 말고 다른 옷이 없는데, 어떤 다른 옷을 입으라는 말인가? 그리고 그들이 아랍어를 사용했다면 그것은 거의 그리스도가 살아 있을 때부터 동쪽 아랍인 기독교도들이 그 언어를 사용해 왔기 때문이었다. 그러나 그들에게 무엇보다도 모욕적이었던 것은 아프리카 노예들—기니의 흑인 노예들보다 더 낮은 인종이 있다고 말할 수 있는가?—도 자신들의 노래를 부르고 자신들의 춤을 출 수 있는데, 자유로운 신분을 갖고 있고 바로 이곳에서 태어나고 자란 모리스코는 그럴 수가 없다는 것이었다.[54] 이베리아반도의 모든 무데하르들은 1500년대 초 개종하기 전에도 이미 자신들이 '원주민'(naturals)이라고, 즉 이곳에서 태어났으며 왕의 신민으로서 정당한 지위를 갖고 있다고 주장했다는 것이다(이것은 이 시기에 형성되기 시작하고 있었던 네이션과 내셔널리티에 대한 유럽적 개념을 미리 보여 주는 것이라 할 수 있었다).

모든 기독교도 귀족이 모리스코들에게 적대적이었던 것은 아니다. 발렌시아 농촌 지역과 아라곤의 귀족들 가운데 다수는 여전히 모리스코들의 노동력에 의존했고, 개종 명령이 있기 전에도 그랬듯이 모리스코 소작인들과 가신들이 만족스럽고 생산적으로 생활할 수 있게 하기 위해 많은 노력을 기울였다. 그러기 위해 그들은 자주 의도적으로 이슬람 신앙을 고수하는 사람들에 대해 모른 체하기도 했다.

이와 관련해 가장 흥미로운 예가 해군 제독 카르도나 데 산초(Cardona de Sancho)일 텐데, 그는 발렌시아 왕국에 넓은 땅을 소유하고 있었다. 1540년대에 종교재판소는 산초가 자신의 모리스코 농민들이 공개적으로 무슬림으로 생활할 수 있게 허용하고, 그들과 결탁해 교회 당국이 그들을 검거하지 못하게 했다는 혐의로 그를 체포했다. 그들은 『꾸란』을 포함해 아랍어 책을 소지하고 있었고, 여자들은 계속 베일을 쓰고 다녔으며, 아이들에게는 세례 대신 할례를 해주었다. 또 그의 영지에는 시디 보노 가문(Banu Sidi Bono) 수피단의 창시자가 묻혀 있었는데, 아스테네타에 있는 그의 무덤은 수세기 동안 (무슬림들의) 인기 있는 순례지가 되었고 이제는 모리스코들이 산초의 지원을 받아 이곳에 새 모스크를 짓고 거기에 모여 (개종하지 않은) 무슬림들이 하는 것과 똑같이 이슬람 의식을 거행하곤 했다.[55] 제독(산초)은 종교재판소에서 유죄 판결을 받았으나 귀족 출신이었기 때문에 화형은 면하고 종신형을 선고받았다. 감옥에서 그는 산베니토(sanbenito, 붉은색 십자가가 새겨진 길고 노란 옷과 위로 높이 치솟은 원뿔형 모자로 구성된, 이단을 상징하는 복장)를 입고 있어야 했다.

54 Francisco Núñez Muley, *A Memorandum*, p. 81.

55 Mercedes García-Arenal, *Los Moriscos*, p. 139.

강제 개종의 결과 가운데 하나는 스페인의 무슬림들이 처음으로 교회와 교회의 억압적 무기인 종교재판소의 지배 아래 놓이게 되었다는 것이다. 종교재판소의 소임은 처음부터 (이단 탄압에 그치지 않고) 공적·사적 도덕률을 비롯해 정통 교리 전반을 강요하는 것이었다. 이단 심문관들(inquisitors)이 해야 할 일은 많았다. 16세기는 엄청난 종교적 창조성과 불안정의 시기였다. 프로테스탄트 종교개혁이 분출했고, 새로운 가톨릭 영성 운동과 신학 운동이 나타났으며, 신비주의의 인기가 날로 높아지고 있었는데, 이 모든 것은 가톨릭교회의 권위에 도전하는 것이었다. 이 시기는 또 처음으로 유럽적 절대주의 개념과 왕권신수설이 나타나 충격을 주었고, 교회와 왕정이 서로 이해관계가 일치한다는 것을 알기 시작한 때이기도 했다. 그러므로 종교재판소는 정치적·종교적 일치를 유지하기 위한 핵심 기구가 되었으며, 모리스코는 종교재판소의 명백한 목표물이었다.

종교재판소의 폭력이 과장되었다고는 하지만 그것이 이단뿐만 아니라 이단이 아닌 사람들에게까지 공포의 대상이었다는 데는 의심의 여지가 없다. 종교재판소는 정기적으로 왕국 곳곳을 돌아다니는 이동식 법정 형태로 운영되었는데, 이 기구가 가진 힘은 그것이 어떤 사람들에게라도 닥칠 수 있는 것이라는 사실이었다. 한 도시에 종교재판소가 도착하기 전에 먼저 시민들에게 (이단 행위를 저지른 사람은) 자진해서 자수하거나, 아니면 이단 행위를 저지른 이웃을 알고 있는 사람은 나와서 신고하라는 명령이 내려졌다. 자수를 한 사람은 일반적으로 관대한 처분을 받았으나 그렇지 않은 사람은 얼마 가지 않아 전체주의적인 탄압 기구가 될 기구(종교재판소)에 의해 인생이 한순간에 파괴될 수 있었다.

고발은 은밀하게 이루어졌고 구체적인 증거는 필요하지도 않았다. 피의자는 사전 경고도 없이 체포되고 고문을 받았으며, 그것이 실제로 있던 없던 간에 공범을 말하라는 압박이 가해졌다. 혐의가 입증되면 감옥에 갇히거나 공개 처형을 당했는데, 처형은 대부분 화형으로 진행되었다. 운이 좋고 죄를 뉘우치는 사람에 대해서는 고통을 줄여 준다는 의미로 먼저 목을 졸라 죽인 다음에 화형을 집행했지만, 끝까지 죄를 부인한 사람은 살아 있는 상태에서 불에 태워졌다. 종교재판소에 의해 처벌받은 사람은 대부분 재산도 함께 몰수되었고, 몰수된 재산의 일부가 고발자에게 돌아가기도 했다. 석방된 사람은 자신이 당한 절차에 대해, 아니 체포된 사실 자체에 대해서도 다른 사람들에게 발설하면 안 되었다. 다른 기구들과 마찬가지로 종교재판소의 목표도 그 기구 자체의 자기영속화가 되었고, 그것은 이 시스템에 이미 내재해 있던 잠재적 폐해를 더 강화했을 뿐이다.

모리스코들은 당연히 엄격한 감시 대상이 되었다. 농촌 공동체들은 그것들이 가진 동질성과 종교재판소가 주민들 사이에 만들어낸 결속감 때문에 종교재판소의 압박으로부터 약간은 더 안전할 수 있었다. 종교재판소가 고발자 없이 자신의 업무를 진행해 나가기는 어려웠기에 이 농촌 공동체들은 빈번하게 종교재판소에 저항했다. 그에 비해 도시 환경은 종교재판소가 활동을 펼치기에 훨씬 유리했다. 이곳에서는 구기독교도들과 신기독교도들이 뒤섞여 있었고, 금지된 행위가 관찰되거나 보고될 기회가 훨씬 많았다. 무고한 사람도 악의를 품은 이웃이나 앙심을 품은 사업 경쟁자에 의해 거짓 고발을 당할 수 있었기 때문에 언제나 노심초사하면서 살아야 했으며, 고발은 종교재판소의 유죄 예단 경향을 감안할 때 피고발자에게 치명적인 결과를 가져다줄 수 있었다. 독실한 기독교 신자라 해도 유죄 판결을 받을 수 있었다. 종교재판소는 가끔 보통의 기독교도들은 알지도 못하는 어려운 교리에 대해 집요하게 질문을 했고, 심지어 그것이 이단 행위라는 것을 알지도 못하는 이단 행위를 저질렀다고 인정하게끔 함정에 빠뜨리기도 했다. 오늘날에도 많은 사람은 자신들이 믿고 있는 종교 교리에 대해 알지 못하거나 잘못 알고 있는 경우가 비일비재하다. 신학은 대부분의 사람들의 종교 생활에서 그렇게 중요한 측면이 아닌 것이다.

종교재판소 설치는 당시 스페인과 유럽, 그리고 이슬람 세계가 겪고 있던 거대한 정치적·종교적·사회적 변화의 한 징후였다. 합스부르크 왕조 아래에서 스페인은 세계적인 제국이 되었다. 펠리페 2세(신세계에서 들어오는 막대한 양의 은은 그가 제국을 운영하는 데 필요한 돈줄이 되었다)는 16세기 후반 대부분의 기간 동안에 '해가 지지 않는 제국'을 지배했다. 실제로 합스부르크 왕조, 특히 신성로마제국의 황제직을 이어받은 독일 쪽 지가(支家)는 자신들을 일종의 메시아로 생각했다. 말하자면 자신들을 신이 부여한 질서를 구현할, 새 시대를 이끌어갈 세계적인 지배자로 간주한 것이다. 유럽에서 합스부르크 왕조는 프랑스와 영국, 그리고 네덜란드인들의 도전을 받았다. 그러나 그들의 가장 위험한 경쟁자는 오스만인들이었는데, 그들 역시 세계적이고 메시아적인 주장을 하고 있었다. 그것은 합스부르크 왕조에 직접적인 도전에 다름 아니었다. 펠리페 2세와 동시대인이며, '이슬람의 칼리프', '로마의 황제'라는 직위를 주장한 술라이만 대왕(Sulayman the Magnificent)의 지배 아래에서 오스만인들은 이슬람 지배 아래의 지중해 세계 거의 전부를 합병했고 그들의 군대는 빈(Wien)의 코앞에까지 도달하고 있었다.

스페인 사회 역시 변하고 있었다. 레콩키스타의 과업을 완수하고 나자, 이제 무슬림들이 지배하는 북아프리카와 이교도들의 땅인 신세계를 정복하는 것이 스페인 사람들의 종교적·정치적 의무가 되었다. 이베리아반도의 사회적·경제적·문화적 기반은 변하고 있었다. 오랫동안 상이한 왕국들과 사람들의 집합체로 여겨져 온 것이 이제 점점 (하나로 통일된) '스페인'으로 여겨졌다. 비록 원칙에 의해 작동되는 기사도의 중세 시대가 상상의 허구에 지나지 않았을지 모르지만, 스페인 귀족들은 그것이 사라져가는 것을 아쉬워했고, 또 이미 시작된 기회주의적인 잔인한 용병의 시대에 적응하지도 못하고 있었다. 토지 귀족들(그들의 농촌 영지는 한때는 스페인 경제의 기반이요, 정치적 힘의 원천이었다)은 아메리카에서 흘러들어 오고 있던 엄청난 부 앞에서 점점 존재감을 잃어가고 있었다. 이 거만하고 독립적인 귀족들은 점차 왕정의 권력 강화를 막는 장애물로 간주되었고, 이 영주들과 그들의 지배를 받는 모리스코 예속민들 모두의 처지는 점점 더 취약해졌다.

이런 변화가 만들어낸 불안은 세계적으로 스페인 문학의 가장 위대한 작품으로 간주되고 있는 미겔 데 세르반테스(Miguel de Cervantes)의 소설『순진한 귀족 돈키호테 데 라 만차』(*The Ingenious Nobleman Don Quixote of La Mancha*)에 잘 나타나 있다. 이 소설은 영악한 시종 산초 판사와 함께 사라져가고 있던 기사도 소설의 시대로 돌아가려는 헛된 시도를 하고 있는, 정신이 오락가락하는 한 늙은 기사의 이야기다. 이 책이 집필된 시기는 스페인 무슬림들의 역사에서 매우 중요한 시기였다. 이 책의 제1부가 출간된 1605년은 심약한 펠리페 3세가 정신들로부터 모리스코 문제를 빨리 해결하라는 압박을 받고 있던 때였다. 제2부가 출간된 1615년은 마지막 남은 모리스코들이 이베리아반도에서 추방된 바로 그 다음 해였다. 이 책의 특징 가운데 하나는 그것이 알 안달루스의 마카마트(maqamat, '큰 스토리 안에 작은 스토리들이 펼쳐지는 형태') 형식으로 되어 있다는 것인데, 여기서 세르반테스는 '시데 하메테 베넨겔리'(Cide Hamete Benengeli), 즉 원래 이 이야기들이 기록되어 있다고 하는 아랍어 필사본을 번역한 한 카스티야 모리스코—세르반테스의 동료 정신이면서 왕실 번역가이기도 했던 미겔 데 루나, 즉 앞에서 언급한 바 있는 '납의 책'을 만든 사람이자『로드리고 왕의 진실된 역사』의 저자—가 그에게 제공한 이야기를 허구로 꾸며서 다시 설명하고 있다.

제30장

리코테와 길에서

1567년 콘그레가시온 반(反)모리스코법의 실행이 '아랍화된 기독교도'이자 정신(廷臣)이었던 프란시스코 누녜스 물레이로 하여금 아랍어와 알 안달루스의 관습을 지키기 위해 비망록을 쓰게 만든 것으로 보인다. 그러나 다른 사람들은 그보다 더 멀리 나아갈 준비가 되어 있었다. 1501년 알푸하라스에서 아벤 후메야(Aben Humeya)가 일으킨 반란의 진압은 무슬림의 저항을 끝장내지 못했고 그것을 더 강화했을 뿐이었다. 저항은 그라나다 왕국에서 배교한(기독교로 개종한) 무슬림 무리들(모리스코들)에 의해 계속되었으며, 당국은 그들을 '몬피에'(monfies)라고 불렀는데, 그것은 아랍어로 '비적'(匪賊)을 의미했다. 외세와 공모하는 사람들도 있었다. 개종 명령이 발표된 1526년에 '형제단'(Hermandades)의 반란 이후로도 여전히 부글부글 끓고 있던 발렌시아에서는 에스파다(Espada)산맥의 무슬림들이 들고일어나 기독교 도시들을 공격하고, 주민들을 살해하고, 교회를 모독하는 행위를 저질렀다. 그 직후 알제(Algiers)의 오스만인 총독이 그라나다 해안에 몇 차례 은밀하게 소함대를 보내 수만 명의 모리스코들을 소개(疏開)하려고도 했다. 16세기 내내 모리스코들은 이베리아반도에서 상당히 다수이면서 힘 있는 무장 공동체로 남아 있었고, 절망적인 상태에 내몰리면 폭력적으로 저항하곤 했다. 정부 당국은 이 위험을 잘 인지하고 있었으며, 그것은 1559년 아라곤 연합왕국의 종교재판소가 공포한 칙령에도 잘 나타나 있다. 칙령은 '개종한 무슬림들과 그 후손들'이 오스만 제국의 침입자들에게 호의적이라는 이유로 석궁과 화기 소유를 금했다.[56]

그래서 콘그레가시온 반(反)모리스코법이 발표되고 나서 딱 1년 만인 1568년 그라나다의 알푸하라스에서 무장 반란이 일어났다. 아랍화된 기독교도 정신들의 순진한 저항이 이 반란자들 때문은 아니었다. 반란자들은 자신들이 '무슬림'이라고 자랑스럽게 선언하면서 자기들의 지도자 프란시스코 데 발로르(Francisco de Valor, 아벤 후메야)는 '그라나다 왕들의 의식'에 따라 왕으로 즉위한 것이라고 주장했다.[57] 한 모리스코 명문가문의 후손이었던 프란시스코 데 발로르는 법을 어기고 과거 반란자였던 자신의 증조부의 유산과 이름을 취했으니 아벤 후메야가 그것이었다. 반란은 수도 그라나다를 공격하는 것으로 시작되었고, 계속해서 농촌에 있는 구기독교도 정주지에 대한 공격으로 이어졌다. 얼마 가지 않아 반란세력은 오스만 군대와 북아프리카에서 온 무자하둔 자원병의 합류로 규모가 상당히 커졌다. 이에 대해 펠리페 2세는 군대를 총동원해 진압에 임했고, 이때 진압 책임자가 왕의 이복동생인 돈 후안 데 아우스트리아(Don Juan de Austria)였다. 돈 후안은 무슬림들의 게릴라 전술에 맞서 잔인한 폭력과 가공할 보복으로 대응했다. 결국 반란 진영의 내분으로 반란은 실패로 돌아갔으며 아벤 후메야는 1569년 살해되었다. 그 뒤를 이어 그의 사촌 아벤 아보오(Aben Abóo)가 반군의 수장이 되었다. 그는 싸움을 계속하려고 했으나 그 또한 1571년 평화 협상을 원하는 분파에 의해 살해되었다.

---

56 Mercedes García-Arenal, *Los Moriscos*, p. 223.

57 José Acosta Montoro, *Aben Humeya*, pp. 121~29.

알푸하라스 전쟁(반란)이 끝나고 나서 펠리페 2세는 그라나다에서 모리스코들을 아예 제거하는 것으로 문제를 해결하겠다고 결심했다. 그래서 약 8만 4,000명 정도의 모리스코들이 국내 망명을 하게 되어 카스티야와 아라곤, 발렌시아 등으로 이주해야 했다. 그러나 이 디아스포라는 왕이 원한 것과는 반대 효과를 가져왔다. 즉 이 '그라나다의 모리스코들'이 북쪽 기독교도들의 공동체에 융합되지 못하고 스페인 전역의 모리스코 공동체에 흩어졌으며, 그것은 '구(舊)모리스코들'(Old Moriscos)의 이슬람 의식을 부활시키고 그들의 저항 의지를 자극하는 결과를 가져왔다.

16세기 이전에 스페인 기독교도 왕국들에서 살았던 무데하르들은 종교적으로 난감한 상태에 빠져 있었다. 이슬람 세계의 법학자들 가운데 압도적 다수는 무슬림들이 자발적으로 이교도의 지배 아래에서 사는 것은 불법이라는 데 의견을 같이했다. 그런데 (기독교로의) 개종 명령은 스페인의 무슬림들이 배교를 하지 않으면 죽을 수밖에 없는 상황을 만들어놓았음을 고려할 때, 그것은 무슬림들을 대단히 난감한 상황에 몰아넣는 것이었다. 그런데 이슬람법은 그 같은 상황에 대비해 합법적인 대응 수단을 만들어놓고 있었으니, 비로 티키야(taqiyya)가 그것이었다. 그것은 아랍어로 '신중함' 혹은 '가장함'을 의미했는데, 무슬림들이 죽음의 위협에 처하게 되었을 때 다른 종교로 개종한 척하고, 그 종교의식이나 관습에 참여할 수 있게 하는 것이다(설사 그 의식에 돼지고기를 먹고 포도주를 마시는 것이 포함되어 있어도 마찬가지였다). 이것은 무슬림들에게 도덕적으로 인정된 '출구'를 제공해 주었는데, 특히 기독교 당국의 심한 감시를 받는 도시나 기독교도들과 섞여 살아야 하는 곳에서 살고 있던 무슬림들에게 그러했다. 이 타키야는 이슬람이 모리스코들 사이에서 불법적으로 살아남게 해주었다. 동시에 스페인에서 은밀한 무슬림(crypto-Muslim) 종교 지도자들은 신자들에게 무기를 들고 기독교에 저항하지 말고, 내적이고 도덕적인 지하드를 수행하라고 명령했다. 1500년대 초 아라곤의 한 무데하르 대표가 네 개의 수니 법학파를 대표하는 카이로의 네 명의 무프티(mufti) — 파타와(fatawa), 즉 종교적 난제에 대한 법적 견해를 말해 주는 사람 — 에게 무슬림이 스페인에서 합법적으로 살 수 있는지 묻자, 샤피파(the Sha'fi'i)를 대표하는 무프티는 이슬람은 매우 강하기 때문에 그것이 불법으로 간주되어 은밀하게 행해야 하는 곳이라 하더라도 거기에 머물고 싶은 사람은 그렇게 해도 된다고 대답했다.

그리고 개종 명령으로 이슬람이 사라지지는 않았고, 그것은 은밀한 알파키층(alfakis, 아랍어 'al-faqih'에서 유래) — 1526년 이전의 울라마와 그들의 계승자들 — 에 의해 살아남았다. 알파키 가운데 다수는 경제적으로 유복한 수공업자 혹은 지주들이었다. 그들은 계속해서 가르치고, 글을 쓰고, 무슬림 공동체를 은밀하게 지도하고, 집단 기도를 이끌고, 종교 축일을 준수하고, 지하 마드라사를 운영하기도 했으며, 비밀리에 활동하는 모리스코 필사실에서는 금지된 서적들을 만들기도 했다. 종교재판소에 의해 여러 지역에서 파키들의 네트워크가 발견되었고, 무슬림 공동체들은 이베리아반도를 이리저리 돌아다니는 모리스코 노새꾼들, 그리고 역시 사방으로 돌아다니는 성스러운 남녀들의 중개를 통해 서로 간에 계속 접촉을 유지할 수 있었다.

후자 가운데 가장 유명한 인물이 만세보 데 아레발로(Mancebo de Arévalo, 여기에서 '만세보'는 '청년'을 의미한다)였는데, 그는 다작의 '은밀한 무슬림'으로서 16세기 초 스페인 내 무슬림 공동체를 떠돌던 사람이다. 1534년 사라고사 공동체는 자신들 사이에서 이슬람 교리가 점점 잊혀 가고 있다고 생각해 그에게 타프시라(Tafçira, 아랍어 'tafsir'에서 유래한 말로 '해설서'를 의미), 즉 안내서를 만들어달라고 의뢰했다. 그는 그 외에도 여러 권의 책을 단독 혹은 공동으로 집필했으며, 그중에는 이슬람법을 요약한 『성스러운 법과 수나의 개요』(*The Short Compendium of Our Holy Law and Sunna*)도 있었다. 또한 모리스코들은 더 넓은 이슬람 세계와도 계속 접촉을 유지했는데, 그들은 그곳에 상인과 병사, 혹은 국왕 사절로 오고 갔다. 1603년 푸에이 데 몬손(Puey de Monzón)이라는 이름의 아라

بسم الله الرحمن الرحيم
وصلى الله على سيدنا
محمد الكريم وآله
وسلم تسليما

만세보 데 아레발로가 알하미아도,
즉 혼혈어인 안달루스 아랍어 철자로 쓴 안내서인 타프시라 명문(16세기).
Biblioteca Tomás Navarro Tomás(CSIC: Madrid).

곤의 한 모리스코는 메카에 순례를 다녀왔을 뿐만 아니라 그 여행에 대해 운율이 들어간 설명서를 쓰기도 했다.

여성들도 이슬람 의식(意識)과 전통을 유지하는 데 중요한 역할을 수행했다. 여자들이 그런 역할을 수행할 수 있었던 이유는 신비주의의 인기가 점점 높아졌고, 그것이 남자들이 지배하는 공적인 신학에서 배제되어 온 이베리아반도 여자들에게—기독교도와 무슬림 모두—좀 더 큰 종교적 역할을 제공해 주었기 때문이었다. 모리스코들 사이에서는 이슬람에 대한 공적 억압이 기존 남자 종교 엘리트들의 힘을 약화시켰으며, 그로 인해 법률 존중주의가 신비주의에 더 이상 제동을 걸 수 없었다. 그래서 당대 스페인 가톨릭 종교가 아빌라의 성녀 테레사(Saint Teresa de Ávila) 같은 인물을 배출했다면, 스페인의 크립토-이슬람은 모라 데 우베다(Mora de Úbeda, 여기에서 'Mora'는 무슬림 여성을 의미)나 노자이타 칼데란(Nozaita Kalderán) 같은 성스러운 여자들을 배출했는데, 이 두 여성은 만세보에게 멘토 역할을 하기도 했다. 수수께끼 같은 인물인 모라는 나이도 많고 문맹이었음에도 불구하고 『꾸란』과 신비주의 신앙에 해박했으며, 그라나다와 그 인근 지역에서는 뛰어난 종교학자로 여겨졌다. 노자이타는 카스티야 전역의 무슬림 공동체들에 종교적 자문을 제공했을 뿐만 아니라 유명한 산파이기도 했다.

그러나 이슬람의 존속에서 결정적인 역할을 한 것은 일반 여성들이었다. 여성들은 상대적으로 낮은 공적 지위 때문에 언어상의 문화 변용과 '스페인 사람처럼' 보이라는 압박에 저항하기가 더 쉬웠다. 여자들은 장례식 절차 가운데 '시신(屍身) 씻기' 같은, 생애 주기와 관련된 매우 중요한 의식을 수행했다. 여성들은 전통 음식을 요리하고, 기도를 암송하고, 노래를 부르고, 아이들을 가르치고, 이슬람적인 가정 환경을 조성했다. 종교재판소 관계자들이 집에 찾아오면 여성들은 저항했다. 집안을 수색하려고 하는 병사들과 싸워서 내쫓거나, 심지어 스커트 속에 『꾸란』을 숨겼다는 기록도 많이 남아 있다. 발렌시아에서는 종교재판소의 재판을 받은 사람의 4분의 1 이상이 모리스코 여성이었고 그들 대부분은 아랍어밖에는 할 줄 모른다고 답했는데, 그것은 이단 심문관들이 피의자들을 말로 함정에 빠뜨리려고 한 전술을 효과적으로 무력화하는 책략이었다. 살아 있는 경험과 일상적 의식은 신학이나 법 못지않게 종교의 존속에서 핵심 요소였으며, 그것들을 가장 적극적으로 계속 유지하는 사람들이 바로 여성들이었다.

그러나 종교적인 것이든 그렇지 않은 것이든 간에, 문화는 공백 속에서 존재하지 않는다. 더 큰 무슬림 세계와의 종교적 유대가 유지되었다 하더라도 모리스코 이슬람이 기독교 세계(그 안에 모리스코 이슬람이 들어 있었다)에 의해 영향을 받고 변하는 것은 어쩔 수 없었다. 이것을 가장 분명하게 볼 수 있는 것이 문학에서의 발전이다. 고전적 문어체 아랍어는 이미 15세기부터 일부 지역에서 쇠퇴하고 있었는데, 이때부터 (이슬람) 종교 서적이 무데하르들을 위해 카스티야어로 번역되기 시작했다. 16세기로 접어들면서 고전적 문어체 아랍어는 『꾸란』의 예외를 제외하고는 거의 사라졌다. 모리스코들은 자신들의 특이한 구어체 아랍어로 몇 권의 책을 만들어냈다. 그러나 그들이 만들어낸 책들의 대부분은 알하미아도(Aljamiado)라는 혼혈어, 즉 안달루스 아랍어 철자로 쓰인 구어체 카스티야어(혹은 다른 로망스어 계열의 속어들)로 쓰여졌다. 알하미아도로 쓰인 책들은 금지되었음에도 불구하고 상당수가 살아남았고, 그중에는 이슬람법, 신비주의 신학, 기도, 『꾸란』의 주석과 번역, 마술, 민담, 의학, 그리고 시와 산문 등과 관련된 것들이 포함되어 있다. 이 책들 가운데 상당수는 20세기에 와서야 과거 모리스코들이 살던 집의 벽 속에 감춰져 있다가 발견된 것이었다. 사실 모리스코들은 직관적으로 대단히 히스파니아화되어 있어서 알하미아도로 (영웅적인 기독교도와 비열한 무슬림들이 활약하는) 십자군 소설을 쓰기도 했다.

모리스코들의 신앙은 기독교와 크립토-유대인들의 사상으로부터 많은 영향을 받기도 했다. 예를 들어 앞에서 언급한 크립토-무슬림 만세보는 자신이 그리스어와 라틴어, 알하미아도 외에도 히브리어를 배웠다고 주장했다. 그 자신이 유대-콘베르소적 기원을 가진 사람일지도 모르는데, 당시 금지되기는 했지만 두 종교 간의 은밀한 개종이 전혀 없지는 않았다. 그러나 그와 다른 크립토-무슬림 지식인들은 기독교 기도서와 당대 인문주의자들의 책을 읽기도 했다. 예를 들어 만세보와 다른 모리스코 사상가들은 독일의 신학자 토마스 아 켐피스(Thomas à Kempis)의 영향을 받았음이 분명한데, 1427년에 발표된 그의 역작 『그리스도의 모방』(*De Imitatione Christ*)은 종교개혁 시대 직전의 기독교 유럽 전역에서 인기가 높았던 '근대적 신앙'(Modern Devotion)의 한 표본이었다. 세속적이고 도덕화를 위한 문학 작품, 특히 1499년 발표된 성적 위반의 센세이셔널한 우화집인 『라 셀레스티나』(*La Celestina*)도 영향력이 있었다.

또한 모리스코들은 당시 스페인과 유럽 가톨릭 세계에 영향을 끼치고 있던 마리아주의(Marianism)의 물결에 휩쓸리고 있었다. 무슬림들에게 마리아는 신의 모친이 아니라 (무슬림들에 의해) 예언자로 간주되는 예수의 어머니다. 마리아는 『꾸란』에서 이름이 언급되고 있는 유일한 여성인데, 『꾸란』에는 수태고지(Annuciation)에 대한 설명이 실려 있으며, 처녀잉태도 사실로 인정하고 있다. 그러므로 마리아를 공경하는 것은 모리스코에게 중도(타협점)를 제공해 주는 것이었다. 그래서 그들은 신으로서의 예수 숭배 — 그것은 그들에게 신인동형론(anthropomorphism) 혹은 다신교를 의미했다 — 에 참가하는 것이 아닌, 마리아에게 봉헌된 종교행사와 종교 행렬, 그리고 순례에 참석할 수 있었다. 모리스코들은 마리아를 거의 예언자 수준으로까지 치켜세웠고 '성스러운 묵주의 성모마리아' 경배는 그들에게 기독교도 이웃들과 함께할 수 있는 종교적 기반을 제공했으며, 평신도회나 그 밖의 대중적 종교 단체의 회원이 되게 해줌으로써 사회적·경제적 참여 공간을 제공해 주었다. 이슬람인들의 저항의 온상이었던 발렌시아 농촌 일부 지역에서는 모리스코 새 신부(新婦)들이 성체축일과 성모승천축일에 열리는 축제에 참가하기 위해 발렌시아(도시)로 가는 것이 하나의 관행이 되었다.

사실 문화 변용은 너무나 심해 어떤 경우에는 당대 스페인의 대중 신앙을 기독교나 이슬람으로 구분해 분석하는 것이 어려울 정도다. 그렇게 해서 만들어진 것은 어떤 점에서 보면 이단적 기독교도와 크립토-유대인, 그리고 크립토-무슬림들이 함께하는 혼혈적 종교라 할 수 있었다. 이단적이라고 간주된 광명파(Illuminados, Alumbrados) 같은 기독교

비의 운동은 어떤 교의나 의식 혹은 기독교 제도보다 차원이 높은 진리에 뿌리를 둔 계몽을 지지했다. 이것은 수피즘과 유대교 신비주의 운동과는 강하게 조응했지만, 정통 신앙에는 위협적이었다. 꿈과 기적 여행(그것이 실제적이든 상징적이든), 천사의 개입은 세 신앙 모두에서 대중의 상상에서 자주 나타나는 것이었다. 16세기 제국들의 정치적 메시아주의는 지중해 세계 전역에서 꽃피우고 있던 천년왕국적 기대로 나타났으며, 자칭 메시아들(그들의 미션은 자주 종교를 넘나들었다)에 의해 표명되었다. 스페인에서 선동적인 대중 예언자들(그들은 기독교도와 무슬림들 모두에서 많은 지지자를 확보했다)은 종교재판소의 박해를 받았으니, 종교재판소의 소임은 엄격하게 정의된 교리를 강화하는 것이었다.

성청(Holy Office, '종교재판소의 별칭')의 업무는 종교 공동체들 간의 구분선을 흐릿하게 만드는 사회적 요인들 때문에 더 복잡해졌다. 모리스코들이 고립되어 모여 사는 농촌 마을 안의 한 가정 내에 기독교도와 크립토-무슬림들이 섞여 있는 경우가 적지 않았고, 구기독교도들과 신기독교도들 간의 친교도 마술적 혹은 종교적 접근이면 어떤 것이든 거기에 매달리려고 하는 사람들의 자연적 충동과 더불어 자연 발생적 이단(organic heterodoxy)이라는 일반적 분위기 조성에 기여했다. 더욱이 이동성이 점점 커져 가는 이 세계에서 사람들은 상인, 여행자, 병사, 죄수, 그리고 노예로서 기독교 세계와 이슬람 세계 사이를 자주 넘나들었다. 그런 환경에서는 비록 발각되면 유죄 판결을 받고 화형에 처해질 수도 있었지만, 그렇더라도 어떤 한 개인이 종교를 여러 번 바꾸는 것이 별로 특별하지 않았다. 그 같은 종교 바꾸기가 교회에는 터무니없는 것으로 여겨진 반면에, 많은 사람에게는 자연스러운 것으로 생각되었다. 그런 식으로 종교를 여러 번 갈아탄 한 포르투갈인에 대해 재판을 하는 과정에서 화가 난 이단 심문관들은 다음과 같은, 그들에게는 너무나 분명한 사실을 단정적으로 언급하면서 피고(포르투갈인)가 자신은 두 종교 모두의 신봉자라고 한 주장을 인정하지 않았다. "유대교도이면서 동시에 기독교가 되는 것은 불가능하다."[58]

사실 세속법에서든 교회법에서든 간에, 법적 관점에서 보면 회색지대는 없었다. 법적으로 보면 모든 모리스코는 기독교도였다. 그러나 그들은 구기독교도들에 비해 지위도 낮고 권리도 덜 가진 신기독교도들이었다. 그리고 모리스코들의 법적 지위가 그들이 할 수 있는 혼인의 종류나 경제적 파트너십을 결정했기 때문에, 그것은 그들 자신의 관점에서도 그렇고 구기독교도들의 관점에서도 그렇고 두 종교 간의 구분선을 희미하게 만들 수 있는 제설혼합적 경향과는 상관없이 공동체적 차원에서 융합되지 못하고 별개의 민족으로 남아 있게 만들었다. 그래서 사회적 스트레스 혹은 경제적 경쟁이 심화되는 시기가 되면 모리스코들은 손쉬운 희생양이 되곤 했다.

알푸하라스 전쟁이 끝나고 나서 수십 년 동안 스페인은 포르투갈과의 갈등이 재개되고, 아르마다(Armada, 무적함대)가 패배하고, 기근과 역병이 발생해 불안에 휩싸이게 되었다. 그로 인해 모리스코들은 가난하지만 탐욕스럽고, 겁쟁이지만 위협적이며, 그리고 충성스런 구기독교도들이 누리지 못하는 특혜를 누리는 사람들로 여겨지게 되었다. 21세기 초 미국의 시민권 운동 이후 시기에 참정권을 갖지 못했던 백인 노동자들과 마찬가지로, 구기독교도들의 권리 의식은 이제 기독교도가 된 모리스코들이 더 이상 자기들보다 분명하게 낮은 계급이 아니라는 사실 때문에 심기가 몹시 상해 있었다. 혼란에 빠진 고집쟁이의 논리 속에서 모리스코들은 하층 계급인 주제에 부당하게 특권을 가진 것으로 생각되었다. 모리스코들의 불충에 대한 의심도 증가했다. 그들이 쌓여가는 무기라는 말도 떠돌았다. 세비야와 발렌시아에서는 모리스코들의 반란이 임박했다는 헛소문이 돌아 예방적 차원에서 그들을 공격하는 일이 벌어졌으며, 아라곤에서는 농촌의 혁명 분자들이 산지에서 내려와 모리스코들의 마을을 공격하기도 했다.

이에 모리스코 지도자들은 받은 대로 돌려주려고 했다. 이미 1575년

---

58 François Soyer, "'It Is Not Possible'", p. 88.

그중 일부가 스페인의 적들, 즉 오스만인들뿐만 아니라 프랑스 프로테스탄트들과도 접촉하고 있었는데, 당시 프랑스 프로테스탄트들은 프랑스 가톨릭 왕정을 상대로 피비린내 나는 전쟁을 하고 있었다(그것은 '종교 전쟁'으로 알려지게 된다). 나바라 왕국의 앙리가 이끄는 위그노들이 1589년 승리했을 때, 왕(앙리 4세로 프랑스 왕위를 취하기 위해 가톨릭으로 개종했다)은 프랑스에 다종교적인 법적 시스템을 도입했다. 그래서 모리스코들은 프랑스가 새로운 다종교 왕국의 모델이 되지 않을까 기대하기도 했으나, 결국 부질없는 희망이었다. 마찬가지로 1555년의 아우크스부르크 화의(이것은 프로테스탄티즘과 가톨릭 모두 합법적이라고 인정했고, 다른 사람도 아닌 스페인의 황제 카를 5세가 서명했다)도 어쩌면 종교적 다원성으로의 회귀를 가져다줄 것으로 생각되었다. 그러나 그런 일도 일어나지 않았다. 그러므로 모리스코들은 스페인의 적들 가운데서 동맹세력을 찾지 않으면 안 되었다. 모리스코들은 나바라의 앙리에게 만약 그가 스페인령 나바라에 침입해 오면 그를 왕으로 환영할 것이라는 의사를 넌지시 비치기도 했다. 그리고 다른 모리스코 대리인들은 모로코의 이베리아반도 침입을 종용하고 있던 영국과 네덜란드의 프로테스탄트들과도 접촉했다.

1581년경 펠리페 2세는 모리스코들을 완전히 제거해야겠다고 생각했다. 그러나 그 과업은 그가 아니라 살아남은 그의 유일한 아들인 펠리페 3세의 몫이 되었는데, 그는 허약한 군주였고 일단의 보수적인 고관과 성직자들에 의해 휘둘리고 있었다. 익사(溺死)에 의한 제노사이드, 강제적 거세, 아득히 멀리 떨어져 있는 황폐한 땅 래브라도로의 추방 등을 포함해 다양한 책략이 고려되었다. 그러나 결국에는 단순하게 그들을 국외 추방하는 것으로 결정되었다. 그리고 모리스코들 중에 진짜 기독교도들이 있다고 해도 누구인지 알 수 없었기 때문에 그들 전부를 다 쫓아내는 것이 낫다고 생각했다. 이에 대해 교회와 궁정 내 온건파는 침묵을 강요당했다. 이 무렵이면 경제적인 이유로 그들을 용서하자는 주장은 먹히지 않았다. 국왕 재정에 대한 그들의 기여가 결정적이지도 않았다. 그리고 어쨌든 그들을 쫓아내고 재산을 몰수하면 현금에 굶주려 있던 왕실 재정에 횡재를 가져다줄 것이었다. 또 그들을 제거하는 것은 정치적으로 볼 때 골칫덩어리라 할 수 있었던 발렌시아와 아라곤의 토지 귀족들에게 중대한 타격을 줄 것이기 때문에(그들은 모리스코 노동력에 의존하고 있었다) 왕에게는 유리했다.

일부 온건파 성직자들은 다음과 같은 도덕적인 주장을 했다. 즉 이 추방은 집단적인 징벌이고 그것이 실행에 옮겨지면 선량한 기독교도들도 같이 추방될 것이며, 추방지에서 그들은 다시 기독교 신앙을 철회해야만 할 것이고, 그것은 저주를 부르게 될 것이라는 것이었다. 그러나 그 역시 소용이 없었다. 그들이 얻어낼 수 있는 최선의 것은 모리스코 어린아이들을 추방에서 제외하고, 그 아이들을 부모로부터 떼어내어 구기독교도들의 가정에 입양하는 것이었다. 그것이 당시의 추세였다. 교회의 목소리는 펠리페 3세를 대신해 발렌시아를 다스리는 부왕이자 대주교(후에 성인이 되었다)였던 후안 데 리베라(Juan de Ribera)로 대변되었는데, 그가 생각할 수 있었던 가장 자비로운 방법은 모리스코 주민 전체를 한꺼번에 노예로 만드는 것이었다.

일단 행동에 나서기로 결정되자, 저항을 막기 위한 준비가 비밀리에 시작되었다. 드디어 1609년 1월 22일에 발렌시아의 모리스코들에게 3일간의 말미를 주면서 각자 소지할 수 있는 물건들을 가지고 각자의 고향 읍내에 집결해 떠날 준비를 하라는 지시가 내려졌으며, 이를 이행하지 않으면 사형에 처해질 것이라고도 했다.

그해 11월, 발렌시아로부터의 추방은 거의 완료되어 약 11만 6,000명의 모리스코가 알제리에 있는 스페인의 고립 영토 오란(Oran)으로 수송되었다. 거기서 그들은 도시 경계선까지 계속 걸어가야 했으며, 그러고도 계속 걸어가라는 명령을 받았다. 아라곤과 카탈루냐로부터의 추방은 1610년 4월에 시작되어 6만 명이 넘는 신기독교도들이 터덜터덜 걸어서 프랑스의 토르토사 혹은 아그드(Agde)로 일단 갔다가, 거기서 북아프

데니아 항구에서 추방당하는 모리스코들(비센트 모스트레, 1613).
Auraco.org(Fundació Bancaja, València).

리카나 오스만 제국으로 가는 배에 승선했다. 앙리 4세가 선량한 가톨릭 교도가 되겠다고 맹세하면 프랑스 백성이 될 수 있게 해주겠다고 제안했으나, 관심을 보인 사람은 거의 없었다.

카스티야 왕국의 모리스코들은 1609년 9월부터 1610년 7월 사이에 단계적으로 추방되었다. 일부 지역에서는 모리스코들에게 그들이 가지고 갈 수 없는 재산을 처분할 수 있는 기간으로 30일이 주어졌고, 지역에 따라 10일이 주어지기도 했다. 여하튼 추방된 모든 사람은 출국할 때, 가지고 가는 현금의 절반을 출국세로 물어야 했다. 1610년 말이 되면 이 일은 거의 마무리되어 가고 있었다. 이제 국왕 관리들이 출국 과정에서 몰래 도망친 모리스코들 혹은 추방되었다가 다시 몰래 돌아온 모리스코들을 찾아내기 위해 농촌 지역을 샅샅이 뒤지고 다녔다. 1614년 2월 20일, 펠리페 3세로부터 이 추방 정책의 수행 책임자로 임명되었던 살라사르 백작은 이제 자신의 소임이 끝났다고 보고했다. 이로써 타리크 이븐 지야드가 지브롤터에 상륙한 지 903년 만에 스페인에서 이슬람의 시대는 끝이 났다.

이 추방 사업의 규모와 그것이 가져다준 인간적 고통은 이루 형언하기가 어려웠다. 총 32만 명이 추방되었다. 유감에서 체념, 그리고 증오와 슬픔에 이르기까지 여러 감정이 표출되었다. 모리스코들은 가진 재산의 대부분을 즉각적으로 상실하고 나서도 적대적인 지역과 위험한 바다를 지나 망명지에 도달할 때까지 비적과 관리들, 그리고 기회주의자들의 끊임없는 괴롭힘에 시달려야 했는데, 그것은 그들을 엄청난 혼란과 충격에 빠뜨렸다. 마을 전체가 통째로 사라지고 주민들이 다 떠나버려 텅 빈 상태가 되었다. 그들은 조상 대대로 살아온 땅을 떠나 말도 안 통하고, 문화도 이해할 수 없고, 자신들을 환영해 주지도 않는 외국 땅에 내던져지게 되었다.

추방된 모리스코들 가운데 다수의 목적지가 된 곳이 북아프리카였는데, 북아프리카인들의 관점에서 보면 그 같은 피난민의 유입은 위협적이고 달갑지 않았다. 더욱이 대다수 무슬림의 눈으로 보면 모리스코들은 외국인이고 이단자이며, 배교자들이었다. 그들은 자비와 관용, 혹은 정상 참작의 가치가 없는 '카스티야의 기독교도들'이었다. 이 같은 감정은 스스로 기독교도임을 확신하고 있던 모리스코들에 의해 화답을 받게 될 것이었다. 일부 지역에서는 이 난민들의 도착에 상당한 저항이(가끔은 폭력적인) 있었고, 모리스코들은 경우에 따라서는 살아남기 위해 싸우지 않으면 안 되었다.

그러나 스페인과 망명지 모두에서 동정과 유대감이 나타나기도 했다. 상당히 많은 구기독교도가 예의와 동정심을 가지고 모리스코 이웃들의 재산 처분을 도왔고, 몇몇 구기독교도들은 모리스코 추방이 완료되고 나서도 편지를 통해 그들과 계속 친교를 유지하기도 했다. 주교들과 영주들은 자신의 소작인들과 신민들을 구하기 위해 노력했는데, 그들이 충성스런 백성이며 선량한 기독교도들이라고 강력하게 옹호하기도 했다. 그러나 그것이 가시적 성과로 이어지지는 않았다. 공식적으로 모리스코들의 추방은 거의 예외 없이 진행되었다. 몇몇 귀족적인 모리스코 집안들이 스페인에 체류해도 된다는 허가를 받아내기도 했는데, 기독교도 주인들 밑에서 일하는 노예들과 개종한 지 얼마 되지 않은 북아프리카인들이 바로 그들이었다. 그들 말고는 어느 누구에게도 그런 허가가 주어지지 않았다. 그럼에도 불구하고 많은 개인이, 그리고 몇몇 경우에는 공동체 전체가 공식적 수사망을 피해 스페인에 계속 잔류하거나 추방되고 나서 몇 년 지나지 않아 다시 몰래 입국하기도 했다.

추방으로의 방향 선회는 추방령이 발표되기 수년 전에 마그립과 이프리키야, 그리고 동쪽 오스만 세계에 접촉망을 구축해 두고 있던 모리스코 엘리트들에 의해 쉬워지기도 했다. 그들은 이 지역들에서 자신의 영향력을 이용해 동포들을 돕고 알 안달루스 '민족'(nation)을 보호해 주었다. 특히 오스만 제국의 영토(튀니스와 아시아 모두)에서 추방된 알 안달루스인들을 환영해 주었다. 이 지역들에서는 '분리해서 지배하기'라는 술탄의 전술이 여러 상이한 인종종교적 공동체의 존재에 많이 의존하고 있었기 때문에 술탄에게 모리스코들은 그 여러 공동체의 뒤섞임에 부가된 또 하나의 중요한 요소였다. 모로코에서는 사드의 정부(Sa'di regime)가 이 피난민들을 환영해 주었는데, 그것은 그 정부가 이들이 반란을 일으킨 내륙 쪽 부족들과의 전쟁에 도움이 될 것으로 생각했기 때문이었다. 이후에 이 모리스코들은 사드 정부의 주군들에 대항해 반란을 일으켜 살레 항을 장악하고 거기에 독립적인 공화국을 세웠다. 그곳을 기반으로 그들은 17세기 내내 지중해에서 스페인 선박을 공격하는 해적 형태로 지하드를 수행했다.

일부 모리스코들은 추방 생활을 견디지 못하고 스페인에 몰래 잠입해 죽을 때까지 도망자로 살거나, 아니면 체포되어 처형되거나 혹은 다시 추방되었다. 무르시아(이곳은 모리스코들이 스페인에서 추방될 때 마지막으로 머문 장소였다) 인근의 리코테(Ricote) 계곡에서 살다가 추방된 일단의 모리스코들이 고향 마을에 다시 돌아와 지역 문서고에 불을 질러 과거 자신들이 모리스코였다는 증거를 파괴함으로써 다시 추방당하는 것을 막으려고 했지만 소용이 없었다. 『돈키호테』에 나오는 모리스코의 이름이 리코테였던 것은 우연이 아니다. 세르반테스의 리코테는 아우크스부르크 — 이 도시는 근대 초기 다양성의 모델이었다 — 로 추방되었다가 그곳에서 상점주로 돈을 많이 벌기도 했지만, 알제리로 추방된 딸 아나 펠리스와 아내를 찾아 순례객으로 위장하고 스페인으로 몰래 들어온 것이었다. 잠입해 들어온 그는 우연히 옛 친구 산초 판사를 만났다. 식탁에 앉아 산초와 함께 햄과 포도주로 식사를 하면서 리코테는 자신의 운명과 동료 동포들의 운명을 회한에 찬 어조로 되돌아보았다. 동포들 대부분이 기독교도였다가 무슬림이 된 사람들의 후손으로, 다시 기독교도가 된 사람들이었다. 그들은 로마인들이 이곳에 살기 이전부터, 그리스도가 탄생하기 이전부터, 그러므로 그들을 추방한 합스부르크 왕조의 외국인 왕들보다 까마득하게 오래전부터 이곳에서 살아온 사람들이었던 것이다.

> 나는 폐하께서 그 같은 훌륭한 해결책을 발동한 것이 신의 영감이었다고 생각하네. 우리 가운데 일부는 성실한 기독교도였기 때문에 우리 모두가 죄인이었던 것은 아니었네, 그렇지만 그런 기독교도의 수가 너무 적어서 그렇지 않은 사람들에 맞서 싸울 수가 없었다네. …… 결국 우리가 추방의 벌을 받은 것은 정당한 조치였다고 할 수 있고, 혹자의 눈으로 보면 그 조치가 오히려 온건하고 관대한 조치라고도 할 수 있을 것이네. 그렇지만 우리에게는 그것이 우리가 받을 수 있는 가장 두려운 벌이었다네. 우리는 어디를 가든지 스페인이 너무도 그리워서 눈물을 흘렸지. 왜냐하면 우리는 어쨌든 이 스페인에서 태어났고, 이곳이 우리의 고향이기 때문이라네.[59]

59 Miguel de Cervantes Saavedra, *Don Quijote*, vol. 2, p. 461.

에필로그

무어인이 사라진 알 안달루스

이렇게 해서 거의 1,000년의 세월이 흐르는 동안 용감한 베르베르인 정복자 타리크 이븐 지야드는 이리저리 숨어다녀야 하는 스페인 망명객 리코테로 바뀌었으며, 이베리아반도의 지형을 바꿔놓은 무슬림의 존재는 1609~14년 모리스코들의 강제 추방으로 종말을 맞게 되었다. 그러나 추방으로 이베리아반도와 무슬림 간의 인연이 끝난 것은 물론 아니며, 그 인연은 지금까지도 이어지고 있다. 현재 스페인에는 약 200만 명의 무슬림이 살고 있다. 그중에는 스페인에서 태어나 이슬람으로 개종한 사람도 있지만, 대부분은 북아프리카에서 건너온 사람들이다. 그중 상당수는 스페인의 도시 사회에 완전히 통합되어 있고, 또 다른 많은 사람은 밭에서 과일을 수확하거나 아니면 그 외의 힘든 육체노동에 종사하고 있다. 대담한 북아프리카인들은 지금도 지브롤터해협을 건넌다. 그러나 지금은 전사로서가 아니라 경제 난민으로서이며, 전쟁용 갤리선이 아니라 보잘것없는 파테라(pateras, '바닥이 평평한 작은 배')를 타고 건너온다. 알 안달루스에 대한 기억은 지금도 많은 사람의 머릿속에 상실된 파라다이스의 모습으로 자리 잡고 있으며, 그것은 신성모독을 당한 코르도바의 웅장한 대모스크로, 그리고 장엄한 알함브라궁으로 표상되고 있다.

알 안달루스의 역사는 외세 점령의 역사가 아니다. 그것은 비정상도 아니고 예외도 아니다. 그보다는 근대 스페인과 포르투갈뿐만 아니라 근대 유럽을 만들어내기도 한 역사적 과정의 한 필수적인 부분이다. 알 안달루스의 역사는 유럽의 역사이기도 하지만 이슬람의 역사, 유대인의 역사이기도 하다. 이슬람교와 기독교, 유대교는 세 개의 독립적인 문명이 아니라 우리가 '서양'(the West)이라고 부르는 더 큰 세계의, 불가분적으로 서로 연결된 요소들(elements) 혹은 차원들(dimensions)이다. 그리고 그 서양은 지난 수천 년 동안 지중해에서 결합된 고대 근동과 헤브라이, 그리스, 페르시아, 그리고 로마적 영향의 산물이며, 그것은 아프리카, 유럽, 서아시아, 그리고 그 너머로부터 사람들과 문화들을 끌어들였다.

알 안달루스와 그것을 포함한 기독교 스페인 사람들은 이 역사적 과정에서 중심부를 차지하고 있었다. 연대기적으로 이슬람 스페인의 시대는 고대 후기(이때 고전 세계의 쇠퇴와 아브라함의 일신론이 출현했다)와 근대 시대(이 시기에 인종, 국가, 종교, 진보, 그리고 지식에 대해 새로운 개념이 나타났다)를 연결해 준다. 지리적으로 그것은 기독교 세계와 다르 알 이슬람(이슬람 세계)을 잇는 경첩에 해당한다. 창조적인 면에서는 아프리카, 유럽, 서아시아가 만나는 지점이었으며, 가장 심오한 문화적 혁신 과정이 일어난 곳이었다. 그것은 가장 중요하고 오래 지속된 확산 지점이었다. 간단히 말해 이슬람 스페인을 제외하면 유럽 역사는 하나로 합쳐지지 않는다.

알 안달루스의 역사, 그리고 알 안달루스와 이웃한 기독교 국가들의 관계를 뒤돌아보면 그것은 분명해 보인다. 700년대 초에 아랍인들이 이끄는 정복자들이 히스파니아에 도착한 그때부터 1600년대 그들의 후손들이 추방될 때까지 이 지역의 정치사와 문화사, 그리고 사회사는 분리와 고립이 아니라 기독교도와 무슬림, 그리고 유대인 간의 통합과 협력을 특징으로 하고 있었다. 이 말은 종교적 정체성이 중요하지 않다거나 종교가 (인간의) 행동의 특징을 이루고 경험을 성형해 주지 못한다고 말하려는 것이 결코 아니다. 상이한 종교 간에 나타나는 본능적으로 적대적인 수사는 이 점을 분명하게 해준다. 실제로 종교적 정체성은 아마도 사람들의 정체성 형성에서 가장 중요한 단일 요소일 것이다. 그러나 그렇다고 하더라도 그것은 그들이 누구이고, 그들이 어떻게 다른 사람들과 상호 작용해야 하고, 이 세상에서 어떻게 행동해야 하는가에 대한 감각을 형성하는 데 기여하는 여러 요소 가운데 하나일 뿐이다.

알 안달루스가 계몽적 관용과 콘비벤시아(convivencia)의 전원시였는가, 아니면 잔인한 문명 간 충돌의 무대였는가에 대해서는 많은 글이 쓰여졌다. 그런데 둘 다 아니었다. 관용은 오늘날에도 보기 드문 미덕으로 여겨지는데, 하물며 중세 시대에는 어떠했겠는가? 그리고 충돌의 대부분은 '문명들' 사이에서가 아니라 각 문명들 안에서 발생했다. 위대한 문화사가인 아메리고 카스트로(Amerigo Castro)는 중세 스페인이 '콘비벤시아'의 땅—기독교도와 무슬림, 그리고 유대인이 '함께 살아가는' 땅—이었다는 개념을 널리 확산시켰다. 그러나 그보다 중세 스페인은 '콘베니엔시아'(conveniencia, '편의')의 땅, 즉 인종과 종교가 다른 공동체들이 관용이라는 고상한 이상을 위해서가 아니라 '편의'에 따라, 즉 자신들에게 이익이 된다고 생각하는 바에 따라 '함께 모여' 함께 일하는 땅이었다고 생각하는 것이 좋을 것이다. 타리크 이븐 지야드의 군대가 히스파니아에 상륙하기 전에도 그는 서고트 엘리트층 내부의 파당들과 정치적 거래를 하기 위해 이곳에 온 적이 있었다.

비록 기독교도들과 무슬림들이 서로의 종교에 대해 그것이 잘못된 근거에 입각해 있다고 생각하기는 했지만, 그들은 상대방의 종교가 반드시 악의를 갖고 있다고 생각하지는 않았다. 그들은 모두 자신들이 같은 신을 숭배하고 있다고 생각했다. 지중해 주변에 거주한 기독교도와 무슬림, 그리고 유대인들은 모두 아브라함의 유일신 사상, 페르시아와 그리스의 지식, 로마의 제도, 이집트의 비의종교, 그리고 수천 년 동안의 무역, 이주, 정복, 그리고 지중해 주변과 그 너머에 사는 민족들을 포함하는 식민화의 산물인 민속과 문화적 기풍에 기반을 둔 공통의 문화를 공유했다. 그들은 상호 이해가 가능한 환경 안에서 움직였으며, 그것은 그들 간의 차이에도 불구하고 공통점을 발견할 수 있게 해주었다. 그리고 그것은 그들이 서로 소통할 뿐만 아니라 서로의 문화에 적응하고 그것을 전유할 수 있게 해주었다.

그리고 그들은 그렇게 해야 할 필요 때문에 그렇게 했다. 알 안달루스와 지중해의 복잡하고 다양한 환경 속에서 권력 행사는 자신의 적을 제거함으로써가 아니라 그들과 협력함으로써 더 쉽게 이루어질 수 있었다. 알 안달루스가 이베리아반도에서 성공적으로 자리 잡을 수 있었던 것은 아랍 무슬림 지배자들이 서고트 귀족들과 교회의 협력을 얻고, 그들에게 새로운 사회 안에서 공식적으로 합법적인 자리를 제공하고, 그들을 자신들의 정치적 프로젝트에 통합할 수 있는 능력을 갖고 있었기 때문이었다. 정복자들이 원주민들을 그런 식으로 굴복시키고 나자, 그들은 '그들(원주민들)의 전폭적인 지지를 확보할' 수 있었다.

400년 후의 정복의 시대에 기독교 군주들이 그들의 새 왕국에서 무슬림 소수자들을 예속하고 통합한 것에 대해서도 똑같은 말을 할 수 있다. 그것은 관대함이나 유대감의 산물이 아니라 필요의 산물이었다는 것이다. 즉 정복자들은 자신들의 경제적 번영을 유지하기 위해 예속된 소수 집단이 필요했고, 예속된 소수 집단은 살아남기 위해 새 지배자들과 잘 지내야 했다. 여기에서 작동한 원리는 실용주의였다. 일단 이 관계가 수립되고 나면 양 당사자들은 주기적으로 재협상을 했으며, 예속된 공동체들이 유용하고 위험하지 않다고 여겨지면 그들의 권리가 존중되었지만, 만약 그 반대의 경우라면 탄압은 거의 불가피했다.

어쨌든 알 안달루스와 이어 등장한 스페인 왕국들에서 살았던 사람들은 자신들을 오로지 기독교도와 무슬림, 그리고 유대인으로만 보지는 않았다. 그들은 민족적 공동체와 사회 계급의 일원이었고, 마을과 도시, 지역의 주민이었으며, 공통의 정신적·지적·철학적 경향성을 지니고 있었다. 그리고 그들은 남자이고 여자였다. 즉 그들은 종교적 차이를 뛰어넘는 다양한 정체성의 요소를 지니고 있었다. 그 결과, 비록 종교적 정체성이 그들의 경험과 그들을 지배하는 공식적 법의 틀을 제공할 수는 있었지만, 그것이 세상을 보는 방식이라든가, 아니면 누구를 적으로 보고 누구를 자기편으로 볼 것인가를 결정하지는 않았다. 사람들은 모든 종류의 사회적 정체성을 동시에 체현하고 있었으며, 그 가운데 많은 것이 종교적 차이를 초월하는 것이었다는 사실이 사회적 유대감을 만들어내고 다양성을 유지하는 데 기여했다.

지크문트 프로이트(Sigmund Freud)는 인간의 마인드가 세 가지 요소로, 즉 슈퍼에고(superego), 에고(ego), 그리고 이드(id)로 구성되어 있다고 생각했다. 에고는 일이 처리되도록 하고, 우리 주변을 관찰하고, 우리 의견을 평가하고, 우리에게 구체적인 이익을 줄 것이라고 여겨지는 목표를 완수하기 위한 행동 계획을 실행할 수 있게 하는 지적인 측면이다. 이드는 양심이나 고려에 의해 구속되지 않은, 통제되지 않는 리비도(libido)이고 직관적인 바람이다. 그리고 슈퍼에고는 앞에서 말한 양심이며, 우리의 퍼스낼리티의 경관(policemen)이고, 우리가 무엇을 해야 하고, 주변 세상을 어떻게 이해해야 하는지에 대해 말해 준다. 공식적인 종교적 정체성은 슈퍼에고와 비슷하다. 그런데 우리가 의식의 명령에 따르기를 원할 수는 있겠지만 대개는 그렇게 하지 않는다. 대개 우리의 행동은 에고의 지배를 받으며, 그것은 우리의 비열한 충동에 제동을 걸기도 하지만 우리의 높은 이상을 억누르기도 한다. 그래서 생존하고 번영하기 위해 필요한 현실적 결과물을 얻게 해준다.

그리고 이것은 알 안달루스의 사회적·정치적 상황에서 종교가 기능한 방식이기도 하다. 중세 시대의 이슬람과 기독교 스페인 국가들은 매우 실제적인 의미에서 '신앙의 왕국들'이었다. 종교적 정체성은 그들에게 제도적 틀을 만들어주고 법의 기반과 정책의 가이드라인을 제공해주었다. 그러나 그것이 반드시 그들의 정치적 행동으로 이어지지는 않았다. 그보다는 대개 정치적 생존이라는 현실적 요구 때문에 정책이 공식적 이데올로기가 지지하는 개념과는 반대로 나타나는 경우가 많았다. 무슬림 왕국들은 빈번하게 편의와 친밀감 혹은 그때그때 상황에 따라 기독교 왕국들과 동맹을 맺고 동료 무슬림들을 공격했으며, 또 그 반대의 경우도 빈번했다. 신앙심이 깊은 사람들조차도 자주 물질적 대가를 위해 혹은 단순히 그렇게 하는 것이 즐겁기 때문에 자신들이 믿는 신앙이 내리는 도덕적 명령에 도전하는 행동을 하곤 했다. 그리고 그런 행동을 했다고 해서 그것이 꼭 그들 혹은 그들의 이데올로기의 가치를 떨어뜨리지도 않았다. 그것은 단지 그들을 좀 더 인간적으로 만들었을 뿐이었다.

알 안달루스 역사를 통해 알 수 있는 한 가지가 있다면, 그것은 거기에서 살았던 사람들이 매우 복잡하고 양면적인 존재들이었다는 것과 그들이 아무리 강한 신앙을 가지고 있었다고 해도 그들은 단순히 '기독교도'와 '무슬림', 그리고 '유대인'이었던 것이 아니라 사람들(people)이었다는 것이다. 그러므로 알 안달루스의 역사는 신앙, 호기심, 관용, 그리고 창조적 정신의 역사였을 뿐만 아니라 폭력, 옹졸함, 잔인함, 탐욕, 그리고 위선의 역사이기도 했다. 아랍 알 안달루스(Arab al-Andalus)는 개방적인 관용의 샹그릴라가 아니었고, 그것을 파괴한 기독교도와 베르베르인들도 야만적인 속물들이 아니었다. 문명의 차원에는 '좋은 놈'도 '나쁜 놈'도 없으며, 개인적 차원에서도 그런 사람들은 그리 많지 않다. 권력은 추하고, 폭력은 불가피하다. 여기에서 배워야 할 도덕적 교훈은 없다.

그러나 아마도 한 가지 사회적 교훈은 있을 것 같은데, 그것은 서로 다른 종교적 이념과 문화적 지향이 반드시 상호 존중이나 호혜 협력을 막는 장애물은 아니라는 것이다. 서로 다른 기원과 제휴, 그리고 신앙을 가진 사람들도 만약 그들이 상대방에 의해 위협감을 느끼지 않는다면, 그들의 목표가 서로 겹치고 상호 보완할 수 있다고 믿는다면, 그리고 그들이 자신들의 도덕적 예단을 제쳐두고 서로의 믿음을 (비록 오류가 있기는 하지만) 선의를 가진 것으로 생각한다면 서로 협력할 수 있을 뿐만 아니라 서로의 다름을 포용할 수도 있다는 것이다. 우리는 무슬림과 기독교도들의 스페인 역사를 종교적 차이 때문에 900년 동안이나 끊임없이 싸운 역사로 생각하는 경향이 있어왔다. 그러나 사실 그것은 종교적 차이에도 불구하고 나타난 900년 동안의 창조적 협력의 역사로 볼 수 있다. 그리고 그것은 최소한 우리에게 얼마간의 믿음을 주기에 충분할 것이다.

감사의 말

가족, 친구 그리고 동료들의 도움과 지지가 없었다면 이 책은 빛을 보기가 어려웠을 것이다. 가장 먼저 사랑과 인내 그리고 조언을 아끼지 않은 아내 누리아 시예라스 페르난데스(Núria Silleras-Fernández)에게 감사의 말을 전한다. 아내와 우리 아이들인 알렉산드라와 레이몬드는 처음 생각했던 것 보다 훨씬 복잡해진 이 프로젝트와 씨름할 때부터 줄곧 나와 어려움을 같이해 왔다. 또 비할 바 없이 훌륭한 멘토이자 탁월한 에이전트이며, 이 책의 집필을 제안해 준 댄 그린(Dan Green), 그리고 이 프로젝트를 지지하고, 여러 가지 어려움을 감내하고, 주의 깊게 읽어주시고, 솜씨 있게 다듬어 준 편집자 댄 거슬(Dan Gerstle)에게도 감사의 말씀을 드린다. 테레사 윈첼(Theresa Winchell)의 정확하고 꼼꼼한 교열은 이 책의 불필요한 오류를 고쳐주었다. 누리아 시예라스, 샤론 키노시타(Sharon Kinoshita), 토머스 글리크(Thomas F. Glick), 마리벨 피에로(Maribel Fierro), 알레한드로 가르시아 산후안(Alejandro García Sanjuán), 데이비드 왜크스(David Wacks), 프란시스코 비달 카스트로(Francisco Vidal Castro), 그리고 제라드 위거스(Gerard Wiegers)를 비롯한 많은 친구들이 이 책의 초고를 꼼꼼히 읽고 소중한 의견을 아끼지 않았다. 그럼으로써 이 책이 훨씬 좋은 모양새를 갖출 수 있었으며, 나 또한 여러 곤혹스러움을 면할 수 있게 되었다. 아직도 남아 있을지 모를 오류에 대한 책임은 전적으로 나의 몫임은 물론이다. 로저 살리크루 이 유치(Roger Salicrú i Lluch)에게도 특별한 감사를 표하고 싶다. 내가 그의 프로젝트(La Corona catalanoaragonesa, l'Islam i el món mediterrani)의 일원이 될 수 있도록 해준 점에 대해 다시 한 번 감사를 표한다. 그는 고맙게도 내가 바르셀로나의 밀라 이 폰타날스 연구소(Institució Milà i Fontanals)[1]에 체류하는 동안 항상 너그럽게 반겨주었다. 또한 나는 지중해 세미나 워크숍(Mediterranean Seminar workshop) — '메드 클럽'(Club Med) — 의 핵심 그룹과 참가자들에게도 고마운 마음을 갖고 있는데, 그들은 계속 나를 고무하고 내게 가르침을 베풀어주었다. 콜로라도 대학과 캘리포니아 대학 동료들, 그리고 너무나 많아 일일이 거론하기가 어려운 다른 선후배님들께도 감사의 마음을 전한다. 마지막으로 이 책은 지금은 아쉽게도 기억 속에서만 남아 있는 나의 사랑하는 친구이자 선생이신 와지 알함위(Wadjih F. al-Hamwi)의 영감과 관대함의 유산임을 말하고 싶다.

이 프로젝트를 진행하면서 나는 여러 기관의 도움을 받았다. 무엇보다도 우선 콜로라도 볼더 대학의 유능하고 부지런한 도서관 직원들은 헌신적으로 나를 도와주었다. CSIC(Consejo Superior de Investigaciones Científicas)의 밀라 이 폰타날스 연구소는 내가 그곳 도서관을 자유롭게 이용할 수 있게 해주었고, 매년 여름 연구할 수 있는 공간도 제공해 주었다. 그리고 국립인문학연구기금(National Endowment for the Humanities)의 학부 연구 펠로십(Faculty Research Fellowship)은 연구를 수행할 수 있는 소중한 시간을 허락해 주었다. 이 책에 포함된 삽화를 구입하는 데 들어간 비용은 콜로라도 대학의 케이든 연구 기금의 지원이다.

마지막으로 이 연구가 그 위에 기반을 두고 있는 수많은 역사가의 엄

1 Grup de Recerca Consolidat per la Generalitat de Catalunya CAIMMed(La Corona catalanoaragonesa, l'Islam i el món mediterrani, 2014 SGR 1559).

청난 노고에 관해서 반드시 언급하고 싶다. 우리 연구자들은 학자로서 항상 거인의 어깨 위에 서 있다는 것, 특히 이 책, 그리고 나의 경우에는 더욱더 그러하다는 것을 말씀드리고 싶다.

우마이야 왕조 아미르 및 코르도바의 칼리프

코르도바의 아미르

압드 알 라흐만 1세 알 다킬 "쿠라이시의 매"('Abd al-Rahman I al-Dhakil "the Falcon of the Auraysh", 756~788)

히샴 1세 이븐 압드 알 라흐만(Hisham I ibn 'Abd al-Rahman, 788~796)

알 하캄 1세 이븐 히샴(al-Hakam I ibn Hisham, 796~822)

압드 알 라흐만 2세 이븐 알 하캄('Abd al-Rahman II ibn al-Hakam, 822~852)

무함마드 1세 이븐 압드 알 라흐만 2세(Muhammad I ibn 'Abd al-Rahman II, 852~886)

알 문디르 이븐 무함마드(al-Mundhir ibn Muhammad, 886~888)

압드 알라 이븐 무함마드('Abd Allah ibn Muhammad, 888~912)

압드 알 라흐만 3세 이븐 무함마드 이븐 압드 알라('Abd al-Rahman III ibn Muhammad ibn 'Abd Allah, 912~929)

코르도바의 칼리프

압드 알 라흐만 3세 이븐 무함마드 이븐 압드 알라 알 나시르 리 딘 알라 ('Abd al-Rahman III ibn Muhammad ibn 'Abd Allah al-Nasir li-Din Allah, 929~961)

알 하캄 2세 이븐 압드 알 라흐만(al-Hakam II ibn 'Abd al-Rahman, 961~976)

무함마드 이븐 아비 아미르 알 만수르(Muhammad ibn Abi 'Amir al-Mansur, 981~1002)[1]

히샴 2세 이븐 알 하캄(Hisham II ibn al-Hakam, 976~1009)

압드 알 말리크 이븐 무함마드 이븐 아비 아미르 알 무자파르('Abd al-Malik ibn Muhammad ibn Abi 'Amir al-Muzaffar, 1002~1008)[2]

압드 알 라흐만 이븐 무함마드 이븐 아비 아미르 "샨줄/산추엘로"('Abd al-Rahman ibn Muhammad ibn Abi 'Amir "Shanjul/Sanchuelo", 1008~1009)[3]

피트나 이후의 칼리프

무함마드 2세 이븐 하심 알 마흐디(Muhammad II ibn Hashim al-Mahdi, 1009)

히샴 이븐 술라이만 이븐 압드 알 라흐만 3세 알 라시드(Hisham ibn Sulayman ibn 'Abd al-Rahman III al-Rashid, 1009)[4]

술라이만 이븐 알 하캄 술라이만 이븐 압드 알 라흐만 3세 알 무스타인 (Sulayman ibn al-Hakam b. Sulayman ibn 'Abd al-Rahman III al-Musta'in, 1009)

---

1 아미르의 하집.

2 아미르의 하집.

3 아미르의 하집.

4 베르베르족 용병들의 지지를 받은 자.

히샴 2세 이븐 알 하캄(Hisham II ibn al-Hakam, 1010~13)[5]

술라이만 이븐 알 하캄 술라이만 이븐 압드 알 라흐만 3세 알 무스타인 (Sulayman ibn al-Hakam b. Sulayman ibn 'Abd al-Rahman III al-Musta'in, 1013)

알리 이븐 함무드('Ali ibn Hammud, 1016~18)[6]

압드 알 라흐만 4세 이븐 무함마드 이븐 압드 알 말리크 이븐 압드 알 라흐만 3세 알 무르타다('Abd al-Rahman IV ibn Muhammad ibn 'Abd al-Malik ibn 'Abd al-Rahman III al-Murtada, 1018)[7]

알 카심 이븐 함무드 알 나시르 리 딘 알라(al-Qasim ibn Hammud al-Nasir li-Din Allah, 1018~21)[8]

야흐야 이븐 알리 이븐 함무드(Yahya ibn 'Ali ibn Hammud, 1021~22)[9]

알 카심 이븐 함무드 알 나시르 리 딘 알라(al-Qasim ibn Hammud al-Nasir li-Din Allah, 1023)[10]

압드 알 라흐만 5세 이븐 히샴 이븐 압드 알 자바르 알 무스타지르('Abd al-Rahman V ibn Hisham ibn 'Abd al-Jabbar al-Mustazhir, 1023~24)

무함마드 3세 이븐 압드 알 라흐만 이븐 우바이드 알라 이븐 압드 알 라흐만 3세 알 무스타크피(Muhammad III ibn 'Abd al-Rahman ibn 'Ubayd Allah ibn 'Abd al-Rahman III al-Mustakfi, 1024~25)

히샴 3세 이븐 무함마드 이븐 압드 알 말리크 이븐 압드 알 라흐만 3세 알 무타드(Hisham III ibn Muhammad ibn 'Abd al-Malik ibn 'Abd al-Rahman III al-Mu'tadd, 1027~31, ?~1036)

---

5 히샴 2세는 1009년에 살해되었다고 하며, 여기 이 히샴은 사기꾼이거나 순전히 허구일 가능성이 높다.

6 함무드 가문의 칼리프.

7 데니아의 사칼리바 왕 카이란의 지지를 받은 후보.

8 함무드 가문의 칼리프.

9 함무드 가문의 칼리프. 말라가에서는 1022~35년 동안만 재위. 그의 계승자들이 이곳에서 1057년까지 다스렸다.

10 함무드 가문의 칼리프.

가짜 히샴 2세(Pseudo-Hisham II, 1035~44, 1060?, 1083?)[11]

여러 타이파 왕국의 지배자 목록에 대하여는 David Wasserstein, *The Rise and Fall of the Party-Kings*, pp. 83~98을 참조하기 바란다.

11 세비야의 압바드 가문의 지원을 받은 사기꾼. 1060년 압바드 가문은 그가 사실은 1044년에 죽었다고 선언했다. 그러나 그의 이름은 다른 타이파 왕국들에서 1083년까지 주화에 등장했다.

나스르 왕조 술탄과 주요 인물들

굵은 글씨체의 이름과 날짜는 여러 시기를 지배한 술탄의 첫 번째 치세를 가리킨다.

무함마드 알 아흐마르 1세 "알 샤이크"(Muhammad al-Ahmar I "al-Shaykh", 1232~73)

무함마드 2세 이븐 무함마드 1세 "알 파키"(Muhammad II ibn Muhammad I "al-Faqih", 1273~1302)

무함마드 3세 이븐 무함마드 2세(Muhammad III ibn Muhammad II, 1302~09)

아부 압드 알라(Abu 'Abd Allah) (와지르)

나스르 이븐 무함마드 2세 (Nasr ibn Muhammad II, 1309~14)

샴스 알 두하(Shams al-Duha) (움 왈라드)

아티크 이븐 알 마울('Atiq ibn al-Mawl) (와지르)

무함마드 이븐 알 하즈(Muhammad ibn al-Hajj, 와지르)

이스마일 1세 이븐 아부 사이드 파라즈(Isma'il ibn Abu Sa'id Faraj) (1314~1325)[1]

파티마 빈트 무함마드 2세 "빈트 알 아흐마르"(Fatima bint Muhammad II "Bint al-Ahmar", 왕대비)

무함마드 4세 이븐 이스마일 1세(Muhammad IV ibn Isma'il I, 1325~33)

무함마드 이븐 알 마흐루크(Muhammad ibn al-Mahruq, 와지르)

아부 누아임 리드완(Abu Nu'aym Ridwan, 와지르)

파티마 빈트 무함마드 2세 "빈트 알 아흐마르"(Fatima bint Muhammad II "Bint al-Ahmar", 미망인 왕대비)

유수프 이븐 이스마일 1세(Yusuf ibn Isma'il I, 1333~54)

아부 누아임 리드완(Abu Nu'aym Ridwan, 하집)

파티마 빈트 무함마드 2세 "빈트 알 아흐마르"(Fatima bint Muhammad II "Bint al-Ahmar", 미망인 왕대비)

무함마드 5세 이븐 유수프 1세 알 가니 빌라(Muhammad V ibn Yusuf I al-Ghani bi-Llah, 1354~59)

아부 누아임 리드완(Abu Nu'aym Ridwan, 하집)

리산 알 딘 무함마드 이븐 알 카티브(Lisan al-Din Muhammad ibn al-Khatib, 와지르)

이스마일 이븐 유수프 1세(Isma'il ibn Yusuf I, 1359~60)

림(Rim, 움 왈라드)

무함마드 6세 이븐 이스마일 알 갈리브 빌라 "엘 베르메호", "붉은 머리" (Muhammad VI ibn Isma'il al-Ghalib bi'-Llah "El Bermejo"/"the Red Head", 1360~62)

무함마드 5세 이븐 유수프 1세 알 가니 빌라(Muhammad V ibn Yusuf al-Ghani bi-Llah, 1362~91)

리산 알 딘 무함마드 빈 알 카티브(Lisan al-Din Muhammad ibn al-Khatib, 와지르)

무함마드 이븐 잠락(Muhammad ibn Zamrak, 와지르)

---

1 아부 사이드 파라즈는 무함마드 1세의 부계 쪽 조카이다.

유수프 2세 이븐 무함마드 5세(Yusuf II ibn Muhammad V, 1391~92)[2]

무함마드 7세 이븐 유수프 2세(Muhammad VII ibn Yusuf II, 1392~1408)

유수프 3세 이븐 유수프 2세(Yusuf III ibn Yusuf II, 1408~17)

무함마드 8세 이븐 유수프 3세 알 사기르, "꼬마"(Muhammad VIII ibn Yusuf III al-Saghir/"the Little One", 1417~19)

알리 알 아민('Ali al-'Amin, 와지르, 섭정)

무함마드 9세 이븐 나스르 이븐 무함마드 5세 알 아이사르, "왼손잡이" (Muhammad IX ibn Nasr ibn Muhammad V al-'Aysar/"Lefty", 1419~27)

자르 알 리야드(Zahr al-Riyadh, 왕비)

유수프 이븐 알 사라즈(Yusuf ibn al-Sarraj, 와지르)

무함마드 8세 이븐 유수프 3세 알 사기르, "꼬마"(Muhammad VIII ibn Yusuf III al-Saghir/"the Little One", 1427~30)

리드완 바니가시(Ridwan Bannigash, 와지르)

무함마드 9세 이븐 나스르 이븐 무함마드 5세 알 아이사르, "왼손잡이" (Muhammad IX ibn Nasr ibn Muhammad V al-'Aysar/"Lefty", 1430~31)

유슈프 이븐 알 사라즈(Yusuf ibn al-Sarraj, 와지르)

유수프 이븐 무함마드 이븐 알 마울 "아베날마오, 아베나마르"(Yusur ibn Muhammad ibn al-Mawl "Abenalmao/Abenámar", 1432)[3]

무함마드 9세 이븐 나스르 이븐 무함마드 5세 알 아이사르, "왼손잡이" (Muhammad IX ibn Nasr ibn Muhammad V al-'Aysar/"Lefty", 1432~45)

유수프 5세 이븐 아흐마드 이븐 무함마드 5세 "엘 코호", "절름발이" (Yusuf V ibn Ahmad ibn Muhammad V "El Cojo"/"the Lame", 1445~46)[4]

이스마일 3세 이븐 유수프 2세(Isma'il III ibn Yusuf II, 1446~47)

무함마드 9세 이븐 나스르 이븐 무함마드 5세 알 아이사르, "왼손잡이"

---

2 유수프 2세의 모친은 이스마일 1세의 부계 쪽 손녀이다.

3 유슈프 4세의 모친은 무함마드 6세의 딸이다.

4 그의 모친 파티마는 무함마드 5세의 딸이다.

(Muhammad IX ibn Nasr ibn Muhammad V al-'Aysar/"Lefty", 1447~53)

무함마드 10세 이븐 무함마드 8세 "엘 치키토", "꼬마"(Muhammad X ibn Muhammad VIII "El Chiquito", 1453~54)

움 알 파트(Umm al-Fath, 아내)[5]

사드 이븐 알리 이븐 유수프 2세(Sa'd ibn 'Ali ibn Yusuf, 1454~55)

아부 수루르 알 무파리즈(Abu Surrur al-Mufarrij)

유수프 이븐 알 사라즈(Yusuf ibn al-Sarraj, 와지르)

무함마드 10세 이븐 무함마드 8세 "엘 치키토", "꼬마"(Muhammad X ibn Muhammad VIII "El Chiquito", 1455)

사드 이븐 알리 이븐 유수프 2세(Sa'd ibn 'Ali ibn Yusuf, 1455~62)

이스마일 4세(Isma'il IV, 1462~63)[6]

사드 이븐 알리 이븐 유수프 2세(Sa'd ibn 'Ali ibn Yusuf II, 1463~64)

아불 카심 이븐 바니가시(Abu 'l-Qasim ibn Bannigash, 와지르)

아불 하산 알리 이븐 사드 "물레이 하센"(Abu 'l-Hasan 'Ali ibn Sa'd "Muley Hacén", 1464~82)

아이샤, 파티마('Aisha/Fatima, 아내)

투라야, 이사벨 데 솔리스(Turaya/Isabel de Solís, 아내)

무함마드 11세 아불 하산 알리 "보압딜"(Muhammad XI Abu 'l-Hasan 'Ali "Boabdil", 1482~83)

아이샤/파티마('Aisha/Fatima, 대비)

아불 하산 알리 이븐 사드 "물레이 하센"(Abu 'l-Hasan 'Ali ibn Sa'd "Muley Hacén", 1483~85)

무함마드 12세 이븐 사드 알 자갈(Muhammad XII ibn Sa'd al-Zaghal (1485~87)

---

5 움 알 파트는 무함마드 9세와 자르 알 리야드(Zahr al-Riyadh)의 딸이다.

6 이스마일 4세는 그 정체성이 분명하게 드러나지 않는다. 다만 그가 나스르 가문의 일원이라는 것은 분명하다.

무함마드 11세 아불 하산 알리 "보압딜"(Muhammad XI Abu 'l-Hasan 'Ali "Boabdil", 1487~92)

아이샤/파티마('Aisha/Fatima, 대비)

용어 해설

다음은 이 책에 등장하는 아랍어 단어와 이름, 그리고 그 외 비영어권 용어이다. 아랍어 음역의 단수화한 형태를 사용했고, 아랍어 단어 복수형도 아랍어를 사용하기도 했는데, 특히 한 집단을 지칭할 때 그렇게 했다. 그리고 가끔은, 특히 개인들을 언급할 때 ('s'를 뒤에 붙이는) 영어식 복수형을 쓰기도 했다. 예를 들어 '두 명의 파키'라고 할 때 'two faqihs'로 썼고, 이때 이들은 푸카하(fuqaha)의 구성원들이다.

가니야 가문(Banu Ghaniya, 아랍어): 단기간 동안 세비야를 통치한 무민 가문(Banu Mu'min)의 지가(支家). 한때 마요르카와 이프리키야 일부를 지배했다.

'고대인의 학문'(sciences of the ancients): (그리스-로마인의) 이교적 고전 전통의 학문.

구기독교도(Old Christians): 중세 말, 자신의 몸에는 (이슬람이나 유대교 같은) 이교도의 피가 섞여 있지 않다고 주장한 사람들.

구자트(ghuzat, 아랍어): '침입자들', 나스르 왕조에서 활약한 북아프리카 출신의 무자히둔(mujahidun), 즉 '신앙의 자원병들'.

나삽(nasab, 아랍어): 이븐(ibn, 아무개의 아들) 혹은 빈트(bint, 아무개의 딸)를 접두어로 가진 아랍어 이름에 들어가는 족보적 성격의 요소.

나스르 왕조(Nasrids): 아랍어로는 바누 나스르(Banu Nasr) 혹은 바눌 아흐마르(Banu 'l-Ahmar). 1237년부터 1492년까지 그라나다 술탄국을 다스린 알 안달루스의 왕조.

누니드 가문(Nunids): '딜눈 가문' 항목 참조.

다르 알 이슬람(dar al-Islam, 아랍어): 이슬람 세계.

다르 알 하르브(dar al-harb, 아랍어): 전쟁의 영역, 즉 비이슬람 세계.

둘위자라타인(dhu 'l-wizaratayn, 아랍어): 이중 와지르(wazirates), 즉 민사와 군사 담당 와지르직 모두를 보유한 사람.

디나르(dinar, 아랍어): 로마의 데나리우스(혹은 실링)화를 모델 삼아 주조된 금화로 이슬람 세계 전역에서 통용되었다.

디르함(dirham, 아랍어): 사산조 페르시아의 드람(drahm)화를 모델 삼아 주조된 은화로 이슬람 세계 전역에서 통용되었다.

딜눈 가문(Dhu' l-Nunids, 아랍어로는 Banu Dhi 'l-Nun): 초창기 베르베르인 정주자 가문으로, 후에 톨레도 타이파 왕국(1032~85)을, 그리고 잠시 동안 발렌시아를 지배했다.

딤미(dhimmi, 아랍어): 복수형은 딤미윤(dhimmiyyun)으로, 딤마(dhimma, '보호 계약')의 지배 아래 살아가는 비무슬림.

라마단(Ramadan): 이슬람의 성월(聖月). 이 라마단 달에는 공동체 전체가 금식하는 것이 특징이다.

라후 가문(Banu Rahhu): 마린 왕조 군주들의 가문으로 13, 14세기 나스르 왕국의 구자트에 대한 지배권을 두고 아비룰라 가문과 다투었으며, 아라곤 연합왕국에서 용병으로 활약하기도 했다.

레콩키스타(Reconquista, 스페인어): '재정복'(Reconquest), 기독교도들이 무슬림 지배 아래의 알 안달루스를 정복해 가는 과정을 가리키며, 8세기 이후 서고트 왕국에서 기독교 제후국들로의 이행이 역사적 연속성을 갖고 있다는 불확실한 개념을 기반으로 하고 있다.

로망스(Romance): 구어체 라틴어에서 발전해 나온 구어(口語, spoken language)로, 그로부터 카스티야어(스페인어), 카탈루냐어, 아라곤어, 갈리시아어 등이 발전해 나왔다.

리바트(ribat, 아랍어): 대개 이슬람 세계 변경에 자리 잡고 있던 요새 겸 수도원으로 이곳에서 무슬림들은 기도와 명상도 하고 군사적 지하드에 참여하면서 일정 기간을 보낼 수 있다.

마그립(Maghrib): 아랍어로는 알 마그립(al-Maghrib). '서쪽', 아프리카 북서부 지역으로, 대체로 오늘날의 모로코와 서부 알제리에 해당한다.

마드라사(madrasa, 아랍어): 종교 아카데미.

마르완 가문(Marwanids, 아랍어로는 Banu Marwan): 684년부터 750년까지 다마스쿠스를 지배했고, 알 안달루스에서는 756년부터 코르도바 칼리프국 함락 때까지 지배한 우마이야 가문의 지가.

마린 왕조(Marinids, 아랍어로는 Banu Marin): 무민 왕조에 이어 1255년부터 1465년까지 마그립을 지배한 자나타 베르베르족 왕조.

마울 가문(Banu Mawl, 아랍어): 나스르 왕조 치하 그라나다에서 와지르직을 역임한 유력 가문. 왕가(王家)와 바니가시 가문 등과 혼인으로 연계되었고, 사라즈 가문과는 라이벌 관계였다.

마울라(mawla, 아랍어): 복수는 마왈리(mawali). 유력한 후견인의 피호인 혹은 하급자.

마울리드(mawlid, 아랍어): 예언자 무함마드의 탄생 기념일을 알리는 축일.

마카마트(maqamat, 아랍어): 액자식 이야기 혹은 스토리 안에 스토리가 들어 있는 내러티브 양식.

마크잔(makhzan, 아랍어): '보물 상자' 혹은 '창고'를 의미. 알모하드파와 마린 왕조가 다울라(dawla), 즉 '왕조'와 대조적인 의미로 자신들의 국가를 지칭하는 것으로 사용한 용어이다.

말리크(malik, 아랍어): 왕.

말리키(Maliki, 아랍어): 중세 시대에 정통으로 인정된 네 개의 이슬람법 학파 가운데 하나로, 8세기 말 메디나에서 말리크 이븐 아나스(Malik ibn Anas)

가 창시했다.

모리스코(Morisco, 스페인어): 기독교로 개종해야 했던 무데하르 혹은 그들의 후손들.

모사랍(Mozarab, 스페인어): 아랍어 '알 무스타랍'(al-musta'rab)에서 유래. 아랍-이슬람의 문화와 풍습을 수용한 알 안달루스 내 기독교도들, 특히 기독교도의 지배 아래 사는 사람들을 지칭한다.

무데하르(mudéjar, 스페인어): 아랍어 '알 무다잔'(al-mudajjan)에서 유래. 기독교도들의 지배 아래 사는 무슬림.

무민 왕조(Mu'minids): 아랍어로는 바누 무민(Banu Mu'min). 알모하드 운동의 지도자 이븐 투마르트를 계승한 아랍화된 자나타족 베르베르인 압드 알 무민('Abd al-Mu'min)을 시조로 하는 칼리프 왕조(1130~1269).

무어/무어인(Moor/Moorish): 알 안달루스인들을 지칭하는 구식 용어이며, 인종주의적 요소가 바탕에 깔려 있다.

무에진(muezzin): 아랍어 '무아드단'(mu'adhdhan)에서 유래. 이슬람 신자들에게 기도 시간을 알리는 사람.

무와시샤(muwashshah, 아랍어): 알 안달루스에서 발전했으며, 대개는 세속적인 내용을 가진 시 장르이며, 카르자(kharja)의 사용을 특징으로 하고 있다.

무왈라드(muwallad, 아랍어): 복수는 무왈라둔(muwalladun). 알 안달루스에서 기독교에서 이슬람으로 개종한 자 혹은 그들의 후손.

무자히드(mujahid, 아랍어): 복수는 무자히둔(mujahidun). 지하드(군사적 의미로는 성전)를 수행하는 사람.

무프티(mufti, 아랍어): 파타와(fatawa) 혹은 파트와(fatwas)를 공표하는 법적 권위를 가진 사람.

바누(Banu, 아랍어): '아무개의 아들들'을 의미. 그러나 보통 혈족, 부족, 가문 등을 지칭한다.

바니가시 가문(Banu Bannigash, 아랍어): 무슬림에 의해 포로가 된 기독교도 귀족 베네가스(Venegas) 가문 출신으로 알려진 리드완 바니가시(Ridwan Bannigash)를 시조로 하는 15세기 나스르 왕조 아래 그라나다의 유력 가문

가운데 하나. 사라즈 가문(Banu 'l-Sarraj)과는 경쟁 관계였다.

발라디(baladi, 아랍어): 복수는 발라디윤(baladiyyun). '땅의'(of the land)를 의미하며, 알 안달루스의 초창기 아랍인 정주자들.

베르베르인(Berber): 산하자족과 자나타족을 비롯해 여러 민족으로 이루어진 북아프리카의 원주민 민족 언어 집단. '아마지'(Amazigh) 항목 참조.

빈트(bint, 아랍어): '아무개의 딸.'

사라즈 가문(Banu 'l-Saraj, 아랍어): 스페인어로는 아벤세라헤스(Abencerrajes). 15세기 나스르 술탄국의 유력한 귀족 가문.

사이이드(sayyid, 아랍어): 여성형은 사이이다(sayyida). '영주' 혹은 귀족, 특별히 무민 왕조의 구성원을 지칭하는 용어로 사용되었다.

사칼리바(Saqaliba, 아랍어): 단수는 사칼리브(Saqalib). '슬라브' 북부 스페인 혹은 동유럽 출신을 비롯한 유럽 출신의 노예. 전부는 아니지만 다수의 남성 사칼리바는 거세되었다.

사힙 알 마디나(sahib al-madina, 아랍어): 시 감독관 혹은 시장 담당 관리. 도시의 질서 유지를 담당했다.

산하자족(Sanhaja): 주요 베르베르 민족 가운데 하나.

샤이크(shaykh, 아랍어): '원로'를 의미하며, '지도자' 혹은 다른 권위체를 지칭하기도 한다.

샤하다(shahada, 아랍어): 이슬람 신조 혹은 신앙 고백으로 "알라 외에는 신이 없다. 무함마드는 알라의 사도이다"를 선언하는 것이다.

수니(Sunni, 아랍어): '정통.' 수나(sunna, 즉 '전통')의 지지자들. 이 용어는 중세 시대와 오늘날의 무슬림 대다수를 포함한다.

술탄(sultan, 아랍어): '권위.' 세속적 권위, 특히 군사적 권위를 의미.

스크립토리아(scriptoria, 라틴어): 단수는 스크립토리움(scriptorium). 수서본(手書本)을 필사하는 장소.

시디 보노 가문(Banu Sidi Bono, 아랍어): 샤르크 알 안달루스(Sharq al-Andalus)에 기원을 두고 있지만 나스르 왕조 그라나다로 이주한 영향력 있는 수피 가문.

시아파(Shi'a, 아랍어): 아랍어 시아트 알리(Shi'at 'Ali), 즉 '알리의 당파'에서 온 말로, 알리와 그 후손이 칼리프직을 차지해야 한다는 주장을 지지한 사람들에서 유래한 이슬람 전통.

시카(sikka, 아랍어): 금화를 주조할 수 있는 칼리프의 특권.

신기독교도(New Christians): 중세 말 (유대교 혹은 이슬람교에서) 기독교로 개종한 사람 혹은 그 후손.

아글라브 왕조(Aghlabids, 아랍어로는 Banu Aghlab): 9세기에 압바스 가문의 이름으로 이프리키야를 통치한 독립 왕조.

아답(adab, 아랍어): 세련된 고급문화.

아마지(Amazigh): 보통 '베르베르인'이라고 불린 민족언어학 집단의 원래 이름.

아미르 가문('Amirids, 아랍어로는 Banu 'Amir): 무함마드 이븐 아비 아미르 알 만수르(Muhammad ibn Abi 'Amir al-Mansur)를 시조로 하며, 우마이야 왕조 치하 코르도바 칼리프 밑에서 하집을 역임한 가문. 이 가문은 코르도바에서는 1009년까지, 그 후 발렌시아와 데니아에서는 그보다 짧은 기간 동안 지배했다.

아미르(amir, 아랍어): '군주', 사령관 혹은 지배자.

아벤세라헤스(Abencerrajes, 스페인어): '사라즈 가문'(Banu 'l-Sarrj) 항목 참조.

아비룰라 가문(Abi 'l-'Ula, Banu, 아랍어): 마린 왕조 지배자들의 가문. 13~14세기 나스르 왕조 구자트(북아프리카 출신의 무자히둔)에 대한 지배권을 놓고 라후 가문(Banu Rahhu)과 경쟁 관계를 이루었다.

아시킬룰라 가문(Banu Ashqilula, 아랍어): 초창기 나스르 왕조의 지지자이자 경쟁이었던 무왈라드 가문.

아프타스 가문(Aftasids, 아랍어로는 Banu 'l-Aftas): 베르베르족 출신으로 1022년부터 1095년까지 바다호스 타이파 왕국을 지배한(그리고 한때는 톨레도를 지배하기도 한) 베르베르족 출신의 가문.

안달루시(Andalusi, 아랍어): 알 안달루스에 거주하는 주민. 특히 알 안달루스 지역 원주민 가문 출신의 무슬림 또는 알 안달루스의 이슬람 문화 혹은 그 특성을 가리키기도 한다.

알 마흐디(al-Mahdi, 아랍어): '올바르게 인도된 사람.' 최후의 심판 때 나타날 것으로 기대되었던 메시아적 인물로, 특히 시아주의 전통에서 중요했다.

알 아흐마르 가문(Banu al-Ahmar): '나스르 왕조' 항목 참조.

알 안달루스(al-Andalus): 이베리아반도를 지칭하는 아랍어. 특히 이슬람의 지배를 받고 있던 지역을 의미했다.

알림(alim, 아랍어): 복수형은 울라마: 지식인(대개는 이슬람에 대해 많이 알고 있는 지식인을 지칭).

알모라비드파(Almoravids): 아랍어로는 알 무라비툰(al-Murabitun). 산하자족에 속한 람투나(Lamtuna) 부족의 운동을 지지하는 사람들. 이들은 1090년대에 알 안달루스를 정복해 1147년 알모하드파에 의해 정복될 때까지 지배했다.

알모하드파(Almohads): 아랍어로는 알 무와히둔(al-Muwahiddun). '일신론자들' 혹은 '유니테리언스'를 의미. 1023년 이븐 투마르트(Ibn Tumart)를 시조로 하는 반체제적인 종교·정치 운동 세력. 알모라비드파를 타도하고 대략 1147~1228년까지 알 안달루스 대부분을 지배했다.

알파키(alfaquí, 스페인어. 복수는 alfaquies, 아랍어 al-faqih에서 유래): 기독교 치하 그라나다 왕국 내 무데하르 공동체를 지배하는 행정관(magistrate and official).

알푸하라스(Alpujarras): 시에라네바다산맥의 남쪽 사면 지역.

알하미아도(Aljamiado, 스페인어): 15세기 말부터 17세기 초까지 사용된 혼혈적 성격의 문학 언어로, 로망스어 계열의 지역어(속어)를 알 안달루스 아랍어 알파벳을 사용해 썼다.

암마('amma, 아랍어): 보통 사람들 혹은 일반인.

압바드 왕조('Abbadids): 아랍어로는 바누 압바드(Banu 'Abbad). 1023~91년 세비야를 지배한 아랍-안달루스 타이파 왕조.

압바스 왕조('Abbasids): 아랍어로는 바눌 압바스(Banu 'l-'Abbas). 무함마드의 삼촌 알 압바스(al-'Abbas)로부터 시작되는 칼리프 왕조. 750년 우마이야 왕조를 타도하고 집권한 후 수도 바그다드에서 1258년까지 지배권을 행사했다.

엘체(elche, 스페인어): 아랍어 '일즈'(ilj)에서 유래. 무슬림에 의해 포로로 잡힌 기독교도로, 후에 이슬람으로 개종한 자.

예언자의 도반들(Companions of the Prophet): 무함마드와 개인적으로 친분이 있는, 그리고 가장 초창기에 이슬람으로 개종한 사람들.

오스만인(Ottomans): 투르크어로는 오스만리 하네다니(Osmanli Hanedani). 투르크 왕조로 1453년 비잔티움을 정복하고 지중해의 상당 부분을 오랫동안 지배한 술탄과 칼리프를 배출한 왕조(1299~1924).

와지르(wazir, 아랍어): 정부 각료.

왈라(wala, 아랍어): 후견제. 유력한 무슬림이 다른 사람들, 특히 새로 개종한 사람들을 자신의 후견 네트워크에 포함하는 사회적 메커니즘.

우드('ud, 아랍어): 류트와 기타, 그리고 그와 유사한 현악기들의 선도적인 악기.

우마이야 왕조(Umayyads): 아랍어로는 바누 우마이야(Banu Umayya). 우마이야 이븐 압드 샴스(Umayya ibn 'Abd Shams)의 아랍 혈족에서 유래한 칼리프 왕조. 알리 세력과의 경쟁에서 승리해 660년부터 750년까지 다마스쿠스를 기반으로 지배권을 행사했으며, 알 안달루스에서는 756년 압드 알 라흐만에 의해 이 왕조가 수립되었다. '마르완 가문' 항목 참조.

울라마(ulama, 아랍어): '알림'(alim) 항목 참조.

움 왈라드(umm walad, 아랍어): '아무개의 모친.' 세자를 낳은 노예 출신 후궁.

움마(umma, 아랍어): '사람들.' 무슬림의 집단 공동체.

이드 알 피트르('Id al-Fitr): 이슬람력으로 라마단 달의 주요 축일 가운데 하나.

이드리스 가문(Idrisids, 아랍어로는 Banu Idris): 알리 이븐 아비 탈리브(무함마드의 양자이자 조카)를 시조로 하는 혈족으로, 9세기에 마그립의 여러 지역을 지배했다. '함무드 가문' 항목 참조.

이맘(imam, 아랍어): 기도를 인도하는 자, 혹은 이슬람 공동체의 종교적 수장.

이바디(Ibadi): 아랍어로는 알 이바디야(al-'Ibadiyya). 마그립에서 인기가 있었던 시아파의 영향을 받은 카와리즈파의 한 지가.

이븐(ibn, 아랍어): 아무개의 아들.

이프리키야(Ifriqiya, 아랍어): 로마 제국의 '아프리카' 속주로, 대체로 오늘날의 튀니지와 서부 리비아, 동부 알제리에 해당한다.

인판테/인판타(infante/infanta, 스페인어): 왕자/공주.

자나타족(Zanata): 주요 베르베르족 가운데 하나.

자위야(zawiya, 아랍어): 수피들이 머무는 처소 혹은 수도원.

자히리(Zahiri): 아랍어로는 알 자흐리야(al-Zahriyya). 11세기에 알 안달루스에서 많은 지지자를 모은 지극히 정통적인 신학 혹은 법학파.

잔다카(zandaqa, 아랍어): 이단.

주바(jubba, 아랍어): 발목까지 내려오는 옷.

준드(jund, 아랍어): 군대, 특히 초창기 칼리프 시대 혹은 후기 칼리프 시대 혈족에 기반한 아랍인 군대를 말하며, 대개는 일반인 출신들로 구성되었다. 이 준드의 구성원이 준디(jundi)이다.

지리 가문(Zirids): 아랍어로는 바누 지리(Banu Ziri). 이프리키야를 잠시 동안 지배하고 1013년부터 1090년까지 11세기 그라나다 타이파 왕국을 건립한 산하자족(베르베르족의 일파) 가문이며, 972년부터 1148년까지 이프리키야를 지배한 지리 왕조와는 친척 관계이다.

지즈야(jizya, 아랍어): 딤미들이 무슬림 공동체에 바치는 인두세로, 이 세금을 부과하는 근거는 비무슬림들에게는 군사 복무의 의무가 없다는 것이다. 일각에서는 이 지즈야를 딤미들의 종속적 지위의 상징이자, 굴욕을 강요하는 수단이라고 주장하기도 한다.

지하드(jihad, 아랍어): 이슬람을 위해 싸우는 전쟁을 포함하는(그러나 전쟁에 국한되지만은 않는) 도덕적 투쟁.

책의 민족(People of the Book): 아랍어로는 아흘 알 키탑(ahl al-kitab). 계시와 성경에 바탕을 둔, 특히 아브라함의 전승에 바탕을 둔 종교(예를 들어 기독교와 유대교) 신자들.

카디 알 자마(qadi al-jama'a, 아랍어): 한 왕국 혹은 한 도시의 수석 행정관. 후에는 카디 알 쿠다트(qadi al-qudat)라는 이름으로 알려지기도 했다.

카디(qadi, 아랍어): 복수는 쿠다트(qudat). 이슬람의 행정관직.

카롤링거 왕조(Carolingians): 프랑크 왕국의 왕이자, 9~10세기 성스러운 로마 황제를 배출한 왕조. 샤를마뉴에 의해 수립되었다.

카르자(kharja, 아랍어): 무와샤샤(muwashashah) 시의 마지막 2행 연구(聯句). 가끔은 로망스어계 언어 혹은 구어체 아랍어로 쓰여지기도 했다.

카사(khassa, 아랍어): 귀족.

카스바(qasba, 아랍어): 성채 혹은 요새화된 주거지.

카시 가문(Banu Qasi, 아랍어): 800년대에 상부 변경령을 지배한 히스파노-로마에 기원을 둔 혈족.

카와리즈파(Kharijites): 아랍어로는 알 카와리즈(al-Khawarij). '분열주의자들.' 657년 시핀 전투에서 알리의 군대를 버리고 떠난 사람들로부터 시작되었고, 『꾸란』을 곧이곧대로 해석하는 분파이며 칼리프 제도를 거부했다.

카티브(katib, 아랍어, 복수는 kuttab): 서기 혹은 비서.

칼리프(caliph): 아랍어로 '계승자'를 의미하는 칼리파(khalifa)에서 유래한 말로, 전체 이슬람 공동체의 수장.

코르테스(cortes, 스페인어): 여러 스페인 왕국의 신분 의회를 지칭한다.

콘베르소(converso, 스페인어): '개종자들.' 대개는 유대교에서 기독교로 개종한 사람과 그 후손들을 지칭한다.

콘비벤시아(convivencia, 스페인어): '공존'을 의미하며, 이베리아반도에서 기독교도와 무슬림, 그리고 유대교도가 평화롭게 교류한 사실을 기술하기 위해 사용되는 용어이다.

쿠미스(qumis, 아랍어): 라틴어 코메스(comes)에서 유래한 '백작'(count). 알 안달루스 지배 아래 기독교 공동체를 감독하라고 임명된 기독교도 관리.

쿠트바(khutba, 아랍어): 이슬람교에서 금요일 기도 시간에 하는 설교.

쿠프르(kufr, 아랍어): '불신앙.'

클뤼니(Cluny) **수도원**: 부르고뉴에 있는 수도원이며, 클뤼니 교단의 수좌 수도원으로서, 11, 12세기 교회 개혁에 앞장섰다.

키블라(qibla, 아랍어): 기도 방향(예를 들어 메카 쪽).

키얀(qiyan, 아랍어): 단수는 카이나(qayna). 노래 혹은 아답(adab) 교육을 받은 여자 노예.

타그르(thaghr, 아랍어): 복수는 투구르(thughur). '프런티어 지역' 혹은 '변경령'을 의미. 우마이야 왕조 시대 알 안달루스의 세 변경 지역, 즉 타그르 알 아크사(Thaghr al-Aqsa, 사라고사를 수도로 하는 상부 변경령), 타그르 알 아우사트(Thaghr al-Awsat, 톨레도를 수도로 하는 중부 변경령), 그리고 타그르 알 아드나(Thaghr al-Adna, 메리다와, 후에는 바다호스를 수도로 하는 하부 변경령)를 지칭하는 용어.

타비운(Tabi'un, 아랍어): 예언자의 도반 가운데 중요한 인물들.

타우히드(tawhid, 아랍어): '일신론', 특히 알모하드파의 엄격한 해석을 지칭하는 용어.

타이파(taifa, 아랍어): '종파적인', 11세기 타이파 왕들을 지칭하는 용어. 그러나 알모라비드 혹은 알모하드 시기 이후의 군벌에 대해서도 사용했다.

투집 가문(Tujibids): 아랍어로는 바누 투집(Banu Tujib). 지방관으로 활약하기도 하고, 1009년부터 1039년까지는 사라고사의 타이파 왕으로 활동하기도 한 아랍 부족.

트라스타마라 왕조(Trastámaras): 1366년부터 1506년까지 카스티야를, 1414년부터 1516년까지는 아라곤 연합왕국을, 그리고 그 외에도 나바라, 나폴리, 시칠리아, 그 외 지중해 영토들을 지배한 카스티야 왕조.

티라즈(tiraz, 아랍어): 왕립 실크 공장.

파리아스(parias, 스페인어): 타이파 시대 초기에 무슬림 지배자들이 기독교 지배자들에게 바치는 공납.

파키(faqih, 아랍어): 복수는 'fuqaha'. 피크(fiqh, 이슬람법)의 전문가.

파트와(fatwa, 아랍어): 레스폰숨(responsum), 즉 실제 혹은 가상의 성속의 법적 딜레마에 대해 내린 법적인 견해로, 무프티(mufti)에 의해 선포되었다.

파티마 왕조(Fatimids): 시아파 칼리프를 배출한 왕조. 처음에는 이프리키야에, 그 후 909년부터 1121년까지 이집트에 기반을 두었다.

팔스(fals, 아랍어): 복수는 풀루스(fulus). 페니와 비슷한 낮은 가치의 동전으로, 보통 구리로 만들어졌다.

피크(fiqh, 아랍어): 이슬람법(Islamic jurisprudence).

피트나(fitna, 아랍어): 다툼, 무질서, 내전.

하디스(hadith, 아랍어): 무함마드 혹은 다른 초창기 주요 무슬림들의 언행 모음집. 이슬람법의 기반 가운데 하나로 간주된다.

하즈(hajj, 아랍어): 메카로 가는 순례.

하집(hajib, 아랍어): 왕실 집사직.

하킴 가문(Banu 'l-Hakim, 아랍어): 나스르 왕조 시기에 론다를 지배한 세비야 출신의 아랍인 안달루스 가문.

하프스 왕조(Hafsids): 아랍어로는 바누 하프스(Banu Hafs). 1200년대 독립 왕조를 수립한 튀니스의 알모하드파 지배 가문. 알모하드 타우히드(tawhid)를 고수했고, 결국에는 칼리프직을 취했다. 이 왕조는 1569년까지 존속했다.

함무드 가문(Hammudids): 아랍어로는 바누 함무드(Banu Hammud). 마그립 일부를 지배했고, 11세기 초에는 알 안달루스 남부를 지배했으며, 잠깐 동안은 칼리프직을 주장하기도 했던 이드리스 가문의 지가.

합스부르크 왕조(Hapsburgs): 1438년부터 1750년까지 신성로마제국 황제직을 보유한 독일의 왕가. 1506년부터 1700년까지 카스티야를, 1516년부터 1700년까지 아라곤 연합왕국과 나바라를, 그리고 1581년부터 1640년까지 포르투갈을 각각 지배했다.

후드 가문(Hudids): 아랍어로는 바누 후드(Banu Hud). 1039년부터 1110년까지 투집 가문을 대신하여 사라고사와 예이다 타이파국을 지배했고, 데니아와 토르토사를 잠깐 지배하기도 한 아랍인 후손의 가문.

히즈라(hijra, 아랍어): 성천(聖遷), 이슬람력의 시작점이다.

옮긴이의 말

이 책은 8세기 초 무슬림들이 이베리아반도에 처음 들어온 때부터 약 900년 후 17세기 초 완전히 쫓겨 나갈 때까지 스페인, 특히 알 안달루스(al Andalus, '무슬림들이 점령한 지역')에서 일어난 일들에 관한 것이다. 여기에서 저자 브라이언 캐틀러스(Brian Catlos)는 '콘비벤시아'와 '레콩키스타' 중심의 전통적 서술을 거부하고 중세 이베리아반도 역사를 완전히 새로운 관점에서 재구성하고 있다.

이 시기에 대한 전통적 역사서술의 줄거리는 대략 다음과 같다. 711년 북아프리카로부터 지브롤터해협을 건너 쳐들어온 무슬림 군대가 불과 몇 년 만에 당시 서고트인들이 지배하고 있던 이베리아반도 영토를 거의 완전히 정복함으로써 알 안달루스의 역사가 시작되었다(그 전에 이곳을 지배하고 있던 기독교도들은 반도 북쪽 끝의 산악 지역으로 쫓겨났다). 이 이슬람 지배 아래 스페인은 에미르국 시대를 거쳐, 929년부터 1031년까지 우마이야 왕조 지배자들이 스스로 칼리프 신분을 자처한 '칼리프국' 시대에 전성기를 맞이했다. 이 칼리프 체제 아래의 알 안달루스에서 무슬림, 기독교도, 그리고 유대인들은 관용과 공존, 그리고 조화 속에서 이곳을 고도의 선진 문화를 구가하는 국제적인 문화적 공존 지역으로 만들었고(이 현상을 보통 콘비벤시아, 즉 '공존'이라고 부른다), 당시 수도 코르도바는 '세계의 보석'으로서 학자들과 지식인들이 조화롭게 공존하는 계몽의 국제적 모델이 되었다. 그에 반해 북쪽 기독교 왕국들은 가난과 침체, 그리고 문화적 후진 속에서 존재감 없이 살면서 무슬림들의 침입에 전전긍긍하며 지내야 했다.

그러다가 1030년 이후 우마이야 칼리프 제국이 붕괴되고, 이슬람의 지배 영역이 수십 개의 소왕국으로 분열한 타이파 체제로 접어들면서 중세 스페인의 힘의 균형이 점차 북쪽 기독교 왕국들 쪽으로 기울었고, 이베리아반도 역사는 한편으로 과거에 빼앗긴 영토를 '재정복'하려는 십자군적 열정에 불타는 기독교도들과 역시 투철한 근본주의적 혹은 청교도적 종교심으로 무장한 채 북아프리카에서 건너온 베르베르인 무슬림들(알모라비드파와 알모하드파) 간의 치열한 종교 전쟁의 무대가 되었으며, 결국 이 싸움은 1492년 기독교도들의 승리로 끝나게 된다. 그러나 스페인 무슬림들의 역사가 그것으로 끝난 것은 아니고 기독교로 개종한 무슬림(모리스코)들이 스페인에서 완전히 쫓겨난 것은 17세기 초에 가서였다. 사람들은 약 800~900년에 걸친 기독교도들의 이슬람 세력과의 싸움과 정복 과정을 보통 기독교도들의 관점에서 레콩키스타라고 부른다. 그리고 이 시기의 대부분 기간 동안 스페인 역사 혹은 알 안달루스 역사의 중심에는 종교가 자리하고 있었으며, 무슬림과 기독교도 국가들이 각자의 종교적 정체성과 종교 이데올로기에 의해 정의되는 싸움에 참여하고 있었다는 것이 전통적인 설명이다.

저자는 이 책에서 이런 전통적인 역사서술은 하나의 신화이고 환상일 뿐이라고 말하고 있다. 그는 콘비벤시아와 레콩키스타 중심의 설명에서 벗어나 종교나 이념이 아닌 인간의 본능적인 '실용주의'에 초점을 맞추어 이슬람 스페인의 역사를 재구성하고 있는데, 그는 이 책의 거의 모든 부분에서 무슬림과 기독교도 지배자들이 '공존'이나 '재정복'이 아니라 정치적 '콘베니엔시아'(conveniencia, '편의')에 따라 서로 다른 종교를 가진 사람들이 동맹을 이루어 같은 종교를 가진 적들을 상대로 싸우는 모습을 보여 주고 있다. 각 종교 지도자들이 자기 사회 내외의 다른 종교 집단에 대해 보이는 태도에는 매우 강한 현실 정치가 작동하고 있었고, 거기에서 종교는 항상은 아니지만 자주 간과되었다고 말한다. 또 711년부터 1492년까지의 기간이 끊임없는 종교적 분쟁의 시기만은 아니었고, 이베리아반도의 무슬림들과 기독교도들은 전쟁보다는 평화롭게 지내면서 보낸 기간이 더 많았으며, 서로 상대편과 싸우는 것 못지않게 자기들끼리 싸우면서 시간을 보냈다고 말한다.

그렇다고 저자가 중세 스페인 사회에서 종교가 중요하지 않았다고 말하는 것은 물론 아니다. 종교적 정체성은 중세 스페인 사람 대부분이 스스로를 인식하는 가장 중요한 방식이었고, 의식주를 비롯해 일상에서 부딪힐 수 있는 모든 종류의 사항을 규정하는 가장 중요한 요인이었음을 부인하지 않는다. '무슬림 살해자 산티아고' 전설, '엘 시드'에 관한 이야기, 여러 무슬림 지배자가 '지하드'에 호소한 것 등, 기독교 쪽이나 이슬람 쪽 모두 이 시기 역사를 종교적인 싸움으로 제시할 수 있는 근거는 많으며, 이베리아반도에서 벌어진 수많은 전쟁이 교황청에 의해 축성되고, 이교도들과의 싸움에 헌신하기 위해 예닐곱 개나 되는 종교 기사단이 기독교 왕국들에서 생겨난 것도 사실이다. 그래서 역사가들은 기독교 지배 아래의 스페인을 '전쟁을 위해 조직된 사회'로 규정하기까지 했다.

그러나 이 책의 저자는, 인간은 너무나 복잡해서 그들의 언행을 종교적인 이데올로기만 가지고 판단할 수는 없으며 종교적 정체성은 사람들이 세상에서 자신의 위치를 규정하는 여러 방식 가운데 하나였을 뿐이라고 말한다. 종교적 정체성이 중요하기는 하지만 그것은 그들이 누구이고, 어떻게 다른 사람들과 상호 작용하고, 이 세상에서 어떻게 행동해야 하는가에 대한 감각을 형성하는 데 기여하는 여러 요소 가운데 하나일 뿐이며, 가장 중요한 요소도 아니라고 말한다. 무슬림 왕국들은 빈번하게 편의, 개인적 친밀감 혹은 그때그때 상황에 따라 기독교 왕국들과 동맹을 맺고 동료 무슬림 세력을 상대로 싸웠으며, 또한 그 반대의 경우도 빈번했다는 것이다.

궁극적으로 저자는 중세 시대 이베리아반도 주민들을 무슬림, 기독교도 혹은 유대인으로 서로 뚜렷하게 구분된 존재로 볼 것이 아니라 종교적이기는 하지만 그에 못지않게 실용적인, 그리고 무엇보다도 자신들의 이익과 복지에 관심을 가진 같은 인간들로 보아야 한다고 주장한다. 요컨대, 중세 알 안달루스 사회를 지배한 것은 이념이 아니라 실용주의였다는 것이다.

더불어 이 책에서 우리는 중세 혹은 근대 시대 이슬람 문명이 유럽 문명의 발전에 제공한 중요한 기여와 그 선진 문명의 전달자로서 알 안달루스가 수행한 역할을 엿볼 수 있다. 이 점은 서양 역사에서 오랫동안 간과되어 있다가 최근 들어 부각되고 있는 점이기도 한데, 좀 더 자세히 이야기하면 다음과 같다. 중세 전반기 서유럽 기독교 문명은 문명의 '암흑기'였던 데 반해, 같은 시기 중근동 이슬람 세계(8~10세기)는 문명의 황금기였다. 무슬림들은 그리스-로마 문명의 유산을 고스란히 받아들이고 발전시켜 문명을 활짝 꽃피웠다. 특히 우마이야 왕조의 뒤를 이어 집권한 압바스 왕조 시대는 인류 역사를 통틀어 유례가 드문 과학의 황금시대를 구가했다. 이 기간 동안 이슬람 세계에는 수학·천문학·물리학·공학·화학·의학·철학 등 여러 과학 이론과 실용적 발명이 동과 서에서 유입되었고, 이는 다시 발전된 형태로 주변에 전해졌다.

또한 이 시기는 압바스 왕조의 수도 바그다드를 중심으로 제국 전역에서 왕성한 번역 활동이 전개된 기간과 일치하는데, 그리스인과 페르시아인, 인도인들이 앞서 이룩한 과학 지식을 담은 문헌의 활발한 번역을 통해 아랍인들은 이전의 지식을 종합하고 한층 발전시켜 이 분야에서 이전의 지식을 능가하는 최고 수준에 도달했다. 그리고 이 선진 지식은 9~10세기에 문화적으로 통일된 이슬람 세계 전역으로 확산되었으며, 그것은 이슬람 세계의 서쪽 끝, 즉 이베리아반도까지 도달했다. 그리고 스페인에서 그것은 서쪽 기독교 세계의 학자들에 의해 발견되었고, 그들에 의해 1150년부터 1250년 사이에 라틴어로 번역되어 유럽의 지적 생활의 메마른 목초지로 흘러들어가 그곳을 적시게 되었다. 덕분에 서유럽은 잊어버린 문명을 되찾기 시작해 암흑 시대에서 벗어날 수 있었고 그것을 발판으로 근대적 발전을 이룰 수가 있었으며, 결국에는 세계를 주도하는 세력으로 성장할 수 있었다. 그래서 이슬람 문명이 없었다면 르네상스도, 17세기 과학혁명도 없었을 것이라는 말이 가능하다.

또한 이때 알 안달루스가 유럽의 농업 발전에서 수행한 역할도 무시해서는 안 될 것이다. 이 시기에 알 안달루스를 통해 아시아에서 유럽으로 건너간 여러 가지 농산물과 농업 기술은 유럽 전체의 식량 생산과 농업 발전에 획기적인 변화를 가져다주었다. 이때 동양에서 서양으로 전해진 농산물로는 쌀, 사탕수수(설탕), 감귤류, 대추야자, 무화과, 가지, 홍당무, 면화 등이 있었고, 이런 새로운 작물의 도입은 유럽인들의 식문화에 혁명적인 변화를 가져왔다. 그리고 중근동의 관개 기술의 전래도 유럽의 농업 생산 증대에 큰 발전을 가져다주었다. 그리고 이 농업 발전은 그 혜택이 일부 지배층에 국한되지 않고 모든 계층에 부와 식생활의 개선을 가져다주었다는 점에서 중요한 의미를 갖는다고 할 수 있다. 이런 선진 문화와 기술의 전달이 이 책의 핵심 내용은 아니지만 군데군데 자세히 언급되고 있어서 이에 대한 독자들의 관심을 환기할 수 있을 것으로 보인다.

이 책은 약 800년에 이르는 스페인 무슬림의 역사를 크게 전반부와 후반부로 나누고 있고, 그 둘은 각각 세 개의 부분(Part)으로 구성되어 있다. 책 전반부는 우마이야 왕조 아래에서 알 안달루스 에미르국이 생겨나 전성기를 맞이하고, 결국 몰락할 때까지의 과정을 다루고 있다. 우선 제1부에서 저자는 이슬람의 이베리아반도 정복과 우마이야 왕조 초창기의 지배를 가능케 한 이(異)종교 간 동맹에 대해 분석적 설명을 펼쳐 놓고 있다. 제2부에서는 우마이야 왕조와 압바스 왕조, 그리고 아글라브 왕조 간의 무슬림 내 라이벌 관계가 어떻게 실용적이고 기회주의적인 이종교 간 협력을 만들어냈는가를 설명하고 있다. 제3부에서는 우마이야 칼리프국이 수립되는 과정, 그리고 이것이 무슬림 세계의 지정학적 사건들과 어떤 관계를 갖는지를 극적인 방식으로 서술하고 있다.

책 후반부의 시작, 즉 제4부는 우마이야 칼리프 체제가 붕괴되고 나서 이른바 타이파 시대로의 이행, 그리고 그것이 촉발한 기독교도들의 레콩키스타에 대한 설명으로 시작되는데, 또한 알모라비드파와 알모하드파의 이베리아반도 침입이 오늘날의 많은 역사가가 생각하고 있는 것만큼 그렇게 비관용적이지는 않았다는 저자의 해석이 포함되어 있다. 제5부에서는 레콩키스타가 북쪽 기독교 왕국들과 남쪽 알 안달루스 간의 대결 못지않게 얼마나 북쪽 기독교 왕국들(레온, 아라곤 연합왕국, 그리고 카스티야) 사이의 경쟁을 중심으로 진행되었는지를 서술하고 있다. 저자는 여기에서 레콩키스타가 상당 부분 서로 싸우는 무슬림 지배자들 가운데 한쪽과의 평화적인 항복 협정에 의해 진행되었다고 말하고 있다. 제6부는 무슬림들이 소수자가 된 상황(무슬림들이 기독교도들의 지배를 받고 그들 가운데 있게 된 상황)에 맞추어져 있는데, 그것은 결국 그들의 가톨릭으로의 강제 개종, 스페인 종교재판소 설치, 기독교로 개종은 했지만 은밀하게 이슬람을 신봉하는 사람들(crypto-Islam), 비교(祕敎)의 출현, 그리고 궁극적으로는 무슬림의 이베리아반도에서의 추방으로 이어진다. 마지막으로 이 책은 스페인 역사에서 종교가 수행한 역할에 대한 저자의 간명하면서도 전체를 아우르는 결론이 서술되고 있는 에필로그로 끝맺음하고 있다.

저자는 이 책에서 수많은 1차 사료와 함께 수백 편의 학술 논문, 그리고 영어권, 스페인어권, 프랑스어권 학자들의 최근 연구 성과를 반영해 중세 스페인 무슬림들의 역사를 한 편의 드라마처럼 재구성하고 있다. 그렇지만 책을 번역하는 과정이 결코 쉽지만은 않았는데, 무엇보다 책의 내용이나 저자가 사용하는 개념이 어려워서라기보다는 수많은 낯선 아랍 이름 때문이었다. 이 책에는 100개가 넘는 전투가 등장하고, 200명 이상의 지배자 혹은 지배권을 주장하는 인명이 등장하는데, 특히 아랍 지배자들의 이름은 너무나 비슷해 지금 저자가 언급하는 인물이 누구를 언급하고 있는지 헷갈리기 일쑤이고, 그래서 다시 앞으로 돌아가 그의 정체를 확인하는 과정을 반복해야 했다. 독자들도 비슷한 어려움에 직면하게 될 것으로 생각된다. 책 말미에 첨부되어 있는 용어 해설과 우마이야 칼리프 왕조 혹은 그라나다 나스르 왕조 술탄들의 가계도를 참고하면 도움이 될 것이지만, 그렇더라도 책을 읽는 과정에서 상당한 인내와 노력이 필요할 것으로 보인다.

저자 캐틀러스는 현재 콜로라도 볼더 대학에서 종교학을 가르치는 교수이자 캘리포니아 산타크루스 대학에서 인문학 연구원으로 재직하고 있다. 그는 『승자와 패자』(*The Victors and the Vanquished*), 『중세 라틴 기독교 세계의 무슬림』(*The Muslims of Medieval Latin Christendom*), 『불경한 왕들과 성스럽지 않은 전사들』(*Infidel Kings and Unholy Warriors*)을 비롯해 중세 지중해 세계에 관해 여러 권의 저서를 펴낸 바 있다. 그는 토론토 대학에서 박사 학위를 받았고, 현재 콜로라도 볼더와 스페인의 바르셀로나를 오가면서 지내고 있다.

끝으로 이 책을 번역하는 것이 쉽지는 않았지만 즐거운 과정이었다. 우선은 내가 40여 년 동안 공부해 온 스페인 역사 가운데 국내 독자들에게 가장 잘 알려져 있지 않은 부분인 중세사를 처음 소개한다는 보람도 가질 수 있었고, 더불어 이 책을 통해 서양사에서 이슬람 문명이 갖는 중요성을 환기하는 데 일조할 수 있을 것이라는 즐거운 기대감도 갖고 작업에 임할 수 있었다. 하지만 번역 과정에서도, 그리고 지금도 복잡하기 이를 데 없는 중세 이베리아반도 알 안달루스의 역사를 제대로 이해하지 못하고 오역을 하지는 않았을까 하는 걱정이 앞서기도 한다. 그런 오역이 발견되면 기회가 되는 대로 바로잡을 것을 약속드린다. 아울러 지나치다고 할 정도로 철저하게 편집 작업에 임해 준 이승우 편집장과 담당 편집자 이남숙 님을 비롯한 출판사 분들의 수고에 진정으로 감사의 말씀을 드린다. 마지막으로 열악한 환경 속에서 연구 활동을 수행하고 계시는 우리 이베로아메리카사 연구회 식구들과 출간의 기쁨을 함께 나누고 싶다.

2022년 2월
옮긴이 김원중

인용된 연구 업적들

이슬람 지배 아래의 스페인 역사에 관한 이 새로운 종합은 고고학적 성과와 함께 정치사, 경제사, 문학사, 문화사, 그리고 예술사를 비롯해 다양한 분야에서 이루어진 엄청난 양의 2차 연구에 기반을 두고 있다. 각 장(章)당 평균 100개 이상의 논문과 저서가 인용되었는데, 그것을 여기서 모두 언급하는 것은 불가능하다. 이 책에서 언급한 출간물 가운데 다수는 최근에 비교적 젊은 연구자들에 의해 쓰였다. 아울러 비록 중요하고 새로운 연구들이 계속해서 영어로 쓰이고 있기는 하지만, 이 책에서 언급한 연구 성과물 가운데 압도적 다수는 스페인어, 카탈루냐어, 프랑스어로 쓰였다. 이 새로운 연구들 때문에 오래된 연구들 가운데 다수가 비록 여전히 중요하기는 하지만 이제 전보다는 신뢰를 잃게 되었고, 방법론적으로도 시대에 뒤떨어진 것으로 간주되고 있다.

영어로 된 책이나 논문만 읽은 독자들 가운데 알 안달루스와 스페인 무슬림들의 역사를 보다 깊이 있게 연구하고자 하는 사람들에게 토머스 F. 글리크(Thomas F. Glick)의 연구는 여전히 기본적이며, 레오너드 P. 하비(Leonard P. Harvey)와 휴 케네디(Hugh Kennedy)의 연구 또한 마찬가지이다. 글리크의 연구는 사회사, 문화사, 지성사 분야에서 그렇고, 하비와 케네디의 연구는 특히 정치사 부분에서 그러하다. 리처드 플레처(Richard Fletcher)는 여러 주제에 관해 매우 접근성 좋은 방식으로 글을 써왔다. 데이비드 와서스타인(David Wasserstein)은 타이파 시대 역사 연구의 최고 권위자이며, 신시아 로빈슨(Cynthia Robinson)은 예술사와 문화사에 관해 매우 참신한 연구를 수행해 왔다. 알모라비드파와 알모하드파에 관한 아미라 K. 베니슨(Amira K. Bennison)의 책은 영어로 쓰인 이 주제에 관한 최고의 입문서라 할 수 있다. 재니나 사프란(Janina Safran)은 칼리프 시대에 관한 최고의 영어권 역사가로 떠오르고 있다. 나의 저서인 『중세 라틴 기독교 세계의 무슬림』은 무데하르 역사에 관한 가장 포괄적이고도 최신의 개관을 제공하고 있다. 알 안달루스 역사의 여러 측면에 관한 연구는 『무슬림 스페인의 유산』(*The Legacy of Muslim Spain*)과 『알 안달루스의 형성』(*The Formation of al-Andalus,* 제1부와 제2부)에서 찾아볼 수 있다. 영어로 된 표준적인 참고서로는 『뉴 케임브리지 이슬람사』(*The New Cambridge History of Islam*) 제4권과 『뉴 케임브리지 중세사』(*New Cambridge Medieval History*)가 있다. 알 마카리(al-Maqqari)의 백과사전적 저서인 『나프 알 티브』(*Nafh al-Tib*, 영어본 제목은 *The History of the Mohammdean Dynasities in Spain*)의 오래되기는 했지만 포괄적 내용의 요약본을 포함해 다수의 1차 자료가 번역되어 있다.

알 안달루스에 관한 스페인 역사가들의 연구에서 가장 두드러진 활동을 보이고 있는 연구자는 마리벨 피에로(Maribel Fierro)와 메르세데스 가르시아-아레날(Mercedes García-Arenal)이라고 할 수 있는데, 전자의 연구 시기는 대략 알모하드 시기까지이고, 후자는 무슬림 추방 시기까지에 해당한다. 마누엘라 마린(Manuela Marín)은 종교 문화와 젠더 문제에 관해 많은 글을 발표해 왔다. 네덜란드의 헤라르트 비가스(Gerard Wiegers)는 모리스코 문화에 관해 많은 연구를 해왔는데, 대개는 가르시아-아레날과 공동으로 연구를 진행해 왔다. 마리아 헤수스 비게라 몰린스(María Jesús Viguera Molíns)는 중세 시대, 특히 타이파 왕국에 관한 연구의 권위자이며, 반면에 라치드 엘 오우르(Rachid El Hour)는 알모라비드 시기 스페인사 연구의 대가이다. 에두아르도 만사노 모레노(Eduardo Manzano Moreno)와 알레한드로 가르시아 산후안(Alejandro García Sanjuan)은 초창기 나스르 시기에 관해 많은 연구를 발표해 왔다. 프랑스 역사가 라셸 아리에(Rachel Arié)는 나스르 시기에 관해 고전적 연구들을 발표해 왔는데, 이 시기는 프란시스코 비달 카스트로(Francisco Vidal Castro)에 의해 상당부분 재해석되어 왔다. 크리스토프 피카르(Christophe Picard)는 무슬림 포르투갈과 칼리프 시대 해상 세계 연구의 권위자이며, 샤르크 알 안달루스(Sharq al-Andalus) 연구를 전공하는 피에르 귀샤르(Pierre Guichard)는 이슬람 지배 아래의 스페인 연구에 처음으로 사회학적 · 인류학적 방법론을 사용한 것으로 유명하다. 카탈루냐인인 로세르 살리크루 이 유치(Roser Salicrú i Lluch)는 교역과 외교 관계, 특히 아라곤 연합왕국의 관점에서 본 연구를 주도했다. 지금까지 언급한 학자들 대부분은 적어도 연구 성과물 가운데 일부라도 영어로 발표해 왔다. 『메넨데스 피달의 스페인사』(*Historia de España de Menéndez Pidal*)의 두 번째 판본은 아직도 스페인 역사에 대한 표준적인 참고서로 남아 있다.

이슬람 지배 아래의 스페인 역사에 관한 우리의 이해를 바꿔온 수많은 역사가를 제대로 평가하는 것은 불가능하다. 앞서 언급한 목록에는 수많은 유명 혹은 무명의 연구자가 들어가 있지 않다. 그러나 그들은 이 과정에서 중요한 역할을 해왔고, 그들의 기여가 비록 여기에서 언급되지 않았다고 하더라도 그들의 연구는 알 안달루스와 스페인 지배 아래 무슬림들에 관한 이 새로운 역사서술에서 필수 불가결했다. 이 때문에 나는 아래에서 앞서 언급한 학자들의 대표적인 몇몇 연구, 그리고 본문에서 직접 인용된 연구물만을 적시했다. 직접적인 인용문은, 만약 필요하다면 영어로 번역을 했고 가끔은 원래의 의미를 크게 바꾸지 않는 선에서 원문을 약간 변경하기도 했다.

Acosta Montoro, José, *Aben Humeya, rey de los Moriscos*, Almería: Instituto de Estudios Almerienses, 1998.

al-Qalqashandi, A'mad ibn 'Ali, *Subh al-A'sha*, Cairo: al-Mu'assasah al-Miṣriyah, 1963.

Arié, Rachel, *El reino naṣrí de Granada, 1232~1492*, Madrid: MAPFRE, 1992.

Barton, Simon, *Conquerors, Brides, and Concubines: Interfaith Relations and Social Power in Medieval Iberia*, Philadelphia: University of Pennsylvania Press, 2015.

Bennison, Amira K., "Liminal States: Morocco and the Iberian Frontier Between the Twelfth and Nineteenth Centuries", *The Journal of North African Studies* 6, 2001, pp. 11~28.

_______, *The Almoravid and Almohad Empires*, Edinburgh: Edinburgh University Press, 2016.

Boloix Gallardo, Bárbara, "Mujer y poder en el reino nazarí de Granada: La sultana Fāṭima bint al-Aḥmar, la perla central del collar de la dinastía (siglo XIV)", *Anuario de estudios medievales* 46, 2016, pp. 269~300.

Brann, Ross, "Andalusi 'Exceptionalism'", in: *A Sea of Languages: Rethinking the Arabic Role in Medieval Literary History*, edited by Suzanne Conklin Akbari and Karla Mallette, Toronto: University of Toronto Press, 2013, pp. 128~29.

Brault, Gerard Joseph, *The Song of Roland: An Analytical Edition*, University Park: Pennsylvania State University Press, 1981.

Brea, L. Charlo, Juan A. Estévez Sola, and Rocio Carande Herrero, *Crónicas hispanas del siglo XIII*, Turnhout: Brepols, 2010.

Catlos, Brian A., *Infidel Kings and Unholy Warriors: Faith, Power and Violence in the Age of Crusade and Jihad*, New York: Farrar, Straus & Giroux, 2014.

________, *Muslims of Medieval Latin Christendom, ca. 1050~1614*, Cambridge: Cambridge University Press, 2014.

_______, *The Victors and the Vanquished: Christians and Muslims of Catalonia and Aragon, 1050~1300*, Cambridge: Cambridge University Press, 2004.

Cervantes Saavedra, Miguel de, *Don Quijote de la Mancha*, 2 vols, Madrid: Alhambra, 1983.

Cohen, Gerson D., *A Critical Edition with a Translation and Notes of the Book of Tradition: (Sefer Ha-Qabbalah)*, London: Routledge & Kegan Paul, 1969.

Constable, Olivia Remie, (ed.) *Medieval Iberia: Readings from Christian, Muslim, and Jewish Sources*, Philadelphia: University of Pennsylvania Press, 2012.

Dunlop, D. M., "A Christian Mission to Muslim Spain in the Eleventh Century", *Al-Andalus* 17, 1952, pp. 259~310.

Ebied, Rifaat Y., and M. J. L. Young, "Abu 'L-Baqa' al-Rundi and His Elegy on Muslim Spain", *Muslim World* 66, 1976, pp. 29~34.

El Allaoui, Hicham, "Les échanges diplomatiques entre Islam et monde latin", *Oriente moderno*, New Series 88, 2008, pp. 249~70.

Fierro Bello, María Isabel (Maribel), *'Abd al-Rachman III: The First Cordoban Caliph*, Oxford: Oneworld, 2005.

_______, *The Almohad Revolution: Politics and Religion in the Islamic West During the Twelfth-Thirteenth Centuries*, Farnham, UK: Ashgate, 2012.

_______, *The Western Islamic World: Eleventh to Eighteenth Centuries*, Cambridge: Cambridge University Press, 2010.

Fierro Bello, María Isabel, and Julio Samso, (eds.) *The Formation of al-Andalus, Part 2: Language, Religion, Culture and the Sciences*, Aldershot, UK: Ashgate, 1998.

Fletcher, Richard A., *The Quest for El Cid*, New York: Knopf, 1990.

Foster, David William, Daniel Altamiranda, and Carmen de Urioste, (eds.) *Spanish Literature: A Collection of Essays*, New York: Garland, 2001.

Franzen, Cola, *Poems of Arab Andalusia*, San Francisco: City Lights Books, 1989.

García-Arenal, Mercedes, *Almohad Revolution and the Mahdi Ibn Tumart*, London: Routledge, 2010.

_______, *Los Moriscos*, Granada: Universidad de Granada, 1996.

García-Arenal, Mercedes, and Fernando Rodríguez Mediano, *The Orient in Spain: Converted Muslims, the Forged Lead Books of Granada, and the Rise of Orientalism*, Leiden: Brill, 2013.

García-Arenal, Mercedes, and Gerard Albert Wiegers, (eds.) *The Expulsion of the Moriscos from Spain: A Mediterranean Diaspora*, Leiden: Brill, 2014.

García Gómez, Emilio, *Cinco poetas musulmanes: Biografías y estudios*, Madrid: Espasa-Calpe, 1959.

García Sanjuán, Alejandro, *Coexistencia y conflictos: Minorías religiosas en la Península Ibérica durante la Edad Media*, Granada: Universidad de Granada, 2015.

García Sanjuán, Alejandro, "Rejecting al-Andalus, Exalting the Reconquista: Historical Memory in Contemporary Spain", *Journal of Medieval Iberian Studies*, 2016, pp. 1~19.

Gayangos, Pascual de, (trans.) *The History of the Mohammedan Dynasties in Spain*, 2 vols., London: Routledge, 2002.

Glick, Thomas F., *From Muslim Fortress to Christian Castle: Social and Cultural Change in Medieval Spain*, Manchester: Manchester University Press, 1995.

_______, *Islamic and Christian Spain in the Early Middle Ages*, Princeton, NJ: Princeton University Press, 1979.

Guichard, Pierre, *Al-Andalus, 711~1492: Une histoire de l'Espagne musulmane*, Paris: Hachette littératures, 2001.

_______, *From the Arab Conquest to the Reconquist: The Splendour and Fragility of Al-Andalus*, Granada, Spain: Fundación El Legado Andalusí, 2006.

Harvey, Leonard P., *Islamic Spain, 1250 to 1500*, Chicago: University of Chicago Press,

1990.

_______, *Muslim in Spain, 1500 to 1614*, Chicago: University of Chicago Press, 2004.

Historia de España de Menéndez Pidal, 42 vols., Madrid: Espasa Calpe, 1975~2005.

Hourani, George F., "The Early Growth of the Secular Sciences in Andalusia", *Studia Islamica* 32, 1970, pp. 143~56.

Huíci Miranda, Ambrosio, *Al-bayan al-Mugrib*, 2 vols., Tetuan, 1953.

Ibn-al-Qutiya, Muḥammad, *Tarīkh iftitah al-Andalus*, Cairo: Dar al-Kitab al-Misri, 1982.

Ibn Khaldun, *The Muqaddimah: An Introduction to History*, 3 vols., Translated by Franz Rosenthal, London: Routledge & Kegan Paul, 1958.

Ibn Sa'id, *Al-Mughrib fi hula al-Maghrib*, 2 vols., Cairo: Dar al-Ma'arif, 1953.

Irwin, Robert, (ed.) *The New Cambridge History of Islam*, Vol. 4, *Islamic Cultures and Societies to the End of the Eighteenth Century*, Cambridge: Cambridge University Press, 2010.

James, David, *A History of Early al-Andalus: The Akhbār Majmū'a*, New York: Routledge, 2012.

_______, *Early Islamic Spain: The History of Ibn Al-Qūṭīya*, New York: Routledge, 2009.

Jayyusi, Salma Khadra, and Manuela Marín, (eds.) *The Legacy of Muslim Spain*, Leiden: Brill, 1992.

Kassis, Hanna E., "Muslim Revival in Spain in the Fifth/Eleventh Century: Causes and Ramifications", *Der Islam* 67, 1990, pp. 78~110.

Kennedy, Hugh, *Muslim Spain and Portugal: A Political History of Al-Andalus*, New York: Longman, 1996.

López y López, Ángel Custodio, "El conde de los Cristianos Rabī Ben Teodulfo, exactor y jefe de la guardia palatina del emir al-Ḥakam I", *Al-Andalus Magreb* 7, 1999, pp. 169~84.

Mann, Vivian B., Thomas F. Glick, and Jerrilynn Denise Dodds, *Convivencia: Jews, Muslims, and Christians in Medieval Spain*, New York: Jewish Museum, 1992.

Manzano Moreno, Eduardo, *Conquistadores, emires y califas: Los Omeyas y la formación de al-Andalus*, Barcelona: Crítica, 2006.

Margoliouth, D. S., (ed.) *The Irshad al-arib ilā ma'rifat al-adib*, 2 vols., Leiden: Brill, 1909.

Marín, Manuela, (ed.) The *Formation of al-Andalus, Part 1: History and Society*, Aldershot, UK: Ashgate, 1998.

_______, *Mujeres en al-Ándalus*, Madrid: Consejo Superior de Investigaciones Científicas, 2000.

Masarwah, Nader, and Abdallah Tarabieh, "Longing for Granada in Medieval Arabic and Hebrew Poetry", *Al-Masaq* 26, 2014, pp. 299~318.

Münzer, Hieronymus, *Viaje por España y Portugal, 1494~1495, Translated by Julio López Toro*, Madrid: Almenara, 1951.

The New Cambridge Medieval History, 7 vols., Cambridge: Cambridge University Press, 1995~2005.

Nickson, Tom, "'Sovereignty Belongs to God': Text, Ornament and Magic in Islamic and Christian Seville", *Art History* 38, 2015, pp. 838~61.

Noble, Thomas F. X., *Charlemagne and Louis the Pious: The Lives by Einhard, Notker, Ermoldus, Thegan, and the Astronomer*, University Park: Pennsylvania State University Press, 2009.

Núñez Muley, Francisco, *A Memorandum for the President of the Royal Audiencia and Chancery Court of the City and Kingdom of Granada*, Edited and Translated by Vincent Barletta, Chicago: University of Chicago Press, 2007.

Perceval Verde, José María, "Asco y asquerosidad del morisco según los apologistas Cristianos del Siglo de Oro", *La Torre* 4, 1990, pp. 21~47.

Pérez de Úrbel, Justo, *Historia Silense*, Madrid: Consejo Superior de Investigaciones Científicas, 1959.

Picard, Christophe, *Le Portugal musulman, VIIIe~XIIIe siècle: L'Occident d'al-Andalus sous domination islamique siliqua*, Paris: Maisonneuve et Larose, 2000.

_______, *Sea of the Caliphs: The Mediterranean in the Medieval Islamic World*, Cambridge, MA: Belknap Press, 2018.

Robinson, Cynthia, *Medieval Andalusian Courtly Culture in the Mediterranean: Hadith Bayad wa-Riyadh*, New York: Routledge, 2007.

Safran, Janina M., *The Second Umayyad Caliphate: The Articulation of Caliphal Legitimacy in Al-Andalus*, Cambridge: Harvard University Press, 2000.

Salicrú I Lluch, Roser, "Crossing Boundaries in Late Medieval Mediterranean Iberia: Historical Glimpses of Christian-Islamic Intercultural Dialogue", *International Journal of Euro-Mediterranean Studies* 1, 2008, pp. 33~51.

_______, "The Catalano-Aragonese Commercial Presence in the Sultanate of Granada During the Reign of Alfonso the Magnanimous", *Journal of Medieval History* 27, 2001, pp. 289~312.

Seco de Lucena Paredes, Luis, and Aḥmad ibn 'Alī Qalqashandī, "Un tradado árabe del siglo XV sobre España extraido del 'Subh Al-a'sá' de al Qalqasandí por Luis Seco de Lucena Paredes", *Boletín de la Universidad de Granada* 14, 1942, pp. 87~161.

Smith, Colin, *Christians and Moors in Spain*, 3 vols., Warminster, UK: Aris & Phillips, 1988.

Sobh, Mahmud, "Abd al-Raḥmān I, el Inmigrado", *Revista del Instituto Egipcio de Estudios Islámicos* 38, 2010, pp. 31~46.

Soyer, François, "'It Is Not Possible to Be Both a Jew and a Christian': Converso Religious

Identity and the Inquisitorial Trial of Custodio Nunes (1604~05)", *Mediterranean Historical Review* 26, 2011, pp. 81~97.

Szpiech, Ryan, "Granada", *In Europe: A Literary History, 1348~1418*, edited by David Wallace, vol. 2, New York: Oxford University Press, 2016, pp. 154~69.

Tibi, Amin T., *The Tibyān: Memoirs of 'Abd Allāh B. Buluggīn, Last Zīrid Amīr of Granada*, Leiden: Brill, 1986.

Vallvé Bermejo, Joaquín, "Abd ar-Rahmān II, emir de al-Andalus: Datos para una biografía", *Boletín de la Real Academia de la Historia* 188, 1991, pp. 209~50.

_______, "La primera década del reinado de al-Ḥakam I (796~806), según el Muqtabis de Ben Ḥayyān", *Anaquel de Estudios Árabes* 12, 2001, pp. 769~78.

Verlinden, Charles, "Les Radaniya et Verdun à propos de la traite des esclaves Slaves vers l'Espagne musulmane aux 9e et 10e siècles", In *Estudios en homenaje a Don Claudio Sanchez Albornoz en sus 90 años*, edited by María del Carmen et al., Buenos Aires: Instituto de historia de España, 1983, pp. 105~32.

Vidal Castro, Francisco, "Historia politica, en el reino Nazaríde Granada (1232~1492)", In *Historia de España Menéndez Pidal: Política, instituciones, espacio y economía*, edited by María Jesús Viguera Molíns, vol. 3, Madrid: Espana-Calpe, 2000, pp. 47~208.

Viguera Molíns, María Jesús, *Los reinos de taifas y las invasiones magrebíes: al-Andalus del XI al XIII*, Madrid: Mapfre, 1992.

_______, "La Taifa de Toledo", In *Entre el califato y la taifa: Mil años del Cristo de la Luz*, Toledo: Asociación de Amigos del Toledo Islámico, 2000.

Wasserstein, David, *The Rise and Fall of the Party-Kings: Politics and Society in Islamic Spain 1002~1086*, Princeton, NJ: Princeton University Press, 1985.

Wiegers, Gerard Albert, *Islamic Literature in Spanish and Aljamiado: Yça of Segovia (fl. 1450), His Antecedents and Successors*, Leiden: Brill, 1994.

Wilson, Katharina M., *Hrotsvit of Gandersheim: A Florilegium of Her Works*, Woodbridge, UK: D. S. Brewer, 1998.

Wolf, Kenneth Baxter, *Conquerors and Chroniclers of Early Medieval Spain*, Liverpool: Liverpool University Press, 1999.

사항 찾아보기

ㅣㄱㅣ

| ㄴ |

| ㄷ |

| ㄹ |

| ㅁ |

| ㅂ |

| ㅅ |

| ㅇ |

| ㅈ |

| ㅋ |

| ㅌ |

| ㅍ |

| ㅎ |

인명 찾아보기

| ㄱ |

| ㄴ |

| ㄷ |

| ㄹ |

| ㅁ |

| ㅂ |

| ㅅ |

| ㅇ |

| ㅈ |

| ㅊ |

| ㅋ |

| ㅌ |

| ㅍ |

| ㅎ |

지명 찾아보기

| ㄱ |

| ㄴ |

| ㄷ |

| ㄹ |

| ㅁ |

| ㅂ |

| ㅅ |

| ㅇ |

| ㅈ |

| ㅋ |

| ㅌ |

| ㅍ |

| ㅎ |